U0940756

青海统计年鉴

QINGHAI STATISTICAL YEARBOOK

2001

（总第 17 期）

青海省统计局 编

(京)新登字 041 号

图书在版编目(CIP)数据
青海统计年鉴.2001/青海省统计局编.
-北京： 中国统计出版社， 2001.7
ISBN 7-5037-3519-8
Ⅰ.青…
Ⅱ.青…
Ⅲ.社会经济资料-统计资料-青海-2001-年鉴
Ⅳ.C832.44-54
中国版本图书馆 CIP 数据核字(2001)第 028963 号

青海统计年鉴-2001

作　　者/青海省统计局
责任编辑/叶礼奇　郭　霞
E-mail/yearbook@stats.gov.cn
责任校对/郭艳丽
封面设计/
出版发行/中国统计出版社
通信地址/北京市西城区三里河月坛南街 75 号　中国统计出版社
电　　话/(010)63262295
印　　刷/青海省统计局印刷厂
经　　销/新华书店
开　　本/16 毫米/890×1240
字　　数/40 万字
印　　张/38.125
印　　数/1-1000 册
版　　别/2001 年 6 月第 1 版
版　　次/2001 年 6 月第 1 次印刷
书　　号/ISBN　7-5037-3519-8/C·1891
定　　价/280 元(含光盘)(不含邮寄费)

编 辑 说 明

《青海统计年鉴－2001》(以下简称《年鉴》)以翔实的资料记录了青海省经济发展的进程，展示了青海省改革开放和现代化建设的崭新面貌，反映了全省各族人民共同努力所取得的成就，是一本研究青海社会经济发展状况的资料性工具书。她得到了省党政领导和社会各界的热情支持和鼓励，深受广大经济工作者和各界人士的欢迎。我们期望《青海统计年鉴－2001》对认识青海、研究青海、建设青海、发展青海，激励全省各族人民开拓进取，加快青海改革开放，胜利实现全省社会主义现代化建设的战略目标，发挥有益的作用。

为了适应建立社会主义市场经济体制的要求，国家统计局制订了新的国家统计报表制度，并逐步向新的国民经济核算体系过渡，因此，对以往有些统计指标做了重大改革，有的不再使用，改用新的指标代替；有的在统计口径范围上作了调整；有的在计算方法和技术上进行了修订。为此本《年鉴》对这类统计指标也作了相应调整，请读者使用时注意它们的变化，审视它们之间的可比性。年鉴中当年数据统一采用了新的统计分类标准，对以往的历史资料也一律按统一的起始年度进行了调整，对建国以来按“一条龙”设置的资料，本《年鉴》统一列出主要年份的数据，适当保持资料的连续性。

《青海统计年鉴－2001》充分体现新的国家统计报表制度和新的会计制度的要求，全书内容分为公报、特载、全省统计资料、横向对比资料、月度资料、地区资料。其中全省统计资料在上年基础上，按照产业划分、行业分类为标识，共设25个部分，分为综合、人口、从业人员和职工工资、固定资产投资、能源消费与构成、地方财政、物价、人民生活、农业、工业、建筑业、交通运输邮电通讯业、批发零售贸易和餐饮业、对外经济贸易和旅游业、金融保险业、科学技术和环境保护、教育文化事业、卫生体育及其他事业、城市基本情况、企业资料等。

本《年鉴》中文字资料引用的统计数字与统计资料中的相关数据，《年鉴》内各专业统计资料之间相关指标的统计数字，《年鉴》和部门统计资料之间相关数字，我们在编纂中进行了认真的审核，力求正确一致；对以往年度中个别失误数据或计算口径有变化的指标，在相关表下加注说明，请读者注意。各专业统计资料和年鉴不一致的数字，请以《年鉴》为准。

统计表中使用符号：“…”表示数据不足本表最小单位；“空格”表示无该项指标数据或该项指标数据不详；“#”表示总指标的其中项数据。

本《年鉴》是全省各条战线上广大统计干部辛勤劳动的成果，是集体智慧的结晶。在编辑出版、印刷、发行过程中，得到了中国统计出版社等许多单位及有关同志的大力支持，在此一并表示衷心感谢！

由于我们水平有限，时间仓促，本《年鉴》中疏误之处在所难免，恳请各界人士随时指正，以便今后进一步提高编纂质量。

《青海统计年鉴》编委会

2001年6月

《青海统计年鉴－2001》编委会和编辑出版人员

一、编委会

主　　编：薛　政

副 主 编：智　华　张国华　侯碧波　田正雄　徐学初

编辑委员：（按姓氏笔划排列）

马晓红　王伟清　旦增项杰　李兴华
李积文　祁也萍　祁焕龙　杨家运
杨　瑶　陈　伟　陈　峰　陈玲莉
张小军　赵玉华　袁存善　康　玲

二、编辑工作人员

总 编 辑：侯碧波

副总编辑：田正雄　徐学初

编辑人员：（按姓氏笔划排列）

王文虎　王亚宁　毛丽青　冯倩萍
艾卓玛措　田翠萍　成小梅　刘尧年
杜文虹　杨全铃　何　崇　吴栋仁
李晓燕　陈宇祺　陈　峰　张兰生
严庭福　孟宪有　南芬霞　岳冠伦
贺建华　赵昌琼　郭　霞　郭艳丽
秦凤云　徐金珍　廖松平　廖　霞

英文翻译：张小华　陈宇祺

统计制图：梁　红

光盘制作：于建平　刘　拥　李耀红

电子排版：姬玉娇　臧景荣　切藏措

摄　　影：金飞跃

目　录 Contents

特　载

Special Notes

人　口

Population

从业人员和职工工资

Employed Personnel and Their Wages

固定资产投资

Investment in Fixed Assets

能源消费与构成
Consumption of Energy and the Composition

地方财政
Financial of Local Governments

物 价

Prices

人民生活

People 's Livelihood

农业 Agriculture

工　业
Industry

建筑业
Construction

交通运输邮电通讯业
Transportation, Post and Telecommunication

批发零售贸易和餐饮业
Wholesale and Retail Sale Trade and Catering Trade

对外经济贸易和旅游业
Foreign Trade, Economic Cooperation and Tourism

金融保险业
Banking and Insurance

科学技术和环境保护
Science and Technology and Environment Protection

教育文化事业
Education and Culture

卫生体育及其他事业
Health, Sports and Others

城市基本情况

Basic Statistics on Cities

企业资料
Records of Enterprises

横向对比资料
Records of Transversal Contrast

月度资料
Monthly Data

民族自治地方国民经济主要指标
Major National Economy Indicators in Autonomous Regions

州、地、市社会和国民经济主要指标
Major Indicators of Society and National Economy in Each Prefecture and City

各县社会和国民经济主要指标
Major Indicators of Society and National Economy in Each County

2000年青海省
国民经济和社会发展统计公报

青海省统计局

2001年3月28日

2000年是实施“九五”计划的最后一年,也是全面实施西部大开发战略的头一年。我省各族人民在省委、省政府的领导下,认真贯彻落实党中央、国务院的各项方针政策和调控措施,紧紧抓住国家实施西部大开发的历史机遇,团结奋斗,开拓进取,国民经济和社会发展取得了新的成就,全面完成了“九五”计划的主要任务。

一、经济总量和产业结构

国民经济持续快速增长。2000年全省完成国内生产总值263.12亿元,按可比价格计算,分别比上年和1995年增长9.0%和52.2%;人均国内生产总值5068元,分别比上年和1995年增长7.4%和41.3%;全社会劳动生产率9786元,分别比上年和1995年增长5.2%和35.6%。“九五”时期经济发展速度加快,年均增长8.8%;尤其在实施西部大开发的头一年,实现了良好的开局。

经济结构调整进一步推进。支柱产业和优势产业继续发展壮大,第三产业保持快速增长。在国内生产总值中,第一产业增加值38.50亿元,比上年下降4%,比1995年增长7.7%,比重由“八五”末的23.5%下降到14.6%;第二产业增加值113.16亿元,分别比上年和1995年增长11.7%和65.2%,比重由“八五”末的39.6%上升到43.0%;第三产业增加值111.46亿元,分别比上年和1995年增长11.0%和60.3%,比重由“八五”末的36.9%提高到42.4%。对经济增长的拉动作用,一产业减弱,二、三产业增强。

当前经济发展中存在的主要问题是:结构性矛盾突出,经济增长质量还不高;农牧业基础比较薄弱,农牧民收入增长缓慢;国有企业经营机制转换滞后,创新能力、竞争能力和盈利能力不强,非国有经济发展水平尚低,特色经济规模较小;财政收支矛盾尖锐,社会保障能力不足;改革开放力度不够,市场配置资源的基础性作用还没有得到有效发挥。

二、农　　业

2000年,我省各级政府和有关部门,坚持围绕农牧业发展和农牧民增收的目标,加强农牧业基础设施建设,大力调整农牧业结构,因地制宜,精心组织实施退耕还林还草工作,农牧业虽遭受严重干旱有所减产,但总体发展水平有新的提高。

农作物种植结构进一步调整。粮食作物播种面积压缩到32.27万公顷,总产量82.70万吨,比上年减产20.18%。经济作物播种面积19.17万公顷,占种植业的比重上升。其中,油料作物播种面积19.16万公顷,比上年减产31.93%;蔬菜种植面积1.58万公顷,总产量60.28万吨,增产6.45%;特色农产品不断增加。

林草植被面积继续扩大。全年造林面积4.53万公顷;完成幼林抚育作业面积9.15万公顷;退耕还林还草面积1.67万公顷,其中,退耕还林0.48万公顷,退耕还草1.19万公顷。荒山种草面积0.78万公顷,荒山造林面积2.15万公顷。生态保护和建设工作力度加大。

畜牧业生产形势良好。全省草食牲畜总增率、出栏率和商品率分别达26.26%、25.36%和20.10%,分别比上年提高3.35、1.32和1.68个百分点;年末存栏2083.4万头(只),能繁殖母畜比例达45.85%。牧区“四配套”建设和“西繁东育”见成效。全年肉类总产量20.83万吨,比上年增长3.37%;绵羊毛产量1.56万吨、牛奶产量20.61万吨,分别比上年增长4.70%、8.25%;禽蛋产量1.34万吨,下降0.74%。

渔业封湖育鱼与发展淡水养殖工作加强,水产品产量达1166吨。

农田水利建设取得积极进展。全省农田有效灌溉面积(水浇地面积)达21.14万公顷。年内农作物受灾面积36.6万公顷,比上年增加16.78%。从整体上看,我省改善农牧业生态环境,增强抗灾能力的任务仍十分艰巨。

三、工业和建筑业

2000年,全省国有企业改革和脱困的一系列政策措施得到有效落实,三年脱困目标基本实现。组建企业集团、建立现代企业制度、破产重组、结构调整向纵深推进,大中型企业在体制创新中活力逐渐增强。工业生产发展速度加快,企业经济效益明显好转,扭转了连续七年亏损的局面,总体扭亏为盈。

工业经济持续增长。全省完成工业增加值80.1亿元,比上年增长10.51%。国有和国有控股企业及年产品销售收入500万元以上的非国有企业,即全部规模以上工业企业完成增加值64.96亿元,比上年增长9.94%。其中,国有及国有控股企业增加值55.77亿元,增长10.21%。分轻重工业看,规模以上企业的轻工业增加值8.17亿元,比上年增长5.01%;重工业增加值56.79亿元,增长12.17%;具有资源优势的能源、原材料和投资需求量大的重工业增长速度保持快于轻工业。四大支柱产业完成工业增加值50.53亿元,比上年增长13.73%,占全部工业增加值的比重上升到63.08%。其中,电力工业增加值12.62亿元,增长14.33%;石油天然气工业20.27亿元,增长16.45%;盐湖化工3.46亿元,增长12.52%;有色金属工业14.18亿元,增长10.31%。四大优势产业完成工业增加值22.56亿元,比上年增长15.11%。其中,冶金工业增加值19.43亿元,增长12.47%;医药工业增加值1.20亿元,增长36.54%;建材工业增加值1.71亿元,增长17.41%;农畜产品加工工业增加值0.22亿元,增长8.04%;支柱产业和优势产业在实施西部大开发战略中处于领先发展的地位。

产销衔接状况改善。市场配置资源的基础性作用增强,适销对路的特色产品与上年相比普遍增产。在主要工业产品中,发电量完成133.79亿千瓦小时,增产10.94%;钢42.91万吨,增产1.06%;钢材36.39万吨,增产4.98%;天然气3.9亿立方米,增产8.73%;天然原油200.01万吨,增产5.25%;原盐67.65万吨,增产40.58%;钾肥67.03万吨,增产41.55%;十种有色金属29.80万吨,增产4.66%,其中铝28.31万吨,增产6.1%;水泥123.71万吨,增产15.45%;平板玻璃99.81万重量箱,增产1.10%;硫酸1.79万吨,增产5.21%;精甲醇7万吨,增产2.55倍;多晶硅1.19万吨,增产26.29%。全年工业产品销售率达97.66%,比上年提高1.86个百分点。高新技术产业开始起步,工业新产品产值不断增加。

工业经济效益回升。在市场竞争加剧的情况下,全省规模以上工业企业实现销售收入168.32亿元,比上年增长29.09%,经济效益综合指数提升4.87个百分点;国有及国有控股和大中型企业盈亏相抵后实现利润分别为1.30亿元和2.87亿元,其中,亏损企业的亏损额分别下降40.62%和38.98%,取得了三年脱困的阶段性成果。

建筑业生产活跃。全社会建筑业完成增加值33.16亿元,比上年增长17.70%。资质等级四级及四级以上建筑企业,施工单位工程个数3704个,其中投承包个数1649个,占44.5%。施工房屋面积322万平方米,比上年减少6.3%;竣工房屋面积175万平方米,比上年增长8.5%。

地质勘察工作取得新成绩。全年地勘总投入6.42亿元,新发现或证实为工业矿床的矿产地4处,新增探明矿产储量中,天然气615.23亿立方米、石油2515万吨、岩金1..80吨、水泥用大理石400万吨、粘土140万吨、京白玉10万吨。地质勘查完成机械岩心钻探工作量4.59万米。

四、固定资产投资

2000年,我省积极采取措施改善投资环境,进一步完善鼓励外商投资的优惠政策,加快行政审批制度的改革,抓住国家扩大内需、增发长期国债、增加在西部地区建设资金投入的有利时机,争取项目和启动社会投资,固定资产投资呈现快速增长趋势,建成了一批重点基础设施和资源开发项目,发展条件明显改善。

投资规模继续扩大。全年全社会固定资产投资154.61亿元,比上年增长20.64%。分经济类型看,国有及其他经济类型投资134.19亿元,增长

22.75%；集体经济投资4.40亿元，增长15.34%；城乡居民个人投资16.01亿元，增长6.66%。按投资管理渠道划分，基本建设投资99.70亿元，增长27.01%；更新改造投资17.21亿元，增长18.71%；房地产开发投资13.21亿元，增长20.05%。

投资结构继续优化，基础设施明显改善。在国有及其他经济类型投资中，第一产业（含水利业）完成投资9.22亿元，比上年增长33.5%，第二产业完成投资40.71亿元，下降21.6%；第三产业完成投资68.75亿元，增长82.5%，其中运输邮电通讯和仓储业完成投资43.85亿元，增长1.79倍。全省“十大”重点项目进展顺利。涩宁兰天然气管道工程、青海钾肥工程、青藏铁路扩能改造项目和公路网建设，全部按计划运作和施工；农村电网建设与改造项目、乌兰——格尔木输变电工程、赛什塘铜矿建设项目都落实了计划任务；在16个县（市）开展的退耕还林（草）和荒山荒坡造林种草试点工程、城市道路改扩建和藏区县城道路排水工程项目、高等院校基础设施贴息贷款项目建设已陆续启动。连通甘、青经济大动脉的西兰高速公路，继西宁至平安段动工建设之后，又开始向马场垣延伸。全年基本建设新开工项目1000个，竣工项目796个。基本建设新增年生产力主要有：天然原油开采40万吨；天然气开采1.5亿立方米；新建公路50公里；改扩建公路265公里。基础设施和资源开发项目建设的不断推进，形成了一批新的经济增长点，增添了加快发展的后劲。

住宅建设步伐加快。以西宁市为重点的旧城改造和新区建设全面铺开。全年商品房竣工面积60.74万平方米；销售建筑面积27.82万平方米，增长15.3%。商品房屋建设迈出了实质性的步伐，花园式安居工程覆盖面扩大。

五、交通和邮电业

2000年，交通运输和邮电通信业，对经济发展和社会进步的保障作用进一步增强。运输邮电业创造增加值19.65亿元，比上年增长21.1%。

全省各种运输方式完成货物周转量91.51亿吨公里，比上年增长8.2%。其中，铁路46.50亿吨公里，上升10.3%；公路36.60亿吨公里，增长6.2%；航空0.01亿吨公里，增长50.1%；管道8.40亿吨公里，增长5.9%。全年完成旅客周转量30.44亿人公里，比上年增长13.2%。其中，铁路10.69亿人公里，增长22.6%；公路18.20亿人公里，增长6.3%；航空1.54亿人公里，增长48.5%。

邮电业务总量完成10.46亿元（1990年不变价格），比上年增长63.3%。总投资1.45亿元的现代化电信网络枢纽工程，在西宁动工兴建。全年城乡新增电话用户9.32万户，城市电话普及率达到每百人25.5部，农村已通电话的行政村比重逐步上升。移动电话用户已达21.07万户；计算机互联网用户发展到6498户，进入了快速增长期。

六、国内贸易和市场物价

2000年，在国家增加城镇居民收入、延长节假日、扩大消费信贷等多种刺激消费因素的作用下，全省商品市场稳中趋活，物价降幅趋缓。

社会需求回升，商品销售增加。全年社会消费品零售总额82.08亿元，比上年增长9.2%。其中，国有经济21.67亿元，增长8.1%；集体经济6.54亿元，增长12.4%；个体私营经济43.78亿元，增长9.9%。分城乡看，城市消费品零售额50.70亿元，增长10.9%；农村（县及县以下）消费品零售额31.38亿元，增长6.6%。分行业看，批发零售贸易业56.9亿元，增长12.3%；餐饮业11.3亿元，增长8.4%；其他行业也保持增长态势。城乡集市贸易成交额41.41亿元，比上年增长17.1%。各类商品交易市场趋向活跃。

市场物价总水平继续保持低位运行。全省居民消费价格指数为99.5，比上年下降0.5%，其中，城市居民消费价格下降0.4%，农村居民消费价格下降0.6%。多数商品价格低于上年水平。分项目看，食品价格下降2.2%，其中粮食下降5.6%、肉禽及其制品下降0.6%、蛋品下降15.9%、水产品上涨6.4%、鲜菜上涨3.8%；衣着类价格下降0.5%；家庭设备及用品价格下降1.5%；医疗保健用品价格上涨1.6%；交通和通信工具价格下降3.7%；娱乐教育文化用品价格下降0.6%；居住商品价格上涨7.3%；服务项目价格上涨3.8%。全年商品零售价格指数为99.0，比上年下降1%。农业生产资料零售价格上涨0.7%；农产品收购价格上涨0.7%；工业品出厂价格上涨8.1%；固定资产投资价格上涨1.6%。

七、对外经济和旅游业

2000年,我省积极采取多种方式扩大对外贸易和对外经济技术交流与合作,进一步发展全方位开放型经济,在国家采取提高出口退税率等鼓励出口政策的促动下,依靠特色产品,拓展出口领域,对外经济贸易呈现好势头。据海关统计,全年进出口总额达15974万美元,比上年增长48.1%。其中,出口11200万美元,增长28.9%;进口4774万美元,增长1.3倍。进出口相抵,贸易顺差6426万美元。出口商品结构进一步调整。地方"拳头"产品或特色产品出口增加,对亚洲、非洲、北美洲、欧盟和新开拓市场的出口逐渐扩大。全省重大项目的招商引资有序运作,吸收外资合同金额11060万美元。

旅游业发展成效显著。全年全省接待境外入境人数3.25万人,比上年增长58.54%。其中港澳台同胞1.80万人,增长55.17%。国内旅游人数达317.7万人,比上年增长6.39倍。旅游业成为新的经济增长点,外汇收入794万美元,比上年增长1倍多,创历史最高纪录。

八、财政、金融和保险业

2000年,全省各级财政部门实施积极的财政政策,调整和优化财政支出结构,对经济和社会发展的支持力进一步加大。全年财政一般预算收入26.26亿元,比上年增长14.0%。其中地方一般预算收入16.75亿元,增长18.2%。一般预算支出67.12亿元,增长20.4%。其中,公共支出35.99亿元,增长12.7%;经济建设支出18.59亿元,增长32.3%;社会保障支出9.30亿元,增长62.9%。

金融存贷款增加,货币供应量适度扩大。年末全省金融机构各项存款余额308.39亿元,比年初增长43.95%。其中,企业存款余额118.66亿元,增长20.85%;城乡居民储蓄存款余额159.08亿元,增长16.22%。各项贷款余额365.94亿元,比年初增长6.74%。其中,短期贷款余额170.24亿元,中长期贷款余额171.55亿元。金融机构全年现金累计收支相抵后净投放货币41.94亿元,比上年多投放4.08亿元。对我省加快发展、扩大消费等方面发挥了重要作用。

保险事业稳步发展,居民保险意识逐渐增强。年末全省保险机构保险金额累计达496.96亿元,比上年末增长6.29%。全年取得保费收入4.33亿元,比上年增长3.10%。其中,财产险保费收入2.10亿元,增长6.06%;寿险保费收入2.23亿元,增长0.45%。全年赔款支出1.66亿元,比上年增长45.61%。其中,财产险赔款0.99亿元,增长10%;寿险赔款0.67亿元,增长1.79倍。

九、科学技术和教育

2000年,全省实施"科教兴青"战略的各项工作全面加强,依靠科技增效益的观念更加深入人心,坚持"以人为本",办好教育,改善基础的举措得到了进一步落实,收到了较大成效。

科学研究领域取得了新成果。年末全省共有科学研究开发机构52个,从事科研活动人员0.24万人,其中科学家和工程师0.16万人,占67.5%。全年科技经费支出总额1.2亿元,其中用于研究与发展支出的比重为15.3%。应用研究、技术推广和科技创新取得一批重要成果。重大科技成果达110项,比上年增长20.8%,其中,基础理论成果14项,应用技术成果77项,软科学成果19项。科技进步对经济增长的贡献率已提高到35%。全省专利申请和授权专利件数增多,签订技术合同和成交势头良好。法定计量技术机构、产品质量检验机构、天气预报服务网发射网站、卫星云图接收站和地震、遥测台站的服务功能日臻完善。

各级各类教育事业发展加快。全省有19个县实现了"两基"目标,高等院校和中专学校的布局与专业设置得到优化,办学规模扩大。全年8所普通高校招生0.61万人,比上年增招0.29万人,在校生1.33万人;2所成人高校招生0.56万人,比上年增招0.23万人,在校生0.99万人;15所中等专业学校招生0.48万人,在校生1.33万人;448所普通中学招生8.65万人,在校生22.47万人;3429所小学招生9.36万人,在校生50.48万人。学龄儿童入学率上升到94.2%,小学学生辍学率下降到2.1%。成人中等专业学校在校生0.72万人;成人技术学校培训学员34.38万人次。

十、文化、卫生和体育

文化事业发展充满生机，各民族的文化生活环境普遍改善。2000年末，全省共有14个艺术表演团体，42个文化馆，38个公共图书馆，11个博物馆，62个档案馆，已开放各类档案103万卷。以7座中短波广播发射台和转播台，9座一千瓦以上电视发射台和转播台为骨干，广播人口覆盖率和电视人口覆盖率已分别扩大到63%和86%。全年报纸出版量2998万份，杂志出版量92万册，图书出版量341万册(张)。文化科技下乡活动的深入开展和大量读物的涌现，进一步丰富了城乡居民的精神文化生活。

卫生事业不断发展，城乡医疗保障网络建设水平逐步提高。2000年末，全省共有卫生机构989个，床位1.65万张，卫生技术人员1.84万人。卫生防疫、防治和妇幼卫生机构技术力量有所加强。乡镇卫生院危房改造和农村牧区医疗条件改善步伐加快。

体育事业稳步推进。全年我省组队参加国际、国内体育比赛8次，共获国际比赛第一名3个，国内比赛冠军6个、亚军2个、第三名4个。全民健身活动普及城乡各地，体育外事活动取得新进展，全年接待来青训练、登山、考察、业务洽谈和观光旅游的境外人士1808人次。

十一、环境保护

我省以实施西部大开发战略为契机，环境保护和综合治理工作取得重大进展。2000年末，环境保护系统共有538人，已建立各级环境监测站17个，环境监测人员189人。自然保护区扩大到8个，其中国家级自然保护区4个，新增"三江源"自然保护区的工作顺利启动，自然保护区总面积已达3695.2万公顷。比上年增加6.35倍，占辖区总面积的比重扩大到51.16%。涉及16个县(市)的生态示范区建设全面铺开。全年限期完成环境污染治理项目41个，项目总投资3300万元，已建成城市烟尘控制区5个，噪音达标区10个，环境质量进一步提高。

十二、人口、就业与人民生活

2000年，按照国家的总体部署，全省进行了第五次人口普查，现已进入汇总阶段。劳动就业工作进一步加强。年末全省从业人员271.9万人，比上年增长2.27%。其中城镇单位从业人员47.99万人，受中小企业兼并破产、转制重组等因素的影响，减少5.59万人；在岗职工为46.87万人。全年国有企业新增下岗职工7.04万人，其中分流安置3.64万人，年末国有企业实有下岗职工9.51万人，比上年末增加3.40万人；城镇登记失业率为2.4%，比上年下降0.24个百分点。创造就业机会，广开就业渠道，缓解就业压力仍需采取妥善措施。

城乡居民生活水平继续提高。全年城镇居民人均可支配收入达5170元，扣除价格因素，比上年和1995年分别增长10.4%和30.9%。农村扶贫攻坚解决了16.03万人的温饱问题；因农业大面积受旱害欠收，致贫和返贫的人口增加。由于供求关系变化，农产品价格低，乡镇经济实体少，劳动者整体素质不高，推广应用农业科技有限等因素的影响，农牧民收入增长减缓。全年农牧民人均纯收入为1490元，扣除价格因素，比上年和1995年分别增长0.4%和28.67%。居住消费成为热点，城乡居民住房条件继续改善。

社会保障和福利事业得以巩固和发展。全省初步建立了国有企业下岗职工基本生活保障、失业保险和城镇居民最低生活保障制度。有43.78万职工参加了失业保险，36.43万职工和14.08万离退休人员参加了养老保险。基本医疗保险制度改革进入起步阶段。各地城镇建设步伐加快，各类物业管理和社区家政服务兴起。全年社会保障救济人数0.74万人；社会销售福利彩票371万元，筹集社会福利资金112万元。全省呈现物质文明和精神文明建设共进的新局面。

注：本公报部分数据为初步统计数。

青海省2000年
第五次人口普查主要数据公报

青海省统计局

(2001年4月27日)

根据国务院的决定,我国于2000年11月进行了第五次全国人口普查。在国务院、省政府和地方各级政府的统一领导下,在全省各族人民的支持配合下,经过全省3万多普查工作人员的艰苦努力,我省人口普查的登记任务如期完成。目前,主要数据的快速汇总工作已经结束,现公布如下:

一、全省总人口

第五次全国人口普查以2000年11月1日0时为标准时间,普查登记的对象是具有中华人民共和国国籍并在中华人民共和国境内常住的人,每个人都在常住地进行登记。

全省的总人口为5181560人,同第四次人口普查1990年7月1日0时的4456946人相比,十年零四个月共增加了724614人,增长16.26%。平均每年增加70126人,年平均增长率为1.47%。

二、人口分布

全省的人口分布如下:

西宁市	1979200	人
海东地区	1520074	人
海北藏族自治州	276723	人
黄南藏族自治州	225462	人
海南藏族自治州	401743	人
果洛藏族自治州	140397	人
玉树藏族自治州	268825	人
海西蒙古族藏族自治州	369136	人

三、家庭户人口

2000年11月1日0时,全省共有家庭户1257158户,家庭户人口为4971994人,占总人口的95.96%,平均家庭户规模为3.95人,比1990年的4.66人下降了0.71人。

四、年龄构成

全省的人口中,0—14岁的人口为1379301人,占26.62%;15—64岁的人口为3578011人,占69.05%;65岁及以上人口为224248人,占4.33%。同1990年第四次人口普查相比,0—14岁人口的比重下降了4.13个百分点,65岁及以上人口的比重上升了1.26个百分点。

五、性别构成

全省的人口中,男性为2679089人,占51.7%;女性为2502471人,占48.3%。性别比(以女性为100,男性对女性的比例)为107.06。

六、民族构成

全省的人口中,汉族人口为2823305人,占54.49%;少数民族人口为2358255人,占45.51%。其中:藏族1134236人,占总人口的21.89%;回族823463人,占15.89%;土族199470人,占3.85%;撒拉族95815人,占1.85%;蒙古族88829人,占

1.71 %；其他少数民族 16442 人，占 0.32%。

与 1990 年第四次人口普查相比，汉族人口增加了 242886 人，增长了 9.41 %；少数民族人口增加了 481728 人，增长了 25.67 %。其中：藏族增加了 222376 人，增长 24.39 %；回族增加了 184616 人，增长 28.9%；土族增加了 36605 人，增长 22.48 %；撒拉族增加了 18812 人，增长 24.43 %；蒙古族增加了 17314 人，增长 24.21 %；其他少数民族增加了 2005 人，增长 13.89%。

七、各种受教育程度人口

全省人口中，接受大学（指大专以上）教育的 170929 人；接受高中（含中专）教育的 540464 人；接受初中教育的 1122387 人；接受小学教育的 1603399 人（以上各种受教育程度的人包括各类学校的毕业生、肄业生和在校生）。

与 1990 年第四次人口普查相比，每万人中拥有各种受教育程度的人数有如下变化：具有大学受教育程度的由 149 人上升为 330 人；具有高中受教育程度的由 828 人上升为 1043 人；具有初中受教育程度的由 1776 人上升为 2166 人；具有小学受教育程度的由 2649 人上升为 3094 人。

全省人口中，文盲人口（按国际通用 15 岁及 15 岁以上不识字或识字很少的人）为 934283 人，与 1990 年第四次人口普查相比，粗文盲率（文盲人口占总人口的比重）由 27.7%下降为 18.03 %，下降了 9.67 个百分点。

八、出生率和死亡率

全省 1999 年 11 月 1 日至 2000 年 10 月 31 日的出生人口为 98954 人，死亡人口为 31610 人，出生率为 19.25 ‰，死亡率为 6.15 ‰，自然增长率为 13.10‰。

九、城乡总人口

全省人口中，居住在城镇的人口 1800935 人，占总人口的 34.76%；居住在乡村的人口 3380625 人，占总人口 65.24%。

注：1. 本公报为初步汇总数。

2. 全省总人口中包括了经事后质量抽查的漏登误差计算的人口。

3. 家庭户人口不包括相互之间没有家庭成员关系、集体居住的人。

4. 全省 1999 年 11 月 1 日至 2000 年 10 月 31 日的出生人口和死亡人口数中，包括了经事后质量抽查的漏登误差计算的人口，并以此计算了出生率、死亡率和自然增长率。

5. 城乡人口是按国家统计局 1999 年发布的《关于统计上划分城乡的规定（试行）》计算的。

2000年青海省环境状况公报

青海省环境保护局

2000年，在省委、省政府的正确领导和省直各部门的大力支持下，全省各级环保部门按照省政府的统一部署，以邓小平理论为指导，认真贯彻中央人口资源座谈会和全国环保厅局长会议精神，全面落实环境保护的各项方针政策和措施，强化环保部门环境管理执法监督和服务职能，全省环境污染状况与上年同期相比基本保持稳定；污染物排放总量控制、工业企业污染物达标排放、城市功能区达标目标即"一控双达标"目标基本实现。生态环境局部有所改善，总体恶化趋势仍在发展。

水环境

2000年，全省废水排放总量11997万吨，其中工业废水4661万吨，占全省废水总量的39%，工业废水排放量比上年同期增长13.9%。生活污水排放量7336万吨，比上年增长0.7%，占全省废水总量的61%。废水中化学需氧量排放量33218吨，其中工业废水化学需氧量排放量3872吨，比上年降低23%。生活废水化学需氧量排放量29346吨，占全省总量的88%。工业废水达标率81%，比上年增加11个百分点。全省废水排放量中有7743万吨的废水排入湟水流域，占到全省废水总量的64.5%。目前，生活污水已成为影响湟水河地表水环境质量的主要污染源。

城市地表水　2000年，湟水干流及其主要支流水污染仍呈有机污染型，主要污染因子为生化需氧量、高锰酸盐指数、氨氮、石油类，湟水水质达不到应执行的Ⅲ类地表水环境质量标准。

在17个监测断面中，湟水干流、沙塘川河、南川河污染轻于1999年，北川河污染程度与上年基本相同。总体来看，2000年湟水水质好于上年。

城市地下水　湟水流域，除南川河胜利公园泉地下水水质可溶性固体、总硬度、硫酸盐三项指标超标，水质属极差外，南川、西纳川、西川、平安等监测点的地下水环境质量属优良和良好级，符合国家《地下水质量标准(GB/T14848—93)》中的Ⅲ类标准。

2000年，西宁市降水年均pH值为6.51，其范围在5.4—8.83内，全年出现一次酸性降水。

大气环境

我省能源消耗主要以煤炭为主，城市环境空气呈煤烟型污染，以尘类污染为主，二氧化硫、氮氧化物污染尚不突出，主要污染因子为总悬浮颗粒物和降尘。

2000年，全省工业废气排放量607亿标立米，与上年同期基本持平。废气中主要污染物二氧化硫排放量32017吨，比上年增长3.2%，其中工业二氧化硫排放量20177吨，比上年增长6.2%，生活二氧化硫排放量11840吨，占全省总量的37%；废气中烟尘排放量81605吨，比上年增长16%，其中工业烟尘排放量63810吨，比上年增长21%，生活烟尘排放量17795吨，占全省总量的21.8%；工业粉尘排放量41658吨，比上年降低34.9%。工业废气排放量主要来自西宁市、海东地区、黄南州，其排放量占全省排放总量的90%；主要排放行业为有色金属冶炼、电力行业、非金属矿制品业、黑色金属冶炼业、采掘业，其排放量占全省总量的95%。

城市环境空气　2000年，西宁市、大通县和格尔木市空气污染综合指数分别为1.54、2.57、4.70，西宁市仍属中度污染，大通县为重度污染，格尔木市为极重污染。与上年相比，西宁市、大通县污染程度有所降低，格尔木市污染加重。

据监测，西宁市二氧化硫、氮氧化物年均值、点日均值均未超标；总悬浮颗粒物年均值超标率1.2倍，点日均值超标70.3%；降尘年均值超标0.3倍，月均值超标率 65.5%。

大通县环境空气中，二氧化硫年均值、点日均值均未超标；氮氧化物年均值未超标，点日均值超标率 11.7%；总悬浮颗粒物年均值超标 3.0 倍，点日均值超标率 93.9%；降尘年均值超标 0.2 倍，月均值超标率 53.2%；氟化物年均值超标 2.7 倍，月均值超标率 87.4%。

格尔木市氮氧化物年均值、点日均值均未超标；二氧化硫年均值超标率 5.2 倍，点日均值超标率 75%；总悬浮颗粒物年均值超标 3.2 倍，点日均值超标率 46.2%。

声环境

城市噪声　2000 年，西宁市城市平均等效声级 54.5dB(A)，与上年基本相同。噪声源主要为生活噪声和交通运输噪声。

交通运输噪声污染状况：西宁市区 35 条主要交通干线交通运输噪声平均等效声级 73.3 dB(A)，超标率 93.4%。与 1999 年相比，交通运输噪声下降 1.9分贝。西宁市在全国属交通噪声污染最严重城市。

功能区噪声污染状况：西宁市功能区噪声除 3 类区域昼间、夜间均未超标外，其余各功能区昼、夜间均有不同程度的超标，与往年相比无明显变化。

固体废物

2000 年，全省工业固体废物产生量 337 万吨，比上年增长 10.5%。工业固体废物综合利用量 458 万吨，综合利用率 63%，比上年增长 27 个百分点。工业固体废物排放量 0.12 万吨，仅占产生量的 0.04%。产生的工业固体废物主要为尾矿、炉渣、粉煤灰、煤矸石、冶炼废渣，它们的产生量分别占总量的 68.9%、9.84%、8.1%、5.8%、5.6%。产生固体废物的主要地区为海西地区，其排放量占全省总量的 69%。

乡镇工业污染状况

通过对重点乡镇工业污染源的调查及非重点乡镇工业的测算，2000 年全省乡镇工业废水排放量 94.3 万吨，占全省工业废水的 2%，比上年同期下降 3.2%；工业废水中化学需氧量排放量 704 吨，比上年降低 57.7%，占全省工业废水中 COD 排放量的 18%；工业废气中二氧化硫排放量 4437 吨，占全省总量的 21.9%，比上年增长 1.4 倍；工业烟尘排放量 26357 吨，占全省总量的 41.3%，比上年增长 95%；工业粉尘排放量 12845 吨，占全省总量的 30.8%，比上年降低 53%。

乡镇工业污染主要来自造纸、水泥、砖瓦、石灰、铁合金等行业，2000 年由于产品产量的减少，COD、工业粉尘排放量有所降低。

环境污染事故

2000 年，全省共发生环境污染事故 5 起，3 起属较大事故，造成直接经济损失 15.82 万元。其中水污染事故 2 起，大气污染事故 3 起，经济损失 16.57 万元。2000 年，全省污染事故赔偿总额 19.57 万元，罚款总额 0.9 万元。

生态环境

2000 年，认真贯彻污染防治与生态保护并重的方针，在“开发中保护，保护中建设”和“实施可持续发展”思想的指导下，全省生态环境保护和建设取得重大进展。从全省实际出发，及时调整工作思路，以江河源区生态保护为重点，编制完成了《青海省长江、黄河重要生态功能区生态保护纲要》并由省政府印发实施，对已确定的黄河源头、长江源头重要生态功能区制定了抢救性保护措施。《全省生态环境调查大纲》、《长江源区生态功能区生态保护规划》、《黄河源区生态功能区生态保护规划》编制完成。首次开展了全省生态环境现状调查，完成了 41 个县域单元的调查数据采集和卫片解译。2000 年，全省生态建设力度进一步加大。完成退耕还林还草 1.805 万公顷，荒山造林种草 3.927 万公顷，人工种草 10.63 万公顷，改良草场 1.67 万公顷，治理水土流失面积 389.65平方公里。使我省局部生态环境有所改善，农牧民生产生活基本稳定。但由于受自然条件、社会经济条件以及气候变化及人为因素的影响，治理赶不上破坏的现象依然存在，使得生态环境总体恶化趋势仍在发展。

土　地

状况　全省国土面积 72.23 万平方公里，耕地面积 61.56 万公顷，占国土面积的 0.85%，比上年耕地面积略有增加。基本农田 24.77 万公顷 ，水浇地 18.97 万公顷，旱作农田面积 42.18 万公顷；全省＞6°坡耕地面积 26.86 万公顷，占总耕地面积的 43.92%，其中坡度＞25°坡耕地 3.32 万公顷，15°～25°的坡耕地 9.91 万公顷，6° ～15°的坡耕地 13.63 万公顷，坡改梯累计面积 33.65 万公顷；中低产田面积 36.14 万公顷 。

措施　2000 年，治理水土流失面积 389.65 平方公里，小流域治理 21 条，治理程度达到 70%以上。在“九五”期间，新建各类水土保持工程 896 项，综合治理小流域 98 条。

林　地

状况　全省林地面积 337.59 万公顷，占全省总面积的 4.68%，有林地面积 30.88 万公顷，占林地面积的 9.14%；疏林地 6.83 万公顷，占 2.2%；灌木林191.16万公顷，占 56.56%；未成林面积 1.72 万公顷，苗圃地 0.12 万公顷，无林地 107.24 万公顷。森林覆盖率 3.11%，增加了 0.52 个百分点，其中乔木林覆盖率 0.43%，比上年提高 0.04 个百分点。但全省森林覆盖率仍然很低，分布不均匀，龄组比例失调，水涵养功能较差等问题依然十分突出。

措施　以退耕还林还草为龙头，带动和促进了林业全面发展。在 2000 年，将退耕还林还草作为生态环境建设的重中之重，国家和地方共下达和落实林业投资 4.2 亿元，林业建设投资比去年增长 28%。在把握好“退、还、补、管”四个环节，完成退耕还林还草 1.805 万公顷，荒山造林种草 3.927 万公顷，取得了试点示范阶段性成果。在退耕还林还草工程的带动下，“三北”防护林、长江中上游防护林、防沙治沙工程及重点生态县等重点工程完成造林 2.363万公顷；天然林保护面积 198.33 万公顷。截止 2000 年，全省在“九五”期间共完成人工造林 22.45 万公顷，封山育林 26.92 万公顷。森林覆盖率由 2.59%提高到 3.11%。林业的发展，改善了部分地区的生产条件和生态环境，促进了农牧业的发展。

草　地

状况　全省草地面积 3644.94 万公顷，占全省国土面积的 50.5%，其中可利用草地 3160 万公顷。受自然和人为因素影响，全省草地约有 90%出现了不同程度的退化，中度以上退化草地面积833.3 万公顷。全省现有草地鼠害面积 797 万公顷，占全省可利用草地面积的三分之一，鼠洞密度达 1334 个/公顷，草原毛虫危害面积 100 万公顷。草地超载过牧的问题日渐突出，已成为造成草地不断退化的主要原因。

措施　2000 年全省投入草地建设资金 2.3575亿元，完成人工种草 10.63 万公顷，改良草场 1.67 万公顷，建立围栏草场 23.98 万公顷，灭鼠 155.25 万公顷，治虫 6.27 万公顷。海北州四县和黄南州河南县成为全省第一批无地面鼠害县，通过验收。

自然保护区建设

2000 年，我省加大了自然保护区建设工作。新建四个省级自然保护区，新增面积 3192.947 万公顷，其中三江源自然保护区是我国目前海拔最高、湿地面积最大、高原物种最为集中的自然保护区。江泽民总书记亲自题写了“三江源自然保护区”碑名，布赫副委员长撰写了碑文。到 2000 年底，我省建成省级以上自然保护区 8 处，面积达 3695.196 万公顷，占国土面积的 51.16%。使青海省“半壁河山”纳入了自然保护区的管理与建设。

生物多样性保护

全省分布有国家一、二级重点保护动物74种，其中一类22种，二类52种，地方重点保护动物36种，受保护的动物种总计110种，占全省动物种数的27.9%。全省分布有国家重点保护植物5种，均为二级重点保护植物。

生态农业县建设

2000年，我省生态综合治理重点县建设由17个扩大到21个，其中6个县完成三期生态环境综合治理，并通过省级验收。

农业生态环境保护

根据国家环保总局要求，结合我省实际，在省内主要公路、铁路沿线和机场周围划定了秸秆禁烧区，基本实现了秸秆禁烧，全年未发生因焚烧秸秆而导致的事故。

气候变化与自然灾害

2000年仍是自然灾害频繁发生的重灾年。

旱　灾　继前两年大旱之后，2000年全省又发生了大面积严重的干旱灾害。入春以后，海东、海南、黄南、海西、海北等州的20个县出现了持续高温少雨天气。4—7月下旬，全省大部分地区气温较历史同期比偏高1—2℃，降水偏少5—8成，大风、沙尘暴时数增加60%，在全省435条较大河流中，120余条干涸，200余条来水量减少4成以上。黄河上游来水量较多年平均减少42.2%，湟水干流自5月9日处于断流状态延续到7月下旬。据统计，当年全省80%的县(市、区)受旱，农业受旱面积650万亩，占总春播面积的78%，其中成灾面积480万亩、绝收160万亩，粮油减产10.5亿斤，直接经济损失10亿多元.草原受旱面积2.2亿亩，其中1.39亿亩牧草返青时间推迟80—90天，单位产草量下降20%左右。全省28座城镇供水出现紧张，146万人、1540万牲畜饮水发生困难。

洪涝灾害　在遭受严重干旱灾害之后，到深夏季节，强对流天气频繁出现，暴雨洪水使24个县、74个乡(镇)、22.6万人受灾。农田受灾面积37.9万亩、绝收14.5万亩，洪水致7人死亡、2822万头牲畜被卷走，冲毁房屋1630间、输电线路11.1公里、通信线路14.5公里，损坏农灌设施443处、水电站13座，造成直接经济损失1.2亿多元。

地质灾害　2000年是发生突发性地质灾害较少、人员伤亡较少、经济损失较轻的年份。全省共发生突发性地质灾害7起，造成18人死亡，4人重伤，直接经济损失3.38万元。其中瓦斯爆炸和二氧化碳突出各1起，死亡10人；滑坡3起，死亡7人，1人受伤；崩塌1起，死亡1人，3人重伤。

青海省省级以上自然保护区名录

自然保护区名称	地　　点	面　积(万公顷)	主要保护动物	建立日期	级　别
1、可可西里自然保护	玉树州	450	野牦牛、野驴、藏羚羊、雪豹等	95.10	国家级
2、青海湖自保护区	海南州	49.52	班头雁.棕头鸥等	75.8	国家级
3、隆宝自然保护区	玉树州	1	黑颈鹤.天鹅等	86.7	国家级
4、孟达自然保护区	循化县	1.729	森林生态系统及野生植物	80.9	国家级
5、三江源自然保护区	玉树州、果洛州全部及海南州、海西州、黄南州部分地区	3160	湿地、森林、高寒草原、冰川等	2000.5	省　级
6、可鲁克湖托索湖自然保护区	德令哈市	1.477	湿地水禽	2000.5	省　级
7、格尔木胡场林自然保护区	格尔木市郭勒木德乡托拉海牧业区	0.42	荒漠植被	2000.5	省　级
8、柴达木自然保护区	德令哈市南部	31.05	荒漠植被	2000.5	省级

环境保护工作

工业污染防治

*“一控双达标”任务基本完成。*为实现国务院确定的到2000年底污染物排放总量控制、工业企业污染物达标排放、城市功能区达标目标(即“一控双达标”目标),各地把加强工业污染控制作为环境管理的重中之重。工业污染防治以“三点一线”为重点,按照《青海省主要污染物排放总量控制实施方案》、《青海省2000年工业污染源达标排放工作方案》和省政府办公厅印发的《实施“一控双达标”攻坚行动的通知》要求,按照省政府要求,层层建立目标责任制,严格实行重点污染企业达标情况月报制度,加强了对重点排污企业的监督检查,对未治理的企业下达了限期治理的通知,对无行动、未动工企业在《青海日报》等新闻媒体公开曝光,加快了污染治理步伐。城市环境综合整治以西宁市为重点,制定了《2000年工业污染源和城市环境功能区达标方案》,组织实施污水处理、垃圾处理工程,认真落实烟尘控制、噪声监管、城市绿化、周报公布措施,将烟尘控制区、环境噪声达标区等二十余项考核指标分解落实到各区(县)和有关责任单位。截至2000年底,全省65家重点污染企业有58家达标,达标率89%;全省220家工业企业有187家达标,达标率85%;西宁市地表水和环境空气按功能区基本达到了国家规定的标准;十三项污染物总量控制指标均控制在计划指标之内,总量控制计划完成率为100%。

*严格执行排污申报制度。*2000年,全省有125家企业完成了水污染物排放申报登记,156家企业完成了大气污染物排放申报登记。

2000年“九五”总量控制计划指标完成情况

指　标	总量计划指标	2000年实际数
化学需氧量(万吨)	4.0	3.32
石油类(吨)	490	159
挥发酚(吨)	5.806	0.01
氰化物(吨)	0.62	0
砷(吨)	0.27	0
汞(吨)	0.21	0
铅(吨)	1.23	0.07
镉(吨)	0.24	0.10
六价铬(吨)	0.50	0.19
烟尘(万吨)	12.5	8.16
二氧化硫(万吨)	5.0	3.20
工业粉尘(万吨)	8.0	4.17
工业固体废物(万吨)	97.8	0.12

严格执行建设项目环境影响评价审批和“三同时”管理制度,不断强化建设项目环境管理制度,加大落实“环境影响评价”和“三同时”制度的督查力度,全年共办理260个建设项目环境影响评价报告书(表)的审批工作,审查审批省级自然资源开发项目19项,参与审查国家环境保护总局审批项目5项,对不符合环保要求的建设项目进行了否决。2000年全省建设项目环境影响评价执行率达97%,“三同时”执行率达到96%,“三同时”合格率82%,全省开发建设项目环评执行率和“三同时”执行率比上年有了明显提高。

通过加大环境监督管理力度,全省“三废”综合利用水平有不同程度的提高。2000年工业废水排放达标率81%,比上年增加11个百分点;工业废水处理率75%,比上年减少1个百分点;工业重复用水率为76%,比上年减少6个百分点。工业废气中,燃料燃烧废气消烟除尘率为94.4%,比上年增加2.9个百分点,生产工艺废气净化处理率为61%,比上年减少2个百分点;烟尘去除率为83%,比上年减少4个百分点,工业粉尘回收率73%,比上年提高15个百分点。工业固体废物综合利用率为63%,比上年增加27个百分点。

放射性污染防治

截止2000年底,全省放射性废物污染防治设施累计收贮各类放射性废物4132公斤、放射性废源328枚、放射性核素16种、放射性总活度8.78×10^{11}Bq;已退役核设施放射性污染物污染防治设施,填埋放射性污染物6161立方米,放射性核素3种、放射性总活度约3.12×10^{10}Bq。目前,这些放射性污染防治设施运行安全正常,周围环境辐射水平处于本底状态,有效防止了放射性废物和污染物对环境的污染和对公众健康的危害。

城市基础设施建设

2000年,西宁市人均公共绿地面积由上年的3.6平方米扩大到4平方米,建成区绿化覆盖面积由上年的9.44平方公里扩大到10.69平方公里,建成区绿化覆盖率由上年的18.44%提高到19.80%。全市已有45.74万人用上了煤气、石油液化气,城市气化率达到74.24%,比上年提高10个百分点。城市集中供热率为40.57%。建成烟尘控制区5个,面积48.21平方公里。建成噪声达标区10个,面积31.29

平方公里。2000年西宁市城市环境综合整治定量考核自测得分73.84分，结果好于上年。全省第一座投资1.69亿元、日处理8.5万吨的西宁市城市生活污水处理厂一期工程已完成部分配套设施的建设，预计将于2001年竣工。

环境监督与管理

加强环境法制建设。全省环保系统继续加强依法治理力度，规范行政执法行为，健全完善责任制、公示制、督察制、错案和执法过错追究制等四项制度，依法治理工作取得一定成效。加大了环境保护地方立法工作，青海省人大常委会第十九次会议批准通过了《果洛藏族自治州生态环境保护条例》，于2000年10月1日正式实施。西宁市政府公布了《西宁市机动车排气污染监督管理暂行办法》，于2000年12月1日起正式施行。到目前为止，我省已颁布实施四部地方性环境保护法规。

加大了生态环境保护执法力度，会同省监察、工商、公安、农业、畜牧等部门对西宁市、海南州、海东地区联合开展了禁止采集和销售发菜、制止滥挖甘草和麻黄草的执法检查工作，初步抑制了搂发菜、滥挖甘草、麻黄草的势头。并对门源种马场和浩门农场开垦草原破坏植被事件和109国道公路两旁取土坑恢复情况进行了检查，对违法行为做出了相应处理。

环境监理工作取得成绩。强化监督管理，规范执法行为，加大了环境监理工作力度。坚持“严格执法，热情服务”的原则，取得了一定成效。全省各级环境监理部门全年共进行现场监督、检查达7556人次，其中对现有环保设施运行情况现场监督检查5837人次；建设项目现场监督检查324人次；限期治理项目现场检查493人；排污申报检查699人次；排污收费监理203人次，处理来信来访1009次，处理率99%。在2000年度，省环境监理站获“全国环保系统精神文明建设先进集体”荣誉称号。

环保产业

2000年全省从事环保产业的单位20家，主要集中在西宁地区。其中从事环保产品生产、环境工程的单位11家，从事环境保护咨询服务业的单位9家，从业人员484人，年创产值2054.52万元。

加大了全省环保产业市场监督管理的力度，对进入我省的环保产品严格审查，2000年共有23家企业所生产的环保产品通过了省级认定。

环境科研与宣传教育

环境科研取得新成果。向省科委申报了《自焙阳极铝电解槽烟气新干法净化技术试验研究》等六项环境科研课题。《SKL系列干湿复合冲击式烟气净化器》环境科研开发项目参加了2000年国家重点环境保护实用技术的评审。根据科技体制改革要求，青海省环境科学研究所由事业法人改为企业法人，并更名为青海省环境科学研究设计院，开始进入了企业化运行机制。

环境宣传紧密围绕“六·五”宣传主题，开展了丰富多彩的宣传活动。通过在西宁地区及各地电视台、电台播放环保公益广告和节目，实施“美孚基金”青海省江河源区生态保护2000年宣传教育项目、开展江河源环保世纪行记者采访报道、举办“青药杯”全省环保辩论会等活动，掀起了环保宣传高潮。全省累计发放各类环保宣传材料10万多份，播放专题宣教片20余次，特别是海北、果洛等少数民族地区环境宣传工作取得明显成效。

环境教育进一步加强。认真开展环境知识教育，西宁地区狠抓中小学环保知识教育，在有关中小学开设环保课，组织创建了西宁五中、西宁市虎台中学2所受国家表彰的绿色学校，实施了西宁五中全球性学习观察计划学校项目，完成了青少年生态环境观察站青海预选站点工作。

对外合作与交流

积极扩大对外合作与交流。年内与日本国日商株式会社中国政府开发援助推进委员会代表、美中环境基金会环境顾问、世行驻中国代表处中国项目高级顾问、国际野生动植物保护协会代表就有关环境合作问题进行接触与交流。同时，还组织召开了西部大开发环境保护研讨会，协办了中国西部大开发和西部资源环境学术研讨会及国合会环境经济工作组会议。

环保队伍建设

2000年，全省环保机构数达70个，其中环保局26个、监测站17个、监理站(所)15个。环保系统人员数为538人，其中专业技术人员348人，占总人数的64.7%。

QHTJNJ

特　　载

Special Notes

关于青海省国民经济和社会发展“十五”计划纲要的报告

——2001年1月10日在青海省第九届人民代表大会第四次会议上

省长　　赵乐际

各位代表：

根据党的十五届五中全会和《中共青海省委关于制定全省国民经济和社会发展第十个五年计划的建议》精神，省人民政府在广泛征求各方面竟见的基础上，制定了《青海省国民经济和社会发展第十个五年计划纲要(草案)》。现在，我代表省人民政府向大会作《青海省国民经济和社会发展第十个五年计划纲要(草案)》的报告，请连同《纲要(草案)》一并审议，并请省政协各位委员提出意见。

一、“九五”发展的简要回顾

“九五”时期，全省各族人民坚持党的基本理论、基本路线和基本纲领，艰苦奋斗，开拓进取，努力推动经济社会持续快速健康发展，“九五”计划的主要任务如期完成，现代化建设的第二步战略目标基本实现，并开始向第三步战略迈进。

——*经济发展速度加快，综合经济实力增强。*预计2000年全省国内生产总值达到263亿元，比上年增长9%，“九五”年均增长8.8%，发展速度长期落后于全国平均水平的状况得到扭转，提前一年实现了翻两番的目标。全省一般财政收入达到29.04亿元，比“八五”末增长65%。

——*固定资产投资增加，发展条件明显改善。*全社会固定资产投资累计完成574亿元，比“八五”增加1.9倍，其中2000年完成154亿元。建成了一批重点基础设施和资源开发项目，基础设施得到明显改善，形成了一批新的经济增长点，发展后劲进一步增强。

——*结构调整稳步推进，经济增长质量提高。*支柱和优势产业进一步发展壮大，高新技术产业开始起步，第三产业保持快速增长。非国有经济得到长足发展，在全省经济中的比重达到30%。

——*经济体制改革不断深化，对外开放进一步扩大。*国有企业在体制创新中活力增强，效益明显好转。全省工业企业和内外贸易企业扭转了连续七年亏损的局面，总体扭亏为盈。对外开放进一步扩大，累计利用外资总额2.96亿美元，是1978年到1995年总和的2倍。横向经济联合领域拓宽，吸收省外投资大幅增加。

——*社会保障体系初步形成，城乡居民生活水平提高。*全省初步建立了国有企业下岗职工基本生活保障、失业保险和城镇居民最低生活保障制度。预计2000年城镇居民人均可支配收入达到5170元，“九五”年均增长5.5%；农牧民人均纯收入达到1490元，“九五”年均增长5.2%。扶贫攻坚取得新成效，五年内解决了55万贫困人口的温饱问题，贫困地区的生产生活条件得到明显改善。

——*科教兴青战略稳步实施，各项社会事业有了新的进步。*应用研究、技术推广和科技创新取得一批重要成果，科技进步对经济增长的贡献率由“八五”末的30%提高到35%。基础教育进一步加强，19个县实现了“两基”目标。高等院校和中专学校的布局和专业设置得到优化，办学规模扩大，在校生比“八五”末增长80%。预计人口自然增长率年均14.7‰，控制在计划目标以内。文化、卫生、体育、广播电视、新闻出版、社会科学、环境保护等有了新的发展。

与此同时，顺利完成了省级政府机构改革，政府职能转变有了积极进展。民族宗教工作进一步加强，民族团结、社会稳定的政治局面得到巩固和发展，社会主义精神文明建设和民主法制建设取得了新的成绩。

各位代表:“九五”时期是我省经济运行的体制环境、资源配置方式和经济运行方式发生重大变化的五年。“九五”的发展,不仅为我们“十五”的快速发展和实现第三步战略目标奠定了基础,而且极大地丰富了全省各族干部群众现代化建设的实践。这些成就的取得,是贯彻党的路线、方针、政策的结果,是落实省委一系列正确决策,全省各族人民艰苦奋斗、开拓进取的结果。同时,与省人大及其常委会的有效监督和大力支持,与人民政协对政府工作的关心帮助是分不开的。在此,我代表省人民政府向各位人大代表和政协委员表示衷心的感谢!向奋斗在各条战线上的工人、农牧民、知识分子、干部职工和社会各界人士,向人民解放军驻青部队指战员和武警官兵及公安干警致以崇高的敬意!

在充分肯定“九五”成就的同时,我们也要清醒地看到,当前我省经济社会发展中还存在着一些突出的矛盾和问题。一是经济发展与全国平均水平存在较大差距。2000年,我省人均国内生产总值为全国平均水平的70%,城镇居民人均可支配收入为全国平均水平的82%,农牧民人均纯收入为全国平均水平的66%,加快发展的任务十分艰巨。二是结构性矛盾突出。农牧业基础比较薄弱,农牧民收入增长缓慢;国有企业经营机制转换滞后,创新能力、竞争能力和盈利能力不强,支柱产业和特色经济规模小,调整重组任务艰巨,下岗职工增多,就业问题突出;财政收支矛盾尖锐,社会保障能力不足。三是科技教育基础薄弱,创新能力不强,劳动者素质不高,人才匮乏。四是改革开放力度不够,经济运行机制不活,市场配置资源的基础性作用还没有得到有效发挥。五是干部群众的思想观念同发展社会主义市场经济和西部大开发的要求不相适应,政府工作中官僚主义、形式主义和教条主义的问题时有发生。上述矛盾和问题是加快发展的突出制约因素,必须高度重视,努力加以解决。

二、“十五”发展的指导思想和奋斗目标

“十五”是我省经济社会发展的重要历史时期。“发展是硬道理”,解决青海经济社会中的深层次矛盾和问题,关键在于加快发展。青海人口少、资源优势突出,经济发展的潜力和空间大。随着我国加入世界贸易组织和国家实施西部大开发战略,加快发展的有利因素日益增多。“十五”期间全省经济保持较快发展速度不仅十分必要,而且也是完全可能的。只要我们紧紧抓住发展的机遇,实施正确的政策措施,调动好、发挥好、保护好全省各族人民的积极性、主动性和创造性,卧薪尝胆,励精图治,开拓进取,扎实工作,就一定能够实现经济和社会发展新跨越,走在西部大开发的前列。

“十五”期间,全省经济社会发展的指导思想是:**全面贯彻落实党的十五大精神和中央西部大开发战略,紧紧围绕抓住机遇、加快发展、富民强省、建设小康这个主题,以调整结构为主线,以改革开放和科技进步为动力,以提高人民生活水平为根本出发点,加快基础设施建设,加强生态环境保护与治理,加速市场化、城镇化、信息化、工业化进程,推动社会事业全面进步,实现经济社会的协调发展和新的跨越。**

主要奋斗目标是:**国内生产总值和财政收入保持年均10%以上的增长速度,全社会固定资产投资达到1100亿元以上,农牧民人均纯收入年均增长不低于6%,城镇居民人均可支配收入年均增长不低于8%;基础设施建设要有突破性的进展;科教文卫事业要与经济发展相适应;生态环境恶化趋势得到初步遏制,国有企业建立现代企业制度取得重大进展,完善社会主义市场经济体制迈出实质性步伐。**

实现“十五”奋斗目标,要始终坚持和贯彻以下原则:一是坚持以发展为主题,以“三个有利于”为标准,把发展社会生产力作为根本任务,勇于探索,大胆创新,力争在西部大开发中有所作为,走在前列;二是坚持以调整结构为主线,着眼于增强经济发展活力和市场竞争力,着眼于提高国民经济整体素质和效益,积极推进经济结构的战略性调整,努力构筑具有青海特色和竞争优势的经济框架;三是坚持以改革开放和科技创新为动力,不断创新政府管理体制和经济运行机制,大力提高劳动者素质和科技进步水平,努力实现经济体制和经济增长方式的根本性转变,进一步解放和发展生产力;四是坚持把提高人民生活水平作为政府工作的根本出发点,不断满足人民群众日益增长的物质文化需要,把青海各族人民的利益维护好、实现好、发展好,促进社会主义物质文明和精神文明建设协调发展。

三、加强农牧业基础地位,推动农牧区经济全面发展

“十五”期间，要坚持党在农村的基本政策不动摇，坚持农牧业的基础地位不动摇，大力推进农牧区经济结构调整，建立并实行以农牧业增加值和农牧民增收两大指标为主要内容的考核体系，不断提高农牧业整体素质和农牧区经济发展水平。

(一)加强农牧业基础设施建设，改善农牧业生产条件。抓住国家实施西部大开发的机遇，多方争取资金，坚持不懈地搞好以农田水利、草原水利和“四配套”为重点的农牧业基础设施建设。在搞好现有水利设施挖潜配套和除险加固的同时，切实抓好黑泉水库、湟水北干渠、李家峡南北干渠等骨干水利工程。加大雨水集流、节水灌溉的力度，力争在解决干旱缺水问题上取得大的突破。有步骤地抓好农牧区供水、供电、道路和通信建设，使农村牧区的基础设施条件有一个明显的改善。

(二)大力推进产业化经营，促进农牧业结构调整。今后五年，要把产业化经营作为推进农牧区经济结构调整的重要举措，制定实施积极有效的政策措施，加大资金、技术、信息、人才等方面的支持力度，择优扶持一批有优势、有特色的生产、流通、贮运龙头企业，规划和建设一批区域性农畜产品市场，带动特色农畜产品基地建设和精深加工业有一个大的发展，加快农牧业产业化进程。按照市场经济要求，改革和加强农牧业社会化服务体系建设，建立农牧业科技示范园区，加快农牧业先进适用技术的推广和普及，依靠科技创新带动农牧业结构调整，提高农牧业科技含量和整体效益。

(三)加快农牧区城镇化进程，增强区域经济发展活力。要把加快城镇建设与农牧业产业化经营、发展乡镇企业和转移农牧区富余劳动力结合起来，积极推动乡镇企业结构调整、体制创新，引导已经富裕起来的有固定收入的农牧民向城镇转移，实现安居兴业，逐步使城镇发展成为带动当地经济和社会发展的区域性中心。“十五”期间，全省城镇人口比例由现在的36%，提高到45%以上。

(四)强化扶贫攻坚，稳定解决贫困问题。认真总结“八七”扶贫攻坚的成功经验，继续组织实施“三大扶贫工程”，改善基础设施条件和生态环境。加强对贫困地区农牧民的劳动技术培训，着力提高贫困群众的科技文化素质，增强脱贫致富的能力。继续实行定点扶贫、对口帮扶和行业扶贫等多种措施，在“十五”末稳定解决贫困地区群众的温饱问题。

四、加大产业结构调整步伐，着力发展高原特色经济

“十五”期间，我省产业结构调整的基本思路是：以市场需求为导向，以优势资源为依托，以技术进步为手段，培育壮大支柱产业，大力扶持新兴产业，积极发展旅游业，构筑具有竞争优势的特色经济。根据这一思路，重点抓好以下工作：

第一、大力发展独具特色的种植业和养殖业，不断提高农牧业综合生产能力。充分利用高原气候和地理特点，在稳定提高粮食生产能力的同时，精心培育豆类、油菜籽、脱毒马铃薯、反季节蔬菜、中藏药材及高原花卉等种植业主导产品，扩大规模，增强优势，建成一批特色农产品生产基地。进一步优化养殖业结构，提高母畜比例和良种化程度，建设羔羊、犊牛肉生产、加工、销售基地。加快农区畜牧业发展，扩大“西繁东育”规模。探索珍稀野生动物的驯化和人工饲养，积极发展经济林果和水产养殖业。

第二、培育和壮大支柱产业，加快发展优势产业。积极推进盐湖资源的综合开发利用，发展钾肥、锂等系列产品，建设钾肥100万吨工程，建成国家重要的盐化工生产基地。加快黄河上游水电资源的开发步伐，建设公伯峡、尼那、直岗拉卡等水电站，认真做好拉西瓦等水电站的前期工作，加快建设“西电东送”电源基地。提高有色金属资源的综合利用程度，推进铝电、镁电联营，延伸产业链，提高附加值。加大石油天然气资源勘探开发力度，建成涩——宁——兰输气管道工程，积极开发下游产品，形成油气并重、油气化工与盐湖化工联合发展的新格局。同时，大力发展家畜产品加工、中藏医药、建林工业，不断壮大优势产业。

第三、以优势资源为依托，大力发展高新技术产业。坚持把优势资源的综合开发利用和培育、壮大特色经济作为发展高新技术产业的主攻方向，坚持引进与开发相结合，加大对关键技术和重大项目的开发力度。大力引进国内外高新技术，增强对资源性产品的精深加工能力，提高资源的综合利用水平和效益。重点培育农作物制种产业，农畜产品精深加工、盐湖资源综合利用、新能源、新材料及中藏药和现代生物制品技术，实施一批产业化项目，逐步形成盐湖资源综合利用、轻金属新材料和生物制

品为代表的高新技术产业体系。

*第四、以旅游业为龙头，加快发展服务业。*要把加快以旅游业为龙头的服务业的发展，作为促进全省经济结构调整的重要举措，依托独特的自然风光和人文景观，加强旅游资源保护，加快旅游基础设施和景点建设，大力发展高原特色旅游业，使之逐步成为我省第三产业的龙头和新的经济增长点。积极发展金融、信息、法律咨询、中介服务等现代服务业，拓宽服务领域，提高服务水平。面向城乡居民，大力发展商品贸易、教育培训、卫生保健、物业管理、社区服务，方便群众生活。加快服务业市场化、产业化步伐。

五、加大固定资产投入，加快基础设施建设步伐

"十五"期间，我们要紧紧抓住国家实施西部大开发战略和继续实施积极财政政策的机遇，把基础设施建设放在优先发展的地位，加大投入，先行建设，为实现青海经济社会的跨越式发展奠定基础。

继续大力抓好国道重要路段改造升级，加快省道及重要的资源开发、旅游、扶贫公路建设，实施"乡村公路通达工程"，打通连接甘、新、川、藏的出省通道，不断提高公路通达深度和等级，基本建成以西宁为中心，以国道、省道为主骨畅通便捷的公路网。到 2005 年，省会至各州州府基本通二级公路，州至县基本通三级公路，实现乡乡通公路。完成青藏铁路病害整治、扩能改造和兰青铁路电气化改造工程，建设青藏铁路格尔木至拉萨段，抓紧做好连接新疆、四川铁路的前期规划工作。完成西宁、格尔木机场的改扩建工程，开工建设巴塘、花土沟、大武等支线机场，努力使航空运输有大的发展。

加强信息基础设施建设，进一步提高通信现代化水平。提高通信网络技术层次，增强通信能力。采用卫星、光纤等先进传输手段，逐步解决边远地区的通信问题，提高农村牧区电话普及率。积极发展宽带传输网络，加快建设青海公用信息平台，实施政府、企业、高校、科研院所上网工程，逐步形成联通全省的信息网络系统，促进国民经济信息化。

加快中心城市和重点城镇的公用设施建设，下大力抓好污水垃圾处理、供排水、城市道路、集中供热、民用天然气输配及燃煤锅炉改造和绿化美化工程，完善城市功能，改善城市形象，增强城市在经济社会发展中的辐射带动作用。

六、加强生态环境保护和建设，不断促进可持续发展

青海是全国生态环境保护和建设的重点地区。要坚持保护与治理并重，生物措施、工程措施与发展高原特色的农牧业、旅游业和中藏药材基地建设相结合，政府投入与扩大社会投入相结合，积极探索发展生态产业的途径，努力实现生态效益、社会效益和经济效益的有机统一。重点抓好三江源自然保护区的建设与治理、环青海湖地区的草地保护与治理、东部干旱山区的水土流失治理以及柴达木盆地荒漠化治理。组织实施好退耕还林还草、休牧育草、天然林保护、小流域治理和"三北"防护林工程，遏制水土流失、草场退化和荒漠化扩大的势头，努力实现可持续发展。

加强污染治理，改善环境质量。坚持经济建设、城乡建设与环境建设同步规划、同步实施、同步发展。加强大气、水、垃圾和噪音污染的综合治理，重点抓好西宁、海东、湟水流域和柴达木盆地工业污染的控制和治理，大力整治污染严重的企业，加速淘汰落后的设备和工艺，加快推广清洁生产技术。大力开展环保教育，提高全民环境意识，加强城市环卫工作，发展环保产业，到 2005 年，基本实现污染物达标排放。

重视资源保护，提高资源利用效率。坚持"在保护中开发，在开发中保护"的方针，依法保护和开发水、土地、矿产、森林、草原等国土资源。搞好水资源的统一规划与管理，加强节水设施建设。继续实行基本农田保护制度，统筹安排各类建设用地。控制草原载畜量，切实保护好天然草场。加强资源勘探，建立健全资源有偿使用制度，制定并实施矿产资源保护与利用规划，有序开发矿产资源。

七、大力实施科教兴青战略，推动科技进步和人才培养

科技教育落后，人口素质低是制约青海经济社会发展的主要因素。"十五"期间，我省科技工作的重点，一是要加大对先进科技的引进、示范和推广应用，实施一批重大科技产业化项目；二是要集中力量解决好经济建设中的关键性技术难题，形成具有青海特色的高新技术产业体系；三是要坚持用高新技术改造提升传统产业，提高企业的市场竞争能力；四是要进一步深化科技体制改革，加快科研院所转制步伐，鼓励企业与高校、科研院所联合，建立科技与经济紧密结合的产学研一体化的机制，使企业成为科技创新和技术进步主体。

百年大计，教育为本。坚持把抓好“两基”教育放在重中之重的位置，“十五”末全省“普九”人口覆盖率达到85%。加快大中专院校的结构调整，推进高校后勤社会化改革，改善办学条件，扩大招生规模，力争“十五”期间招生人数年均增长15%以上。大力发展职业教育和成人教育，优化专业设置，提高教育质量，为青海的开发建设培养大批实用型人才。加大对民族教育的扶持力度，加速培养少数民族各类建设人才。加强教师队伍建设，全面推行教师聘任制。鼓励社会力量办学，培育多元化办学主体。

人才是加快经济社会发展最重要的资源。“十五”期间，要把人才培养和人力资源开发的重点放在营造环境、创新机制上。进一步研究制定培养、吸引人才的政策措施，营造尊重人才、鼓励创业的社会环境，形成人才脱颖而出、人尽其才的机制。要充分发挥现有科技人员的潜力和作用，以事业留人、以感情留人、以待遇留人。加强人才培养工作，坚持每年选派一定数额的骨干人员，到国外和国内发达地区的高校和科研究所深造，加速培养青海自己的科技带头人和各类人才。高度重视人才引进工作，不求所有、不求所在、但求所用，鼓励支持我省的科研院所、企业、高校和社会各方面通过多种形式聘用外部优秀人才，促进青海经济社会的快速发展。

八、积极推动经济体制改革，全面提高对外开放水平

改革开放是加快发展的动力。“十五”期间，要主动适应我国社会主义市场经济发展、加入世界贸易组织和西部大开发的要求，坚持在深化改革中扩大开放，在扩大开放中推进改革，注重用改革开放的办法，用市场经济的办法解决前进中的问题。

*深化国有企业改革，建立现代企业制度。*按照“进而有为、退而有序、抓大要强、放小要活”的原则，进一步从战略上调整国有经济布局，提高国有资本在基础设施、支柱产业、高新技术产业的集聚度。通过减持股权、合资合作、资产变现、租赁出售、兼并重组等多种形式，促进国有经济从一般竞争性领域退出。按照产权清晰、权责明确、政企分开、管理科学的要求，加快国有大中型企业规范的公司制改造，大力发展多元投资主体股份制公司，完善法人治理结构。积极探索国有资产管理的有效形式，做好向地方重点企业派出监事和财务总监的工作，在推动国有大中型企业建立现代企业制度和加强经营管理方面取得实质性进展。

*完善配套改革，促进机制创新。*继续巩固和发展商品市场，加快培育和发展土地、劳动力、技术、信息等要素市场，逐步实现主要由市场形成要素价格的机制。发展和规范各类自律性市场中介组织，发挥好服务、沟通、公证、监督作用。进一步深化投融资体制改革，培育和发展多元化投融资主体，建立政府投资项目风险责任约束机制。积极稳妥地推进税费改革，健全和完善税收制度，强化税收征管。切实推进财政制度改革，严格财政预算管理，逐步建立起适应社会主义市场经济要求的公共财政框架。按照发展社会主义市场经济的要求，切实转变政府职能，真正实现政企分开、政事分开。认真搞好州县政府机构改革和事业单位改革。推进行政审批制度改革，减少审批事项，简化审批程序，强化服务职能，提高办事效率，建立廉洁高效、运转协调、行为规范的行政管理体系。

*调整所有制结构，放手发展以民营经济为主体的中小企业。*坚持放宽政策、放手发展、放开经营的方针，进一步完善和落实扶持中小企业发展的优惠政策，放宽市场准入限制，建立和完善信用担保制度，推进中小企业组织结构、资本结构、技术结构、管理结构的优化升级，形成一批具有一定实力的生产型、科技型、就业型、外向型企业群体。引导和支持中小企业向“专、精、特、新”方向发展，与大中型企业形成合理的分工协作关系，切实增强中小企业的发展活力和竞争实力。认真落实有关政策，鼓励和支持非公有制经济快速发展，“十五”末非国有经济占全省经济的比重达到40%以上。

*改善投资环境，扩大对外开放。*加大经济建设和社会发展各个领域、各个方面、各个环节的对外开放力度，“十五”要力争在开放引进方面取得大突破，利用外资年均增长25%以上。狠抓鼓励外商投资有关政策措施的落实，积极引导各类资金向基础设施建设、生态环境建设、优势资源开发、高新技术产业投入。借助西部大开发和加入世贸组织的机遇，积极推进金融、电信、旅游、商业、交通等服务业和社会发展领域的开放度，扩大服务贸易的规模和范围，促进第三产业的快速发展。大力发展同国内

其他地区的横向经济联合，全方位吸引国内资金、技术、人才来我省投资兴业、合作发展。建立与国际惯例接轨的外贸管理体制和多元化的外贸进出口体系，大力发展加工贸易、技术服务贸易以及对外承包工程和劳务合作，“十五”末外贸进出口总额达到4.7亿美元，年均增长25%以上。争取国家批准开放西宁出入境口岸，打通我省对外交往的“门户”。

九、坚持“以人为本”，提高人民生活水平

今后五年，各 政府要把不断改善和提高各族人民的生活水平，实现小康目标，作为一切工作的出发点和落脚点，采取各种有效措施，切实抓出成效。

*努力扩大社会就业，增加群众收入。*我省群众收入水平低，重要原因是就业不充分。“十五”期间，要把扩大就业作为提高人民群众生活水平的基本途径和各级政府的优先发展目标，制定政策措施，鼓励发展劳动密集型产业，扶持非公有制企业和中小企业发展，千方百计增加就业岗位。要支持劳动力跨地区、跨行业转移，加大劳务输出力度，不断拓宽就业渠道，切实增加农牧民收入。采取提高最低工资标准和最低生活保障标准等办法，稳定提高城镇居民尤其是低收入阶层的收入。要开展多种形式的职业培训，培育和规范劳动力市场，建立健全就业服务体系。实行阶段性就业制度，发展弹性就业形式。引导全社会转变就业观念，鼓励自谋职业、自主择业，实现多形式就业。“十五”期间城镇登记失业率要力争控制在4%以内，累计转移农牧业劳动力30万人以上。

*搞好社会保障体系建设，提高保障能力。*首先，要加快建立覆盖全社会的养老、失业、医疗、最低生活保障等城镇社会保障体系，积极探索农牧区社会养老保险、合作医疗的新路子。其次，大力调整财政支出结构，加大对社会保障的投入，逐步提高社会保障资金在财政支出中的比重。财政超收部分除用于法定支出项目外，主要用于充实社会保障资金。第三，加大社会保障资金的征缴力度，拓宽社会筹资渠道，增强各级政府的社会保障能力。第四，切实提高社会保障的社会化程度和保障水平，加强对社会保障资金的收缴、支付及运营的管理，建立规范化、制度化、社会化的管理体系。

*改善人居环境，提高消费水平。*要改善城乡居民的居住条件为重点，继续大力发展城镇房地产业，推进农村村落整理、住房改造和牧区定居点建设，“十五”末城镇人均居住面积达到15平方米以上，农村砖混结构房屋达到25%以上，牧区群众基本实现定居。进一步建设、完善城市道路、环境卫生设施，大力发展社会公益事业，为人民群众提供更加方便、舒适、安全的生活环境。积极扩大助学、住房、购车、大件商品等消费信贷，改善消费环境，优化消费结构，提高人民群众的生活质量和消费水平。

*发展文化卫生事业，丰富群众精神生活。*满足人民群众日益增长的精神文化需求，加强基层文化、卫生、体育基础设施建设，完成广播电视村村通工程，积极开展丰富多彩的群众性文化体育等娱乐活动，促进文化和体育事业发展。深化医疗卫生体制改革，加强基层卫生设施建设，完善医疗卫生服务体系，提高人民健康水平。

坚持计划生育基本国策，做到发展经济和控制人口两手抓。建立和完善与社会主义市经济体制相适应的人口与计划生育工作调控体系和管理机制，采取法律、教育、经济、行政等措施综合治理人口问题，重点加强农村牧区和城镇流动人口的计划生育管理，提高人口素质，控制人口数量，确保“十五”期间人口自然增长率控制在12.5‰以下。

十、加强精神文明建设和民主法制建设，为经济和社会发展创造良好的社会环境

要以邓小平理论为指导，坚持不懈地对广大干部群众进行党的基本路线、基本理论和基本纲领教育，进行受国主义、集体主义、社会主义教育，进行马克思主义唯物论、无神论教育，弘扬科学精神、创新精神和奉献精神，树立艰苦创业、争先发展的良好精神状态，形成抓住机遇、开拓奋进的强大合力。努力提高精神文明创建活动的水平，提倡和弘扬团结互助、尊老爱幼、诚实守信的传统美德，创造适应社会主义市场经济发展要求的思想道德体系和社会风尚。重视哲学和社会科学研究工作，大力发展新闻出版、广播影视事业，繁荣文学艺术创作。加强文化市场和网站管理，净化社会环境，保证城乡文化市场健康繁荣，有序发展。

加强社会主义民主法制建设，加快推进依法治省步伐。深入开展法制宣传教育，增强全民法律意识和法制观念。加强行政立法工作，从严治政，严格执法，提高依法行政水平。各级政府都要自觉接受同级人大及其常委会的监督，接受司法机关依据行政诉讼法实施的监督，提高政府决策的科学化、民主化水平，增加政府工作的透明度，把行政执法活动置于群众监督之下。以“三个代表”的重要思想为指导，加强政府自身建设。深入开展反腐败斗争，树立廉洁、勤政、务实、高效的政府形象。加强城乡基层政权和群众自治组织建设，推动基层干部改进思想作风和工作作风。不断完善以职工代表大会和村民自治为基本形式的基层民主管理制度，积极推行政务、厂务、村务公开，扩大基层民主，强化民主监督。

全面贯彻执行党的民族宗教政策，努力做好民族宗教工作。要在各族干部群众中经常深入地进行党的民族宗教政策教育，加强马克思主义民族观和宗教观的宣传教育，引导各族干部群众牢固树立汉族离不开少数民族，少数民族离不开汉族，少数民族相互之间也离不开的观念，坚持和完善民族区域自治制度，巩固和发展平等、团结、互助的社会主义新型民族关系。依法加强对宗教事务的管理，坚决制止非法宗教活动，积极引导宗教与社会主义社会相适应。

正确认识和处理新形势下的人民内部矛盾，坚持“预防为主、教育疏导、依法处理、防止激化”的原则，加强群众性思想政治工作，认真做好对突发性、群体性事件的排查调处工作，努力把矛盾纠纷化解在基层，化解在萌芽状态。逐步完善社会调节机制，扩大公民的有序参与，把各方面的利益诉求和愿望主张引导到社会主义民主与法制的轨道上来。切实搞好社会治安综合治理，积极防范和严厉打击各种违法犯罪活动，保障人民安居乐业。坚决反对一切分裂祖国、破坏民族团结的行为，及时揭露、打击达赖集团和国内外敌对势力的分裂、渗透和破坏活动。

坚持不懈地进行国防教育，增强全民国防意识。深入开展拥军优属、拥政爱民活动，巩固发展军政军民团结。

各位代表，今年是实施“十五”计划的开局之年，也是新世纪的第一年，认真做好今年工作，对完成“十五”计划，力争西部大开发中走在前列，意义重大。今年全省经济工作的主要目标是：国内生产总值增长 9.5%以上，其中第一产业增长 4%，第二产业增长 11%，第三产业增长 10.5%；全社会固定资产投资完成 175 亿元以上；地方一般预算收入增长 13%；外贸出口增长 36%；城镇居民人均可支配收入增长 8%，达到 5584 元；农牧民人均纯收入增长 6%，达到 1580 元。上述指标是预测性的，在实际执行中要立足于确保完成和超额完成。为圆满实现经济发展目标，今年工作要突出重点，力求在重点和难点上取得突破。要全面贯彻落实党的十五届五中全会、中央经济工作会议和省委九届四次全委会精神，根据社会主义市场经济和西部大开发的要求，坚持以发展为主题，以结构调整为主线，在经济和社会发展的各个方面体现调整，突出调整，推进调整，在结构调整中保持快速发展，在加快发展中推进结构调整。今年的工作重点是：加快农牧区经济结构调整，千方百计增加农牧民收入；抓住国家实施西部大开发战略和继续实行积极财政政策的两大机遇，加大固定资产投产规模；加快企业重组步伐，推进企业结构调整；加强生态环境保护与建设，为可持续发展打好基础；进一步推进体制创新，不断提高对外开放水平；扩大就业和社会保障两手抓，提高人民群众生活水平；调整财政支出结构，确保重点支出需要；发展科技教育事业，推动科技进步和人才培养；加大管理、监督力度，维护经济秩序；改进工作风，狠抓工作落实，全面完成今年经济和社会发展的各项任务，实现“十五”计划的良好开局。

各位代表！“十五”纲要的制定，描绘了青海新世纪初跨越式发展的宏伟蓝图。实现“十五”发展目标，任重而道远。让我们紧密团结在以江泽民同志为核心的党中央周围，高举邓小平理论伟大旗帜，在省委的领导下，万众一心，抓住机遇，开拓创新，奋力争先，为全面实现“十五”计划目标，为建设经济繁荣、人民富裕、山川秀美的新青海而不懈努力！

关于青海省2000年国民经济和社会发展计划执行情况与2001年计划草案的报告(摘要)

一、2000年国民经济和社会发展计划执行情况

2000年,全省各地区、各部门在省委的领导下,经过坚持不懈的努力,全省国民经济保持了良好的发展势头,社会需求回升,经济运行质量提高。预计全年国内生产总值263亿元,增长9%,超计划0.5个百分点。其中,第一产业下降4%,第二产业增长11.7%,第三产业增长11%。预计全省地方一般预算收入16.74亿元,增长18.2%。

工业生产快速增长,结构和效益明显改善。2000年,国有企业结束了连续7年的亏损局面,总体扭亏为盈。预计全年工业增加值80亿元,增长10%。水电、盐化工、石油天然气、有色金属四大支柱产业销售收入增长30%,医药、冶金、建材分别增长36%、12%和40%。高新技术产业化项目进展顺利。高吸水性树脂项目已生产出合格产品,30万吨氯化钾等项目已开工建设,高纯碳酸锶、硼酸铝晶须等工业性试验项目取得实质性进展,800吨彩色感光材料照相明胶等项目即将付诸实施。

农牧业生产有喜有忧,生态环境建设力度加大。草食畜商品率达到19%。肉类产量达到21万吨,比上年增长4.2%。牧民人均纯收入达到2122.8元,增长15.5%。种植业扩大了油料、蔬菜、中藏药材等种植面积,经济作物占农作物播种面积比重达到35%,进一步向高效优质农业方向发展。由于遭受了有气象记录以来最严重的高温干旱灾害,全省500万亩农田受旱,农业增加值下降4%,浪油统算产量下降24.3%,受灾人口达230万人,农民人均纯收入1356.7元,下降4.7%,由于全省上下狠抓抗灾救灾工作,积极组织救灾资金、物资的调拨发放,保持了灾区社会稳定。全年农牧民人均纯收入1490元,比上年增长0.3%。

生态建设成绩显著。重点实施了黄河长江源区天然林保护和防护林建设工程,黄河上游水土流失重点治理工程,17个县的生态环境综合治理工程和16个县退耕还林还草试点。完成退耕还林还草27万亩,荒山荒地造林种草58万亩。

固定资产投资大幅度增加,重点建设项目进展顺利。预计全省全社会固定资产投资完成154亿元,增长20%,比全国平均水平高10个百分点。年初确定的十大新开工项目全部开工,进展顺利。涩一宁一兰天然气长输管道已完成总工程量的70%;青藏铁路扩能改造已完成总工程量的60%;公路网建设完成投资20亿元;农村电网建设与改造完成投资6.1亿元;城镇道路改扩建和29个藏区县城道路排水工程完成投资5.7亿元,西宁海湖路立交桥、昆仑路桥等建成通车,34个县城供水工程和12个藏区县城道路排水工程建成投运。

市场需求有所回升,物价止跌回稳。预计全年全社会消费品零售总额82.6亿元,增长10%。旅游总收入10.6亿元,比上年成倍增长。

物价工作围绕扩大消费、促进结构调整,出台了《关于发挥价格杠杆作用,促进青海经济发展的实施竟见》,进一步下放了部分省管价格权限,预计全年居民消费价格同比下降0.5%。

招商引资力度加大,对外贸易呈现恢复性增长。预计全年全省利用外资1.1亿美元,增长1.3倍,其中直接利用外资1亿美元,增长5.3倍。

对外贸易,预计全年全省进出口总额1.5亿美元,比上年增长39%,其中,出口1.1亿美元,增长26.4%。自营进出口企业成为外贸出口的骨干力量,出口比重已占全省的72%。

科技、教育等社会事业进一步发展。按照《中共中央、国务院关于加强技术创新,发展高科技,实现产业化的决定》以及"全省技术创新暨教育工作会

议”精神，对省属24所科研院所进行了转机建制和结构调整，高校由9所调整为5所，后勤管理向社会化稳步推进。中等专业学校结构调整取得阶段性成果。通过继续实施“贫三”项目（世界银行支持第三个贫困地区义务教育工程）、“国家扶贫教育工程”、“三片义务教育工程”（国家计委、财政部、教育部联合第三个贫困地区义务教育工程）和使用财政贴息贷款，增加对高校、中小学教育基础设施建设投入，进一步改善了办学条件，扩大了办学规模。普通高校招生6105人，比上年增长89.5%。中专招生5200人。小学适龄儿童入学率达到94.2%。有19个县实现了“两基”目标。计划生育工作继续加强，预计年末总人口518万人，人口自然增长率为14.7‰，控制在计划目标之内。

社会保障工作有了新的进展，实现了企业基本养老保险退休费省级统筹，建立了国有企业下岗职工基本生活费保障、失业保险制度和城镇居民最低生活保障制度，进行了企业职工医疗保险统筹试点，农村养老保险试点工作开始起步。全省城镇职工参加基本养老保险人数达37.3万人，参加失业保险48.4万人，4.5万人享受城镇居民最低生活保障。城镇居民收入增加，预计全年城镇居民人均可支配收入5170元，增长10%。

2000年全省经济和社会发展的良好态势。在肯定成绩的同时，也要高度重视经济社会生活中存在的主要矛盾和问题：一是农牧业基础地位仍然比较脆弱，防御自然灾害的能力差，增产增收困难多，扶贫难度大。由于连续两年严重干旱，2000年全省净脱贫6万人的目标未能实现，贫困人口增多。二是国有企业创新能力较弱，新上和新投产工业项目少，经济回升的基础还不稳固。三是有效需求正常增长的机制尚未完全形成，社会投资规模小，不够活跃，扩大消费还存在着一些制约因素，出口拉动经济增长的能力仍然不足。四是由于企业转机建制、破产重组力度加大，下岗职工人数增多，就业、再就业问题凸现，给经济发展和社会稳定带来不利影响。

二、2001年国民经济和社会发展的主要目标

2001年全省经济和社会发展的总体要求是：深入贯彻党的十五届五中全会、中央经济工作会议和省委九届四次全委会议精神，抓住机遇，加快发展，努力保持和发展经济增长的好势头。大力推进经济结构调整，继续加快基础设施建设，强化农牧业基础地位，努力增加农牧民收入。进一步加大企业改革力度，推进体制创新和科技进步，加快非国有制经济发展步伐，推进城镇化建设，加强生态环境治理。进一步扩大对外开放，加强对外经济技术合作，加快建立和完善社会保障体系，多渠道扩大就业，进一步改善人民生活。正确处理改革、发展、稳定的关系，促进经济持续快速健康发展和社会全面进步，努力实现“十五”计划的良好开局。

根据上述总体要求，综合考虑各方面因素，2001年全省国民经济和社会发展的主要预期目标是：

——国内生产总值按可比价格比上年增长9.5%以上。

——全社会固定资产投资规模175亿元以上，比上年增长13.6%。

——地方一般预算收入增长13%。

——居民消费价格上涨1.5%左右。

——社会消费品零售总额增长10%。

城镇居民人均可支配收入增长8%；农牧民人均纯收入增长6%。

——人口自然增长率控制在13.9‰以内。

——城镇登记失业率控制在4%。

三、2001年国民经济和社会发展的主要任务

（一）继续加大投入，保持固定资产投资的较快增长

在当前发展阶段，投资是拉动全省经济增长的主要力量。2001年固定资产投资重点：基础设施和生态环境建设，科技教育和社会公益事业，企业技术改造和高技术产业发展，经济适用住房建设，以及项目前期工作。改善投资结构，提高投资效益。

（二）巩固加强农收业基础地位，千方百计增加农牧民收入

坚持把加大重要水资源控制性工程建设力度，建成黑泉水库，争取开工建设湟水北干渠一期工程；节水放在突出位置，加快节水灌溉示范工程和重要灌区水利设施配套改造工程建设，继续搞好雨水集流、病险水库的除险加固工程和湟水河等主要河段的防洪提防建设；抓好“两化一平”（化隆、循化、平安）农业综合开发和异地扶贫开发项目；积极推进以

环湖为重点的草原水利设施建设和青南牧区“四配套”防灾基地建设。

强化生态环境建设，增强可持续发展能力。加快实施长江、黄河流域上中游地区天然林保护和防护林体系建设工程，抓好重点地区生态环境综合治理，继续抓紧做好三江源自然保护区、塔拉滩生态治理、格尔木荒漠化治理、青南及环湖天然草地保护与治理等重点工程的前期工作。稳步推进退耕还林还草，建设林木种苗和草籽基地。2001 年计划退耕还林还草试点 27 万亩，造林合格面积 120 万亩，人工种草 140 万亩，建设围栏草场 280 万亩，草地灭鼠治虫 2600 万亩，治理水土流失面积 600 平方公里以上。

加快农牧业结构调整，推进农牧业产业化步伐。大力扶持以百盛公司为龙头的外销特菜生产经营项目，以农牧控股公司为龙头的马铃薯产业化项目，海东、海西杂交油菜等产业化项目，以及海东的优质沙棘种植加工、共和盆地和果洛地区的麻黄草、大黄等中药材种植加工等产业，继续建设球根花卉基地和以西宁市、格尔木市、海东为重点的反季节蔬菜生产基地。搞好毛肉兼用半细毛羊、优质牧草基地以及湖东种羊场和三角城种羊场细毛羊原种项目建设，大力发展农区畜牧业和西繁东育工程，进一步扶持牛羊育肥和规模化养殖业。鼓励发展“公司＋农户”、订单农牧业等经营形式，增加农畜产品后续效益。引导乡镇企业推进结构调整、技术进步和体制创新，扩规模、上水平、增效益。

切实减轻农牧民负担，多渠道增加农牧民收入。要按照国家的有关政策，合理确定粮食收购价格，严格执行按保护价敞开收购农民余粮的政策。禁止各种面向农牧民的乱收费、乱集资、乱摊派，切实纠正各种变相加重农牧民负担的做法。全面推进农村税费改革，精简乡镇政府机构和人员，实行村务公开。加快农村信用社管理体制改革，为农牧民提供方便、及时的信贷服务。

从推进农牧业产业化经营，发展农村牧区二、三产业，加快小城镇发展等多方面采取综合措施，拓宽农牧民增收渠道。

（三）加快工业结构调整，努力实现经济增长方式的转变

继续发展壮大支柱产业和优势产业。电力工业，围绕国家“西电东送”部署，争取开工建设公伯峡、尼那、直岗拉卡水电站和桥电五号机组，建成乌兰至格尔木 330 千伏输电线路，基本完成西宁城网改造工程和全省 42 个县(区)的农网改造任务，实现城乡用电同网同价。进一步加大油气资源勘探开发力度，抓紧搞好与意大利合作开展的涩北区块风险勘探工作，力争油气储量、产量有所突破，建成涩——宁——兰天然气输气管道和西宁地区输气管网工程。盐化工业，继续建设 100 万吨氯化钾项目，做好 60 万吨纯碱和合成光卤石等项目的前期工作。有色金属工业，开工建设赛什塘铜矿，做好 5 万吨镁系列产品项目的前期工作和大柴旦滩涧山金矿的风险勘探。医药工业，依托青海制药厂、三普、金诃和晶珠等几个龙头企业，大力开发和生产麻醉药品、治疗心脑血管疾病、肝炎和风湿类疾病的系列中藏药品和保健药品。农畜产品加工业，继续开发和生产天然绿色营养食品，青稞酒系列产品，高档次绒毛制品，牛、羊肉加工及制成品，促进农副产品转化增值。

加大资产重组和技术改造力度。通过资产置换、组建集团、联合上市等多种方式，促进企业的优化重组。重点做好机械行业的机床、工程机械、汽车零配件三个领域的联合扩张，在机械行业形成几个核心企业。抓好机械、冶金、建材等行业重点企业的技术改造，建设西宁特钠集团小型连轧项目，青海水泥厂日产 1000 吨熟料生产线，青海新源铝加工有限责任公司铝板、铝箔生产线以及青海三普制药厂 GMP 改扩建工程。2001 年技术改造投资 20 亿元，增长 17.6%。

加快建立规范的现代企业制度。加快国有大中型企业的股份制改造步伐，争取 28 户重点企业中有 2/3 以上的企业实现股权多元化。

（四）加快交通通信设施建设，努力改善投资和发展环境

交通建设。公路，继续建设西宁——马场垣高速公路，改建西宁——湟源一级公路、日月山——格尔木二级公路、214 国道姜路岭至清水河段、315 国道湟源至察汗诺段二级公路，以及临平公路阿岱至大力加山段。适应旅游业大发展的需要，建设环湖公路和通往坎布拉、孟达、互助北山、黄河源头的旅游公路。加大对贫困地区公路建设的资金投入，继续实施

"乡村公路通达工程",扩大公路覆盖面,提高通达深度。铁路,继续进行青藏铁路扩能改造,确保2001年全部竣工。开工建设青藏铁路格尔木——拉萨段。民航,争取开工建设格尔木、西宁机场。抓紧做好巴塘、花土沟、德令哈、大武等支线机场的前期工作。

信息基础设施建设,积极推进全省政府、企业、科研院所和学校上网工程,加快数据通信网络建设,继续建设青海电信西宁第二枢纽楼,西宁数据通信楼等工程,开工建设省内宽带接入网、数据网二期项目,加紧实施"村村通电话"工程,加快偏远地区邮政基础设施建设,解决农村牧区信息瓶颈问题。

(五)努力改善消费环境,继续扩大消费需求

完善鼓励消费的各项政策,增强居民消费预期。继续清理和取消在用电、买房、购车和通信等方面抑制消费的规定,消除不利于扩大消费的政策障碍。改革福利型消费方式,加快收入分配货币化进程。建立健全个人信用制度,大力发展消费信贷。加快开放住房二级市场,培育住房租赁市场。贯彻落实国家调整收入分配和增加艰苦地区津贴的政策措施,努力增加城乡居民收入,增加居民消费需求。鼓励和引导居民在扩大住房、汽车、旅游、教育和文化等方面的消费。加快改善农村牧区电力、交通、通信和广播电视等基础设施条件,提高农牧民消费的商品化程度和水平。

深化价格和收费体制改革,发挥价格杠杆对经济发展促进作用。进一步完善价格形成机制,规范供电、供气、供水、电信、交通、医疗和房地产等行业的价格行为,重新审定行政事业性收费项目及标准,有计划、有步骤地组织开展成品油、药品价格和涉农收费、医疗服务收费、汽车收费、房地产收费等专项检查,不断提高价格行政执法水平。

(六)积极推进小城镇建设和旅游业发展,培育新的经济增长点

加快城镇化进程,促进城乡经济协调发展。2001年重点抓好西宁市城南新区和西宁国家级经济技术开发区的规划建设以及撤乡建镇工作,搞好农村小城镇经济综合发展示范项目。力争转移农村人口6万人。

采取税收减免、土地出让金减收以及土地置换等优惠政策,鼓励企业、城乡居民以及外商参与城镇建设。加快县城供水、道路与排水工程建设,继续搞好西宁城市道路改造、天然气管网、污水处理厂等市政设施和城市广场等形象工程建设,开工建设格尔木污水处理厂。

加大开放开发力度,促进旅游业的快速发展。加快青港合资的青海湖旅游景点建设步伐,开发二郎剑、鸟岛、沙岛等旅游资源。建设贵德、互助北山省级旅游渡假区。加大对青海旅游资源的宣传促销力度,通过办好青海省"三江源"国际文化旅游节、全国自行车环湖观光节以及各具特色的民族风情节(会),在重要旅游市场开展路演推介,建立旅游信息网络等方式,提高青海旅游资源的知名度。

(七)推动科技进步,加快发展教育事业

进一步深化科技体制改革,大力推进科技创新。通过向省内外公开招标竞标的方式,推动盐湖提锂、铜钴分离、硫酸钾生产工艺、藏茵陈种植等重大科技攻关项目的研究进程,加速科技成果向现实力转化。

大力推进高新技术产业化。继续建设30万吨氯化钾反浮选冷结晶项目、唐古拉藏药雪隆系列、脱毒马铃薯种薯及特菜种苗、脱水钾光卤石等项目,争取形成一批生产能力。开工建设彩色感光材料照相明胶、氧化铬系列产品、有益微生物生态恢复制剂等项目。抓好锶系列产品、合成光卤石、中藏药国家工程研究中心等项目的前期工作。

优先发展教育事业,加快人才培养。继续加强"普及九年制义务教育"和"扫除青壮年文盲"工作,大力发展民族教育,继续实施"国家扶贫教育"和"三片义务教育"工程,提高适龄儿童入学率。继续做好高等院校调整合并工作,加强特色学科建设,组织实施好高校基础设施建设和信息网工程,改善全省高校的办学条件、科研条件,扩大招生规模。

(八)加快对内对外开放步伐,促进开放型经济发展

努力扩大对外贸易。认真研究和熟悉世贸组织的各项规则,做好加入世贸组织的各项准备工作。进一步深化外贸体制改革,争取用一年左右的时间培育10个出口上千万美元的大型出口企业。加快实行生产企业进出口经营权登记制,安排公有制企业在对外贸易中的份额。优化出口产品结构,努力广大技术含量高、附加值高,具有地方特色的产品出口比重。2001年全省外贸进出口总额2亿美元，增长33%，其中，出口1.5亿美元，增长36%；进口0.5亿美元，增长25%。

积极有效地利用外资。做好引进外资银行、保险等金融机构试点的准备工作。2001年重点抓好西宁污水处理厂、共和塔拉滩生态工程、直岗拉卡水电站等项目的利用外资工作。加快对外合作开展矿产资源勘探、开发的步伐，积极推进涩北气田、滩涧山金矿、德尔尼铜矿的风险勘探工作进度。2001年利用外资1.3亿美元，增长17%。

（九）加大扶贫攻坚力度，继续完善社会保障制度

大力开展救灾赈灾工作，确保救灾资金和物资的及时发放。青南牧区以温饱工程为重点，加快牧民定居点建设；东部干旱山区以雨水集流工程为龙头，实行山、水、林、田、路综合治理，配套建设，整体推进。继续加强贫困地区乡村道路及人畜饮水工程建设，改善贫困地区的基础设施和生产生活条件，增强稳定脱贫能力。

加快社会保障体系建设。确保企业养老金和城镇居民最低生活费按时足额发放。稳步推进国有企业下岗职工基本生活保障向失业保险过渡，完善城市居民最低生活保障制度，继续搞好农村牧区社会保障试点，推进城镇职工基本医疗保险制度改革，规范和完善工伤、生育保险政策，深化社会救齐、福利和优抚等配套改革。

高度重视和解决就业问题。加快发展第三产业，大力发展非国有经济和中小企业，努力创造更多的就业岗位，多渠道扩大就业。

（十）积极发展各项社会事业，推动社会全面进步

积极发展文化卫生体育事业。加强公共文化设施建设，搞好民族文化遗产保护，安排好重点文物和县级文化设施改造与建设。继续建设省广播电视制作中心，进一步扩大广播电视覆盖面。继续搞好区域卫生规划，建立健全基层卫生服务网，重点建设农村预防保健体系。加强对重大疾病的监测和预防，着手建立全省急救网络。引入竞争机制，允许多种经济成份进入医疗卫生领域，提高医疗卫生服务的供给能力和质量。积极开展全民健身运动，推进体育产业化进程。

继续搞好计划生育工作。进一步完善基层计划生育服务网络建设，落实计划生育目标责任制，严格控制人口增长，提高人口素质。重视老龄事业工作，加快养老、安老服务体系建设。

高度重视环境资源保护和管理。搞好重点区域、流域的大气、水体污染治理，严格控制城镇工业污染。加大水资源保护力度，加强矿产资源管理，制止乱采滥挖。2001年，工业废水处理率、工业烟尘排放达标率、工业固体废物综合利用率分别达到80%、65%和30%。

加强社会主义精神文明和民主法制建设。深入开展社会公德、职业道德、家庭美德教育，倡导科学文明健康的生活方式，提高城乡文明程度。认真贯彻依法治省的方针，全面推进依法行政，抓好廉政建设，搞好州县政府和省级事业单位机构改革，提高工作效率。加强社会治安综合治理，依法维护正常的经济社会秩序，创造稳定、祥和的社会环境，保证改革开放和社会主义现代化建设的顺利进行。

青海省2000年财政预算执行情况和2001年财政预算草案的报告(摘要)

一、2000年预算执行情况

2000年,我省财政工作在省委的领导下,在各级人大及其常委会的监督指导下,全省各级财政部门不断深化财税改革,继续落实中央积极的财政政策,充分运用财政的宏观调控手段,重点解决了当前经济发展和社会稳定方面的突出问题,地方财政收入稳定增长,支出结构趋于合理,公共财政的职能得以逐步完善。

(一)全省一般预算执行情况

省九届人大三次会议批准的2000年地方一般预算收入150483万元,预计完成167472万元,比上年增长18.2%,增收25736万元。主要项目预计完成情况是:

——增值税(25%部分)30000万元,为预算的99.5%,比上年增长8.9%,增收2451万元。

——营业税42100万元,为预算的100%,比上年增长11.7%,增收4406万元。

——其他工商税31504万元(不含固定资产投资方向调节税清欠数1700万元),为预算的108.2%,比上年增长16.6%,增收4484万元。

——农牧业各税12210万元,为预算的101.3%,比上年增长10.4%,增收1146万元。

——企业收入(含企业所得税、国有资产经营收益)28597万元,为预算的153.6%,比上年增长60.8%,增收10816万元。

——企业所得税退税和国有企业计划亏损补贴6727万元,为预算的153.7%,比上年增长18.9%,增加退库1067万元。

——其他收入(含罚没收入、行政性收费收入、海域场地和矿区使用费收入)22105万元,为预算的130%,比上年增长25.7%,增收4526万元。

——专项收入5983万元,为预算的102.4%。

省九届人大三次会议批准的2000年地方一般预算支出为407015万元。预算执行过程中,由于中央财政陆续追加了专项支出等,支出预算调整为754774万元,预计完成671235万元,为预算的88.9%,比上年增长20.5%,增支114044万元。主要项目预计完成情况是:

——基本建设支出117638万元,为预算的77.7%,比上年增长66.2%,增支46847万元。

——企业挖潜改造资金7750万元,为预算的98.8%,比上年下降31.3%,减支3523万元。

——支援农村生产支出(含农业综合开发支出)22350万元,为预算的78.6%,比上年增长11.4%,增支2291万元。

——支援不发达地区支出(含以工代赈支出)24500万元,为预算的65.8%,比上年下降13%,减支3667万元。

——城市维护费5600万元,为预算的91.1%,比上年增长6.2%。

——行政管理费67473万元,为预算的100%,比上年增长13.5%,增支8008万元。

——行政事业单位离退休经费69560万元,为预算的100%,比上年增长13.7%,增支8384万元。

农林水利气象等部门事业费27923万元,为预算的94.9%,比上年增长20.6%,增支4766万元。

——工交流通等部门事业费9300万元,为预算的94.9%,比上年增长14.6%,增支1184万元。

——税务统计审计等部门事业费22000万元,为预算的83%,比上年下降7.2%,减支1717万元。

——公检法司支出39158万元,为预算的92.8%,比上年增长13.7%,增支4704万元。

——教育事业费77500万元,为预算的94.7%,比上年增长16.5%,增支11003万元。

——卫生经费29000万元,为预算的94.5%,比上年增长16.9%,增支4194万元。

——文体广播事业费15772万元,为预算的96.8%,比上年增长16.2%,增支2204万元。

——科学事业费2088万元,为预算的100%,比上年增长12.6%,增支233万元。

——社会保障补助支出75432万元，为预算的100%，比上年增长58.2%，增支27741万元。

——抚恤和社会福利救济费12500万元，为预算的92%，比上年增长3.9%，增支468万元。

——政策性补贴支出14000万元，为预算的74.8%，比上年下降21.8%，减支3898万元。

——专项支出5700万元，为预算的79.2%，与上年基本持平。

——其他支出（含海域开发建设和场地使用费支出）13530万元，为预算的66.9%，比上年下降4.5%，减支644万元。

预算执行结果，全省总财力预计为692869万元。其中，地方一般预算收入167472万元，中央补助收入502656万元（税收返还66096万元，体制补助95607万元，专项补助232237万元，过渡期转移支付补助50000万元，调整工资转移支付补助22786万元，社会保障转移支付补助15046万元，各项结算补助及其他补助20884万元），上年结余收入22741万元。地方一般预算支出预计完成671235万元。收支相抵，年终滚存结余为216934万元。与结转下年支出83539万元相抵后，全省净结余为赤字61905万元。

省九届人大三次会议批准的基金预算收、支38422万元，预计收入完成26536万元，支出完成26606万元。

（二）省级预算执行情况

2000年省级一般预算收入安排42198万元。预计完成49284万元，为预算的116.8%，比上年增长27.5%。其中：增值税（25%部分）完成16793万元，增长8.5%；营业税13861万元，下降8.8%；企业收入（含企业所得税、国有资产经营收益）14647万元，增长121.7%；企业所得税退税和国有企业计划亏损补贴5027万元，增长20.1%；其他收入（含罚没收入、行政性收费收入）7105万元，增长105%；专项收入1881万元。

2000年省级一般预算支出安排173390万元。预算执行过程中，由于中央财政陆续追加了专项支出等，支出预算调整为374659万元，预计完成327722万元，为预算的87.5%，比上年增长25.4%，增支66299万元。其中：基本建设等生产性支出预计完成125320万元，增长45.9%，增支39398万元；行政管理费及各项事业费等支出预计完成124791万元，增长12.8%，增支14196万元；政策性补贴支出预计完成9638万元，下降38.9%，减支6135万元；社会保障支出预计完成58085万元，增长47.7%，增支18769万元；其他支出（含抚恤和社会福利救济费、专项支出）预计完成9888万元，与上年基本持平。

省级预算执行结果，总财力为331414万元。其中，地方一般预算收入49284万元，中央补助收入248488万元，上年结余收入33642万元。本级支出327722万元。收支相抵，年终滚存结余为3692万元。与结转下年支出46937万元相抵后，省级净结余为赤字43245万元。

省级基金预算年初安排收入22210万元，支出23110万元。预计全年收入及支出各完成18995万元。

（三）预算外收支执行情况

全省预算外资金预计收入59766万元，比上年增长15.4%，增收3646万元，其中：行政事业性收费收入53646万元，其他收入6120万元。

全省预算外资金支出56486万元，比上年增长7.1%，增支3742万元。其中：行政事业性支出47456万元，基本建设支出3124万元，城市维护费支出1102万元，其他支出4804万元。预计全省预算外资金累计结余3280万元。

省级预算外资金收入24873万元，比上年增长11.8%，增收2456万元。其中：行政事业性收费收入22781万元，其他收入2092万元。

省级预算外资金支出23282万元，比上年增长4.8%，增支1081万元。其中：行政事业性支出16752万元，专项支出6530万元。加上年结余215万元，预计省级预算外资金累计结余1806万元。

二、2000年的主要工作

2000年全省各级财税部门紧紧围绕省委九届三次全委会议和九届人大三次会议精神，克服预算执行中出现的种种困难，努力增加财政收入，加大调整财政支出结构力度，保工资、保稳定、保重点，支持各项重大改革，较好地完成了各项工作任务。

（一）关心和解决人民生活问题，维护社会稳定。

1、采取切实措施保证行政事业单位在职职工和离退休人员的工资发放。一是为确保工资及时发放，制定了《青海省行政单位财政统一发放工资管理实施细则》和《青海省事业单位财政统一发放工资管理实施细则》。从7月1日和10月1日起分别对行政和事业单位实行了工资由财政统一发放管理，保证了工资按时足额发放。二是为解决州、县欠发工资的问题，确保当年工资发放，省政府批转了《省对州、县确保工资发放实行转移支付办法》，省财政下达4400万元对25个县和1个州本级进行了补助。

这次省对州、县的转移支付补助，是自1994年分税制财政体制以来又一次范围广、资金量大的财力转移，充分体现了省委、省政府一贯对州(地、市)、县职工工资发放及机构正常运转的关心和支持。在中央对我省的财政体制发生重大变化的情况下，省对州(地、市)的分税制体制仍然保留了原有的已得利益。比如，省级每年给予青南三州本级100万元的财力补助，对所属县的财力补助每年给予了7%的递增等。在分税制体制的实施过程中，不断调整省对州(地、市)的分配关系，将共享税、中央返还的税收增量等都最大可能的划为州(地、市)的收入。以后，每次的工资调整，省财政都对较困难的县给予几乎所有的增资补助。比如，1994年套改工资、1995年误餐补助、1996年“三项增资”、1999年调整收入分配政策。以上从省级财力中共补助州(地、市)54357万元。为了继续解决州(地、市)的财力不足问题，从1996年到1999年通过“以奖代补”和过渡期“转移支付”，补助州(地、市)的财力19948万元。1997年省财政又补助2294万元，对13个自有财力不足以发放工资的县进行了工资“平台”转移。为了解决政策性因素造成的州(地、市)收入的减少，省财政在实施天然林保护工程和投资方向调节税停征等减少州(地、市)收入的情况下又给予财力补助3700多万元。同时，省财政从1994年开始，向州(地、市)累计超拨资金11000万元。

2、积极落实社会保障资金，努力维护社会稳定。调整财政支出结构，积极筹集资金为国有企业下岗职工基本生活、企业离退休人员养老金的发放和省属国有企业破产后的职工安置提供了足够的资金保障。2000年我省财政部门用于社会保障性资金支出达到85018万元，比上年增长61%。其中：国有企业下岗职工基本生活保障支出36655万元，企业离退休人员养老金补贴支出38253万元，城镇居民最低生活保障费支出4910万元，城镇职工基本医疗保险费支出5200万元。对36户破产企业的1万多名职工进行了一次性安置并预拨部分资金解决破产企业职工水、电、暖方面存在的问题。

3、及时拨付救灾资金3400万元，解决了179万灾民的生活问题和生产自救。

4、在充分利用中央财政对我省的青南地区基本设施补助15000万元的同时，根据全省牧区工作会议精神，制定了《青南三州县乡干部职工住宅危房改造实施方案》。省财政计划每年安排3300万元，分三年对青南三州的县、乡干部职工住宅危房进行改造。

(二)深化财政改革，积极推进部门预算。

2000年全省各级财政部门围绕强化预算管理，优化支出结构，积极进行预算改革，取得了较好成绩。首先，按照建立社会主义市场经济体制和依法理财、科学理财的总体要求，省级进行了细化预算和编制部门预算的尝试，并完成了《2000年青海省省级及部门预算文本》，制定了《青海省省级细化预算编制改革实施方案》、《青海省省级细化预算管理工作程序》和《青海省省级财政支出细化预算管理办法》三个配套文件。其次，按照公共财政理论，努力优化支出结构，逐步从一般竞争性等可由市场配置资源的领域退出，加大了对社会保障、科教文卫、基本设施、生态环境保护等方面的投入。第三，努力加强政府采购制度建设，印发了《青海省省级政府采购实施细则》等四个办法，省政府批转了《2001年政府采购目录》，扩大了政府采购的范围和规模，规范了政府采购程序。全省政府采购资金规模达到3300多万元，资金节约率为10%左右。第四，按照省政府《关于农村牧区税费改革试点工作的意见》，选择了三个县的四个乡进行了农村牧区费改税的试点，制定了《青海省关于农村牧区税费改革试点工作的实施方案》，为今年全面推开农村税费改革打下了基础。同时，积极与财政部算帐，最大限度地争取中央专项转移支付补助。第五，为调动各级政府培植财源，狠抓收入的积极性，制定了对财政收入超亿元的县和财政收入在一个五年计划内实现了翻番的县进行奖励的办法，同时对财政收入超亿元的互助县和收入翻番的循化县给予了760万元的奖励。第六，对各地区的省属企业上划中央“两税”增量中中央返还部分，进行了重新分配，即：将原省与州(地、市)的分成由省集中70%、州(地、市)留30%，改为省集中30%、州(地、市)留70%。第七，省财政全力支持省级行政机构改革，对高校和中等专业学校的结构调整、院校合度以及科研单位机制转变过程中的资、财划分进行了及时清算，划转了经费和国有资产，保证了政府机构的正常运转。

（三）转变财政支持经济发展方式，落实积极财政政策。

一是将经营性、竞争性领域的直接投资逐步改为贴息方式，省财政安排贴息资金4000多万元，主要用于支持企业技术进步、基础设施建设配套、科技成果应用、支农和农业综合开发、高校基础设施及西宁市经济开发区建设、旅游业的发展等。二是为盘活以前年度沉淀的省级财政信用资金，对改制重组企业的财政借款，按债转股的办法转作国有资本金，不仅防止了国有资产流失，也支持了企业改制。三是为了保证国债专项资金的及时到位和正确使用，加强了对国债资金的监督和管理，使其严格按照国家确定的投资方向和重点及时拨付，专款专用。同时，认真做好偿债准备，制定了《青海省国债转贷资金利息缴付管理办法》等，规范利息缴付的操作，保证了国债转贷资金还本付息工作的顺利进行。四是切实做好国有资产管理工作，努力完善对国有资产的有效管理和监督运营办法，引导和推动国有资产重组，确保了国有资产的保值增值和不流失。

（四）抓住西部大开发的大好机遇，做好争取中央专项等工作。

一是在省委、省政府有关领导的带领下，与有关部门重点围绕社会保障、科教文卫、基础设施建设等方面积极向国务院有关部委反映、汇报，争取中央的专项支持。二是认真做好退耕还林还草工作，在中央专项没下达前，及时拨付各项补助款，保证了我省去年退耕还林还草工作的顺利实施。退耕还林还草27万亩，支出14230万元。三是充分利用中央关于西部大开发的各项财税优惠政策，围绕国有经济资源优化配置这根主线，加大了对特色经济的投入，重点支持了盐湖、中藏药、旅游等优势资源的开发。安排1400多万元项目前期费用，保证了生态治理、道路交通、水利设施等重点项目的可行性研究，为争取中央对我省重点项目的支持提供了依据。

（五）加强财政制度建设，加大财政监督力度。

第一，加强了财政监督的制度建设，制定了《青海省财政内部监督办法》等四项规章制度。第二，积极开展对专项资金的专项检查和跟踪检查，保证了专项资金的安全运行，提高了使用效益。第三，认真执行《预算法》，试编了《青海省省级及部门预算文本》和部门预算，严格了预算约束，规范了支出程序。第四，严格了预算外资金“收支两条线”管理，在全省范围内进行了一次全面认真检查，对存在的问题，制定了改进措施。

在总结财政工作的同时，还必须看到存在的问题。一是州（地、市）、县对工资发放的政治意义认识不足，把工资性硬缺口留给省上。控制人员增长不力，超财力、超编制进人，造成欠发工资。二是由于地方收入增长有限，而省级财政长期的超财力分配，造成省上对宏观经济的调控能力减弱，资金调度困难，部分重点建设项目资金很难及时到位，特别是社会保障支出需求的大幅度增长，对破产企业职工的安置等都需要省级财政拿出大量资金，以保证社会稳定。由此，造成省本级的赤字逐年增加。三是支农资金等专项支出在管理使用方面存在的结构不合理，使用分散，重点不突出，效益不高等问题不同程度地影响了产业结构的调整步伐。四是预算外收入等仍游离于预算管理之外，加大了预算内资金不足的压力。对于这些问题，我们将在今后的工作中，通过调查研究，寻救解决的办法。

三、2001年财政预算草案

根据党的十五届五中全会及中央经济工作会议、全国财政工作会议精神，今年我省财政工作的指导思想是：**以江泽民总书记“三个代表”的重要思想和有关财税工作的重要讲话精神为指导，进一步加强收入征管，积极推进农村税费和预算外资金管理的改革，努力增加财政收入。认真落实好中央实行的积极财政政策，继续调整、优化支出结构，坚决落实“比例适当，集散有度，收支合理，使用得当”的方针，构建公共财政框架。在认真做好“保工资、保稳定、保重点”的同时，进一步加快部门预算编制改革、国有企业改革，不断完善社会保障体系。坚持依法行政，强化财政监督，规范财经秩序，确保完成财政预算，以优异成绩为新世纪开好局，起好步。**

（一）全省财政预算草案

根据2000年财政收支预计情况和今年国民经济宏观调控的主要指标及有关财政政策，全省地方一般预算收入安排189243万元，比去年预计完成数增长13%，增加21771万元。。

全省地方一般预算收入主要项目的安排情况是：

——增值税（25%）34900万元，比上年预计数增长16.3%，增加4900万元。

——营业税48404万元，比上年预计数增长

15%，增加6304万元。

——企业所得税20460万元，比上年预计数下降10.5%，减少2409万元。

——其他工商税34916万元，比上年预计数增长10.8%，增加3412万元。

——农牧业各税14250万元，比上年预计数增长16.7%，增加2040万元。

——国有资产经营收益6921万元，比上年预计数增长20.8%，增加1193万元。

——行政性收费收入和罚没收入10010万元，比上年预计数增长7.6%，增加710万元。

——专项收入6761万元，比上年预计数增长13%，增加778万元。

——其他收入(含海域场地和矿区使用费收入)12622万元，比上年预计数下降1.4%，减少183万元。

预计全省年初总财力为474811万元。其中：地方一般预算收入189243万元，中央补助收入263934万元(税收返还68000万元，体制补助98607万元，过渡期转移支付补助55000万元，调整工资转移支付补助22786万元，社会保障转移支付补助15046万元，各项结算补助及其他补助4495万元)。上年结余收入21634万元。

全省一般预算支出安排474811万元，比去年安排数增长16.7%，增加67795万元。

全省一般预算支出主要项目的安排情况是：

——基本建设等生产性支出44372万元，比上年初安排增长5.8%，增加2415万元。其中：科技三项费用增长10%，支援农村生产支出类增长5%。

——行政管理费及各项事业费等非生产性支出318414万元，比上年初安排增长15%，增加41490万元。其中：教育事业费增长13.7%，科学事业费增长13.7%，公检法司支出增长17%。

——抚恤和社会福利救济费3263万元，比上年初安排增长10%，增加297万元。

——社会保障支出34875万元，比上年初安排增长30%，增加8057万元。

——政策性补贴支出9870万元，比上年初安排增长13.4%，增加1170万元。

——其他支出(含专项支出)58017万元，比上年初安排增长24.4%，增加11376万元。

——总预备费6000万元。比上年初安排增加3000万元。

全省基金预算收入安排28600万元，比上年预计完成数增长7.8%，增加2064万元。基金预算支出安排28600万元，比上年预算数下降25.6%，减少9822万元。

全省预算外收入53120万元，预算外支出53000万元，上年结余3280万元，累计结余3400万元。

(二)省级预算草案

省级一般预算收入安排56184万元，比上年预计数增长14%，增加6900万元。主要项目是：增值税(25%)19530万元，增长16.3%；营业税15940万元，增长15%；企业所得税11180万元，下降10.8%；其他收入(含罚没收入、行政性收费收入)6376万元，下降10.3%；专项收入2028万元，增长7.8%。

省本级总财力180824万元。其中，地方一般预算收入56184万元，中央补助收入120948万元(税收返还27795万元，体制补助74213万元，过渡期转移支付补助55000万元，调整工资转移支付补助22786万元，社会保障转移支付补助15046万元，各项结算补助及其他补助4495万元，省补助州、地、市净额78387万元)，上年结余收入3692万元。

省级一般预算支出安排180824万元，比上年初安排增长4.3%，增加7434万元。具体是：基本建设等生产性支出30650万元，增长3.3%。其中，科技三项费用增长10%；行政管理费及各项事业费等非生产性支出90494万元，增长9.9%，其中，教育事业费增长11%，科学事业费增长7.1%，公检法司支出增长10.9%；抚恤和社会福利救济费及社会保障支出18234万元，增长81.3%；政策性补贴等其他支出35446万元，下降26.6%。

基金预算收入20000万元，比上年预计完成数增长5.3%，增加1005万元。基金预算支出20000万元，比上年预算数下降10%。

(三)州(地、市)预算安排

对州(地、市)级预算安排提出如下指导性建议。预计州(地、市)总财力293987万元。地方一般预算收入133059万元。一般预算支出293987万元。基金预算收、支8600万元。预算外资金收入29028万元，支出28082万元。

四、抓住机遇，克服困难，努力完成今年的财政工作任务

2001年是新世纪的第一年，也是实施“十五”计划的第一年。做好今年的财政工作，对于顺利实现“十五”计划，保持国民经济持续、快速、健康发展，促进经济结构调整和社会全面进步，具有非常重要的意义。当前和今后一个时期财政工作要始终贯彻“三个代表”的重要思想，要为促进我省先进生产力的发展服务；要为促进我省先进文化的建设和发展服务；要体现我省广大人民群众的根本利益。我们要充分认识财政工作面临的困难与挑战，认清形势、坚定信心、狠抓落实，重点做好以下工作：

（一）坚决贯彻“一是吃饭，二要建设”的支出原则，保证职工工资及时足额发放。第一，确保全省工资性支出的发放，是全心全意为人民服务宗旨和“三个代表”要求的最终体现，是处理好改革发展稳定关系的结合点。按照国家统一的工资政策，保证机关事业单位职工工资按时、足额发放，是各级政府应尽的义务，各级财政要建立工资发放目标责任制和欠发工资逐级报告制度，要增强自己日子自己过的思想竟识。第二，各级财政的年初预算安排，必须足额保证工资性（包括行政事业单位职工工资、离退休费和社会保障经费）支出，不得留有缺口。凡财力不足安排工资性支出的，一律将预算外收入纳入预算内实行综合预算。预算一经人代会批准，不准人为进行调整，以确保各级预算顺利执行。第三，继续做好行政事业单位财政统发工资工作。凡是预算安排的行政事业单位工资性经费，要全部纳入工资专户，只能用于发放工资，不准挪作他用。第四，严格控制财政供养人员增长，对不能保证现有编制内人员工资发放的地区，在接收军人或大中专毕业生时，应充分考虑工作需要和财政的承受能力。避免盲目、随意增人，以降低工资发放压力。

（二）积极筹集资金，加强社会保障资金管理，完善社会保障体系。一是支持建立统一、规范的社会保障制度体系。进一步完善社会统筹与个人帐户相结合的城镇企业职工基本养老保险制度，对职工养老基金实行社会化发放。积极推进城镇职工基本医疗保险制度改革和医药卫生体制改革，完善医疗收费管理制度。二是积极筹集社会保障资金，保证社会保障机制正常运行。各级财政都要积极调整支出结构，采取多种形式，规范社会保障基金筹措方式，健全社会保障基金筹资渠道。同时，通过国有股减持和国有资产变现，获取一部分收益，足额安排社会保障支出预算。三是建立目标责任制。从今年1月1日起对企业养老保险、失业保险、医疗保险、工伤保险和女工生育保险逐步由地税部门征收。将养老保险金收缴率、清欠率、覆盖率和下岗职工再就业率作为对各级政府及有关部门的考核目标。

（三）坚定不移地推进财政支出管理改革，加快建立适应市场经济的公共支出框架。支出管理制度改革，是提高财政工作质量的重要环节，是建立公共财政框架的一项关键性措施，这是当前和今后一段时期财政改革的重点。首先，加快实行部门预算改革步伐，扩大细化和编制部门预算的范围。省级今年全面实行部门预算，同时，将对省教委、省监狱管理局、省水利厅、省公安厅等部门预算报送省人大审批。州（地、市）级也要实行部门预算的编制，有条件的县级要试编部门预算，为2002年在全省范围内全面实行部门预算编制创造条件。其次，推行行政事业单位专项资金项目管理，将行政等专项经费、教科文卫及其它部门的事业性支出，按照《省级部门预算项目范本文件》，纳入预算实行规范管理。第三，开展国库集中收付制度试点工作。国库集中收付制度改革的基本框架是：建立国库单一帐户体系，所有财政性资金都纳入国库单一帐户体系管理，收入直接缴入国库或财政部门，支出通过国库单一帐户体系直接拨付到商品和劳务供应者或用款单位。第四，扩大政府采购范围，规范政府采购程序。省级财政将原来的一般性设备采购扩大到工程和劳务采购范围，并加大采购规模。同时，在政府采购预算基础上，按规范的程序实施采购。凡列入政府采购目录的采购项目，预算单位不得自行采购。政府采购资金的支付全部通过国库集中支付，以提高政府采购质量。第五，改进财政支持经济发展的方式，加大财政贴息的范围和规模。除对基础设施建设、教育等继续给予贷款贴息支持外，对科技型、就业型、资源综合利用型、农畜产品深加工型、社区服务型的中小企业也要给予贴息支持。只要有效益，不分所有制形式，财政都给予支持。科技三项费用要重点支持那些已经改制的科研单位和符合市场需求，具有实用价值的科研项目。

（四）认真落实中央积极财政政策，搞好各项财政改革。2001年国家将继续实施积极的财政政策，增发基础设施建设国债，发行特种国债。增发国债资金重点用于弥补在建项目后续资金的不足。我省各级财政部门要继续贯彻落实好中央的积极财政政策，管好、用好国债专项资金和国债转贷资金，要认真实行国债资金重点项目责任制，严格项目预决算管理，加强监督检查。

搞好各项财政改革。一是加快省级会计委派制试点工作步伐，在不断完善的基础上，扩大会计委派的范围，州(地、市)级也要逐步试行。二是在全省范围内实行企业效绩评价制度，同时，开展财政支出后效绩评价试点工作。三是制定《青海省国有企业经营者实行期权激励的试行意见》，并进行试点，逐步建立健全企业经营者的激励和约束机制。四是通过制定国有股减持变现方案，做好符合上市条件的企业上市工作，推动具有成长性、科技含量高的中小企业进行公司制改造，支持国有企业重组改制，加大盘活资产的力度。五是在加快制定《省级机关物业管理中心财务管理办法》、《省级单位接待费管理办法》等的同时，着手研究制定促进公检法司资源共享、设施共建的相关办法。六是对行政事业性收费管理进行重大改革，推进票款分离工作步伐，上半年做好清理整顿、社会公示、整章建制等基础性工作。7月1日将在全省全面实行政府性收费票款分离工作。能纳入预算管理的都要纳入预算内管理。

(五)全面推行农村税费改革试点工作。实行农村税费改革，是党中央、国务院为加强农业基础地位和保护农民积极性作出的重大决策。它有利于从根本上减轻农民负担，调动农民的生产积极性，进一步解放农村生产力，有利于促进乡镇精简机构，转变基层政府职能和工作作风，改善干群关系。这是关系到千家万户的大事，我们一定要抓紧抓好。我省各级财政部门要按照国务院批准的《青海省农村牧区税费改革试点工作实施方案》，做好各项准备工作。拟将在今年二月份组织专门人员进行集中培训，三月份各县上报实施方案，经省政府批准后，八月份在全省全面推开农村税费改革试点工作。同时，省财政根据财政部制定的《农村税费改革中央对地方转移支付办法》，研究制定《农村税费改革省对州(地、市)转移支付办法》。要下决心精简机构、裁减人员，切实减轻农民负担，确保基层政权组织正常运转，经费足额到位。

(六)加强收入征管，确保财政收入稳定增长。完成和超额完成今年的财政收入任务，对于顺利实施积极财政政策，保证改革和发展的重点支出需要，促进经济发展尤为重要。各级财税部门要采取切实有效措施，坚持抓早、抓紧、抓实、抓出成效的组织收入原则，及时足额地分解税收任务，抓好落实，确保完成今年收入任务。加强重点税源监控，强化对零散税收的管理。大力清缴欠税，结合实际情况，有针对性地采取清欠措施，切实提高清欠效果。全面落实国家预算的有关规定和制度，加大税收入库、对帐、检查力度，严肃财经纪律，消化并杜绝税收虚收问题。贯彻落实支持西部大开发的税收优惠政策，确保税收优惠政策落实到位。做好车辆购置税出台和统一企业所得税后的征收管理工作，做好燃油税出台前的调研、测算准备工作。

(七)加强财政法制建设，严格财政内部监督机制。加强财政监督，是实现财政政策目标，规范经济秩序，惩治违法乱纪行为的有效手段。各级财政部门要认真贯彻落实党中央、国务院有关依法行政、依法理财的精神，切实加强财政监督管理。一是完善财政监督体系，加强财政内部监督机制。各级财政部门要本着分权、制约的原则设置内部监督机制，在内部形成预算编制、执行相分离的运行机制。二是加强预算资金的使用监督，建立财政部门、主管部门、资金使用单位、审计部门相互制约的预算监督体系。三是加大对支农、扶贫、以工代赈和国债等专项资金的事前、事中、事后的监督检查。四是认真贯彻《会计法》，完善会计制度，加强会计基础工作，扩大会计委派范围，提高会计信息质量，打击假凭证、假帐册等违法行为。五是制定《青海省彩票发行管理办法》、《青海省彩票公益金管理办法》和《青海省彩票发行运行规程》，加强彩票监管，规范彩票市场。

各位代表，今年是新世纪的第一年，我省经济社会发展既面临着机遇也面临着挑战，财政改革和发展的任务异常繁重和艰巨。我们要抓住西部开发的大好机遇，认真贯彻党的十五届五中全会和中央经济工作会议精神，运用各种财政手段，支持和推进各项改革措施的实施。在省委领导下，在省人大的监督指导下，以江泽民总书记“三个代表”的重要思想为指导，加强财税队伍的思想建设、廉政建设和业务建设，切实改进工作作风，不断提高依法理财，从严治财的水平，克服困难，积极进取，埋头苦干，全面完成2001年的各项财政工作任务。

青海省国民经济和社会发展“十五”计划纲要(草案)

从新世纪开始,青海改革开放和现代化建设面临西部大开发的历史机遇,将进入新的发展阶段。《纲要》(草案)是根据中共中央十五届五中全会精神和《中共青海省委关于制定全省国民经济和社会发展第十个五年计划的建议》制定的,是青海实施西部大开发战略的第一个五年计划,是向第三步战略目标迈进的第一个五年计划。《纲要》(草案)对全省在“十五”期间夯实发展基础、加快构筑特色经济、全面建设小康社会进行了总体规划,体现战略性、宏观性和政策性。

第一章　发展基础与环境

一、“九五”成就和问题

“九五”时期,全省各族人民坚持党的基本理论、基本战线和基本纲领,艰苦奋斗,开拓进取,完成了“九五”计划的主要目标,经济社会发展取得了新的成就。

——*经济发展速度加快,综合实力增强*。预计“九五”期间,全省国内生产总值年均增长 8.8%,2000 年达到 263 亿元,提前一年实现了翻两番的目标。经济增长长期落后于全国平均增长速度的状况得到扭转。

——*固定资产投资大幅度增加,基础设施建设力度加大*。预计“九五”期间,全省固定资产投资累计完成 574 亿元,年均增长25.2%,比“八五”增长1.9倍,是青海历史上投入增加最多的时期,投资增长有力地拉动了经济增长。农田水利、交通通信、城乡电网、市政设施等生产生活条件明显改善。

——*产业结构调整取得进展,国民经济素质得到提高*。种植业扩大了油料、蔬菜、豆类、薯类等作物面积。畜牧业畜群、畜种结构进一步改善。农业产业化有了良好的开端。工业结构经过调整,水电、石油天然气、盐化工、有色金属四大支柱产业发展壮大,冶金、医药、建材、农畜产品加工等优势产业有了新的发展,工业生产技术水平有所提高,建设了一批高新技术产业项目。第三产业继续保持快速增长。

——*经济体制改革不断深化,对外开放进一步扩大*。社会主义市场经济体制初步建立,国民经济市场化程度提高。国有企业改革进入以建立现代企业制度为主要内容的制度创新阶段,产权流动和重组步伐加快,工业企业改制面达到 70%以上,国有工业企业扭转了亏损局面。社会保障制度进一步完善,在全省建立了职工基本生活保障、失业保险和城镇居民最低生活保障三条保障线。国有企业养老保险覆盖面达到 100%。住房制度、粮食流通体制、投融资体制、财税体制改革等都取得了较大进展。非公有制经济发展速度加快,比重增加。对外开放不断扩大,预计“九五”期间,全省利用外资 2.95 亿美元,是 1978 年到 1995 年总和的 2 倍多。横向经济联合领域拓宽,吸收省外投资取得新发展。

——*科教兴青力度加大,各项社会事业全面发展*。科技创新、应用研究和技术推广取得了一批重要成果。科技进步对经济增长的贡献率由“八五”末的 30%提高到“九五”末的 35%。小学适龄儿童入学率提前三年实现“九五”目标,19 个县实现了“两基”目标,办学条件改善。高等学校和中等技术学校的布局、专业和学科设置得到调整。2000 年省内高校在校生比 1995 年增长 80%。文化、卫生、广播电视、新闻出版、体育、旅游、环境保护及其他社会事业都有了新的发展。人口增长得到有效控制,预计 2000 年末,全省人口 518 万人,“九五”人口自然增长率年均 14.7‰,控制在计划目标以内;全省广播覆盖率 59%;电视覆盖率 82%。农村牧区三级医疗预防保健网进一步完善。

——*人民生活继续完善,扶贫攻坚成效显著*。预计“九五”期间,全省城镇人均可支配收入年均实际增长 5.5%左右;农牧民人均纯收入年均实际增长 5.2%左右;全省小康实现程度达到 74%。贫困地区的生产、生活条件得到明显改善,国定贫困县、省定贫困乡人均纯收入由 731 元增加到 1037 元。

“九五”经济社会发展也存在一些突出问题,主要是:农牧业基础仍然脆弱,抗灾能力不强,全省仍有较大的贫困面;项目前期工作薄弱,新上工业项目少,经济增长后劲不足;科技创新能力不强,部分重要资源开发的关键技术没有取得突破,影响了资源开发的进度；城乡居民收入增长缓慢，就业压力增大；在经济社会生活中仍有消极腐败现象；有些部门和地方缺乏开拓创新意识，办事效率不高。所有这些问题，都要在今后改革发展中着力加以解决。

二、"十五"发展环境

跨入新世纪，全省改革开放和现代化建设进入新阶段，面临着前所未有的历史性机遇。国家实施西部大开发战略、可持续发展战略，并在一段时期内继续实行扩大内需的积极财政政策，将加大对西部地区政策支持和投入力度，集中支持西部地区重点基础设施建设，更加重视长江、黄河源头的生态环境治理。我省作为经济不发达的少数民族省份，地处长江、黄河源头，在全国生态环境保护与治理中地位重要。只要我们抓住机遇，把各方面工作做实做好，我省在基础设施、生态环境建设、特色经济、科教文化等方面将得到国家更多的帮助和支持。国家对经济结构进行战略性调整，将有利于青海加快优势资源开发，发展特色经济。我国政治局面长期稳定，统一、竞争、有序的大市场初步建立，对外开放不断扩大，国民经济将进入一个新的增长期，这些将对我省的经济建设产生巨大的拉动作用。国民经济信息化、网络化的蓬勃发展也将为我省克服信息闭塞，方便与国内外的经济交往和商务活动创造有利条件。我国加入世贸组织，在总体上有利于我省扩大对外开放，引进国外先进技术和管理经验。经过新中国成立以后50年特别是改革开放20年来的发展，我省经济总量扩大，经济基础增强，并且积累了相对丰富的发展经验，这些都为今后的发展打下了一定的基础。

在看到有利条件的同时，也要充分认识到面临的不利因素：随着我国加入世贸组织和国内其他地区的技术进步和产业升级，我省因产业整体素质偏低，将遇到来自国内外更大的竞争压力；农业受自然条件的制约，实现产业化并向现代化农业转变的困难较大；工业受技术、人才、资金等诸多因素的制约，产业结构优化与升级也面临着较大的困难；尚未脱贫的贫困人口大多集中在自然条件极为严酷的东部干旱山区和青南高寒地区，脱贫难度极大。城市下岗职工再就业问题也比较突出。生态环境恶化的趋势未得到有效遏制，生态环境的保护和建设任务十分艰巨。

第二章　战略目标

"十五"期间，全省经济社会发展的指导思想是：全面贯彻落实党的十五大精神和中央西部大开发战略，紧紧围绕抓住机遇、加快发展、富民强省、建设小康这个主题，以调整结构为主线，以改革开放和科技进步为动力，以提高人民生活水平为根本出发点，加快基础设施建设，加强生态环境治理，加速市场化、城镇化、信息化、工业化进程，推动社会事业全面进步，实现经济社会的协调发展和新的跨越。

"十五"全省经济和社会发展的总体目标是：保持国民经济持续快速增长，在某些领域实现跨越式发展，力争在西部大开发中走在前列。基础设施和经济社会发展基本适应，科教文卫事业发展和经济建设、社会发展基本适应；城镇建设有较大进展，生态环境恶化趋势得到初步遏制；经济结构调整取得明显成效，优势产业和特色经济初步形成，经济增长质量和效益明显提高；国有企业建立现代企业制度取得重大进展，社会保障制度建立健全，在完善社会主义市场经济体制方面迈出实质性步伐，国内外经济技术合作有新的突破；稳定解决贫困人口的温饱问题，城镇居民基本实现小康，农村牧区群众多数实现小康，社会主义精神文明建设和民主法制建设取得明显进展。

1、经济发展目标

"十五"期间，国内生产总值年均增长10%，其中第一产业年均增长4%，第二产业年均增长11.5%，第三产业年均增长10.5%。按2000年价格计算，到2005年国内生产总值达到417亿元，人均国内生产总值7570元，经济增长质量提高。地方一般预算收入年均增长13%。固定资产投资总规模1100亿元，年均增长13%。

2、经济结构调整目标

产业结构进一步优化，工业化、城镇化水平提高。到2005年，工业增加值占国内生产总值比重达到34%，城镇化水平达到45%左右，非国有经济占国内生产总值比重达到40%，高新技术产业形成一定规模，初步建成现代化信息网络。

3、人口和就业目标

"十五"期间全省人口自然增长率年均12.5‰，到2005年全省总人口控制在551万人以内。5年累计安排城镇就业25万人，转移农业劳动力30万人，城镇登记失业率控制在4%左右。

4、人民生活目标

"十五"期间，城镇居民人均可支配收入年均增长8%，农牧民人均纯收入年均增长6%。到2005年，按2000年价格计算分别达到7600元和1950元。城镇人均住宅建筑面积增加到15平方米，农村住房砖混结构比例增加到25%。人人享有初级以上卫生保健。城乡文化体育设施增加。城镇社会保障覆盖面达到95%，农村社会保障制度初步建立，社会秩序安定。

5、科技教育目标

到2005年，全社会研究与开发经费占国内生产总值的比例达到1%，科技创新能力增强，技术进步加快。城镇和农业区基本普及九年制义务教育，牧业区多数普及九年制义务教育，高等教育毛入学率达到12%。

6、生态环保目标

水土流失、草原退化和荒漠化扩大的趋势得到减缓，森林覆盖率提高到3.8%。城市垃圾、污水处理设施基本建成，工业废水、废气处理率分别达到85%和90%，工业固体废物综合利用率达到25%。

实现上述目标，要坚持以下原则：——坚持解放思想，实事求是，积极进取，开拓前进，在某些领域实现跨越式发展。

——坚持以人为本，把提高人民生活水平和质量作为经济发展的出发点和落脚点，加快向公平、繁荣、健康、文明的小康社会迈进。

——坚持科教兴省，大力推进科技创新。加快科技成果推广应用和高新技术产业化步伐。加快人才培养和智力开发，努力提高全民科学文化素质。

——坚持体制创新，加快建立比较完善的社会主义市场经济体制，充分发挥市场在资源配置中的基础性作用，以机制促竞争，以竞争促发展。

——坚持以市场为导向，加快经济结构战略性调整。以优势资源为依托，为效益为中心，大力发展特色经济、提高国民经济综合竞争能力。

——坚持全方位对外开放。积极引进国内外资金、技术、人才和管理经验。把青海的发展融入到国内外经济大循环之中。

——坚持突出重点、分步实施，立足当前、着眼未来，把解决当前突出问题同实现长远发展目标结合起来，实现速度、效益和后劲的统一。

——坚持统筹兼顾、分类指导，把加快城镇化进程与稳定发展农村牧区经济结合起来，推动城乡经济协调发展。

——坚持可持续发展，正确处理人口、资源与环境的关系，在保护中开发，在开发中保护，实现资源的合理开发和永续利用。

——坚持物质文明建设与精神文明建设协调发展，把经济建设与政治建设、文化建设结合起来，为大开发提供良好的社会环境。

第三章　基础设施

一、超前建设交通网络

——公路。重点抓好国道“两横(109、315线)三纵(214、215、227线)”重要路段建设与改造，加快省道及重要的资源开发、旅游、扶贫公路建设，形成连接青海至甘、新、川、藏的八条出省通道。实施“乡村公路通达工程”，提高通达深度和等级。逐步建成以西宁为中心，以国道、省道为主骨架较高等级公路网。到2005年，省会至各州州府基本通二级公路，州至县基本达到三级标准，大部分县通油路，乡乡通公路，农业区行政村通公路，牧业区多数行政村(牧委会)通公路或通机动车。全省公路通车里程达到20000公里左右，其中高速公路争取达到175公里，一般公路争取达到228公里，二级公路3600公里，高级、次高级路面8000公里。

——铁路。完成青藏铁路病害整治、扩能改造和兰青铁路电气化改造工程，进一步提高运输能力。开工建设青藏铁路格尔木——拉萨段。抓紧做好连接新疆、四川铁路的规划工作。

——民航。重点抓好西宁、格尔木机场的改扩建，完善生产和服务设施。增辟新航线，积极发展支线航运。争取开工建设巴塘、花土沟、大武、德令哈机场，逐步形成省内航空网络。

二、加快信息基础建设

加快固定通信网、移动通信网、支撑网、接入网的建设，提高通信网络的技术层次，增强通信能力。发展宽带传输网络，建设西宁宽带城域网、青海公用信息平台，实施政府、企业、科研院所和学校上网工程，逐步形成联通全省的信息网络系统。建成计算机、电信、电视“三网合一”的省级高速信息通道和主干网，提高网络的覆盖率，促进国民经济信息化。

采用卫星、光纤等先进的传输手段，逐步解决边远地区的通信问题，提高农村牧区电话普及率。

加强邮政网络建设，提高农牧区通邮率和邮件传递速度。

三、加强水利设施建设

东部地区重点建设“引大济湟”骨干工程、李家峡南北干渠水利工程、干旱山区的雨水集流和节水灌溉工程。西部地区重点抓好香日德巴隆农业开发项目，加强柴达木盆地绿洲农业水利设施建设。青南和环湖牧区积极发展草原灌溉，解决人畜饮水问题。同时，抓好现有水利设施的挖潜配套和更新改造，加大湟水河、格尔木河、浩门河、黄河干道治理力度，提高防洪能力。充分利用空中云水资源，继续抓好人工增雨工作。到2005年，全省农田灌溉面积达到400万亩，草原灌溉面积达到165万亩。加快南水北调西线工程前期工作步伐。

四、强化市政设施建设

城市建设重点抓好污水处理、垃圾处理、城市道路、民用天然气输配及燃煤锅炉改造工程，搞好西宁市南北山绿化、格尔木十万亩防护林工程以及城市广场建设。到 2005 年，城市气(电)化率达到 75%；垃圾集中处理率达到 60%；污水处理率达到 25%，其中重点城市污水处理率达到 50%；建成区绿化覆盖率达到 30%。

城镇重点加强道路、供排水和垃圾处理等基础设施建设，有条件的地方建设管道天然气和电灶入户工程。到 2005 年，县城自来水普及率达到 95%，人均道路面积达到 8 平方米。

第四章　生态建设与资源保护

一、大力推进生态环境建设，增强可持续发展能力

生态环境建设要坚持保护与治理并重，统一规划，突出重点，分步实施。重点组织实施天然林资源保护工程、退耕工程还林还草工程、“三北”防护林工程、共和盆地塔拉滩生态治理工程、江河源生态环境综合治理工程、青海湖环湖生态治理工程和龙羊峡库区防风固沙工程，使水土流失、草原退化和荒漠化扩大的势头初步得到减缓。

三江源自然保护区的建设与治理。以保护生物多样性和恢复自然生态为目标，加强天然林草和野生动植物资源保护，禁止滥捕滥猎，乱砍乱伐，对一些特殊地段的天然草地实行封育治理，休牧育草，加快防护林体系建设，营造水土保持林、水源涵养林。

环青海湖地区的草地保护与治理。大力加强草原基础设施、饲草料生产基地和防风固沙林建设。继续强化以灭鼠治虫、灌溉、推广优良牧草为主要内容的草地治理和改良措施，提高草地载畜能力。

东部干旱山区的水土流失治理。重点抓好退耕还林还草，恢复水源涵养林草植被。继续搞好水流域综合治理，发展节水灌溉，大力营造水土保持林、水源涵养林。

柴达木盆地荒漠化治理。围绕重要城镇、交通干线、绿洲农业区，大力造林种草，搞好防风固沙工程建设。禁止滥采滥垦，保护沙生植被。

二、加强污染治理，改善环境质量

坚持经济建设、城乡建设与环境建设同步规划、同步实施、同步发展。加强大气污染、水污染、固体废物和噪声污染的综合治理。重点抓好西宁、柴达木盆地、海东地区工业污染的控制和治理，加大湟水流域主要污染源的治理力度，搞好格尔木新兴工业区污染防治，防止边建设边污染。淘汰落后的设备和工艺，倡导清洁生产。坚持节能和使用清洁能源相结合，搞好工业锅炉、民用锅炉燃气化改造。以减量化、资源化和无害化为核心，大力发展固体废弃物综合利用。加强城市环卫工作，发展环保产业。

三、重视资源保护，实现永续利用

坚持“在保护中开发，在开发中保护”和“资源开发与节约并举，把节约放在首位”的方针，努力提高资源利用效率。完善资源有偿使用制度，建立资源更新的经济补偿机制。搞好水资源统一规划与管理，加强节水设施建设，推广农业节水灌溉和工业循环用水。实行基本农田保护制度，控制各种建设用地。控制草原载畜量，加快出栏，保护草场。科学开发矿产资源，推进矿产资源深加工和综合利用。

加强灾害性天气和地震的预测预报，建设全省地理信息系统和卫星遥感监测系统，搞好各种灾害的防治工作。

四、加强地质勘查工作，提高资源保障程度

加大经济发展急需的石油、天然气、钾盐、锂、地下水和有色金属、贵重金属等矿产资源的勘查力度，推进矿产资源勘查的市场化进程，努力提高地质找矿效果。“十五”期间新增石油地质探明和控制储量 1.8 亿吨、天然气 1500 亿立方米，可利用钾盐 1000 万吨，铜、铅、锌探明储量 90 万吨。

第五章　产业结构与特色经济

调整和优化产业结构是经济结构战略性调整的首要任务。要以市场需求为导向，以效益为中心，以优势资源为依托，以技术进步为手段，着力构筑具有竞争优势的特色经济体系。

强化农牧业基础地位，加强农牧业基础设施建设，改善农牧业生产条件。继续搞好农业综合开发和牧区草原“四配套”建设。在不断提高农牧业综合生产能力和粮食生产质量、效益的前提下，充分利用比较丰富的冷凉气候资源、天然草场资源和具有高原特色的动植物资源以及无污染的高原生态环境，发展高原特色农牧业，推进农牧业生产化经营。把发展乡镇企业与小城镇建设结合起来，调整结构，集中布局，拓宽发展空间。积极引导农牧民向二、三产业转移，扩大农牧民就业和增收领域，全面繁荣农村牧区经济。

加快工业结构优化升级，进一步培育壮大支柱产业和优势产业，有选择、有重点地发展高新技术产

业，引导存量资产向优势产业集中，强化产业间的关联度，延伸产业链。继续压缩、淘汰产品质量低劣、技术设备落后、浪费资源、污染严重的生产能力，完善企业市场退出机制。加大技术改造力度，提高工业技术装备水平。把工业化与信息化有机结合起来，以现代信息技术促进工业结构的优化升级。

大力发展服务业，改造提升商业、餐饮、交通运输等传统产业，积极发展旅游、房地产、社区服务、金融保险、信息咨询、市场中介等新兴行业。加快推进有条件的公益型、福利型社会事业的产业化进程，促进服务业向高层次、高水平、宽领域发展。

通过调整，形成具有资源优势和竞争优势的五大特色产业链。一是盐湖钾盐开发与镁、锂、锶、硼等资源综合利用相结合的盐化工产业链；二是水电资源开发与有色、冶金工业相结合的电力高耗电工业产业链；三是石油、天然气的勘探、开发和加工利用相结合的油气开发油气化工业链；四是高原生物资源的保护、种养与加工增值相结合，以中藏药、绿色食品、生物制品为主的生物资源开发利用产业链；五是旅游资源开发与发展食、宿、行、娱及购物等相结合的旅游经济产业链。

一、积极发展生态农牧业，推进产业化进程

种植业。着力培育六大主导产品：一是积极发展蚕豆、豌豆作物，重点搞好东部农业区、柴达木盆地两大豆类生产基地建设，在河湟温暖地区大力发展冬小麦生产；二是大力发展高产优质杂交油菜品种，着力搞好东部农业区、海南州、海北州三大油菜商品生产基地建设；三是在东部农业区的浅山、脑山地区大力发展脱毒马铃薯生产和加工业；四是大力发展无公害反季节蔬菜，着力建设西宁、海东、柴达木盆地三大反季节蔬菜生产基地；五是积极开展大黄、麻黄草、甘草、板兰根、黄芪等中藏药材的种植，建设中藏药材生产基地；六是积极开发高原特色花卉，逐步形成花卉产业带。

畜牧业。进一步优化畜群、畜种结构，发展羔羊、奶牛、犊牛生产，建设毛肉兼用半细毛羊和优质牧草种籽生产基地。继续搞好西繁东育和农户规模化养殖，积极发展特种养殖。

水产业。积极发展以冷水鱼类养殖为主的渔业，扩大虹鳟鱼网箱养殖面积，加快大银鱼、池沼公鱼的移植，促进水面养殖的发展。

林业。结合生态环境建设，积极扩大果品、水棘、枸杞等经济林木的种植，搞好林业工厂化育苗。

农牧业产业化。以特色农畜品基地为依托，积极发展订单农业、工厂化农业，大力扶持和培育一批农牧业产业化龙头企业，形成有地方特色民族特点的农畜产品加工体系。到2005年，农畜产品加工转化率达到40%以上。

二、培育壮大支柱产业和优势产业，加快工业化进程

盐化工业。以钾肥为重点，大力发展钠、镁、锂、锶、硼等系列产品。在加快察尔汗盐湖资源开发和综合利用的同时，着手开发马海湖、东西台吉乃尔湖和大风山等矿床，抓好氯化钾、硫酸钾、硝酸钾、碳酸锂和氯酸盐等项目的建设。逐步把青海建成国家的钾肥、锂盐、碳酸锶生产和加工基地。

水电工业。按照梯级开发，连续建设，大中并举，滚动发展的原则，加快黄河上游水电资源的开发步伐。建设公伯峡、尼那、直岗拉卡水电站，加快拉西瓦等水电站的前期工作。在加强电源建设的同时，加快电网建设步伐，330千伏输电线路东西贯通，110千伏输电线路南北展开，搞好城乡电网改造工程，扩大电网覆盖面。按照国家西电东送的部署，建设750千伏输变电线路，逐步把青海建成全国西电东送的基地。

有色金属工业。重点发展铝、镁、铜、金等有色金属和稀有金属产品，积极推进铝电、镁电联营，发展铝镁锌等深加工产品。建设30万吨电解铝项目。开发高精度特薄铝板带材、高质量铝箔、铝塑复合板等新型材料。建设20万吨合成光卤石和5万吨金属镁及系列产品，开发镁粒、镁基合金等新产品。逐步建成以铝、镁为主的有色金属生产加工基地。抓好黄金资源开发，扩大铅锌生产规模。加快建设赛什塘铜矿，做好开发德尔尼铜矿的前期工作。

石油天然气工业。进一步加大柴达木盆地油气资源勘探开发力度，增加探明储量，扩大生产能力，开发下游产品，形成勘探开发并举、油气并举、以气为主、油气化工与盐湖化工结合的发展格局。到2005年，累计探明和控制的石油地质储量4亿吨、天然气3000亿立方米；建成年产油气500万吨(当量生产能力和涩化——西宁——兰州天然气输气管道；建设天然气电站，PVC及化肥等天然气利用项目。

医药工业。充分发挥丰富的高原中藏药资源优势，重点发展治疗心脑血管疾病、肝炎、风湿类疾病的系列药品及各类保建药品。因地制宜开展中藏药用动植物资源的繁育和种植，逐步把青海建成全国较大的中藏药材生产和加工基地。利用青海作为国家定点生产麻醉药品基地的优势，发展化学药品、生化制药。加强医药企业的建设与改造，培育大型药品生产企业集团，重特色，创品牌，扩大市场占有率，实现科、工、贸一体化，争取2005年使医药工业成为支柱产业。

农畜产品加工业。重点发展以明胶系列产品为主的生物制品,以蜂系列产品、青稞酒系列产品、乳制品、饮料、菜籽油和牛羊肉制成品等为主的天然绿色食品,以及三绒(牛绒、羊绒、驼绒)面料、针织品、民族地毯和工业用纺织品等为主的针纺织品,提高农畜产品加工转化率。

冶金工业。重点发展替代进口特钢产品,开发冷拔、冷管深加工产品。搞好铁合金、碳化硅工业节能降耗和品种调整,发展系列产品,巩固出口基地地位。

建材工业,加快水泥、石棉行业技术改造步伐,提高水泥生产能力。淘汰落后的生产工艺和设备,提高产品质量。积极发展节能、节地和低污染产品,开发新型建筑材料。

三、选好切入点,发展高新技术产业

加大盐湖资源开发的科技攻关力度,积极推进盐源资源的综合开发与利用。大力推进利用反浮先冷结晶工艺生产氯化钾、利用高效分离工艺生产碳酸锂、利用钾光卤石脱水和水氯镁石脱水工艺生产电解镁等技术,发展以镁、锂、锶、钾、硼等元素为主的高新技术产品。

大力发展轻金属新材料。积极研制和引进硼、锂、镁、铝系列产品的加工技术,重点发展高强度镁基合金、高强度铝基合金、超强度改性工程塑料、超柔性玻璃、高磁性锶镁、锶铝合金及其下游产品,加工增值,延长产业链。

加快发展生物工程制品。利用现代生物技术特别是超临界萃取、酶技术和基因技术发展高类别生物药品和脱毒马铃薯、双低杂交油菜等生物良种,推进彩色明胶产业化。

四、开发旅游资源,建设全国知名高原旅游基地

把旅游业放在更加重要的位置,按照统筹规划、突出重点、分步开发的原则,重点抓好青海湖国家级风景名胜区、塔尔寺藏传佛教圣地、黄河碧水丹山旅游带、江河源生态旅游区、昆仑文化旅游区、互助北山国家极森林公园及土乡民族风情园等景区景点开发与建设,完善配套设施。创建青海湖、江河源、塔尔寺三个王牌景点,丰富以西宁为中心的环青海湖、唐蕃古道、藏传佛教朝圣、世界屋脊探险、江河源头生态旅游等五条黄金旅游线的内涵,逐步把青海建成中国西部著名的生态、避暑、宗教文化和民族风情旅游基地。加强重要旅游资源的宣传力度,积极开发旅游产品。到2005年,年接待境外旅游者10万人次,国内旅游者510万人次,旅游总收入达到20亿元,使旅游业成为全省第三产业的龙头和国民经济的支柱产业。

第六章　科技教育

一、加大技术开发力度,提高科技创新能力

围绕经济结构调整、发展特色经济以及重点企业技术进步,坚持技术引进与自主开发相结合,组织好重大项目的科技攻关,加强中间试验和工业性试验,加速科技成果向生产力转化。力争在盐湖资源综合开发利用、轻金属新材料、生物医药、农牧业优良品种、生态环保产品和技术等方面的开发与引进取得新进展。通过实施高新技术示范工程项目,促进高新技术产业化。积极推进传统产业技术进步,大力推广信息技术、节能降耗技术、环境保护技术等共性技术,提高我省企业在设计、工艺、管理、信息等方面的现代化水平。

深化科技体制改革,加快科研院所转制步伐,从根本上改变科研机构游离于企业和市场之外的局面。培育壮大技术创新主体。鼓励企业跟踪行业技术发展的前沿,引进、消化、吸收国内外先进技术,提高自主开发和技术创新能力。建设青海特色农业、现代畜牧业、高原生态环境保护技术、盐湖资源综合利用、有色金属、藏药等研究开发中心。支持鼓励企业与省内外高等院校、科研院所进行多种形式的合作与联合,实现产学研一体化。加快西宁国家级经济技术开发区的建设,使其成为高新技术产业的基地和对外开放的窗口。

二、积极发展教育事业,提高全民素质

积极发展各级各类教育。坚持不懈地抓好普及九年义务教育和基本扫除青壮年文盲工作。到2005年,全省“普九”人口覆盖率达到85%,青壮年人口中的非文盲率达到90%。在城镇逐步普及高中阶段教育。高等教育要适应经济发展需要,调整布局和专业设置,加强重点学科建设,扩大办学规模,提高办学效益。进一步加强民族教育,大力培养各类少数民族人才,加大对民族地区尤其是青南地区教育的扶持力度。积极发展各种形式的职业技能教育和成人教育,逐步完善大众化、社会化的终身教育体系,提高国民教育普及程度。

全面推进中小学素质教育。改进课程设置,革新教学方式,改革评价体系,加快应试教育向素质教育的转变,培养学生创新意识、创新精神和创新能力。加强师资队伍建设,提高教师素质。

加强教育基础设施建设,不断改善办学条件。应

用现代信息技术发展远程教育，加快大中专院校和城市中小学网络化工程建设，提高教育现代化水平。

积极鼓励社会力量办学，形成以政府为主体，社会各界共同参与，公办学校和民办学校相互促进、共同发展的格局。

第七章　人民生产与精神文明

一、努力消除贫困，改善城乡人民生活

坚持开发式扶贫，把扶贫开发与基础设施建设和生态环境建设结合起来，加大各类扶贫资金的投入，加快解决贫困地区通路、通电、通水问题，改善贫困地区的生态环境和生产生活条件。继续搞好科教扶贫、对口帮扶、定点扶贫和全社会扶贫济困以及劳务输出工作。扶持贫困地区调整产业结构，发展特色种养业和加工业，打好稳定脱贫基础。

努力增加城乡居民尤其是中低收入者的实际收入，适时提高最低工资标准。规范企业用工和工资支付行为，依法维护劳动者权益。开辟农牧民增收的新途径和新领域，增加收入。扩大消费信贷的种类和范围，着力改善居民居住和出行条件，促进居民消费。

二、控制人口增长，努力增加就业

坚持计划生育基本国策，稳定现行计划生育政策，大力提倡优生优育，提高人口素质。重点做好农村牧区计划生育工作，加强对流动人口计划生育的管理。进一步完善基层计划生育技术服务体系。认真落实宣传教育、经常性工作、避孕节育为主的工作方针，继续实行计划生育目标管理责任制，建立依法行政、优质服务的计划生育管理机制。

实行有利于扩大就业的政策，积极发展各类劳动密集行业，努力增加就业岗位。加强再就业培训，推行劳动预备制度和职业资格制度，提高劳动者职业能力。扩大劳务输出，拓宽就业渠道。进一步发展劳动力市场，强化就业信息和职业服务，形成市场导向的就业机制。

三、加快社会保障体系建设，不断提高保障层次和水平

推进社会保障制度改革，初步形成社会保险、社会救济、社会福利、优抚安置和社会互助、个人储蓄积累相结合的多层次的社会保障制度。基本建成独立于企事业单位之外的养老、失业、医疗等基本社会保险。扩大社会保险覆盖面。推进社会保障对象服务的社会公管理。积极发展商业保险，推动社会保障的市场化进程，提高社会保障水平。着手建立农村牧区基本社会保障体系。积极发展各类社会福利，在城镇加快建立以社区为重点的多层次、多功能的社会福利体系；在农村建立社会保险、福利、救济、五保供养、家庭保障相结合的社会福利系；在农村建立社会保险、福利、救济、五保供养、家庭保障相结合的社会福利体系。重视人口老龄化工作，建立健全养老安老服务体系。

四、积极发展医疗卫生体育事业，提高人民的健康水平

进一步搞好区域卫生规划，合理配置卫生资源。完善医疗急救、预防保健、地方病防治、疫情监测和卫生监督服务体系，基本形成社区卫生机构、综合医院与专科医院合理分工作服务体系框架。加强基层卫生设施建设，扶持贫困地区卫生事业发展，实施农牧民健康工程，积极推进农村合作医疗。整顿药价和医疗收费，减轻患者就医负担。“十五”末全民健康主要指标达到全国中等水平，人均期望寿命达到66.7岁。

加强体育公共设施建设，面向社会开放，实现资源共享。采取多种形式，广泛深入开展全民健身运动。加强体育后备人才的选拔培养，提高竞技水平。鼓励引导社会各界兴办体育事业，推进体育产业化。“十五”期间，经常参加体育锻炼的人数达到总人口的25%。

五、加强精神文明建设，促进社会全面进步

坚持不懈地进行党的基本理论和基本路线教育，树立与社会主义市场经济和西部开发相适应的思想观念。大力开展爱国主义、社会主义、集体主义教育和社会公德、职业道德、家庭养德教育，加强马克思主义的民族观、宗教观和无神论的教育，普及科学知识，反对封建迷信，扫除各种愚昧落后的陈规陋习和丑恶现象。进一步深化干部人事制度改革，营造尊重人才，鼓励创业的社会环境。弘扬扎根高原、无私奉献、艰苦创业、团结奋进的青海高原精神，积极开展文明村、文明户、文明家庭创建活动，倡导科学文明健康的生活方式。加强社会治安综合治理，坚决打击各类社会丑恶现象和邪教势力，努力形成良好的社会风尚。广泛树立诚信为本的理念的和行为规范，形成适应市场经济体制的道德和信用准则。

坚持文化为人民服务、为社会主义服务的方向，努力巩固和拓展社会主义文化阵地，形成健康向上的舆论环境、文明和谐的社会氛围和丰富多彩的文化生活。抓好文化精品建设，突出时代特色、地方特色和民族特色，繁荣文学、艺术创作，活跃群众文化生活。加强优秀民族文化遗产挖掘和保护，发展文物、博物和档案事业。加强公共文化基础设施建设，重点抓好三级文化阵地和活动网络建设，完成广播

电视村村通工程，并进一步向自然村和牧民定居点延伸。坚持新闻舆论的正确导向，发展新闻出版事业。加强对社会实践中重大课题的研究，促进社会科学的发展。继续鼓励引导社会力量投资文化产业，发展大众文化娱乐设施和产品。到2005年，广播、电视人口综合覆盖率分别达到85%和90%以上。

第八章　对外开放

一、努力扩大对外贸易

抓住加入WTO的机遇，进一步开拓市场，扩大具有青海特色的农畜产品、冶金、有色、盐化工、中藏药以及机电产品的出口，提高技术含量高、附加值高出口产品的化重，增强国际市场竞争力。巩固亚洲、欧美等传统出口市场，积极开拓非洲、拉美、独联体等新兴市场。积极开展加工贸易、技术和服务贸易等多种贸易形式，推行与国际惯例接轨的企业质量体系认证和产品质量认证。调整进口商品结构，重点引进先进技术、关键设备和重要原材料。到2005年全省进出口贸易总额达到4亿美元，其中出口3亿美元，年均增长22%；进口1亿美元，年均增长27%。

二、积极有效地利用外资

积极引导外资投向农牧业、基础设施、特色经济、高新技术产业等领域，加大矿产资源勘探开发项目的对外招商力度。有步聚地推进服务业的对外开放。在积极争取国际无偿援助、国际金融组织和外国政府贷款的同时，大胆采用和推行国际通行的股权融资、项目融资、基金融资、金融租赁以及风险投资等方式，扩大利用外资的规模和水平。重视吸引国际跨国公司、大财团、东部企业投资，鼓励外资以多种形式参与国有企业的改革和资产重组。采用网上招商、委托招商、定向招商等多种方式，降低招商成本，提高招商成功率。争取“十五”期间利用外资年均增长25%。

三、加强横向经济联合

本着“互惠互利、取长补短、共同发展”的原则，紧紧抓住西部大开发、东部地区经济结构调整与产业转移的有利时机，全方位吸引国内资金、技术、人才来青海投资兴业，合作发展。以授让商标权、专利权、合作开发、合作生产等形式进行生产领域的联合，以代理制、连锁经营、配送中心等形式进行流通领域的联合，以资产重组、股权与经营权的转让等形式进行资本领域的融合，推动横向经济联合向广度深度发展。

第九章　城镇化与区域发展

一、加快城镇化进程，缩小城乡差距

实施城镇化战略，提高城镇化水平。按照科学规划、合理布局、分类指导、突出重点、有序推进的原则，在发展小城镇的同时，积极发展中小城市，完善城市功能，发挥城市的辐射带动作用。把城镇建设和经济建设结合起来，提高城镇的集聚效应。加快现行户籍制度和用地制度改革，建立多元化的城镇建设投资机制，理顺城乡和工农关系，优化城乡生产要素配置，促进城乡人口合理有序流动，形成以城带镇、以镇带村、整体协调发展的格局，推进城乡一体化进程。到2005年，全省城市达到10个。其中，大城市1个，中等城市1个，小城市8个。

加快发展西宁、格尔木两个中心城市。科学合理规划城市功能分区，进一步完善市政设施，建设一批形象工程。加快西宁市城南新区的建设，增强西宁作为省会城市的辐射与带动作用，逐步把西宁建设成为青藏高原的现代化中心城市。积极发展卫星城镇。突出发挥格尔木战略地位和经济区位优势，加快昆仑经济开发区等新城区建设，扩大城市规模。加快与省内外联系的立体交通通道和信息通道建设，使其逐步成为西部的交通枢纽和现代化中心城市。

加快发展新兴城市和小城镇。按照突出特色、强化功能、集聚人口、繁荣经济的原则，加快新兴小城市和小城镇的规划与建设。选择若干有条件的小城镇，集中扶持，壮大规模，发展成为小城市。在东部地区，依托县城和工矿企业所在地，结合发展乡镇企业和农牧业产业化经营，建设以西宁为中心的城镇发展群落。在青藏公路和黄河上游沿线，充分利用交通便捷、丰富的优势，沿路沿河布局建设一批小城镇。在柴达木盆地、环湖和青南地区，以现有的县城和工矿区等小城镇为基础，进一步壮大规模，完善功能。

二、发挥区域优势，促进地区经济协调发展

遵循“因地制宜、分类指导、重点突破、构筑特色”的原则，按照区域的比较优势和竞争优势，兼顾公平与效率，发展具特色的区域经济，实现各民族共同富裕。

东部综合经济区。要加快以西宁为中心的城镇群落建设，充分发挥西宁作为省会城市的龙头带动作用，促进经济向集约化、规模化方向发展。产业发方向主要是：加快水电资源开发，并带动高耗电工业发展；以西宁国家级经济技术开区为孵化基地，大力发展高新技术产业，推进传统产业优化升级；发挥水土光热优势，发展优质高效绿色农业和现代化畜牧

业，加快农牧业产业化步伐，推动乡镇企业二次创业；加快重要旅游景点的开发与建设，使旅游业成为该区的重要产业，并带动相关产业的发展。

柴达木资源开发区。该区要依托丰富的资源优势及进藏铁路建设，以格尔木为中心，大力发展盐化工业、石油天然气工业、有色金属和建材工业，使这一地区成为全省的新兴工业基地。同时，加强柴达木盆地荒漠化治理，发展绿洲农业。

三江源生态经济区。该地区是全国最大的国家级自然保护区。要以生态保护与治理为主，发展生态经济。加强草地保护与治理，停止天然林采伐。在保护生物多样性的前提下，适度开发可再生的生物资源。搞好草原"四配套"建设，增强防灾抗灾能力，稳定发展畜牧业。积极发展生态旅游业，创建三江源旅游名牌。加快小城镇和牧民定居点建设，集中力量搞好水、电、路等基础设施建设。改善群众生产生活条件，提高人民生活质量。

第十章　体制改革与政策保障

一、调整国有经济布局，放手发展民营经济

按照"有所为、有所不为"的原则，加速国有资本的合理流动和重组，促使国有资本从一般竞争性领域逐步退出，改变国有经济领域分布过宽、整体素质不高、资源配置不合理的状况，对大中型骨干企业进行规范的公司制改革，加快建立现代企业制度。通过政策引导、市场配置，在支柱产业和优势产业中着力培育一批有竞争力的大企业和企业集团。对中小企业采取改组、联合、托管、租赁、兼并、出售等多种形式，进行产权制度改革。推进国有资产的资本化、证券化，培育和发展上市公司。鼓励社会资本参与国有企业改革，发展混合所有制经济。

进一步改善民营经济发展的政策环境，建立健全民营经济发展的权益保障制度和投融资、信贷、担保等支撑体系。放市场准入，除个别涉及国家安全的领域外，取消一切限制民间投资的规定，在企业开办、土地使用、上市融资、进出口等方面，对民营经济实行与公有制经济同等待遇，支持和引导具备资质的民营企业参与基础设施以及教育、卫生等社会事业的建设与经营。鼓励和引导民营企业参与国有企业改革，推进国有中小型企业民营化。鼓励和引导民营企业进行跨行业、跨地区、跨所有制的联合与合作，形成一批具有一定实力的生产型、科技型、外向型民营企业集团。

二、加快市场和公共财政体系建设，完善价格形成机制

巩固和完善商品市场。按照统筹规划、合理布局的原则，重点在西宁、海东、格尔木建立一批知名度较高、辐射力较强的商品批发市场，形成以批发市场为主、专业性市场与综合市场结合，现货结合的商品市场体系。加快发展现代化流通组形式，积极推进电子商务等新型的贸易形式。

加快培育和发展要素市场，实现主要由市场形成要素价格的机制。积极发展股份制银行、非银行金融机构，培育机构投资者。建立健全各类劳动力就业服务网络和人才交流中心。加快构筑以西宁为中心的省市两级技术市场网络，推进技术成果的商品化、资本化进程。进一步发展房地产市场，全面推行经营性用地拍卖制度，实行地价与房价的分离，规范物业管理。

培育和发展各类中介组织。重点发展协调和约束市场主体行为的自律性组织、保证公平竞争、公平交易的公证机构，促进市场发育、提高交易效率的服务机构，维护市场秩序的检查认证机构。

加快公共财政体系建设。积极推进税费改革，建立规范的财政转移支付制度和政府采购制度，形成与社会主义市场经济相适应的公共财政体制框架。近期要继续贯彻国家积极财政政策，做好财政贴息工作，合理引导资金投向，带动企业和社会投资，促进消费。

完善价格形成机制，规范市场价格行为。进一步扩大由市场形成价格的范围，全部放开竞争性商品和服务价格，完善政府定价机制。全面推进收费改革，取消不合理收费，建立有效遏制不合理收费行为的机制。坚持纠正和严肃查处市场封锁、价格欺诈、价格垄断、低价倾销等不正当竞争行为。

三、健全政策体系，改善发展环境

放宽投资开发领域。除国家明令禁止的行业，其他领域和产业全部向国内外投资者开放。鼓励外资银行、保险公司、旅行社在青海设立分支机构。积极探索赋予外商探矿权和采矿权，适当减免土地使用费、资源补偿费。对生态环境，社会公益事业、重大基础设施建设等方面的投资者实行优惠地价、低租、零租、延长出租时间等政策。原则上赋予国内投资者与外商同等待遇。

实行积极的产业诱导政策。对来青海的国内外投资者，给予优惠的税收减免政策；对于鼓励投资的领域尤其是某些高新技术产业、社会公益项目，适当给予财政贴息、政府参股、注入部分资本金等扶持政策；对于生态环境建设、某些基础设施项目赋予土地和房地产开发等联带开发权，适当扩大项目的收益

权或收费权。

加大资本市场筹融资力度。加快企业改制上市步伐，做好上市企业的增资扩股工作，努力扩大企业债券发行规模。争取设立青海资源综合开发基金，发展新型融资方式。采取政府企业共同出资的方式，建立多种形式的风险投资基金，为重大高新技术项目的产业化提供资金支持。进一步建立中小企业融资担保体系，逐步解决中小企业融资难、贷款难的问题。加快投融资体制改革步伐，建立企业自主决策、自担风险，银行独立审贷，政府间接调控的体制。对企业出资建设国家非限制和非禁止类项目，实行登记备案制。推行建设项目招标投标制度，建立严格的政府投资项目稽察、监督和风险责任约束机制。

加快人才培养和引进。改善科技人员的生活和科研条件，提高高层次科研人员的政府津贴标准，对有重大贡献的科研人员实行重奖，实行技术成果资本化，并适当提高其期权股权份额。同时，按照“不求所有，但求所用”的原则，采取委托研究、项目合作、技术服务、短期聘用以及在省外建立研发中心等方式，借用“外脑”，引进智力。对有突出贡献的高级技术人才给予相应的政治荣誉。抓紧培养一大批青海开发建设急需的各级各类专业技术人才和现代管理人才，注重培养高素质的民族干部和民族人才。

四、加快政府职能转变，推进民主与法制建设

按照建立社会主义市场经济体制的要求，建立政企分开、办事高效、运转协调、行为规范、公正廉洁的行政管理体系。把政府的社会经济管理职能与国有资产所有者的职能分开，把经营职能还给企业，把一部分行政配置资源和经济调节职能交给市场，把社会监督和服务职能交给中介组织。改革各类行政审批，减化审批程序，减少审批事项，基本完成政府主要职能由审批向核准和备案、由直接管理向间接管理的过渡。明确政府各部门之间的职责，规范政府行为，推进决策民主化、科学化、法制化。强化服务意识，提高工作效率。

加强民主和法制建设，推进依法治省。坚持和完善人民代表大会制度、共产党领导的多党合作和政治协商制度。全面贯彻执行党的民族宗教政策，努力做好民族宗教工作。进一步贯彻落实《民族区域自治法》，巩固和发展平等、团结、互助的社会主义新型民族关系。加强城乡基层政权和群众性自治组织建设，扩大公民有序的政治参与和依法管理自己的事情。进一步完善以职工化表大会为基本形式的企业民主管理制度和村（居）民自治制度，加强社区民主建设，扩大基层民主，推行政务、厂务、村务公开，实现自我教育、自我管理、自我服务。加强地方立法，加快制订完善保障青海改革开放、现代化建设和实施西部大开发战略的地方性法规。加强行政执法和执法队伍建设，推行执法责任制、评议考核制，提高行政执法水平。继续深入开展法制宣传教育，进一步提高全民法律意识和法制观念，提高广大干部依法行政、依法管理的水平和能力。

搞好国防教育和民兵预备役工作。深入开展。拥军优属，拥政爱民，巩固发展军政、军民团结。

青海省国民经济和社会发展“十五”计划纲要，是全省经济社会发展的纲领性文件，全省各地区、各部门要认真贯彻落实。政府各部门要着力营造实现规划的良好环境，研究实施规划的政策措施，综合协调解决经济社会发展中的一些重大问题。对政府起主导作用的产业和领域，研究制定专基规划，通过年度计划的编制和实施，具体落实纲要的目标和任务。企业要把全省的规划同自身发展结合起来，积极主动地参与规划实施。

全省各族人民要在省委、省政府的领导下，紧密团结在以江泽民同志为核心的党中央周围，同心同德，振奋精神，开拓进取，扎实工作，为实现《纲要》提出的目标，为在实施西部大开发战略中走在前列，开创青海经济社会发展的新局面而努力奋斗。

2000年青海统计大事记

一月

3日　省局召开处级以上干部会议部署了2000年主要工作。

19日　省局召开机关干部职工大会向经过考核合格的局队工作人员颁发了统计上岗证书。

24日　青海省委副书记、省目标责任制考核领导小组组长桑结加在省委一次会议上就进一步做好统计工作提出了重要意见。

25日　青海省统计干部培训分院被国家统计局评为先进分院。

二月

2日　根据青政文件通知，原局综合处处长侯碧波被任命为省统计局副局长。

22日—24日　全省统计工作会议在西宁召开，省人大、省政府、省政协领导莅临会议，各州（地、市）县人民政府领导及统计局局长参加了会议。省政府副省长苏森作了重要讲话，省统计局局长薛政作了工作报告。会议以省委九届三次会议、省人大九届三次会议和全国统计局长会议精神为指导，总结了1999年工作，部署了2000年全省统计改革与发展的任务。

三月

6日　局党组会议研究决定了局长、副局长分管工作：薛政主持全局工作，主管人事处、办公室、机关纪委；智华协助局长分管人口与就业处、培训中心、党委、妇委会、农调队、城调队；张国华协助局长分管工交与投资处、国民经济核算处、计算中心、企调队；侯碧波协助局长分管综合处、社贸处、制度法规处、统计学会、记者站、团委；沈继伟协助局长、副局长协调培训中心工作；田正雄协助局长、副局长协调统计业务工作、文字把关、统计学会工作。徐学初协助局长、副局长协调统计业务工作、《中国信息报》记者站工作。

7日—12日　国家统计局农调总队顾问徐乐生一行三人来青就农村贫困监测、住户调查、样本轮换等工作进行了检查指导和调研。

8日　副省长苏森在省统计局副局长智华的陪同下视察了黄南州同仁县统计工作。

9日—10日　全省城调工作会议在西宁召开。省统计局局长薛政到会讲话，省城调队队长杨家运作了城调工作报告，会议总结了上年工作，部署了2000年任务。

17日　省局薛政局长、张国华副局长及办公室、计算中心的负责同志赴民和县统计局检查指导计算机机房建设工作。

28日　《青海日报》公布了1999年青海省国民经济和社会发展统计公报。

29日　“青海省NIT培训考试点”在省局培训中心正式挂牌成立。全国计算机应用技术证书考试（简称NIT）是教育部考试中心引进英国剑桥大学的剑桥信息技术证书在全国推广实施的计算机应用技能培训与考试系统，根据国家统计局和教育部有关通知并经教育部批准，省统计局干部培训中心成为我省首家“全国计算机应用技术证书考试（NIT）培训机构（编号为936301）。

30日　全省第五次人口普查电视电话会议在西宁召开。省第五次人口普查领导小组组长、副省长苏森到会讲话，省第五次人口领导小组各成员、西宁市政府及各部门的领导、省垣各新闻单位等参加了西宁主会场。

四月

4日　全省粮油市场调查工作会议在西宁召开。

6日—10日　全省城乡住户抽样调查培训会在西宁召开。全省第五次人口普查登录地理区域划分试点会议在民和县召开。

10日　省局人事档案工作经省委组织部检查验收，实现达标并荣获中央组织部、省委组织部“部三级单位”和“省二级单位”荣誉称号。

12日　国家统计局人口司张为民司长一行来青检查第五次人口普查准备工作。

14日　省局上报了第一季度各地区政府目标考核结果。

五月

4日　省局机关工会和团委联合举办省局队机关计算机技术知识竞赛。

9日—27日　局统计干部培训中心举办首期NIT培训班，统计系统33人参加了学习。

12日　全省第五次人口普查工作会议在湟中县召开。

16日　马培华副省长视察省局计算机中心机房并作了重要指示。省政府副秘书长张辉、省政府办公厅自动化办公室主任张冲随同来局。

30日　西藏自治区统计局副局长晋美多杰应邀来青海调研并与青海省统计局局长薛政等进行了座谈。

青海省公安厅印发关于全省公安统计改革工作情况的通报。

31 日　新疆自治区统计局局长邱远尧应邀来青海调研。

六月

5 日—8 日　国家统计局局长刘洪一行五人来青海调研。青海省省长赵乐际、省委副书记桑结加、副省长苏森亲切会见了刘洪局长。在青期间，刘洪局长一行在省局领导陪同下前往西宁市、湟中县、海北州、海南州调研，分别会见了当地党委、政府和统计部门的领导并进行了工作交流。

16 日—18 日　国家统计局企业调查总队总队长宋跃征一行来青调研。

21 日　全国重点城市工交统计会议在西宁召开。会议期间国家统计局工交司副司长刘富江及有关处的领导来省局就统计在西部大开发中的作用进行了座谈交流。省统计局局长薛政、副局长张国华和有关处的领导汇报了工交统计方面的工作。

21 日　省委办公厅副主任赵理真来省局考察统计信息网络建设情况。

30 日　省局召开纪念“七一”暨创先争优表彰大会，对省局、队机关先进党支部、先进处室和先进个人进行了表彰。

七月

1 日　根据省委、省政府目标责任考核工作的要求和全省统计方法制度改革的整体部署，全省县级农牧业抽样调查和州(地、市)政府驻地城镇居民抽样调查工作，抽中调查户登记工作全面展开。

10 日　省局发出通知号召省局机关干部职工开展向张彦生同志学习的活动。

11 日　国家统计局党组成员、农调总队队长朱向东来青考察。

27 日　省“三五”普法检查组来省局检查验收统计“三五”普法达标情况。经检查组考核验收，打分 93 分，评为优秀。

八月

2 日　省局召开干部职工大会宣布了机构改革和在岗人员名单。根据青海省人民政府办公厅关于印发省统计局职能配置内设机构和人员编制的通知(青政办[2000]95 号)精神，省局内设机构调整为 7 处室，即：办公室(挂财务处牌子)、综合统计处(挂制度法规处牌子)、工交投资统计处、社会与贸易统计处、人口与科技统计处、国民经济核算处、人事处，全局定行政编制 55 名、工勤人员 8 名，比原编制减少 38 名，精简 41%。

10 日　省局举办“绿色 GDP 核算讲座”，省局队机关全体干部职工参加，由总统计师田正雄主讲。

11 日　全省 NPA 县级监测培训会议在西宁召开。

14 日—17 日　全省固定资产投资项目处理系统培训会议在西宁召开。

16 日　省政协副主席岳世淑、省政协社会法制和三胞联谊委员会主任赵恒伦等领导来省局就“十五”时期青海人口问题进行调研。省统计局局长薛政、副局长智华及有关处室的负责同志参加并汇报了青海人口发展状况及面临的一些问题。

根据省政协八届三次会议第 95 号提案“关于加快统计改革步伐加强基础工作提高统计数据质量的建议”，省局上报了“关于对政协青海省第八届委员会第三次会议第 95 号提案的复函”。

23 日　省人普办在西宁召开省直新闻单位和有关部门人口普查工作座谈会。省委宣传部、省人普办负责同志和省电视台、省有线电视台、省广播电台、省教育厅、省文化厅、省工商局、团省委、省妇联及西宁市委宣传部的负责同志参加了座谈会。

25 日　省局申报立项的“青藏高原畜牧业统计教育监测中心”获国家计委批准，并正式下文(计投资[2000]1129 号)立项。

31 日　省第五次人口普查办公室召开驻青部队及有关单位人口普查工作座谈会，就军队、武警、监管、劳教、铁路等单位人口普查有关问题达成了共识。

九月

4 日　省局组成 7 个工作组，分别由薛政、智华、张国华、侯碧波、杨家运、陈峰、李积文同志带队，分赴各州、地、市统计局检查工作。

5 日　省局召开统计学会秘书长办公会议，决定(1)成立统计论文评委会；(2)聘请学会刊物通讯员；(3)筹备统计学会第六届会员大会；(4)建立优秀统计论文奖励基金。

6 日　省企调队召开规模以下工业企业调查会议，省局薛政局长、张国华副局长到会讲话，省经贸委、省农业厅派员参加了会议。

7 日　省城调队召开居民消费价格和工业品价格统计调查座谈会，省计委、省经贸委应邀派人参加。

8 日　根据国家统计局关于向张彦生同志学习的决定，省局发出通知号召全省统计系统开展向张彦生同志学习的活动。

根据省政府要求，省局完成了行政许可、行政审批、行政收费共 19 个项目的清理工作并上报了总结报告。

13 日　全省第五次人口普查宣传工作会议在西宁召开。省局薛政局长、省委宣传部副部长王天才到会讲话。

省局制发《青海省统计系统计算机设备管理办法》。

14 日　省局召开首届统计信息网页评比颁奖

大会。

15日　省委书记白恩培在省统计局呈报的《对今年我省农村经济运行情况的基本判断》一文作了重要批示。

17日　根据省纪委要求，省局组织机关全体干部职工观看了影片《生死抉择》，并以处室或党团组织为单位进行了讨论。

20日—26日　国家统计局办公室副主任张志英等一行四人来青海调研。

据省局检查组工作汇报，互助县已全部建立乡镇统计站，包括由县委组织部直接任命的站长、副站长在内的34名专职统计人员已全部到位。这34人中本科文化程度的占9%，大专占25%，中专占60.6%。乡镇统计站在管理上实行县统计局和乡镇政府双重领导。

24日　副省长穆东升对省统计局呈报的《对我省农村经济运行情况的基本判断》一文作了重要批示。

全省国内生产总值培训会在西宁召开。

25日　全省小型贸易企业个体商业统计抽样调查工作会议在西宁召开。

青海省副省长、省第五次人口普查领导小组组长苏森在省统计局副局长、省第五次人口普查办公室主任智华陪同下赴湟中县检查工作。

十月

9日　省计委以青计投资[2000]629号文下达省局定点扶贫单位平安县沙沟乡专项扶贫资金"人畜饮水工程"新建项目及专项投资80万元，用以解决该乡侯家庄、中庄、牙扎、芦草沟、树尔弯、沙沟6村6658人、4810头(中)牲畜饮水问题。

10日　省局副局长侯碧波一行四人赴玉树州检查统计工作。

全省第五次人口普查编码、快速汇总程序培训会在西宁召开。

16日　国家统计局农调总队支援我省的首批8辆调查用车北京吉普车由北京运抵西宁并由省局主持与4个国定贫困县、4个县农调队举行了交接仪式。

17日　省局局长薛政在省农调队副队长陈峰等同志陪同下赴乐都县检查农业调查工作。

21日—24日　2000年全省统计年报会暨统计学会第六届会员代表大会在西宁召开。会议推举苏森副省长为名誉会长，张维锦、翟松天、赵理真等9名同志为顾问，选举薛政同志为会长，胡先来、智华、张国华、侯碧波、田正雄、冯义等6名同志为副会长，吴石林同志担任学会秘书长。

23日　按照省委、省政府关于开展扶贫救灾的通知要求，省统计局局长薛政和副局长智华亲自带队向省局定点扶贫单位平安县沙沟乡送去了全局干部职工自发捐助的现金10570元、过冬衣物91件和价值8400元的"丁香"牌面粉10000斤。

24日　国家统计局干部培训学院青海省分院首期开放式教育会计本科开课。

26日　省局综合数据库建成并上网调试运行成功。该库包括了34个统计专业的全部年报指标，具有高频指标查询、按表查询、综合查询、加载数据、手工编辑数据、表描述和系统维护等功能。

27日　历时两个月的青海省统计局2000年夏、秋季职工体育运动会拉下了帷幕。

30日　省长赵乐际对省局提交的《青海省"十五"计划测算分析》报告给予了肯定和表扬并作了重要批示。

十一月

9日　全省第三季度州、地、市国内生产总值数据质量评估工作顺利完成。

13日　省局召开局务会议听取全省统计基础工作大检查情况汇报并布置了下一步工作。

15日　省局召开副处以上干部会议传达学习省委九届四次全委会精神。

16日　省政府副省长、省第五次人口普查领导小组组长苏森和省五普领导小组副组长、省政府副秘书长胡先来到省局听取了全省第五次人口普查工作汇报，苏副省长对下一步工作提出了五点意见。

十二月

31日　历时一个月的全省统计系统统计法律知识考试结束。根据局党组决定，为了进一步加强全省统计干部的统计法制观念，提高依法行政、依法统计的自觉性，促进全省统计干部继续深入开展《统计法》、《统计法实施细则》等统计法律法规的学习，从11月30日至12月31日，由省局法规处统一组织全省各级统计局和调查队的全体统计调查人员，进行省局统一命题的统计法律知识考试。考试结果：全省统计系统参考人员全部合格，平均成绩85分以上，其中州、县局、队长和省局处以上干部的平均成绩92分以上。

QHTJNJ

综　合

General Survey

QI NGHAI STATISTICAL YEARBOOk

国内生产总值增长速度(%)

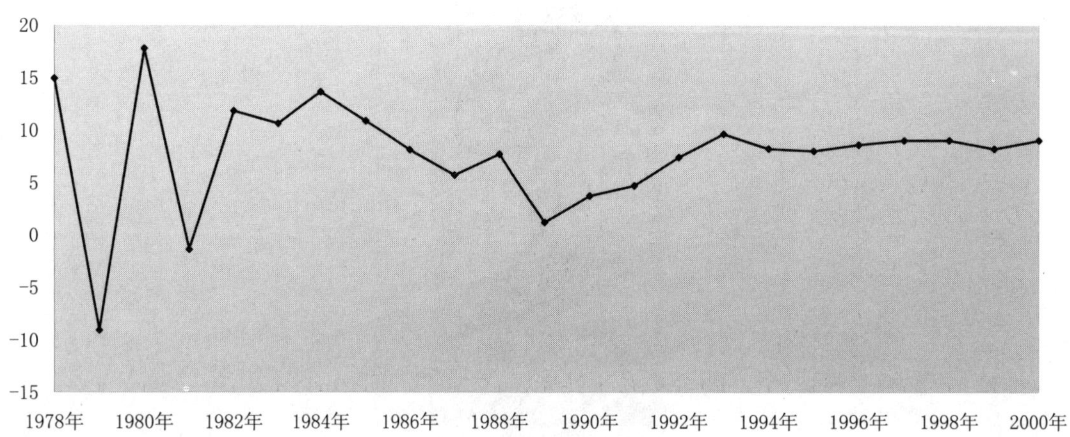

国内生产总值构成(%)

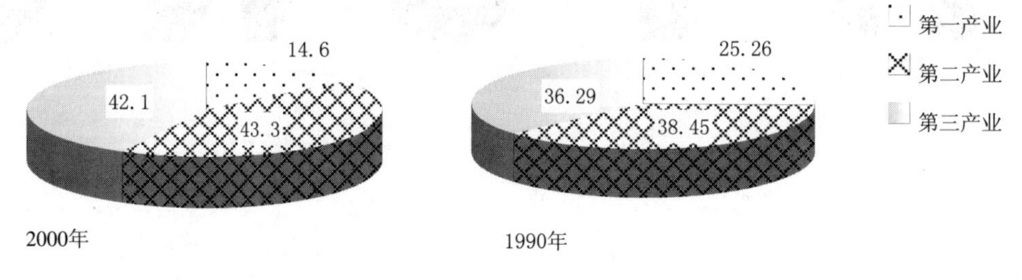

工农业总产值构成（%）

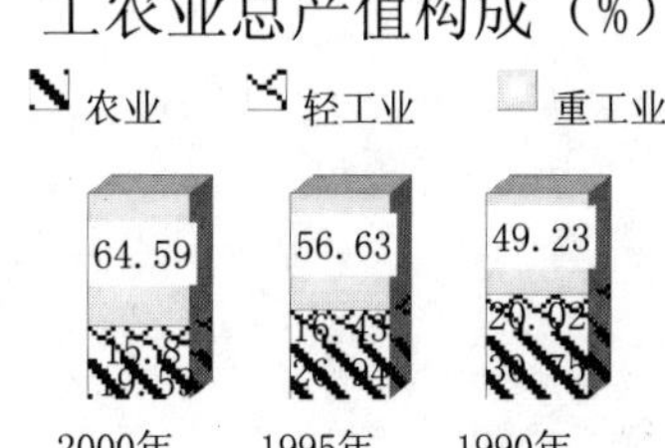

国内生产总值最终使用额比重(%)

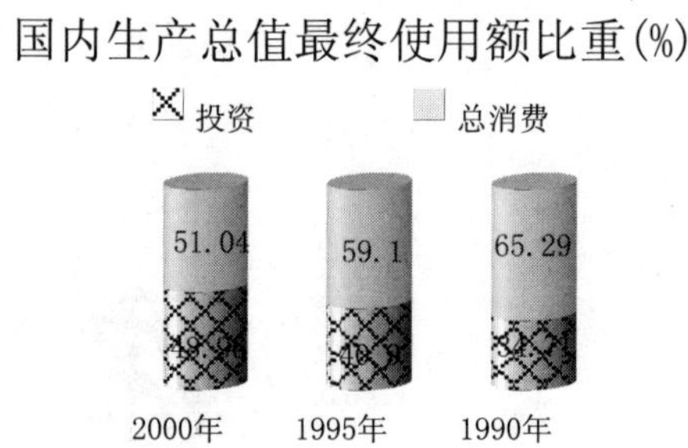

行政区划及州、地、市、县(区)名称

地区	县级行政单位数(个)	县级行政单位(地区)名称	街道办事处	镇	农村乡政府	#民族乡	村民委员会	居民委员会	家属委员会
全省总计	48		26	49	358	34	4 088	327	116
西宁市	7	城东区、城中区、 城西区、城北区、 大通回族土族自治县、 湟中县、湟源县	23	14	48	8	935	236	110
海东地区行政公署	6	平安县、民和回族土族自治县、 乐都县、互助土族自治县、 化隆回族自治县、 循化撒拉族自治县		14	77	22	1 614	18	6
海北藏族自治州	4	门源回族自治县、祁连县、 海晏县、刚察县、		4	31	1	206	6	1
海南藏族自治州	6	共和县、同德县、贵德县 兴海县、贵南县 龙羊峡行政委员会		2	38	1	413	14	
黄南藏族自治州	5	同仁县、尖扎县、泽库县、 河南蒙古族自治县 (省直辖行政单位由黄南州代管) 李家峡行政委员会		3	36		252	7	
果洛藏族自治州	6	玛沁县、班玛县、甘德县 达日县、久治县、玛多县		1	50		187		
玉树藏族自治州	6	玉树县、杂多县、称多县 治多县、囊谦县 曲麻莱县		1	47		258	3	
海西蒙古族藏族自治州	8	格尔木市、德令哈市、 乌兰县、都兰县、天峻县、 大柴旦行政委员会 冷湖行政委员会 茫崖行政委员会	3	10	33		223	40	

土地与自然资源

指　　　标	单　位	2000 年
一、土地:土地总面积	万平方公里	72.23
山地	万平方公里	42.55
盆地	万平方公里	22.29
河谷地	万平方公里	3.46
戈壁沙漠	万平方公里	3.14
丘陵地	万平方公里	0.79
二、草场资源:草原总面积	千公顷	36 449.41
可利用草场	千公顷	31 610.40
冬春草场	千公顷	15 863.70
夏秋草场	千公顷	15 746.70
三、森林资源:有林地面积	千公顷	308.80
森林覆盖率	%	3.10
疏林地	千公顷	68.30
灌木林地	千公顷	1 911.60
木材蓄积量	万立方米	3 728.50
四、水利资源:1.地表水年径流总量	亿立方米	631.40
#黄河流域	亿立方米	225.30
#长江流域	亿立方米	176.20
2.水利理论蕴藏量	万千瓦	2 165.00
#可装机容量	万千瓦	1 798.10
年发电量	亿千瓦小时	771.60
五、矿产资源		
煤保有储量	亿吨	45.04
铁矿石保有储量	矿石亿吨	2.25
石棉保有储量	石棉亿吨	0.58
盐矿	亿吨	3 262.60
镁盐	亿吨	47.82
钾盐	亿吨	4.41
硼	亿吨	0.11

青海省已发现矿产种类统计表

（2000年）

<table>
<tr><th colspan="2" rowspan="3">矿产类别</th><th rowspan="3">矿种合计</th><th colspan="3">已发现矿种</th></tr>
<tr><th colspan="2">探明有储量的矿种</th><th rowspan="2">未探明储量矿种</th></tr>
<tr><th>上矿产储量表矿种</th><th>未上表矿种</th></tr>
<tr><td colspan="2">燃料矿产</td><td>4</td><td>煤、油页岩、石油、天然气</td><td></td><td></td></tr>
<tr><td rowspan="5">金属矿产</td><td>黑色金属矿产</td><td>5</td><td>铁、铬</td><td>锰、钒</td><td>钛</td></tr>
<tr><td>有色金属矿产</td><td>13</td><td>铜、铅、锌、镁、镍、钴、钨、锡、钼、汞、锑</td><td></td><td>铝、铋</td></tr>
<tr><td>贵金属矿产</td><td>8(5)</td><td>金、银、铂族(铂、钯、钌、锇、铱、铑)</td><td></td><td></td></tr>
<tr><td>稀有、稀土、分散元素矿产</td><td>20
(14)</td><td>铌钽、锂、锶、铷、镓、铟、镉、硒、稀土(镧、铈、钕、钐、镱)</td><td>铍、锗</td><td>碲、铯、锆</td></tr>
<tr><td>放射性矿产</td><td>2</td><td></td><td>铀、钍</td><td></td></tr>
<tr><td rowspan="3">非金属矿产</td><td>冶金辅助原料非金属矿产</td><td>10</td><td>菱镁矿、普通萤石、熔剂用灰岩、冶金用白云岩、冶金用石英岩</td><td>耐火粘土、型砂</td><td>耐火铝土质页岩、红柱石、蓝晶石</td></tr>
<tr><td>化工原料非金属矿产</td><td>20</td><td>自然硫、硫铁矿、芒硝、重晶石、天然碱、电石用灰岩、制碱用灰岩、化肥用蛇纹岩、泥炭、盐矿、钾盐、镁盐、碘、溴、砷、硼矿、磷矿</td><td>地蜡</td><td>含钾岩石、明矾石</td></tr>
<tr><td>建筑材料及其它非金属矿产</td><td>41</td><td>压电水晶、熔炼水晶、硅灰石、滑石、石棉、云母、长石、透辉石、石膏、水泥用灰岩、玻璃用石英岩、建筑用砂、砖瓦用粘土、水泥配料用(粘土、黄土、泥岩)、饰面用(蛇纹岩、花岗岩、大理石)、铸石用玄武岩、岩棉用玄武岩、水泥用大理岩、玉石、水泥配料用板岩</td><td>冰洲石、石墨、脉石英、蛭石、透辉石、透闪石、宝石、刚玉</td><td>辉绿岩、高岭土、叶腊石、石榴石、建筑石料、膨润土、镁质粘土、沸石、珍珠岩</td></tr>
<tr><td colspan="2">其它水气矿产</td><td>3</td><td>地下水、地下热水、矿泉水</td><td></td><td></td></tr>
<tr><td colspan="2">矿种总计</td><td>126
(117)</td><td>89(80)</td><td>17</td><td>20</td></tr>
</table>

注：矿种数是按元素统计的，括号中的数字是按元素组合统计，列入《青海省矿产储量表》的矿种数。

青海省矿产保有储量在全国占前十位的矿种

（截至 1999 年底）

位　次	矿　种　名　称	矿种数
第一位	锂矿、锶矿、冶金用石英岩、电石用灰岩、化肥用蛇纹岩、芒硝＊、盐矿＊、钾盐＊、镁盐、石棉＊、玻璃用石英岩＊	11 种
第二位	溴、硼矿＊、压电水晶、铸石用玄武岩、饰面用蛇纹岩、伴生硫、炼镁用白云岩	7 种
第三位	铷矿、天然碱＊、石膏＊、水泥配料用板岩、碘、自然硫、铟矿、滑石＊	8 种
第四位	泥炭、建筑用砂、水泥配料黄土、硅灰石、长石	5 种
第五位	钴矿、硒矿、制碱用灰岩、云母、砖瓦用粘土、岩棉用玄武岩	6 种
第六位	铬矿＊、汞矿＊、熔炼水晶、玉石	4 种
第七位	砂金＊、锡矿＊、稀土矿＊	3 种
第八位	天然气＊、磷矿＊、镍矿＊	3 种
第九位	铅矿＊、铂族金属＊、镉矿、砷、菱镁矿＊	5 种
第十位	水泥配料用泥岩	1 种
合　计		53 种

＊在国民经济中占主要地位的 45 种矿产。

青海省主要地区日照时数

（2000 年）　　单位:小时

月　份	西　宁	平　安	德令哈	恰卜恰	门　源	同　仁	结　古	大　武
一　月	185.1	227.9	224.1	254.9	204.2	215.1	191.4	250.8
二　月	188.2	221.1	241.5	243.3	189.8	211.4	204.3	214.4
三　月	210.7	252.4	279.6	274.4	200.8	237.0	244.2	228.8
四　月	227.8	260.7	311.6	281.0	205.0	244.8	206.9	229.8
五　月	259.0	298.5	272.3	307.4	256.3	76.4	242.7	237.7
六　月	213.5	233.1	238.1	240.1	204.1	191.1	210.2	182.7
七　月	286.1	307.1	283.3	309.2	256.7	305.9	249.5	252.1
八　月	244.4	261.7	271.4	269.1	222.3	215.7	184.1	177.8
九　月	133.3	168.6	228.2	186.0	148.0	144.5	138.5	150.1
十　月	197.9	224.6	258.4	265.2	191.8	194.8	208.5	234.2
十一月	192.1	224.9	221.9	245.2	203.9	213.4	182.7	219.5
十二月	196.1	222.0	208.9	239.6	197.0	213.1	196.6	227.3
全　年	**2 534.2**	**2 902.6**	**3 039.3**	**3 115.4**	**2 479.9**	**2 463.2**	**2 459.6**	**2 605.2**

青海省主要地区平均风速

（2000 年）　　单位:米/秒

月　份	西　宁	平　安	德令哈	恰卜恰	门　源	同　仁	结　古	大　武
一　月	0.6	1.9	1.3	1.7	1.4	0.9	1.2	2.6
二　月	0.9	2.2	1.4	1.4	1.0	1.1	1.4	3.0
三　月	1.0	2.3	1.4	2.0	1.5	1.5	1.3	2.2
四　月	1.4	2.2	2.3	3.2	2.1	2.0	1.3	2.6
五　月	1.1	1.9	2.0	3.0	1.8	1.9	1.1	2.2
六　月	0.8	2.2	1.8	2.3	1.1	1.3	0.7	2.4
七　月	0.8	2.0	2.2	1.9	1.0	1.8	0.8	1.7
八　月	0.7	1.7	1.8	1.8	0.8	1.5	0.6	1.7
九　月	0.5	1.7	1.6	1.6	1.1	1.4	0.5	1.9
十　月	0.6	2.3	1.1	1.9	1.5	1.3	0.6	1.5
十一月	0.4	2.2	0.9	1.8	1.2	1.0	0.9	1.7
十二月	0.4	2.0	0.9	1.2	0.9	0.9	0.5	1.3
全年(平均)	**0.8**	**2.1**	**1.6**	**2.0**	**1.3**	**1.4**	**0.9**	**2.1**

青海省主要地区平均气温

(2000 年)　　单位:摄氏度

月份	西宁	平安	德令哈	恰卜恰	门源	同仁	结古	大武
一 月	-7.1	-6.1	-10.0	-7.3	-11.2	-5.8	-7.3	-12.7
二 月	-6.0	-4.3	-8.2	-6.7	-10.8	-5.0	-5.7	-10.5
三 月	1.6	3.1	-1.2	0.0	-3.0	1.6	-1.4	-6.0
四 月	7.5	9.1	4.8	5.9	2.1	7.8	3.1	-8.2
五 月	13.6	5.2	12.0	12.6	8.6	14.0	8.1	5.2
六 月	15.2	16.7	14.6	14.8	11.0	15.2	12.2	8.7
七 月	19.7	21.8	19.9	19.4	14.8	19.9	14.5	10.9
八 月	15.6	17.2	16.2	15.1	10.5	16.0	12.0	8.2
九 月	11.2	12.7	11.7	10.5	7.6	11.5	8.6	5.7
十 月	5.8	7.2	5.4	5.9	3.1	6.5	13.0	1.0
十一月	-2.3	-0.4	-4.3	-2.7	-5.5	-0.7	-1.7	-6.2
十二月	-5.8	-3.7	-9.8	-7.2	-10.2	-4.3	-7.7	-11.2
全 年	**5.8**	**6.5**	**4.3**	**5.0**	**1.4**	**6.3**	**4.0**	**-1.3**

青海省主要地区月降水量

(2000 年)　　单位:毫米

月份	西宁	平安	德令哈	恰卜恰	门源	同仁	结古	大武
一 月	1.6	0.6	9.0	0.1	1.2	0.4	1.1	0.2
二 月	4.2	2.3	1.0	0.5	8.7	2.4	7.2	2.3
三 月	3.5	2.8		4.3	12.6	13.6	7.3	3.8
四 月	17.1	6.1	0.6	1.7	29.7	7.5	26.6	6.5
五 月	27.1	26.6	38.3	6.2	46.3	19.3	58.2	27.8
六 月	52.1	37.8	50.3	47.6	100.9	49.1	112.5	91.4
七 月	46.9	23.1	24.7	25.3	74.1	27.7	57.6	48.3
八 月	62.2	68.8	15.2	80.0	96.6	63.7	112.0	77.5
九 月	87.7	53.2	44.1	62.6	117.8	89.9	92.0	70.2
十 月	21.7	18.2	0.0	6.4	10.3	26.2	21.7	43.0
十一月	17.7	6.3	7.0	8.4	4.0	7.8	5.3	7.4
十二月	1.2	0.0	5.5	0.9	1.0	2.2	1.0	2.6
全 年	**343.0**	**245.8**	**195.7**	**244.0**	**503.2**	**309.8**	**502.5**	**381.0**

重要年份国民经济主要比例关系

（按当年价格计算）　　　　单位：%

指　　标	1952年	1957年	1965年	1980年	1985年	1990年	1995年	1998年	1999年	2000年
一、国内生产总值产业结构										
第一产业				28.11	26.16	25.26	23.47	18.90	16.91	14.60
第二产业				44.01	40.58	38.45	39.65	40.20	40.87	43.30
第三产业				27.88	33.26	36.29	36.88	40.90	42.22	42.10
二、国内生产总值最终使用额中										
投资所占比重						34.71	40.90	48.18	37.29	33.88
总消费所占比重						65.29	59.10	51.82	62.71	66.12
三、工农业总产值中农轻重比例										
农　业	85.84	68.78	63.20	35.18	35.10	30.75	26.94	24.22	22.11	19.59
轻工业	11.52	19.61	17.33	23.46	25.05	20.02	16.43	15.52	15.11	15.80
重工业	2.63	11.61	19.47	41.36	39.85	49.23	56.63	60.26	62.78	64.59
四、农林牧渔业总产值构成										
农业(种植业)	43.50	45.50	49.00	50.29	47.96	46.82	48.19	51.53	49.66	43.71
林　业	0.20	0.70	0.50	0.90	4.26	2.83	1.56	2.51	2.34	2.64
牧　业	49.50	45.30	39.90	47.23	42.75	44.66	50.03	45.83	47.85	53.51
渔　业	0.10	0.10	0.30	0.16	0.25	0.27	0.22	0.13	0.15	0.14
五、全社会固定资产投资结构										
国有经济					85.09	89.53	81.23	76.48	73.43	66.41
集体经济					5.82	2.43	9.61	3.43	5.51	4.27
个体经济					9.09	8.04	7.81	9.36	11.72	8.45
其他各种经济							1.35	10.73	9.34	20.86
六、地方财政收入占										
国内生产总值的比重	5.87	15.62	17.23	9.27	7.26	10.35	5.20	5.79	5.94	6.29
全年财政支出的比重	52.30	38.10	56.40	28.0	23.75	42.24	29.85	28.96	25.43	24.30
七、地方财政支出中的比重										
#基本建设拨款	22.70	42.80	40.20	30.40	21.99	8.53	6.11	6.44	12.70	15.99
#支援农业和农林水气部门事业费			16.80	16.70	11.86	10.90	8.98	7.10	6.43	6.28
#科教技文卫事业费	21.30	18.10	16.70	18.70	24.93	21.81	26.61	21.58	19.86	17.91
八、社会商品零售额中										
对居民的消费品零售额占	90.31	87.69	84.69	78.97	82.81	83.86	82.11	83.65	82.84	82.42
对社会集团消费品零售额占	5.68	6.48	11.09	11.21	10.18	9.71	9.08	9.20	9.57	9.72
对农牧民农业生产资料零售额占	4.01	5.83	4.22	9.82	7.01	6.43	8.81	7.15	7.59	7.86

注：从1993年起副业产值分别划入农业产值（包括种植业和其他农业）牧业产值中，过去年份资料未作变动。

主 要 经 济 效 益 指 标

指　　标	单　位	1985年	1990年	1995年	1997年	1998年	1999年	2000年
人均国内生产总值(当年价格)	元	808.00	1 558.00	3 430.00	4 066.00	4 367.00	4 662.00	5 087
以1980年为100的指数(可比价)	%	141.20	166.70	224.23	257.51	248.57	398.65	317.17
万元国民生产总值消费能源	吨标准煤		5.57	5.00	5.83	5.60	6.57	5.77
(按1990年不变价格计算)								
每吨能源生产国民生产总值	元		1 793	1 488	1 715	1 787	1 521	1 659
(按1990年不变价格计算)								
基本建设固定资产交付使用率	%	40.8	85.7	66.7	103.12	66.70	81.65	46.92
农业劳动力人均农业总产值	元	2 109.0	2 126.9	2 111.3	2 214.0	2 294.9	2 211.7	2 209.7
(按1990年不变价格计算)								
农业劳动力人均生产粮食	千克	894.2	952.3	854.1	910.8	907.9	705.5	577.3
农业劳动力人均生产油料	千克	88.4	100.1	121.3	131.1	149.0	194.3	135.4
农业劳动力人均提供商品粮	千克	155.4	218.6	154.7				
粮食作物单产	千克/公顷	2 595	2 865	2 972	3 231	3 331	3 005	2 563
油料作物单产	千克/公顷	1 045.5	1 050	1 083	1 332	1 424	1 483	1 013
大牲畜和羊总增率	%	14.4	22.1	19.64	24.75	24.84	22.91	26.26
大牲畜和羊出栏率	%	18.8	18.3	22.84	24.20	24.60	24.04	25.36
大牲畜和羊商品率	%	11.9	12.4	17.16	18.40	18.94	18.42	20.10
母畜繁殖成活率	%	54.7	64.5	58.9	62.48	62.16	59.63	65.65
成幼畜死亡率	%	7.8	5.5	4.3	2.79	3.29	3.80	2.67
国有及年产品销售收入 500万元以上非国有工业企业								
全员劳动生产率(按当年价增加值计算)	元/人年			15 142	13 451	26 816	31 102	41 170
国有经济	元/人年			17 286	13 685	22 942	271 161	33 810
#中央企业	元/人年			52 924		54 836	58 078	69 429
#地方企业	元/人年			12 608		10 509	9 382	11 754
集体经济	元/人年			6 444	7 772	18 969	14 109	20 416
其他经济	元/人年			6 357	11 882	29 196	47 965	57 428
产品销售率	%			95.34	95.02	95.04	95.27	97.66
资金利税率	%			1.81	−0.01	0.51	2.52	2.53
成本费用利润率	%			−4.40	−6.86	−5.50	−0.81	0.41
流动资产周转次数	次/年			0.98	0.90	0.94	0.96	0.63
增加值率	%			33.99	29.41	30.36	33.64	34.46

平均每天主要社会经济活动

指　　标	单　位	1985 年	1990 年	1995 年	1997 年	1998 年	1999 年	2000 年
一、每天创造的财富								
国内生产总值	万元	904	1 916	4 529	5 536	6 032	6 531	7 222
第一产业	万元	237	484	1 063	1 114	1 141	1 110	1 056
第二产业	万元	367	737	1 796	2 159	2 422	2 682	3 123
工　业	万元	244	582	1 426	1 581	1 738	1 917	2 207
建筑业	万元	123	155	370	578	684	765	916
第三产业	万元	300	695	1 670	2 263	2 469	2 739	3 043
财政收入	万元	66	198	236	299	355	388	454
粮　食	吨	2 748	3 139	3 128	3 495	3 561	2 839	2 266
油　料	吨	272	330	444	503	584	782	512
肉　类	吨	306	420	503	544	570	552	571
#牛　肉	吨	98	143	173	188	191	166	174
#羊　肉	吨	125	152	168	173	179	182	192
育活大牲畜仔畜	头	2 331	2 613	2 382	2 165	2 202	1 943	2 338
育活绵山羊仔畜	只	10 085	13 447	12 455	13 489	14 070	13 360	14 076
发电量	万千瓦/小时	312	1 935	1 655	2 308	2 791	3 133	3 665
原　油	吨	548	2 219	3 335	4 390	4 893	5 194	5 480
原　盐	吨	1 000	2 858	2 085	436	1 091	1 341	1 853
钢　材	吨	459	776	843	912	1 007	988	997
棉　布	百米	452	598	821	501	204	133	119
毛　线	千克	4 414	3 934	1 373	2 647	2 164	1 000	73
水　泥	吨	1 327	1 409	1 748	2 166	2 861	3 199	3 389
金属切削机床	台	3	4	1.28		0.69	0.56	0.53
二、每天消费(销售)额								
国内生产总值总消费额	万元		1 494	3 075	3 635	3 868	4 149	4 584
#城镇居民消费	万元		521	1 307	1 572	1 700	1 818	1 940
社会消费品零售总额	万元	449	787	1 584	1 828	1 934	2 059	2 249
三、每天其他经济活动								
竣工房屋面积	万平方米	1.02	0.82	0.89	1.08	1.36	1.46	1.47
#住宅面积	万平方米	0.60	0.57	0.60	0.79	1.04	0.97	1.06
四、每天人口变动								
出生人数	人	160	300	288	293	295	287	271
死亡人数	人	51	92	91	93	94	94	86

注:本表价值指标按当年价格计算。

重要年份人均主要经济指标

年　份	人均国内生产总值（元/人）	人均工农业总产值（元/人）	人均耕地面积（公顷/人）	人均粮食产量（千克/人）	社会商品零售总额（元/人）	年底人均储蓄余额（元/人）	农牧民人均纯收入（元/人）	全部职工人均工资（元/人）
1952		118	0.29	231	39	0.81		597
1957		201	0.25	285	128	14	107	1 038
1965		293	0.26	291	142	21		978
1970		328	0.21	230	159	24		856
1975		474	0.18	276	190	34		883
1978	431	542	0.17	248	212	45	113	907
1980	475	590	0.16	254	246	75	164	1 065
1985	808	863	0.14	246	436	202	343	1 664
1986	916	996	0.13	239	494	253	369	1 917
1987	1 018	1 109	0.13	245	541	319	392	2 041
1988	1 260	1 438	0.13	245	659	372	493	2 305
1989	1 365	1 733	0.13	253	656	456	464	2 438
1990	1 558	1 782	0.13	258	691	594	560	2 632
1991	1 647	1 880	0.13	251	748	715	556	2 752
1992	1 890	2 062	0.13	260	812	865	603	3 098
1993	2 337	2 672	0.12	256	910	1 070	672	3 658
1994	2 910	3 655	0.12	248	1 109	1 332	869	4 976
1995	3 430	4 283	0.12	239	1 318	1 719	1 030	5 753
1996	3 748	4 027	0.12	254	1 387	2 005	1 174	6 513
1997	4 066	4 492	0.12	257	1 453	2 300	1 321	7 091
1998	4 367	5 028	0.12	255	1 523	2 613	1 426	7 449
1999	4 662	5 273	0.12	203	1 606	2 822	1 486	8 290
2000	5 087	5 666	0.13	160	1 736	3 070	1 491	9 316

注:各项价值指标按现价计算。

总　　产　　出

（按当年价格计算）　　单位：亿元

年　份	总产出	第一产业	第二产业			第三产业		
				工　业	建筑业		＃运输邮电业	＃商　业
1952	2.39	1.61	0.32	0.26	0.06	0.46	0.05	0.28
1957	6.96	2.80	2.50	1.27	1.23	1.66	0.46	0.54
1965	9.93	4.16	3.41	2.42	0.99	2.36	0.56	0.74
1970	14.96	4.37	7.28	4.74	2.54	3.31	0.85	1.09
1975	23.96	5.63	13.35	10.16	3.19	4.98	0.95	1.55
1978	32.06	5.99	19.54	13.56	5.98	6.53	1.19	1.89
1980	37.18	7.77	21.51	14.33	7.18	7.90	1.30	2.12
1981	34.75	7.30	18.85	12.25	6.60	8.60	1.12	2.37
1982	37.84	8.36	22.71	14.73	7.98	6.77	1.34	2.64
1983	43.34	8.67	24.14	15.37	8.77	10.53	1.80	3.00
1984	50.22	10.48	27.55	17.92	9.63	12.19	2.53	3.47
1985	62.18	12.25	35.27	22.65	12.62	14.66	3.10	4.34
1986	71.17	14.11	39.49	26.79	12.70	17.57	2.96	5.20
1987	81.13	15.94	45.11	31.30	13.81	20.08	3.32	5.97
1988	101.76	19.49	59.08	42.51	16.57	23.19	3.68	7.46
1989	123.31	21.60	68.76	54.18	14.58	32.95	4.59	7.93
1990	144.62	24.53	71.29	55.25	16.04	48.80	9.12	14.00
1991	155.73	25.24	78.08	60.51	17.57	52.41	9.69	16.92
1992	183.24	27.26	95.07	68.22	26.82	60.91	11.90	18.79
1993	235.22	31.00	127.03	94.09	32.94	77.19	14.55	21.51
1994	295.98	44.87	157.71	127.06	30.65	93.40	15.78	26.11
1995	351.94	55.10	184.58	149.46	35.12	112.26	19.21	31.11
1996	392.05	56.16	202.74	156.34	46.40	133.15	23.40	34.65
1997	446.46	59.02	246.33	187.85	58.48	141.11	26.49	37.62
1998	501.15	60.79	287.49	214.36	73.13	152.87	29.01	39.80
1999	540.58	59.02	314.03	231.88	82.15	167.53	32.05	42.98
2000	615.62	56.99	367.63	269.05	98.58	191.00	37.14	46.94

注：①1990年至1993年的总产出依据第三产业普查作了统一调整。
②1997年工业总产出等于按新口径计算的工业总产值加销项税。

总　产　出　指　数

(以上年为100)　　单位:%

年　份	总产出	第一产业	第二产业		第三产业		
			工　业	建筑业		#运输邮电业	#商　业
1952	100.00	100.00	100.00	100.00	100.00	100.00	100.00	100.00
1957	91.26	100.31	70.97	104.01	57.83	122.58	123.26	120.33
1965	109.47	111.00	103.78	129.21	137.64	115.89	141.18	102.72
1970	118.56	100.02	131.31	142.33	123.41	105.56	110.57	103.65
1975	114.41	99.12	121.92	115.65	132.09	104.70	99.44	108.29
1978	123.27	99.38	129.77	116.26	146.96	117.81	124.44	112.01
1980	99.83	111.02	95.95	97.48	94.74	111.38	97.50	106.43
1981	91.77	93.05	89.05	85.46	91.99	102.63	86.25	107.87
1982	117.48	107.80	120.05	119.00	120.84	113.94	119.69	109.57
1983	108.27	102.48	106.25	101.39	109.88	119.60	134.72	111.25
1984	119.47	108.94	111.61	114.23	109.81	117.75	140.17	113.04
1985	106.89	111.11	106.77	119.72	97.48	105.32	97.13	112.52
1986	102.72	104.68	101.60	111.33	93.03	105.27	93.26	110.81
1987	106.82	103.86	106.54	113.01	99.73	109.26	104.84	109.51
1988	109.16	100.27	112.30	120.57	102.41	103.43	105.27	104.81
1989	95.69	102.43	96.34	108.09	79.82	93.71	118.18	92.62
1990	116.52	104.86	102.07	103.17	99.96	173.17	103.92	147.43
1991	107.95	102.34	99.98	105.74	88.65	126.19	98.30	121.06
1992	113.56	104.09	113.71	105.28	133.47	115.66	104.22	110.96
1993	106.70	100.18	109.89	113.47	103.27	106.98	115.29	114.32
1994	108.00	103.60	107.80	112.70	88.80	110.10	104.80	98.00
1995	108.10	99.80	109.30	109.00	110.40	109.80	106.90	101.70
1996	110.40	103.90	112.70	109.70	126.60	109.40	112.10	102.80
1997	110.30	105.70	112.40	110.50	120.30	108.70	111.20	104.60
1998	110.70	104.50	113.60	110.20	126.30	108.20	110.90	104.80
1999	108.40	100.20	110.20	109.90	111.20	108.30	113.30	108.90
2000	108.90	97.40	108.20	105.60	116.80	114.00	116.70	110.40

注:1995年工业指数与工业普查数有差距。

总　产　出　指　数

（以 1952 年为 100）　　　　单位：%

年　份	总产出	第一产业	第二产业			第三产业		
				工　业	建筑业		#运输邮电业	#商　业
1952	100.00	100.00	100.00	100.00	100.00	100.00	100.00	100.00
1957	282.38	147.46	659.48	386.33	1 333.53	513.51	1 111.40	210.70
1965	374.18	187.14	921.11	789.04	2 162.28	670.27	1 201.18	304.33
1970	717.21	196.56	2 847.38	1 805.23	5 392.36	924.32	1 845.99	465.78
1975	1 089.75	252.60	4 669.44	3 839.48	6 677.47	1 264.86	2 048.66	659.97
1978	1 541.39	267.56	7 165.41	5 037.37	12 347.61	1 627.03	2 583.35	884.58
1980	1 683.20	285.25	7 782.74	4 903.07	14 814.51	1 851.35	2 809.18	920.64
1981	1 544.67	265.42	6 930.53	4 190.16	13 627.87	1 900.00	2 422.92	992.82
1982	1 814.76	286.13	8 320.10	4 986.29	16 467.91	2 164.84	2 899.99	1 087.83
1983	1 964.75	293.22	8 840.10	5 055.60	18 094.94	2 589.19	3 906.86	1 210.21
1984	2 211.48	319.44	9 866.44	5 775.01	19 870.06	3 048.64	5 476.25	1 368.03
1985	2 363.93	354.93	10 534.40	6 913.85	19 369.33	3 210.81	5 319.08	1 539.30
1986	2 428.28	371.54	10 702.95	7 697.18	18 019.29	3 386.49	4 960.56	1 705.70
1987	2 593.85	385.88	11 402.93	8 698.59	17 970.64	3 700.00	5 200.67	1 867.91
1988	2 831.56	386.92	12 805.49	10 487.79	18 403.72	3 827.03	5 474.74	1 957.76
1989	2 728.69	396.32	12 336.81	11 336.25	14 689.85	3 586.49	6 470.05	1 813.28
1990	3 179.47	415.58	12 592.17	11 695.61	14 683.97	6 210.81	6 723.68	2 673.31
1991	3 432.22	425.30	12 589.65	12 366.94	13 017.34	7 837.84	6 609.37	3 236.32
1992	3 897.65	442.69	14 315.70	13 019.91	17 374.24	9 064.86	6 888.29	3 591.02
1993	4 158.79	443.47	15 731.39	14 773.91	17 818.18	9 697.30	7 941.50	4 150.25
1994	4 491.49	459.43	16 958.44	16 650.20	15 822.54	10 676.73	8 322.69	4 023.15
1995	4 855.30	458.51	18 535.57	18 148.72	17 468.08	11 723.05	8 896.96	4 091.54
1996	5 360.25	476.39	20 889.59	19 909.15	22 114.59	12 825.02	9 973.49	4 206.10
1997	5 912.36	503.54	23 479.90	21 999.61	26 603.85	13 940.79	11 090.52	4 399.58
1998	6 544.98	526.20	26 673.17	24 243.57	33 600.66	15 083.93	12 299.39	4 610.76
1999	7 094.76	527.25	29 393.83	26 643.68	37 363.93	16 335.90	13 935.21	5 021.12
2000	7 726.19	513.54	31 804.12	28 135.73	43 641.07	18 622.93	16 262.39	5 543.32

国　内　生　产　总　值

分　类	1985 年	1990 年	1992 年	1993 年	1995 年	1997 年	1998 年	1999 年	2000 年
一、国内生产总值(当年价格)									
国内生产总值(亿元)	33.01	69.94	87.52	109.62	165.31	202.05	220.16	238.39	263.59
第一产业	8.64	17.67	19.44	21.61	38.79	40.65	41.63	40.54	38.53
第二产业	13.39	26.90	36.31	48.39	65.54	78.80	88.42	97.88	114.00
工　业	8.90	21.23	26.69	36.77	52.05	57.69	63.44	69.96	80.55
建筑业	4.49	5.67	9.62	11.62	13.49	21.11	24.98	27.92	33.45
第三产业	10.98	25.38	31.77	39.62	60.98	82.60	90.11	99.97	111.06
二、构成(以国内生产总值为 100)									
第一产业	26.16	25.26	22.21	19.72	23.47	20.12	18.91	17.00	14.60
第二产业	40.58	38.45	41.49	44.14	39.65	39.00	40.16	41.10	43.30
第三产业	33.26	36.29	36.30	36.14	36.88	40.88	40.93	41.90	42.10
三、环比指数(按可比价格计算%)									
国内生产总值	100.00	103.72	107.39	109.61	108.0	109.0	109.00	108.2	109.0
第一产业	100.00	104.17	104.01	99.33	99.5	103.5	103.50	101.0	96.0
第二产业	100.00	102.23	107.61	113.80	109.4	110.4	111.20	109.4	111.5
第三产业	100.00	105.46	109.56	111.96	111.4	110.2	109.00	109.8	111.3
定基指数(以 1980 年为 100)									
国内生产总值	153.76	198.28	222.92	244.32	285.50	337.95	368.37	398.58	434.45
第一产业	141.62	169.33	177.83	176.59	182.04	195.39	202.23	204.25	196.08
第二产业	143.21	198.95	223.27	254.08	300.75	365.57	406.51	444.72	495.86
第三产业	182.85	228.12	269.87	302.15	373.28	450.43	490.97	539.09	600.01
四、人均国内生产总值(元/人)									
人均国内生产总值指数	808	1 558	1 890	2 337	3 430	4 066	4 367	4 662	5 087
(按当年价格计算)									
(以上年为 100)	108.33	102.19	105.82	108.29	106.46	107.45	107.42	106.64	107.52
(以 1980 年为 100)	141.17	166.67	182.07	197.16	224.23	257.51	276.62	294.99	317.17

注:1.1990 数据因邮电业计算方法按国家统一规定改变,故作调整。

2.1990 年及以后各年份的国内生产总值及相关数据,均依据第三产业普查数据作了相应调整。

历年人均国内生产总值及指数

年份	人均国内生产总值（当年价格）（元/人）	指数		年份	人均国内生产总值（当年价格）（元/人）	指数	
		以上年为100	以1952年为100			以上年为100	以1952年为100
1952	101	100.00	100.00	1976	371	104.70	332.31
1953	106	100.97	100.97	1977	371	104.70	332.31
1954	138	128.88	130.13	1978	428	111.87	371.75
1955	164	118.66	154.41	1979	410	89.15	331.42
1956	199	122.64	189.37	1980	473	115.87	384.02
1957	193	91.28	172.85	1981	459	97.48	374.34
1958	225	114.29	197.56	1982	513	109.68	410.57
1959	284	125.89	248.71	1983	569	109.02	447.61
1960	300	104.96	261.04	1984	662	112.23	502.35
1961	233	70.27	183.44	1985	808	108.33	544.20
1962	218	96.15	176.56	1986	916	105.68	572.39
1963	232	109.50	193.33	1987	1 018	104.08	595.74
1964	257	108.22	209.22	1988	1 260	105.27	627.13
1965	271	107.59	225.10	1989	1 365	99.87	626.32
1966	270	102.35	230.39	1990	1 558	102.19	640.03
1967	281	102.30	235.69	1991	1 647	103.23	660.71
1968	246	89.14	210.09	1992	1 890	105.82	699.16
1969	262	107.98	226.85	1993	2 337	108.29	757.12
1970	303	114.79	260.41	1994	2 910	106.83	808.83
1971	320	101.68	264.79	1995	3 430	106.46	861.08
1972	341	110.93	293.73	1996	3 748	106.88	920.32
1973	352	105.07	308.62	1997	4 066	107.45	988.88
1974	361	100.28	309.48	1998	4 367	107.42	1 062.25
1975	371	104.82	324.40	1999	4 662	106.64	1 132.78
				2000	5 087	107.52	1 217.97

注:人均国内生产总值根据全社会口径和第三产业普查资料,对有关年份数据作了调整。

国 内 生 产 总 值

（按当年价格计算） 单位:亿元

年 份	国内生产总 值	第一产业	第二产业			第三产业		
				工 业	建筑业		#运输邮电业	#商 业
1952	1.63	1.20	0.12	0.10	0.02	0.31	0.02	0.21
1957	3.95	2.13	0.78	0.40	0.38	1.04	0.17	0.42
1965	6.14	3.36	1.28	0.96	0.32	1.50	0.21	0.57
1970	8.15	3.36	2.79	2.02	0.77	2.00	0.28	0.80
1975	12.42	4.64	4.76	3.78	0.98	3.02	0.36	1.16
1978	15.54	3.67	7.71	5.57	2.14	4.16	0.67	1.29
1980	17.79	5.00	7.83	5.67	2.16	4.96	0.67	1.51
1981	17.49	4.63	7.23	5.21	2.02	5.63	0.54	1.90
1982	19.95	5.56	8.03	5.62	2.41	6.36	0.67	1.99
1983	22.45	5.90	8.98	6.38	2.60	7.57	0.93	2.33
1984	26.42	7.35	10.15	7.19	2.96	8.92	1.50	2.53
1985	33.01	8.64	13.39	8.90	4.49	10.98	1.79	2.93
1986	38.44	10.47	15.40	11.06	4.34	12.57	1.60	3.74
1987	43.38	11.74	16.61	12.09	4.52	15.03	1.47	4.24
1988	54.96	14.36	23.30	17.33	5.97	17.30	1.76	4.90
1989	60.37	15.73	25.29	20.07	5.22	19.35	1.93	4.53
1990	69.94	17.67	26.89	21.23	5.66	25.38	4.10	7.06
1991	75.10	17.96	29.84	23.49	6.35	27.30	4.48	7.27
1992	87.52	19.44	36.31	26.69	9.62	31.77	5.72	8.44
1993	109.62	21.61	48.39	36.77	11.62	39.62	6.47	10.32
1994	138.24	31.71	58.35	46.38	11.97	48.18	7.02	12.55
1995	165.31	38.79	65.54	52.05	13.49	60.98	8.97	14.74
1996	183.57	39.46	71.52	53.86	17.66	72.59	10.56	16.31
1997	202.05	40.65	78.80	57.69	21.11	82.60	12.14	17.72
1998	220.16	41.63	88.42	63.44	24.98	90.11	13.67	18.79
1999	238.39	40.54	97.88	69.96	27.92	99.97	16.21	19.58
2000	263.59	38.53	114.00	80.55	33.45	111.06	19.19	21.37

注:1990 年至 1993 年各年份的国内生产总值,依据第三产业普查资料作了相应调整。

国内生产总值增长速度

（按可比价计算，比上年增长）　　　　单位：%

年份	国内生产总值	第一产业	第二产业	工业	建筑业	第三产业	#运输邮电业	#商业
1952	100.00	100.00	100.00	100.00	100.00	100.00	100.00	100.00
1957	−2.67	0.53	−25.26		−38.17	14.29	21.43	13.51
1965	12.45	10.49	27.00	21.79	45.45	6.12	50.00	−1.59
1970	19.57	0.34	62.50	83.59	3.31	6.87	7.69	6.67
1975	7.83	−0.22	16.23	13.41	28.95	8.13	2.86	8.33
1978	14.93	−3.09	28.08	16.32	73.98	22.61	71.79	0.81
1980	17.78	−2.26	23.20	31.40	5.88	29.89	35.42	13.18
1981	−1.40	−5.20	−7.50	−7.62	−6.48	21.60	−14.41	17.39
1982	11.80	13.30	10.30	6.91	19.30	12.50	24.07	4.23
1983	10.60	6.80	9.10	9.69	7.88	15.90	34.33	14.21
1984	13.60	14.00	11.60	10.64	13.85	15.60	57.78	6.22
1985	10.84	8.10	15.20	18.79	7.10	8.00	4.23	1.67
1986	8.10	9.30	7.50	9.84	1.58	7.90	−15.54	20.16
1987	5.70	3.10	3.00	8.28	−11.49	11.10	−14.40	5.48
1988	7.70	−0.61	23.10	26.18	12.63	−3.39		−2.92
1989	1.20	2.56	−0.26	5.81	−21.50	2.27	0.93	−15.39
1990	3.72	4.17	2.23	0.47	9.13	5.46	7.41	6.02
1991	4.69	0.98	4.29	5.56	−1.31	7.98	5.79	2.63
1992	7.39	4.01	7.61	5.59	17.04	9.56	23.33	9.69
1993	9.61	−0.67	13.80	15.41	11.97	11.96	5.79	8.70
1994	8.20	3.60	8.20	10.60	−1.70	10.90	3.60	−1.90
1995	8.00	−0.50	9.40	9.50	8.50	11.40	8.15	1.50
1996	8.60	3.70	10.10	7.00	25.10	9.50	10.70	2.00
1997	9.00	3.50	10.40	9.00	16.10	10.20	13.30	5.50
1998	9.00	3.50	11.20	9.00	19.50	9.00	12.30	6.50
1999	8.20	1.00	9.40	9.00	10.70	9.80	15.20	5.80
2000	9.00	−4.00	11.50	10.00	16.60	11.30	20.90	10.20

国内生产总值指数

(按可比价计算,以 1952 年为 100)

年份	国内生产总值	第一产业	第二产业			第三产业		
				工业	建筑业		#运输邮电业	#商业
1952	100.00	100.00	100.00	100.00	100.00	100.00	100.00	100.00
1957	216.67	151.20	591.67	330.00	1 900.00	335.48	850.00	200.00
1965	312.26	203.62	1 001.62	847.14	1 600.00	493.60	1 050.00	295.23
1970	445.69	203.60	2 460.10	2 111.84	3 848.76	689.74	1 400.00	457.14
1975	665.06	278.85	4 075.30	3 639.41	4 899.10	959.28	1 800.00	557.14
1978	825.92	234.54	6 501.60	5 435.19	10 687.83	1 326.01	3 350.00	595.23
1980	884.25	243.25	6 539.41	5 465.59	10 796.77	1 389.94	3 250.00	663.37
1981	871.87	230.60	6 048.95	5 049.11	10 097.64	1 690.17	2 619.20	778.73
1982	974.75	261.17	6 672.00	5 398.00	12 045.89	1 901.44	3 249.64	811.67
1983	1 078.07	279.04	7 279.15	5 921.07	12 995.10	2 203.77	4 365.24	927.01
1984	1 224.69	318.10	8 123.54	6 551.07	14 794.92	2 547.55	6 887.48	984.67
1985	1 357.45	343.87	9 358.31	7 782.02	15 845.36	2 751.36	7 178.82	1 001.12
1986	1 467.40	375.85	10 006.00	8 547.77	16 095.72	2 968.72	6 063.23	1 202.94
1987	1 551.05	387.50	10 362.60	9 255.53	14 246.32	3 295.28	5 190.01	1 268.87
1988	1 670.48	385.14	12 755.62	11 678.62	16 045.63	3 183.57	5 190.01	1 231.81
1989	1 690.52	395.00	12 717.35	12 357.15	12 595.82	3 255.85	5 238.39	1 042.23
1990	1 753.47	411.47	12 797.35	12 415.23	13 745.82	3 433.62	5 626.56	1 104.98
1991	1 835.64	415.50	13 556.07	13 105.52	13 565.75	3 707.62	5 952.34	1 134.04
1992	1 971.30	432.16	14 586.27	13 838.11	15 877.35	4 062.07	7 341.02	1 243.93
1993	2 160.73	429.26	16 599.68	15 970.57	17 777.87	4 547.89	7 766.06	1 352.15
1994	2 337.91	444.71	17 960.85	17 663.45	17 475.65	5 043.61	8 045.63	1 326.46
1995	2 524.94	442.49	19 649.17	19 341.48	18 961.08	5 618.58	8 701.34	1 346.36
1996	2 742.08	458.86	21 633.74	20 695.38	23 720.31	6 151.91	9 632.38	1 373.29
1997	2 988.87	474.92	23 883.65	22 557.96	27 539.28	6 779.40	10 913.48	1 448.82
1998	3 257.87	491.54	26 558.62	24 588.18	32 909.44	7 389.55	12 255.84	1 542.99
1999	3 525.02	496.46	29 055.13	26 801.12	36 430.75	8 113.73	14 118.73	1 632.48
2000	3 842.27	476.60	32 396.47	29 481.23	42 478.25	9 030.58	17 069.54	1 798.99

国内生产总值最终使用额

（按当年价格计算）　　　　单位：亿元

年份	国内生产总值	最终使用额			货物和服务净调入	以最终使用额为100	
		总消费	总投资			总消费	总投资
			固定资本形成	库存增加			
1990	69.94	53.79	20.44	8.16	12.45	65.29	34.71
1991	75.10	60.76	23.91	9.45	19.02	64.56	35.44
1992	87.52	65.18	29.04	8.99	15.69	63.15	36.85
1993	109.62	72.80	41.03	10.46	14.67	58.57	41.43
1994	138.24	92.17	47.76	12.34	14.03	60.53	39.47
1995	165.81	112.24	57.48	20.19	24.10	59.10	40.90
1996	187.67	131.10	79.24	11.50	34.17	59.10	40.90
1997	208.08	132.67	101.55	12.64	38.78	53.74	46.26
1998	224.38	139.25	116.38	13.07	44.32	51.82	48.18
1999	241.49	151.45	131.12	9.17	50.25	51.91	48.09
2000	253.05	167.31	156.97	3.49	74.72	51.04	48.96

注：1995 以后各年国内生产总值，是按支出法计算的，与生产法计算的国内生产总值存在统计误差。

国内生产总值消费额及构成

（按当年价格计算）

年份	总消费（亿元）	居民消费（亿元）		政府消费（亿元）	以总消费为100		人均消费水平（元/人）		
		农业居民	非农业居民		居民消费	政府总消费	全体居民	农业居民	非农业居民
1990	53.79	17.68	18.76	17.35	67.74	32.26	812	558	1 421
1991	60.76	19.29	21.08	20.39	66.44	33.56	885	595	1 597
1992	65.18	22.07	24.87	18.24	72.00	28.00	1 014	669	1 870
1993	72.80	25.03	29.27	18.50	74.59	25.41	1 158	749	2 68
1994	92.17	29.80	38.86	23.51	74.49	25.51	1 445	879	2 857
1995	112.24	33.72	47.69	30.83	72.53	27.47	1 689	983	3 431
1996	131.10	38.60	57.76	34.74	73.50	26.50	1 967	1 123	3 957
1997	132.67	40.26	57.38	35.03	73.60	26.40	1 965	1 153	3 886
1998	139.25	42.00	61.21	36.04	74.12	25.88	2 047	1 185	4 087
1999	151.45	43.55	66.36	41.54	72.57	27.43	2 150	1 210	4 384
2000	167.31	46.00	70.82	50.49	69.82	30.18	2 255	1 260	4 630

全省固定资产投资额与银行贷款余额

（1985－2000 年）

年份	固定资产投资		#地方项目		银行各项贷款余额（万元）			
	完成额（万元）	比上年增长（%）	完成额（万元）	比上年增长（%）	各项贷款年末余额	比上年末增加额	中长期贷款（固定资产投资贷款）	
							年末余额	比上年末增加额
1985	132 526	32.20	59 662	77.80	211 460	71 229	51 032	27 532
1990	156 937	2.40	81 523	32.80	722 182	132 574	228 825	36 001
1991	179 749	14.54	85 640	5.10	875 366	153 184	307 842	79 017
1992	213 547	18.80	109 083	27.37	1 051 412	176 046	385 103	77 261
1993	339 151	58.82	196 300	78.00	1 344 979	293 567	587 630	202 527
1994	344 056	1.45	133 014	－32.24	1 761 620	424 898	786 147	198 517
1995	396 261	15.17	198 967	49.58	2 193 031	431 411	996 438	210 291
1996	622 986	57.22	300 145	50.85	2 678 707	485 676	1 253 046	256 608
1997	732 552	17.59	311 373	3.74	2 525 677	－153 030	886 492	－366 554
1998	803 603	9.70	428 057	37.47	2 800 249	274 572	999 267	112 775
1999	895 773	11.47	344 139	－19.60	2 909 699	233 773	043 500	129 221
2000	1 176 385	31.32	649 761	88.81	3 659 384	67 409	1 715 503	88 513

注：固定资产投资系国有单位基本建设和更新改造投资。

分项目、分行业

项　　　目	1978 年	1980 年	1985 年	1990 年	1991 年	1992 年
一、国内生产总值构成项目	15.54	17.79	33.01	69.94	5.10	87.52
劳动者报酬	9.53	11.31	20.19	39.50	43.75	49.86
固定资产折旧	1.52	1.90	3.21	9.86	7.38	14.32
生产税净额	1.76	1.87	2.90	8.48	12.50	10.87
营业盈余	2.73	2.71	6.71	12.10	11.47	12.47
二、分行业的国内生产总值	15.54	17.79	33.01	69.94	75.10	87.52
第一产业	3.67	5.00	8.64	17.67	17.96	19.44
农业	3.67	5.00	8.64	17.67	17.96	19.44
第二产业	7.71	7.83	13.39	20.89	29.84	36.31
工业	5.57	5.67	8.90	21.23	23.49	26.69
建筑业	2.14	2.16	4.49	5.66	6.35	9.62
第三产业	4.16	4.96	10.98	25.38	27.30	31.77
农业林牧渔服务业				0.34	0.41	0.46
地质勘探水利业				0.63	0.76	0.82
运输仓储和邮电业	0.67	0.67	1.79	4.10	4.48	5.72
批发零售贸易餐饮业	1.29	1.51	2.93	7.06	7.27	8.44
金融、保险业	0.42	0.45	1.68	4.35	5.26	5.83
房地产业	0.23	0.25	0.21	0.43	0.41	0.49
社会服务业	0.06	0.15	0.76	0.91	0.91	1.01
卫生、体育和社会福利事业	0.24	0.23	0.45	0.85	0.85	0.99
教育文艺广播电视事业	0.40	0.46	1.18	2.46	2.53	2.93
科学研究和综合技术服务业	0.50	0.81	1.04	0.48	0.35	0.40
党政机关和社会团体	0.35	0.43	0.94	3.21	3.37	4.02
其他				0.56	0.70	0.66

注:1.本表按当年价格计算。

2.1990 年以前的农、林、牧、渔服务业和地质勘探水利业包含在科学研究和综合技术服务业内。

国内生产总值

单位:亿元

1993年	1994年	1995年	1996年	1997年	1998年	1999年	2000年
109.62	138.24	165.31	183.57	202.05	220.16	238.39	263.59
63.21	77.97	94.79	116.54	130.67	137.45	150.90	159.50
14.57	19.37	26.48	25.68	32.27	34.95	38.74	59.91
12.11	14.19	16.70	16.13	21.56	20.66	24.96	29.57
19.73	26.71	27.34	25.22	17.55	27.10	23.79	14.61
109.62	138.24	165.31	183.57	202.05	220.16	238.39	263.59
21.61	31.71	38.79	39.46	40.65	41.63	40.54	38.53
21.61	31.71	38.79	39.46	40.65	41.63	40.54	38.53
48.39	58.35	65.54	71.52	78.80	88.42	97.88	114.00
36.77	46.38	52.05	53.86	57.69	63.44	69.96	80.55
11.62	11.97	13.49	17.66	21.11	24.98	27.92	33.45
39.62	48.18	60.98	72.59	82.60	90.11	99.97	111.06
0.60	0.69	0.83	0.95	1.15	1.31	1.49	1.59
1.14	1.35	1.82	2.15	2.53	3.08	3.72	4.11
6.47	7.02	8.97	10.56	12.14	13.67	16.21	19.19
10.32	12.55	14.74	16.31	17.72	18.79	19.58	21.37
8.22	10.69	14.37	16.89	18.37	18.57	17.95	16.20
0.72	0.98	1.32	2.01	2.49	2.98	3.56	4.06
1.09	1.31	1.68	1.93	2.52	3.15	3.63	6.26
1.18	1.49	1.94	2.37	2.86	3.14	3.58	4.07
3.49	4.20	5.63	7.10	8.05	8.66	10.58	11.98
0.49	0.62	0.81	1.03	1.13	1.26	1.42	1.58
5.27	6.53	7.92	10.32	12.63	14.30	16.95	19.14
0.63	0.75	0.95	0.97	1.01	1.20	1.30	1.51

全社会劳动生产率

指标名称	单位	1952年	1978年	1990年	1995年	1998年	1999年	2000年
全社会劳动生产率	元/人	227.46	1 073.87	3 390.04	6 844.0	8 715.0	9 183.0	10 493.7
社会劳动生产率指数	上年=100		111.8	101.1	106.2	107.6	105.3	112.6
一产业对新增国内生产总值贡献率	%		-6.0	27.3	-1.3	6.9	2.2	-7.0
二产业对新增国内生产总值贡献率	%		85.0	26.6	48.0	53.4	50.2	56.5
三产业对新增国内生产总值贡献率	%		21.0	46.1	53.3	39.7	47.6	50.5

全省工商企业基本情况

（按行业划分2000年）

行业	年末企业数(户)	其中企业法人(户)	注册资金(万元)
合计	18 735	9 359	4 041 609
1.农、林、牧、渔业	423	235	46 748
2.采掘业	318	213	297 872
3.制造业	2 359	1 576	921 691
4.电力、煤气及水的生产和供应业	197	140	597 655
5.建筑业	1 150	641	276 479
6.地质勘察业、水利管理业	60	44	10 340
7.交通运输、仓储及邮电通信业	629	216	466 884
8.批发和零售贸易、餐饮业	9 404	4 446	697 141
9.金融、保险业	1 280	232	130 340
10.房地产业	290	236	129 842
11.社会服务业	1 945	1 018	370 267
12.卫生、体育、和社会福利业	92	26	1 465
13.教育、文化艺术及广播电影电视业	186	84	8 470
14.科学研究和综合技术服务业	170	128	21 012
15.其他行业	232	124	65 403

全省工商企业基本情况

（按经济类型划分2000年）

经济类型	年末企业数(户)	其中:法人企业(户)	注册资金(万元)
合计	18 735	9 359	4 041 609
国有企业	6 209	1 997	1 678 181
集体企业	5 720	2 223	239 863
联营企业	156	97	30 826
股份合作企业	770	583	46 850
公司	5 796	4 453	2 041 053
其他企业	84	6	3 836

全省城乡私营企业户数和人数基本情况

(2000年)

行业	合计			独资企业			合伙企业			有限责任公司		
	户数(户)	投资者人数(人)	雇工人数(人)	户数(户)	投资者人数(人)	雇工人数(人)	户数(户)	投资者人数(人)	雇工人数(人)	户数(人)	投资人数(人)	雇工人数(人)
合计	**5 458**	**16 294**	**95 270**	**1 652**	**1 655**	**26 832**	**295**	**1 033**	**5 851**	**3 510**	**13 603**	**62 556**
按经济类型划分												
1.农、林、牧、渔业	449	793	6 195	326	326	3 824	22	78	383	101	389	1 988
2.采掘业	151	306	3 132	97	99	1 979	31	107	751	22	97	371
3.制造业	1 236	2 824	31 164	677	677	14 003	128	460	3 355	431	1 687	13 806
4.建筑业	328	1 153	19 259	47	47	876	13	34	303	268	1 072	18 080
5.交通运输、仓储业	47	170	706	2	2	26	3	11	42	42	157	638
6.批发和零售贸易、餐饮业	2 660	9 220	27 697	321	322	4 176	65	208	638	2 274	8 690	22 883
7.社会服务业	434	1 503	4 520	92	92	1 226	27	88	262	315	1 323	3 032
8.其他行业	153	325	2 597	90	90	722	6	47	117	57	188	1 758

全省城镇个体工商业基本情况

(2000年)

行业	户数(户)	从业人员(户)	注册资金(万元)	总产值(万元)	销售额或营业收入(万元)	社会消费品零售额(万元)
合计	**58 774**	**105 106**	**78 143**	**50 149**	**448 790**	**281 584**
1.农、林、牧、渔业	4	7	41	201	839	451
2.采掘业	9	82	147	705		17
3.制造业	4 267	8 350	4 306	48 706		8 151
4.建筑业	7	57	43	537		
5.交通运输、仓储业	7 469	9 236	23 319		18 502	5 074
6.批发和零售贸易、餐饮业	38 386	71 357	41 171		316 407	212 103
7.社会服务业	7 559	14 243	8 364		107 896	52 430
8.其他行业	1 073	1 774	752		5 146	3 358

按地区分组的法人单位、产业活动单位数

（2000年）　　　　单位:个

地区类别	法人单位数			多产业法人单位的产业活动单位数
	小计	单产业法人单位	多产业法人单位	
青海省	**19 361**	**17 659**	**1 702**	**9 707**
西宁市	**7 366**	**6 873**	**493**	**2 863**
城东区	1 272	1 215	57	274
城中区	1 212	1 136	76	289
城西区	1 193	1 132	61	239
城北区	1 216	1 128	88	362
大通县	1 060	951	109	818
湟中县	926	866	60	645
湟源县	487	445	42	236
海东地区	**4 820**	**4 414**	**406**	**3 154**
平安县	494	446	48	310
民和县	1 179	1 088	91	775
乐都县	828	753	75	629
互助县	751	677	74	717
化隆县	1 022	946	76	481
循化县	546	504	42	242
海北州	**1 310**	**1 121**	**189**	**884**
门源县	395	321	74	433
祁连县	293	251	42	174
海晏县	405	358	47	145
刚察县	217	191	26	132
黄南州	**863**	**803**	**60**	**381**
同仁县	341	312	29	164
尖扎县	268	251	17	142
泽库县	144	134	10	53
河南县	110	106	4	22

按地区分组的法人单位、产业活动单位数(续)

（2000年） 单位:个

地　区　类　别	法人单位数			多产业法人单位的产业活动单位数
	小计	单产业法人单位	多产业法人单位	
海南州	**1 525**	**1 369**	**156**	**724**
共和县	542	473	69	315
同德县	178	152	26	96
贵德县	363	340	23	129
兴海县	220	206	14	68
贵南县	222	198	24	116
果　洛　州	**771**	**645**	**126**	**474**
玛沁县	216	178	38	125
班玛县	135	115	20	78
甘德县	114	95	19	74
达日县	107	86	21	81
久治县	96	84	12	57
玛多县	103	87	16	59
玉　树　州	**994**	**904**	**90**	**271**
玉树县	318	295	23	63
杂多县	122	106	16	48
称多县	165	146	19	46
治多县	95	88	7	22
襄谦县	199	181	18	58
曲麻莱县	95	88	7	34
海　西　州	**1 712**	**1 530**	**182**	**956**
格尔木市	471	403	68	339
德令哈市	351	313	38	151
乌兰县	204	187	17	61
都兰县	300	287	13	109
天峻县	196	185	11	33
茫崖行委	63	46	17	204
大柴旦行委	81	66	15	52
冷湖行委	46	43	3	7

按登记注册类型分组的法人单位、产业活动单位数

（2000年）　　　　单位:个

地区类别	法人单位数			多产业法人单位的产业活动单位数
	小计	单产业法人单位	多产业法人单位	
总　　计	**19 361**	**17 659**	**1 702**	**9 707**
国有	8 952	7 536	1 416	7 270
集体	6 859	6 674	185	2 051
股份合作	368	333	35	145
国有联营	10	9	1	6
集体联营	28	28		3
国有与集体联营	12	11	1	1
其他联营	16	16		1
国有独资公司	21	13	8	20
其他有限责任公司	217	205	12	49
股份有限公司	440	413	27	63
私营独资	475	473	2	44
私营合伙	68	68		3
私营有限责任公司	386	381	5	30
私营股份有限公司	97	96	1	8
其他内资	1 377	1 369	8	10
与港澳台商合资经营	15	14	1	3
与港澳台商合作经营	3	3		
港澳台商独资	4	4		
港澳台商投资股份有限公司	1	1		
中外合资经营	10	10		
外资企业	2	2		
中外合作经营				
外商投资股份有限公司				

按行业划分的法人单位、产业活动单位数

（2000年）　　　　单位：个

行业类别	法人单位数			多产业法人单位的产业活动单位数
	小计	单产业法人单位	多产业法人单位	
合计	**19 361**	**17 659**	**1 702**	**9 707**
一、农、林、牧、渔业	789	728	61	660
农业	67	52	15	68
林业	75	73	2	11
畜牧业	114	107	7	49
渔业	4	4		
农、林、牧、渔服务业	529	492	37	532
二、工业	1 837	1 737	100	587
采掘业	222	203	19	109
制造业	1 484	1 418	66	406
电力、煤气及水的生产和供应业	131	116	15	72
三、建筑业	403	357	46	196
土木工程建筑业	318	277	41	173
线路、管道和设备安装	34	30	4	20
装修装饰业	51	50	1	3
四、地质勘探业、水利管理业	178	160	18	87
地质勘探业	43	32	11	41
水利管理业	135	128	7	46
五、交通运输、仓储及邮电通信业	346	284	62	302
铁路运输业	3	2	1	16
公路运输业	95	87	8	35
仓储业	15	10	5	11
邮电通信业	100	69	31	152
六、批发零售贸易、餐饮业	3 401	3 082	319	1 822
批发业	1 388	1 262	126	482
零售业	1 846	1 658	188	1 259
餐饮业	160	155	5	79
七、金融、保险业	397	296	101	761
金融业	326	227	99	756
保险业	71	69	2	5

按行业划分的法人单位、产业活动单位数(续)

(2000年)　　单位:个

行业类别	法人单位数			多产业法人单位的产业活动单位数
	小计	单产业法人单位	多产业法人单位	
八、房地产业	135	134	1	8
房地产开发与经营业	113	112	1	6
房地产管理业	10	10	0	2
房地产代理与经纪业	12	12	0	0
九、社会服务业	419	380	39	244
公共设施服务业	70	67	3	23
居民服务业	44	39	5	51
旅馆业	143	120	23	92
租赁服务业	3	3	0	7
旅游业	19	17	2	3
娱乐业服务业	22	21	1	10
信息、咨询服务业	79	79	0	33
计算机应用服务业	2	2	0	0
其他社会服务业	37	32	5	25
十、卫生、体育和社会福利业	578	563	15	286
卫生	487	477	10	256
体育	13	13	0	0
社会福利保障业	78	73	5	30
十一、教育、文化、艺术及广播电影电视业	2 887	2 623	264	3 118
教育	874	623	251	3 039
文化艺术业	1 903	1 898	5	24
广播电影电视业	110	102	8	55
十二、科学研究和综合技术服务业	218	202	16	50
科学研究业	43	40	3	4
综合技术服务业	175	162	13	46
十三、国家机关、政党机关和社会团体	7 665	7 018	647	1 544
#基层群众自治组织	4 330	4 266	64	68
十四、其他行业	108	95	13	42

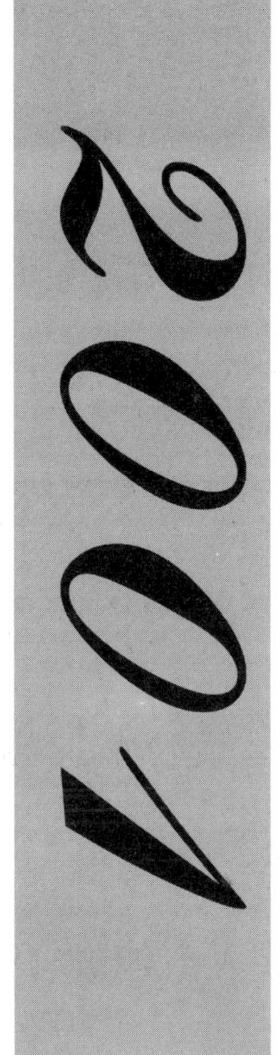

QHTJNJ

人口

Population

QINGHAI STATISTICAL YEARBOOK

总人口（万人）

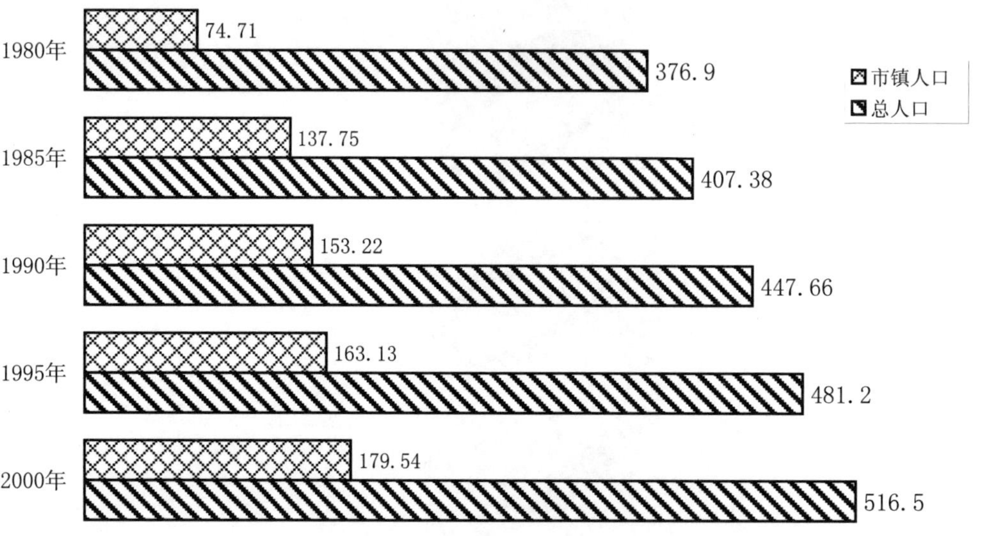

各民族人口构成（%）

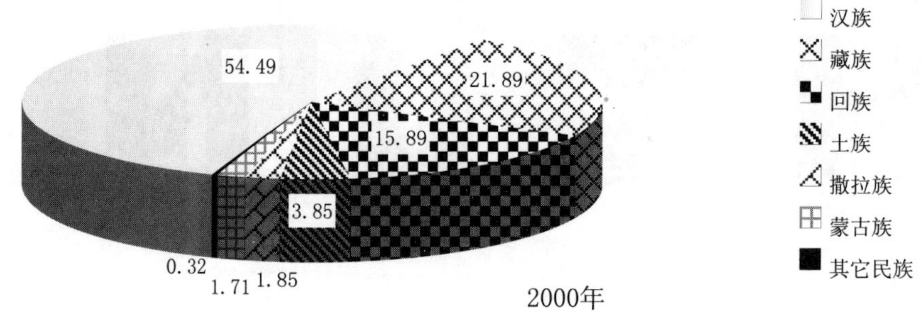

人口自然变动情况（‰）

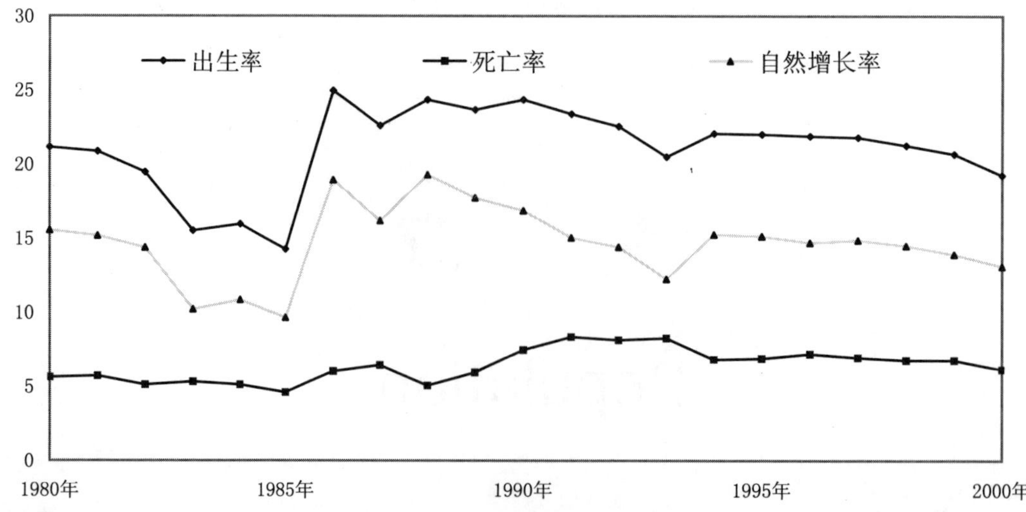

全省总人口及自然变动情况

年份	总人口(万人)	自然变动情况					
		出生		死亡		自然增加	
		人数(人)	出生率(‰)	人数(人)	死亡率(‰)	人数(人)	自然增长率(‰)
1952	161.38	48 052	30.25	22 207	13.98	25 845	16.27
1954	173.24	74 469	44.16	22 427	13.30	52 042	30.86
1957	204.64	65 094	32.20	21 037	10.40	44 057	21.78
1965	230.45	109 596	48.72	20 371	9.06	89 225	39.66
1970	282.73	111 111	40.06	20 863	7.52	90 248	32.54
1975	337.49	106 448	31.95	27 457	8.24	78 991	23.71
1978	364.86	94 353	26.15	24 030	6.66	70 322	19.49
1980	376.90	79 167	21.14	21 015	5.61	58 152	15.53
1985	407.38	57 471	14.24	18 533	4.58	38 938	9.63
1986	421.12	104 186	24.94	25 106	6.01	79 080	18.93
1987	427.90	95 897	22.59	27 254	6.42	68 643	16.17
1988	434.20	104 894	24.33	21 768	5.05	83 126	19.28
1989	440.20	103 801	23.66	26 028	5.93	77 773	17.73
1990	447.66	108 052	24.34	33 162	7.47	74 890	16.87
1991	454.43	105 409	23.37	37 662	8.35	67 747	15.02
1992	461.02	103 171	22.54	37 259	8.14	65 912	14.40
1993	466.70	95 091	20.50	38 315	8.26	56 776	12.24
1994	474.00	103 759	22.06	32 078	6.82	71 681	15.24
1995	481.20	105 000	22.01	33 000	6.89	72 000	15.12
1996	488.30	106 000	21.89	35 000	7.20	71 000	14.69
1997	495.60	107 000	21.80	34 000	6.95	73 000	14.85
1998	502.80	106 130	21.26	33 850	6.78	72 280	14.48
1999	509.80	104 703	20.68	34 327	6.78	70 376	13.90
2000	516.50	98 781	19.25	31 559	6.15	67 222	13.10

全省人口机械变动情况

单位:人、%

年　　份	迁　　入		迁　　出		机械增加	
	人　数	迁入率	人　数	迁出率	人　数	增长率
1952	57 027	3.59	32 270	2.03	24 757	1.56
1955	47 126	2.62	37 611	2.09	9 515	0.53
1957	79 101	3.91	75 298	3.72	3 803	0.19
1965	132 814	5.90	115 107	5.12	17 707	0.79
1970	151 266	5.45	130 879	4.72	20 387	0.74
1975	102 755	3.08	95 082	2.85	7 673	0.23
1978	105 991	2.94	95 264	2.64	10 727	0.30
1980	121 385	3.24	124 151	3.32	−2 766	−0.07
1985	52 358	1.29	33 172	0.82	19 181	0.47
1986	24 530	0.59	27 113	0.65	−2 583	−0.06
1987	17 493	0.41	26 730	0.63	−9 237	−0.22
1988	13 204	0.31	33 330	0.77	−20 126	−0.46
1989	11 910	0.27	27 357	0.63	−15 447	−0.36
1990	10 306	0.23	24 491	0.55	−14 185	−0.32
1991	11 201	0.25	26 295	0.58	−15 094	−0.33
1992	12 040	0.27	27 666	0.62	−15 626	−0.35
1993	10 824	0.23	25 059	0.54	−14 235	−0.31
1994	10 871	0.24	19 464	0.43	−8 593	−0.19
1995	11 439	0.25	17 156	0.38	−5 717	−0.13
1996	11 209	0.24	17 219	0.37	−6 010	−0.13
1997	11 043	0.24	14 550	0.31	−3 507	−0.08
1998	7 687	0.16	12 734	0.27	−5 047	−0.11
1999	6 872	0.15	12 057	0.26	−5 185	−0.11
2000	8 749	0.17	17 782	0.35	−9 033	−0.18

注:1.以上数据系省公安厅年报数据。

2.1985年以后的迁入迁出人口均为省际间迁入迁出。

3.1952年数据根据《中国财经出版社》出版的《中国人口·青海分册》的有关资料推算。

各州、地、市、县户籍统计人口数

（2000 年）　　　　单位：户、人

地区别	年末数					
	总户数	总人口			总人口中	
		合计	男	女	#非农业人口	#未落常住户口的人员
全　省	**1 152 418**	**4 804 160**	**2 460 826**	**2 343 334**	**1 360 945**	**33 920**
西宁市	**447 864**	**1 745 932**	**892 668**	**853 264**	**766 080**	**4 798**
市辖区	209 084	732 913	370 140	362 773	624 898	1 180
城东区	60 365	205 693	104 134	101 559	176 864	1 002
城中区	42 262	144 922	73 118	71 804	141 198	19
城西区	56 775	199 785	99 943	99 842	178 449	159
城北区	49 682	182 513	92 945	89 568	128 387	
大通县	99 396	425 243	218 201	207 042	87 058	2 199
湟中县	106 398	454 563	236 238	218 325	27 984	671
湟源县	32 986	133 213	68 089	65 124	26 140	748
海东地区	**329 180**	**1 483 895**	**764 323**	**719 572**	**151 986**	**7 435**
平安县	25 760	112 399	56 467	55 932	30 564	1 931
民和县	75 899	371 372	191 884	179 488	30 028	369
乐都县	71 180	292 123	150 297	141 826	40 566	2 591
互助县	84 964	369 723	192 392	177 331	24 292	48
化隆县	48 389	227 549	117 517	110 032	16 837	2 046
循化县	22 988	110 729	55 766	54 963	9 699	450
海北州	**62 134**	**262 365**	**135 931**	**126 434**	**61 482**	**1 340**
门源县	31 911	147 134	76 829	70 305	26 009	1 037
祁连县	10 777	44 773	22 489	22 284	11 100	215
海晏县	8 869	31 097	16 037	15 060	12 017	88
刚察县	10 577	39 361	20 576	18 785	12 356	
黄南州	**44 670**	**206 054**	**103 555**	**102 499**	**33 999**	**374**
同仁县	18 470	74 928	36 866	38 062	19 333	
尖扎县	10 565	48 677	25 275	23 402	7 276	374
泽库县	9 961	52 544	26 301	26 243	3 552	
河南县	5 674	29 905	15 113	14 792	3 838	

各州、地、市、县户籍统计人口数(续)

(2000年)　　　　单位:户、人

地区别	年末数					
	总户数	总人口			总人口中	
		合计	男	女	#非农业人口	#未落常住户口的人员
海南州	**87 474**	**388 886**	**198 356**	**190 530**	**82 148**	**1 969**
共和县	29 391	126 148	66 071	60 077	49 209	516
同德县	9 009	47 920	24 220	23 700	5 718	161
贵德县	22 870	92 747	46 759	45 988	10 862	1 126
兴海县	12 354	57 266	28 991	28 275	5 712	147
贵南县	13 850	64 805	32 315	32 490	10 647	19
果洛州	**29 559**	**133 154**	**67 247**	**65 907**	**23 174**	**4 224**
玛沁县	7 567	35 136	17 691	17 445	11 317	2 713
班玛县	4 652	22 288	11 285	11 003	3 482	26
甘德县	4 762	23 106	11 766	11 340	1 722	176
达日县	5 603	23 950	11 992	11 958	2 239	517
久治县	3 815	17 875	8 938	8 937	1 933	209
玛多县	3 160	10 799	5 575	5 224	2 481	583
玉树州	**51 198**	**257 017**	**127 693**	**129 324**	**35 772**	**350**
玉树县	16 249	75 087	37 115	37 972	19 490	0
杂多县	6 909	36 777	18 600	18 177	2 805	83
称多县	8 485	40 489	19 842	20 647	4 405	240
治多县	5 380	23 069	11 440	11 629	2 669	27
囊谦县	9 574	60 116	29 947	30 169	3 833	0
曲麻莱县	4 601	21 479	10 749	10 730	2 570	0
海西州	**100 339**	**326 857**	**171 053**	**155 804**	**206 304**	**13 430**
格尔木市	33 435	94 843	50 219	44 624	77 205	3 080
德令哈市	18 202	58 938	30 271	28 667	31 785	6 676
乌兰县	31 136	102 073	53 438	48 635	81 410	266
都兰县	13 673	53 447	28 262	25 185	11 719	3 327
天峻县	3 893	17 556	8 863	8 693	4 185	81

青海省 1952—2000 年人口主要指标变化情况

单位：万人、‰

年份	年末总人口	按性别分		按城乡分		按农业、非农业		人口出生率	人口死亡率	人口自然增长率
		男	女	市镇人口	乡村人口	农业人口	非农业人口			
1952	161.38	81.82	79.56	8.38	153.00	145.08	16.30	30.25	13.98	16.27
1978	364.86	189.30	175.56	67.84	297.02	277.40	87.46	26.15	6.66	19.49
1979	372.02	192.25	179.77	71.06	300.96	279.70	92.32	24.47	6.48	17.99
1980	376.90	194.18	182.72	74.71	302.19	280.38	96.52	21.14	5.61	15.53
1981	381.60	196.62	184.98	76.78	304.82	284.12	97.48	20.86	5.70	15.16
1982	392.79	201.92	190.87	79.82	312.97	294.39	98.40	19.46	5.10	14.36
1983	392.57	201.64	190.93	77.25	315.32	292.96	99.61	15.50	5.30	10.20
1984	401.61	205.98	195.63	128.63	272.98	294.20	107.41	15.94	5.10	10.84
1985	407.38	208.43	198.95	137.75	269.63	291.24	116.14	14.24	4.58	9.66
1986	421.12	216.26	204.86	140.75	280.37	298.90	122.22	24.94	6.01	18.93
1987	427.90	219.16	208.74	143.00	284.90	303.50	124.40	22.59	6.42	16.17
1988	434.20	222.18	212.02	146.86	287.34	307.93	126.27	24.33	5.05	19.28
1989	440.20	225.27	214.93	150.69	289.51	313.46	126.74	23.66	5.93	17.73
1990	447.66	229.36	218.30	153.22	294.44	321.19	126.47	24.34	7.47	16.87
1991	454.43	232.80	221.63	155.11	299.32	329.76	124.67	23.37	8.35	15.02
1992	461.02	235.95	225.07	157.34	303.68	334.57	126.45	22.54	8.14	14.40
1993	466.70	238.95	227.75	158.04	308.66	341.70	125.00	20.50	8.26	12.24
1994	474.00	242.74	321.26	160.90	313.10	347.61	126.39	22.06	6.82	15.24
1995	481.20	246.37	234.83	163.13	318.07	352.72	128.48	22.01	6.89	15.12
1996	488.30	250.01	238.29	166.93	321.37	357.88	130.42	21.89	7.20	14.69
1997	495.60	252.76	242.84	171.94	323.66	363.81	131.79	21.80	6.95	14.85
1998	502.80	252.13	250.67	174.18	328.62	369.43	133.37	21.26	6.78	14.48
1999	509.80	259.29	250.51	176.33	333.47	374.57	135.23	20.68	6.78	13.90
2000	516.50	267.03	249.47	179.54	336.96	379.47	137.03	19.25	6.15	13.10

注：1990、2000 年数据是根据人口普查数据调整的，1991－1999 年数据是人口变动抽样调查数，其余年份数据为公安厅户籍统计数。

分地区人口变动情况

(2000年公安户籍统计)　　单位:人

地区别	年内人口变动					
	出生	死亡	迁入		迁出	
			省内	省外	省内	省外
全省	**94 672**	**35 063**	**140 882**	**8 749**	**123 252**	**17 782**
西宁市	**26 692**	**11 434**	**83 093**	**3 227**	**72 256**	**6 127**
市辖区	8 724	5 386	70 243	2 810	59 223	4 626
城东区	2 832	1 484	15 850	854	16 327	1 244
城中区	1 296	1 123	20 107	566	16 716	950
城西区	2 066	1 013	25 137	659	18 968	1 462
城北区	2 530	1 766	9 149	731	7 212	970
大通县	8 888	3 006	6 703	238	7 104	688
湟中县	7 481	2 198	4 833	123	4 667	528
湟源县	1 599	844	1 314	56	1 262	285
海东地区	**28 050**	**9 761**	**18 530**	**882**	**17 631**	**3 573**
平安县	2 186	550	2 222	85	1 473	405
民和县	7 700	2 331	3 761	396	3 673	860
乐都县	5 365	2 476	3 206	221	3 706	1 374
互助县	5 298	2 844	4 375	97	4 570	718
化隆县	3 478	1 009	3 795	73	3 299	73
循化县	4 023	551	1 171	10	910	143
海北州	**5 215**	**1 718**	**4 414**	**345**	**4 150**	**570**
门源县	2 479	730	2 579	236	2 370	384
祁连县	1 309	494	508	45	556	76
海晏县	572	217	956	40	743	45
刚察县	855	277	371	24	481	65
黄南州	**4 781**	**2 159**	**1 543**	**371**	**1 541**	**331**
同仁县	2 358	1 522	652	190	743	302
尖扎县	919	333	527	180	541	20
泽库县	428	190	280		171	
河南县	1 076	114	84	1	86	9

分地区人口变动情况(续)

(2000年公安户籍统计)　　单位:人

地 区 别	年内人口变动					
	出 生	死 亡	迁入		迁出	
			省 内	省 外	省 内	省 外
海南州	**12 151**	**4 258**	**8 049**	**313**	**8 262**	**538**
共和县	1 997	771	2 469	222	1 847	346
同德县	1 407	477	1 047	19	872	13
贵德县	3 164	1 221	2 803	33	3 645	81
兴海县	3 730	1 044	747	19	1 080	54
贵南县	1 853	745	983	20	818	44
果洛州	**8 819**	**3 161**	**2 527**	**197**	**2 670**	**112**
玛沁县	1 194	253	389	69	505	61
班玛县	2 203	353	471	80	121	29
甘德县	720	408	66	10	112	8
达日县	3 186	1 569	1 387		1 548	4
久治县	279	201	147	10	240	8
玛多县	1 237	377	67	28	144	2
玉树州	**3 758**	**1 430**	**7 298**	**941**	**3 334**	**115**
玉树县	1 027	406	1 937	850	2 242	49
杂多县	1 078	306	1 728	30	421	3
称多县	384	185	1 422	8	175	24
治多县	370	131	180	7	171	5
囊谦县	611	293	1 921	46	244	33
曲麻莱县	288	109	110		81	1
海西州	**5 206**	**1 142**	**15 428**	**2 473**	**13 408**	**6 416**
格尔木市	1 950	361	8 665	1 627	5 892	2 207
德令哈市	892	176	4 915	157	4 642	231
乌兰县	1 191	301	1 140	557	1 672	3 717
都兰县	1 056	291	647	117	1 084	236
天峻县	117	13	61	15	118	25

全省少数民族人口数

单位：人

民　　族	1952年	1978年	1982年	1990年	1997年	1998年	1999年	2000年
少数民族人口合计	**804 773**	**1 363 488**	**1 535 780**	**1 885 100**	**2 120 000**	**2 150 000**	**2 180 000**	**2 350 592**
占全省人口的%	48.8	37.4	39.5	42.1	42.8	42.8	42.8	45.5
藏　族	454 510	673 790	753 897	915 900	1 034 300	1 049 300	1 064 000	1 130 618
占全省人口的%	27.5	18.5	19.4	20.4	20.87	20.87	20.87	21.89
回　族	246 777	477 471	533 859	641 700	719 610	730 000	740 200	820 719
占全省人口的%	15.0	13.1	13.7	14.3	14.52	14.52	14.52	15.89
土　族	51 876	112 026	129 194	163 800	186 800	189 100	191 200	198 852
占全省人口的%	3.1	3.1	3.3	3.6	3.77	3.76	3.75	3.85
撒拉族	27 102	52 787	60 981	77 300	86 200	87 000	88 700	95 553
占全省人口的%	1.6	1.5	1.6	1.7	1.74	1.73	1.74	1.85
蒙古族	23 501	43 319	50 454	71 800	83 000	84 000	85 100	88 322
占全省人口的%	1.4	1.2	1.3	1.6	1.68	1.67	1.67	1.71
其它民族	1 007	4 095	7 395	14 600	10 090	10 600	10 700	16 528
占全省人口的%	0.1	0.1	0.2	0.3	0.22	0.21	0.21	0.32

注：①1997－1999年以后少数民族人口系按比重推算数。
②2000年少数民族人口按“五普”比重推算。

2000年全省人口计划生育情况

单位：人、%

	合　计	西宁市	海东地区	海北州	黄南州	海南州	果洛州	玉树州	海西州
计划生育率	85.68	92.17	85.73	79.20	74.30	83.17	73.50	76.10	87.63
领取独生子女证的人数	11 9611	69 518	13 545	3 335	1 756	7 010	2 116	1 272	21 059
女性初婚人数	31 404	11 880	9 464	1 896	1 889	2 467	821	1 109	1 878
#19岁及以下人数	3 053	470	1 136	248	503	348	130	111	107
#23岁及以上人数	15 807	7 288	3 201	886	757	1 340	345	668	1 322
女性晚婚率	50.33	61.35	33.82	46.73	40.07	54.32	42.02	60.23	70.39
已婚育龄妇女人数	989 176	372 203	300 272	55 957	40 098	76 546	23 279	44 494	76 327
采取各种节育措施人数	859 483	331 093	259 031	48 721	34 276	64 925	19 569	35 132	66 736
男性绝育	1 344	507	667	14	5	14		1	136
女性绝育	397 873	150 414	165 104	30 913	7 446	18 827	6 954	1 908	16 307
放置宫内节育器	346 832	156 096	75 359	11 678	17 733	28 889	3 948	22 053	31 076
皮下埋植	3 221	921	720	382	114	534	5	9	536
口服及注射避孕药	74 194	11 479	12 681	3 505	7 306	14 309	7 075	7 327	10 512
避孕套	28 528	10 077	3 294	1 403	970	1 957	1 221	2 668	6 938
外用药	6 352	1 317	1 128	405	701	356	226	1 156	1 063
其它	1 139	282	78	421	1	39	140	10	168
节育率	86.89	88.95	86.27	87.07	85.48	84.82	84.06	78.96	87.43

第五次人口普查分地区总人口和性别比

地区别	总人口(人)			占总人口(%)		性别比(女=100)
	合计	男	女	男	女	
全省	**5 181 560**	**2 679 089**	**2 502 471**	**51.70**	**48.30**	**107.06**
西宁市	**1 979 200**	**1 022 095**	**957 105**	**51.64**	**48.36**	**106.79**
城东区	296 154	153 016	143 138	51.67	48.33	106.90
城中区	168 275	85 334	82 941	50.71	49.29	102.89
城西区	248 675	126 988	121 687	51.07	48.93	104.36
城北区	228 270	119 760	108 510	52.46	47.54	110.37
大通县	437 895	225 962	211 933	51.60	48.40	106.62
湟中县	467 019	243 972	223 047	52.24	47.76	109.38
湟源县	132 912	67 063	65 849	50.46	49.54	101.84
海东地区	**1 520 074**	**782 967**	**737 107**	**51.51**	**48.49**	**106.22**
平安县	123 036	63 311	59 725	51.46	48.54	106.00
民和县	378 105	195 926	182 179	51.82	48.18	107.55
乐都县	295 059	150 730	144 329	51.08	48.92	104.44
互助县	374 995	195 167	179 828	52.05	47.95	108.53
化隆县	234 828	120 623	114 205	51.37	48.63	105.62
循化县	114 051	57 210	56 841	50.16	49.84	100.65
海北州	**276 723**	**144 101**	**132 622**	**52.07**	**47.93**	**108.66**
门源县	149 932	77 748	72 184	51.86	48.14	107.71
初连县	49 373	25 111	24 262	50.86	49.14	103.50
海晏县	35 489	18 960	16 529	53.43	46.57	114.71
刚察县	41 929	22 282	19 647	53.14	46.86	113.41
黄南州	**225 462**	**113 781**	**111 681**	**50.47**	**49.53**	**101.88**
同仁县	80 856	40 745	40 111	50.39	49.61	101.58
尖扎县	53 565	27 270	26 295	50.91	49.09	103.71
泽库县	57 334	28 778	28 556	50.19	49.81	100.78
河南县	33 707	16 988	16 719	50.40	49.60	101.61

第五次人口普查分地区总人口和性别比(续)

地区别	总人口(人)			占总人口(%)		性别比(女=100)
	合计	男	女	男	女	
海南州	**401 743**	**205 531**	**196 212**	**51.16**	**48.84**	**104.75**
共和县	122 845	63 119	59 726	51.38	48.62	105.68
同德县	51 273	27 293	23 980	53.23	46.77	113.82
贵德县	96 717	48 965	47 752	50.63	49.37	102.54
兴海县	62 585	31 749	30 836	50.73	49.27	102.96
贵南县	68 323	34 405	33 918	50.36	49.64	101.44
果洛州	**140 397**	**72 223**	**68 174**	**51.44**	**48.56**	**105.94**
玛沁县	36 481	18 855	17 626	51.68	48.32	106.97
班玛县	22 499	11 496	11 003	51.10	48.90	104.48
甘德县	25 895	13 228	12 667	51.08	48.92	104.43
达日县	24 616	12 710	11 906	51.63	48.37	106.75
久治县	19 805	10 109	9 696	51.04	48.96	104.26
玛多县	11 101	5 825	5 276	52.47	47.53	110.41
玉树州	**268 825**	**134 661**	**134 164**	**50.09**	**49.91**	**100.37**
玉树县	79 397	39 622	39 775	49.90	50.10	99.62
杂多县	40 089	20 173	19 916	50.32	49.68	101.29
称多县	42 107	20 781	21 326	49.35	50.65	97.44
治多县	24 782	12 332	12 450	49.76	50.24	99.05
囊谦县	57 681	29 136	28 545	50.51	49.49	102.07
曲麻莱县	24 769	12 617	12 152	50.94	49.06	103.83
海西州	**369 136**	**203 730**	**165 406**	**55.19**	**44.81**	**123.17**
格尔木市	165 265	93 628	71 637	56.65	43.35	130.70
德令哈市	91 208	49 909	41 299	54.72	45.28	120.85
乌兰县	36 032	18 874	17 158	52.38	47.62	110.00
都兰县	57 700	31 459	26 241	54.52	45.48	119.88
天峻县	18 931	9 860	9 071	52.08	47.92	108.70

第五次人口普查分地区主要民族人口

单位：人

地区别	合计	汉族	藏族	回族	土族	撒拉族	蒙古族	其他民族
全省	**5 181 560**	**2 823 305**	**1 134 236**	**823 463**	**199 470**	**95 815**	**88 829**	**16 442**
西宁市	**1 979 200**	**1 472 723**	**103 265**	**326 860**	**51 588**	**4 069**	**10 492**	**10 203**
城东区	296 154	191 481	7 733	88 233	2 219	2 160	1 017	3 311
城中区	168 275	150 583	3 576	10 395	993	470	760	1 498
城西区	248 675	220 458	7 751	14 775	1 953	820	1 133	1 785
城北区	228 270	210 107	2 581	11 124	928	347	729	2 454
大通县	437 895	234 042	29 160	125 161	43 810	162	4 611	949
湟中县	467 019	351 319	38 899	74 913	1 288	29	427	144
湟源县	132 912	114 733	13 565	2 259	397	81	1 815	62
海东地区	**1 520 074**	**855 264**	**138 320**	**314 787**	**120 435**	**83 260**	**6 453**	**1 555**
平安县	123 036	93 446	5 733	22 078	944	238	305	292
民和县	378 105	172 189	14 436	147 352	43 182	170	101	675
乐都县	295 059	252 329	20 181	5 463	10 877	117	5 859	233
互助县	374 995	280 956	21 822	7 275	64 686	31	150	75
化隆县	234 828	49 338	49 370	124 022	384	11 573	22	119
循化县	114 051	7 006	26 778	8 597	362	71 131	16	161
海北州	**276 723**	**101 350**	**67 168**	**84 444**	**8 155**	**977**	**14 027**	**602**
门源县	149 932	58 866	16 896	64 551	6 232	72	3 125	190
祁连县	49 373	10 738	14 703	17 078	988	827	4 827	212
海晏县	35 489	19 511	8 805	1 289	639	52	5 097	96
刚察县	41 929	12 235	26 764	1 526	296	26	978	104
黄南州	**225 462**	**17 869**	**148 223**	**17 715**	**8 713**	**1 844**	**30 460**	**638**
同仁县	80 856	7 994	58 855	3 858	8 228	1 285	163	473
尖扎县	53 565	7 574	33 020	12 508	237	113	35	78
泽库县	57 334	801	55 438	521	95	393	51	35
河南县	33 707	1 500	910	828	153	53	30 211	52

第五次人口普查分地区主要民族人口(续)

单位:人

地　区　别	合　计	汉　族	藏　族	回　族	土　族	撒拉散	蒙古族	其他民族
海南州	**401 743**	**118 054**	**246 614**	**28 662**	**3 949**	**1 317**	**2 611**	**536**
共和县	122 845	39 530	71 969	7 073	1 382	520	2 028	343
同德县	51 273	7 244	42 499	1 234	150	71	64	11
贵德县	96 717	48 378	34 202	12 328	1 345	305	72	87
兴海县	62 585	8 371	48 357	4 978	284	311	213	71
贵南县	68 323	14 531	49 587	3 049	788	110	234	24
果洛州	**140 397**	**9 774**	**128 063**	**1 676**	**311**	**336**	**81**	**156**
玛沁县	36 481	5 144	30 010	919	179	103	45	81
班玛县	22 499	1 488	20 718	205	44	25	9	10
甘德县	25 895	685	24 993	123	26	46	1	21
达日县	24 616	725	23 626	194	24	28	6	13
久治县	19 805	853	18 735	154	16	19	8	20
玛多县	11 101	879	9 981	81	22	115	12	11
玉树州	**268 825**	**5 917**	**261 480**	**822**	**153**	**354**	**38**	**61**
玉树县	79 397	3 437	75 316	455	77	65	11	36
杂多县	40 089	452	39 405	108	11	111	1	1
称多县	42 107	486	41 504	77	6	33		1
治多县	24 782	558	24 075	69	16	49	3	12
囊谦县	57 681	509	57 026	58	29	48	2	9
曲麻莱县	24 769	475	24 154	55	14	48	21	2
海西州	**369 136**	**242 354**	**41 103**	**48 497**	**6 166**	**3 658**	**24 667**	**2 691**
格尔木市	165 265	117 842	5 559	34 248	1 709	1 612	2 645	1 650
德令哈市	91 208	70 089	4 380	5 200	2 281	437	8 184	637
乌兰县	36 032	21 179	2 250	3 679	1 345	1 033	6 402	144
都兰县	57 700	30 341	13 529	5 032	671	487	7 414	226
天峻县	18 931	2 903	15 385	338	160	89	22	34

第五次人口普查分地区的市、镇、县人口

单位:个、户、人

地区别	总人口(人)	市、镇合计		市人口			县辖镇人口			县人口数(不含镇)
		户数	人口数	个数	户数	人口数	个数	户数	人口数	
全省	**5 181 560**	**551 424**	**1 800 935**	**3**	**349 261**	**1 113 283**	**49**	**202 163**	**687 652**	**3 380 625**
西宁市	**1 979 200**	**339 448**	**1 119 740**	**1**	**289 598**	**941 374**	**14**	**46 850**	**178 366**	**859 460**
城东区	296 154	86 530	296 154		86 530	296 154	2			
城中区	168 275	52 554	168 275		52 554	168 275				
城西区	248 675	80 397	248 675		80 397	248 675	1			
城北区	228 270	70 117	228 270		70 117	228 270	2			
大通县	437 895	30 117	102 460				6	30 117	102 460	335 435
湟中县	467 019	10 398	44 129				2	10 398	44 129	422 890
湟源县	132 912	9 335	31 777				1	9 335	31 777	101 135
海东地区	**1 520 074**	**54 003**	**185 252**				**14**	**54 003**	**185 252**	**1 334 822**
平安县	123 036	13 715	44 973				1	13 715	44 973	78 063
民和县	378 105	14 958	55 387				4	14 958	55 387	322 718
乐都县	295 059	9 135	29 225				4	9 135	29 225	265 834
互助县	374 995	9 169	29 988				1	9 169	29 988	345 007
化隆县	234 828	4 031	14 897				3	4 031	14 897	219 931
循化县	114 051	2 995	10 782				1	2 995	10 782	103 269
海北州	**276 723**	**22 670**	**78 067**				**4**	**22 670**	**78 067**	**198 656**
门源县	149 932	9 955	36 970				2	9 955	36 970	112 962
祁连县	49 373	4 185	15 783				1	4 185	15 783	33 590
海晏县	35 489	4 932	14 731				1	4 932	14 731	20 758
刚察县	41 929	3 598	10 583					3 598	10 583	31 346
黄南州	**225 462**	**16 077**	**48 950**				**3**	**16 077**	**48 950**	**176 512**
同仁县	80 856	7 344	22 513				1	7 344	22 513	58 343
尖扎县	53 565	5 224	14 586				2	5 224	14 586	38 979
泽库县	57 334	1 545	5 623					1 545	5 623	51 711
河南县	33 707	1 964	6 228					1 964	6 228	27 479
海南州	**401 743**	**17 336**	**58 779**				**2**	**17 336**	**58 779**	**342 964**
共和县	122 845	11 033	35 989				1	11 033	35 989	86 856
同德县	51 273	1 687	7 451					1 687	7 451	43 822
贵德县	96 717	1 019	3 740				1	1 019	3 740	92 977

第五次人口普查分地区的市、镇、县人口(续)

单位:个、户、人

地区别	总人口(人)	市、镇合计		市人口			县辖镇人口			县人口数(不含镇)
		户数	人口数	个数	户数	人口数	个数	户数	人口数	
兴海县	62 585	2 007	6 752					2 007	6 752	55 833
贵南县	68 323	1 590	4 847					1 590	4 847	63 476
果洛州	**140 397**	**9 120**	**27 393**				**1**	**9 120**	**27 393**	**113 004**
玛沁县	36 481	4 228	13 567				1	4 228	13 567	22 914
班玛县	22 499	1 336	3 243					1 336	3 243	19 256
甘德县	25 895	895	2 583					895	2 583	23 312
达日县	24 616	1 078	3 222					1 078	3 222	21 394
久治县	19 805	725	2 484					725	2 484	17 321
玛多县	11 101	858	2 294					858	2 294	8 807
玉树州	**268 825**	**13 478**	**53 523**				**1**	**13 478**	**53 523**	**215 302**
玉树县	79 397	6 591	26 465				1	6 591	26 465	52 932
杂多县	40 089	1 764	8 297					1 764	8 297	31 792
称多县	42 107	1 351	3 888					1 351	3 888	38 219
治多县	24 782	1 369	4 772					1 369	4 772	20 010
囊谦县	57 681	1 461	6 593					1 461	6 593	51 088
曲麻莱县	24 769	942	3 508					942	3 508	21 261
海西州	**369 136**	**79 292**	**229 231**	**2**	**59 663**	**171 909**	**10**	**19 629**	**57 322**	**139 905**
格尔木市	165 265	50 099	143 636	1	50 099	143 636				21 629
德令哈市	91 208	19 351	54 644	1	9 564	28 273	5	9 787	26 371	36 564
乌兰县	36 032	5 060	14 588				3	5 060	14 588	21 444
都兰县	57 700	3 234	11 568				2	3 234	11 568	46 132
天峻县	18 931	1 548	4 795					1 548	4 795	14 136

第五次人口普查分地区的各种文化程度人口

单位:人

地区别	六周岁及以上人口识字状况			六周岁及以上人口受教育程度					
	识字	不识字		未上过学	扫盲班	小学	初中	高中和中专	大专以上
		小计	#其中15岁以上						
全省	**3 596 085**	**1 098 516**	**934 283**	**1 085 989**	**171 433**	**1 603 399**	**1 122 387**	**540 464**	**170 929**
西宁市	**1 608 574**	**210 912**	**195 220**	**206 441**	**47 382**	**582 342**	**581 883**	**289 814**	**111 624**
城东区	245 332	29 874	24 661	29 435	2 056	69 904	93 568	58 505	21 738
城中区	152 061	6 968	6 331	6 941	1 087	30 634	52 934	45 963	21 470
城西区	221 800	11 769	10 341	11 469	2 273	46 215	73 547	64 289	35 776
城北区	195 068	17 426	16 413	17 402	1 987	50 066	80 701	44 666	17 672
大通县	327 534	66 643	61 926	66 120	21 195	158 255	108 703	32 223	7 681
湟中县	362 830	60 598	58 197	57 686	17 282	178 227	134 304	30 900	5 029
湟源县	103 949	17 634	17 351	17 388	1 502	49 041	38 126	13 268	2 258
海东地区	**1 030 896**	**350 985**	**316 495**	**344 360**	**54 208**	**549 601**	**307 348**	**103 753**	**22 611**
平安县	93 629	19 449	18 558	18 295	2 125	38 702	33 251	15 710	4 995
民和县	270 832	68 103	62 897	67 863	23 407	151 409	69 805	22 123	4 328
乐都县	237 728	34 574	33 589	33 063	10 861	111 489	79 552	31 481	5 856
互助县	268 914	75 913	73 211	72 973	10 853	144 090	92 644	20 119	4 148
化隆县	101 558	108 190	90 685	107 646	3 037	67 797	20 728	8 715	1 825
循化县	58 235	44 756	37 555	44 520	3 925	36 114	11 368	5 605	1 459
海北州	**182 298**	**63 842**	**54 218**	**62 654**	**13 232**	**98 767**	**44 456**	**22 277**	**4 754**
门源县	109 697	22 614	19 431	21 685	9 735	63 413	26 708	9 160	1 610
祁连县	27 813	16 049	13 848	15 948	1 773	15 454	6 234	3 713	740
海晏县	24 150	8 148	7 354	7 990	650	10 312	6 066	5 558	1 722
刚察县	20 638	17 031	13 585	17 031	1 074	9 588	5 448	3 846	682
黄南州	**113 710**	**84 528**	**68 312**	**85 118**	**7 825**	**66 949**	**17 529**	**15 424**	**5 393**
同仁县	50 237	22 059	18 629	21 934	3 154	28 338	8 437	7 743	2 690
尖扎县	31 722	16 036	13 855	15 993	1 661	18 203	5 428	4 605	1 868
泽库县	19 019	29 691	22 915	30 424	910	13 032	2 156	1 768	420
河南县	12 732	16 742	12 913	16 767	2 100	7 376	1 508	1 308	415

第五次人口普查分地区的各种文化程度人口(续)

单位:人

地区别	六周岁及以上人口识字状况			六周岁及以上人口受教育程度					
	识字	不识字		未上过学	扫盲班	小学	初中	高中和中专	大专以上
		小计	#其中15岁以上						
海南州	**237 137**	**119 189**	**96 112**	**118 480**	**17 040**	**132 538**	**51 495**	**28 938**	**7 835**
共和县	75 082	34 996	28 462	34 710	3 694	36 195	18 177	12 630	4 672
同德县	23 339	21 414	15 890	21 419	963	16 619	2 804	2 381	567
贵德县	70 961	16 217	14 717	15 896	6 030	37 539	19 208	7 271	1 234
兴海县	23 977	30 422	24 110	30 387	1 320	15 413	4 511	2 234	534
贵南县	43 778	16 140	12 933	16 068	5 033	26 772	6 795	4 422	828
果洛州	**57 191**	**65 055**	**48 869**	**64 569**	**10 836**	**25 741**	**11 142**	**8 088**	**1 870**
玛沁县	18 216	13 629	10 263	13 630	3 552	6 229	3 583	3 789	1 062
班玛县	10 492	9 077	6 533	9 078	2 210	4 913	2 185	1 008	175
甘德县	8 957	13 140	9 479	13 338	2 168	4 363	1 218	866	144
达日县	7 067	14 629	11 392	13 943	686	4 306	1 783	815	163
久治县	6 558	10 929	8 616	10 929	529	3 531	1 420	888	190
玛多县	5 901	3 651	2 586	3 651	1 691	2 399	953	722	136
玉树州	**77 767**	**157 730**	**117 653**	**158 796**	**11 823**	**39 916**	**12 582**	**10 340**	**2 040**
玉树县	26 121	44 186	34 509	44 186	2 855	11 851	4 676	5 468	1 271
杂多县	11 835	21 761	15 227	21 761	1 302	7 178	2 566	698	91
称多县	11 848	25 620	19 889	25 626	2 156	6 451	1 586	1 419	230
治多县	6 612	14 722	10 596	14 722	925	3 901	905	755	126
囊谦县	15 594	35 939	27 492	36 995	2 681	8 312	2 100	1 273	172
曲麻莱县	5 757	15 502	9 940	15 506	1 904	2 223	749	727	150
海西州	**288 512**	**46 275**	**37 404**	**45 571**	**9 087**	**107 545**	**95 952**	**61 830**	**14 802**
格尔木市	130 953	18 937	13 741	18 891	1 614	44 516	47 024	31 537	6 308
德令哈市	75 621	7 840	7 202	7 837	1 703	23 503	26 553	18 150	5 715
乌兰县	28 340	4 200	3 749	4 195	1 317	11 899	8 509	5 269	1 351
都兰县	40 999	11 005	9 571	10 790	2 568	20 466	11 902	5 196	1 082
天峻县	12 599	4 293	3 141	3 858	1 885	7 161	1 964	1 678	346

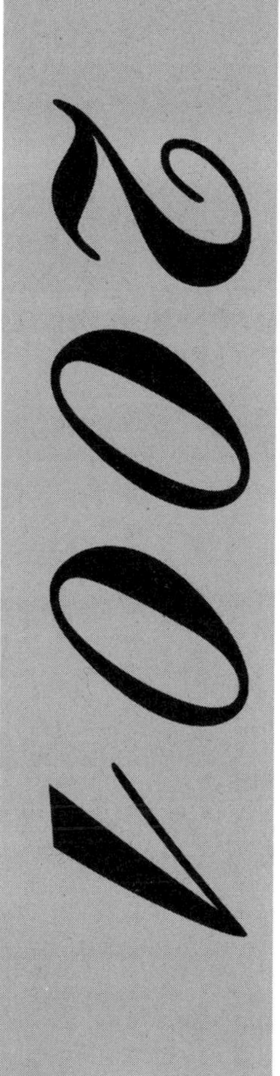

QHTJNJ

从业人员和职工工资

Employed Personnel and Their Wages

职工平均工资指数

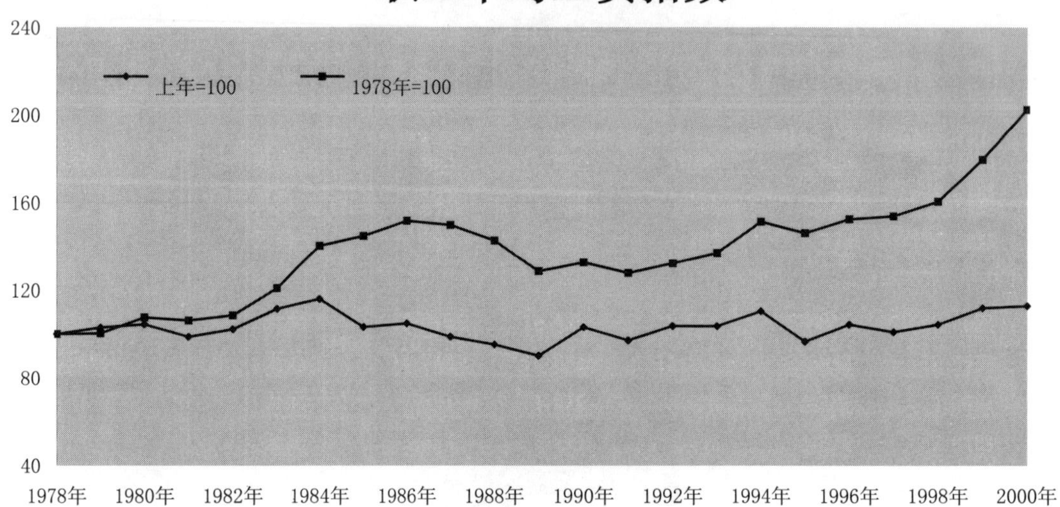

从业人员总数(万人)

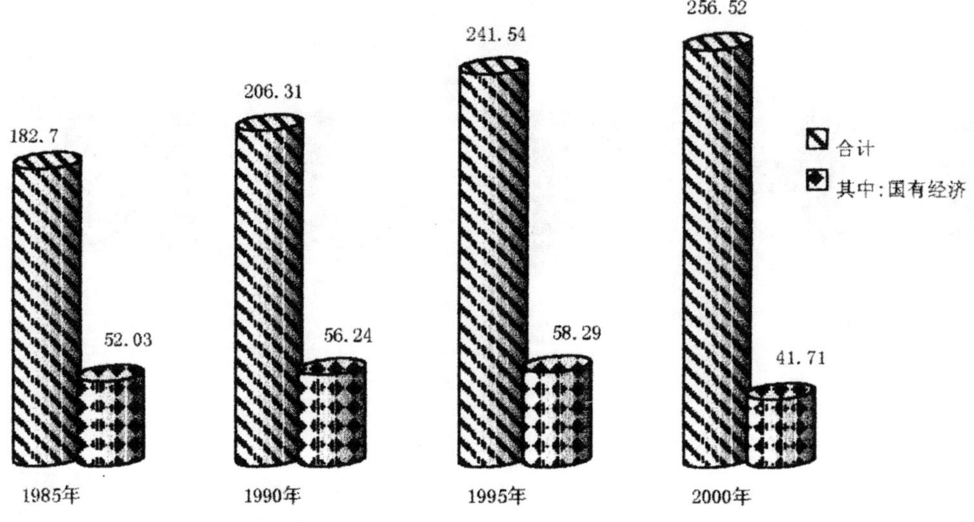

职工平均工资(元)

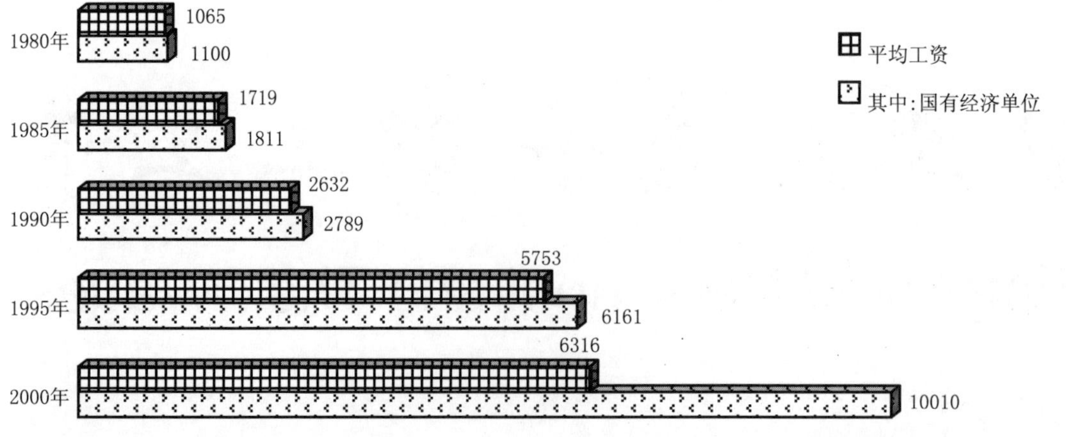

主要年份从业人员年末人数

单位:万人

年份	从业人员	国有经济	集体经济	#农村	城镇私营经济	城镇个体经济	外商、港、澳、台投资经济	其他经济
1952	71.66	1.93	62.34	62.34		7.18		0.21
1957	96.10	10.58	69.75	69.75		10.80		4.97
1965	102.49	16.60	85.57	84.09		0.20		0.12
1970	124.35	27.23	93.71	93.71				3.41
1975	136.31	34.42	101.89	98.01				
1978	144.71	42.35	102.36	97.14				
1980	157.62	46.90	110.49	103.63		0.23		
1983	174.31	49.23	123.67	114.58		1.41		
1984	177.35	50.31	125.48	116.16		1.56		
1985	182.70	52.03	127.44	117.80		3.20	0.03	
1986	189.20	54.06	131.44	121.65		3.67	0.03	
1987	193.69	54.59	134.47	124.60		4.60	0.03	
1988	197.83	55.30	137.57	127.81		4.91	0.05	
1989	200.83	55.47	141.47	131.79		3.84	0.05	
1990	206.31	56.24	146.03	135.88		4.00	0.04	
1991	211.64	56.89	150.21	139.80	0.42	4.05	0.07	
1992	216.21	56.99	154.43	143.74	0.49	4.22	0.08	
1993	232.42	57.80	155.19	146.02	0.55	4.56	0.12	14.20
1994	237.36	57.81	158.79	150.00	0.62	5.49	0.15	14.50
1995	241.54	58.29	161.05	152.65	0.83	5.47	0.30	15.60
1996	247.18	58.25	162.99	154.86	0.90	5.92	0.30	18.82
1997	251.92	56.55	166.18	158.62	2.50	6.61	0.29	19.79
1998	253.31	54.48	166.80	159.61	3.18	7.61	0.23	21.01
1999	265.86	52.80	171.78	165.50	3.76	10.59	0.18	26.75
2000	256.52	41.71	166.13	161.52	8.07	10.51	0.13	29.97

主要年份按三次产业划分的从业人员年末人数

单位:万人

年　份	从业人员	第一产业	第二产业	工　业	建筑业	第三产业	#交通运输、仓储及邮电通信业	#批发和零售贸易、餐饮业
1952	71.66	62.41	1.07	0.83	0.24	8.18	0.29	1.36
1957	96.10	72.56	5.72	2.23	3.49	17.82	2.02	2.24
1965	102.49	86.65	7.32	3.64	3.68	8.52	1.81	2.06
1970	124.35	102.01	14.92	8.22	6.70	7.42	2.32	2.41
1975	136.31	105.47	21.27	14.34	6.93	9.57	2.78	2.61
1978	144.71	103.21	26.44	19.83	6.61	15.06	3.33	3.60
1980	157.62	108.31	28.24	19.82	8.42	21.07	3.49	3.85
1983	174.31	115.42	30.04	20.41	9.63	28.85	3.70	4.65
1984	177.35	115.46	30.79	20.76	10.03	31.10	3.90	4.85
1985	182.70	112.20	36.70	24.70	12.00	33.80	4.62	4.90
1986	189.20	111.20	38.49	26.00	12.49	39.51	7.54	8.76
1987	193.70	113.90	38.09	26.20	11.89	41.71	7.86	9.64
1988	197.83	115.90	38.64	27.10	11.54	43.29	7.95	10.35
1989	200.83	120.43	38.02	27.76	10.26	42.38	7.51	10.33
1990	206.31	123.74	38.87	28.31	10.56	43.70	8.07	10.35
1991	211.64	127.12	39.26	28.43	10.83	45.26	8.11	11.11
1992	216.21	130.58	39.60	28.23	11.37	46.03	8.42	11.43
1993	232.42	130.91	39.54	28.88	10.66	61.97	8.23	26.41
1994	237.36	133.71	39.84	29.68	10.16	63.81	8.96	27.02
1995	241.54	135.42	40.81	30.31	10.50	65.31	8.99	28.38
1996	247.18	140.34	40.35	30.20	10.15	66.49	8.61	31.75
1997	251.92	141.13	37.65	28.08	9.57	73.14	8.83	33.20
1998	253.31	141.12	37.20	27.52	9.68	74.99	8.69	34.58
1999	265.86	144.82	38.41	26.69	11.72	82.63	9.35	37.58
2000	256.52	143.20	32.34	20.82	11.52	80.98	8.57	37.35

按城乡分的年末从业人员数

单位:万人

指标	2000年			1999年		
	城乡合计	城镇	乡村	城乡合计	城镇	乡村
经济活动人口	**258.32**	**88.37**	**169.95**	**267.79**	**96.83**	**170.96**
一、从业人员	**256.52**	**86.57**	**169.95**	**265.86**	**94.90**	**170.96**
(一)按经济类型分组						
1.国有经济	41.71	41.71		52.80	52.80	
2.集体经济	166.13	4.16	161.52	171.78	6.28	165.50
3.私营经济	11.16	8.07	3.09	6.24	3.76	2.48
4.个体经济	15.85	10.51	5.34	13.57	10.59	2.98
5.联营经济	0.03	0.03		0.02	0.02	
6.股份合作制经济	0.35	0.35		0.50	0.50	
7.外商投资经济						
8.港、澳、台投资经济	0.13	0.13		0.18	0.18	
9.其他经济	21.16	21.16		20.77	20.77	
(二)按国民经济行业分组						
1.农、林、牧、渔业	143.20	2.97	140.23	144.82	3.08	141.74
2.采掘业	2.36	1.95	0.41	2.76	2.76	
3.制造业	17.04	10.90	6.14	22.44	16.35	6.09
4.电力、煤气及水的生产和供应业	1.42	1.42		1.49	1.49	
5.建筑业	11.52	6.51	5.01	11.72	7.29	4.43
6.地质勘查业、水利管理业	2.05	2.05		2.85	2.85	
7.交通运输、仓储及邮电通信业	8.57	4.64	3.93	9.35	4.90	4.45
8.批发和零售贸易、餐饮业	37.35	33.72	3.63	37.58	33.97	3.61
9.金融、保险业	1.67	1.67		1.68	1.68	
10.房地产业	0.23	0.08		0.23	0.23	
11.社会服务业	4.25	3.59	0.66	3.57	3.57	
12.卫生、体育和社会福利业	2.35	2.35		2.29	2.29	
13.教育、文化艺术和广播电影电视业	6.62	6.62		6.61	6.61	
14.科学研究和综合技术服务业	0.75	0.75		0.83	0.83	
15.国家机关、政党机关和社会团体	6.16	6.16		6.30	6.30	
16.其他行业	10.98	1.04	9.94	11.34	0.70	10.64
二、登记失业人员	**1.80**	**1.80**		**1.93**	**1.93**	

农村家庭从业人员分行业人数

单位:人、户

类　　别	1952 年	1978 年	1990 年	1995 年	1998 年	1999 年	2000 年
一、乡村总户数	**215 200**	**463 501**	**573 537**	**633 438**	**670 789**	**684 763**	**698 957**
#牧业户	55 600	81 200	92 395	97 195	102 888	104 807	110 105
二、乡村总人口	**1 214 100**	**2 637 712**	**3 041 281**	**3 228 645**	**3 311 125**	**3 340 641**	**3 365 876**
#牧业人口	232 900	390 700		547 887	572 981	578 437	591 010
三、家庭从业人员	**629 891**	**971 467**	**1 358 820**	**1 526 491**	**1 623 837**	**1 732 502**	**1 719 725**
1.按性别分							
男从业人员	326 535	503 608	689 967	780 063	833 289	886 007	886 772
女从业人员	303 356	467 859	668 853	746 428	790 548	846 495	832 953
2.按国民经济部门分							
农林牧渔业	624 100	956 808	1 196 549	1 318 354	1 381 617	1 440 320	1 422 538
工　业		14 659	39 355	56 222	60 855	60 871	61 407
建筑业			24 732	33 884	36 484	44 300	50 052
运输、邮电业			29 197	38 177	38 483	44 511	39 341
商业、饮食业			16 891	28 088	30 168	36 073	36 286
金融、保险业			75				
其他劳动业	5 791		52 021	51 766	76 230	106 427	110 101

主要年份全省职工工资总额和平均工资

年份	工资总额（万元）	国有经济单位	城镇集体经济单位	其他经济单位	平均工资（元）	国有经济单位	城镇集体经济单位	其他经济单位
1952	977.81	977.81			597	597		
1957	11 966.40	11 966.40			1 038	1 038		
1965	16 200.08	15 604.90	595.18		978	947	482	
1970	22 365.90	22 365.90			856	856		
1975	33 004.69	30 488.81	2 515.88		883	889	649	
1978	42 928.97	39 490.58	3 438.39		907	938	654	
1980	57 663.80	52 032.71	5 631.09		1 065	1 100	820	
1983	72 821.90	64 590.50	8 231.40		1 246	1 301	933	
1984	88 791.30	78 482.80	10 308.50		1 490	1 565	1 091	
1985	105 034.00	93 009.40	12 016.80	7.8	1 719	1 811	1 233	765
1986	121 877.47	108 385.92	13 454.48	37.07	1 917	2 021	1 353	1 278
1987	131 633.70	117 302.42	14 292.48	38.8	2 041	2 143	1 469	1 470
1988	149 116.90	133 290.30	15 753.90	72.7	2 305	2 421	1 644	1 731
1989	160 348.27	144 330.50	15 937.07	80.7	2 438	2 580	1 628	2 028
1990	173 045.12	156 406.08	16 566.01	73.03	2 632	2 789	1 722	1 798
1991	184 656.32	166 116.63	18 433.59	106.1	2 752	2 917	1 827	1 804
1992	209 226.34	188 042.65	21 010.47	173.22	3 098	3 290	2 036	2 892
1993	243 829.16	223 340.61	20 127.57	360.98	3 658	3 891	2 201	3 006
1994	327 134.75	304 604.01	21 693.99	836.75	4 976	5 348	2 512	5 642
1995	380 242.65	354 554.31	24 226.21	1 462.13	5 753	6 161	2 928	5 452
1996	442 899.48	413 836.58	26 867.96	2 194.94	6 687	7 146	3 373	6 176
1997	459 073.08	429 768.50	25 869.21	3 435.37	7 091	7 623	3 419	4 326
1998	466 952.18	433 692.46	26 593.65	6 666.07	7 449	7 943	3 838	5 761
1999	497 495.40	464 063.23	25 173.75	8 258.42	8 290	8 863	4 001	6 057
2000	510 951.06	476 292.94	22 989.40	11 668.72	9 316	10 010	4 266	6 221

全部单位从业人员变动情况

（2000 年）　　　　单位：人

类　别	本年增加人数							
	合　计	从农村招　收	从城镇招　收	录用的退伍军人	录用的大、中专、技校毕业	调　入	#由外省、自治区、直辖市调入	其 他
总　　计	**33 227**	**4 391**	**1 900**	**1 609**	**5 553**	**6 580**	**111**	**13 194**
一、国有单位	**26 187**	**3 197**	**1 375**	**1 527**	**5 311**	**6 079**	**110**	**8 698**
按企业、事业、机关分组								
1.企业	4 239	894	211	19	53	271		2 791
#地方	2 801	300	314	63	189	230	1	1 705
2.事业	7 360	84	310	339	2 692	1 744	29	2 191
#地方	6 147	71	290	317	2 527	1 478	20	1 464
3.机关	3 221	2	221	175	771	1 082	7	970
#地方	3 050	2	215	165	729	1 007	5	932
二、城镇集体单位	**4 239**	**894**	**211**	**19**	**53**	**271**		**2 791**
三、其他单位	**2 801**	**300**	**314**	**63**	**189**	**230**	**1**	**1 705**

全部单位从业人员变动情况（续）

（2000 年）　　　　单位：人

类　别	本年减少人数							
	合　计	离休退休退职	开除除名辞退	终止解除合同	离开本单位仍保留劳动关系的职工	调　出	#调到省外自治区直辖市	其 他
总　　计	**63 952**	**8 705**	**2 294**	**9 964**	**24 007**	**6 164**	**288**	**12 818**
一、国有单位	**51 973**	**7 454**	**1 859**	**8 004**	**19 676**	**5 731**	**280**	**9 249**
按企业、事业、机关分组								
1.企业	8 834	500	252	1 631	3 282	242	4	2 927
#地方	3 145	751	183	329	1 049	191	4	642
2.事业	7 425	1 776	325	507	1 774	1 215	57	1 828
#地方	6 029	1 517	266	342	1 133	1 096	39	1 675
3.机关	3 193	889	177	58	387	964	16	718
#地方	2 774	848	176	42	338	873	16	497
二、城镇集体单位	**8 834**	**500**	**252**	**1 631**	**3 282**	**242**	**4**	**2 927**
三、其他单位	**3 145**	**751**	**183**	**329**	**1 049**	**191**	**4**	**642**

全省城镇单位分行业从业人员

(2000 年)

	年末人数(人)						按用工期限分	
	单位从业人员	#女性	#使用的的农村劳动力	#在岗职工	#少数民族	#专业技术人员	长期职工	临时职工
总　计	**479 907**	**173 267**	**20 210**	**468 712**	**85 798**	**132 907**	**447 742**	**20 970**
一、按经济类型分组								
1.国有经济单位	417 073	149 512	13 419	407 720	75 909	125 738	393 016	14 704
中央	104 104	35 004	1 904	101 696	6 378	28 101	98 778	2 918
地方	312 969	114 508	11 515	306 024	69 531	97 637	294 238	11 786
2.城镇集体单位	46 092	16 761	5 547	45 345	8 212	4 860	40 579	4 766
3.其他单位	16 742	6 994	1 244	15 647	1 677	2 309	14 147	1 500
二、按企业、事业、机关分组								
1.企业	262 373	92 412	17 312	256 717	29 102	50 844	240 741	15 976
2.事业	152 831	62 331	2 627	147 887	35 601	79 020	144 235	3 652
3.机关	64 703	18 524	271	64 108	21 095	3 043	62 766	1 342
三、按国民经济行业分组								
1.农、林、牧、渔业	27 423	8 650	1 214	26 375	7 363	7 322	25 816	559
2.采掘业	18 754	4 851	1 136	18 516	3 183	2 224	17 053	1 463
3.制造业	83 557	29 405	8 525	82 782	9 017	12 640	76 697	6 085
4.电力、煤气及水的生产和供应业	14 249	4 849	241	14 167	1 797	4 180	13 755	412
5.建筑业	45 646	10 311	6 229	43 988	3 796	9 124	38 768	5 220
6.地质勘查业、水利管理业	20 473	5 744	762	19 479	1 219	5 113	19 269	210
7.交通运输、仓储及邮电通信业	36 462	12 125	198	36 118	3 215	5 747	35 766	352
8.批发和零售贸易、餐饮业	32 127	16 326	878	31 889	4 936	4 778	30 470	1 419
9.金融、保险业	16 743	7 236	73	14 929	2 142	10 175	14 610	319
10.房地产业	2 335	911	16	2 317	172	530	2 170	147
11.社会服务业	16 770	8 460	82	16 237	2 339	1 548	15 109	1 128
12.卫生、体育和社会福利业	23 473	13 984	94	22 875	5 645	15 927	22 361	514
13.教育、文化艺术及广播影视业	66 219	28 075	164	64 483	18 737	45 820	63 158	1 325
14.科学研究和综合技术服务业	7 473	2 807	109	7 302	819	4 857	7 195	107
15.国家机关、政党机关和社会团体	61 602	17 226	269	61 020	21 046	2 201	59 795	1 225
16.其他行业	6 601	2 307	220	6 235	372	721	5 750	485

全省城镇单位分行业从业人员(续)

(2000年)

	年末人数(人)					平均人数(人)				
	#其他从业人员	#聘用的离退休人员	离开本单位仍保留劳动关系的人员	#女性	#内部退养人员	单位从业人员	#在岗职工	#其他从业人员	#聘离退休	离开本单位仍保留劳动关系的职工
总　　计	**11 195**	**648**	**52 719**	**18 605**	**9 094**	**507 994**	**495 175**	**12 819**	**617**	**53 309**
一、按经济类型分组										
1.国有经济单位	9 353	515	43 695	14 707	8 583	442 313	431 516	10 797	490	44 319
中央	2 408	213	9 289	2 470	3 975	108 645	106 035	2 610	204	8 552
地方	6 945	302	34 406	12 237	4 608	333 668	325 481	8 187	286	35 767
2.城镇集体单位	747	66	6 535	2 734	289	48 256	47 501	755	59	6 390
3.其他单位	1 095	67	2 489	1 164	222	17 425	16 158	1 267	68	2 600
二、按企业、事业、机关分组										
1.企业	5 656	414	44 985	16 471	6 969	288 687	281 069	7 618	419	46 412
2.事业	4 944	220	6 703	1 879	1 969	155 067	150 340	4 727	185	6 034
3.机关	595	14	1 031	255	156	64 240	63 766	474	13	863
三、按国民经济行业分组										
1.农、林、牧、渔业	1 048	3	1 621	629	215	27 184	26 208	976	1	1 534
2.采掘业	238	25	2 937	559	128	20 119	19 881	238	25	3 257
3.制造业	775	105	21 129	8 342	3 438	94 872	93 841	1 031	106	23 152
4.电力、煤气及水的生产和供应业	82	12	902	264	298	14 298	14 241	57	12	886
5.建筑业	1 658	202	6 127	1 777	287	57 392	54 654	2 738	204	6 050
6.地质勘查业、水利管理业	994	9	4 061	811	1 595	23 115	22 258	857	2	3 555
7.交通运输、仓储及邮电通信业	344	12	3 363	819	1 175	36 942	36 374	568	12	3 155
8.批发和零售贸易、餐饮业	238	34	8 578	3 710	1 117	33 162	32 627	535	28	7 819
9.金融、保险业	1 814	10	336	154	309	17 126	15 330	1 796	10	322
10.房地产业	18	6	78	6	21	2 265	2 248	17	4	69
11.社会服务业	533	78	701	298	50	16 581	16 020	561	77	634
12.卫生、体育和社会福利业	598	25	391	215	35	23 154	22 713	441	27	367
13.教育、文化艺术及广播影视业	1 736	41	868	382	286	66 415	64 520	1 895	39	835
14.科学研究和综合技术服务业	171	37	113	24	11	7 594	7 371	223	32	105
15.国家机关、政党机关和社会团体	582	14	678	221	55	61 094	60 634	460	13	751
16.其他行业	366	35	836	394	74	6 681	6 255	426	25	818

全省城镇单位分行业从业人员劳动报酬

（2000 年）

	劳动报酬和生活费（万元）					在岗职工平均工资（元）
	单位从业人员劳动报酬	#在岗职工工资总额	#其他从业人员劳动报酬	#聘用的离退休人员	离开本单位仍保留劳动关系职工的生活费	
总　　计	**503 588.88**	**497 630.44**	**5 958.44**	**438.83**	**13 320.62**	**10 050**
一、按经济类型分组						
1.国有经济单位	467 986.88	463 606.71	4 380.17	343.48	12 686.23	10 744
中央	183 197.75	181 857.42	1 340.33	105.00	5 813.55	17 151
地方	284 789.13	281 749.29	3 039.84	238.48	6 872.68	8 656
2.城镇集体经济单位	23 236.85	22 731.51	505.34	42.36	257.89	4 785
3.其他各种经济类型单位	12 365.15	11 292.22	1 072.93	52.99	376.50	6 989
二、按企业、事业、机关分组						
1.企业	257 776.02	253 580.35	4 195.67	304.09	9 188.53	9 022
2.事业	177 319.62	175 760.91	1 558.71	133.06	3 692.97	11 691
3.机关	68 493.24	68 289.18	204.06	1.68	439.12	10 709
三、按国民经济行业分组						
1.农、林、牧、渔业	19 492.21	19 257.29	234.92	0.40	227.08	7 348
2.采掘业	21 459.21	21 320.71	138.50	58.60	466.64	10 724
3.制造业	71 432.74	71 027.78	404.96	74.06	4 379.28	7 569
4.电力、煤气及水的生产和供应业	24 652.16	24 604.72	47.44	8.91	252.59	17 277
5.建筑业	34 763.63	33 460.59	1 303.04	117.77	1 699.00	6 122
6.地质勘查业、水利管理业	43 775.56	43 593.02	182.54	0.60	2 784.60	19 585
7.交通运输、仓储及邮电通信业	50 634.07	50 365.35	268.72	4.99	1 254.89	13 847
8.批发和零售贸易、餐饮业	20 179.11	19 695.01	484.10	27.02	804.14	6 036
9.金融、保险业	22 968.79	21 667.77	1 301.02	3.30	156.24	14 134
10.房地产业	2 633.60	2 624.50	9.10	0.72	11.80	11 675
11.社会服务业	11 687.88	11 181.10	506.78	54.47	43.96	6 979
12.卫生、体育和社会福利业	25 822.41	25 673.16	149.25	28.55	197.28	11 303
13.教育、文化艺术及广播影视业	71 049.47	70 616.84	432.63	30.87	458.74	10 945
14.科学研究和综合技术服务业	9 509.94	9 397.07	112.87	21.48	9.52	12 749
15.国家机关、政党机关和社会团体	66 848.85	66 648.24	200.61	1.68	437.34	10 992
16.其它行业	6 679.25	6 497.29	181.96	5.41	137.52	10 387

国有单位从业人员

(20

	年			末				
	单位从业人员	#女性	#使用的农村劳动力	#在岗职工	#少数民族	#专业技术人员	按用工期限分	
							长期职工	临时职工
合　　计	**479 907**	**173 267**	**20 210**	**468 712**	**85 798**	**132 907**	**447 742**	**20 970**
其中:国有控股	219 146	77 573	10 719	214 636	26 008	49 152	204 323	10 313
Ⅰ、国有单位合计	**417 073**	**149 512**	**13 419**	**407 720**	**75 909**	**125 738**	**393 016**	**14 704**
其中:国有控股	212 932	74 988	10 586	208 486	24 930	48 413	198 490	9 996
一、按隶属关系分组								
1.中央	104 104	35 004	1 904	101 696	6 378	28 101	98 778	2 918
2.省、自治区、直辖市	116 562	41 618	2 476	115 473	13 555	31 852	111 903	3 570
3.地区	46 693	18 981	1 462	46 246	8 606	12 713	43 804	2 442
4.县及县以下	149 714	53 909	7 577	144 305	47 370	53 072	138 531	5 774
二、按企业、事业、机关分组								
1.企业	202 818	70 490	10 523	198 885	19 760	44 447	189 071	9 814
#地方	124 161	44 142	8 896	122 235	15 056	21 412	114 732	7 503
2.事业	150 756	61 414	2 627	145 930	35 326	78 291	142 382	3 548
#地方	128 902	54 017	2 379	124 457	34 243	73 352	121 446	3 011
3.机关	63 499	17 608	269	62 905	20 823	3 000	61 563	1 342
#地方	59 906	16 349	240	59 332	20 232	2 873	58 060	1 272
三、按国民经济行业分组								
(一)农、林、牧、渔业	27 114	8 569	1 211	26 066	7 323	7 079	25 510	556
1.农业	8 804	3 089	2	8 786	868	1 789	8 630	156
2.林业	2 196	372	734	1 897	618	424	1 803	94
3.畜牧业	5 120	1 610	57	5 120	2 542	927	4 998	122
4.渔业	173	37		167	98	37	164	3
5.农、林、牧、渔服务业	10 821	3 461	418	10 096	3 197	3 902	9 915	181
(二)采掘业	17 584	4 320	1 116	17 346	2 935	2 026	15 903	1 443
1.煤炭采选业	5 256	927	706	5 255	1 693	613	4 671	584
2.石油和天然气开采业	2 697	698		2 697	86	555	2 697	
3.黑色金属矿采选业	51	14		51	20	4	51	
4.有色金属矿采选业	4 010	872	402	3 927	635	335	3 318	609
5.非金属矿采选业	5 377	1 768	8	5 224	439	504	5 004	220
6.其他矿采选业	48	11		47	12	2	473	
7.木材及竹材采运业	145	30		145	50	13	115	30
(三)制造业	61 131	20 556	4 769	60 796	5 780	10 866	57 742	3 054
1.食品加工业	2 921	1 034	232	2 874	585	426	2 723	151
2.食品制造业	667	406	210	658	132	35	447	211
3.饮料制造业	2 325	578	1 111	2 314	447	213	2 044	270

和劳动报酬情况

00 年）

人		数（人）			平 均 人 数 （人）				
#其他从业人员	#聘用的离退休人员	离开本单位仍保留劳动关系的人员	#女性	#内部退养人员	单位从业人员	#在岗职工	#其他从业人员	#聘离退休	离开本单位仍保留劳动关系的职工
11 195	**648**	**52 719**	**18 605**	**9 094**	**507 994**	**495 175**	**12 819**	**617**	**53 309**
4 510	341	38 271	13 516	6 665	243 398	237 228	6 170	351	39 602
9 353	**515**	**43 695**	**14 707**	**8 583**	**442 313**	**431 516**	**10 797**	**490**	**44 319**
4 446	340	36 339	12 606	6 526	236 414	230 311	6 103	345	37 525
2 408	213	9 289	2 470	3 975	108 645	106 035	2 610	204	8 552
1 089	208	19 341	6 402	3 597	136 733	135 335	1 398	208	21 065
447	21	5 307	2 166	346	46 654	45 925	729	22	5 177
5 409	73	9 758	3 669	665	150 281	144 221	6 060	56	9 525
3 933	334	36 186	12 573	6 467	226 278	220 565	5 713	341	37 445
1 926	178	29 785	10 584	3 988	145 732	142 349	3 383	185	31 663
4 826	167	6 659	1 879	1 960	152 998	148 387	4 611	136	6 015
4 445	110	3 782	1 401	469	128 490	124 138	4 352	88	3 260
594	14	850	255	156	63 037	62 564	473	13	859
574	14	839	252	151	59 446	58 994	452	13	844
1 048	3	1 621	629	215	26 875	25 899	976	1	1 534
18	2	667	275	106	8 691	8 675	16		596
299		28	5	3	2 134	1 836	298		23
		436	164	38	5 180	5 152	28		431
6		3			166	160	6		
725	1	487	185	68	10 704	10 076	628	1	484
238	25	2 317	415	35	18 319	18 081	238	25	2 458
1	1	989	234	7	5 902	5 901	1	1	1 142
		6	3	2	2 701	2 701			6
		11	2		50	50			11
83	23	902	47	2	4 075	3 992	83	23	867
153		397	127	24	5 415	5 262	153		417
1	1	7	1		48	47	1	1	7
		5	1		128	128			8
335	78	16 435	6 120	3 324	72 058	71 576	482	82	18 282
47		753	278	211	3 217	3 135	82		722
9	1	143	56	10	560	551	9	1	120
11	3	79	24		2 366	2 354	12	4	134

国有单位从业人员

（20

	年末							
	单位从业人员	#女性	#使用的农村劳动力	#在岗职工	#少数民族	#专业技术人员	按用工期限分	
							长期职工	临时职工
4.烟草加工业								
5.纺织业	1 039	556		1 038	240	108	991	47
6.服装及其他纤维制品制造业	443	272		440	27	63	332	108
7.皮革、毛皮、羽绒及其制品业	148	48		147	8	40	141	6
8.木材加工及竹、藤、棕、草制品业	13	4		13	9	2	13	
9.家具制造业	113	53		113	12	1	113	
10.造纸及纸制品业	481	252	280	481		18	481	
11.印刷业、记录媒介的复制	884	509		884	76	110	819	65
12.文教体育用品制造业	21	12		21		3	21	
13.石油加工及炼焦业	1 170	451		1170	61	249	1 170	
14.化学原料及化学制品制造业	8 388	3 273	469	8 367	427	1 896	7 828	539
15.医药制造业	1 521	739	3	1513	159	315	1 513	
16.塑料制品业	25	12		25	6	1	25	
17.非金属矿物制品业	7 856	2 247	941	7829	903	1 071	6 971	858
18.黑色金属冶炼及压延加工业	11 990	3 476	465	11 988	1 054	2 138	11 825	163
19.有色金属冶炼及压延加工业	9 323	2 408	94	9 323	738	1 884	9 318	5
20.金属制品业	481	222	31	480	184	57	479	1
21.普通机械制造业	5572	1 927		5 571	322	1 444	5 515	56
22.专用设备制造业	407	122	1	407	35	136	402	5
23.交通运输设备制造业	1 775	821	60	1 694	97	434	1 664	30
24.电气机械及器材制造业	12	3		12		4	9	3
25.电子及通信设备制造业	301	121		301	21	80	301	
26.其他制造业	3 255	1 010	872	3 133	237	138	2 597	536
(四)电力、煤气及水的生产和供应业	13 457	4 562	211	13 375	1 604	4 111	13 009	366
1.电力、蒸汽、热水的生产和供应业	11 383	3 775	157	11 312	1 329	3 816	11 012	300
2.自来水的生产和供应业	2 074	787	54	2 063	275	295	1 997	66
(五)建筑业	29 738	7 725	3 605	28 368	1 360	7 732	25 552	2 816
1.土木工程建筑业	27 876	7 276	3 605	26 513	1 282	7 363	23 697	2 816
2.线路、管道和设备安装业	1 862	449		1 855	78	369	1 855	

和劳动报酬情况(续一)

00 年)

人		数（人）			平均人数（人）				
#其他从业人员	#聘用的离退休人员	离开本单位仍保留劳动关系的人员	#女性	#内部退养人员	单位从业人员	#在岗职工	#其他从业人员	#聘离退休	离开本单位仍保留劳动关系的职工
					126	126			49
1	1	1 430	856	58	1 377	1 376	1		1 730
3	3	796	446		763	760	3	3	508
1					236	230	6	1	58
					11	11			
		64	19		112	112			45
		20	1	20	481	481			20
		30	18	24	898	898			63
		3			21	21			3
					1 249	1 249			
21	21	3 055	728	274	8 769	8 746	23	23	3 546
8		198	87	124	1 516	1 516			161
		25	6		25	25			25
27	4	1 378	365	345	8 023	7 902	121	5	1 374
2	2	2 727	1 128	954	19 443	19 442	1	1	2 792
		1 388	538	374	9 432	9 432			1 047
1	1	524	237		634	633	1		655
1	1	2 020	605	583	6 271	6 270	1	1	3 201
		399	160	89	376	376			355
81		990	379	161	2 225	2 140	85	4	1 182
					236	228	8		44
		50	20	7	284	284			48
122	41	363	169	90	3 407	3 278	129	39	400
82	12	868	255	280	13 505	13 451	54	12	852
71	11	828	246	265	11 464	11 447	17	11	815
11	1	40	9	15	2041	2004	37	1	37
1 370	178	5 869	1 662	273	39 673	37 327	2 346	177	5 828
1 363	171	5 748	1 630	219	37 417	35 078	2 339	170	5 744
7	7	121	32	54	2 256	2 249	7	7	84

国有单位从业人员

(20

	年			末				
	单位从业人员	#女性	#使用的农村劳动力	#在岗职工	#少数民族	#专业技术人员	按用工期限分	
							长期职工	临时职工
(六)地质勘查业、水利管理业	20 473	5 744	762	19 479	1 219	5 113	19 269	210
1.地质勘查业	16 143	4 683	150	15 914	542	3 484	15 747	167
2.水利管理业	4 330	1 061	612	3 565	677	1 629	3 522	43
(七)交通运输、仓储及邮电通信业	35 587	11 763	158	35 243	3 027	5 607	34 942	301
1.铁路运输业	13 842	4 381		13 840	860	1 526	13 840	
2.公路运输业	8 209	2 775	82	8 196	784	1 284	8 172	24
3.航空运输业	391	127	17	391	13	128	350	41
4.交通运输辅助业	4 848	1 537	18	4 846	730	716	4 801	45
5.其他交通运输业	48	15		48	2	12	48	
6.仓储业	1 339	473	4	1 325	131	378	1 320	5
7.邮电通信业	6 910	2 455	37	6 597	507	1 563	6 411	186
(八)批发和零售贸易、餐饮业	20 922	10 487	576	20 747	3 078	3 338	19 682	1 065
1.食品、饮料、烟草和家庭用品批发业	4 144	1 976	43	4 084	424	786	3 748	336
2.能源、材料和机械电子设备批发业	1 963	832	133	1 962	150	397	1 811	151
3.其他批发业	1 608	674	2	1 608	155	312	1 352	256
4.零售业	11 635	6 109	331	11 544	2 188	1 481	11 267	277
5.商业经纪与代理业	771	408		771	93	290	771	
6.餐饮业	801	488	67	778	68	72	733	45
(九)金融、保险业	13 155	5 399	66	12 112	1 598	9 070	11 822	290
1.金融业	11 827	4 917	59	10 951	1 475	8 350	10 689	262
2.保险业	1 328	482	7	1 161	123	720	1 133	28
(十)房地产业	1 831	727	9	1 813	155	418	1 777	36
1.房地产开发与经营业	244	104		228	11	122	202	26
2.房地产管理业	1 546	606	9	1 546	143	273	1 539	7
3.房地产代理与经纪业	41	17		39	1	23	36	3
(十一)社会服务业	12 810	6 707	82	12 399	1 636	1 267	11 469	930
1.公共服务业	6 178	3 251	13	6 148	609	562	6 014	134
2.居民服务业	353	92		350	44	45	211	139
3.旅馆业	3 547	2 075	32	3 380	496	208	2 920	460
4.租赁服务业	23	8		23	1		23	
5.旅游业	250	169	25	243	56	35	138	105
6.娱乐服务业	86	28		86	5	9	60	26

和劳动报酬情况(续二)

00年)

人数(人)					平均人数(人)				
#其他从业人员	#聘用的离退休人员	离开本单位仍保留劳动关系的人员	#女性	#内部退养人员	单位从业人员	#在岗职工	#其他从业人员	#聘离退休	离开本单位仍保留劳动关系的职工
994	9	4 061	811	1 595	23 115	22 258	857	2	3 555
229	9	4 028	810	1 595	18 769	18 639	130	2	3 524
765		33	1		4 346	3 619	727		31
344	12	3 333	814	1 167	36 121	35 554	567	12	3 125
2	2	1 070	389	682	13 983	13 904	79	2	903
13		1 511	249	37	8 309	8 261	48		1 539
					391	391			
2		177	4	6	4 885	4 885			152
		39	10	3	48	48			39
14	10	149	41	54	1 317	1 287	30	10	132
313		387	121	385	7 188	6 778	410		360
175	18	5 513	2 399	882	21 783	21 311	472	18	5 098
60	8	881	272	207	4 843	4 745	98	8	813
1	1	425	194	230	2 048	2 047	1	1	417
		258	41	13	1 576	1 323	253		252
91	6	3 261	1 557	279	11 850	11 745	105	6	3 160
		440	182	143	836	836			219
23	3	248	153	10	630	615	15	3	237
1 043	8	325	153	309	13 566	12 504	1 062	8	314
876	8	320	153	304	12 238	11 327	911	8	310
167		5		5	1 328	1 177	151		4
18	6	73	5	20	1 799	1 782	17	4	65
16	4	3	1	1	248	232	16	4	
		70	4	19	1 515	1 515			65
2	2				36	35	1		
411	14	397	208	22	12 657	12 218	439	13	337
30		76	34	1	6 133	6 103	30		30
3	2	3	1	1	356	353	3	2	4
167	3	199	104	8	3 453	3 267	185	2	187
					23	23			
7	1	5	1		232	225	7	1	3
		8			86	86			8

国有单位从业人员

(20

	年末							
	单位从业人员	#女性	#使用的农村劳动力	#在岗职工	#少数民族	#专业技术人员	按用工期限分	
							长期职工	临时职工
7.信息、咨询服务业	672	183		484	61	168	476	8
8.计算机应用服务业	3	1		3	1		3	
9.其他社会服务业	1 698	900	12	1 682	363	240	1 624	58
(十二)卫生、体育和社会福利业	23 025	13 688	94	22 458	5 520	15 616	21 944	514
1.卫生	21 056	12 905	27	20 493	5 271	15 276	20 034	459
2.体育	519	168		518	106	79	490	28
3.社会福利保障业	1 450	615	67	1 447	143	261	1 420	27
(十三)教育、文化艺术广播电影电视业	66 210	28 066	164	64 474	18 737	45 811	63 149	1 325
1.教育	59 575	25 365	121	57 952	17 019	42 413	56 704	1 248
(1)普通高等教育	4 519	1 885		4 519	696	2 593	4 502	17
(2)普通中学	19 385	8 319	25	19 214	4 936	15 596	18 878	336
(3)小学校	28 849	12 200	25	27 431	9 903	20 302	26 683	748
2.文化艺术业	3 444	1 547	16	3 435	998	2 032	3 381	54
3.广播电影电视业	3 191	1 154	27	3 087	720	1 366	3 064	23
(十四)科学研究和综合技术服务业	7 473	2 807	109	7 302	819	4 857	7 195	107
1.科学研究业	3 071	1 209	23	3 023	245	2 016	2 949	74
(1)自然科学研究	2 236	864	20	2 189	191	1 561	2 119	70
(2)社会科学研究	186	68	3	185	36	123	181	4
(3)其他科学研究	649	277		649	18	332	649	
2.综合技术服务业	4 402	1 598	86	4 279	574	2 841	4 246	33
(1)气象	1 618	616	63	1 504	299	1 125	1 496	8
(2)地震	236	78	2	236	29	98	233	3
(3)测绘	286	75		286	21	198	284	2
(4)技术监督	418	142	20	417	55	259	412	5
(5)环境保护	352	137		352	58	235	351	1
(6)技术推广和科技交流服务业	197	80		197	22	106	196	1
(7)工程设计业	575	226	1	570	30	440	558	12
(8)其他综合技术服务业	720	244		717	60	380	716	1
(十五)国家机关政党机关和社会团体	60 424	16 322	267	59 842	20 777	2 176	58 617	1 225
国家机关	52 523	14 295	250	51 952	17 656	2 012	50 807	1 145
政党机关	5 939	1 408	17	5 937	2 443	85	5 865	72
(十六)其他行业	6 139	2 070	220	5 900	341	651	5 434	466
企业管理机构	467	143		460	38	107	460	

和劳动报酬情况(续三)

00 年)

人		数（人）			平 均 人 数 （人）				
#其他从业人员	#聘用的离退休人员	离开本单位仍保留劳动关系的人员	#女性	#内部退养人员	单位从业人员	#在岗职工	#其他从业人员	#聘离退休	离开本单位仍保留劳动关系的职工
188	6	7	3	1	680	482	198	6	5
					3	3			
16	2	99	65	11	1 692	1 676	16	2	100
567	25	391	215	35	22 712	22 300	412	27	367
563	24	385	214	35	20 761	20 359	402	20	354
1					519	518	1		
3	1	6	1		1 432	1 423	9	7	13
1 736	41	868	382	286	66 406	64 511	1 895	39	835
1 623	35	716	315	262	59 827	58 045	1 782	33	670
		41	15		4 450	4 445	5	5	41
171	17	237	78	169	19 341	19 096	245	18	221
1 418		369	193	56	29 068	27 582	1 486		344
9	4	54	33	23	3 408	3 399	9	4	54
104	2	98	34	1	3 171	3 067	104	2	111
171	37	113	24	11	7 594	7 371	223	32	105
48	28	59	15	6	3 203	3 162	41	23	55
47	28	52	11		2 304	2 264	40	23	48
1		1			183	182	1		1
		6	4	6	716	716			6
123	9	54	9	5	4 391	4 209	182	9	50
114	2	20	5	5	1 612	1 438	174	2	20
					239	239			
					279	279			
1		2			410	410			2
					350	350			
					198	198			
5	4	32	4		574	569	5	4	28
3	3				729	726	3	3	
582	14	678	221	55	59 919	59 459	460	13	747
571	12	580	173	55	52 058	51 608	450	10	611
2	1	95	39		5 814	5 812	2	2	108
239	35	833	394	74	6 211	5 914	297	25	817
7		605	322		452	445	7		605

国有单位从业人员和劳动报酬情况(续四)

(2000年)

	劳动报酬和生活费(万元)					在岗职工平均工资(元)
	单位从业人员劳动报酬	#在岗职工工资总额	#其他从业人员劳动报酬	#聘用的离退休人员	离开本单位仍保留劳动关系职工的生活费	
合　　计	**503 588.88**	**497 630.44**	**5 958.44**	**438.83**	**13 320.62**	**10 050**
其中:国有控股	244 113.01	241 137.73	2 975.28	258.07	8 922.35	10 165
Ⅰ、国有单位合计	**467 986.88**	**463 606.71**	**4 380.17**	**343.48**	**12 686.23**	**10 744**
其中:国有控股	240 039.74	237 088.38	2 951.36	254.57	8 591.96	10 294
一、按隶属关系分组						
1.中央	183 197.75	181 857.42	1 340.33	105.00	5 813.55	17 151
2.省、自治区、直辖市	106 760.14	106 118.51	641.63	134.75	4 880.14	7 841
3.地区	41 775.07	41 099.85	675.22	14.93	519.96	8 949
4.县及县以下	136 253.92	134 530.93	1 722.99	88.80	1 472.58	9 328
二、按企业、事业、机关分组						
1.企业	224 540.78	221 733.45	2 807.33	253.57	8 556.34	10 053
其中:地方	95 506.41	93 923.28	1 583.13	168.87	5 435.55	6 598
2.事业	175 403.26	174 033.28	1 369.98	88.23	3 690.77	11 728
其中:地方	125 503.97	124 245.32	1 258.65	67.93	1 004.35	1 000.9
3.机关	68 042.84	67 839.98	202.86	1.68	439.12	10 843
其中:地方	63 778.75	63 580.69	198.06	1.68	432.78	10 777
三、按国民经济行业分组						
(一)农、林、牧、渔业	19 256.36	19 021.44	234.92	0.40	227.08	7 344
1.农业	6 265.65	6 263.65	2.00		47.59	7 220
2.林业	1 451.85	1 397.62	54.23		3.88	7 612
3.畜牧业	3 317.18	3 314.78	2.40		40.48	6 434
4.渔业	76.49	74.49	2.00			4 656
5.农、林、牧、渔服务业	8 145.19	7 970.90	174.29	0.40	135.13	7 911
(二)采掘业	20 301.39	20 162.89	138.50	58.60	347.64	11 151
1.煤炭采选业	2 750.01	2 750.01			182.10	4 660
2.石油和天然气开采业	7 711.30	7 711.30			0.37	28 550
3.黑色金属矿采选业	48.50	48.50				9 700
4.有色金属矿采选业	6 307.01	6 224.08	82.93	58.45	140.59	15 591
5.非金属矿采选业	3 299.21	3 243.79	55.42		21.52	6 165
6.其他矿采选业	34.80	34.65	0.15	0.15		7 372
7.木材及竹材采运业	150.53	150.56			3.06	11 763
(三)制造业	60 268.65	60 044.87	223.78	53.91	4 087.87	8 389
1.食品加工业	1 733.92	1 713.48	20.44		220.02	5 466
2.食品制造业	228.80	228.58	0.22	0.22	5.68	4 148
3.饮料制造业	2 192.98	2 186.98	6.00	2.00	6.07	9 290

国有单位从业人员和劳动报酬情况(续五)

(2000年)

	劳动报酬和生活费(万元)					在岗职工平均工资(元)
	单位从业人员劳动报酬	#在岗职工工资总额	#其他从业人员劳动报酬	#聘用的离退休人员	离开本单位仍保留劳动关系职工的生活费	
4.烟草加工业	38.00	38.00			10.00	3 016
5.纺织业	814.95	814.05	0.90	0.90	330.77	5 916
6.服装及其他纤维制品制造业	509.53	500.60	8.93	8.93	19.90	6 587
7.皮革、毛皮、羽绒及其制品业	234.23	232.23	2.00			10 097
8.木材加工及竹、藤、棕、草制品业	2.76	2.76				2 509
9.家具制造业	29.10	29.10			6.00	2 598
10.造纸及纸制品业	153.60	153.60			4.00	3 193
11.印刷业、记录媒介的复制	798.36	798.36			12.60	8 890
12.文教体育用品制造业	12.58	12.58				5 990
13.石油加工及炼焦业	3 610.27	3 610.27				28 905
14.化学原料及化学制品制造业	8 177.07	8 159.88	17.19	17.19	993.22	9 330
15.医药制造业	1 711.93	1711.93			109.36	11 292
16.塑料制品业	4.60	4.60				1 840
17.非金属矿物制品业	5 574.49	5 528.66	45.83	0.69	227.80	6 997
18.黑色金属冶炼及压延加工业	14 251.29	14 248.89	2.40	2.40	676.05	7 329
19.有色金属冶炼及压延加工业	12 040.80	12 040.80			418.99	12 766
20.金属制品业	255.01	254.43	0.58		153.85	4 019
21.普通机械制造业	4 104.37	4 104.03	0.34	0.34	581.00	6 546
22.专用设备制造业	220.33	220.33			61.05	5 860
23.交通运输设备制造业	1 386.32	1 318.19	68.13	0.57	208.91	6 160
24.电气机械及器材制造业	146.39	145.29	1.10		1.83	6 372
25.电子及通信设备制造业	164.00	164.00			9.00	5 775
26.其他制造业	1 872.97	1 823.25	49.72	20.67	31.77	5 562
(四)电力、煤气及水的生产和供应业	24 126.65	24 080.84	45.81	8.91	238.16	17 903
1.电力、蒸汽、热水的生产和供应业	22 097.79	22 067.21	30.58	7.38	225.29	19 278
2.煤气生产和供应业					9.07	
3.自来水的生产和供应业	2 028.86	2 013.63	15.23	1.53	3.80	10 048
(五)建筑业	26 706.59	25 739.58	967.01	113.19	1 675.92	6 896
1.土木工程建筑业	23 596.19	22 633.34	962.85	109.03	1 669.32	6 452
2.线路、管道和设备安装业	3 110.40	3 106.24	4.16	4.16	6.60	13 812

国有单位从业人员和劳动报酬情况(续六)

(2000 年)

	劳动报酬和生活费(万元)					在岗职工平均工资(元)
	单位从业人员劳动报酬	#在岗职工工资总额	#其他从业人员劳动报酬	#聘用的离退休人员	离开本单位仍保留劳动关系职工的生活费	
(六)地质勘查业、水利管理业	43 775.56	43 593.02	182.54	0.60	2 784.60	19 585
1.地质勘查业	40 381.54	40 346.23	35.31	0.60	2 783.93	21 646
2.水利管理业	3 394.02	3 246.79	147.23		0.67	8 972
(七)交通运输、仓储及邮电通信业	50 025.94	49 757.62	268.32	4.99	1 250.69	13 995
1.铁路运输业	23 894.00	23 869.00	25.00	0.40	596.00	17 167
2.公路运输业	5 408.65	5 403.82	4.83		184.59	6 541
3.航空运输业	537.68	537.68				13 751
4.交通运输辅助业	4 930.18	4 930.18			12.15	10 092
5.其他交通运输业	36.80	36.80			0.72	7 667
6.仓储业	1 189.41	1 183.58	5.83	4.59	30.87	9 196
7.邮电通信业	14 029.22	13 796.56	232.66		426.36	20 355
(八)批发和零售贸易、餐饮业	14 117.98	13 671.84	446.14	10.87	635.80	6 415
1.食品饮料烟草和家庭用品批发业	2 855.10	2 768.60	86.50	5.42	134.09	5 835
2.能源材料和机械电子设备批发业	1 970.42	1 969.92	0.50		212.21	9 623
3.其他批发业	1 541.10	1 238.97	302.13		41.81	9 365
4.零售业	6 880.40	6 835.08	45.32	4.49	175.94	5 820
5.商业经纪与代理业	456.10	456.10			43.56	5 456
6.餐饮业	414.86	403.17	11.69	0.96	28.19	6 556
(九)金融、保险业	19 099.25	18 554.13	545.12	1.90	154.24	14 839
1.金融业	17 346.57	16 934.17	412.40	1.90	153.34	14 950
2.保险业	1 752.68	1 619.96	132.72		0.90	13 763
(十)房地产业	2 301.02	2 291.92	9.10	0.72	10.80	12 862
1.房地产开发与经营业	222.36	213.26	9.10	0.72	1.80	9 192
2.房地产管理业	2 045.86	2 045.86			9.00	13 504
3.房地产代理与经纪业	32.80	32.80				9 371
(十一)社会服务业	9 333.91	9 032.52	301.39	6.98	33.23	7 393
1.公共服务业	3 889.14	3 880.14	9.00		0.28	6 358
2.居民服务业	225.00	220.20	4.80	2.10	2.92	6 238
3.旅馆业	2 568.58	2 503.68	64.90	1.76	14.71	7 664
4.租赁服务业	18.00	18.00				7 826
5.旅游业	211.88	209.79	2.09	0.27	0.90	9 324
6.娱乐服务业	72.32	72.32				8 409

国有单位从业人员和劳动报酬情况(续七)

(2000年)

	劳动报酬和生活费(万元)					在岗职工平均工资(元)
	单位从业人员劳动报酬	#在岗职工工资总额	#其他从业人员劳动报酬	#聘用的离退休人员	离开本单位仍保留劳动关系职工的生活费	
7.信息、咨询服务业	748.01	534.36	213.65	1.25	0.82	11 086
8.计算机应用服务业	3.12	3.12				10 400
9.其他社会服务业	1 597.86	1 590.91	6.95	1.60	13.60	9 492
(十二)卫生、体育和社会福利业	25 358.26	25 219.59	138.67	22.97	197.28	11 309
1.卫生	23 488.14	23 354.16	133.98	20.60	190.37	11 471
2.体育	503.39	502.17	1.22			9 694
3.社会福利保障业	1 366.73	1 363.26	3.47	2.37	6.91	9 580
(十三)教育文化艺术及广播电影电视业	71 042.17	70 609.54	432.63	30.87	458.74	10 945
1.教育	63 999.58	63 606.47	393.11	28.27	422.51	10 958
(1)普通高等教育	4 897.00	4 895.90	1.10	1.10		11 014
(2)普通中学	22 260.97	22 160.68	100.29	14.27	207.69	11 605
(3)小学校	28 707.29	28 445.16	262.13		173.74	10 313
2.文化艺术业	3 491.91	3 489.39	2.52	1.80	22.77	10 266
3.广播电影电视业	3 550.68	3 513.68	37.00	0.80	13.46	11 456
(十四)科学研究和综合技术服务业	9 509.94	9 397.07	112.87	21.48	9.52	12 749
1.科学研究业	4 409.87	4 387.73	22.14	11.00	3.22	13 876
(1)自然科学研究	2 498.20	2 476.42	21.78	11.00	0.20	10 938
(2)社会科学研究	203.84	203.48	0.36		0.90	11 180
(3)其他科学研究	1 707.83	1 707.83			2.12	23 852
2.综合技术服务业	5 100.07	5 009.34	90.73	10.48	6.30	11 901
(1)气象	1 851.25	1 770.91	80.34	0.54	1.68	12 315
(2)地震	237.99	237.99				9 958
(3)测绘	333.40	333.40				11 950
(4)技术监督	460.23	460.23				11 225
(5)环境保护	375.61	375.61				10 732
(6)技术推广和科技交流服务业	213.74	213.74				10 795
(7)工程设计业	788.98	780.46	8.52	8.07	4.62	13 716
(8)其他综合技术服务业	838.87	837.00	1.87	1.87		11 529
(十五)国家机关政党机关和社会团体	66 428.15	66 228.19	199.96	1.68	437.34	11 138
国家机关	56 869.92	56 675.08	194.84	0.64	371.47	10 982
政党机关	6 985.35	6 984.63	0.72	0.54	63.44	12 018
(十六)其他行业	6 335.06	6 201.65	133.41	5.41	137.32	10 486
企业管理机构	370.59	368.29	2.30			8 276

城镇集体单位从业

(20

	年				末			
	单位从业人员	#女性	#使用的农村劳动力	#在岗职工	#少数民族	#专业技术人员	按用工期限分	
							长期职工	临时职工
Ⅱ、城镇集体单位合计	**46 092**	**16 761**	**5 547**	**45 345**	**8 212**	**4 860**	**40 579**	**4 766**
一、按企业、事业、机关分组								
1.企业	43 492	15 167	5 545	42 777	7 693	4 190	38 107	4 670
2.事业	1 396	678		1 365	247	627	1 269	96
3.机关	1 204	916	2	1 203	272	43	1 203	
二、按国民经济行业分组								
(一)农、林、牧、渔业	309	81	3	309	40	243	306	3
1.畜牧业	22	6	3	22	9	5	19	3
2.农、林、牧、渔服务业	287	75		287	31	238	287	
(二)采掘业	556	381	20	556	118	78	536	20
1.有色金属矿采选业	78	2	20	78	61	2	78	
2.非金属矿采选业	405	340		405	8	55	385	20
3.其他矿采选业	73	39		73	49	21	73	
(三)制造业	14 313	5 949	2 720	14 123	2 544	906	11 945	2 178
1.食品加工业	299	120		299	19	33	293	6
2.食品制造业	226	131	2	224	59	28	224	
3.纺织业	584	424		584	168	36	584	
4.服装及其他纤维制品制造业	466	371	7	456	59	59	453	3
5.皮革、毛皮、羽绒及其制品业	84	34		75	20	7	75	
6.木材加工及竹、藤、棕、草制品业	49	15		49	14	11	42	7
7.家具制造业	133	69		133	21	11	133	
8.造纸及纸制品业	437	165	175	437	29	24	258	179
9.印刷业、记录媒介的复制	1 144	693		1 139	77	97	1 138	1
10.文教体育用品制造业	52	42		52	4	1	52	
11.化学原料及化学制品制造业	314	118	9	311	11	16	297	14
12.医药制造业	56	46		54	7	4	54	
13.橡胶制品业	268	138		261	59	14	261	
14.塑料制品业	120	56		120	18	4	120	
15.非金属矿物制品业	1 021	367	362	954	113	59	654	300
16.黑色金属冶炼及压延加工业	411	37	112	410	7	17	217	193
17.有色金属冶炼及压延加工业	504	160	44	498	53	30	363	135
18.金属制品业	1 175	465	85	1 163	175	82	1 079	84
19.普通机械制造业	201	101	1	196	39	42	195	1
20.专用设备制造业	187	70	11	186	85	13	183	3
21.交通运输设备制造业	600	259		589	67	88	589	

人员和劳动报酬情况

00年）

人		数	（人）		平均人数（人）				
#其他从业人员	#聘用的离退休人员	离开本单位仍保留劳动关系的人员	#女性	#内部退养人员	单位从业人员	#在岗职工	#其他从业人员	#聘离退休	离开本单位仍保留劳动关系的职工
747	**66**	**6 535**	**2 734**	**289**	**48 256**	**47 501**	**755**	**59**	**6 390**
715	66	6 329	2 734	289	45 663	44 938	725	59	6 386
31		25			1 390	1 361	29		
1		181			1 203	1 202	1		4
					309	309			
					22	22			
					287	287			
					511	511			
					98	98			
					380	380			
					33	33			
190	23	3 613	1 669	53	14 483	14 263	220	14	3 809
		67	30		299	299			57
2	2				226	224	2	2	
		229	101	3	584	584			220
10	2	613	425	3	597	589	8	2	934
9	1	563	318		83	73	10		544
		7	1		50	50			7
		136	58		134	134			136
		38	25		432	432			38
5		21	2		1 147	1 142	5		20
		11	7		47	47			11
3		120	42		310	304	6		94
2	2				56	54	2	2	
7	5	56	33		270	263	7		58
					120	120			
67	1	75	32		1 028	933	95	1	72
1	1	461	40		403	403			448
6	6	199	137	21	507	501	6	6	199
12	2	172	70	5	1 189	1 174	15		159
5		76	34	7	273	267	6		76
1	1	62	30	7	160	159	1	1	72
11		54	18		594	586	8		54

城镇集体单位从业

（20

	年			末				
	单位从业人员	＃女 性	＃使用的农村劳动力	＃在岗职工	＃少数民族	＃专业技术人员	按用工期限分	
							长期职工	临时职工
22.电气机械及器材制造业	34	25		34		2	34	
23.电子及通信设备制造业	237	158		237	9	43	237	
24.仪器仪表及文化办公用机械制造业	503	225		476	17	60	476	
25.其他制造业	5 208	1 660	1 912	5 186	1 414	125	3 934	1 252
（四）电力、煤气及水的生产和供应业	152	43	25	152	37	6	111	41
电力、蒸汽、热水的生产和供应业	152	43	25	152	37	6	111	41
（五）建筑业	15 368	2 517	2 424	15 080	2 423	1 313	13 021	2 059
1.土木工程建筑业	14 056	2 323	2 352	13 808	2 377	1 125	11 798	2 010
2.线路、管道和设备安装业	488	102	43	479	7	150	430	49
3.建筑物的装修装饰业	824	83	29	793	39	38	793	
（七）交通运输、仓储及邮电通信业	547	271	40	547	155	16	537	10
1.公路运输业	483	263		483	133	16	483	
2.交通运输辅助业	57	4	40	57	15		47	10
3.其他交通运输业	7	4		7	7		7	
（八）批发和零售贸易、餐饮业	7 326	3 746	299	7 277	1 341	860	7 109	168
1.食品饮料烟草和家庭用品批发业	883	467	6	881	106	339	874	7
2.能源、材料和机械电子设备批发业	148	31	76	148	23	8	57	91
3.其他批发业	565	236	19	562	91	63	553	9
4.零售业	5 603	2 921	198	5 559	1 121	449	5 505	54
5.餐饮业	127	91		127		1	120	7
（九）金融、保险业	2 068	869	7	2 045	478	824	2 017	28
金融业	2 068	869	7	2 045	478	824	2 017	28
（十）房地产业	477	180	7	477	17	105	366	111
1.房地产开发与经营业	396	152	7	396	17	101	285	111
2.房地产管理业	81	28		81		4	81	
（十一）社会服务业	2 879	1 278		2 840	634	94	2 711	129
1.公共服务业	230	140		230	20	18	230	
2.居民服务业	587	199		563	26	24	563	
3.旅馆业	208	99		193	17	11	163	30
4.租赁服务业	18	4		18	3	10	18	
5.计算机应用服务业								
6.其他社会服务业	1 836	836		1 836	568	31	1 737	99
（十二）卫生、体育和社会福利业	448	296		417	125	311	417	
卫生	448	296		417	125	311	417	
（十三）教育文化艺术及广播电影电视业	9	9		9		9	9	
1.教育	9	9		9		9	9	
2.小学校	9	9		9			9	
（十五）国家机关、政党机关和社会团体	1 178	904	2	1 178	269	25	1 178	
国家机关	1 178	904	2	1 178	208	21	1 178	
（十六）其他行业	462	237		335	31	70	316	19
企业管理机构	450	234		323	30	61	304	19

人员和劳动报酬情况(续一)

00 年)

人	数	(人)			平 均 人 数 (人)				
#其他从业人员	#聘用的离退休人员	离开本单位仍保留劳动关系的人员	#女性	#内部退养人员	单位从业人员	#在岗职工	#其他从业人员	#聘离退休	离开本单位仍保留劳动关系的职工
		206	153		34	34			215
					238	238			
27		62	44	4	503	476	27		62
22		385	69	3	5 199	5 177	22		333
					151	151			
					151	151			
288	24	226	92	14	17 407	17 132	275	27	190
248	22	168	59	14	15 989	15 754	235	23	132
9	2	14	3		815	806	9	4	14
31		44	30		603	572	31		44
					493	493			
					434	434			
					52	52			
					7	7			
49	4	2 463	949	201	7 457	7 410	47	3	2 161
2	2	219	65	83	906	904	2	2	202
		75	24		163	163			60
3		395	129		603	603			250
44	2	1 752	731	118	5 660	5 615	45	1	1 627
		22			125	125			22
23		11	1		2 070	2 054	16		7
23		11	1		2 070	2 054	16		7
		5	1	1	420	420			4
		5	1	1	339	339			4
					81	81			
39	15	214	22	20	2 859	2 820	39	15	214
					230	230			
24		181			587	563	24		181
15	15	26	20	20	208	193	15	15	26
		7	2		18	18			7
					1 816	1 816			
31					442	413	29		
31					442	413	29		
					9	9			
					9	9			
					9	9			
					1 175	1 175			4
					1 175	1 175			3
127		3			470	341	129		1
127		2			456	327	129		

城镇集体单位从业人员和劳动报酬情况(续二)

(2000年)

	劳动报酬和生活费(万元)						在岗职工平均工资(元)
	单位从业人员劳动报酬	#在岗职工工资总额	#其他从业人员劳动报酬	#聘用的离退休人员	离开本单位仍保留劳动关系职工的生活费	#内部退养职工	
Ⅱ、城镇集体单位合计	**23 236.85**	**22 731.51**	**505.34**	**42.36**	**257.89**	**139.47**	**4 785**
一、按企业、事业、机关分组							
1.企业	21 513.10	21 019.54	493.56	36.78	257.89	139.47	4 677
2.事业	1 273.35	1 262.77	10.58	5.58			9 278
3.机关	450.40	449.20	1.20				3 737
二、按国民经济行业分组							
(一)农、林、牧、渔业	235.85	235.85					7 633
1.畜牧业	11.05	11.05					5 023
2.农、林、牧、渔服务业	224.80	224.80					7 833
(二)采掘业	243.82	243.82					4 771
1.有色金属矿采选业	56.86	56.86					5 802
2.非金属矿采选业	180.00	180.00					4 737
3.其他矿采选业	6.96	6.96					2 109
(三)制造业	6 158.34	6 067.91	90.43	15.15	78.25	41.86	4 254
1.食品加工业	113.70	113.70			4.44		3 803
2.食品制造业	132.42	131.71	0.71	0.71			5 880
3.纺织业	170.44	170.29	0.15	0.15			2 916
4.服装及其他纤维制品制造业	174.26	170.55	3.71	3.71	43.64	30.59	2 896
5.皮革、毛皮、羽绒及其制品业	34.17	33.25	0.92		0.48		4 555
6.木材加工及竹、藤、棕草、制品业	12.80	12.80					2 560
7.家具制造业	52.95	52.95					3 951
8.造纸及纸制品业	201.68	201.68					4 669
9.印刷业、记录媒介的复制	427.77	426.77	1.00		0.20		3 737
10.文教体育用品制造业	15.74	15.74					3 349
11.化学原料及化学制品制造业	83.04	79.04	4.00				2 600
12.医药制造业	30.70	26.62	4.08	4.08			4 930
13.橡胶制品业	85.96	83.87	2.09				3 189
14.塑料制品业	46.00	46.00					3 833
15.非金属矿物制品业	619.95	604.35	15.60	3.60	0.10		6 477
16.黑色金属冶炼及压延加工业	196.20	195.60	0.60	0.60			4 854
17.有色金属冶炼及压延加工业	362.63	360.63	2.00	2.00	9.58	5.06	7 198
18.金属制品业	473.22	468.16	5.06		0.47	0.11	3 988
19.普通机械制造业	98.72	95.51	3.21				3 577
20.专用设备制造业	52.34	52.04	0.30	0.30	2.24	1.20	3 273
21.交通运输设备制造业	505.57	502.21	3.36		0.60	0.60	8 570

城镇集体单位从业人员和劳动报酬情况(续三)

(2000 年)

	劳动报酬和生活费(万元)						在岗职工平均工资(元)
	单位从业人员劳动报酬	#在岗职工工资总额	#其他从业人员劳动报酬	#聘用的离退休人员	离开本单位仍保留劳动关系职工的生活费	#内部退养职工	
22.电气机械及器材制造业	18.94	18.94					5 571
23.电子及通信设备制造业	135.90	135.90					5 710
24.仪器仪表及文化办公用机械制造业	228.61	195.77	32.84		6.30	2.10	4 113
25.其他制造业	1 884.63	1 873.83	10.80		10.20	2.20	3 620
(四)电力、煤气及水的生产和供应业	169.52	169.52					11 226
电力、蒸汽、热水的生产和供应业	169.52	169.52					11 226
(五)建筑业	7 903.44	7 614.61	288.83	4.58	23.08	23.08	4 445
1.土木工程建筑业	7 074.77	6 810.43	264.34	2.18	23.08	23.08	4 323
2.线路、管道和设备安装业	511.00	503.30	7.70	2.40			6 244
3.建筑物的装修装饰业	317.67	300.88	16.79				5 260
(七)交通运输、仓储及邮电通信业	379.38	379.38					7 695
1.公路运输业	351.80	351.80					8 106
2.交通运输辅助业	24.40	24.40					4 692
3.其他交通运输业	3.18	3.18					4 543
(八)批发和零售贸易、餐饮业	3 405.17	3 383.41	21.76	1.21	147.63	68.33	4 566
1.食品、饮料、烟草和家庭用品批发业	864.03	863.22	0.81	0.81	53.74	40.71	9 549
2.能源、材料和机械电子设备批发业	39.05	39.05					2 396
3.其他批发业	248.08	248.08					4114
4.零售业	2 191.69	2 170.74	20.95	0.40	93.89	27.62	3 866
5.餐饮业	62.32	62.32					4 986
(九)金融、保险业	2 022.65	2 012.95	9.70		2.00		9 800
金融业	2 022.65	2 012.95	9.70		2.00		9 800
(十)房地产业	302.58	302.58			1.00	1.00	7 024
1.房地产开发与经营业	229.90	229.90			1.00	1.00	6 782
2.房地产管理业	72.68	72.68					8 973
(十一)社会服务业	1 179.76	1 144.92	34.84	15.84	5.73	5.20	4 060
1.公共服务业	224.08	224.08					9 743
2.居民服务业	158.18	139.18	19.00				2 472
3.旅馆业	116.59	100.75	15.84	15.84	5.20	5.20	5 220
4.租赁服务业	10.60	10.60			0.53		5 889
5.其他社会服务业	670.31	670.31					3 691
(十二)卫生、体育和社会福利业	464.15	453.57	10.58	5.58			10 982
卫生	464.15	453.57	10.58	5.58			10 982
(十三)教育文化艺术及广播电影电视业	7.30	7.30					8 111
1.教育	7.30	7.30					8 111
2.小学校	7.30	7.30					8 111
(十五)国家机关、政党机关和社会团体	420.70	420.05	0.65				3 575
国家机关	420.70	420.05	0.65				3 575
(十六)其他行业	344.19	295.64	48.55		0.20		8 670
企业管理机构	325.19	276.64	48.55		0.20		8 460

其他单位从业人员和劳动报酬情况

（2000 年）　　　　单位：人、万元

	单位从业人员年末人数	＃女性	＃在岗职工	＃专业技术人员	单位从业人员平均人数	＃在岗职工	单位从业人员劳动报酬	＃在岗职工工资总额
合　　计	**16 742**	**6 994**	**15 647**	**2 309**	**17 425**	**16 158**	**12 365.15**	**11 292.22**
其中:国有控股	6 214	2 585	6 150	739	6 984	6 917	4 073.27	4 049.35
一、按登记注册类型分组								
(一)内资	15 485	6 558	14 408	2 153	16 183	14 935	11 263.79	10 195.3
1.股份合作制	3 471	1 756	3 379	336	3 499	3 404	2 203.12	2 031.05
2.联营	277	108	277	30	268	268	159.74	159.74
国有联营	277	108	277	30	268	268	159.74	159.74
3.有限责任公司	5 430	2 079	5 255	798	5 677	5 313	3 458.69	3 340.23
国有独资	1 390	534	1 386	159	1 397	1 391	852.59	844.51
4.股份有限公司	3 724	1 174	3 664	463	4 261	4 201	2 847.23	2 825.63
5.其他	2 583	1 441	1 833	526	2 478	1 749	2 595.01	1 838.65
(二)港、澳、台商投资	1 229	428	1 211	150	1 214	1 195	1 079.91	1 075.47
(三)外商投资					28	28	21.45	21.45
二、按企业、事业分组								
1.企业	16 063	6 755	15 055	2 207	16 746	15 566	11 722.14	10 827.36
2.事业	679	239	592	102	679	592	643.01	464.86
三、按国民经济行业分组								
(一)采掘业	614	150	614	120	1 289	1 289	914	914
(二)制造业	8 113	2 900	7 863	868	8 331	8 002	5 005.75	4 915
(三)电力、煤气及水的生产和供应业	640	244	640	63	642	639	355.99	354.36
(四)建筑业	540	69	540	79	312	195	153.6	106.4
(五)交通运输、仓储及邮电通信业	328	91	328	124	328	327	228.75	228.35
(六)批发和零售贸易、餐饮业	3 879	2 093	3 865	580	3 922	3 906	2 655.96	2 639.76
(七)金融、保险业	1 520	968	772	281	1 490	772	1 846.89	1 100.69
(八)房地产业	27	4	27	7	46	46	30	30
(九)社会服务业	1 081	475	998	187	1 065	982	1 174.21	1 003.66

职工平均工资指数

年份	指数(1978=100)			指数(上年=100)			
	总计	国有经济单位	城镇集体经济单位	总计	国有经济单位	城镇集体经济单位	其他经济单位
1978	100.00	100.00	100.00	104.25	105.15	94.98	
1979	103.00	102.18	113.42	103.00	102.18	113.42	
1980	107.53	107.39	114.82	104.41	105.12	101.25	
1981	106.17	106.32	114.47	98.72	98.99	99.68	
1982	108.50	109.06	114.85	102.20	102.59	100.34	
1983	120.93	122.09	125.58	111.46	111.95	109.35	
1984	140.29	142.48	142.46	115.99	116.68	113.42	
1985	144.79	147.49	144.03	103.19	103.51	101.09	
1986	151.73	154.67	148.51	104.81	104.88	103.13	157.01
1987	149.82	152.11	149.55	98.76	98.36	100.72	106.7
1988	142.69	144.92	141.14	95.22	95.26	94.36	99.29
1989	128.67	131.67	119.16	90.17	90.85	84.42	99.88
1990	132.69	135.96	120.39	103.11	103.25	101.03	84.68
1991	127.86	131.05	117.72	97.17	97.20	98.60	93.25
1992	132.30	135.86	120.59	103.66	103.86	102.61	147.62
1993	137.03	140.95	114.35	103.58	103.74	94.83	91.18
1994	151.31	157.24	105.93	110.41	111.56	92.64	152.35
1995	146.15	151.33	103.15	96.59	96.24	97.38	96.63
1996	152.49	157.57	106.67	104.34	104.12	103.41	101.69
1997	153.85	159.93	102.88	100.89	101.50	96.44	66.65
1998	160.50	165.48	114.68	104.32	103.47	111.47	132.25
1999	179.52	185.57	120.15	111.85	112.14	104.77	105.67
2000	202.54	210.42	128.62	112.83	113.39	107.05	103.12

注:已扣除价格因素。

企业下岗职工情况

(2000 年)　　单位:人

	上期末结转下岗职工人数	本期新增下岗职工人数	进入再就业服务中心人数	本期减少下岗职工人数	#从再就业服务中心转出人数	#解除终止劳动关系人数	#再就业人数	#协议到期人数	#再就业人数	#登记失业人数
总　　计	**61 958**	**72 434**	**70 353**	**38 761**	**36 032**	**7 195**	**35 574**	**199**	**199**	
一、国有企业、国有联营企业、独资公司	61 090	70 353	70 353	36 336	36 032	7 195	35 574	199	199	
#国有企业	61 090	70 353	70 353	36 336	36 032	7 195	35 574	199	199	
#中央直属企业	4 369	4 913	4 913	2 934	2 934	2 912	2 934			
#亏损企业	58 445	54 408	54 048	30 334	30 334	5 847	30 034	199	199	
#有色企业	804	1 476	1 476							
二、城镇集体企业	**868**	**2 081**		**2 425**						
三、其他企业										

企业下岗职工情况(续)

(2000 年)　　单位:人

	期末实有下岗职工人数	#进入再就业服务中心人数	#签协议人数	按生活费发放情况分组			按代缴社会保险费分组		
				足额发生活费人数	未足额发生活费人数	未发生活费人数	足额代缴保险费人数	未足额代缴保险费人数	未代缴保险费人数
总　　计	**95 631**	**94 757**	**94 757**	**94 757**			**94 757**		
一、国有企业、国有联营企业、独资公司	95 107	94 757	94 757	94 757			94 757		
#国有企业	95 107	94 757	94 757	94 757			94 757		
#中央直属企业	6 348	6 348	6 348	6 348			6 348		
#亏损企业	82 519	82 419	82 419	82 419			82 419		
#有色企业	2 280	2 280	2 280	2 280			2 280		
二、城镇集体企业	**524**								
三、其他企业									

注:资料来源于省劳动保障厅。

离休、退休、退职人员人数及保险福利费用构成情况

（2000 年）　　　　单位：人、千元

	离休、退休、退职人员年末人数（人）				
	合　计	#女　性	离　休 人　员	退　休 人　员	领取定期 生活费的 退职人员
总　计	**199 478**	**48 306**	**8 245**	**185 228**	**6 005**
一、企业	129 279	32 853	3 029	122 796	3 454
#地方	97 130	28 023	2 065	93 173	1 892
（一）内资企业	129 279	32 853	3 029	122 796	3 454
1.国有企业	113 089	28 725	2 900	106 867	3 322
2.集体企业	15 722	3 948	81	15 517	124
3.其他企业	468	180	48	412	8
（二）港、澳、台商投资企业					
（三）外商投资企业					
二、事业	40 094	10 596	1 611	37 635	848
#地方	37 794	10 043	1 508	35 462	824
三、机关	30 105	4 857	3 605	24 797	1 703
#地方	27 479	4 001	3 222	22 726	1 531

离休、退休、退职人员人数及保险福利费用构成情况（续）

（2000 年）　　　　单位：人、千元

	保险福利费用构成					
	合　计	离休金	退休金	退职生 活　费	医疗生 生　费	其　他
总　计	**1 791 963**	**146 873**	**1 417 882**	**26 273**	**123 849**	**77 086**
一、企业	793 169	32 196	646 299	14 548	63 314	36 812
#地方	533 496	22 578	467 826	12 961	21 438	8 693
（一）内资企业	793 169	32 196	646 299	14 548	63 314	36 812
1.国有企业	706 513	30 833	568 505	14 199	57 814	35 162
2.集体企业	80 793	884	72 784	291	5 224	1 610
3.其他企业	5 863	479	5 010	58	276	40
（二）港、澳、台商投资企业						
（三）外商投资企业						
二、事业	532 033	26 244	448 585	4 501	32 262	20 441
#地方	500 148	24 375	421 898	4 479	30 260	19 136
三、机关	466 761	88 433	322 998	7 224	28 273	19 833
#地方	438 465	83 071	305 332	6 408	25 956	17 698

注：资料来源于劳动和社会保障厅。

城镇登记失业人员变化情况

（2000年）　　单位：万人

指　　标	1990年	1993年	1995年	1996年	1997年	1998年	1999年	2000年
一、失业人员总数	**7.82**	**5.11**	**4.14**	**4.39**	**3.89**	**3.84**	**4.49**	**4.54**
1.上年结转人数	4.32	2.64	1.64	1.51	1.34	1.50	1.82	1.93
2.本年新增加人数	3.50	2.47	2.50	2.88	2.55	2.34	2.67	2.61
#由就业转失业人数	0.99	0.35	0.28	0.41	0.47	0.59	0.48	1.13
二、本年度安排失业人员就业的人数	**3.35**	**2.97**	**2.53**	**2.93**	**2.30**	**1.95**	**2.13**	**2.38**
三、除安排就业外因其他原因减少的人数	**0.30**	**0.30**	**0.10**	**0.12**	**0.09**	**0.07**	**0.43**	**0.36**
四、本年末实有失业人员数	**4.17**	**1.84**	**1.51**	**1.34**	**1.50**	**1.82**	**1.93**	**1.80**
#女性	1.99	1.04	0.75	0.80	0.79	0.86	1.01	0.94
五、城镇登记失业率(%)	**4.88**	**2.49**	**2.18**	**1.87**	**2.10**	**2.50**	**2.64**	**2.40**

离休、退休、退职人数

（2000年）　　单位：人

项　　目	合　计	截止本年末离休干部人数	截止本年末退休职工人数	截止本年末领取定期生活费的退职职工人数
总　　计	**200 748**	**8 304**	**186 439**	**6 005**
一、劳动人事部门管理的	**199 478**	**8 245**	**185 228**	**6 005**
1.企业	129 279	3 029	122 796	3 454
#地方	97 130	2 065	93 173	1 892
2.事业	40 094	1 611	37 635	848
#地方	37 794	1 508	35 462	824
3.机关	30 105	3 605	24 797	1 703
#地方	27 479	3 222	22 726	1 531
二、民政部门管理的	**1 270**	**59**	**1 211**	

注：以上两表资料来源于省劳动和社会保障厅和省民政厅。

基本养老保险情况(原地方统筹)

(2000年)　　单位:人、万元

	参保职工		实际缴费人员		离休、退休、退职人员				本期办理离退休人数	
	期末数	平均数	期末数	平均数	期末数	#离休	#退休	平均数		#离休
总　计	**263 096**	**266 173**	**246 802**	**246 431**	**109 166**	**3 258**	**104 161**	**107 710**	**15 290**	**3**
一、企业	232 452	237 300	224 377	220 224	102 898	3 258	97 955	101 326	15 177	3
(一)内资企业	232 398	237 246	224 323	220 184	102 898	3 258	97 955	101 326	15 177	3
1.国有企业	203 923	213 046	197 790	197 491	87 059	3 128	82 643	86 861	11 468	1
#再就业服务中心	39 517	39 270	38 840	40 420						
2.集体企业	26 583	22 690	24 641	21 178	15 722	129	15 196	14 362	3 685	2
3.其他企业	1 892	1 510	1 892	1 515	117	1	116	103	24	
(二)港、澳、台及外资企业	54	54	54	40						
二、事业	15 155	15 092	13 895	14 455	6 187		6 179	6 312	89	
三、机关	3 060	3 073	3 030	3 057	75		21	68	17	
四、其他	12 429	10 708	5 500	8 695	6		6	4	7	

基本养老保险情况(原地方统筹)(续)

(2000年)　　单位:人、万元

	本期死亡离退休人数	应发养老金金额	#本期	#离休	实发养老金金额	#本期	#离休	社会化发放人数	社会化发放养老金金额
总　计	**1 809**	**95 341**	**74 011**	**3 665**	**74 011**	**74 011**	**3 665**	**107 590**	**41 097**
一、企业	1 647	86 590	68 540	3 665	68 540	68 540	3 665	101 322	39 365
(一)内资企业	1 647	86 590	68 540	3 665	68 540	68 540	3 665	101 322	39 365
1.国有企业	1 492	78 757	61 123	3 563	61 123	61 123	3 563	85 483	36 070
2.集体企业	154	7 776	7 360	102	7 360	7360	102	15 722	3 244
3.其他企业	1	57	57		57	57		117	51
(二)港、澳、台及外资企业									
二、事业	162	8 697	5 417		5 417	5 417		6 187	1 678
三、机关		53	53		53	53		75	53
四、其他		1	1		1	1		6	1

注:资料来源于省劳动和社会保障厅。

基本养老保险情况(原行业统筹单位)

(2000 年)　　　　单位:人、万元

	参保职工		实际缴费人员		离休、退休、退职人员				本期办理离退休人数	
	期末数	平均数	期末数	平均数	期末数	#离休	#退休	平均数		#离休
总　计	**101 170**	**101 468**	**101 170**	**101 462**	**31 655**	**682**	**30 869**	**31 170**	**200**	
一、铁　道	22 443	22 358	22 443	22 358	6 635	6	6 618	6 679	9	
二、电　力	21 051	21 083	21 051	21 083	12 140	217	11 923	12 162	60	
三、石　油	27 022	28 462	27 022	28 462	4 417	119	4 298	4 450		
四、有　色	14 037	12 904	14 037	12 898	3 808	42	3 766	3 257	56	
五、邮　电	6 312	6 348	6 312	6 348	2 930	188	2 649	2 911	59	
六、民　航	371	371	371	371	30	2	28	30		
七、金　融	9 934	9 942	9 934	9 942	1 695	108	1 587	1 681	16	
1.工行	2 552	2 552	2 552	2 552	549	27	522	545	1	
2.农行	2 907	2 901	2 907	2 901	790	44	746	790	1	
3.建行	2 832	2 844	2 832	2 844	268	29	239	258	14	
4.中行	736	738	736	738	18	1	17	18		
5.中保	907	907	907	907	70	7	63	70		

基本养老保险情况(原行业统筹单位)(续)

(2000 年)　　　　单位:人、万元

	本期死亡离退休人数	应发养老金金额	#本期	#离休	实发养老金金额	#本期	#离休	社会比发放人数	社会化发放养老金金额
总　计	**365**	**42 330**	**42 330**	**967**	**42 330**	**42 330**	**967**	**27 125**	**14 571**
一、铁道	113	8 306	8 306	7	8 306	8 306	7	6 635	1 961
二、电力	150	14 466	14 466	290	14 466	14 466	290	12 028	6 758
三、石油		9 062	9 062	227	9 062	9 062	227		
四、有色	31	3 881	3 881	39	3 881	3 881	39	3 808	1 934
五、邮电	67	4 042	4 042	260	4 042	4 042	260	2 929	2 494
六、民航	1	44	44	3	44	44	3	30	20
七、金融	3	2 529	2 529	141	2 529	2 529	141	1 695	1 404
1.工行		806	806	14	806	806	14	549	439
2.农行	2	1 095	1 095	61	1 095	1 095	61	790	664
3.建行		458	458	50	458	458	50	268	252
4.中行		28	28	2	28	28	2	18	17
5.中保	1	142	142	14	142	142	14	70	32

注:资料来源于劳动和社会保障厅。

参加基本医疗保险人员及缴费基数情况

（2000年）

	参保人数				缴费基数总额		离休及老红军	二等乙级及以上人员
	在职职工		退休人员		单位	个人		
	期末数	平均数	期末数	平均数				
总　计	**11 436**	**11 369**	**2 481**	**2 585**	**6 859**	**5 810**	**92**	**2**
一、企　业	11 367	11 191	2 481	2 585	6 817	5 768	92	2
内资企业	11 367	11 191	2 481	2 585	6 817	5 768	92	2
1.国有企业	9 939	9 739	1 882	1 988	5 927	5 138	80	2
#再就业服务中心	652	476			264	204		
2.集体企业	1 301	1 344	575	573	841	581	12	
3.其他企业	127	108	24	24	49	49		
二、事　业	69	178			42	42		

注：资料来源于劳动和社会保障厅。

参加生育保险人员及基金征缴情况

（2000年）　　单位：人、万元

	参保职工	#女性	缴费基数总额	应缴生育保险费	实缴生育保险费	期末累计欠费	本期享受生育保险待遇人数
总　计	**85 145**	**36 311**	**49 443**	**952**	**286**	**666**	**1 168**
1.国有企业	84 729	36 059	49 228	948	284	664	1 164
2.集体企业	416	252	215	4	2	2	4
3.其他企业							

注：资料来源于省劳动和社会保障厅。

参加工伤保险人员及基金征缴情况

（2000年）　　单位：人、万元

	参保职工	缴费基数总额	应缴工伤保险费	实缴工伤保险费	期末累计欠费	享受工伤待遇的人数		因工死亡人数	享受职业病待遇的人数
						合计	一至四级		合计
总　计	**94 292**	**49 850**	**599**	**297**	**302**	**160**	**160**	**9**	**85**
企　业	94 292	498	599	297	302	160	160	9	85
内　资	94 292	49 850	599	297	302	160	160	9	85
1.国有	91 486	48 950	517	293	224	156	156	9	84
2.集体企业	2 806	900	82	4	78	4	4		1
3.其他企业									

注：资料来源于省劳动和社会保障厅。

失业保险基本情况

（2000 年）

项　　目	单位	数　量	项　　目	单位	数　量
一、参保人数	**千人**	**437.67**	1.国有企业	万元	2 005.80
（一）、企业	千人	317.37	#中央直属企业	万元	
1.国有企业	千人	257.87	2.集体企业	万元	483.29
#中央直属企业	千人	100.07	3.外商投资企业	万元	
2.集体企业	千人	56.18	4.事业单位	万元	1 868.88
3.外商投资企业	千人		5.其他单位	万元	25.55
4.其他企业	千人	3.32	（二）当年欠费	万元	1 108.02
（二）、事业单位	千人	120.10	1.国有企业	万元	208.83
（三）、其他单位	千人	0.20	#中央直属企业	万元	
二、参保单位职工工资总额	**万元**	**309 376.93**	2.集体企业	万元	72.44
（一）、企业	万元	240 848.73	3.外商投资企业	万元	
1.国有企业	万元	223 780.01	4.事业单位	万元	824.09
#中央直属企业	万元	144 708.00	5.其他单位	万元	2.66
2.集体企业	万元	16 369.56	**六、以前年度借出的生产自救费**	**万元**	**972.47**
3.外商投资企业	万元		1.年末尚未收回的生产自救费借款	万元	553.27
4.其他企业	万元	699.16	2.收回的借款计入基金的部分	万元	374.50
（二）、事业单位	万元	68 404.84	3.收回的借款留给经办机构的部分	万元	44.70
（三）、其他单位	万元	123.36	4、核销的生产自救费借款呆帐	万元	
三、领取失业保险金人月数	**人月**	**37 856**	**七、年末尚未收回或纠正的挤占挪用、违纪违规动用的基金**	**万元**	**5.27**
四、领取失业保险金人数	**人**	**12 123**			
#下岗转失业人数	人	344	1.以前年度发生且尚未收回或纠正的金额	万元	5.27
#当年再就业人数	人	5 722	2.2000 年基金清查认定且尚未收回或纠正的金额	万元	
五、累计欠数失业保险费	**万元**	**5 491.54**	**八、经办机构编制人数**	**人**	**255**
（一）以前年度欠费	万元	4 383.52	#经办机构实有人数	人	238

注：资料来源于劳动和社会保障厅。

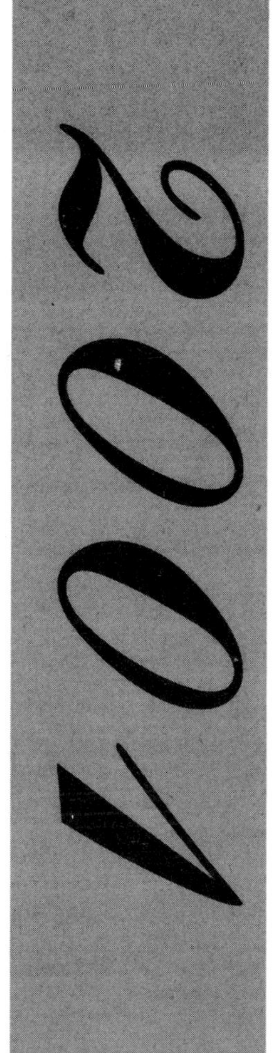

QHTJNJ

固定资产投资

Investment in Fixed Assets

QINGHAI STATISTICAL YEARBOOK

全社会固定资产投资总额（亿元）

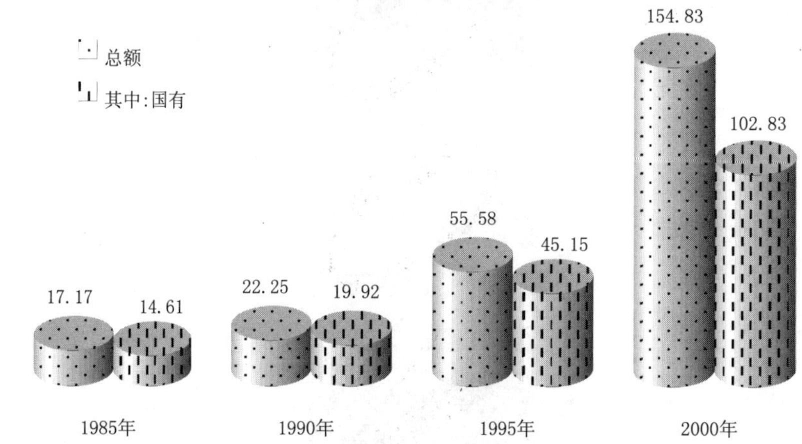

全社会固定资产投资总额构成（%）

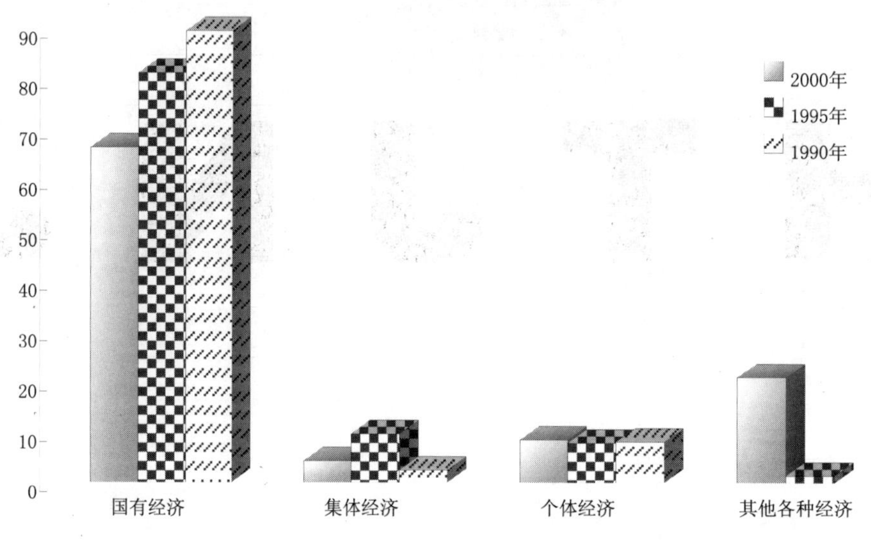

基本建设投资额比重(%)

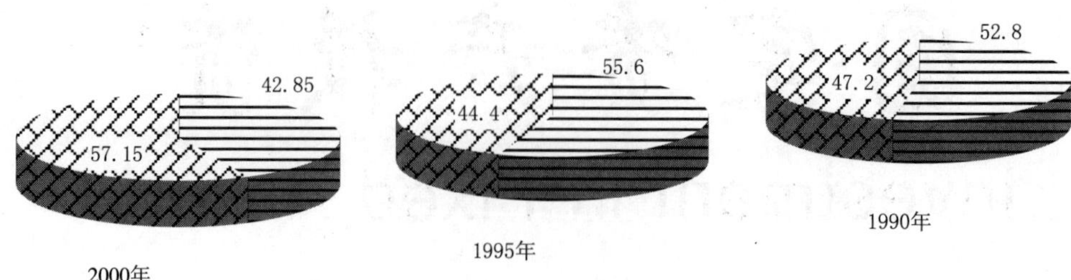

全社会固定资产投资

单位:亿元

指　　标	1985年	1990年	1995年	1996年	1997年	1998年	1999年	2000年
全社会固定资产投资总额	**17.17**	**22.25**	**55.58**	**77.66**	**97.66**	**116.38**	**128.13**	**154.83**
1.国有经济	14.61	19.92	45.15	64.42	76.24	89.01	94.09	102.83
基本建设	12.77	14.17	31.41	48.36	58.54	69.10	72.38	87.25
#跨省项目	0.94	0.73	0.22	…	2.65	0.93	1.00	
更新改造	1.42	2.25	8.44	10.42	11.19	12.19	14.34	13.43
其他投资	0.42	3.18	3.39	3.61	4.53	4.63	4.59	0.73
房地产开发		0.32	1.91	2.03	1.98	3.09	2.78	1.42
2.集体经济	1.00	0.54	5.34	5.08	4.60	3.99	7.05	6.61
城镇	0.30	0.29	1.50	1.08	1.20	1.14	2.10	1.36
#房地产开发			0.29	0.21	0.09	0.37	0.56	0.23
农村	0.70	0.25	3.84	4.00	3.40	2.85	4.95	5.25
3.个体经济	1.56	1.79	4.34	4.62	10.24	10.89	15.02	13.08
城镇居民	0.21	0.32	0.83	0.88	6.54	6.70	9.00	5.36
农民	1.35	1.47	3.51	3.74	3.70	4.19	6.02	7.72
4.其他各种经济			0.75	3.54	6.58	12.49	11.97	32.37
基本建设			0.51	3.03	3.54	5.52	2.78	13.12
更新改造			0.20	0.49	2.64	1.74	1.08	3.83
其他投资			0.03	0.02	0.01	0.04	0.25	3.51
房地产开发			0.01	…	0.39	5.19	7.86	11.85

注:①其他各种经济包括了联营经济、股份有限公司、中外合资经营、中外合作经营与大陆合资经营、其他经济。
②个体经济投资为抽样调查推算数。
③城镇居民投资1996年以前为房屋竣工价值,1997年为投资额(房屋竣工价值为1.31亿元),1998年房屋竣工价值为1.15亿元。1999年房屋竣工价值为1.16亿元。2000年房屋竣工价值为2.24亿元。

全社会固定资产投资构成

单位:%

指　　标	1985年	1990年	1995年	1996年	1997年	1998年	1999年	2000年
构成(以全社会固定资产投资为100)	**100.00**	**100.00**	**100.00**	**100.00**	**100.00**	**100.00**	**100.00**	**100.00**
1.国有经济	85.09	89.53	81.23	82.95	78.07	76.48	73.43	66.41
基本建设	74.37	63.69	56.51	62.27	59.94	59.37	56.49	56.35
#跨省项目	5.47	3.28	0.40		2.71	0.80	0.78	
更新改造	8.27	10.11	15.19	13.42	11.46	10.47	11.19	8.67
其他投资	2.45	14.29	6.10	4.65	4.64	3.98	3.58	0.47
房地产投资		1.44	3.43	2.61	2.03	2.65	2.17	0.92
2.集体经济	5.82	2.43	9.61	6.54	4.70	3.43	5.51	4.27
城镇	1.75	1.30	2.70	1.39	1.22	0.98	1.64	0.88
#房地产开发			0.52	0.27	0.09	0.32	0.44	0.15
农村	4.08	1.13	6.91	5.15	3.48	2.45	3.87	3.39
3.个体经济	9.09	8.04	7.81	5.95	10.49	9.36	11.72	8.45
城镇居民	1.22	1.44	1.49	1.13	6.7	5.76	7.02	3.46
农民	7.86	6.60	6.32	4.82	3.79	3.60	4.70	4.99
4.其他各种经济			1.35	4.56	6.74	10.73	9.34	20.86
基本建设			0.92	3.90	3.63	4.74	2.17	8.47
更新改造			0.36	0.63	2.70	1.05	0.84	2.47
其他投资			0.05	0.03	0.01	0.03	0.20	2.26
房地产开发			0.02		0.40	4.46	6.13	7.65

全省地方项目固定资产投资

单位:万元

指　　标	1985年	1990年	1995年	1996年	1997年	1998年	1999年	2000年
全社会固定资产投资总额	**85 217**	**111 667**	**350 897**	**486 323**	**528 472**	**701 486**	**859 024**	**981 271**
1.国有经济	59 662	88 351	247 170	353 803	330 031	458 963	518 633	612 867
基本建设	50 713	63 437	135 644	217 063	244 245	350 117	410 527	538 168
更新改造	8 949	18 089	63 323	83 083	67 128	77 940	83 326	59 512
其他投资		3 645	33 890	36 082	446	508	44	1 296
房地产开发		3 180	14 313	17 575	18 212	30 398	24 736	13 891
2.集体经济	9 960	5 391	52 887	50 940	45 741	39 813	68 818	66 045
城镇	3 034	2 853	14 468	10 875	11 752	11 301	19 300	13 578
#房地产开发			2 942	2 142	896	3 634	5 609	2 324
农村	6 926	2 538	38 419	40 065	33 989	28 512	49 518	52 467
3.个体经济	15 595	17 925	43 437	46 133	102 425	108 872	150 166	130 755
城镇居民	2 086	3 178	8 309	8 774	65 460	67 020	90 000	53 558
农　　民	13 509	14 747	35 128	37 359	36 965	41 852	60 166	77 197
4.其他各种经济		1 418	7 403	35 447	50 275	93 838	121 407	171 604
基本建设			5 137	30 318	19 191	18 500	27 767	35 474
更新改造			1 992	4 917	26 373	23 045	10 829	16 607
其他投资			274	177	112	411	4 187	1 073
房地产开发				35	4 599	51 882	78 624	118 450

注:1993年国家方法制度改革将直供项目改为地方。

全省地方项目固定资产投资构成

单位:%

指　　标	1985年	1990年	1995年	1996年	1997年	1998年	1999年	2000年
(以全社会固定资产投资为100)	**100.0**	**100.0**	**100.0**	**100.0**	**100.0**	**100.00**	**100.00**	**100.00**
1.国有经济	70.0	79.1	70.4	72.8	62.5	65.4	60.38	62.45
基本建设	59.5	56.8	38.7	44.7	46.2	49.9	47.79	54.84
更新改造	10.5	16.2	18.0	17.1	12.7	11.1	9.70	6.06
其他投资		3.3	9.6	7.4	0.1	0.1	0.01	0.13
房地产开发		2.8	4.1	3.6	3.5	4.3	2.88	1.42
2.集体经济	11.7	4.9	15.1	10.5	8.6	5.7	8.01	6.73
城镇	3.6	2.6	4.1	2.2	2.2	1.6	2.25	1.38
#房地产开发			0.8	0.4	0.2	0.5	0.65	0.24
农村	8.1	2.3	11.0	8.3	6.4	4.1	5.76	5.35
3.个体经济	18.3	16.0	12.4	9.5	19.4	15.5	17.48	13.33
城镇居民	2.4	2.8	2.4	1.8	12.4	9.5	10.48	5.46
农民	15.9	13.2	10.0	7.6	7.0	6.0	7.00	7.87
4.其他各种经济			2.1	7.3	9.5	13.4	14.13	17.49
基本建设			1.4	6.2	3.6	2.6	3.23	3.62
更新改造			0.6	1.0	5.0	3.3	1.26	1.69
其他投资			0.1	…	…	0.1	0.49	0.11
房地产开发				…	0.9	7.4	9.15	12.07

按行业和农轻重分组的本年完成投资

（2000年）　　　　　　　　　　　　　　　　　单位：万元

指　标　名　称	基本建设	更新改造	其他投资	房地产业开　　发
全　　省　　总　　计	**1 003 736**	**172 649**	**64 875**	**134 990**
（一）按国民经济行业门类分				
一、农、林、牧、渔业	57 555	170	1 302	
二、采掘业	118 041	30 220	35 512	
三、制造业	32 150	54 426	10 802	
四、电力、煤气及水的生产和供应业	135 795	5 130	7 880	
五、建筑业	23 064	2 640	2 421	
六、地质勘查业、水利管理业	39 821			
七、交通运输、仓储及邮电通信业	371 579	66 690	1 518	
八、批发和零售贸易、餐饮业	17 738	504	2 329	
九、金融、保险业	6 153		697	
十、房地产业	913			134 990
十一、社会服务业	89 594	9 748	1 280	
十二、卫生、体育和社会福利业	11 225	802	19	
十三、教育、文化艺术及广播电影电视业	34 122	278	289	
十四、科学研究和综合技术服务业	1 225	257		
十五、国家机关、政党机关和社会团体	71 175	1 184	826	
十六、其他行业	786	600		
（二）按四大支柱产业分				
一、石油天然气开采业	107 475	27 649	34 056	
二、水力发电业	115 959	4 245	7 770	
三、有色金属业	11 596	17 878	602	
四、盐化工	13 423	2 816	1 850	

注：1、本表基本建设投资中未包括跨省项目投资。
　　2、其他投资包括城镇集体固定资产投资。

按各种口径分组的本年完成投资

（2000年）　　　　单位：万元

指　标　名　称	基本建设	更新改造	其他投资	房地产业开　发
全　省　总　计	**1 003 736**	**172 649**	**64 875**	**134 990**
(一)按登记注册类型分				
内资经济	993 815	172 649	64 875	122 384
国有	830 993	123 493	6 697	14 216
集体			11 273	2 324
股份合作			189	1 233
国有联营				
集体联营				
国有与集体联营				
其他联营		1 758	735	
国有独资公司	230	31		
其他有限责任公司	41 314	10 729	599	22 643
股份有限公司	1 204 72	36 494	34 056	48 777
其他	806	144	149	34 012
港澳台商投资	2 921			5 970
合资经营	2 921			3 311
独资				2 461
外商经营	7 000			18 421
合资经营				850
合作经营				9 196
独资	7 000			8 375
股份有限				
(二)按隶属关系分				
中央	430 094	96 530	40 075	325
地方	573 642	76 119	24 800	134 665
省(自治区、直辖市)	223 863	22 869	614	
地区(州、盟、省辖市)	126 206	18 183	98	102 077
县(旗、县级市)	222 936	34 827	10 705	28 226
其他	637	240	13 383	4 362
(三)按建设性质分				
新建	633 022	4 783	16 376	
扩建	118 853	100 654	36 382	
改建	180 145	49 376	9 212	
单纯建造生活设施	47 664	7 677	81	
(四)按项目规模分				
基建大中型	329 723			
基建小型	653 085			
更改限上项目		48 592		
其他	20 928	124 057		
(五)、按建设阶段分				
1.筹建	15 622			
2.本年施工	938 196	48 592		
3.本年收尾	28 990			
4.全部停缓建				
5.单纯购置	20 928			

注：其他投资包括城镇集体固定资产投资、城镇私营个体。房地产业开发按隶属关系分的其他为乡属及其他。

利用外资情况

单位:万元人民币

国别名称	总　计	#直接投资	基本建设	更新改造	其他投资	房地产开发
总　　计	**18 694**	**14 520**	**15 149**	**440**		**3 105**
亚洲	7 101	6 771	5 460	191		1 4 50
#香港	6 531	6 531	5 009	72		1 450
日本	557	240	438	119		
泰国	13		13			
欧洲	2 808	724	2 210			598
#德　国	26	26	26			
意大利	100	100	100			
葡萄牙	598	598				598
其他欧洲	2 084		2 084			
北美洲	6 179	6 179	5 122			1 057
#美国	5 122	5 122	5 122			
加拿大	1 057	1 057				1 057
大洋洲	236	236	57	179		
#澳大利亚	236	236	57	179		
其　他	2 370	610	2 300	70		

全省竣工房屋面积

单位:万平方米

项　目	2000 年		1999 年		1998 年		1997 年	
	合计	#住宅	合计	#住宅	合计	#住宅	合计	#住宅
总　　计	**537.54**	**388.03**	**531.48**	**354.08**	**490.88**	**373.43**	**394.20**	**289.12**
一、								
基本建设	151.48	84.76	189.87	123.36	179.80	121.17	147.74	95.30
更新改造	15.41	11.26	11.18	4.96	9.75	3.45	25.12	11.23
其他投资	2.81	0.51	15.55	0.92			0.04	
房地产开发业	74.26	59.08	78.10	58.82	57.39	49.41	20.02	17.36
二、								
城镇集体	4.49	2.18	6.25	2.30	5.28	2.93	4.75	1.25
农村集体	29.46	2.20	75.00	11.00	12.70	0.28	8.32	0.55
三、								
城镇私人	62.56	52.62	28.53	23.72	27.87	23.82	39.92	32.20
农村私人	197.07	175.42	137.00	129.00	198.09	172.37	147.93	130.90

固定资产投资和资金(财务)来源

(2000 年)　　单位:万元

指　　标	基本建设	更新改造	其他投资	房地产业开　　发
计划总投资	3 840 883	378 753	86 326	447 310
其中:本年新开工项目计划投资	1 285 132	37 349		
实际需要的投资	3 874 442	383 678	86 181	455 482
自开始建设至本年底累计完成投资	2 253 616	238 102	73 018	239 768
自开始建设至本年底累计新增固定资产	1 222 315	126 056	18 939	112 779
未完工程累计投资	874 994	97 840	7 884	116 385
本年计划投资	1 156 975	223 180	72 054	139 828
本年完成投资	1 003 736	172 649	64 875	134 990
其中:住宅	74 728	8 455	2 308	81 416
按构成分-其中:				
1.建筑工程	813 723	55 525	15 846	111 398
2.安装工程	44 620	22 410	1 357	2 945
3.设备工器具购置	95 232	92 350	7 428	
其中:购置旧设备	76	410		
4.其他费用	50 161	2 364	40 244	20 647
其中:旧建筑物购置费	1 685			495
土地购置费	5 418	46	269	18 775
本年新增固定资产	470 948	119 757	17 545	81 404
本年施工房屋面积	2 727 484	264 687	128 580	2 186 391
其中:住宅	1 486 419	158 134	32 120	1 576 955
本年竣工房屋面积	1 514 776	154 079	73 004	742 551
其中:住宅	847 569	112 653	26 920	590 779

固定资产投资和资金(财务)来源(续)

(2000 年)　　单位:万元

指　　标	基本建设	更新改造	其他投资	房地产业开　发
本年竣工房屋价值	137 957	11 088	6 451	74 089
其中:住宅	70 661	8 107	2 099	47 117
施工项目个数	1 818	316	125	
其中:本年新开工	1 462	243	101	
本年投产项目个数	1 255	185	82	
本年资金来源合计(财务)	972 416	172 379	57 818	142 958
1.上年末结余资金	24 610	164	78	14 096
2.本年资金来源小计	947 806	172 215	57 740	128 862
(1)国家预算内资金	216 303	3 783	21	
(2)国内贷款	263 477	32 077	4 763	21 719
(3)债券	3 590	475		
(4)利用外资	15 149	440		3 105
其中:外商直接投资	11 094	321		3 105
对外借款	211	119		
其中:统借统还	41	119		
(5)自筹资金	236 457	106 079	12 967	85 719
#企事业单位自有资金	98 934	89 160	12 746	60 123
其中:发行股票	40			
(6)其他资金来源	212 830	29 361	39 989	18 319

注:1.其他投资包括城镇集体固定资产投资。
2.本表基本建设投资中未包括跨省项目投资。

按资金来源分的全社会固定资产投资

单位:亿元

年　份	全社会固定资产投资来源					
	国家预算内投资	国内贷款	利用外资	债　券	自筹投资	其他投资
1987	3.34	10.11	0.38		7.62	0.54
1988	3.29	10.68	1.98		8.82	0.76
1989	6.49	2.82	2.25		8.39	1.58
1990	5.99	4.38	1.59		9.09	1.22
1991	3.75	6.37	1.96		9.60	2.26
1992	3.66	9.84	0.57		14.42	1.79
1993	2.82	17.73	0.13		19.17	4.87
1994	2.83	19.15	0.90		18.78	3.54
1995	3.43	21.98	0.36		23.69	6.12
1996	2.33	31.28	2.43	0.51	29.26	11.85
1997	5.22	37.58	2.33	0.16	42.20	10.17
1998	5.47	35.08	3.49	3.57	52.06	16.72
1999	15.32	32.58	0.99	0.65	64.75	13.84
2000	25.79	36.17	2.17	0.43	47.63	42.64

按产业分的国有经济单位固定资产投资

单位:亿元

年　份	第一产业	第二产业	#工业	#能源工业	第三产业	#运输邮电业
1985	0.57	6.56	6.42	2.42	7.48	1.44
1986	0.37	9.75	9.51	0.33	5.86	1.10
1987	0.47	15.32	15.15	8.20	3.89	0.81
1988	0.58	17.54	17.44	10.56	4.40	0.50
1989	1.02	13.75	13.68	6.51	4.06	1.25
1990	1.50	13.34	13.26	8.54	5.08	1.86
1991	1.16	14.96	14.87	10.44	5.37	1.82
1992	1.43	20.08	19.89	12.88	5.95	2.31
1993	0.32	30.50	30.25	21.93	9.20	3.42
1994	0.42	28.45	28.15	17.95	10.58	4.22
1995	0.60	30.46	29.89	22.30	14.08	4.99
1996	1.29	43.73	33.13	25.18	19.40	7.15
1997	2.83	45.60	44.81	36.12	27.81	9.83
1998	2.57	35.35	34.29	23.66	38.28	13.74
1999	5.08	45.97	44.77	36.71	43.04	15.88
2000	5.80	23.73	17.25	14.97	73.30	43.82

基本建设投资额和新增固定资产

单位:亿元

年份	基本建设投资额	按隶属关系分		按建设性质分			新增固定资产	固定资产交付使用率(%)
		中央	地方	新建	扩建、改建	其他		
1952	0.09	0.02	0.07				0.07	80.50
1978	6.75	4.31	2.44	5.39	1.36		3.46	51.30
1979	9.69	6.93	2.76	8.19	1.49		6.25	64.50
1980	6.93	4.50	2.43	5.91	1.00	0.02	3.40	49.10
1981	5.84	4.13	1.71	2.67	3.16	0.01	2.23	38.20
1982	7.19	5.13	2.06	5.76	1.24	0.19	3.76	52.30
1983	8.09	6.20	1.89	4.14	3.43	0.52	6.42	79.40
1984	8.73	6.24	2.49	5.01	1.08	2.64	11.30	129.40
1985	11.83	6.76	5.07	7.16	4.02	0.65	4.83	40.82
1986	13.95	8.83	5.12	8.79	4.60	0.56	7.68	55.03
1987	14.82	10.85	3.97	10.29	3.37	1.16	18.68	126.10
1988	17.25	12.15	5.10	8.37	8.04	0.84	9.14	52.97
1989	12.55	8.36	4.19	6.50	5.40	0.65	13.23	105.40
1990	13.44	7.10	6.34	9.09	3.30	1.05	11.52	85.74
1991	15.08	8.86	6.22	7.77	6.30	1.01	14.56	96.59
1992	17.69	9.99	7.70	7.97	8.64	1.06	12.52	70.81
1993	28.86	13.74	15.12	19.76	7.83	1.27	19.70	68.25
1994	28.24	19.85	8.39	13.93	12.83	1.49	20.59	73.30
1995	31.70	17.62	14.08	16.87	11.52	3.32	21.13	67.00
1996	51.39	26.65	24.74	38.35	9.54	3.50	38.38	76.90
1997	59.43	33.08	26.34	33.03	19.95	6.45	61.29	74.70
1998	74.62	37.76	36.86	36.73	29.93	7.96	49.77	66.70
1999	74.16	30.33	43.83	38.64	29.81	5.71	60.55	81.65
2000	100.37	43.01	57.36	63.30	29.90	7.17	47.09	46.92

注:本表未包括跨省项目投资。

主要年份基本建设投资与新增固定资产

单位:万元

年　份	投资总额	#国家预算内投　资　额	比重(%)	新增固定资产	固定资产交付使用率(%)
1952	868	704	81.11	699	80.50
1957	17 223	16 623	96.52	13 424	77.90
1965	12 998	10 371	79.79	8 958	68.90
1970	31 124	28 889	92.82	19 825	63.70
1975	43 128	37 162	86.17	26 704	61.92
1978	67 457	59 715	88.5	34 580	51.30
1980	69 339	44 296	63.88	34 022	49.07
1985	118 314	69 627	58.85	48 301	40.82
1986	139 521	77 209	55.34	76 785	55.03
1987	148 156	66 722	45.04	186 821	126.10
1988	172 514	63 617	36.88	91 389	52.97
1989	125 547	57 733	45.99	132 330	105.40
1990	134 387	48 735	36.26	115 206	85.74
1991	150 740	34 262	22.73	145 607	96.59
1992	176 842	34 819	19.69	125 225	70.81
1993	288 638	25 994	9.01	196 997	68.25
1994	282 415	24 649	8.73	205 886	72.90
1995	317 003	28 213	8.90	211 294	66.65
1996	513 916	21 584	4.20	383 759	74.67
1997	594 272	38 194	6.42	612 869	103.13
1998	746 197	47 925	6.42	497 707	66.70
1999	741 579	116 387	15.69	605 484	81.65
2000	1 003 736	229 067	22.82	470 948	46.92

注:本表及以下各表包括的范围为国有单位及其他经济类型单位完成的基本建设投资额,但不包括跨省项目投资。

各时期基本建设投资与新增固定资产

单位:万元

时　　期	投资总额	#国家预算内投资额	比　重(%)	新增固定资产	固定资产交付使用率(%)
恢复时期	1 676	1 084	64.68	1 364	81.38
“一五”时期	64 052	60 812	94.94	48 255	75.34
“二五”时期	143 068	128 689	89.95	91 504	63.96
“调整”时期	25 516	21 171	82.97	19 267	75.51
“三五”时期	115 742	107 195	92.61	71 493	62.16
“四五”时期	170 621	145 120	85.05	109 026	63.90
“五五”时期	322 336	272 651	84.59	170 048	53.00
“六五”时期	416 814	302 701	72.62	285 374	68.47
“七五”时期	720 125	314 016	43.61	602 531	83.67
“八五”时期	1 215 638	147 937	12.17	885 009	72.80
“九五”时期	3 599 700	453 157	12.59	2 570 767	71.42

各时期按中央和地方项目分基本建设投资额

单位:万元

时期(年份)	中央项目		地方项目	
	投资额	比　重(%)	投资额	比　重(%)
合　　计	**3 608 967**	**53.11**	**3 186 321**	**46.89**
“恢复”时期	441	26.31	1 235	73.69
“一五”时期	36 757	57.39	27 295	42.61
“二五”时期	58 769	41.08	84 299	58.92
“调整”时期	7 791	30.53	17 725	69.47
“三五”时期	64 230	55.49	51 512	44.51
“四五”时期	83 235	48.78	87 386	51.22
“五五”时期	208 296	64.62	114 040	35.38
“六五”时期	284 518	68.26	132 296	31.74
“七五”时期	472 972	65.68	247 153	34.32
“八五”时期	683 628	56.24	532 010	43.76
“九五”时期	1 708 330	47.40	1 891 370	52.54
1978	43 083	63.87	24 375	36.13
1980	44 986	64.88	24 353	35.12
1985	67 601	57.14	50 713	42.86
1990	70 950	52.80	63 437	47.20
1995	176 222	55.59	140 781	44.41
1996	266 535	51.86	247 381	48.14
1997	330 836	55.67	263 436	44.33
1998	377 580	50.60	368 617	49.40
1999	303 285	40.90	438 294	59.10
2000	430 094	42.85	573 642	57.15

各时期按国民经济

时期(年份)	总计	一、农林牧渔水利业	#农业	#林业	#牧业	#水利业	二、工业	1．煤炭采选业	2.石油和天然气开采业
"恢复"时期	1 676	505	20	3	33	449	269	91	
"一五"时期	64 052	7 065	3 774	84	854	2 316	5 212	1 257	
"二五"时期	143 068	18 764	11 376	366	2 329	4 693	44 273	4 200	5 742
"调整"时期	25 516	5 282	1 704	195	1 087	2 283	9 654	1 716	1 703
"三五"时期	115 743	9 166	5 309	197	855	2 805	81 550	3 705	6 513
"四五"时期	170 622	11 525	2 120	354	751	8 300	96 020	9 672	10 167
"五五"时期	322 336	19 616	5 497	628	831	11 602	177 063	6 977	63 620
"六五"时期	416 814	17 267	6 105	1 100	2 950	6 331	247 715	1 353	78 654
"七五"时期	720 125	25 234	3 764	1 146	2 596	16 410	505 335	2 931	125 190
"八五"时期	1 215 638	62 537	3 802	1 990	3 081	45 985	827 517	3 069	154 317
"九五"时期	3 599 700	278 046	44 908	30 293	20 028	118 188	1 719 325	3 606	411 219
1980	69 339	3 991	813	147	871	2 003	37 489	438	18 177
1985	118 314	5 410	2 523	218	790	1 318	54 746	688	
1990	134 387	7 217	1 179	267	1 068	3 671	87 068	684	25 069
1995	317 003	14 037	842	324	530	10 423	207 732	625	18 000
1996	513 916	20 458	6 166	5 588	586	11 906	358 024	533	44 918
1997	594 272	45 508	17 573	574	2 201	17 975	358 940	2 363	68 982
1998	746 197	50 389	7 984	1 581	2 422	24 845	397 951	310	90 700
1999	741 579	67 910	6 723	9 469	3 782	27 236	325 624	239	99 144
2000	1 003 736	93 781	6 462	13 081	11 037	36 226	278 786	161	107 475

行业分的基建投资额

单位:万元

3.黑色金属矿采选业	4.有色金属矿采选业	5.建筑材料及其他非金属矿采选业	6.木材及竹材采运业	7.食品加工及制造业	8.纺织业服装及其他制品业	9.造纸及制品业	10.印刷业	11.电力蒸汽、热水生产和供应业
		3	4	44	76		4	6
		572	17	635	26		132	912
4 433	2 926	2 882	111	2 696	1 292	664	135	5 735
239	509	1 124	223	108	550	70	2	591
6 833	963	2 481	653	237	2 791	266	103	5 998
194	2 766	4 409	124	192	2 436			5 284
	4 136	3 427	246	1 258	2 428	22	54	53 047
	24 456	4 981	98	3 308	6 088	27	88	91 220
	7 506	35 720	16	4 310	13 519	167	533	164 016
11	4 007	12 600	1 296	10 398	3 538	647	1 085	470 718
1 060	11 925	7 011	77	8 316	5 105	2 163	679	1 046 454
	1 179	359	89	306	1 588	92	30	10 216
	8 331	2 716	16	1 544	1 370			21 577
	245	5 085	8	747	2 360	104	312	28 487
	1 065	5 915	3	1 953	1 180	383	495	155 625
60	4 285	2 001	34	2 191	1 529	1 471	351	253 861
	1 843	1 525	8	996	1 171	692	224	224 148
	2 290	2 060	10	2 492	165		74	242 746
	2 262	465	25	1 480	1 480			189 904
1 000	1 245	960		1 157	760		30	135 795

各时期按国民经济

时期(年份)	12.化学工业	13.建筑材料及其他非金属矿物制品业	14.黑色金属冶炼及压延加工业	15.有色金属冶炼及压延加工业	16.金属制品业	17.机械工业	三、地质普查和勘察业	四、建筑业
“恢复”时期	17				11			8
“一五”时期	128	31			931		28 630	1 151
“二五”时期	4 805	535			6 184		22 777	1 790
“调整”时期	684	7			170	1 667	74	506
“三五”时期	15 841	682	7 589	706	1 002	21 937	1 554	1 421
“四五”时期	6 415	6 428	14 439	2 277		20 362	1 448	2 164
“五五”时期	8 454	4 602	4 932	2 481	35	16 787	1 866	3 719
“六五”时期	7 631	4 645	992	13 754	319	7 225	19 312	3 410
“七五”时期	33 533	10 557	9 463	86 703	325	4 111	20 999	4 913
“八五”时期	36 867	6 532	2 799	111 607	1 040	2 035	5 514	5 498
“九五”时期	68 963	39 629	13 190	72 760	1 814	15 829	12 289	52 058
1980	897	743	381	128	35	2 606	316	696
1985	1 516	3 181	431	9 356	40	2 168	17 176	1 287
1990	11 407	346		10 936		597	471	403
1995	4 839	4 334	1 732	10 669	218	696	1 217	1 812
1996	6 954	10 557	3 766	24 373		955	1 675	3 089
1997	14 469	9 790	5 282	23 446	925	3 045	913	5 625
1998	28 915	18 160	1 997	3 584	296	4 071	3 493	8 562
1999	3 037	650	2 145	11 006	593	4 264	2 613	11 718
2000	15 588	472		10 351		3 557	3 595	23 064

行业分的基建投资额(续一)

单位:万元

五、交通运输邮电通信业	1. 交通运输业	2. 邮电通信业	六、商业公共饮食物资供销和仓储业	七、房地产及社会服务业	八、卫生和社会福利事业	#卫生事业	九、教育文化艺术和广播电视事业
499	451	48	82	21	55	55	108
9 808	8 901	907	3 666	604	954	954	2 369
34 899	33 023	1 876	4 363	3 330	992	992	3 192
3 046	1 845	1 201	1 823	980	566	557	1 297
9 764	6 660	3 104	4 349	827	963	937	1 842
38 134	35 800	2 334	5 822	1 798	1 611	1 441	3 816
82 773	79 829	2 944	9 082	6 830	3 298	2 678	7 340
46 504	43 089	3 415	14 548	13 836	7 682	6 50	21 695
38 283	35 124	3 159	17 043	23 169	12 540	8 795	30 332
114 895	84 643	30 252	36 558	26 735	16 262	12 044	36 498
717 394	617 166	100 228	90 413	216 551	36 943	30 445	114 921
14 403	13 809	594	3 234	2 099	1 013	734	2 675
10 317	9 357	960	5 171	7 147	3 108	2 113	6 606
13 775	12 861	914	2 628	2 181	4 362	1 766	1 141
34 485	30 308	4 177	7 167	5 890	4 419	2 867	10 786
44 693	29 825	14 868	13 112	6 434	5 608	3 899	14 715
72 717	50 230	22 487	13 143	13 859	7 436	5 721	15 877
113 119	91 899	21 220	21 068	38 429	7 399	7 175	21 731
116 224	102 480	13 744	24 414	67 322	5 275	4 814	28 476
370 641	342 732	27 909	18 676	90 507	11 225	8 836	34 122

各时期按国民经济行业分的基建投资额(续二)

单位:万元

时期(年份)	1.教育事业	2.文化艺术事业	3.广播电视事业	十、科学研究和综合技术服务业	十一、金融保险业	十二、国家机关、政党机关和社会团体	十三、其他行业
“恢复”时期	82	26				42	87
“一五”时期	1 784	497	88	149	247	3 912	285
“二五”时期	2 429	585	178	499	83	4 486	3 620
“调整”时期	1 003	85	51	352		1 058	878
“三五”时期	845	538	460	48	1 696	1 660	
“四五”时期	2 524	530	761	345	4		7 935
“五五”时期	5 128	1 468	745	1 615	390		8 744
“六五”时期	17 384	2 999	1 312	3 933	2 527	9 165	9 220
“七五”时期	25 921	2 259	2 152	6 492	8 468	25 587	1 730
“八五”时期	28 411	4 916	3 171	4 805	21 739	56 112	968
“九五”时期	95 550	14 015	5 356	9 664	53 326	292 139	6 631
1980	1 982	483	209	496	279		2 645
1985	5 083	872	651	1 464	1 138	3 846	898
1990	5 246	353	184	1 201	1 568	8 125	20
1995	8 540	1 061	1 185	864	7 840	20 202	552
1996	13 200	669	846	981	7 287	36 145	1 695
1997	14 601	388	888	3 222	9 988	46 737	307
1998	19 608	1 655	468	2 969	15 512	63 179	2 396
1999	22 501	4 771	1 204	1 267	14 386	74 903	1 447
2000	25 640	6 532	1 950	1 225	6 153	71 175	786

各时期基本建设施工和全部竣工(投产)的项目个数

时期(年份)	施工项目(个)	#大中型项目	全部建成投产项目(个)	#大中型项目	建设项目投产率(%)	#大中型项目
1978	562	19	331	1	58.9	5.3
1980	668	16	355		53.1	
1985	1 088	11	513	1	47.15	9.09
1986	934	8	673	1	72.06	12.50
1987	975	6	572	1	58.67	16.67
1988	1 027	15	578	1	56.28	6.67
1989	781	9	443		56.72	
1990	854	10	561		65.69	
1991	890	10	604	2	67.87	20.10
1992	867	11	590		68.05	
1993	857	12	545	2	63.59	16.67
1994	803	12	528	4	65.75	33.33
1995	890	13	516		57.98	
1996	1 013	18	677	2	66.83	11.11
1997	1 334	15	919	1	68.89	6.67
1998	1 662	12	1 079	1	64.92	8.33
1999	1 747	12	1 219	1	69.78	8.33
2000	1 818	13	1 255	2	69.03	15.38

基本建设投资效果主要指标

年份	建设周期	未完成工程资金占用率(%)	固定资产交付使用率(%)	建设项目投产率(%)	房屋建筑面积竣工率(%)
1978	8年零4个月	156.80	51.30	58.90	46.90
1980	8年零1个月	257.50	49.10	53.10	51.50
1985	7年零6个月	168.86	40.80	47.20	40.90
1986	5年零7个月	167.75	55.00	72.30	51.50
1988	5年零1个月	132.20	53.00	56.30	44.70
1989	6年零6个月	154.11	105.40	56.70	41.00
1990	7年零2个月	134.33	85.73	65.70	52.00
1991	6年零8个月	26.15	96.59	67.87	51.20
1992	6年零8个月	25.41	70.81	68.05	57.10
1993	6年零4个月	94.09	68.25	63.59	50.00
1994	5年零7个月	99.09	72.90	65.75	54.90
1995	3年零11个月	112.26	66.65	57.90	55.79
1996	3年零8个月	70.75	74.67	66.83	57.90
1997	4年零2个月	28.72	103.12	68.89	57.61
1998	4年零3个月	78.2	66.70	64.92	55.11
1999	4年零2个月	77.31	81.65	69.78	61.55
2000	3年零5个月	22.78	46.92	67.37	55.81

基本建设累计新增主要生产能力或效益

(2000年)

新增生产能力或效益名称	单位	数量	新增生产能力或效益名称	单位	数量
炼钢	万吨/年	13	水泥	万吨/年	107.20
#电炉钢	万吨/年	13	棉纺锭	万锭	3.00
轧钢	万吨/年	14.5	毛纺锭	万锭	2.20
煤炭开采	万吨/年	553.70	电铝解	万吨/年	24.22
石油开采能力	万吨/年	397	原盐	万吨/年	33.00
石油加工能力	万吨/年	27	新建铁路铺轨里程	公里	1 150.00
化学肥料(实物量)	万吨/年	29.48	新建公路	公里	14 723.00
#磷肥	万吨/年	8.6	改建公路	公里	10 907.93
重型机床制造	台/年	120	有效灌溉面积	万亩	214.50
普通机床制造	台/年	1 480.0	新增学生席位	万个	82.92
发电机组容量	万千瓦	369.80	新增病床	万张	1.31
#水电	万千瓦	308.30	城市道路(扩建长度)	公里	523.20
输电线路(11万伏以上)	公里	975.00	供水能力	万吨/日	300.30

本年新增主要生产能力或效益

（2000年）

指　　标	单　位	数　　量			
		基本建设	更新改造	其　　他	#城镇集体
原煤开采	万吨/年	3.10	1.10		
天然原油	万吨/年	40.00			
天然气开采	亿立方米/年	2.00			
铁矿石原矿开采	万吨/年	5.87			
铁矿选矿处理量	万吨/年		1.00		
炼铁	万吨/年	141.00			
炼钢	万吨/年		60.00		
铁合金	万吨/年			1	1
中厚钢板	万吨/年		49.99		
铜采矿(原矿)	万吨/年			2.40	
铅锌采矿(原矿)	万吨/年	3.00			
电解铝	吨/年	7 000.00			
铝加工	吨/年	5 000.00			
#铝型材	吨/年	5 000.00			
金选矿金含量	公斤/年		100.00		
矿山成品金	公斤/年	25.00			
发电机组容量	万千瓦	0.20	0.12		
#水力发电	万千瓦	0.20	0.12		
变电设备能力	万千伏安		28.00		
输电线路长度	公里	247.00			
水泥	万吨/年		39.01	0.30	
农用氮、磷、钾化学肥	吨/年	1.00	10 400.00		
磷肥	吨/年		10 400		
钾肥	吨/年	1.00			
肉加工品	吨/年		200		
奶粉	吨/年		200		
原盐	万吨/年			0.20	
鞣制皮革	万张/年			20.00	20.00
农牧场机具购置	台	109			

本年新增主要生产能力或效益(续)

(2000年)

指　　标	单　位	数　　量			
		基本建设	更新改造	其　　他	#城镇集体
新建公路	公里	448.00			
#二级公路	公里	29.00			
改建公路	公里	1 159.43			
#一级公路	公里	452.00			
#二级公路	公里	24.36			
长途电缆延长	延长公里	105.00	189.00		
市内电话自动交换机	门				
新建独立公路桥梁	延长米	540.02			
	座	12			
新建客、货运站	个	2			
	平方米	3 193			
城市防洪堤	公里	8.90			
城市永久性桥梁	座	2			
城市排水管道辅设长度	公里	4.80			
水库容量	亿立方米	0.1			
有效灌溉面积	万亩	14.30			
商业饮食服务网点	处/平方米				
商业石油库	万立方米	0.05			
粮食仓库	万公斤/平方米	5 001.45/14 077			
高等院校	个				
中等学校学生席位	个	5 001.00			
建筑面积	平方米	32 387.00			
小学学生席位	个	9 689	900	270	
建筑面积	平方米	57 174	1 109	360	
其他院校学生席位	个	138			
建筑面积	平方米	1 380			
医院病床床位	张	780			
疗养院所病床	张	15			
宾馆、旅馆、招待所	间	57	50		
自来水供水能力	万吨/日	4.40			
自来水管道辅设长度	公里	68.55	325.00		
城市道路:长度	公里	58.50			
面积	万平方米	71.97			
除涝面积	万亩	1.84			
排灌装机	万千瓦	5.85			
耕地面积	万亩	3.33			
造林面积	万亩	37.60		0.60	

基本建设大中型

(20

建设项目名称	建设地址	国民经济行业	隶属关系	建设性质	开工年月	计划总投资	自开始建设至本年底累计完成	新增固定资产	未完工程完成投资
青海油田	冷湖	原油开采	中央	扩	2 000.1	97 525	97 525	79 855	
涩宁兰输气管道	青海	管道运输	中央	新	2 000.5	247 700	132 000		132 000
李家峡水电站	尖扎	水力发电	中央	新	1 987.7	920 000	783 024	692 777	90 247
青海桥头六期扩建工程	大通	火力发电	中央	扩	1 997.6	108 643	90 516	1 956	88 560
直岗拉卡水电站	青海	水力发电	地方	新	筹建	142 000	7 000	7 000	7 000
赛什塘铜矿	共和	铜采选	地方	新	筹建	23 600	450		450
青海尼那水电站	贵德	水力发电	地方	新	1 998.8	156 200	24 844	210	24 634
青海30万吨氯化钾	格尔木	化工	省属	新	2 000.7	77 000	6 716	6 716	
青海长青铝业一期一系列	西宁	铝冶炼业	省属	新	1 995.8	25 437	25 309		25 309
青海黑泉水库	大通	水利管理业	省属	新	1 995.8	52 600	49 878		49 878
青海长青铝业一期二系列	西宁	铝冶炼业	省属	新	1 998.9	9 600	9 556		9 556
西宁机场道面整修工程	西宁	航空运输	中央	改	2 000.8	4 400	4 400	4 400	3 328
青藏铁路扩能改造	青海	铁路运输	中央	改	1 995.6	73 000	40 000	37 000	3 000

项目一览表

00年）　　　　单位：万元

本年计划投资	本年完成投资	本年新增固定资产	生产能力(或效益)名称	单位	建设规模	累计新增	#本年新增
95 725	95 725	79 855	天然原油开采	万吨/年	40	40	40
170 000	132 000		天然气管道	公里	932		
14 159	28 024		水力发电	万千瓦	160	160	40
22 333	6 000	1 956	水电	万千瓦	25	12.5	12.5
17 000	7 000	7 000	水力发电	万千瓦	19	19	
	450		铜采矿	万吨/年	50		
	7 788	39	水电	万千瓦	16		
6 716	6 716		钾肥	万吨	30		
300	274		电解铝	万吨/年	1.5		
15 000	10 041		水库	亿立方米	1.82		
1 283	1 283		电解铝	万吨/年	1.5		
4 399	4 400	4 400					
30 000	30 000	26 500					

分时期基本建设施工和竣工房屋面积

单位:万平方米

时期(年份)	施工面积	竣工面积		平均每平方米竣工房屋造价(元)	
			#住　宅		#住　宅
"恢复"时期	9.09	9.09	3.29		
"一五"时期	214.43	214.43	84.78		
"二五"时期	406.58	406.58	157.41		
"调整"时期	125.66	91.06	35.35	85.0	
"三五"时期	484.85	317.94	116.37		
"四五"时期	672.72	334.19	132.80	101.0	
"五五"时期	841.33	398.75	168.49	138.0	
"六五"时期	1 084.91	519.84	281.88	208.0	
"七五"时期	1 198.41	582.48	279.93	278.1	279.5
"八五"时期	852.29	456.55	248.27	638.4	511.9
"九五"时期	1 351.72	777.63	481.25	862.30	881.90
1980	208.00	107.00	55.00	157.0	139.0
1984	227.85	117.73	60.21	236.0	208.0
1985	334.01	36.65	73.14	227.1	201.0
1986	244.22	125.67	66.67	236.0	215.0
1987	277.95	146.29	67.15	292.0	226.0
1988	251.60	112.43	50.15	355.9	262.7
1989	207.83	85.41	37.81	357.6	324.7
1990	216.81	112.68	58.15	337.1	311.0
1991	195.52	100.12	75.36	390.5	376.5
1992	161.24	91.84	37.84	565.0	433.5
1993	177.87	88.87	40.07	598.7	500.7
1994	170.58	93.67	44.00	905.8	628.9
1995	147.08	82.05	51.00	732.1	620.1
1996	187.80	108.74	56.66	825.0	728.6
1997	256.44	147.74	95.30	780.7	762.4
1998	326.22	179.80	121.17	904.3	818.8
1999	308.48	189.87	123.36	868.8	815.8
2000	272.78	151.48	84.76	910.70	833.70

更新改造施工投产项目个数

年　份	施工项目（个）	#地方项目	竣工项目（个）	#地方项目	全部建成投产率(%)	#地方项目
1981	243		135		55.6	
1982	669		440		65.8	
1983	607	333	306	181	50.4	54.4
1984	471		286		60.7	
1985	412	263	143	86	34.7	32.7
1986	431		208			
1987	567	302	385	204		
1988	450	396	275	232	61.1	58.6
1989	291	257	151	133	51.9	51.8
1990	292	249	186	146	63.7	58.6
1991	323	287	190	168	58.8	58.5
1992	247	213	186	143	75.3	67.1
1993	213	192	115	97	54.0	50.5
1994	194	153	111	76	57.2	49.7
1995	260	186	183	116	70.4	62.4
1996	331	246	228	164	68.9	66.7
1997	324	244	226	158	69.8	64.8
1998	323	249	209	151	64.7	60.6
1999	277	203	195	137	70.40	67.49
2000	316	191	185	122	58.54	63.87

按国民经济行业分的更新改造投资

单位:万元

部门	2000年		1999年		1998年		1997年	
	投资额	比重(%)	投资额	比重(%)	投资额	比重(%)	投资额	比重(%)
合计	**172 649**	**100.0**	**154 194**	**100.0**	**139 314**	**100.0**	**138 280**	**100.0**
一、农、林、牧、渔业	170	0.1	108	0.07	633	0.4	594	0.4
二、采掘业	30 220	17.5	31 678	20.54	25 629	18.4	21 269	15.4
三、制造业	54 426	31.5	65 683	42.60	58 630	42.1	68 791	49.7
四、电力、煤气及水生产和供应业	5 130	3.0	9 449	6.13	6 354	4.6	10 709	7.7
五、建筑业	2 640	1.5	2 499	1.62	4 191	3.0	2 197	1.6
六、地质勘查业水利管理业			182	0.12	84	0.1	25	…
七、交通运输仓储及邮电通讯业	66 690	38.6	37 275	24.17	23.662	17.0	25 731	18.6
八、批发和零售贸易、餐饮业	504	0.3	1 010	0.66	3 402	2.4	3 388	2.5
九、金融、保险业			29	0.02	597	0.4	208	0.2
十、房地产业								
十一、社会服务业	9 748	5.7	4 115	2.67	11 424	8.2	230	0.2
十二、卫生、体育和社会福利业	802	0.5	573	0.37	283	0.2	65	…
十三、教育、文化艺术和广播影视业	278	0.2	151	0.10	642	0.5	1321	1.0
十四、科学研究和综合技术服务业	257	0.1	100	0.06	228	0.2	285	0.2
十五、国家、党政机关和社会团体	1 184	0.7	1 342	0.87	3 555	2.5	3 467	2.5
十六、其他行业	600	0.3						

按用途分的更新改造投资

单位:万元

指标	2000年		1999年		1998年		1997年	
	投资额	比重(%)	投资额	比重(%)	投资额	比重(%)	投资额	比重(%)
本年完成投资	**172 649**	**100.0**	**154 194**	**100.0**	**139 314**	**100.0**	**138 280**	**100.0**
增　产	22 432	12.99	37 655	24.42	31 030	22.3	47 122	34.1
节约能源	6 326	3.66	30 812	19.98	12 118	8.7	21 776	15.7
其他节约	475	0.28	86	0.06			1 249	0.9
增加品种	10 702	6.20	3 598	2.33	11 457	8.2	8 913	6.4
提高产品质量	16 556	9.59	32 692	21.20	17 110	12.3	10 826	7.8
三废治理	1 554	0.90			1 113	0.8	2 703	2.0
其　他	114 604	66.38	49 351	32.01	66 486	47.7	45 691	33.1

更新改造施工和竣工房屋面积

单位:万平方米

年　份	施工面积	竣工面积	#住　　宅	房屋面积竣工率(%)	平均每平方米竣工房屋造价(元)	#住　宅
1979	4.54	2.38	0.89	52.42		
1980	12.98	7.10	1.82	54.70	114.00	92.20
1985	33.86	19.20	7.37	56.70	230.00	186.00
1986	38.62	18.96	8.05	49.09	245.00	210.00
1987	47.48	25.81	13.24	54.36	258.00	215.00
1988	45.25	22.57	10.62	49.88	301.73	241.62
1989	36.91	17.41	6.35	47.19	331.56	294.33
1990	33.75	20.47	10.45	60.67	349.38	316.28
1991	37.15	18.70	8.60	50.33	399.31	320.93
1992	39.92	18.58	10.01	46.54	410.50	379.82
1993	43.99	21.74	11.63	49.41	480.87	403.37
1994	33.19	14.83	4.98	44.68	533.34	551.17
1995	41.50	24.89	5.16	59.98	683.05	640.43
1996	46.10	29.29	18.67	63.53	726.56	645.15
1997	33.77	25.12	11.23	74.39	812.3	659.50
1998	20.49	9.75	3.45	47.58	1 310.77	846.34
1999	16.17	11.18	4.96	69.15	833.63	883.80
2000	26.47	15.41	11.27	58.22	719.63	719.64

更新改造投资完成情况

单位:万元

年　　份	施工项目(个)	#竣工项目	投　资完成额	#住　　宅	新增固定资　　产
合　　计	**7 158**	**4 193**	**997 079**	**67 002**	**776 398**
1979 年	166	95	2 790	102	1 893
1980 年	233	121	4 054	235	2 363
1985 年	412	143	14 212	1 418	9 104
1990 年	292	186	22 550	3 015	22 734
#地方项目	249	146	18 089	2 771	16 820
1991 年	323	190	29 009	3 187	16 556
#地方项目	287	168	23 447	3 045	12 639
1992 年	247	143	36 705	4 452	23 487
#地方项目	181	116	32 130	3 782	20 140
1993 年	213	115	50 513	3 850	30 838
#地方项目	192	97	45 047	3 615	26 764
1994 年	194	111	69 302	3 743	51 694
#地方项目	153	76	53 105	3 019	40 855
1995 年	260	183	86 387	4 252	75 209
#地方项目	186	116	65 315	3 407	56 616
1996 年	331	228	109 070	11 011	81 698
#地方项目	246	164	87 999	10 069	63 406
1997 年	324	226	138 280	7 898	110 788
#地方项目	244	158	93 501	2 617	67 528
1998 年	323	209	139 314	4 675	125 716
#地方项目	249	151	100 985	2 690	88 592
1999 年	277	195	154 194	3 695	120 260
#地方项目	203	147	94 155	3 345	78 974
2000 年	316	185	172 649	8 445	119 757
#地方项目	191	122	76 119	2 525	71 338

更新改造投资按隶属关系分

单位:万元

时期(年份)	合　计			占投资额比重(%)	
		中央项目	地方项目	中央项目	地方项目
"六五"期间	**56 368**	**19 577**	**36 791**	**34.7**	**65.3**
1981 年	5 534	2 382	3 152	43.0	57.0
1982 年	11 736	2 691	9 045	22.9	77.1
1983 年	11 960	4 934	7 026	41.2	58.8
1984 年	12 926	4 307	8 619	33.3	66.7
1985 年	14 212	5 263	8 949	37.0	63.0
"七五"期间	**121 093**	**28 196**	**92 897**	**33.3**	**76.7**
1986 年	17 038	2 800	14 238	16.4	83.6
1987 年	25 380	8 523	16 857	33.6	66.4
1988 年	28 341	4 159	24 182	14.7	85.3
1989 年	27 784	8 253	19 531	29.7	70.3
1990 年	22 550	4 461	18 089	19.8	80.2
"八五"期间	**271 916**	**52 872**	**219 044**	**19.4**	**80.6**
1991 年	29 009	5 562	23 447	19.2	80.8
1992 年	36 705	4 575	32 130	12.5	87.5
1993 年	50 513	5 466	45 042	10.8	89.2
1994 年	69 302	16 197	53 105	23.4	76.6
1995 年	86 387	21 072	65 315	24.4	75.6
"九五"期间	**713 507**	**260 748**	**452 755**	**36.5**	**63.5**
1996 年	109 070	21 071	87 999	19.3	80.7
1997 年	138 280	44 779	93 501	32.4	67.6
1998 年	139 314	38 329	100 985	27.5	72.5
1999 年	154 194	60 039	94 155	38.9	61.1
2000 年	172 649	96 530	76 119	55.9	44.1

更新改造新建和改扩建项目投资

单位:万元

时期(年份)	在投资额中		占投资额比重(%)	
	新建	改、扩建	新建	改、扩建
“六五”期间	**5 886**	**35 989**	**10.4**	**63.9**
1981 年	1 675	3 859	30.3	69.7
1982 年	1 050	10 605	9.0	90.4
1983 年	1 381	9 705	11.6	81.2
1984 年	747	10 011	5.8	77.5
1985 年	1 033	10 809	7.3	76.1
“七五”期间	**4 481**	**108 419**	**3.7**	**89.5**
1986 年	1 281	14 245	7.5	83.6
1987 年	982	22553	3.9	88.9
1988 年	1 362	26 979	4.8	95.2
1989 年	276	25 155	1.0	90.5
1990 年	580	19 487	2.6	86.4
“八五”期间	**4 620**	**250 094**	**1.7**	**92.0**
1991 年	898	25 499	3.1	87.9
1992 年	867	30 931	2.4	84.3
1993 年	679	47 143	1.3	93.3
1994 年	483	66 716	0.7	96.3
1995 年	1 693	79 805	2.0	92.4
“九五”期间	**36 958**	**627 385**	**5.2**	**87.9**
1996 年	4 882	96 644	4.5	88.6
1997 年	7 692	127 672	5.7	92.3
1998 年	7 627	121 398	5.5	87.1
1999 年	11 974	131 641	7.8	85.4
2000 年	4 783	150 030	2.8	86.9

国有单位更新改造投资额

单位:万元

时期年份	更新改造投资	按隶属关系分		按建设性质分			新增固定资产	固定资产交付使用率(%)
		中　央	地　方	新　建	扩建、改建	其　他		
1979年	2 790						1 893	67.85
1980年	4 054	1 130	2 924				2 363	58.29
"六五"时期	**56 368**	**19 577**	**36 791**	**5 886**	**35 989**	**5 493**	**39 132**	**69.42**
1981年	5 534	2 382	3 152	1 675	3 859		3 129	56.54
1982年	11 736	2 691	9 045	1 050	10 605	81	8 619	73.44
1983年	11 960	4 934	7 026	1 381	9 705	874	8 863	74.11
1984年	12 926	4 307	8 619	747	10 011	2 168	9 417	72.85
1985年	14 212	5 263	8 949	1 033	10 809	2 370	9 104	64.06
"七五"时期	**121 093**	**28 196**	**92 897**	**4 481**	**108 419**	**10 235**	**96 764**	**79.91**
1986年	17 038	2 800	14 238	1 281	14 245	1 512	10 718	62.91
1987年	25 380	8 523	16 857	982	22 553	1 845	21 325	84.02
1988年	28 341	4 156	24 185	1 362	24 937	2 042	21 347	75.32
1989年	27 784	8 253	19 531	276	25 155	2 353	20 640	74.29
1990年	22 550	4 361	18 089	580	19 487	2 483	22 734	100.82
"八五"时期	**271 916**	**52 872**	**219 044**	**4 620**	**250 094**	**17 202**	**196 784**	**72.37**
1991年	29 009	5 562	23 447	898	25 499	2 612	15 556	57.07
1992年	36 705	4 575	32 130	867	30 931	4 907	23 487	63.99
1993年	50 513	5 466	45 047	679	47 143	2 691	30 838	61.05
1994年	69 302	16 197	53 105	483	66 716	2 103	51 694	74.59
1995年	86 387	21 072	65 315	1 693	79 805	4 889	75 209	87.06
"九五"时期	**713 507**	**260 748**	**452 759**	**36 958**	**627 385**	**49 164**	**168 219**	**23.57**
1996年	109 070	21 071	87 999	4 882	96 644	7 544	81 698	74.90
1997年	138 280	44 779	93 501	7 692	127 672	2 916	110 788	80.11
1998年	139 314	38 329	100 985	7 627	121 398	10 289	125 716	90.23
1999年	154 194	60 039	94 155	11 974	131 641	10 579	120 260	77.99
2000年	172 649	96 530	76 119	4 783	150 030	17 836	119 757	69.36

注:从1994年起,国有更改中含有其他类型的更改投资完成额。

国有其他固定资产投资

单位:万元

指　　标	1990 年	1991 年	1993 年	1994 年	1995 年	1996 年	1997 年	1998 年	1999 年	2000 年
投　资　额	**31 786**	**31 518**	**47 580**	**39 463**	**33 890**	**36 082**	**45 299**	**46 343**	**45 887**	**53 602**
1.按资金来源分										
国家预算内投资	22	930	14	206	349	216	2 998	2 028	45 887	11
国　内　贷　款	12			22		59		74		3 710
利　用　外　资										
自　筹　资　金	30 741	29 269	47 471	39 199	33 399	35 866	42 087	44 241	45 887	6 240
其　他　资　金	1 011	1 319	95	36	142		155			43 641
2.按构成分										
建　筑　工　程	19 017	18 586	26 060	22 587	23 998	27 416	25 567	2 145	22 882	9 453
安　装　工　程	4 173	2 589	7 022	7 974	6 947	5 995	33	7 050		388
设备、工具器具购置	2 950	4 981	13 149	7 563	1 575	1 679	1 652	2 323	217	3 786
其　他　费　用	5 646	5 362	1 349	1 339	1 370	992	18 047	34 835	22 782	39 975
本年新增固定资产	24 520	18 753	48 151	39 312	32 112	28 713	7 602	9 102	45 887	8 670
本年施工的房屋面积(平方米)	45 851	36 020	86 133	56 040	59 373	1 590	360	5 400		52 323
#住　　宅	10 845	18 221	28 321	38 763	22 385					5 076
本年竣工房屋面积(平方米)	29 858	32 207	56 611	44 562	40 981	1 590	360			28 147
#住　　宅	9 011	15 830	9 522	28 285	22 385					5 076
本年竣工房屋价值(万元)	856		2 739	33 069	4 130	699	17			2 454
#住　　宅	314	908	779	2 285	1 864					318

注:2000 年数据包括其他联营,其他有限责任公司等数据。

城镇集体经济固定资产投资

指　　标	1990年	1991年	1992年	1993年	1995年	1996年	1997年	1998年	1999年	2000年
一、项目个数(个)										
本年施工项目	59	40	62	58	53	69	90	70	88	64
＃本年新开工		24	54	48	39	59	73	55	68	48
本年投产项目个数	43	30	44	38	36	51	61	41	53	45
二、投资额和新增固定资产(万元)										
计划总投资	6 040	3 350	4 810	7 343	19 176	16 826	20 198	12 392	23 990	16 227
累计完成投资	4 986	2 575	4 458	5 046	15 901	10 531	14 420	9 912	15 044	11 993
累计新增固定资产	2 993	1 396	3 787	3 396	11 314	7 276	9 789	8 072	8 988	9 096
本年底未完成工程累计投资	1 797	27	29	1 600	4 384	3 022	3 285	1 540	9 251	2 715
本年完成投资	2 870	1 794	3 384	4 451	12 122	8 733	11 056	7 667	13 691	11 273
＃住　　宅	269	244	591	810	1 812	1 028	1 344	2 216	1 560	2 128
按构成分										
1.建筑工程	1 751	1 160	1 943	3 303	6 452	4 123	6 585	5 044	11 492	6 393
2.安装工程	168	106	153	212	1 490	646	948	767	542	969
3.设备、工具器具购置	802	450	1 159	818	3 416	3 581	3 346	1 794	1 593	3 642
4.其他费用	149	78	129	118	764	383	177	62	64	269
按工程用途分										
1.农林牧渔业用	75			310	25	68	1 048			
2.工业建筑业用	1 518	962	1 659	1 764	7 864	6 198	6 340			
3.商业运输邮电业用	457	514	714	1 541	1 976	598	1 403			
5.其　　他	551	74	420	26	445	841	921			
本年新增固定资产	2 442	1 324	3 705	3 246	10 537	7 206	9 687	7 822	9 176	8 875
三、房屋建筑面积(平方米)										
本年施工房屋面积	78 904	38 965	69 657	103 495	121 562	55 782	81 016	83 039	126 198	76 257
＃住　　宅	13 705	8 345	22 775	26 930	46 216	24 107	36 928	48 795	43 973	27 044
本年竣工房屋面积	36 554	19 032	46 459	64 875	73 813	36 448	47 549	52 832	62 470	44 857
＃住　　宅	10 515	5 348	10 543	18 900	34 680	17 595	12 482	29 302	23 015	21 844

注：本表不包括集体所有制房地产开发企业的资料。

农村集体固定资产投资完成情况

项　　目	单　位	1992 年	1993 年	1995 年	1996 年	1997 年	1998 年	1999 年	2000 年
计划总投资	万元	4 419	8 207	58 877	55 533	76 989	48 011		
本年完成投资	万元	3 415	6 228	38 419	40 065	33 989	28 512	4 951	52 467
建筑工程	万元	2 550	3 271	17 712	19 078	17 698	15 912	2 904	27 469
安装工程	万元		160	2 283	2 168	1 146	411	982	1 996
设备购置	万元	865	2 676	16 517	13 703	13 848	11 417	9 96	19 922
其　他	万元		121	1 907	5 116	1 297	772	67	3 080
本年新增固定资产	万元	3 036	4 233	35 078	36 437	29 387	24 524	4 393	52 191
房屋建筑面积									
施工面积	平方米		74 491	233 225	243 059	157 677	373 698	86 000	309 500
#住　宅	平方米		2 800	6 796	24 046	5 817	158 886	11 000	24 000
竣工面积	平方米		49 573	211 147	229 043	83 156	127 036	75 000	294 600
#住　宅	平方米		2 800	6 796	22 726	5 507	2 786	11 000	22 000

按资金来源分的农村集体固定资产

项　　目	单　位	1992 年	1993 年	1995 年	1996 年	1997 年	1998 年	1999 年	2000 年
合　　计	**万元**	**3 415**	**6 228**	**38 419**	**40 065**	**33 989**	**28 512**	**49 518**	**52 467**
国家资金	万元	888	196	1 936	416	134	409	21 647	25 920
国内贷款	万元	513	2 609	19 831	15 450	14 935	9 293	15 494	7 988
引进外资	万元	153			1 642				2 042
自筹资金	万元	1 486	2 726	13 112	17 539	15 610	13 496	7 835	11 826
群众集资	万元	181	193	399	213	1 420	2 402	4 542	4 690
其他资金	万元	194	504	3 141	4 805	1 890	2 912		

按行业及投资项目分的农村集体固定资产投资

单位:万元

指　　标	1992年	1993年	1995年	1996年	1997年	1998年	1999年	2000年
总　　计	**3 415**	**6 228**	**38 419**	**40 065**	**33 989**	**28 512**	**49 518**	**52 467**
一、按国民经济行业(投资方向分)								
1.农、林、牧、渔业	498	74	1 322	4 611	2 213	3 166	6 727	3 141
2.采 掘 业	252	732	2 501	2 015	1 087	1 460	318	1 969
3.制 造 业	1 524	3 739	28 457	27 223	20 546	14 593	3 672	3 896
4.电力 、蒸气、热水生产和供应业			1 030	5	2 846	524	15 156	19 552
5.建　筑　业	38		1 723	25	1 132	2 020	390	164
6.地质勘查业、水利管理业								
7.交通运输、仓储及邮电通信业	5		429	69	752	284		6 465
8.批发和零售贸易、餐饮业	347	1 225	1 395	4 651	3 123	4 896	1 444	2 133
9.金融、保险业	30	30						
10.房地产业	489			52				
11.社会服务业		417	572	949	550	1 420	2 824	454
12.卫生、体育和社会福利业	140		48		13		651	934
13.教育文化艺术及广播电视业	31	11	17	143		5	10 008	8 077
14.科学研究和综合技术服务业					4			
15.国家机关、党政机关和社会团体			556		999			
16.其 他 行 业	61		369	310	724	144	8 327	5 680
二、按具体投资项目分								
1.房　屋							5 682	16 617
#住宅							5 682	1 311
2.道　路							253	6 149
3.桥　梁							68	183
4.设　备							9 967	19 922
5.水　利							5 615	3 081
6.其　他							27 933	6 515

房地产投资额

年　份	投资总额(万元)	#土地开发投资	#商品房屋建设投资	施工面积(万平方米)	#住　宅	商品房实际销售建筑面积(万平方米)	商品房销售额(万元)
1990	3 180		3 180	7.76	7.76	2.56	
1991	3 631		3 631	9.42	6.93	5.38	3 297
1992	5 815		5 815	14.82	12.72	7.31	4 578
1993	13 398	2 123	11 275	18.16	15.09	5.28	4 441
1994	11 937	565	11 372	23.92	20.25	4.31	3 015
1995	22 205	442	13 293	22.60	19.46	10.46	11 350
1996	22 514	1 329	14 681	8.38	5.90	10.34	10 468
1997	24 559	2 453	12 657	63.29	48.24	8.99	10 973
1998	86 549	5 384	51 541	150.13	117.62	12.78	16 225
1999	112 039	5 958	65 076	174.31	131.72	30.74	44 943
2000	134 990	12 430	102 890	218.64	157.70	39.91	49 413

城镇及工矿区私人建房

年　份	建房户数(户)	竣工房屋建筑面积(平方米)	#住　宅	竣工房屋价值(万　元)	#住　宅
1985	4 368	328 508	274 974	2 086	
1986	3 756	323 956	261 410	2 943	2 442
1987	3 531	270 516	238 435	2 095	1 410
1988	3 370	357 357	301 473	2 528	2 379
1989	2 691	297 149	227 280	2 762	2 239
1990	2 426	283 874	227 567	3 178	2 560
1991	2 859	202 891	180 736	2 773	2 423
1992	2 406	195 677	168 830	3 207	2 620
1993	2 225	212 516	176 673	2 955	2 442
1994	2 341	187 401	144 623	4 273	3 415
1995	4 329	384 287	214 638	8 309	4 745
1996	2 918	292 607	252 734	8 774	7 492
1997	4 182	399 247	321 981	13 060	8 805
1998	3 433	278 740	238 184	11 490	7 305
1999	4 206	285 285	237 227	11 637	7 918
2000	7 077	625 626	526 152	22 381	19 182

按登记注册类型及隶属关系

（20

指　　标	总计	内资					
			国有	集体	股　份 合　作	其他有限 责任公司	股份有限 公　　司
一、实收资本合计	189 125	178 710	64 354	5 417	2 100	19 434	34 358
国家资本金	583	583	310			273	
二、年末资产负债情况							
资产总计	262 676	248 902	76 703	8 015	2 100	26 286	69 501
固定资产累计折旧	14 540	14 516	8 176	326		2 677	1 465
#本年折旧	423	408	30	4		25	317
负债总计	129 894	122 610	29 992	2 833	1 600	10 352	49 796
所有者权益合计	132 782	126 292	46 711	5 182	500	15 934	19 705
三、损益情况							
1.经营收入总计	55 580	50 817	10 565	910		3 249	16 498
(1)土地转让收入							
(2)商品房屋销售收入	47 182	42 419	7 157	910		1 794	13 897
#销售给个人	19 814	16 680	2 718	410		595	9 229
商品住宅销售收入	40 820	36 931	6 613	910		1 534	11 557
#销售给个人	18 250	15 941	2 559	410		335	9 049
(3)房屋出租收入	28	28	3				
(4)其他收入	8 370	8 370	3 405			1 455	2 601
2.(1)经营成本	49 725	45 006	9 257	663		3 141	14 092
(2)销售费用	538	518	84	21		29	255
(3)经营税金及附加	1 538	1 462	423	40		87	554
(4)其他业务利润	11	11					
(5)管理费用及财务费用	5 426	4 735	1 266	164		233	1 812
(6)投资收益及营业外收入	210	210	20			43	144
(7)营业外支出	349	341				31	222
3.利润总额	－1 775	－1 024	－445	22		－229	－293

分的房地产开发经营情况

00年）

			港澳台商投资		外商投资			按隶属关系分	
私营有限责任公司	私营股份有限公司	个体户	合作经营	独资	合资经营	合作经营	独资	中央	地方
39 647	13 400	596	3 507	2 080	1 427	6 908	6 312	110	189 015
								110	473
48 139	18 158	934	6 728	4 910	1 818	7 046	6 312	526	262 150
1 872			19	18	1	5	5	15	14 525
32			10	9	1	5	5	4	419
18 439	9 598	555	2 968	2 557	411	4 316	3 761	405	129 489
29 700	8 560	179	3 760	2 353	1 407	2 730	2 551	121	132 661
17 929	1 666	1 957	1 377	1 377		3 386	1 429	1 186	54 394
17 191	1 470	1 957	1 377	1 377		3 386	1 429		47 182
3 728		1 957	1 177	1 177		1 957			19 814
15 576	741	1132	1 328	1 328		2 561	1 429		40 820
3 588		1 132	1 177	1 177		1 132			18 250
25									28
713	196							1 186	7 184
16 354	1 499	1 958	1 375	1 375		3 344	1 386	1 066	48 659
123	6		6	6		14	14		538
286	72	32	16	16		60	28	5	1 533
11									11
1 176	84	130	270	270		421	291	40	5 386
3									210
80	8					8	8		349
−76	−3	−163	−290	−290		−461	−298	75	−1 850

商品房屋销售与出租情况

（2000 年）

指　标　名　称	单　位	实际销售	预　　售	空　　置	出　　租	实际销售额（万　元）
房屋面积合计	平方米	399 083	148 297	140 705	3 627	49 413
#外销(租)	平方米	5 000				400
#个人	平方米	167 517	110 487			21 501
1.住　　宅	平方米	368 407	137 113	125 643		41 847
#别墅、高档公寓	平方米					
#安居工程	平方米	86 596	84 092	14 227		7 024
#个　人	平方米	158 756	60 109			19 488
2.办公楼	平方米	3 700	1 600	140	3 627	1 395
3.商业营业用房	平方米	24 955	9 584	10 315		5 633
4.其　他	平方米	2 021		4 607		538

房地产开发施工、竣工价值

（2000 年）

指　标　名　称	单　位	施工面积	#新开工	竣工面积	竣工房屋价值（万　元）
房屋建筑面积合计	平方米	2 186 391	1 278 846	742 551	74 089
按用途分：					
1.住　　宅	平方米	1 576 955	964 450	590 779	47 117
#别墅、高档公寓	平方米				
#安居工程	平方米	378 851	255 172	198 058	15 437
2.办公楼	平方米	143 368	75 081	69 075	14 353
3.商业营业用房	平方米	436 664	214 030	77 336	12 117
4.其　他	平方米	29 404	25 285	5 361	502

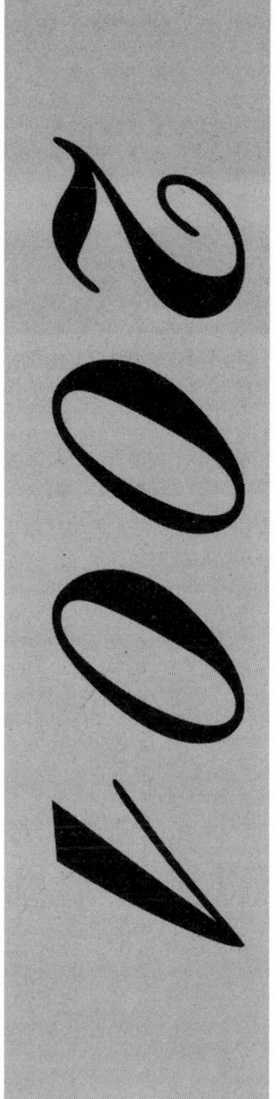

QHTJNJ

能源消费与构成

Consumption of Energy and the Composition

QINGHAI STATISTICAL YEARBOOK

能源终端消费构成（%）

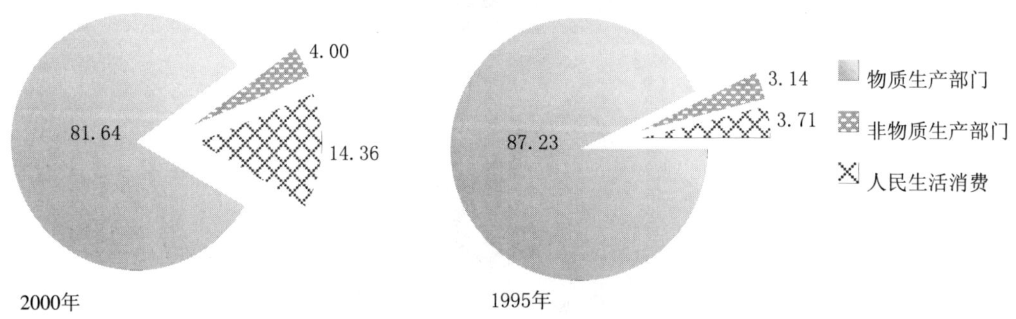

能源生产消费情况（万吨标准煤）

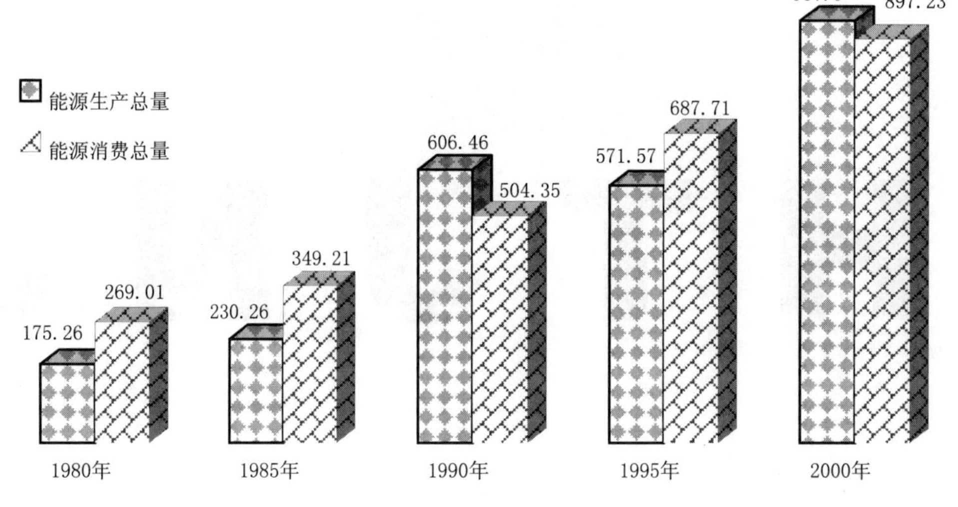

能源自给率（%）

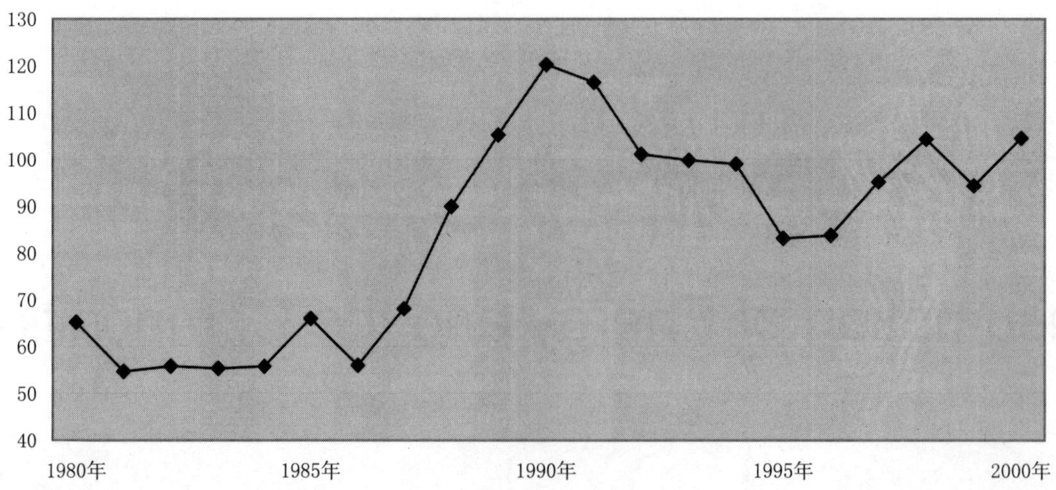

一次能源生产总量和构成

年　份	能源生产总量（万吨标准煤）	占能源生产总量的（%）			
		原　煤	原　油	天然气	水　电
1980	175.26	83.85	12.27	0.58	3.30
1985	230.26	84.30	12.35	0.26	3.08
1990	606.46	32.28	19.08	1.02	47.62
1991	552.26	31.82	26.39	1.65	40.14
1992	504.85	34.32	30.00	1.25	34.43
1993	559.17	25.29	27.69	1.00	46.01
1994	619.47	26.12	26.06	1.31	46.50
1995	571.57	29.74	30.41	1.36	38.49
1996	584.71	35.34	33.32	2.49	28.85
1997	672.89	28.79	34.02	3.97	33.22
1998	771.00	24.90	32.63	4.22	38.25
1999	885.89	23.00	30.57	4.76	41.67
2000	937.90	16.79	30.46	5.06	47.69

能源消费总量和构成

年　份	能源消费总量（万吨标准煤）	构　成（%）			
		煤　炭	石　油	天然气	水　电
1980	269.01	63.50	16.04	0.38	19.99
1985	349.21	62.23	12.57	0.14	25.03
1990	504.35	51.54	12.47	1.03	32.97
1991	474.29	44.08	11.25	2.24	42.43
1992	499.29	42.53	7.80	1.85	47.82
1993	559.98	38.57	8.69	1.00	51.74
1994	625.38	40.27	8.24	1.30	50.19
1995	687.71	41.64	8.42	1.13	48.81
1996	698.25	40.75	8.57	2.07	48.61
1997	706.78	45.45	19.15	3.77	31.63
1998	738.88	39.78	17.92	4.40	37.90
1999	938.68	37.29	16.84	4.38	41.49
2000	897.23	30.18	18.96	4.83	46.03

注：煤炭消费量所占比重包括热力、焦炭等。

分行业终端能源消费总量和构成

分　类	2000年		1999年	
	消费总量（万吨标准煤）	构成（%）	消费总量（万吨标准煤）	构成（%）
消　费　总　量	**874.53**	**100.00**	**908.59**	**100.00**
一、物质生产部门	**713.91**	**81.64**	**735.98**	**80.99**
（一）农、林、牧、水利业	12.95	1.48	14.11	1.55
（二）工业	648.02	74.10	668.17	73.53
轻工业	19.41	2.22	18.90	2.08
重工业	628.61	71.88	649.27	71.45
1.采掘业	81.01	9.26	71.96	7.92
煤炭采选业	2.85	0.32	4.07	0.45
石油和天然气开采业	71.23	8.14	58.94	6.49
黑色金属矿采选业	0.02	…	0.01	…
有色金属矿采选业	3.49	0.40	4.21	0.46
非金属矿采选业	2.67	0.31	4.52	0.50
其他矿采选业	0.68	0.08	0.17	0.02
木材及竹材采运业	0.07	0.01	0.04	…
2.制造业	442.57	50.61	424.22	46.69
食品加工业	2.31	0.26	3.03	0.33
食品制造业	0.72	0.08	0.72	0.08
饮料制造业	2.77	0.32	2.77	0.30
烟草加工业	0.17	0.02	0.21	0.02
纺织业	3.25	0.37	4.15	0.46
服装及其他纤维制品业	0.55	0.06	0.45	0.05
皮革、毛皮、羽绒及其制品业	0.09	0.01	0.21	0.02
木材加工及竹、藤、棕、草制品业				
家俱制造业	0.08	0.01	0.08	…
造纸及纸制品业	0.89	0.10	0.85	0.09
印刷业、记录媒介的复制	0.25	0.03	0.24	0.03

分行业终端能源消费总量和构成(续)

分　类	2000年		1999年	
	消费总量(万吨标准煤)	构成(%)	消费总量(万吨标准煤)	构成(%)
文教体育用品制造业	0.03	…	0.03	…
石油加工及炼焦业	0.67	0.08	1.24	0.14
化学原料及化学品制造业	21.36	2.44	24.05	2.64
医药制造业	1.53	0.18	1.06	0.12
橡胶制品业	0.03	…	0.03	…
塑料制造业	0.03	…	0.03	…
非金属矿物制品业	40.71	4.66	32.30	3.55
黑色金属冶炼及压延加工业	155.05	17.73	138.58	15.25
有色金属冶炼及压延加工业	199.33	22.79	190.95	21.02
金属制品业	3.15	0.36	3.63	0.40
普通机械制造业	3.70	0.42	12.78	1.41
专用设备制造业	0.45	0.05	0.93	0.10
交通运输设备制造业	1.55	0.19	2.14	0.24
电气机械及器材制造业	0.26	0.03	0.29	0.03
电子及通信设备制造业	0.07	0.01	0.09	0.01
仪器仪表、文化办公用机械制造业	0.15	0.02	0.20	0.02
其他制造业	3.42	0.39	3.07	0.34
3.电力、煤气及水生产和供应业	124.44	14.23	171.93	18.92
电力、蒸气、热水的生产供应业	122.09	13.96	169.75	18.68
煤气生产和供应业	0.14	0.02	0.21	0.02
自来水的生产和供应业	2.21	0.25	1.96	0.22
(三)建筑业	12.91	1.48	15.31	1.68
(四)交通运输、仓储及邮电通讯业	30.50	3.49	28.81	3.17
(五)批发和零售贸易业、餐饮业	9.53	1.09	9.64	1.06
二、非物质生产部门	**35.00**	**4.00**	**38.78**	**4.27**
三、人民生活消费	**125.62**	**14.36**	**133.73**	**14.72**

注:本表各行业均不包括中间消费及损失量。

分行业原煤消费量和构成

分　　类	2000年		1999年	
	消费量（万吨）	构　成（%）	消费量（万吨）	构　成（%）
消　　费　　总　　量	**330.38**	**100.00**	**435.30**	**100.00**
一、物质生产部门	**210.63**	**63.76**	**294.73**	**67.71**
（一）农、林、牧、水利业	4.10	1.24	4.00	0.92
（二）工业	187.54	56.78	273.94	62.93
轻工业	12.19	3.70	14.38	3.30
重工业	175.35	53.08	259.56	59.63
1.采掘业	3.33	1.02	7.27	1.67
煤炭采选业	1.91	0.58	3.57	0.82
石油和天然气开采业	0.38	0.12	0.50	0.11
黑色金属矿采选业	0.01	…		
有色金属矿采选业	0.88	0.27	1.62	0.37
非金属矿采选业	0.15	0.05	1.58	0.36
其他矿采选业				
木材及竹材采运业				
2.制造业	78.93	23.89	86.54	19.88
食品加工业	1.40	0.42	2.72	0.62
食品制造业	0.75	0.23	0.80	0.18
饮料制造业	3.35	1.01	3.44	0.79
烟草加工业			0.10	0.02
纺织业	2.27	0.69	3.36	0.77
服装及其他纤维制品业	0.72	0.22	0.58	0.13
皮革、毛皮、羽绒及其制品业	0.08	0.02	0.25	0.06
木材加工及竹、藤、棕、草制品业				
家俱制造业	0.01	…	0.01	…
造纸及纸制品业	0.72	0.22	0.72	0.17
印刷业、记录媒介的复制	0.11	0.03	0.12	0.03

分行业原煤消费量和构成(续)

分　　类	2000年		1999年	
	消费量（万吨）	构　成（%）	消费量（万吨）	构　成（%）
文教体育用品制造业				
石油加工及炼焦业	0.14	0.04		
化学原料及化学品制造业	14.89	4.51	19.45	4.47
医药制造业	1.83	0.55	1.18	0.27
橡胶制品业				
塑料制造业				
非金属矿物制品业	37.22	11.27	28.25	6.49
黑色金属冶炼及压延加工业	8.15	2.47	12.54	2.88
有色金属冶炼及压延加工业	2.82	0.85	3.52	0.81
金属制品业	0.57	0.17	0.90	0.21
普通机械制造业	1.07	0.32	5.10	1.17
专用设备制造业	0.57	0.17	0.61	0.14
交通运输设备制造业	1.31	0.40	1.51	0.35
电气机械及器材制造业	0.26	0.08	0.36	0.08
电子及通信设备制造业	0.06	0.02	0.12	0.03
仪器仪表、文化办公用机械制造业	0.21	0.06	0.28	0.06
其他制造业	0.42	0.13	0.62	0.14
3.电力、煤气及水生产和供应业	105.28	31.87	180.13	41.38
电力、蒸气、热水的生产供应业	104.75	31.71	179.65	41.27
自来水的生产和供应业	0.53	0.16	0.48	0.11
(三)建筑业	2.26	0.68	2.20	0.51
(四)交通运输、仓储及邮电通讯业	12.73	3.85	10.64	2.44
(五)批发和零售贸易业、餐饮业	4.00	1.21	3.95	0.91
二、非物质生产部门	**21.35**	**6.46**	**21.57**	**4.95**
三、人民生活消费	**98.40**	**29.78**	**119.00**	**27.34**

注:本表各行业均不包括损失量。

分行业汽油消费量和构成

分　　类	2000年		1999年	
	消费量（万吨）	构　成（%）	消费量（万吨）	构　成（%）
消　　费　　总　　量	**16.12**	**100.00**	**17.43**	**100.00**
一、物质生产部门	**12.92**	**80.15**	**13.43**	**77.05**
(一)农、林、牧、水利业	1.50	9.31	1.50	8.61
(二)工业	2.71	16.81	2.86	16.41
轻工业	0.14	0.87	0.19	1.09
重工业	2.57	15.94	2.67	15.32
1.采掘业	1.14	7.07	1.00	5.74
煤炭采选业	0.04	0.25	0.06	0.34
石油和天然气开采业	0.87	5.40	0.62	3.56
黑色金属矿采选业	0.01	0.06	0.01	0.06
有色金属矿采选业	0.05	0.31	0.08	0.46
非金属矿采选业	0.17	1.05	0.22	1.26
其他矿采选业				
木材及竹材采运业			0.01	0.06
2.制造业	1.54	9.55	1.82	10.44
食品加工业	0.02	0.13	0.04	0.23
食品制造业	0.01	0.06	0.01	0.06
饮料制造业	0.03	0.19	0.04	0.23
烟草加工业				
纺织业	0.01	0.06	0.02	0.11
服装及其他纤维制品业	0.01	0.06	0.01	0.06
皮革、毛皮、羽绒及其制品业				
木材加工及竹、藤、棕、草制品业				
家俱制造业				
造纸及纸制品业	0.01	0.06		
印刷业、记录媒介的复制			0.01	0.06

分行业汽油消费量和构成(续)

分　类	2000年		1999年	
	消费量（万吨）	构　成（%）	消费量（万吨）	构　成（%）
文教体育用品制造业				
石油加工及炼焦业				
化学原料及化学制造业	0.19	1.18	0.20	1.15
医药制造业	0.01	0.06	0.01	0.06
橡胶制品业				
塑料制造业				
非金属矿物制品业	0.13	0.81	0.10	0.57
黑色金属冶炼及压延加工业	0.98	6.08	1.07	6.14
有色金属冶炼及压延加工业	0.06	0.37	0.08	0.46
金属制品业	0.01	0.06	0.03	0.17
普通机械制造业	0.01	0.06	0.05	0.29
专用设备制造业	0.01	0.06	0.04	0.23
交通运输设备制造业	0.02	0.12	0.07	0.40
电气机械及器材制造业				
电子及通信设备制造业				
仪器、仪表、文化办公用机械制造业				
其他制造业	0.03	0.19	0.04	0.23
3.电力、煤气及水生产和供应业	0.03	0.19	0.04	0.23
电力、蒸气、热水的生产供应业	0.02	0.13	0.03	0.17
煤气生产和供应业				
自来水的生产和供应业	0.01	0.06	0.01	0.06
(三)建筑业	2.51	15.57	2.51	14.40
(四)交通运输、仓储及邮电通讯业	4.30	26.67	4.86	27.88
(五)批发和零售贸易业、餐饮业	1.90	11.79	1.70	9.75
二、非物质生产部门	**3.20**	**19.85**	**4.00**	**22.95**
三、人民生活消费				

注:本表各行业均不包括损失量。

分行业电力消费量和构成

分　　类	2000年		1999年	
	消　费　量（亿千瓦时）	构　成（%）	消　费　量（亿千瓦时）	构　成（%）
消　　费　　总　　量	**109.90**	**100.00**	**101.05**	**100.00**
一、物质生产部门	**102.58**	**93.34**	**95.15**	**94.16**
(一)农、林、牧、水利业	1.39	1.27	1.66	1.64
(二)工业	98.12	89.28	89.92	88.98
轻工业	2.42	2.20	1.97	1.94
重工业	95.70	87.08	87.95	87.04
1.采掘业	2.72	2.47	2.37	2.35
煤炭采选业	0.33	0.30	0.32	0.32
石油和天然气开采业	1.23	1.12	1.00	0.99
黑色金属矿采选业				
有色金属矿采选业	0.65	0.59	0.54	0.53
非金属矿采选业	0.33	0.30	0.46	0.46
其他矿采选业	0.16	0.14	0.04	0.04
木材及竹材采运业	0.02	0.02	0.01	…
2.制造业	83.62	76.09	77.37	76.55
食品加工业	0.30	0.27	0.24	0.24
食品制造业	0.04	0.03	0.03	0.03
饮料制造业	0.08	0.07	0.06	0.06
烟草加工业	0.04	0.03	0.03	0.03
纺织业	0.39	0.36	0.41	0.41
服装及其他纤维制品业	0.01	0.01	0.01	…
皮革、毛皮、羽绒及其制品业	0.01	0.01	0.01	…
木材加工及竹、藤、棕、草制品业				
家俱制造业	0.02	0.02	0.02	0.02
造纸及纸制品业	0.09	0.08	0.08	0.08
印刷业、记录媒介的复制	0.04	0.03	0.03	0.03

分行业电力消费量和构成(续)

分　类	2000年		1999年	
	消　费　量 (亿千瓦时)	构　成 (%)	消　费　量 (亿千瓦时)	构　成 (%)
石油加工及炼焦业	0.14	0.13	0.29	0.29
化学原料及化学品制造业	2.38	2.17	2.20	2.18
医药制造业	0.05	0.05	0.05	0.05
文教体育用品制造业	0.01	0.01	0.01	…
橡胶制品业	0.01	0.01	0.01	…
塑料制造业	0.01	0.01	0.01	…
非金属矿物制品业	2.90	2.64	2.63	2.60
黑色金属冶炼及压延加工业	27.52	25.04	24.28	24.03
有色金属冶炼及压延加工业	47.32	43.06	44.41	43.95
金属制品业	0.64	0.58	0.59	0.58
普通机械制造业	0.70	0.64	1.04	1.03
专用设备制造业	0.01	0.01	0.10	0.10
交通运输设备制造业	0.14	0.13	0.21	0.21
电气机械及器材制造业	0.02	0.02	0.01	…
电子及通信设备制造业	0.01	0.01		
仪器仪表、文化办公用机械制造业				
其它制造业	0.74	0.67	0.61	0.60
3.电力、煤气及水生产和供应业	11.78	10.72	10.18	10.08
电力、蒸气、热水的生产供应业	11.31	10.29	9.75	9.65
煤气生产和供应业	0.03	0.03	0.05	0.05
自来水的生产和供应业	0.44	0.40	0.38	0.38
(三)建筑业	0.74	0.67	1.35	1.34
(四)交通运输、仓储及邮电通讯业	1.43	1.30	1.33	1.32
(五)批发和零售贸易业、餐饮业	0.91	0.83	0.89	0.88
二、非物质生产部门	**2.85**	**2.59**	**3.41**	**3.37**
三、人民生活消费	**4.47**	**4.07**	**2.49**	**2.46**

注:本表各行业均不包括损失量。

平均每万元工业总产值能源消费量

单位:吨/万元

分　　类	2000年	1999年
消　费　总　量	**6.34**	**6.94**
轻工业	1.29	1.28
重工业	7.18	7.91
1.采掘业	4.54	5.21
煤炭采选业	3.78	5.75
石油和天然气开采业	6.57	7.75
黑色金属矿采选业	0.67	0.25
有色金属矿采选业	0.66	1.00
非金属矿采选业	1.18	2.37
其他矿采选业		
木材及竹材采运业		4.00
2.制造业	5.82	5.76
食品加工业	1.05	1.17
食品制造业	2.57	1.22
饮料制造业	1.34	1.55
烟草加工业		
纺织业	1.67	1.80
服装及其他纤维制品业	1.17	0.79
皮革、毛皮、羽绒及其制品业	0.53	1.17
木材加工及竹、藤、棕、草制品业		
家俱制造业	8.00	4.00
造纸及纸制品业	2.47	2.58
印刷业、记录媒介的复制	1.04	0.73

平均每万元工业总产值能源消费量(续)

单位:吨/万元

分　类	2000 年	1999 年
文教体育用品制造业		
石油加工及炼焦业	8.38	3.88
化学原料及化学品制造业	2.05	2.94
医药制造业	0.62	0.84
化学纤维制造业		
橡胶制品业		3.00
塑料制造业	0.60	
非金属矿物制品业	7.32	6.74
黑色金属冶炼及压延加工业	10.52	11.53
有色金属冶炼及压延加工业	7.13	6.96
金属制品业	2.48	2.07
普通机械制造业	2.57	3.29
专用设备制造业	0.90	1.45
交通运输设备制造业	1.10	1.35
武器弹药制造业		
电气机械及器材制造业	0.14	0.74
电子及通信设备制造业	0.58	0.53
仪器仪表、文化办公用机械制造业	0.31	0.39
其他制造业	3.49	2.21
3.电力、煤气及水生产和供应业	12.44	16.25
电力、蒸气、热水的生产供应业	12.56	16.49
自来水的生产和供应业	7.13	6.32

注:工业总产值为 1990 年不变价。

能 源 自 给 率

单位:万吨标准煤

年　　份	能源生产总量	能源消费总量	能源自给率(%)
1980	175.26	269.01	65.15
1985	230.26	349.21	65.94
1990	606.46	504.35	120.24
1991	552.26	474.29	116.44
1992	504.85	499.29	101.11
1993	559.17	559.98	99.85
1994	619.47	625.38	99.05
1995	571.57	687.71	83.11
1996	584.71	698.25	83.74
1997	672.89	706.78	95.21
1998	771.00	738.88	104.35
1999	885.89	938.68	94.38
2000	937.90	897.23	104.53

2007

QHTJNJ

地方财政

Financial of Local Governments

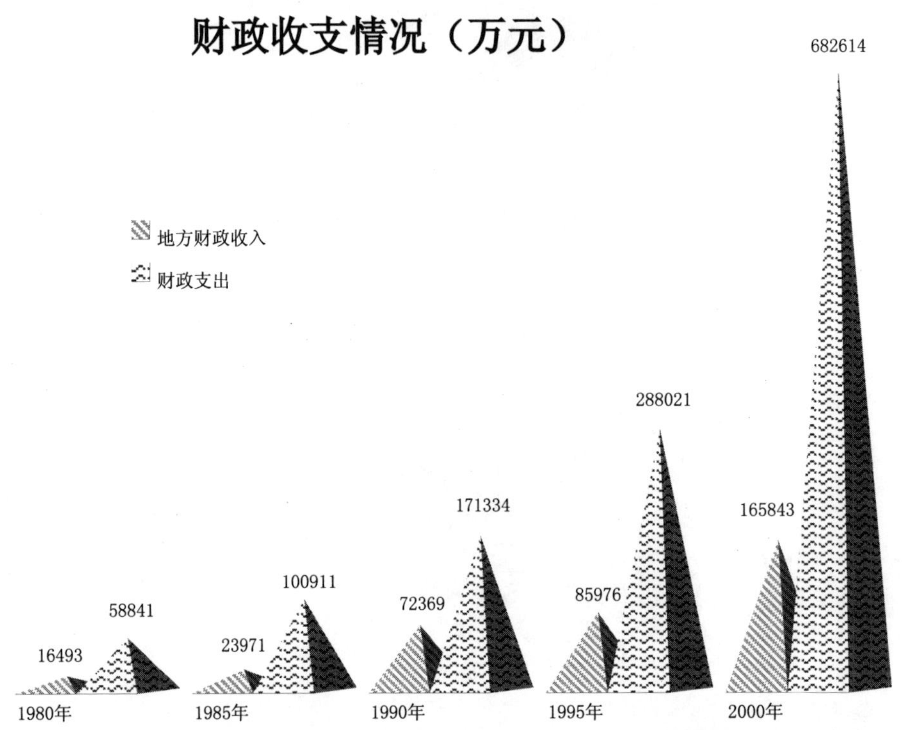

财政支出构成(%)

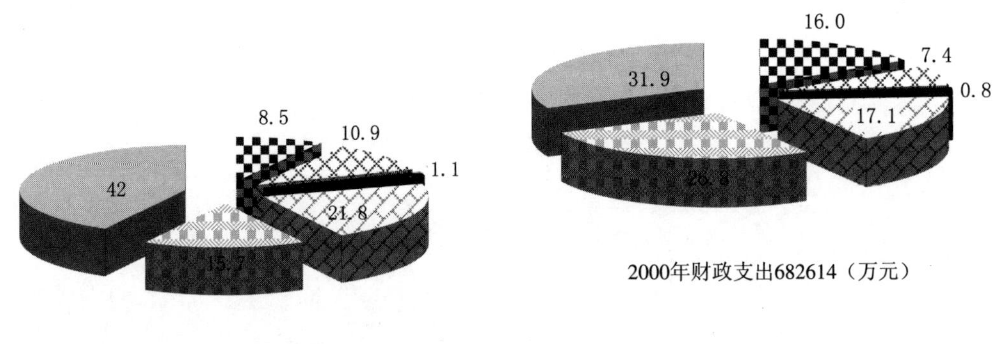

1990年财政支出171334（万元）

基本建设 支援农业 科技三项费用 文教科学卫生事业费 行政管理 其他

主要年份财政收支情况

单位:万元、%

年　份	收入合计	地方财政收入	国家财政补助及其他收入	支出合计	地方财政收入	
					占收入合计比重	占支出合计比重
1952	2 937.7	957.6	1 980.1	1 830.3	32.6	52.3
1957	16 358.0	6 170.7	10 187.3	16 211.7	37.7	38.1
1965	17 584.8	10 576.8	7 008.0	18 738.4	60.1	56.4
1970	26 228.2	11 974.7	14 253.5	27 105.4	45.7	44.2
1975	47 928.4	20 478.4	27 450.0	45 173.1	42.7	45.3
1978	70 300.9	29 040.2	41 260.7	68 010.4	41.3	42.7
1980	63 683.6	16 492.6	47 191.0	58 841.3	25.9	28.0
1985	105 052.6	23 970.9	81 081.7	100 911.1	22.8	23.8
1986	123 874.9	32 112.1	91 762.8	122 230.6	25.9	26.3
1987	141 024.5	40 088.1	100 936.4	122 554.6	28.4	32.7
1988	143 165.1	50 684.0	92 481.1	142 801.7	35.4	35.5
1989	162 835.6	66 906.3	95 929.3	156 668.3	41.1	42.7
1990	169 744.8	72 369.4	97 375.4	171 334.2	42.6	42.2
1991	184 729.0	87 908.0	96 821.0	182 272.0	47.6	48.2
1992	179 833.0	81 558.0	98 275.0	186 197.0	45.4	43.8
1993	215 325.0	113 682.0	101 643.0	225 395.0	52.8	50.4
1994	241 980.0	70 074.0	171 906.0	253 649.0	29.0	28.0
1995	276 662.0	85 976.0	190 686.0	288 021.0	31.1	29.9
1996	314 159.0	95 798.0	218 361.0	327 145.0	30.5	29.3
1997	353 100.0	109 200.0	243 900.0	364 713.0	30.9	29.9
1998	457 668.0	127 718.0	329 950.0	440 914.0	27.9	29.0
1999	667 176.0	141 736.0	525 440.0	557 191.0	21.2	25.4
2000	813 082.0	165 843.0	647 239.0	682 614.0	20.4	24.3

注:1.1992年财政收支为调整后口径。
2.1994年以后的数字是按照财税体制改革后的口径计算的。

财政收支情况

（2000年）　　单位:万元

收　　入	金　额	支　　出	金　额
一、增值税	29 822	一、基本建设支出	109 123
二、营业税	41 495	二、企业挖潜改造资金	12 296
三、企业所得税	22 246	三、地质勘探费	5 341
四、企业所得税退税	-6 387	四、科技三项费用	5 516
五、个人所得税	7 141	五、流动资金	
六、资源税	3 706	六、支援农村生产支出	12 663
七、固定资产投资方向调节税	1 952	七、农业综合开发支出	7 428
八、城市维护建设税	10 483	八、农林水利气象等部门的事业费	30 192
九、房产税	6 242	九、工业交通等部门的事业费	8 532
十、印花税	874	十、流通部门事业费	597
十一、城镇土地使用税	897	十一、文体广播事业费	13 867
十二、土地增值税	40	十二、教育事业费	72 712
十三、车船使用税	395	十三、科学事业费	1 918
十四、屠宰税	1 366	十四、卫生经费	28 220
十五、筵席税		十五、税务统计财政审计等部门事业费	24 213
十六、农业税	4 230	十六、抚恤和社会福利救济费	14 014
十七、农业特产税	2 113	十七、行政事业单位离退休经费	78 829
十八、牧业税	4 635	十八、社会保障补助支出	82 051
十九、耕地占用税	380	十九、国防支出	512
二十、契税	1 163	二十、行政管理费	67 060
二十一、国有资产经营收益	6 852	二十一、外交外事支出	489
二十二、国有企业计划亏损补贴	-374	二十二、武装警察部队支出	783
二十三、行政性收费收入	4 847	二十三、公检法司支出	37 208
二十四、罚没收入	4 183	二十四、城市维护费	6 067
二十五、土地和海域有偿使用收入	370	二十五、政策性补贴支出	16 791
二十六、专项收入	7 307	二十六、支援不发达地区支出	29 913
二十七、其他收入	9 865	二十七、土地和海域开发建设支出	50
收入合计	**165 843**	二十八、专项支出	4 708
中央补助收入	551 409	二十九、其他支出	11 521
税收返还补助	66 902	三十、总预备费	
原体制补助	95 607	**支出合计**	**682 614**
专项补助	168 776	上解中央支出	4 868
转移支付补助	66 958	国债转贷收入安排的支出	48 860
增加工资中央补助	22 786	国债转贷收入结余	22 500
增发国债补助	90 299	年终滚存结余	53 932
各项结算补助	28 441	减:结转下年的支出	118 446
调整收入任务增加或减少补助	1 708	净结余	-64 514
其他补助	9 932	**总　　计**	**813 082**
国债转贷收入	42 000		
国债转贷资金上年结余	29 360		
上年结余收入	22 741		
调入其他资金	1 729		
总　　计	**813 082**		

各时期地方财政收入主要项目

单位:万元

时期(年份)	财政收入合计	企业收入	#国有企业所得税和调节税	各项税收	工商税收	农牧业税	其他
“恢复”时期	**1 358**	**168**		**779**	**656**	**123**	**411**
1952年	958	128		430	430		400
“一五”时期	**18 879**	**3 315**		**14 070**	**9 608**	**4 462**	**1 494**
1953年	1 061	227		560	453	107	274
1957年	6 171	1 169		4 551	3 329	1 222	451
“二五”时期	**84 133**	**45 598**		**30 410**	**24 586**	**58 240**	**8 125**
“三年”调整	**29 813**	**9 241**		**15 679**	**12 627**	**3 051**	**4 893**
1965年	10 577	3 394		5 628	4 586	1 042	1 516
“三五”时期	**50 247**	**14 925**		**30 938**	**24 350**	**6 588**	**4 384**
1970年	11 975	4 033		7 478	5 946	1 532	464
“四五”时期	**76 897**	**19 614**		**55 626**	**48 019**	**7 607**	**1 657**
1975年	20 478	6 314		13 887	12 316	1 571	277
“五五”时期	**106 032**	**18 866**		**80 348**	**72 906**	**7 442**	**6 818**
1978年	29 040	9 361		17 322	15 734	1 588	393
1980年	16 493	-1 803		16 679	15 384	1 295	471
“六五”时期	**79 583**	**-31 663**	**27 226**	**103 440**	**96 503**	**6 937**	**7 806**
1985年	23 971	-6 666	11 051	29 561	28 031	1 530	1 076
“七五”时期	**262 159**	**-23 221**	**54 199**	**258 095**	**246 002**	**12 093**	**27 285**
1986年	32 112	-3 267	9 877	33 798	32 110	1 688	1 581
1990年	72 369	-6 336	9 603	67 833	64 553	3 280	10 872
“八五”时期	**439 198**	**-20 180**	**39 339**	**398 643**	**369 399**	**29 244**	**60 735**
1991年	87 908	-2 981	10 804	71 741	68 419	3 322	19 148
1995年	85 976	-1 379	7 007	73 313	64 477	8 836	14 042
“九五”时期	**640 295**	**41 413**	**62 402**	**491 057**	**430 528**	**60 529**	**107 825**
1996年	95 798	-2 381	5 991	80 826	69 519	11 307	17 353
1997年	109 200	3 659	8 824	89 154	76 885	12 269	16 387
1998年	127 718	5 677	11 939	97 514	84 146	13 368	24 503
1999年	141 736	12 121	13 402	106 629	95 565	11 064	22 986
2000年	165 843	22 337	22 246	116 934	104 413	12 521	26 572

注:1.企业收入系企业所得税,国有企业上缴利润,国有企业计划亏损补贴及所得税退税之和。

2.各项税收按1988年口径整理,工商税收中包括盐税、建筑税等。农牧业税中包括耕地占用税和契税。

3.国家从1994年起取消调节税。

各时期财政支出主要项目

单位:万元

时期(年份)	财政支出 合　　计	基本建设 支　　出	支援农业 支　　出	科技三项 费　　用	文教科学 卫生事业费	行　政 管理费	其　他
“恢复”时期	**3 383**	**630**	**203**		**464**	**1 941**	**145**
1952 年	1 830	415	107		309	786	123
“一五”时期	**49 514**	**20 607**	**3 558**		**5 538**	**12 383**	**7 428**
1953 年	3 848	888	270		754	1 703	233
1957 年	16 212	6 932	1 035		1 769	3 278	3 198
“二五”时期	**197 238**	**90 089**	**22 194**	**1 229**	**14 512**	**24 145**	**45 069**
“三年”调整	**48 594**	**15 627**	**7 072**	**1 320**	**7 598**	**9 924**	**7 053**
1965 年	18 738	7 527	2 422	481	2 652	3 191	2 946
“三五”时期	**104 601**	**51 806**	**10 299**	**1 560**	**13 291**	**14 095**	**13 550**
1970 年	27 105	13 886	1 939	643	2 817	2 983	4 837
“四五”时期	**209 602**	**81 257**	**18 636**	**5 263**	**25 417**	**21 283**	**57 746**
1975 年	45 173	16 248	5 308	1 151	5 987	4 614	11 865
“五五”时期	**295 403**	**98 011**	**43 906**	**4 339**	**43 893**	**29 229**	**76 025**
1978 年	68 011	23 422	9 738	926	9 105	5 598	19 222
1980 年	58 841	17 884	9 816	826	11 006	7 734	11 575
“六五”时期	**384 186**	**79 049**	**55 485**	**5 549**	**90 795**	**53 625**	**99 683**
1985 年	100 911	22 187	11 968	1 515	23 641	13 079	28 521
“七五”时期	**715 590**	**87 184**	**82 406**	**9 925**	**160 574**	**103 070**	**272 431**
1986 年	122 231	21 171	15 409	2 01	27 114	15 718	40 618
1990 年	171 334	14 623	18 682	1 941	37 364	26 882	71 842
“八五”时期	**1 135 534**	**81 204**	**118 474**	**11 322**	**283 225**	**210 644**	**430 665**
1991 年	182 272	15 794	22 382	2 372	40 249	21 885	79 590
1995 年	288 021	17 590	25 864	2 277	76 644	61 016	104 630
“九五”时期	**2 372 577**	**243 227**	**191 011**	**16 059**	**500 845**	**661 590**	**759 845**
1996 年	327 145	15 465	30 202	2 102	90 186	78 157	111 033
1997 年	364 713	18 037	29 171	2 223	87 408	109 008	118 866
1998 年	440 914	29 811	38 139	2 303	99 808	136 233	134 620
1999 年	557 191	70 791	43 216	3 915	106 726	155 095	177 448
2000 年	682 614	109 123	50 283	5 516	116 717	183 097	217 878

注:1.支援农业支出中包括农业生产支出和农林等部门事业费及农业综合开发支出。

2.行政管理费中包括公检法支出和行政事业离退休经费类。

各时期财政用于农业部门的主要项目支出

单位:万元

时期(年份)	合　计	支援农业支　出	基本建设支　出	挖潜改造资　金	科　技三项费用	流　动资　金	简　易建筑费
“恢复”时期	226	203	23				
“一五”时期	7 516	3 558	3 752			206	
“二五”时期	51 320	22 194	27 462		10	1 654	
“三年”调整	10 709	7 072	3 416	…	83	138	
“三五”时期	19 069	10 299	8 014	6	46	704	
“四五”时期	33 380	18 636	13 521			1 223	
“五五”时期	66 890	43 906	19 763	203	1 539	1 479	
“六五”时期	66 591	55 485	9 282	97	1 530	197	
“七五”时期	98 201	82 405	13 406	60	2 330		
“八五”时期	129 749	118 474	8 211	642	2 421		
“九五”时期	259 602	191 011	63 306	376	4 889		20
1996 年	33 272	30 202	2 370	3	697		
1997 年	32 771	29 171	3 175	174	251		
1998 年	45 483	38 139	6 205	34	1 085		20
1999 年	61 341	43 216	16 849		1 276		
2000 年	86 735	50 283	34 707	165	1 580		

注:1.农业指农林牧水利等部门。

2.因历史资料限制,支援农业支出中包括支援农业生产支出和农林等部门事业费及农业综合开发支出。

各时期财政用于工、交、商部门的主要项目支出

单位:万元

时期(年份)	合　计	工交商事业费	基本建设支　出	挖潜改造资　金	科　技三项费用	流　动资　金	简　易建筑费
“恢复”时期	358	4	349			5	
“一五”时期	15 467	4 659	9 839			969	
“二五”时期	64 501	13 527	50 077		770	127	
“三年”调整	9 034	1 523	6 402	28	1 066	15	
“三五”时期	13 265	3 092	8 664	266	518	725	
“四五”时期	77 632	6 081	54 853			16 698	
“五五”时期	83 896	8 930	52 099	8 800	2 042	12 025	
“六五”时期	51 496	11 781	21 169	13 288	2 097	3 161	
“七五”时期	61 042	9 827	26 370	19 465	5 380		
“八五”时期	127 939	24 879	16 781	79 232	6 842	205	
“九五”时期	126 093	42 613	31 362	44 160	7 019	68	871
1996 年	21 890	7 938	1 506	11 096	1 295	55	
1997 年	22 474	9 690	985	10 275	1 519	5	
1998 年	18 242	7 740	1 412	7 407	804	8	871
1999 年	26 111	8 116	5 165	10 364	2 466		
2000 年	37 376	9 129	22 294	5 018	935		

注:本表包括用于工业、建工、交通邮电和商业部门支出。

主要年份文教卫生科学部门事业费

单位:万元

年 份	合 计	文 化	教 育	卫 生	科 学	广播电视	体 育	文物出版计生档案等
1952	308.7	26.3	111.1	93.4		9.2		68.7
1957	1 768.6	158.3	934.0	364.1	27.3	32.1	14.3	238.5
1965	2 652.3	255.7	1 270.5	960.7	37.7	58.0	65.8	5.1
1970	2 817.1	265.4	1 252.6	1 091.3	18.2	167.7	21.9	
1975	5 987.4	468.0	2 971.4	1 607.7	104.3	325.5	183.9	326.6
1978	9 104.3	598.4	4 653.8	2 227.1	257.2	625.3	266.8	475.9
1980	11 006.2	749.2	5 839.7	2 667.1	177.4	589.8	299.9	683.1
1985	23 640.5	1 424.8	12 275.0	4 869.1	525.8	1 126.5	646.6	2 772.7
1986	27 113.8	1 478.4	13 606.3	5 623.7	560.2	1 371.1	844.3	3 629.8
1987	28 253.4	1 477.3	14 334.8	5 398.5	1 173.6	1 389.9	733.4	3 745.9
1988	31 049.6	1 483.5	16 637.0	5 168.6	1 449.8	1 657.2	844.7	3 808.8
1989	35 344.3	1 611.0	18 185.0	5 483.2	1 404.7	1 899.2	932.6	5 828.6
1990	37 363.6	1 729.7	19 340.1	6 116.1	1 401.9	1 725.2	1 088.4	5 962.2
1991	40 249.5	1 876.3	20 369.6	6 239.0	1 487.3	1 848.6	968.0	7 460.7
1992	45 363.0	2 221.0	23 803.0	6 697.0	1 714.0	2 115.0	992.0	7 821.0
1993	50 720.0	2 305.0	26 826.0	7 530.0	1 971.0	2 091.0	1 084.0	8 913.0
1994	70 249.0	3 355.0	38 575.0	10 910.0	2 160.1	2 478.0	1 353.0	11 417.0
1995	76 644.0	3 307.0	41 961.0	12 328.0	2 422.0	2 959.0	1 461.0	12 206.0
1996	90 186.0	3 872.0	50 381.0	23 243.0	2 918.0	3 485.0	1 654.0	4 633.0
1997	87 408.0	3 241.0	48 619.0	23 819.0	1 986.0	3 445.0	1 514.0	4 784.0
1998	99 808.0	3 465.0	59 214.0	24 705.0	1 964.0	3 512.0	1 454.0	5 494.0
1999	106 726.0	3 472.0	66 497.0	24 806.0	1 855.0	3 236.0	1 392.0	5 468.0
2000	114 718.0	3 707.0	72 712.0	2 822.0	1 918.0	3 322.0	1 285.0	3 554.0

全省财政用于教育方面支出

单位:万元

项　　目	1988年	1989年	1990年	1995年	1996年	1997年	1998年	1999年	2000年
合　　计	**22 403**	**23 804**	**25 460**	**61 099**	**73 316**	**69 670**	**72 999**	**82 319**	**94 061**
1.教育部门主管的教育事业费支出	16 637	18 185	19 340	41 961	50 381	48 619	59 214	66 497	72 712
2.工交、商等部门事业费中用于教育方面支出	613	701	704	1 178	1 261	1 433	71	26	
3.农林水气等部门事业费中用于教育方面支出	381	333	389	633	607	529	74	31	130
4.文化、卫生等部门(包括党政群)事业费中用于教育支出	1 959	1 477	1 414	2 779	3 236	1 337	1 616	1 832	1 789
5.教育部门基本建设支出	2 075	2 191	2 210	1 437	1 780	1 620	4 104	3 748	6 470
6.教育部门科技三项费用	12	1	1	31		30	1		62
7.学生课本价格补贴	85	80		100	150				
8.国有企业自办教育支出				8 223	9 437	1 840	1 740	2 416	2 214
9.预算外资金用于教育方面的支出	641	836	1 402	4 757	6 464	6 875	6 181	7 769	10 684
10.行政事业性收费、基金用于教育方面的支出						7 387			

财政收支主要比例关系

单位:%

项　　目	1978年	1985年	1990年	1995年	1996年	1997年	1998年	1999年	2000年
一、地方财政收入发展速度(以1980年为100)		145.3	438.8	592.9	660.6	746.0	872.5	1 102.6	1 290.10
财政支出发展速度		171.5	291.2	498.0	565.6	627.0	758.0	841.2	997.5
二、地方财政收入占工农业总产值	14.9	6.7	9.1	4.2	4.9	4.0	5.1	5.3	5.6
地方财政收入占国内生产总值	18.7	7.3	10.3	5.2	5.2	5.0	5.8	5.9	6.3
地方财政收入占财政支出	42.7	23.8	42.2	29.9	29.3	29.0	29.0	25.4	24.3
三、地方财政支出占国内生产总值使用额	43.8	21.8	20.8	15.2	14.7	14.0	19.7	23.1	27.0
基本建设支出占财政支出	34.4	22.0	8.5	6.1	4.7	5.0	6.8	12.7	16.0
支农支出占财政支出	14.3	11.8	10.9	9.0	9.2	8.0	8.6	7.8	7.4
科教文卫事业费占财政支出	13.4	23.4	21.8	26.6	27.6	24.0	22.6	19.1	15.1
行政管理费占财政支出	8.2	13.0	15.7	15.7	16.0	13.0	11.9	10.7	9.8
四、人均地方财政收入(元)	80	59	163	178	196	219	253	277	320
人均财政支出(元)	186	248	386	598	668	774	874	1 090	1 317
五、预算外收入和预算内收入比例(预算内为1)		2.26	1.28	0.65	0.99	0.69	0.37	0.40	0.43

注:工农业总产值、国内生产总值为当年价,支农支出包括支援农业生产支出、农林事业费和农业综合开发支出。

1994年各项比例关系为调整后口径计算。

主要年份预算外资金收支情况

单位:万元

年　份	收入合计	支出合计	年终滚存结余
1985	54 223	45 959	52 835
1986	55 803	54 377	45 929
1987	65 059	61 265	58 902
1988	78 088	74 588	62 735
1989	86 989	81 529	70 323
1990	92 308	84 614	78 139
1991	97 353	96 763	78 319
1992	112 220	101 859	87 872
1993	35 859	35 955	14 311
1994	48 641	44 580	19 173
1995	56 711	54 904	20 980
1996	94 358	90 604	43 090
1997	76 029	82 782	33 269
1998	48 029	43 026	10 049
1999	56 120	52 744	8 693
2000	71 801	71 121	8 366

预算外资金收支总额

(2000 年)

单位:万元

项　目	本年收入	项　目	本年支出
一、行政事业性收费	67 921	一、行政事业支出	64 919
二、基金和附加收入	440	二、基本建设支出	2 506
三、主管部门集中收入	48	三、城市维护支出	932
四、乡镇自筹、统筹资金	1 961	四、乡镇统筹、自筹资金支出	1 872
五、其他收入	1 431	五、其他支出	892
本年收入合计	71 801	本年支出合计	71 121
上年滚存结余	8 693	政府调剂资金	1 007
		年终滚存结余	8 366
总　计	**80 494**	**总　计**	**80 494**

Prices

各种物价总指数

(以上年为100)

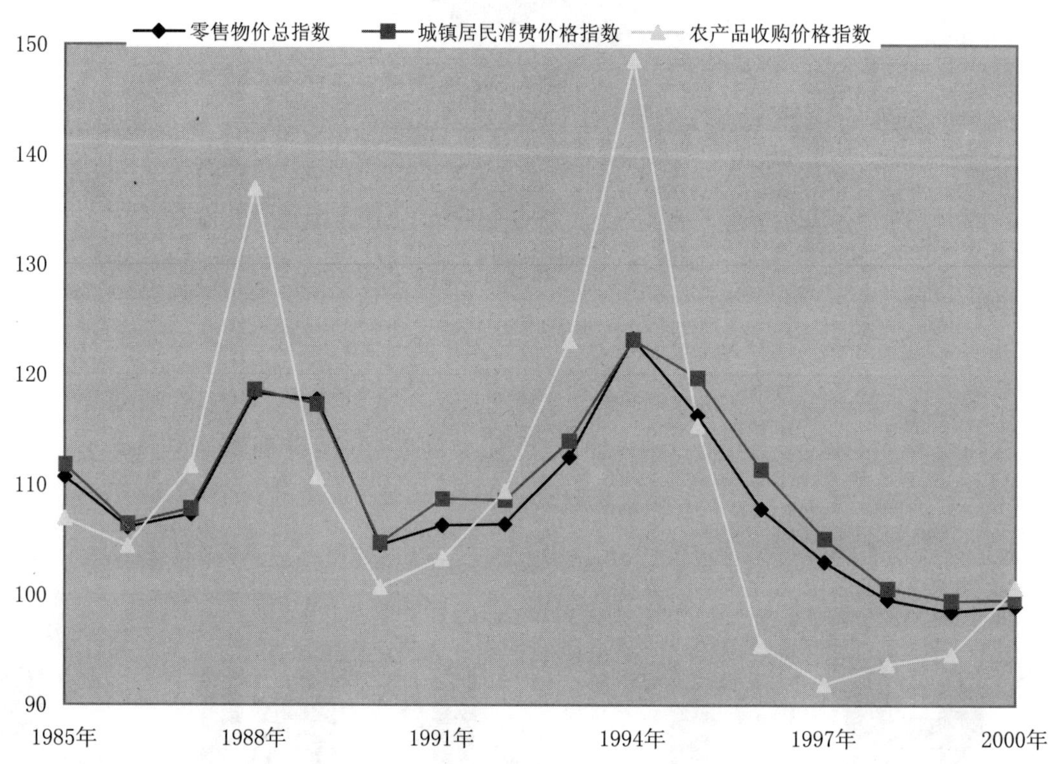

各种物价总指数

（以1978年价格为100）

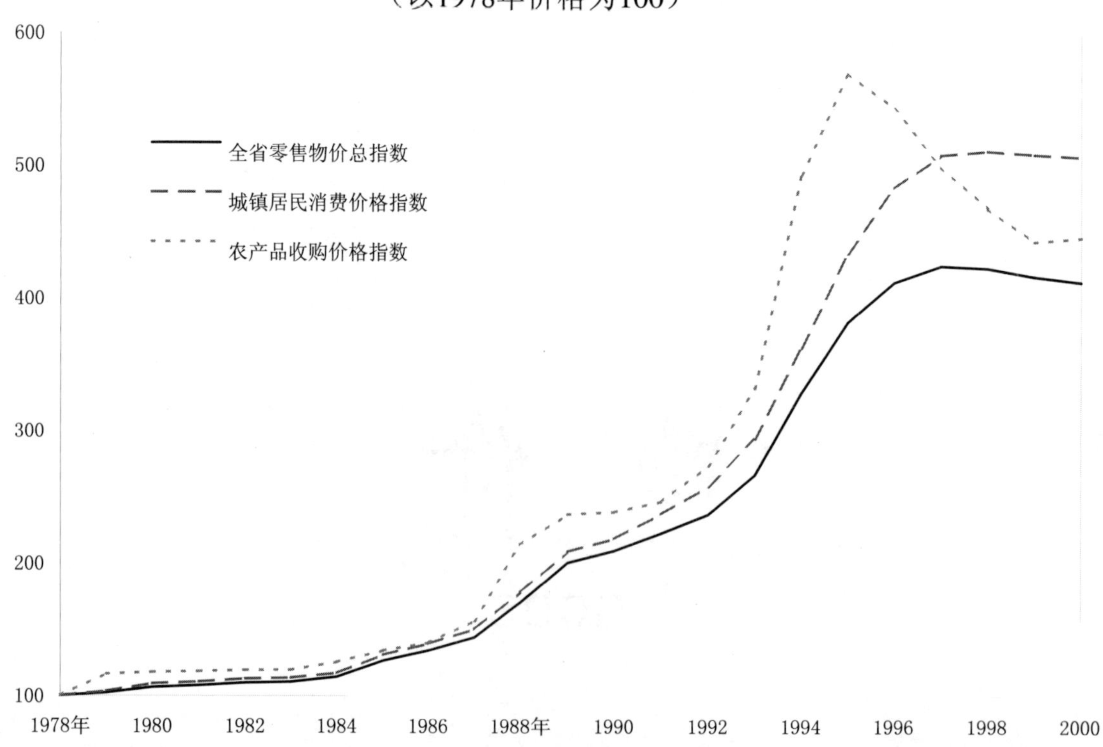

主要年份各种物价总指数

（以上年价格为100）

年　份	零售物价总指数	城镇居民消费价格指数	农村居民消费价格指数	服务项目价格指数	农产品收购价格总指数	农业生产资料价格指数	工农产品综合比价指数（以农产品收购价指数为100）
1952	103.20	102.90	102.90	100.00	106.90	107.70	96.44
1957	98.40	99.03	99.36	104.70	101.90	92.20	97.06
1965	97.70	98.00	97.48	100.70	98.60	94.70	98.58
1970	97.77	97.99	97.99	100.00	100.55		99.11
1975	100.01	100.13	100.06	100.00	100.13	99.12	99.60
1978	100.22	100.23	100.50	100.00	99.76	100.04	100.54
1980	104.08	105.59	101.30	100.44	101.19	99.23	98.97
1981	101.37	101.30	100.67	100.00	100.55	100.52	100.17
1982	101.80	102.07	100.88	100.20	110.77	100.88	100.35
1983	100.65	100.62	101.40	104.73	100.07	100.36	100.86
1984	103.40	103.10	102.40	103.86	105.10	107.90	98.00
1985	110.70	111.80	106.20	105.80	106.90	103.70	96.07
1986	106.10	106.40	105.70	107.80	104.40	102.60	98.18
1987	107.30	107.80	105.20	104.80	111.70	104.10	93.46
1988	118.30	118.60	116.20	112.20	136.90	111.00	81.08
1989	117.70	117.30	118.00	115.30	110.70	116.40	105.78
1990	104.50	104.70	107.60	114.10	100.70	108.70	107.65
1991	106.30	108.70	105.20	117.50	103.30	104.10	102.20
1992	106.40	108.60	106.60	119.30	109.40	103.80	94.40
1993	112.50	114.00	110.50	121.00	123.10	117.60	88.60
1994	123.30	123.20	120.70	118.50	148.60	124.10	77.90
1995	116.30	119.70	115.70	116.80	115.40	123.90	97.47
1996	107.80	111.40	108.80	129.90	95.40	112.60	112.78
1997	103.00	105.10	104.20	116.00	91.90	105.00	112.51
1998	99.60	100.60	101.00	112.30	93.70	100.30	106.94
1999	98.50	99.50	99.60	110.30	94.60	95.60	104.12
2000	99.0	99.6	99.4	103.8	100.7	100.7	99.30

注：凡在此之前年鉴或其他形式发表的物价指数资料与本资料不一致者，以本资料为准。
1994年前零售物价指数含农业生产资料，从1994年起不含农业生产资料（下同）。
1994年后的城镇居民消费价格指数为城市居民消费价格指数。

主要年份农产品收购价格分类指数

（以上年价格为100）

年　份	总指数	一、粮食类	二、经济作物类	三、禽畜产品类	1.肉畜	2.禽蛋	3.皮张	4.鬃毛	5.其它畜产品	四、干鲜果类
1952	106.90	96.40	87.20	114.70						
1957	101.90	100.00	100.00	103.20						
1965	98.60	100.00	100.00	99.50						100.40
1970	110.93	100.00	100.00	116.72	109.18	100.00	104.82	123.96	129.84	100.00
1975	100.13	100.00	100.00	100.16	100.00	100.00	99.87	100.30	100.00	100.00
1978	99.76	100.00	100.00	100.00	100.00	100.00	100.00	100.00	100.00	101.98
1980	101.19	105.82	100.00	100.81	100.00	100.00	109.25	100.00	100.00	100.00
1981	100.55	100.00	100.00	100.00	100.00	100.00	100.00	100.00	100.00	100.00
1982	100.77	100.00	108.67	100.00	100.01	100.00	100.00	100.00	100.00	100.00
1983	100.07	104.18	100.00	100.00	100.00	100.00	100.00	100.00	100.00	105.96
1984	105.10	111.22	100.13	107.62	107.88	104.78	104.74	108.17	106.06	101.98
1985	106.90	104.90	100.00	110.20	114.70	114.90	114.80	151.10	100.00	156.00
1986	104.40	105.00	100.30	103.30	99.50	105.10	116.30	107.60	109.40	109.40
1987	111.70	105.10	102.00	112.40	109.50	113.70	117.80	113.90	117.00	119.00
1988	136.90	108.90	120.20	146.70	140.40	111.40	124.30	164.90	121.10	115.70
1989	110.70	128.80	109.00	104.00	106.40	116.20	97.50	97.80	101.90	152.70
1990	100.70	99.40	119.20	94.10	95.60	93.80	75.10	96.10	100.40	89.70
1991	103.30	106.90	93.00	101.50	108.20	106.80	140.70	83.00	101.80	114.90
1992	109.40	96.40	94.80	118.50	135.60	101.70	150.40	100.20	102.60	83.80
1993	123.10	97.50	115.30	136.60	137.20	118.00	173.60	124.90	121.60	92.10
1994	148.60	139.60	188.80	138.30	146.10	106.50	134.00	132.10	143.40	108.50
1995	115.40	145.70	87.80	119.80	129.10	120.80	87.00	103.30	155.70	132.70
1996	95.40	105.10	100.40	89.40	87.70	107.50	90.20	85.10	112.50	81.50
1997	91.90	87.00	101.80	89.40	99.10	91.30	77.30	81.30	82.20	83.10
1998	93.70	93.30	103.50	90.60	98.80	100.80	96.60	72.40	77.90	77.90
1999	94.60	91.70	82.40	95.90	103.60	89.20	73.30	94.80	93.90	97.20
2000	100.70	88.5	79.9	105.8	100.6	83.0	128.9	130.7	102.9	66.1

主要年份农产品收购价格分类指数(续)

(以上年价格为100)

年份	1.瓜果	2.干果	五、干鲜菜及调味品类	1.鲜菜	2.干菜	3.调味品	六、药材类	七、土副产品类	八、水产品类
1952								137.10	
1957								100.00	100.00
1965			86.50				101.70	98.90	
1970	100.00	100.00	102.93	103.32	100.00	100.00	106.38	100.00	100.00
1975	100.00	100.00	101.02	101.11	100.00	100.00	100.00	100.00	100.00
1978	98.39	127.77	93.65	93.38	127.78	100.00	102.29	100.00	100.00
1980	100.00	100.00	101.44	101.23	128.57	100.00	113.57	100.00	100.00
1981	100.00	100.00	111.56	111.79	100.00	100.00	110.23	92.80	100.00
1982	100.00	100.00	97.26	97.23	100.00	100.00	116.88	100.00	100.00
1983	108.67	100.00	99.65	99.64	100.00	100.00	103.06	100.00	100.00
1984	102.89	100.00	104.16	104.36	100.00	100.00	107.55	100.00	100.00
1985	156.00		135.80	127.90	227.30		114.70	100.80	112.90
1986	109.40	118.80	107.80	100.90	129.40		122.10	124.00	
1987	120.70	118.80	127.00	126.20	154.60	100.00	122.30	101.10	135.70
1988	123.10	100.00	124.90	121.50	118.20	180.60	176.30	116.80	142.80
1989	152.70		130.90	133.60	92.80	82.50	76.90	117.90	132.60
1990	89.40	101.80	118.40	118.90	107.00	120.20	108.90	92.90	96.00
1991	115.30	102.00	120.80	102.10	152.60	109.20	125.90	91.70	126.30
1992	83.30	99.00	106.70	109.70	101.90	109.70	156.90	113.10	108.10
1993	78.40	135.00	122.70	123.20	121.50	96.50	184.00	121.00	102.00
1994	104.60	149.60	158.50	160.90	156.00	89.00	146.00	137.50	121.60
1995	132.70		142.10	142.10	144.40	121.70	72.10	116.50	154.20
1996	81.50		83.50	83.10	94.80	108.70	61.60	118.90	98.50
1997	79.00	111.10	109.80	107.20	170.40	64.00	102.50	92.00	81.40
1998	80.00	75.00	87.00	87.20	81.70	112.50	141.30	76.00	120.50
1999	94.10	133.30	96.40	96.10	103.60	118.80	122.80	87.90	72.00
2000	61.7	103.9	97.1	95.1	105.3	88.7	125.7	94.5	103.6

各 种 物 价 总 指 数

（2000 年）

基　　期	零售物价总指数	城镇居民消费价格指数	农村居民消费价格指数	农业生产资料价格指数	农产品收购价格总指数	工农商品综合比价指数（以农产品收购价格指数为100）
以 1950 年价格为 100	384.71	475.62	367.33	259.06	741.22	34.94
以 1952 年价格为 100	318.61	400.96	324.60	277.12	498.84	45.42
以 1957 年价格为 100	329.75	411.42	341.89	319.65	502.19	47.96
以 1965 年价格为 100	361.16	446.87	319.42	349.36	554.16	45.61
以 1970 年价格为 100	407.56	501.37	361.53	369.19	536.31	49.90
以 1978 年价格为 100	412.28	506.62	366.23	374.90	445.69	62.54
以 1980 年价格为 100	387.52	464.11	360.41	381.01	378.49	73.63
以 1985 年价格为 100	325.95	387.01	321.83	334.59	332.25	77.14
以 1990 年价格为 100	196.77	231.65	196.17	223.06	186.69	91.06
以 1995 年价格为 100	107.84	116.73	113.36	114.16	78.26	140.30
以 1996 年价格为 100	100.04	104.78	104.19	101.39	82.03	124.40
以 1997 年价格为 100	97.12	99.70	99.99	96.56	89.26	110.57
以 1998 年价格为 100	97.52	99.10	99.00	96.27	95.26	103.39
以 1999 年价格为 100	99.00	99.60	99.40	100.70	100.70	99.30

各 种 物 价 总 指 数

（以 1978 年价格为 100）

年　　份	全省零售物价总指数	城镇居民消费价格指数	农村居民消费价格指数	农业生产资料价格指数	农产品收购价格指数	工农商品综合比价指数（以农产品收购价指数为100）
1978	100.00	100.00	100.00	100.00	100.00	100.00
1980	106.39	109.16	101.61	98.40	117.75	84.94
1985	126.49	130.90	113.79	112.05	134.15	81.07
1989	200.50	208.88	173.50	154.62	237.07	63.80
1990	209.52	218.70	186.69	168.07	238.73	68.68
1991	222.72	237.30	196.39	174.97	246.61	70.20
1992	236.98	258.17	209.36	181.61	273.71	66.26
1993	266.60	294.31	231.34	213.58	332.10	58.71
1994	328.72	362.59	279.23	265.05	493.52	45.74
1995	381.99	434.02	323.06	328.40	569.52	44.58
1996	412.12	483.50	351.49	369.78	543.32	50.28
1997	424.48	508.16	366.25	388.27	499.31	56.57
1998	422.79	511.21	369.92	389.43	467.86	60.49
1999	416.44	508.65	368.44	372.29	442.59	62.98
2000	412.28	506.62	366.23	374.90	445.69	62.54

2000年全省商品零售价格和农业生产资料价格指数

（以上年价格为100）

类　别	全　省	城　市	农　村
商品零售价格总指数	**99.0**	**99.3**	**98.9**
一、食品类	**97.9**	**98.7**	**96.6**
1.粮　食	95.8	96.6	94.7
2.油脂类	82.1	81.3	83.4
3.肉禽蛋	96.3	96.8	95.4
4.水产品	106.3	107.9	100.6
5.鲜　菜	102.8	103.2	102.1
6.干　菜	96.8	97.3	95.3
7.鲜　果	101.3	102.9	96.5
8.干　果	97.9	99.7	96.1
9.其它食品类	99.7	99.3	100.3
10.饮食业	100.5	100.6	100.4
二、饮料、烟酒类	**97.9**	**97.6**	**98.3**
三、服装、鞋帽类	**99.9**	**100.9**	**98.7**
四、纺织品类	**99.2**	**99.1**	**99.3**
五、中西药品类	**99.9**	**99.1**	**102.7**
六、化妆品类	**98.4**	**98.3**	**98.6**
七、书报、杂志类	**104.4**	**104.9**	**103.7**
八、文化体育用品类	**99.7**	**100.3**	**98.8**
九、日用品类	**98.0**	**98.2**	**97.8**
十、家用电器类	**94.0**	**93.1**	**95.5**
十一、首饰类	**96.7**	**94.8**	**98.1**
十二、燃料类	**108.3**	**107.1**	**110.5**
十三、建筑装璜材料类	**98.4**	**97.9**	**99.4**
十四、机电产品类	**95.4**	**95.6**	**95.2**
农业生产资料价格指数	**100.7**		**100.7**
一、小农具	**99.8**		**99.8**
二、饲　料	**98.1**		**98.1**
三、幼禽家畜	**121.1**		**121.1**
四、大牲畜	**99.7**		**99.7**
五、半机械化农具	**99.0**		**99.0**
六、机械化农具	**95.9**		**95.9**
七、化学肥料	**95.5**		**95.5**
八、农药及农药械	**98.1**		**98.1**
1.化学农药	99.2		99.2
2.农药械	93.9		93.9
九、农用机油	**115.8**		**115.8**
十、其　它	**100.3**		**100.3**

2000年全省居民消费价格指数

(以上年价格为100)

类　　别	全　　省	城　　市	农　　村
居民消费价格总指数	**99.5**	**99.6**	**99.4**
一、食　　品	**97.8**	**98.1**	**97.1**
1.粮　食	94.4	94.4	94.1
细　粮	94.4	94.4	94.1
粗　粮	98.1	98.5	97.6
2.淀粉及薯类	98.5	98.4	98.6
3.干豆类及豆制品	93.9	93.9	93.9
4.油脂类	81.6	81.3	82.7
5.肉禽及其制品	99.4	99.9	97.7
6.蛋　类	84.1	83.9	84.6
7.水产品类	106.4	107.6	100.8
8.菜　类	103.5	104.2	101.4
(1)鲜　菜	103.8	104.3	101.9
(2)干　菜	99.1	101.5	98.7
(3)菜制品	99.6	100.9	95.9
9.调味品	100.9	100.3	102.4
10.糖　类	100.6	101.0	99.8
(1)食　糖	101.5	101.8	100.6
(2)糖　果	100.1	100.6	99.3
11.烟草类	97.6	97.6	97.7
12.酒和饮料	97.9	97.5	98.9
13.干鲜瓜果类	101.1	102.3	96.3
(1)鲜　果	101.7	103.0	96.2
(2)干　果	98.7	99.5	96.3
14.糕点类	98.2	98.6	96.5
15.奶及奶制品	97.1	96.4	99.6
16.其他食品	98.1	98.0	98.9
17.饮食业	100.6	100.8	100.1
二、衣　着　类	**99.5**	**99.9**	**98.7**
三、家庭设备及用品	**98.5**	**98.6**	**98.5**
四、医疗保健	**101.6**	**100.9**	**103.0**
五、交通和通迅工具	**96.3**	**97.1**	**94.1**
六、娱乐教育文化用品	**99.4**	**98.9**	**100.4**
七、居住	**107.3**	**110.0**	**102.0**
八、服务项目	**103.8**	**102.5**	**105.8**

全省工业品出厂价格及原材料、燃料、动力购进价格指数

(以上年价格为100)

年　份	工　业　品　出　厂　价　格　指　数					原材料、燃料动力、购进价格指数
	总指数	轻工业	重工业	生产资料	生活资料	
1989	112.66	112.40	113.22	113.16	112.48	123.81
1990	109.48	114.89	107.75	107.76	114.93	113.87
1991	108.70	108.98	109.19	109.11	109.25	112.76
1992	103.64	107.73	101.88	102.03	107.72	108.43
1993	124.37	112.94	127.94	127.58	113.33	138.86
1994	124.86	121.30	126.00	125.54	122.40	112.33
1995	114.58	119.76	112.23	112.55	119.41	110.22
1996	106.66	107.21	106.06	106.74	106.52	108.81
1997	103.54	102.09	103.78	103.77	102.10	110.93
1998	100.67	97.32	101.26	101.27	97.12	101.32
1999	102.81	98.74	104.05	103.99	98.73	99.06
2000	108.05	92.21	111.09	110.89	91.65	98.93

全省工业品出厂价格及原材料、燃料、动力购进价格指数

(以1988年价格为100)

年　份	工　业　品　出　厂　价　格　指　数					原材料、燃料动力、购进价格指数
	总指数	轻工业	重工业	生产资料	生活资料	
1989	112.66	112.40	113.22	113.16	112.48	123.81
1990	123.34	129.14	121.99	121.94	129.27	140.98
1991	134.07	140.73	133.21	133.05	141.23	158.97
1992	138.95	151.61	135.71	135.75	152.13	172.37
1993	172.81	171.23	173.63	173.19	172.41	239.36
1994	215.77	207.70	218.77	217.42	211.03	368.87
1995	247.23	248.74	245.53	244.71	251.99	296.35
1996	263.70	266.68	260.41	261.20	268.43	322.46
1997	273.04	272.25	270.25	271.05	274.06	357.70
1998	274.87	264.95	273.66	274.49	266.17	362.42
1999	282.59	261.61	284.74	285.44	262.79	359.01
2000	305.34	241.23	316.32	316.52	240.85	355.17

2000年农产品收购价格指数

(以上年价格为100)

商品类别及品名	规格等级	单位	全省综合平均价(元)		指数
			上年价格	本年价格	
总指数					**100.7**
一、粮食类					**88.5**
小麦	中等	百千克	118.38	103.87	87.7
青稞	中等	百千克	105.23	100.23	95.2
蚕豆	中等	百千克	159.93	120.05	75.1
豌豆	中等	百千克	130.16	114.71	88.1
二、经济作物类					**79.9**
食用植物油及油料					79.9
油菜籽	中等	百千克	219.44	175.61	80.0
菜籽油	二级	百千克	720.00	540.00	75.0
三、禽畜产品类					**105.8**
1.肉禽					100.6
肥猪	出肉率63—66%	百千克	880.68	888.66	100.9
菜牛	估净肉、中等	百千克	790.79	799.57	101.1
绵羊	胴体、中等	百千克	888.86	890.57	100.2
2.禽蛋					83.0
鸡	二等活公鸡	百千克	849.60	787.68	92.7
鸡蛋	新鲜完整	百千克	577.12	460.64	79.8
3.皮张					128.9
绵羊皮	甲级湿皮	张	46.08	57.85	125.5
山羊板皮	一等湿皮	张	36.28	41.25	113.7
牦牛皮	甲级湿皮	张	59.96	80.11	133.6
黄牛皮	中等湿皮	张	58.30	89.41	153.4
4.鬃毛					130.7
绵羊粗毛	手抖净货本种绵羊毛	百千克	507.13	671.19	132.4

2000年农产品收购价格指数(续)

(以上年价格为100)

商品类别及品名	规格等级	单位	全省综合平均价(元)		指数
			上年价格	本年价格	
绵羊细毛	手抖净货一等改良	百千克	693.97	765.53	110.3
山羊绒	手抖净货、头路	千克	127.98	236.70	185.0
牛毛绒	手抖净货、头路	百千克	1 615.87	1 209.41	74.8
5.其它畜产品					102.9
绵羊肠衣	原肠	百根	836.40	901.02	107.7
牛奶	鲜奶	百千克	132.35	134.53	101.6
四、干鲜果类					**66.1**
1.瓜果					61.7
2.干果					103.9
五、干鲜菜及调味品					**97.1**
1.鲜菜					95.1
2.干菜					105.3
3.调味品					88.7
六、药材类					**125.7**
大黄	二等	百千克	536.08	460.73	85.9
黄芪	二等	百千克	1 011.87	1 083.36	107.1
鹿茸	二等	百克	150.00	159.07	106.0
冬虫草	统装	千克	8 195.64	11 680.50	142.5
秦艽	二等	百千克	1 279.39	1 441.35	112.7
羌活	二等	百千克	864.88	880.28	101.8
七、土副产品类					**94.5**
蜂蜜	一等40度	百千克	313.23	285.48	91.1
蜂王浆	中等	千克	85.00	105.00	123.5
蕨麻	二等	百千克	1 000.00	981.08	98.1
八、水产品类					**103.6**
湟鱼	一等	百千克	307.96	318.96	103.6

2000 年农产品收购价格分类指数

类　别	以1978年价为100	以1980年价为100	以1985年价为100	以1990年价为100	以1995年价为100	以1997年价为100	以1998年价为100	以1999年价为100
总　指　数	**445.69**	**378.49**	**332.25**	**186.69**	**78.26**	**89.26**	**95.26**	**100.70**
一、粮食类	345.35	264.60	217.69	141.49	69.23	75.72	81.15	88.50
二、经济作物类	263.80	204.43	187.88	117.36	69.65	68.14	65.84	79.90
三、禽畜产品类	444.38	393.54	333.38	200.00	73.47	91.92	101.46	105.80
四、干鲜果类	150.52	150.52	89.29	43.28	33.90	50.05	64.25	66.10
五、干鲜菜调味品类	1 149.57	1 077.96	704.82	265.95	74.66	81.44	93.60	97.10
六、药材类	2 220.41	1 902.78	1 161.67	526.91	137.71	218.11	154.36	125.70
七、土副产品类	208.26	208.26	222.64	138.82	69.06	63.13	83.07	94.50
八、水产品类	786.13	524.09	464.21	188.19	72.07	89.88	74.59	103.60

2000 年固定资产投资价格指数

(以上年价格为 100)

总指数	一、建筑安装工程投资	1.直接费	人工费	材料费	机械使用费	2.间接费	二、设备、工器具投资	三、其他费用投资
101.6	102.7	102.6	100.9	103.2	102.2	103.5	97.9	100.3

2000年各调查市、县商品零售价格和农业生产资料价格指数

（以上年价格为100）

类　别	西宁市	格尔木市	乐都县	共和县	大通县
商品零售价格总指数	**99.3**	**98.4**	**98.3**	**99.3**	**99.7**
一、食品类	**98.4**	**100.9**	**95.9**	**94.6**	**99.3**
1.粮　食	97.1	87.2	94.0	91.6	97.4
2.油脂类	81.2	86.8	81.1	83.5	85.2
3.肉禽蛋	96.7	98.0	94.4	95.7	96.5
4.水产品	108.0	107.4	95.4	97.6	105.9
5.鲜　菜	102.3	106.7	102.0	100.3	104.0
6.干　菜	97.2	95.7	93.0	93.3	99.5
7.鲜　果	103.7	98.9	92.7	96.3	100.4
8.干　果	100.3	90.1	97.6	90.3	101.3
9.其它食品类	99.3	99.1	103.2	96.2	102.2
10.饮食业	100.6	98.7	100.9	97.7	102.4
二、饮料、烟酒类	**98.4**	**91.1**	**99.1**	**102.0**	**96.9**
三、服装、鞋帽类	**101.0**	**100.3**	**96.8**	**100.5**	**99.0**
四、纺织品类	**99.1**	**98.5**	**98.4**	**100.1**	**99.5**
五、中西药品类	**98.9**	**99.9**	**101.8**	**104.9**	**102.3**
六、化妆品类	**99.3**	**91.3**	**99.2**	**96.9**	**100.0**
七、书报、杂志类	**105.1**	**102.8**	**104.9**	**102.7**	**102.9**
八、文化体育用品类	**100.6**	**99.2**	**95.6**	**99.7**	**99.9**
九、日用品类	**98.0**	**98.3**	**96.5**	**98.5**	**99.4**
十、家用电器类	**93.9**	**88.5**	**94.1**	**97.5**	**95.2**
十一、首饰类	**95.5**	**92.9**	**96.9**	**100.0**	**97.5**
十二、燃料类	**106.1**	**117.2**	**108.2**	**112.7**	**110.4**
十三、建筑装璜材料类	**97.3**	**96.7**	**100.8**	**100.1**	**98.8**
十四、机电产品类	**97.3**	**85.1**	**96.3**	**95.1**	**93.6**
农业生产资料价格指数			**105.8**	**100.7**	**99.2**
一、小农具			**98.8**	**99.7**	**102.0**
二、饲料			**92.9**	**100.0**	**100.0**
三、幼禽家畜			**152.8**		**98.8**
四、大牲畜					**100.0**
五、半机械化农具			**102.4**	**96.6**	**98.5**
六、机械化农具			**96.0**	**97.0**	**94.9**
七、化学肥料			**92.2**	**95.2**	**99.0**
八、农药及农药械			**92.6**	**103.7**	**98.9**
1.化学农药			94.2	105.6	99.3
2.农药械			86.9	100.0	94.9
九、农用机油			**124.3**	**116.2**	**108.6**
十、其它			**101.5**	**102.8**	**100.2**

2000年各调查市、县居民消费价格指数

(以上年价格为100)

类　别	西宁市	格尔木市	乐都县	共和县	大通县
居民消费价格总指数	**99.9**	**97.6**	**98.5**	**99.3**	**100.7**
一、食　品	**98.3**	**96.2**	**96.8**	**95.9**	**98.9**
1.粮食	95.6	84.6	94.0	92.3	95.9
(1).细粮	95.6	84.5	93.9	92.2	95.9
(2).粗粮	98.4	100.0	94.5	100.0	98.4
2.淀粉及薯类	97.3	108.3	100.2	93.7	100.5
3.干豆类及豆制类	93.7	96.1	85.2	93.0	101.5
4.油脂类	80.9	86.7	81.1	83.2	84.4
5.肉禽及其制品	99.8	100.6	98.3	95.9	99.2
6.蛋类	83.7	85.6	82.8	84.4	86.9
7.水产品类	108.1	104.1	95.5	98.7	105.7
8.菜类	103.9	106.6	99.9	100.7	103.7
(1)鲜菜	104.0	106.9	100.9	100.7	104.1
(2)干菜	101.5	99.6	96.6	100.9	99.4
(3)菜制品	101.5	96.9	91.9	100.0	94.0
9.调味品	100.2	100.3	95.2	101.4	106.4
10.糖类	101.2	99.6	110.4	95.6	100.9
(1)食糖	103.6	84.6	122.0	76.7	103.2
(2)糖果	99.8	105.4	98.8	100.0	99.5
11.烟草类	99.8	87.0	97.8	100.0	95.2
12.酒和饮料	98.0	94.5	100.5	100.6	98.2
13.干鲜瓜果类	102.8	98.4	94.6	95.5	100.5
(1)鲜果	103.5	99.2	92.1	96.1	100.5
(2)干果	100.0	94.2	97.6	92.8	100.5
14.糕点类	98.4	100.0	95.4	92.4	100.8
15.奶及奶制品	96.6	93.8	97.9	100.0	100.0
16.其它食品	97.3	102.1	100.0	98.4	98.3
17.饮食业	100.6	101.6	100.6	97.1	102.4
二、衣着类	**100.1**	**100.5**	**97.9**	**99.6**	**99.3**
三、家庭设备及用品	**98.8**	**97.0**	**96.6**	**99.6**	**99.4**
四、医疗保健	**101.2**	**97.1**	**101.8**	**106.5**	**102.3**
五、交通和通讯工具	**98.1**	**86.6**	**93.9**	**92.2**	**97.1**
六、娱乐教育文化用品	**99.7**	**92.2**	**99.5**	**103.6**	**97.1**
七、居住	**110.7**	**104.3**	**101.6**	**100.8**	**103.3**
八、服务项目	**102.8**	**100.6**	**100.5**	**104.6**	**111.9**

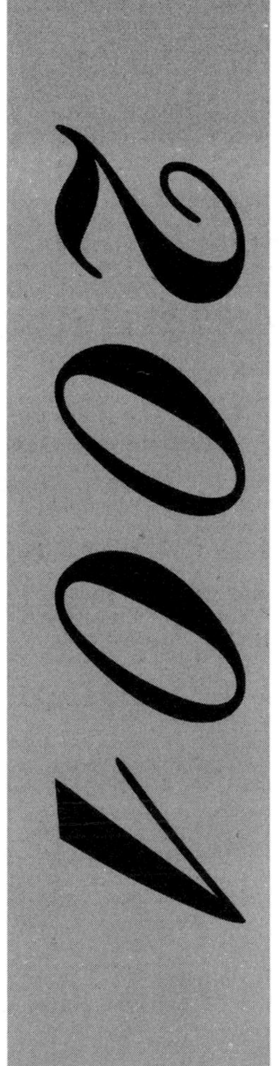

QHTJNJ

人民生活

People's Livelihood

城乡居民人均储蓄存款(元/人)

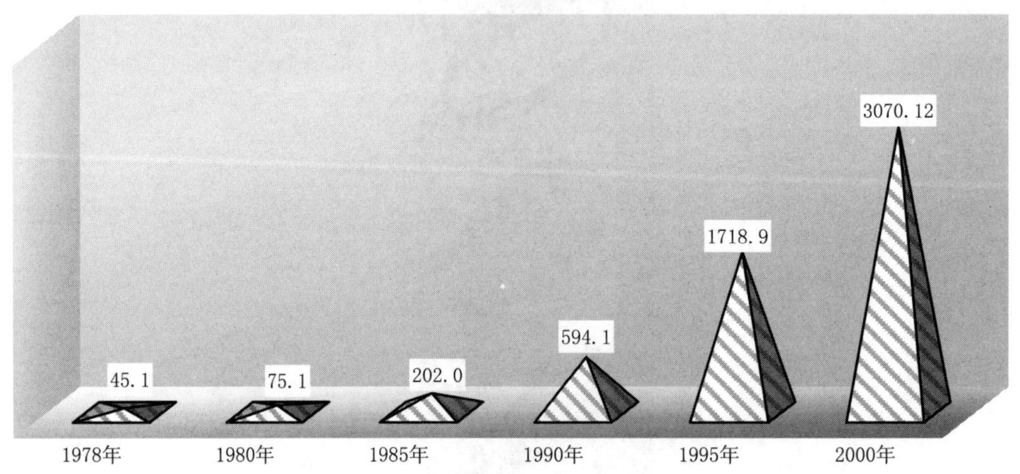

主要耐用消费品百户拥有量

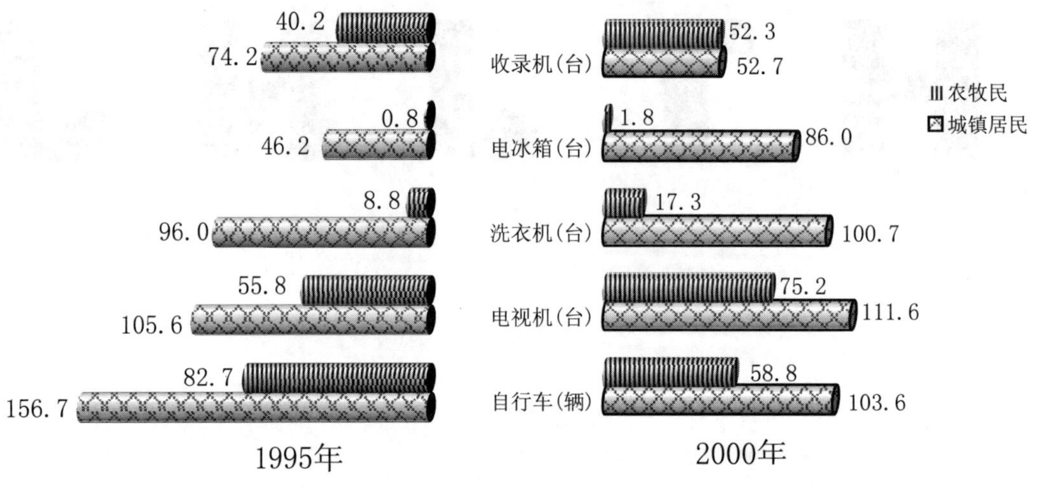

城乡居民人均收入(元)

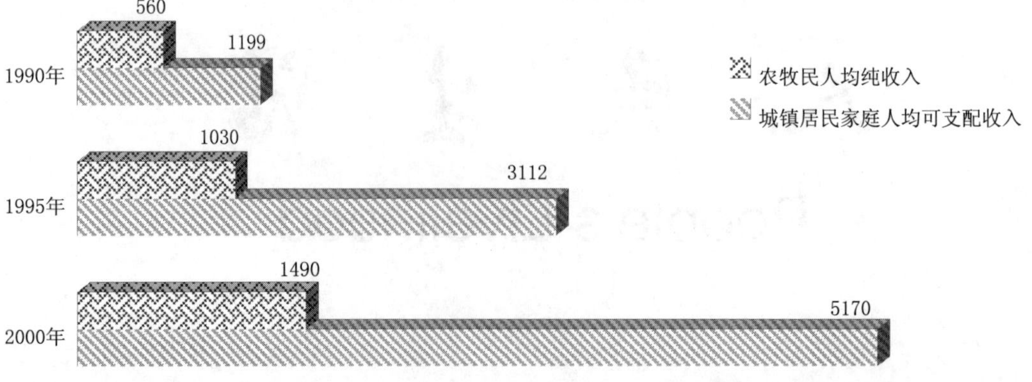

人民物质文化生活水平提高情况

类　　别	单位	1990 年	1995 年	1997 年	1998 年	1999 年	2000 年
一、城乡居民人均收入							
农牧民人均纯收入(抽样调查)	元	559.78	1 029.77	1 320.63	1 426.00	1 486.31	1 490.49
农　　民	元	527.10	951.04	1 213.99	1 376.41	1 424.10	1 356.74
牧　　民	元	772.73	1 490.84	1 666.36	1 744.02	1 838.20	2 122.75
城镇居民家庭收入(抽样调查)							
家庭人均工资收入	元	969.23	2 537.56	3 071.66	2 997.97	3 061.52	3 197.11
每人平均可支配收入	元	1 335.88	3 379.86	3 999.36	4 240.08	4 703.52	5 169.96
二、主要生活消费品人均水平(抽样调查)							
全年人均粮食消费量							
城镇居民	千克	187.51	140.59	102.39	109.62	99.65	93.04
农牧民	千克	247.78	240.80	270.20	253.12	257.81	270.79
全年人均食用植物油消费量							
城镇居民	千克	9.77	8.50	7.09	7.99	7.51	9.59
农牧民	千克	5.51	8.13	7.65	8.73	9.49	8.70
全年人均消费猪、牛、羊肉							
城镇居民	千克	31.52	26.09	23.78	23.16	21.80	24.74
农牧民	千克	15.76	12.00	16.84	16.51	17.13	19.62
全年人均消费布							
城镇居民(不含成衣折布)	米	3.40	1.83	1.23	0.87	0.77	0.58
农牧民(含成衣折布)	米	3.43	2.50	2.75	2.72	2.50	2.62
全年人均购买日用消费品							
城镇居民	元	82.64	227.04	265.96	193.97	247.45	316.12
农牧民	元	29.47	49.79	45.80	47.21	60.79	39.99
三、恩格尔系数							
城镇居民	%	56.28	51.43	48.29	45.41	42.39	40.88
农牧民	%	62.56	64.99	66.30	62.14	61.70	57.89
四、人均住房面积(抽样调查)							
城镇居民	平方米	9.88	11.06	11.92	11.78	11.43	12.71
农牧民	平方米	12.77	14.98	13.81	14.23	14.24	15.32
五、主要耐用消费品每百户拥有量							
自　行　车							
城镇居民	辆	156.67	156.67	152.00	129.09	122.55	103.64
农牧民	辆	77.61	82.67	80.67	79.33	82.67	58.83
收　音　机							

人民物质文化生活水平提高情况(续)

类　　别	单位	1990年	1995年	1997年	1998年	1999年	2000年
城镇居民	台	43.56	33.83				
农牧民	台	43.04	34.33	30.83	33.83	34.00	
电　视　机							
城镇居民	台	105.56	105.56	100.89 *	101.45 *	107.82	111.64
农牧民	台	36.09	55.84	68.00	71.67	75.00	75.16
洗　衣　机							
城镇居民	台	86.44	96.00	99.56	97.64	98.18	100.73
农牧民	台	6.09	8.83	12.17	11.67	12.67	17.33
电　冰　箱(包括冰柜)							
城镇居民	台	15.11	46.22	59.33	71.45	74.55	86.00
农牧民	台		0.83	0.67	1.00	1.67	1.83
收　录　机							
城镇居民	台	74.00	74.22	68.89	61.27	63.09	52.70
农牧民	台	33.91	40.17	53.00	53.50	54.00	52.33
缝　纫　机							
城镇居民	架	64.67	53.11	46.00	36.36	29.64	33.10
农牧民	架	48.04	50.83	51.50	52.00	52.67	
六、城乡居民人均储蓄	元	**594.09**	**1 718.86**	**2 299.78**	**2 612.72**	**2 821.66**	**3 070.12**
七、学龄儿童入学率	%	**81.48**	**87.40**	**90.45**	**92.10**	**92.70**	**94.23**
每万人口中在校大学生数	人	13.88	15.24	16.50	17.41	18.30	25.69
八、卫　　生							
每万人拥有病床数	张	35.07	35.67	34.91	34.25	33.30	31.89
每万人拥有医生数	人	20.80	19.20	19.91	19.80	19.26	28.80

注:因代表性不足,分农民和牧民的人均纯收入数字仅供参考。* 表示为彩电。

城镇家庭调查户主要指标

类 别	单位	1990年	1995年	1996年	1997年	1998年	1999年	2000年
一、调查户数	户	**450**	**450**	**450**	**450**	**550**	**550**	**550**
二、平均每户家庭人口数	人	**3.96**	**3.50**	**3.47**	**3.43**	**3.31**	**3.28**	**3.24**
三、平均每户就业人口数	人	**1.79**	**1.75**	**1.70**	**1.68**	**1.65**	**1.59**	**1.52**
每一就业者负担人口	人	2.21	2.00	2.04	2.04	2.01	2.06	2.14
平均每户就业面	%	45.20	50.00	48.99	49.09	49.87	48.48	46.91
四、年人均实际收入	元	**1 335.88**	**3 379.92**	**3 829.92**	**4 015.44**	**4 257.48**	**4 727.40**	**5 196.60**
年人均可支配收入	元	1 335.88	3 379.86	3 829.78	3 999.36	4 240.08	4 703.52	5 169.96
五、年人均实际支出	元	**1 248.84**	**3 323.28**	**3 829.08**	**3 781.08**	**4 382.04**	**4 665.12**	**5 078.16**
1.消费性支出	元	1 117.84	2 930.07	3 305.25	3 300.49	3 580.47	3 903.78	4 185.73
食 品	元	629.16	1 507.04	1 641.00	1 593.43	1 625.87	1 654.70	1 711.05
衣 着	元	166.20	408.78	455.73	437.29	415.42	437.77	458.57
设备用品及服务	元	82.68	195.62	196.91	188.23	209.24	258.78	334.91
医疗保健	元		162.02	313.39	211.90	293.70	303.00	307.24
交通和通讯	元		138.61	160.87	180.72	197.04	244.93	297.72
娱乐文教服务	元		231.96	244.45	330.20	405.53	479.54	495.34
居 住	元	12.60	102.67	126.80	214.15	229.97	288.56	274.48
杂项商品服务	元	24.24	183.29	166.09	144.57	203.70	236.51	306.45
2.非消费性支出	元	125.28	393.17	523.76	480.43	799.90	758.32	888.00
赡赠送支出	元	119.88	249.72	241.36	274.30	284.36	355.10	432.81
购、建房支出	元		106.47	223.95	164.27	437.18	339.68	359.17

城镇住户家庭人均消费性支出及构成

类　　别	2000年	类　　别	2000年
消费性支出(元)	**4 185.73**	**消费性支出构成(%)**	**100.00**
1.食品	1 711.03	1.食品	40.88
(1)粮食	241.08	(1)粮食	14.09
(2)油脂类	63.84	(2)油脂类	3.73
(3)肉禽及制品	354.45	(3)肉禽及制品	20.72
(4)蛋类	41.46	(4)蛋类	2.42
(5)水产品	40.17	(5)水产品	2.35
(6)菜类	156.45	(6)菜类	9.14
#鲜菜	150.54	#鲜菜	96.22
(7)烟草类	108.37	(7)烟草类	6.33
(8)酒和饮料	123.32	(8)酒和饮料	7.21
(9)干鲜瓜果类	94.16	(9)干鲜瓜果类	5.50
2.衣着	458.57	2.衣着	10.96
3.设备用品及服务	334.91	3.设备用品及服务	8.00
4.医疗保健	307.24	4.医疗保健	7.34
5.交通和通讯	297.72	5.交通和通讯	7.11
6.娱乐文教服务	495.34	6.娱乐文教服务	11.83
(1)耐用消费品	92.44	(1)耐用消费品	18.66
(2)教育	313.71	(2)教育	63.33
(3)文化娱乐	89.18	(3)文化娱乐	18.00
7.居住	274.48	7.居住	6.56
8.杂项商品及服务	306.45	8.杂项商品及服务	7.32

城镇住户家庭调查户按收入水平分组

（2000年抽样调查）　　　　单位：户、人、元

分类	合计	按平均每人可支配收入分组							
		最低收入户	更低收入户	低收入户	中等偏下收入户	中等收入户	中等偏上收入户	高收入户	最高收入户
调查户数	550	55	29	55	110	110	110	55	55
平均每户家庭人数	3.24	3.70	3.77	3.62	3.45	3.21	3.03	2.85	2.81
平均每户就业人数	1.52	1.44	1.48	1.46	1.43	1.57	1.62	1.97	2.21
每一就业者负担人数	2.14	2.57	2.55	2.48	2.41	2.05	1.87	1.96	1.79
人均年可支配收入	5 169.96	2 192.06	1 899.50	3 003.16	3 931.59	5 083.77	6 287.33	7 634.08	10 209.51
人均年消费支出	4 185.73	1 827.97	1 702.91	2 403.37	3 306.96	3 988.53	5 227.64	5 871.69	8 236.43
食品	1 171.03	941.26	898.31	1 178.88	1 443.99	1 739.44	1 959.26	2 240.56	2 927.95
#粮食	241.07	212.27	227.83	215.47	235.42	252.29	245.51	248.00	283.67
肉禽及制品	354.45	198.57	182.69	278.40	313.49	382.59	395.70	436.90	521.20
蛋类	41.46	30.17	26.03	40.30	38.15	42.31	46.29	43.34	51.69
水产品	40.17	15.67	14.76	29.57	32.31	40.39	43.63	56.44	80.87
鲜菜	150.54	107.32	111.32	132.41	139.47	151.50	161.42	179.39	203.06
酒及饮料	123.32	46.18	37.13	57.33	93.50	130.18	159.84	180.24	231.02
干鲜果类	94.17	46.95	36.46	70.70	76.90	93.00	111.48	133.31	154.58
奶及奶制品	56.73	26.43	23.41	34.18	45.86	62.91	67.99	75.21	95.29
在外用餐	244.95	54.09	37.83	64.02	154.48	233.02	309.63	433.13	498.51
衣着	458.57	178.70	159.46	251.16	334.94	448.56	598.05	775.97	798.18
#服装	317.22	100.96	101.34	163.08	235.71	311.35	425.04	552.90	542.64
设备用品及服务	334.91	80.18	77.03	130.65	235.21	252.45	425.79	473.05	1 030.00
医疗保健	307.24	85.85	63.52	173.91	251.51	311.33	360.21	344.45	745.58
#医药费	274.35	82.07	60.97	160.10	236.96	275.45	320.98	267.93	669.50
交通和通讯	297.72	95.89	63.79	147.55	217.94	275.47	404.53	467.36	640.00
#通讯	173.67	49.77	36.05	70.39	128.31	156.81	218.25	279.54	416.18
娱乐文教服务	495.34	203.00	204.70	204.07	351.44	448.15	786.23	737.15	844.47
#教育	313.72	164.84	177.89	159.73	249.86	320.14	476.26	436.00	375.92
居住	274.48	178.64	165.86	193.81	234.09	235.45	323.20	354.52	506.55
杂项服务	306.45	64.46	70.20	123.33	237.84	277.68	370.38	478.63	782.36
#旅游	149.30	13.50	17.65	33.81	108.40	139.32	185.60	246.13	423.49

城镇住户人均年实际收支指数

（抽样调查）

年份	实际收入	环比指数（上年＝100）	定基指数（1984＝100）	实际支出	环比指数（上年＝100）	定基指数（1984＝100）
1984	684.84	100.00	100.00	651.56	100.00	100.00
1985	849.20	124.00	124.00	778.71	119.51	119.51
1986	1 002.16	118.01	146.33	901.77	115.80	138.40
1987	1 084.00	108.17	158.29	963.42	106.84	147.86
1988	1 153.76	106.44	168.47	1 185.28	123.03	181.91
1989	1 274.90	110.50	186.16	1 237.91	104.44	189.99
1990	1 335.88	104.78	195.06	1 248.84	100.88	191.67
1991	1 486.58	111.28	217.07	1 429.26	114.45	219.36
1992	1 757.85	118.25	256.68	1 685.00	117.89	258.61
1993	2 081.37	118.40	303.92	2 042.64	121.22	313.50
1994	2 769.46	133.06	404.40	2 835.13	138.80	435.13
1995	3 379.86	122.04	493.53	3 323.28	117.22	510.05
1996	3 829.92	113.31	559.24	3 829.08	115.22	587.67
1997	4 015.44	104.85	586.34	3 781.08	98.75	580.31
1998	4 257.48	106.03	621.68	4 382.04	115.89	672.54
1999	4 727.40	111.04	690.30	4 665.12	106.46	716.00
2000	5 196.60	109.92	758.80	5 078.16	108.85	779.38

城镇住户人均年现金收入及构成

（抽样调查）

分　　类	绝对数（元）		比重（%）	
	2000年	1999年	2000年	1999年
现　金　收　入	**6 376.60**	**5 794.36**	**100.00**	**100.00**
一、实际收入	**5 196.60**	**4 727.42**	**81.49**	**81.59**
1.国有经济单位职工收入	3 099.13	3 011.22	59.64	63.70
#工资性收入	3 007.63	2 941.03	97.05	97.69
2.城镇集体单位职工收入	97.98	123.33	1.89	2.61
#工资性收入	95.11	120.47	97.07	97.68
3.其他类型单位职工收入	6.18	4.49	0.12	0.09
4.个体经营者净收益	160.90	95.38	3.10	2.02
5.个体被雇者收入	94.45	65.37	1.82	1.38
6.离退休再就业收入	28.30	33.23	0.54	0.70
7.其他就业者收入	43.67	15.47	0.84	0.33
8.其他劳动者收入	237.22	182.83	4.56	3.87
9.财产性收入	29.29	50.66	0.56	1.07
10.转移性收入	1 394.00	1 136.42	26.82	24.04
#赡养收入	101.21	84.19	7.26	7.41
离退休金	1 192.88	972.29	85.57	85.56
11.家庭副业生产收入	5.55	9.00	0.11	0.19
二、储蓄借贷收入	**1 179.90**	**1 066.95**	**18.51**	**18.41**
1.提取储蓄存款	823.92	794.27	69.83	74.44
2.提取储金会款		12.86		1.21
3.借入款	282.65	135.00	23.96	12.65
4.收回借出款	2.95	33.70	0.25	3.16
5.收回保险本金		0.55		0.05
6.购置房屋从银行贷款	60.83	65.94	5.16	6.18
7.其他借贷收入	9.55	7.68	0.80	0.72

城镇住户人均年现金支出及构成

(抽样调查)

分　　类	绝对数(元)		比重(%)	
	2000 年	1999 年	2000 年	1999 年
现　金　支　出	**6 312.28**	**5 718.56**	**100.00**	**100.00**
一、实际支出	**5 078.16**	**4 665.12**	**82.69**	**81.58**
1.消费性支出	4 185.73	3 903.78	82.43	83.68
2.非消费性支出	888.06	758.32	17.49	16.26
(1)各种税金	7.15	2.23	0.81	0.29
(2)赡养支出	134.30	133.58	15.12	17.62
(3)非储蓄性保险支出	23.67	9.32	2.67	1.23
(4)赠送支出	298.11	221.52	33.57	29.21
(5)购房与建房支出	359.17	339.68	40.44	44.79
(6)其他非消费性支出	64.06	50.55	7.21	6.67
3.家庭副业生产支出	4.38	3.03	0.08	0.06
二、借贷支出	**1 234.00**	**1 053.46**	**17.31**	**18.42**
1.存入储蓄款	901.88	815.67	73.09	77.43
2.存入储金会款	10.26	3.90	0.83	0.37
3.归还借款	168.02	151.78	13.62	14.41
4.借出款	13.61	21.79	1.10	2.07
5.储蓄性保险支出	48.63	27.73	3.94	2.63
6.购买有价证券	11.57	6.30	0.94	0.60
7.归还购买住房贷款	36.82	9.49	2.98	0.90
8.其他借贷支出	43.20	16.81	3.50	1.60

城镇住户家庭平均每人每年购买主要商品数量

（抽样调查）

分　　类	单　位	1990年	1995年	1996年	1997年	1998年	1999年	2000年
一、食品类								
粮 食	千克	187.51	140.59	167.6	102.39	110.34	99.65	93.04
食用植物油	千克	9.77	8.50	8.44	7.09	7.99	7.51	9.59
鲜　菜	千克	155.96	132.84	161.18	92.67	99.34	94.41	88.65
猪　肉	千克	15.56	15.45	17.87	11.11	10.86	10.64	11.54
牛羊肉	千克	15.96	11.04	17.61	12.67	12.31	11.15	13.19
家　禽	千克	0.71	2.05	2.08	1.70	2.07	2.44	3.24
鲜　蛋	千克	4.00	7.96	8.43	8.49	7.81	9.36	8.37
水产品	千克	4.30	4.52	8.20	1.85	2.04	3.42	4.16
食　糖	千克	2.71	1.60	1.90	1.37	1.72	1.84	2.05
卷　烟	盒	52.54	43.19	41.74	38.93	37.70	38.83	32.32
酒	千克	7.48	8.04	9.16	6.07	6.42	6.74	5.62
#白　酒	千克	3.89	4.79	5.74	3.78	3.62	3.56	3.25
啤　酒	千克	2.70	2.99	3.00	2.06	2.55	2.91	2.30
鲜瓜、果	千克	41.67	42.82	49.55	36.98	42.14	42.07	43.34
鲜　奶	千克	13.11	13.98	14.33	11.48	12.38	14.62	16.20
二、衣着类								
棉　布	米	1.10	0.68	0.42	0.25	0.23	0.29	0.28
化纤布	米	1.36	1.39	0.89	0.80	0.50	0.40	0.26
呢　绒	米	0.23	0.11	0.05	0.05	0.02	1.78	0.01
绸　缎	米	0.27	0.05	0.03	0.02	0.04	0.07	0.02
服　装	件	1.80	4.34	4.56	4.51	4.58	5.05	4.91
#男士服装	件		1.42	1.53	1.45	1.59	1.85	1.62
女士服装	件		2.03	2.22	2.21	2.17	2.25	2.39
各式童装	件		0.89	0.82	0.85	0.82	0.95	0.89
布　鞋	双	0.75	0.32	0.27	0.26	0.23	0.21	0.18
皮　鞋	双	0.55	1.03	1.04	0.99	0.96	1.04	0.97
三、日用品类								
肥　皂	块	2.53	1.78	2.00	1.83	1.94	1.46	1.40
洗衣粉	千克	1.58	1.20	1.19	1.34	1.25	1.07	1.48
四、燃料类								
煤　炭	千克	126.21	102.19	85.54	122.25	151.10	137.06	178.96
液化石油气	千克	3.57	12.42	13.67	14.40	16.09	15.46	13.94

城镇居民年人均可支配收入与支出水平

（抽样调查）　　　　单位：元

年份	可支配收入			消费性支出		
	当年实际	扣除物价因素后		当年实际	扣除物价因素后	
		按上年价格计算	按1990年价格计算		按上年价格计算	按1990年价格计算
1990	1 335.88	1 275.91	1 335.88	1 117.84	1 067.66	1 117.84
1991	1 486.58	1 367.60	1 367.60	1 260.58	1 159.69	1 159.69
1992	1 756.03	1 616.97	1 487.53	1 488.66	1 370.77	1 261.04
1993	2 078.87	1 823.57	1 544.82	1 817.68	1 594.46	1 350.73
1994	2 769.36	2 247.88	1 671.33	2 392.44	1 941.92	1 443.84
1995	3 379.86	2 823.60	1 703.04	2 930.07	2 447.84	1 476.40
1996	3 829.78	2 437.86	1 732.31	3 305.25	2 967.01	1 495.05
1997	3 999.36	3 805.29	1 721.19	3 300.49	3 140.33	1 420.42
1998	4 240.08	4 214.79	1 813.94	3 580.47	3 559.12	1 531.75
1999	4 703.52	4 727.16	2 022.32	3 903.78	3 923.40	1 678.47
2000	5 169.96	5 195.94	2 234.02	4 185.73	4 202.76	1 808.72

城镇住户家庭平均每百户年末拥有耐用消费品

（抽样调查）

品名	单位	1990年	1995年	1996年	1997年	1998年	1999年	2000年
自行车	辆	157	157	156	152	129	123	103.64
摩托车	辆	3	6	7	8	9	9	9.00
洗衣机	台	86	96	98	100	98	98	100.73
电冰箱(柜)	台	15	47	52	59	72	75	86.00
大衣柜	个	88	74	72	74	75	71	77.45
录放像机	台		11	11	12	17	16	12.73
组合家具	套	9	43	45	42	54	58	50.55
吸尘器	台		4	4	6	5	7	4.70
淋浴热水器	台		7	8	10	12	15	17.64
组合音响	套		7	7	10	16	18	22.00
脱排油烟机	台		24	32	37	51	55	65.82
彩色电视机	台	78	94	95	101	102	108	111.64
照相机	架	17	35	34	34	38	39	42.73

城镇居民住房情况

（2000年抽样调查）

项　　目	户数（户）	人口（人）	项　　目	户数（户）	人口（人）
总　　计	550	1 767.50	**五、按取暖设备拥有情况分**		
一、按居住面积分			无取暖设备	2	4
4平方米以下	3	13	暖气	365	1 135
4—6平方米	24	89	其他	183	628
6—10平方米	140	513	**六、按厨房使用情况分**		
10—12平方米	83	278	无厨房	5	16
12—14平方米	73	238	独用厨房	542	1 742
14平方米以上	227	636	公用厨房	3	9
二、按房屋产权分			**七、按燃料使用情况分**		
公房	85	271	管道煤气	29	92
租赁私房	5	18	液化石油气	383	1 217
自有房	274	888	煤	112	378
部分产权房	186	590	其他	26	80
三、按自来水使用情况分			**八、按电话拥有情况分**		
无自来水	9	32	无电话	175	564
独用自来水	524	1 682	公费电话	40	113
公用自来水	17	53	自费电话	332	1 080
四、按卫生设备拥有情况分			公用电话	3	10
无卫生设备	63	215	**九、按住宅建筑式样分**		
有浴室厕所	81	260	家庭单栋配套房	4	14
有厕所无浴室	359	1 126	单元式配套房	434	1 358
公用卫生设备	47	166	普通楼房	24	78
			普通平房及其他	88	317

农村住户基本情况

（抽样调查）

项　　目	1985年	1990年	1995年	1997年	1998年	1999年	2000年
调查户数(户)	450	460	600	600	600	600	600
家庭常住人口(人)	2 912	2 878	3 579	3 451	3 425	3 422	3 190
平均每户人口(人)	6.47	6.26	5.97	5.75	5.71	5.70	5.32
整半劳动力(人)	1 517	1 598	2 088	2 094	2 003	2 026	1 979
平均每户劳动力(人)	3.37	3.47	3.48	3.49	3.34	3.38	3.30
平均每一劳动力负担人口(人)	1.92	1.80	1.71	1.65	1.71	1.69	1.61
户均经营耕地面积(亩)	17.27	16.95	14.86	15.82	15.53	16.02	11.75
平均每人经营耕地面积(亩)	2.67	2.71	2.49	2.75	2.72	2.81	2.21
年内户均新建房屋(间)	0.28	0.16	0.18	0.22	0.27	0.23	
年内每户新建房屋面积(平方米)	3.20	2.12	2.28	2.59	3.42	3.09	3.30
年末平均每户住房间数(间)			7.43	7.07	7.26	7.38	
年末人均住房面积(平方米)	10.54	12.77	14.98	13.81	14.23	14.24	15.32
#砖木结构面积(平方米)	0.73	1.15	1.58	1.21	1.46	1.55	1.75
钢筋混凝土结构面积(平方米)		0.10	0.10	0.19	0.19	0.23	0.19
平均每人总收入(元)	470.37	782.66	1 382.19	1 862.41	1 971.93	2 027.90	2 000.32
平均每人纯收入(元)	342.94	559.78	1 029.77	1 320.63	1 426.00	1 486.31	1 490.49
平均每一劳动力纯收入(元)	658.31	1 008.17	1 765.11	2 176.45	2 436.30	2 510.45	2 402.56

农村住户家庭人均总收入、总支出和纯收入

（抽样调查） 单位：元

指　　标	1985 年	1990 年	1995 年	1996 年	1997 年	1998 年	1999 年	2000 年
一、总收入	**470.37**	**782.66**	**1 382.19**	**1 673.35**	**1 862.41**	**1 971.93**	**2 027.90**	**2 000.32**
1. 基本收入	431.37	737.19	1 350.19	1 625.81	1 821.34	1 931.62	1 959.69	1 909.33
①劳动者报酬收入	49.92	73.04	96.71	134.03	174.65	218.20	277.16	312.30
②家庭经营纯收入	381.45	664.15	1 253.47	1 491.78	1 646.70	1 713.42	1 682.53	1 597.03
2. 转移性收入	8.63	27.25	29.02	43.58	35.94	37.55	57.60	66.28
3. 财产性收入	30.37	18.22	2.98	3.96	5.12	2.77	10.60	24.70
二、总支出	**409.58**	**723.45**	**1 306.43**	**1 595.36**	**1 633.20**	**1 664.87**	**1 694.45**	**1 928.05**
1. 家庭经营费用支出	85.51	161.03	258.26	359.39	286.36	398.98	369.19	348.13
2. 购置生产性固定资产支出	28.66	40.44	69.54	76.19	65.57	58.28	62.63	136.40
3. 缴纳税金	6.61	10.56	20.72	31.88	30.41	34.69	25.14	46.89
4. 上交集体承包任务	5.88	12.99	7.60	11.09	10.84	4.56	5.21	5.24
5. 集体提留和摊派				12.91	17.30	16.92	14.16	17.11
6. 生活消费支出	274.68	474.75	913.84	1 052.33	1 085.38	1 117.79	1 133.63	1 218.23
7. 其他非借贷性支出	8.24	23.68	25.63	51.57	37.34	33.64	57.50	
三、纯收入	**342.94**	**559.78**	**1 029.77**	**1 173.80**	**1 320.63**	**1 426.00**	**1 486.31**	**1 490.49**
（一）按纯收入性质分								
生产性纯收入	302.82	515.98	997.44	1 127.79	1 287.59	1 386.42	1 421.33	1 432.04
非生产性纯收入	4.12	43.80	32.33	46.01	33.04	39.58	64.99	58.45

农村住户家庭人均总收入、总支出和纯收入(续)

(抽样调查)　　　　单位:元

指　　标	1985年	1990年	1995年	1996年	1997年	1998年	1999年	2000年
(二)按纯收入来源分								
基本收入	310.31	521.80	1 004.94	1 133.05	1 295.25	1 392.88	1 430.15	1 432.04
1.劳动者报酬收入	49.92	73.04	96.71	134.03	174.65	218.20	277.16	312.30
2.家庭经营纯收入	260.39	448.76	908.23	999.02	1 120.60	1 174.68	1 152.99	1 119.76
(1)种植业收入	114.94	214.81	418.31	482.14	558.29	566.69	495.96	398.34
(2)林业收入	1.82	1.97	3.97	4.63	3.24	4.70	6.64	4.44
(3)牧业收入	87.87	150.91	258.11	318.07	351.64	352.64	350.35	519.17
(4)渔业收入	0.06	0.34	−0.03	−0.04		5.72	2.86	18.90
(5)手工业收入	2.29	21.53	21.63	21.38	13.37	21.84	26.17	
(6)采集捕猎收入	11.03	7.56	68.85	52.90	56.60	58.87	87.60	
(7)工业收入	3.28	6.11	6.74	6.00	6.08	15.01	17.91	13.58
(8)建筑业收入	3.71	4.58	8.63	24.41	25.67	21.71	27.66	8.95
(9)运输业收入	14.38	21.96	28.35	21.70	29.45	37.60	42.81	73.25
(10)批发、零售业收入	9.40	9.07	17.79	11.30	14.34	19.15	23.59	27.74
(11)社会服务业收入	4.91	7.23	20.16	5.85	9.93	10.43	12.07	2.81
(12)文教卫生业收入								11.56
(13)其他家庭经营收入	6.70	2.69	55.72	50.78	51.97	60.32	59.36	41.04
转移和财产性收入	32.63	37.98	24.83	40.75	25.38	33.12	56.17	58.45

农村住户生活消费支出及构成

（抽样调查）

指　　标	平均每人支出(元)			构成(%)		
	1998 年	1999 年	2000 年	1998 年	1999 年	2000 年
全年生活消费支出	**1 117.79**	**1 133.63**	**1 218.23**	**100.00**	**100.00**	**100.00**
一、食　品	**694.62**	**699.44**	**705.24**	**62.14**	**61.70**	**57.89**
#主　食	310.89	298.82	311.59	44.76	42.72	44.18
副　食	275.72	289.31	251.54	39.69	41.36	35.67
二、衣　着	**93.06**	**97.97**	**93.35**	**8.33**	**8.64**	**7.66**
#服　装	50.95	55.14	53.67	54.75	56.28	57.49
三、居　住	**146.97**	**124.18**	**126.19**	**13.15**	**10.95**	**10.36**
#建筑材料	51.73	33.60	56.29	35.20	27.06	44.61
燃　料	67.81	62.77	31.54	46.14	50.55	24.99
四、家庭设备、用品及服务	**38.16**	**46.04**	**44.81**	**3.41**	**4.06**	**3.68**
#耐用消费品	11.47	16.25	14.27	30.06	35.30	31.85
家庭日用杂品	18.85	20.99	21.76	49.40	45.59	48.56
床上用品	5.73	6.81	7.14	15.02	14.79	15.93
五、医疗保建	**57.01**	**56.94**	**78.20**	**5.10**	**5.02**	**6.42**
六、交通和通迅	**25.79**	**35.38**	**53.15**	**2.31**	**3.12**	**4.36**
七、文化娱乐用品及服务	**43.44**	**50.17**	**79.38**	**3.89**	**4.43**	**6.52**
#文化教育娱乐用品	12.38	16.02	24.22	28.50	31.93	30.51
文化教育娱乐服务	31.06	34.15	55.16	71.50	68.07	69.49
八、其他商品和服务	**18.74**	**23.50**	**37.92**	**1.67**	**2.07**	**3.11**

农牧民家庭人均全年主要消费品消费量

（抽样调查）

类别	单位	1985年	1990年	1995年	1996年	1997年	1998年	1999年	2000年
一、食品类									
粮食	千克	226.14	247.78	240.80	270.99	270.20	253.12	257.81	270.79
蔬菜	千克	49.28	54.35	34.99	42.50	40.32	42.04	41.92	42.60
食用油	千克	5.68	6.44	8.49	8.50	7.90	9.14	9.93	9.08
植物油	千克	4.63	5.51	8.13	8.13	7.65	8.73	9.49	8.70
动物油	千克	1.05	0.93	0.36	0.37	0.25	0.41	0.44	0.38
肉类	千克	15.64	15.76	12.00	14.38	17.03	16.70	17.56	20.08
#猪肉	千克	7.00	8.09	7.07	7.97	8.54	9.04	8.99	8.61
牛羊肉	千克	8.64	7.67	4.93	6.21	8.30	7.47	8.14	11.01
牛、羊奶	千克	25.51	17.29	12.80	9.39	13.37	16.91	15.40	21.68
家禽	千克	0.06	0.45	0.17	0.15	0.14	0.12	0.27	0.37
蛋类	千克	0.54	0.74	0.54	0.27	0.42	0.52	0.52	0.69
鱼虾	千克	0.02	0.11	0.12	0.17	0.11	0.38	0.37	0.24
食糖	千克	0.71	0.64	0.65	0.73	0.72	0.89	1.01	1.06
茶叶	千克	1.84	1.30	1.77	1.76	1.46	1.57	1.68	1.87
糖果糕点	千克	0.62	0.41	0.70	0.51	0.42	0.42	0.54	0.58
水果	千克	1.31	1.90	2.42	3.36	4.15	6.21	6.48	6.04
酒	千克	1.60	1.49	1.80	1.95	1.65	1.59	1.81	2.40
卷烟	盒	10.98	12.12	12.41	14.98	13.55	13.10	13.15	14.08
二、衣着类									
棉布	米	3.21	1.28	0.69	0.63	0.58	0.50	0.44	0.48
化纤布	米	2.47	2.15	1.81	1.84	1.99	1.89	1.93	0.57
呢绒	米	0.16	0.12	0.08	0.04	0.05	0.04	0.02	0.03
绸缎	米	0.29	0.16	0.38	0.12	0.12	0.29	0.11	
毛线及毛线织品	千克	0.05	0.04	0.07	0.10	0.10	0.09	0.11	
棉布服装	件	0.32	0.07	0.05	0.05	0.03	0.01	0.02	0.08
化纤服装	件	0.72	0.98	1.01	0.97	1.17	1.10	1.22	1.29
呢绒服装	件	0.03	0.02	0.02	0.02	0.03	0.02	0.01	0.02
皮鞋	双	0.12	0.10	0.15	0.20	0.19	0.21	0.27	
床褥单	条	0.09	0.06	0.05	0.05	0.04	0.06	0.06	

农村住户人均商品性和自给性消费情况

（抽样调查）

类别	2000年			1999年		
	合计	商品性	自给性	合计	商品性	自给性
一、家庭经营费用支出合计（元）	**348.13**	**285.19**	**62.94**	**396.19**	**259.50**	**136.69**
#种植业支出	158.76	134.45	24.31	262.03	179.98	82.05
#牧业支出	124.12	96.06	28.06	105.51	50.87	54.64
二、生活消费支出合计（元）	**1 218.23**	**765.53**	**452.70**	**1 133.63**	**606.41**	**527.22**
1.食品	705.24	262.68	442.56	699.44	214.86	484.58
2.衣着	93.35	93.31	0.04	97.97	97.63	0.34
3.居住	126.19	116.16	10.03	124.18	81.93	42.25
4.家庭设备、用品及服务	44.81	44.81		46.04	46.01	0.03
5.医疗保健	78.20	78.20		56.94	56.94	
6.交通和通讯	53.15	53.15		35.38	35.38	
7.文化教育娱乐用品及服务	79.38	79.38		50.17	50.17	
8.其他商品及服务	37.92	37.92		23.50	23.50	
三、家庭经营费用支出构成（%）	**100.00**	**100.00**	**100.00**	**100.00**	**100.00**	**100.00**
#种植业支出	45.60	47.14	38.62	66.14	69.36	60.03
#牧业支出	35.65	33.68	44.58	26.63	19.60	39.97
四、生活消费支出构成（%）	**100.00**	**100.00**	**100.00**	**100.00**	**100.00**	**100.00**
1.食品	57.89	34.31	97.76	61.70	35.43	91.91
2.衣着	7.66	12.19		8.64	16.10	0.06
3.居住	10.36	15.17	2.21	10.95	13.51	8.01
4.家庭设备、用品及服务	3.68	5.85		4.06	7.59	0.01
5.医疗保健	6.42	10.22		5.02	9.39	
6.交通和通迅	4.36	6.94		3.12	5.83	
7.文化教育娱乐用品及服务	6.52	10.37		4.43	8.27	
8.其他商品及服务	3.11	4.95		2.07	3.88	

农牧民家庭平均每百户年末拥有耐用品数量

（抽样调查）

指　标	单位	1985 年	1990 年	1995 年	1996 年	1997 年	1998 年	1999 年	2000 年
自行车	辆	41.33	77.61	82.67	79.67	80.67	79.33	82.67	58.83
缝纫机	架	33.11	48.04	50.83	50.67	51.50	52.00	52.67	
钟	只	31.56	73.26	61.83	65.67	68.00	68.83	70.67	
手表	只	102.66	176.74	182.00	156.50	164.67	167.17	169.67	
电子表	只		82.39	88.83	76.67	83.50	87.33	89.67	
电风扇	台	0.44	0.22	0.17	0.33	0.17	0.17	0.83	1.67
洗衣机	台	0.67	6.09	8.83	12.33	12.17	11.67	12.67	17.33
摩托车	辆	0.22	2.17	3.33	4.50	5.33	8.00	9.00	11.50
收音机	台	35.56	43.04	34.33	30.83	30.83	33.83	34.00	
收录机	台	6.22	33.91	40.17	48.17	53.00	53.50	54.00	52.33
黑白电视机	台	6.00	31.96	43.17	48.50	50.67	52.17	51.17	40.83
彩色电视机	台	0.89	4.13	12.67	15.83	17.33	19.50	23.83	34.33
照像机	架	0.44	1.74	1.67	2.33	2.00	1.83	2.50	2.17
大型家俱	件	165.56	297.61	491.33	567.67	584.17	585.67	596.17	337.00
#沙发	个	28.67	83.70	101.50	129.50	138.83	138.83	140.67	
#大衣柜	个	15.78	60.22	64.83	56.17	58.83	58.67	59.50	
#写字台	张	18.67	53.04	53.00	53.33	52.17	53.50	54.00	

农村住户人均纯收入分组及构成

（抽样调查）

年 份	户数合计	300 元以下	300—500 元	500—800 元	800—1000 元	1000—1500元	1500—2000元	2000—3000元	3000元以上
一、绝对数（户）									
1990	460	71	147	156	39	37	7	3	
1995	600	10	51	185	98	160	58	30	8
1996	600	8	31	112	112	191	93	42	11
1997	600	5	28	81	99	191	108	75	13
1998	600	7	13	66	89	214	106	76	29
1999	600	6	16	61	103	174	129	75	36
2000	600	20	43	109	65	156	77	80	50
二、构成（%）									
1990	100	15.44	31.96	33.91	8.48	8.04	1.52	0.65	
1995	100	1.67	8.50	30.83	16.33	26.67	9.67	5.00	1.33
1996	100	1.33	5.17	18.67	18.67	31.83	15.50	7.00	1.83
1997	100	0.83	4.67	13.50	16.50	31.83	18.00	12.50	2.17
1998	100	1.17	2.17	11.00	14.83	35.67	17.67	12.67	4.82
1999	100	1.00	2.67	10.17	17.17	29.00	21.50	12.50	6.00
2000	100	3.33	7.17	18.17	10.83	26	12.83	13.33	8.34

主要年份城乡居民储蓄存款年末余额

单位:万元

年　份	合　计	城　镇	农村信用社 农牧民储蓄	城乡居民人均储蓄 (元/人)
1952	128	128		0.81
1957	2 828	2 453	375	13.98
1965	4 632	4 274	358	20.59
1970	6 559	6 195	363	23.65
1975	11 469	10 617	852	34.43
1978	16 269	14 874	1 395	45.09
1980	28 127	25 782	2 345	75.11
1983	50 696	46 587	5 184	129.10
1984	64 283	58 165	6 118	160.06
1985	82 288	75 904	6 384	201.99
1986	106 634	96 825	9 809	253.33
1987	134 286	122 623	11 663	319.39
1988	161 525	147 273	14 252	372.01
1989	200 943	185 257	15 686	456.48
1990	265 952	246 818	19 134	594.09
1991	325 109	302 396	22 713	715.42
1992	398 679	370 301	28 378	864.78
1993	499 196	463 863	35 333	1 069.63
1994	631 475	584 531	46 944	1 332.23
1995	827 116	770 250	56 866	1 718.86
1996	971 707	874 877	96 830	2 004.55
1997	1 131 378	1 016 854	114 524	2 299.78
1998	1 304 272	1 210 250	94 022	2 612.72
1999	1 428 608	1 329 205	99 403	2 821.66
2000	1 590 782	1 469 556	121 226	3 070.17

历年农牧民人均纯收入指数

（抽样调查）

年 份	人均纯收入（元）	环比指数（上年＝100）	定基指数（以 1980 年为 100）
1980	204.31	100.00	100.00
1981	191.56	93.32	93.32
1982	223.39	116.15	108.39
1983	252.45	112.53	121.97
1984	281.22	109.39	133.43
1985	342.94	118.37	157.94
1986	369.15	104.21	164.59
1987	392.15	103.45	170.27
1988	492.82	114.19	194.43
1989	463.52	86.04	167.29
1990	559.78	106.12	177.53
1991	555.56	96.73	171.72
1992	603.40	105.67	181.46
1993	672.56	103.77	188.30
1994	869.34	106.63	200.78
1995	1 029.77	102.30	205.40
1996	1 173.80	104.00	213.62
1997	1 320.63	104.40	223.02
1998	1 426.00	109.70	244.65
1999	1 486.00	107.60	263.25
2000	1 490.49	100.40	264.30

注：环比指数扣除了物价因素。

农村贫困监测调查户人均总收入、总支出和纯收入

（抽样调查） 单位：元

	2000年	1999年	2000年比1999年±(%)
调　查　村　数（个）	**112**	**112**	
调　查　户　数（户）	**560**	**560**	
调　查　人　数（人）	**3 320**	**3 362**	**－1.25**
整、半劳动力（人）	**1 984**	**1 983**	**0.05**
一、全年总收入	**1 460.11**	**1 490.28**	**－2.02**
（一）劳动者报酬收入	209.55	215.63	－2.82
（二）家庭经营收入	1 172.95	1 214.17	－3.39
1.种植业收入	284.10	354.15	－19.78
2.牧业收入	550.03	530.05	3.77
3.二、三产业收入	98.21	93.76	4.75
（三）转移性收入	66.87	50.52	32.37
（四）财产性收入	10.73	9.96	7.76
二、全年总支出	**1 303.71**	**1 319.72**	**－1.21**
（一）家庭经营生产费用	188.47	216.83	－13.08
1.种植业支出	87.26	97.84	－10.81
2.牧业支出	86.39	92.34	－6.45
3.二、三产业支出	10.01	11.87	－15.70
（二）购买生产性固定资产	58.85	55.87	5.89
（三）纳　税	33.04	32.40	1.98
（四）上缴集体承包任务	2.27	3.27	－30.72
（五）集体提留和摊派	7.98	9.82	－18.77
（六）生活消费支出	967.77	974.02	－0.64
1.食品消费支出	636.16	665.05	－4.34
(1)主食	287.16	295.02	－2.66
(2)副食	205.88	227.68	－9.57
2.衣着消费支出	70.47	79.47	－11.32
3.居住消费支出	102.10	88.05	15.96
4.家庭设备用品及服务消费	26.55	30.31	－12.41
5.医疗保健支出	54.65	44.17	23.72
6.交通通讯支出	33.52	20.46	63.83
7.文化教育、娱乐用品及服务	27.66	23.73	16.57
8.其他商品及服务支出	16.65	22.78	－26.90
（七）其他转移性支出	45.34	27.81	63.03
三、生产性固定折旧	**45.66**	**46.05**	**－0.86**
四、全年纯收入	**1 174.63**	**1 174.04**	**0.05**

农村贫困监测调查户人均总收入、总支出和纯收入(续)

(抽样调查)　　　　单位:元

	2000年	1999年	2000年比1999±(%)
调　查　村　数(个)	**112**	**112**	
调　查　户　数(户)	**560**	**560**	
调　查　人　数(人)	**3 362**	**3 379**	**−0.50**
整半劳动力(人)	**1 983**	**1 958**	**1.28**
一、全年总收入	**1 490.28**	**1 423.19**	**4.71**
(一)劳动者报酬收入	215.63	149.17	44.55
(二)家庭经营收入	1 214.17	1 242.57	−2.29
1.种植业收入	354.15	424.53	−16.58
2.牧业收入	530.05	564.43	−6.09
3.二、三产业收入	93.76	74.79	25.36
(三)转移性收入	50.52	28.46	77.51
(四)财产性收入	9.96	3.00	232.00
二、全年总支出	**1 319 .72**	**1 215.89**	**8.54**
(一)家庭经营生产费用	216.83	220.01	−1.45
1.种植业支出	97.84	102.03	−4.11
2.牧业支出	92.34	101.01	−8.58
3.二、三产业支出	11.87	11.37	4.40
(二)购买生产性固定资产	55.57	21.40	159.67
(三)纳　税	32.40	38.90	−16.84
(四)上缴集体承包任务	3.27	2.30	42.17
(五)集体提留和摊派	9.82	11.47	−14.39
(六)生活消费支出	974.02	902.99	7.87
1.食品消费支出	665.05	609.32	9.15
(1)主食	295.02	278.33	6.00
(2)副食	227.68	207.82	9.56
2.衣着消费支出	79.47	67.86	17.11
3.居住消费支出	88.05	119.44	−26.28
4.家庭设备用品及服务消费	30.31	22.35	35.62
5.医疗保健支出	44.17	42.71	3.42
6.交通通讯支出	20.46	13.34	53.37
7.文化教育、娱乐用品及服务	23.73	19.66	20.70
8.其他商品及服务支出	22.78	8.32	173.80
(七)其他转移性支出	27.81	18.77	48.16
三、生产性固定折旧	**46.05**	**46.73**	**−1.46**
四、全年纯收入	**1 174.04**	**1 098.35**	**6.89**

2007

QHTJNJ

农 业

Agriculture

QINGHAI STATISTICAL YEARBOOK

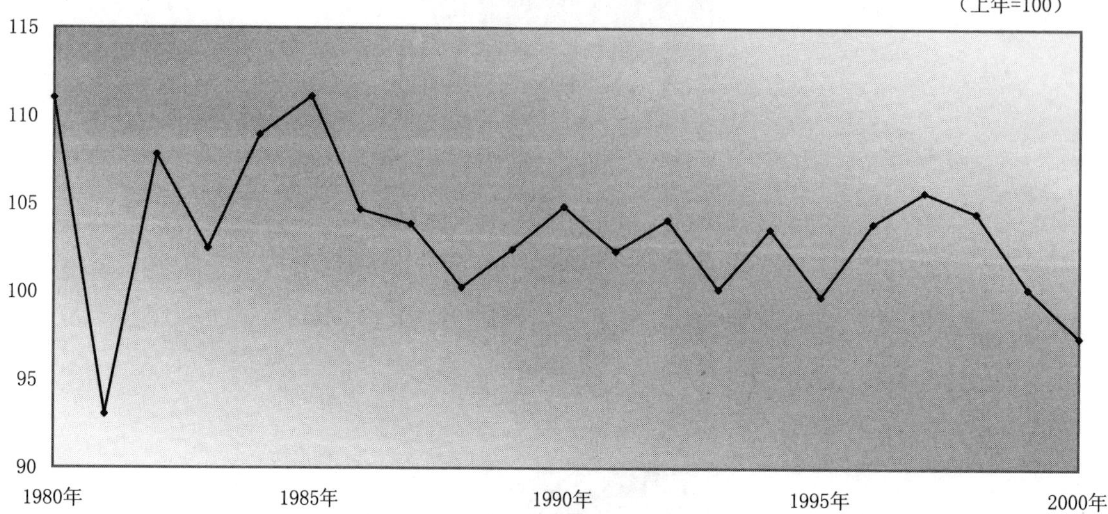
农业总产值指数
（上年=100）
115
110
105
100
95
90
1980年
1985年
1990年
1995年
2000年

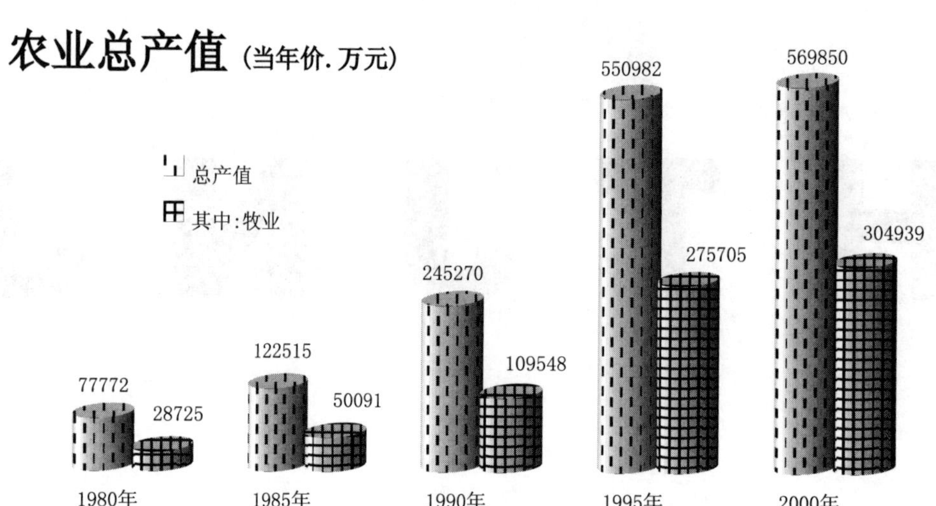
农业总产值（当年价.万元）
总产值
其中:牧业
77772
28725
122515
50091
245270
109548
550982
275705
569850
304939
1980年
1985年
1990年
1995年
2000年

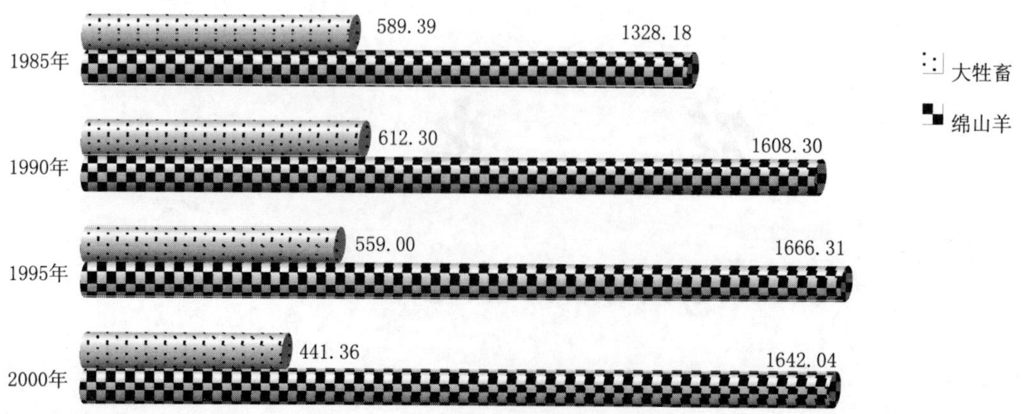
牲畜年末存栏头数
万头（只）
大牲畜
绵山羊
1985年
589.39
1328.18
1990年
612.30
1608.30
1995年
559.00
1666.31
2000年
441.36
1642.04

农村基层组织情况

指　　标	1990年	1995年	1996年	1997年	1998年	1999年	2000年
一、农村基层组织数(个)							
1.乡(镇)数	430	432	432	432	432	430	430
(1)乡政府	403	404	404	404	402	390	390
(2)镇政府	27	28	28	28	30	40	40
2.村民委员会	4 021	4 008	4 008	4 046	4 054	4 056	4 120
#牧业	810	774	774	813	815	815	880
3.农牧业生产合作社	17 167	17 122	17 122	17 101	17 117	17 116	17 115
#牧业	2 831	2 699	2 699	2 650	2 662	2 645	2 599
二、乡村户数、人口、从业人员(万人)							
(一)乡村户数(万户)	57.35	63.34	64.80	65.73	67.08	68.48	69.90
(二)乡村人口数(万人)	304.13	322.86	325.99	328.30	331.11	334.06	336.59
(三)家庭从业人员合计(万人)	135.88	152.65	158.33	161.40	162.38	173.25	171.97
1.按性别分组							
男从业人员	69.00	78.01	81.21	82.93	83.33	88.60	88.68
女从业人员	66.88	74.64	77.12	78.47	79.05	84.65	83.29
2.按部门分组							
农林牧渔业从业人员	119.65	131.83	137.09	138.20	138.16	144.03	142.25
种植业从业人员	92.62	103.46	109.04	107.49	107.88	110.71	110.51
工业从业人员	3.94	5.62	5.67	6.04	6.09	6.09	6.14
建筑业从业人员	2.47	3.39	3.07	3.38	3.65	4.43	5.01
交通运输仓储邮电业从业人员	2.92	3.82	3.52	3.84	3.85	4.45	3.93
商业、饮食业从业人员	1.69	2.81	2.82	3.00	3.01	3.61	3.63
其他从业人员	3.64	5.18	6.16	6.94	7.62	10.64	11.01
外出临时工、合同工	1.80	2.33	2.54	3.17	3.68	4.75	5.20

主要年份农业经济效益主要指标

年份	人均农业总产值(元/人)(产值按1990年不变价格计算)			人均粮食产量(千克/人)			人均油料产量(千克/人)		
	按总人口	按农业人口	按农业从业人员	按总人口	按农业人口	按农业从业人员	按总人口	按农业人口	按农业从业人员
1952	383.0	425.3	971.5	230.7	257.7	594.9	10.1	11.2	26.0
1957	462.3	566.0	1 284.8	285.1	353.9	806.4	10.0	12.4	28.2
1965	526.7	717.9	1 366.8	291.2	372.7	751.5	14.6	18.7	38.7
1970	428.5	545.3	1 192.0	229.5	292.2	650.9	9.1	11.6	25.8
1975	485.7	637.0	1 568.7	276.3	362.0	904.2	12.5	16.4	40.3
1978	475.8	626.4	1 663.0	247.5	325.6	874.9	12.4	16.3	43.8
1980	491.9	657.7	1 700.6	253.6	341.0	882.6	18.8	25.2	65.2
1985	585.2	808.3	2 109.0	246.3	342.7	894.2	24.5	33.9	88.4
1990	576.4	806.2	2 126.9	258.1	361.0	952.3	27.1	37.9	100.1
1995	591.0	854.1	2 111.3	239.1	362.3	854.1	33.9	51.4	121.3
1996	600.7	879.9	2 098.8	253.6	371.4	886.0	35.0	51.3	122.3
1997	625.6	929.9	2 214.0	257.4	382.6	910.8	37.0	55.1	131.1
1998	644.5	957.2	2 294.9	255.0	378.7	907.9	41.8	62.2	149.0
1999	637.1	950.6	2 211.7	203.2	303.2	705.5	56.0	83.5	194.3
2000	612.9	932.7	2 209.7	160.1	243.7	577.3	37.6	57.2	135.4

农 业 总 产 值

（当年价格） 单位：万元

年 份	合 计	农 业	林 业	牧 业	副 业	#农民家庭兼营工业	渔 业
1980	77 772	47 170	683	28 725	1 085	6	109
1981	72 958	40 265	685	30 736	1 148	95	124
1982	83 593	50 291	819	30 990	1 373	214	120
1983	86 883	52 576	1 110	31 054	1 981	438	162
1984	105 028	62 993	1 930	37 909	1 948	422	248
1985	122 515	61 968	4 709	50 091	5 220	3 546	527
1986	141 119	63 316	7 018	61 084	9 279	4 931	422
1987	159 369	70 307	6 559	68 394	13 857	9 885	252
1988	194 926	80 131	6 663	91 705	16 117	9 472	310
1989	216 005	96 448	6 878	97 740	14 426	9 812	513
1990	245 270	114 837	6 944	109 548	13 271	9 452	670
1995	550 982	265 469	8 630	275 705			1 178
1996	561 574	299 846	9 099	251 409			1 220
1997	590 148	306 163	9 735	273 363			887
1998	607 924	314 152	9 993	283 127			652
1999	590 200	293 093	13 840	282 361			906
2000	569 850	249 055	15 056	304 939			800

农 业 总 产 值

（按不变价格计算） 单位:万元

年 份	农业总产值	农业产值	林业产值	牧业产值	副业产值	渔业产值
	（按 1952 年不变价格计算）					
1952	16 873	734	26	8 355	1 136	16
	（按 1970 年不变价格计算）					
1975	54 134	29 126	378	23 736	749	145
1978	57 341	27 830	522	27 972	898	119
1980	61 133	30 746	548	28 873	868	98
1981	56 884	26 363	520	29 082	807	112
	（按 1980 年不变价格计算）					
1981	77 368	37 360	1 526	37 420	937	125
1985	103 457	49 620	4 407	44 231	5 022	177
1986	108 298	49 793	4 757	47 063	6 488	197
1987	112 476	51 711	5 033	46 793	8 827	112
1988	112 872	53 260	4 748	47 850	6 802	122
1989	115 520	55 513	4 643	49 269	5 956	139
1990	121 129	58 404	4 062	52 113	6 373	177
	（按 1990 年不变价格计算）					
1990	255 918	113 898	8 520	121 256	11 629	615
1991	261 870	114 965	7 533	126 981	11 697	694
1992	272 642	120 664	7 276	132 297	11 716	689
1993	273 122	135 019	7 637	129 580		886
1994	282 914	140 125	7 207	134 519		1 063
1995	282 283	136 201	7 373	137 872		837
1996	293 328	152 282	7 758	132 509		779
1997	310 029	161 461	7 960	140 138		470
1998	324 057	166 994	8 144	148 504		415
1999	324 807	162 885	11 310	150 175		437
2000	316 560	147 686	11 723	156 639		512

农业总产值构成

（按可比价格计算）　　单位：%

年　份	农业总产值	农业产值	林业产值	牧业产值	副业产值	渔业产值
1952	100.0	43.50	0.15	49.52	6.73	0.10
1975	100.0	53.80	0.70	43.85	1.38	0.27
1978	100.0	48.53	0.91	48.78	1.57	0.21
1980	100.0	50.29	0.90	47.23	1.42	0.16
1985	100.0	47.96	4.26	42.75	4.86	0.17
1990	100.0	48.22	3.35	43.02	5.26	0.15
1995	100.0	48.25	2.61	48.84		0.30
1996	100.0	51.92	2.64	45.17		0.27
1997	100.0	52.08	2.57	45.20		0.15
1998	100.0	51.53	2.51	45.83		0.13
1999	100.0	50.15	3.48	46.24		0.13
2000	100.0	46.66	3.70	49.48		0.16

注：从1993年起，副业产值分别划入农业产值（包括种植业和其他农业）、牧业产值中，过去年份资料未作变动（下同）。

农业总产值指数（环比指数）

单位：%

年　份	农业总产值	农　业	林　业	牧　业	副　业	渔　业
1952	111.86	112.27	216.67	110.21	120.98	114.29
1978	99.38	103.39	88.78	95.51	116.47	86.86
1980	111.02	119.12	114.88	105.82	62.67	91.59
1985	111.11	104.73	123.76	109.77	292.32	111.32
1990	104.86	105.21	87.49	105.77	107.00	127.34
1995	99.78	97.20	102.30	102.49		78.74
1996	103.91	111.81	105.22	96.11		93.07
1997	105.69	106.03	102.60	105.76		60.33
1998	104.52	103.43	102.31	105.97		88.30
1999	100.23	97.54	138.88	101.13		105.30
2000	97.46	90.67	103.65	104.30		117.16

分项目农业总产值

（2000 年）　　单位：万元

指　　标	农　业　总　产　值	
	按 1990 年不变价格计算	按当年价格计算
农业总产值合计	**316 560**	**569 850**
一、农业产值	**147 686**	**249 055**
（一）农作物种植业产值	112 854	187 240
甲、农作物主产品产值	104 402	169 621
1.粮食作物	52 271	95 194
（1）小麦	28 778	48 363
（2）杂粮	15 189	20 918
（3）马铃薯	8 304	25 913
2.经济作物	28 958	36 854
＃油料作物	28 878	36 750
3.蔬菜、瓜类	19 175	33 519
4.水果	2 609	1 892
5.青饲料、绿肥	1 389	2 162
乙、农作物副产品产值	8 452	17 619
1.粮食作物	7 192	13 598
2.其　　他	1 260	4 021
（二）其他农业	34 832	61 815
1.野生植物的采集	15 767	42 750
2.农民家庭兼营商品性工业	19 065	19 065
二、林业产值	**11 723**	**15 056**
1.种植林木	10 364	13 524
2.林产品	276	451
3.村及村以下木材采伐	1 084	1 081
三、牧业产值	**156 639**	**304 939**
（一）牲畜繁殖增重	110 810	232 280
1.猪	30 994	71 114
2.大牲畜	38 969	62 700
3.绵山羊	40 847	98 466
（二）家禽饲养	2 603	6 687
（三）活的畜禽产品	42 477	65 026
（四）其他动物饲养	653	813
（五）捕猎野生动物	96	133
四、渔业产值	**512**	**800**

分项目农业增加值

（按当年价格计算）　　　　单位:万元

指　　标	2000年	1999年	指　　标	2000年	1999年
一、农业总产值	**569 850**	**590 201**	林业	3 995	3 281
农业	249 055	293 094	牧业	57 932	62 485
1.种植业	187 240	237 400	渔业	233	252
2.其他农业	61 815	55 694	(二)对非物质生产部门的劳务支出	15 063	13 313
林业	15 056	13 840	农业	8 864	6 740
牧业	304 939	282 361	1.种植业	4 642	4 901
渔业	800	906	2.其他农业	4 222	1 839
二、中间消耗	**184 569**	**184 768**	林业	109	220
农业	116 210	112 117	牧业	6 063	6 317
1.种植业	108 309	107 463	渔业	27	36
2.其他农业	7 901	4 713	**三、增加值**	**385 281**	**405 433**
林业	4 104	3 501	农业	132 845	180 917
牧业	63 995	68 802	1.种植业	78 931	129 936
渔业	260	288	2.其他农业	53 914	50 981
(一)中间物质消耗	169 506	171 455	林业	10 952	10 339
农业	107 346	105 437	牧业	240 944	213 559
1.种植业	103 667	102 562	渔业	540	618
2.其他农业	3 679	2 875			

农村经济收入分配和效益

单位:万元

指　　标	1978年	1985年	1990年	1995年	1998年	1999年	2000年
一、农村经济总收入	**43 151**	**149 367**	**217 765**	**485 353**	**704 843**	**737 772**	**779 362**
1.农业	40 606	107 240	158 001	326 131	434 505	422 139	428 795
(1)农业	22 882	47 693	82 747	180 119	241 967	207 675	194 719
(2)林业		1 226	1 654	2 425	4 272	5 944	12 116
(3)牧业	9 881	42 757	64 311	143 348	187 913	208 068	221 510
(4)副业	7 843	15 291	9 088				
(5)渔业		273	201	239	353	452	449
2.工业		12 438	24 836	70 130	114 003	118 485	133 129
3.建筑业		13 994	8 047	16 330	23 476	26 725	31 292
4.交通运输业		7 789	11 497	23 700	42 887	48 778	53 836
5.批发零售贸易业、餐饮业		3 573	6 482	22 678	45 423	49 783	54 504
6.服务业		2 056	2 037	6 452	11 947	11 654	13 805
7.其他	2 545	2 277	6 865	19 932	32 602	60 208	64 001
二、农村经济总费用	**11 441**	**39 009**	**68 158**	**214 985**	**294 121**	**316 965**	**337 933**
1.农业费用	10 551			108 384	170 728	182 774	185 466
2.非农业费用	890			106 601	123 393	134 191	152 467
三、农村经济纯收入总额	**31 710**	**110 358**	**149 607**	**270 368**	**410 722**	**420 807**	**441 429**
1.国家税收	1 653	3 369	5 045	13 992	22 237	22 788	22 664
2.集体提留	4 902	3 809	4 220	7 964	11 317	12 044	10 928
3.农村居民纯收入	25 155	103 180	140 342	248 412	377 168	385 975	407 837

注:1978年牧业收入中包括林业、渔业收入。

主要年份耕地面积及构成

年份	年末耕地面积（千公顷）				构成(以合计为100)			每一农业人口占有耕地(公顷)
	合计	水浇地	浅山地	脑山地	水浇地	浅山地	脑山地	
1952	464.60	64.58	260.44	139.58	13.9	56.1	30.0	0.32
1957	502.01	115.16	245.74	141.12	22.9	49.0	28.1	0.30
1962	587.54	126.83	293.61	167.10	21.6	50.0	28.4	0.35
1965	578.60	141.40	285.40	151.80	24.4	49.3	26.3	0.32
1970	592.79	161.19	276.87	154.74	27.2	46.7	26.1	0.27
1975	589.23	165.82	255.49	167.91	28.1	43.4	28.5	0.23
1978	602.97	164.33	274.86	163.79	27.3	45.6	27.1	0.22
1980	587.27	159.62	252.14	175.51	27.2	42.9	29.9	0.21
1985	565.10	160.15	244.52	160.42	28.3	43.3	28.4	0.19
1990	577.63	171.56	224.73	181.33	29.7	38.9	31.4	0.18
1995	589.89	177.31	224.83	187.75	30.1	38.1	31.8	0.19
1996	589.86	176.12	226.86	186.88	29.8	38.5	31.7	0.18
1997	589.86	176.12	226.86	186.88	29.8	38.5	31.7	0.18
1998	605.24	187.43	222.64	195.17	31.0	36.8	32.2	0.18
1999	611.56	189.72	224.34	197.50	31.0	36.7	32.3	0.18
2000	669.16	211.42	247.78	209.96	31.6	37.0	31.4	0.20

耕地面积增减变动情况

单位:千公顷

指标	1990年	1995年	1996年	1997年	1998年	1999年	2000年
一、年初实有耕地面积	**572.01**	**584.90**	**589.89**	**589.89**	**589.86**	**605.24**	**687.17**
二、当年增加的耕地面积	**8.43**	**6.14**	**2.62**	**2.62**	**16.38**	**8.60**	**0.28**
新开荒地面积	6.62	1.60	2.10	2.10	0.23	0.82	
#国有开荒	2.11	0.33	0.90	0.90			
三、当年减少的耕地面积	**2.81**	**1.15**	**2.65**	**2.65**	**1.00**	**2.28**	**18.30**
国家基建占地	0.09	0.20	0.30	0.30	0.08	0.25	
乡村集体基建占地	0.02	0.04	0.02	0.02	0.02	0.01	
农民建房占地	0.07	0.16	0.55	0.55	0.02	0.10	
退耕造林面积	0.06	0.50	…	…	0.02	0.01	
退耕改牧面积	1.19	0.25	1.34	1.34	0.34	0.09	
四、年末实有耕地面积	**577.63**	**589.89**	**589.86**	**589.86**	**605.24**	**611.56**	**669.16**
#国有经济	99.23	100.39	100.50	100.5	103.89	101.80	106.26

说明:本年初实有耕地面积根据农业普查资料对上年末的数据进行了调整。

农作物播种面积与产量(全社会)

单位:千公顷、吨、千克/公顷

类别	2000年			1999年		
	播种面积	总产量	单产	播种面积	总产量	单产
农作物总计	**553.68**			**571.02**		
一、粮食作物	**322.72**	**827 000**	**2 563**	**344.83**	**1 036 100**	**3 005**
1.小麦	165.54	475 737	2 874	182.89	593 741	3 246
2.杂粮	110.91	202 335	1 824	117.81	294 596	2 501
青稞	53.96	118 294	2 192	56.96	153 593	2 697
豌豆	26.80	20 336	759	30.53	44 664	1 463
蚕豆	23.74	45 201	1 904	22.12	64 958	2 937
3.马铃薯	46.27	148 928	3 219	44.13	147 786	3 349
二、经济作物	**192.23**			**192.45**		
1.油料作物	191.58	194 000	1 013	192.37	285 300	1 483
油菜籽	185.51	190 813	1 029	186.16	278 508	1 496
胡麻	6.07	3 187	525	6.21	6 492	1 045
2.甜菜	0.03	904	30 133	0.02	243	12 150
3.烟叶	0.07	179	2 557	0.06	54	900
4.其他经济作物	0.55					
三、其他作物	**38.73**			**33.74**		
1.蔬菜	15.78	602 809	38 201	13.94	566 250	40 621
2.瓜类	0.24	5 476	22 817	0.05	2 754	55 080
3.青饲料	19.98			17.09		
4.绿肥	2.69			2.65		
5.其他	0.04					

农作物播种面积与产量(国有)

单位:千公顷、吨、千克/公顷

类别	2000年			1999年		
	播种面积	总产量	单产	播种面积	总产量	单产
农作物总计	**55.49**			**78.75**		
一、粮食作物	**7.16**	**14 257**	**1 991**	**15.31**	**51 388**	**3 356**
1.小麦	2.29	6 815	2 976	9.56	38 125	3 988
2.杂粮	4.76	7 166	1 505	5.71	12 756	2 234
青稞	4.27	6 370	1 492	4.57	10 810	2 365
豌豆				0.56	1 068	1 907
蚕豆	0.03	98	3 267	0.03	117	3 900
3.马铃薯	0.11	276	27 600	0.04	367	9 175
二、经济作物	**44.88**			**61.21**		
油料作物	44.88	32 141	716	61.21	74 719	1 221
油菜籽	44.88	32 141	716	61.21	74 719	1 221
胡　麻						
甜菜						
三、其他作物	**3.45**			**2.23**		
1.蔬菜	0.04	2 301	57 525	0.56	37 024	66 114
2.瓜类						
3.青饲料	3.41			1.29		
4.绿肥				0.38		

主要年份农作物播种面积及复种指数

单位:千公顷

年份	农作物播种面积								复种指数(%)
	总计	粮食作物	小麦	杂粮	马铃薯	经济作物	#油料	其他	
1952	373.43	334.95	109.33	196.37	29.24	32.56	32.41	5.93	80.4
1957	444.95	387.31	143.66	206.79	36.86	37.53	37.37	20.12	86.6
1965	497.50	434.57	147.01	243.81	43.75	45.87	45.51	17.07	86.0
1970	515.65	450.50	164.30	257.58	28.62	44.72	44.26	20.43	87.0
1975	507.69	439.84	202.45	200.98	36.41	47.45	46.97	20.00	86.2
1978	514.58	434.76	207.03	190.39	37.00	62.07	61.18	17.71	85.3
1980	508.73	411.96	201.14	174.47	36.35	78.89	78.77	17.88	86.6
1985	500.46	386.57	200.69	154.87	31.01	95.19	94.89	18.71	88.6
1986	507.81	386.98	200.98	154.41	31.59	100.74	100.53	20.09	89.7
1987	507.79	384.46	201.37	152.04	31.05	102.89	102.57	20.44	89.9
1988	514.30	385.72	204.78	149.07	31.87	106.69	106.43	21.89	90.5
1989	532.22	395.21	209.99	151.53	33.69	110.24	109.75	26.77	93.0
1990	544.71	400.33	213.46	152.51	34.36	114.39	113.91	30.00	94.3
1991	543.46	401.95	217.62	149.01	35.33	117.38	117.01	24.13	93.8
1992	546.55	401.26	220.74	143.21	37.31	118.05	117.75	27.24	94.3
1993	548.17	389.83	209.92	143.23	36.68	129.20	129.02	29.14	94.3
1994	562.10	386.85	204.99	143.55	38.31	144.67	144.60	30.58	96.1
1995	568.81	384.25	205.98	140.56	37.71	149.88	149.77	34.68	95.8
1996	564.37	394.79	210.58	146.29	37.92	136.04	135.93	33.54	95.7
1997	567.96	394.72	213.46	144.00	37.26	137.89	137.76	35.35	96.2
1998	566.93	384.85	211.91	135.44	37.50	147.95	147.78	34.13	93.1
1999	571.02	344.83	182.89	117.81	44.13	192.45	192.36	33.74	93.4
2000	553.68	322.72	165.54	110.91	46.27	192.23	191.58	38.73	82.7

主要年份粮、油作物总产量及品种构成

单位:万吨

年份	粮食总产量				品种构成(%)			油料总产量		油菜籽占合计的(%)
	合计	小麦	杂粮	马铃薯	小麦	杂粮	马铃薯	合计	#油菜籽	
1952	37.13	11.51	19.24	6.39	31.0	51.8	17.2	1.62	1.09	67.3
1957	58.54	20.61	28.14	9.79	35.2	48.1	16.7	2.05	1.98	96.8
1965	67.10	24.70	35.05	7.35	36.8	52.2	11.0	3.36	2.90	86.4
1970	64.90	27.65	33.07	4.17	42.6	51.0	6.4	2.57	2.18	84.9
1975	93.23	51.46	34.70	7.07	55.2	37.2	7.6	4.16	3.76	90.5
1978	90.30	53.30	28.77	8.24	59.0	31.9	9.1	4.53	4.18	92.5
1980	95.60	56.31	31.67	7.62	58.9	33.1	8.0	7.07	6.81	96.4
1985	100.32	62.96	28.96	8.40	62.8	28.9	8.3	9.92	9.57	96.5
1990	114.56	74.18	29.51	10.87	64.7	25.8	9.5	12.04	11.74	97.5
1991	114.63	76.92	29.41	8.30	67.1	25.7	7.2	13.21	12.92	97.8
1992	118.50	74.90	31.41	12.19	63.2	26.5	10.3	14.03	13.68	97.5
1993	118.63	73.92	32.69	12.02	62.31	27.56	10.13	15.21	14.69	96.6
1994	116.84	68.64	33.59	14.61	58.75	28.75	12.50	18.44	18.05	97.9
1995	114.19	69.49	29.92	14.78	60.86	26.20	12.94	16.21	15.82	97.6
1996	123.83	76.66	33.36	13.81	61.91	26.94	11.15	17.09	16.56	96.9
1997	127.55	78.29	35.24	14.02	61.38	27.63	10.99	18.36	17.80	96.9
1998	128.20	79.94	33.41	14.85	62.36	26.06	11.58	21.04	20.42	97.1
1999	103.61	59.37	29.46	14.78	57.30	28.43	14.27	28.50	27.85	97.7
2000	82.70	47.58	20.23	14.89	57.53	24.46	18.01	19.40	19.08	98.4

主要年份年末牲畜存栏头数

单位:万头(只)

年份	一、大牲畜羊合计	1.大牲畜	#牛	#马	2.绵山羊	#绵羊	二、猪
1952	933.52	290.88	248.58	21.61	642.64	537.04	14.15
1957	1 500.04	413.52	355.17	33.59	1 086.52	898.72	20.16
1965	1 493.06	343.61	299.99	27.22	1 149.45	993.21	53.17
1970	1 747.31	447.13	390.95	36.63	1 300.18	1 139.26	42.21
1975	1 958.34	510.98	445.57	41.90	1 447.36	1 273.99	72.93
1978	2 213.75	568.80	497.34	46.59	1 644.95	1 475.18	84.49
1980	2 166.72	553.88	486.77	41.86	1 612.84	1 447.00	68.25
1985	1 917.57	589.39	515.89	44.00	1 328.18	1 197.41	83.00
1990	2 220.60	612.30	538.60	44.80	1 608.30	1 404.70	96.50
1991	2 263.69	622.21	550.15	41.55	1 641.48	1 432.41	93.16
1992	2 270.67	622.58	550.74	41.72	1 648.09	1 436.74	97.69
1993	2 210.15	575.10	509.12	38.22	1 635.05	1 421.68	102.60
1994	2 264.55	587.41	524.20	37.24	1 677.14	1 463.25	101.62
1995	2 225.31	559.00	500.88	34.58	1 666.31	1 466.21	108.86
1996	2 075.06	505.53	443.18	37.26	1 569.53	1 368.58	107.10
1997	2 082.52	481.30	421.71	37.41	1 601.22	1 372.86	108.85
1998	2 090.59	451.66	394.31	36.86	1 638.93	1 378.83	113.25
1999	2 070.89	431.37	378.21	35.12	1 639.52	1 372.48	109.16
2000	2 083.40	441.36	390.50	33.78	1 642.04	1 369.46	103.64

畜牧业生产主要经济效益指标

单位:万头(只)

指标	单位	1978年	1990年	1995年	1997年	1998年	1999年	2000年
一、年末牲畜存栏头数								
1.大牲畜、羊合计	万头	2 213.75	2 220.60	2 225.31	2 082.52	2 090.59	2 070.89	2 083.40
(1)大牲畜	万头	568.8	612.30	559.00	481.30	451.66	431.37	441.36
(2)绵山羊	万只	1 644.95	1 608.30	1 666.31	1 601.22	1 638.93	1 639.52	1 642.04
2.猪	万头	84.49	96.52	108.86	108.85	113.25	109.16	103.64
二、年末能育母畜								
1.大牲畜羊合计	万头	904.55	930.20	943.52	942.32	936.72	912.58	955.32
(1)大牲畜	万头	188.46	213.30	203.76	189.21	177.13	163.40	171.82
(2)绵山羊	万只	716.09	716.90	739.76	753.11	759.59	749.18	783.5
2.猪	万头	6.06	5.29	7.11	7.52	7.60	7.45	7.17
三、当年繁殖仔畜								
1.大牲畜、羊合计	万头		707.21	681.46	653.60	686.02	675.36	687.64
(1)大牲畜	万头		103.08	99.77	87.18	89.03	85.76	96.72
(2)绵山羊	万只		604.13	581.69	566.42	596.99	589.60	590.92
2.猪	万头		49.43	67.20	74.34	83.44	76.70	69.40
四、当年育活仔畜								
1.大牲畜、羊合计	万头	477.72	586.21	541.55	571.38	585.79	558.56	599.10
(1)大牲畜	万头		95.38	86.93	79.02	79.26	70.93	85.33
(2)绵山羊	万只		490.83	454.62	492.36	506.53	487.63	513.77
2.猪	万头		44.73	62.72	69.54	77.40	69.21	62.08
五、成幼畜死亡数								
1.大牲畜羊合计	万头	115.9	116.72	96.82	57.90	68.59	79.54	55.23
(1)大牲畜	万头		25.63	21.38	13.14	13.31	17.25	10.39
(2)绵山羊	万只		91.09	75.44	44.76	55.28	62.29	44.84
2.猪	万头		3.00	3.37	2.44	2.85	2.64	1.66
六、当年仔畜死亡								
1.大牲畜羊合计	万头		121.00	139.91	82.22	100.23	116.80	88.54
(1)大牲畜	万头		7.70	12.84	8.16	9.77	14.83	11.39
(2)绵山羊	万只		113.30	127.07	74.06	90.46	101.97	77.15
2.猪	万头		4.70	4.48	4.80	6.04	7.49	7.32
七、牲畜出栏数								
1.大牲畜羊合计	万头	246.94	389.33	517.24	502.11	512.25	502.66	525.16
(1)大牲畜	万头		62.16	100.74	94.98	96.93	79.35	84.21
(2)绵山羊	万只		327.17	416.50	407.13	415.32	423.31	440.95
2.猪	万头		73.22	89.41	98.31	107.75	114.24	111.61
八、肉用畜出栏								
1.大牲畜羊合计	万头	218.15	388.22	479.88	481.65	487.39	473.47	492.58
(1)大牲畜	万头	33.21	61.87	82.68	87.81	90.06	73.37	75.57
(2)绵山羊	万只	184.94	326.35	397.20	393.84	397.33	400.10	417.01
2.猪	万头	37.62	61.59	80.65	89.04	95.03	98.53	99.72
九、出售牲畜数								
1.大牲畜羊合计	万头	114.68	263.39	388.57	381.72	394.45	385.16	416.20
(1)大牲畜	万头		46.72	74.72	73.64	75.75	46.00	58.48
(2)绵山羊	万只		216.67	313.85	308.08	318.70	339.16	357.72
2.猪	万头		41.08	56.29	63.48	74.67	80.65	77.62

畜牧业生产主要经济效益指标(续)

单位:%

指　　标	单位	1978年	1990年	1995年	1997年	1998年	1999年	2000年
一、牲畜总增率								
1.大牲畜、羊合计	%	16.85	22.06	19.64	24.75	24.84	22.91	26.26
(1)大牲畜	%		11.74	11.16	13.03	13.70	11.89	17.37
(2)绵山羊	%		26.06	22.61	28.52	28.18	25.95	28.60
2.猪	%		42.86	58.40	62.65	68.49	58.78	55.35
二、牲畜净增率								
1.大牲畜、羊合计	%	3.10	4.36	-1.73	0.36	0.39	-0.94	0.60
(1)大牲畜	%	2.16	3.05	-4.84	-4.79	-6.16	-4.49	2.32
(2)绵山羊	%	3.42	4.86	-0.65	2.02	2.36	0.36	0.15
2.猪	%	-10.61	-0.87	7.12	1.63	4.04	-3.61	-5.06
三、牲畜出栏率								
1.大牲畜、羊合计	%	11.5	18.30	22.84	24.20	24.60	24.04	25.36
(1)大牲畜	%		10.46	17.15	18.79	20.14	17.57	19.52
(2)绵山羊	%		21.33	24.83	25.94	25.94	25.83	26.90
2.猪	%		75.20	87.98	91.79	98.99	100.87	102.24
四、牲畜商品率								
1.大牲畜、羊合计	%	5.34	12.38	17.16	18.40	18.94	18.42	20.10
(1)大牲畜	%		7.86	12.72	14.57	15.74	10.18	13.56
(2)绵山羊	%		14.13	18.71	19.63	19.90	20.69	21.82
2.猪	%		42.19	55.39	59.27	68.60	71.21	71.11
五、能繁殖母畜占畜群总数比重								
1.大牲畜、羊合计	%	40.86	41.89	42.40	45.25	44.81	44.07	45.85
(1)大牲畜	%	33.13	34.84	36.45	39.31	39.22	37.88	38.93
(2)绵山羊	%	43.53	44.58	44.40	47.03	46.35	45.70	47.72
2.猪	%	7.17	5.48	6.53	6.91	6.71	6.82	6.92
六、母畜繁殖率								
1.大牲畜、羊合计	%		77.86	74.08	71.47	72.80	72.10	75.35
(1)大牲畜	%		48.19	48.37	45.18	47.05	48.42	59.19
(2)绵山羊	%		87.00	81.50	78.50	79.27	77.62	78.88
2.猪	%		700.14	986.78	967.97	1 109.50	1 009.20	931.54
七、母畜繁殖成活率								
1.大牲畜、羊合计	%	54.9	64.54	58.87	62.48	62.16	59.63	65.65
(1)大牲畜	%		44.59	42.15	40.95	41.89	40.04	52.22
(2)绵山羊	%		70.68	63.70	68.23	67.26	64.20	68.58
2.猪	%		633.57	921.00	905.47	1 029.20	910.66	833.29
八、仔畜成活率								
1.大牲畜、羊合计	%		82.89	79.47	87.42	85.39	82.71	87.12
(1)大牲畜	%		92.53	87.13	90.65	89.03	82.71	88.22
(2)绵山羊	%		81.25	78.16	86.92	84.85	82.71	86.94
2.猪	%		90.49	93.33	93.54	92.76	90.23	89.45
九、成幼畜死亡率								
1.大牲畜、羊合计	%	5.4	5.49	4.28	2.79	3.29	3.80	2.67
(1)大牲畜	%		4.31	3.64	2.60	2.77	3.82	2.41
(2)绵山羊	%		5.94	4.50	2.85	3.45	3.80	2.73
2.猪	%		3.08	3.32	2.28	2.62	2.33	1.52

主要畜禽产品产量

单位:吨

指　　标	1978 年	1990 年	1995 年	1997 年	1998 年	1999 年	2000 年
1.奶类产量	125 260	209 610	205 951	190 638	204 596	196 435	212 852
#牛奶	116 030	201 312	200 184	186 053	198 677	190 405	206 132
2.肉类产量	59 900	153 442	183 743	198 382	205 296	201 493	208 323
(1)猪肉		43 985	56 114	64 047	68 022	69 923	69 530
(2)牛肉		52 088	62 922	68 514	68 735	60 529	63 529
(3)羊肉		55 518	61 346	63 211	64 325	66 508	70 011
(4)其他		1 851	3 361	2 610	4 214	4 533	5 253
3.羊毛产量	16 105	17 575	17 907	16 398	16 463	15 593	16 333
(1)山羊毛	370	420	605	538	559	613	745
(2)绵羊毛	15 735	17 155	17 302	15 861	15 904	14 980	15 588
4.羊绒产量	110	157	211	225	221	281	310
5.牛毛绒产量	2 280	2 048	2 263	2 041	2 087	1 890	1 897
6.驼毛绒产量	50	58	35	30	28	31	24
7.马鬃尾产量	20	11	18	19	23	24	36
8.蜂蜜产量		73	97	103	94	96	51
9.禽蛋产量		10 690	12 444	13 284	13 683	13 495	13 392

水果、渔业生产情况

指　　标	单位	1978 年	1990 年	1995 年	1996 年	1997 年	1998 年	1999 年	2000 年
一、水　果									
1.水果产量合计	吨	6 445	22 019	26 831	29 062	27 179	24 766	24 144	22 415
#苹果	吨	1 728	14 431	17 446	18 935	18 884	16 138	15 897	14 144
梨	吨	4 399	6 210	7 116	7 807	5 891	6 585	5 931	5 963
葡萄	吨	84	95	72	159	189	67	106	106
2.年末实有果园面积	公顷	2 165	6 238	5 738	5 721	5 687	5 636	5 261	5 189
#苹果园	公顷	1 514	5 012	4 521	4 490	4 447	4 364	4 111	3 987
梨园	公顷	553	1 000	1 035	1 033	1 039	1 035	1 025	1 084
葡萄园	公顷	14	16	14	15	19	35	15	30
3.年末实有零星果树	万株		205.80	252.02	262.21	276.82	283.40	246.62	270.98
#苹果树	万株		152.54	169.36	172.93	182.28	199.41	177.99	198.68
梨树	万株		44.37	43.82	47.99	50.85	50.73	49.75	53.33
二、渔　业									
1.水产品总产量	吨	3 390	3 356	2 444	2 213	1 752	1 416	1 488	1 166
#养殖产量	吨		375	640	665	567	641	681	1 074
2.养殖面积	千公顷		4.80	5.12	5.45	5.55	5.53	4.92	5.95

林业生产情况

指　　标	单　位	1978 年	1990 年	1995 年	1996 年	1997 年	1998 年	1999 年	2000 年
一、营林情况									
1.当年造林面积	千公顷	6.28	36.21	28.02	29.68	35.57	35.36	54.75	45.28
按主要林种用途分									
用材林	千公顷		6.60	5.53	4.45	4.94	4.55	5.05	2.29
经济林	千公顷		0.07	1.71	1.05	1.94	0.66	1.05	0.88
防护林	千公顷		15.65	12.07	16.12	17.98	23.16	39.06	27.03
薪炭林	千公顷		13.89	8.71	8.06	10.57	6.99	9.59	13.40
其他林	千公顷						0.14		
2.迹地更新面积	千公顷	0.92	1.25	0.42	0.28	0.40	0.19	29.9	0.01
人工更新面积	千公顷		1.25						0.01
3.封山育林面积	千公顷		127.63						429.80
#本年新封面积	千公顷		64.48						205.65
4.零星(四旁)植树	万　株	1 786	2 554.37	2 268.00	2 175	2 248	2 246	2 329	2 183
5.林木种子采集量	吨		36.33						
6.育苗面积	千公顷	3.56	2.70	3.25	2.87	2.80	2.79	2.88	3.13
#本年新育面积	千公顷	1.11	0.50	0.56	0.54	0.50	0.61	0.65	1.10
7.幼林抚育实际面积	千公顷		79.86						
8.幼林抚育作业面积	千公顷	4.77	93.18	85.84	57.75	85.70	88.32	100.55	91.46
9.成林抚育面积	千公顷		3.78	3.49	4.06	3.65	2.46	2.23	0.02
10.低产林改造面积	千公顷		0.03						
二、主要林产品产量									
花　椒	吨	21	47	34	70	79	73	90	87
核　桃	吨	35	93	115	136	135	116	116	93
三、村及村以下木材采伐	**万立方米**	**0.94**	**3.29**	**2.54**	**2.78**	**3.17**	**3.18**	**2.76**	**2.41**
四、林业重点工程投资情况	**万元**		**698.49**	**2 240**	**4 641**	**6 770**	**8 184**	**13 710**	**39 323**
三北防护林工程	万元		632.49	1 926	3 440	5 320	5 285	7 191	14 685
长江中下游防护林工程	万元		66	235	279	259	370	77	1 178
治沙工程	万元			79	922	1 191	2 529	2 771	2 064
退耕还林	万元								9 775
天然林保护工程	万元							2 228	11 621
五、林业重点工程造林面积	**千公顷**		**34.72**	**27.23**	**29.68**	**35.57**	**35.36**	**54.71**	**45 282**
三北防护林工程	千公顷		34.62	26.02	27.81	34.11	33.56	44.48	35 291
长江中下游防护林工程	千公顷		0.10	0.46	0.81	0.48	0.88	0.61	770
治沙工程	千公顷			0.75	1.06	0.98	0.92	1.32	3 388
退耕还林	千公顷								4.83
天然林保护工程	千公顷							0.71	1 007

主要年份农业机械年末拥有量

年　份	农机总动力 （万千瓦）	大中型拖拉机 （混合台/万千瓦）	小型和手扶拖拉机 （台/万千瓦）	排灌动力机械 （台/万千瓦）	农用载重汽车 （辆）	联合收割机 （台）
1957		138/0.48		24/0.05	167	6
1965		775/2.66	6/0.01	127/0.50	275	100
1970		1 296/3.02	749/1.12	263/1.40	417	98
1975	30.47	3 434/12.02	5 776/4.26	1 716/4.41	673	113
1978	52.91	4 999/18.02	10 289/8.61	2 963/6.45	1 466	251
1980	69.62	6 364/23.07	13 933/12.48	4 552/8.46	1 930	363
1985	88.03	5 018/17.91	28 589/25.21	3 117/7.77	3 160	439
1990	126.86	4 232/15.44	63 143/56.91	2 919/7.01	3 736	479
1995	188.47	3 149/11.89	112 907/100.67	2 963/8.53	4 766	533
1996	199.21	2 980/11.25	124 629/111.12	3 081/8.87	4 856	541
1997	207.85	2 772/10.92	127 796/111.45	4 922/9.05	5 033	549
1998	219.43	2 750/11.06	138 187/122.01	5 074/9.38	5 580	626
1999	241.94	2 548/11.02	158 867/135.97	2 974/8.71	5 722	650
2000	256.18	2 409/10.46	167 830/150.66	2 725/8.65	4 914	670

主要年份农业现代化水平

年　份	当年实际机耕面积（千公顷）	机耕地面积占耕地的（%）	有效灌溉面积（千公顷）	有效灌溉面积占耕地的（%）	农用化肥施用量（万吨）	每亩耕地施用化肥（千克）	农村用电量（万千瓦时）	每亩耕地用电量（千瓦时）
1952			64.58	13.9				
1957			115.16	22.9	0.11	0.15	2	…
1965	90.73	15.7	141.40	24.4				
1970	141.67	23.9	161.19	27.2	2.74	3.10	707	0.8
1975	179.60	30.5	165.82	28.1	12.31	13.90	4 732	5.4
1978	194.47	32.3	164.33	27.3	15.84	17.51	7 442	8.2
1980	167.00	28.4	159.62	27.2	15.05	17.08	8 664	9.8
1985	128.93	22.8	160.15	28.3	11.78	13.90	8 292	9.8
1990	210.67	36.5	171.56	29.7	15.88	18.33	14 758	17.0
1995	256.41	43.5	177.31	30.06	17.93	20.26	20 377	23.03
1996	259.63	44.0	176.12	29.86	17.50	29.67	20 952	23.68
1997	277.52	47.0			18.11	20.47	21 446	24.24
1998	275.59	45.5	187.43	30.97	17.99	19.82	21 144	23.29
1999	280.06	45.8	189.72	31.02	18.53	20.20	21 420	23.35
2000	273.97	40.9	211.42	31.59	18.24	18.17	23 005	22.92

农业现代化情况

指　　标	单　位	1978 年	1990 年	1995 年	1996 年	1997 年	1998 年	1999 年	2000 年
一、农业机械化情况									
当年实际机耕面积	千公顷	194.48	210.65	256.41	259.63	277.52	275.59	280.06	273.97
当年机械播种面积	千公顷	184.73	176.04	233.12	216.68	237.51	234.20	252.36	256.76
当年机械收割面积	千公顷	28.03	82.65	100.58	92.26	95.39	98.30	114.63	90.16
二、农业电气化情况									
农村用电量	万千瓦时	7 442	14 758	20 377	20 952	21 446	21 144	21 420	23 005
乡村办及村以下办水电站数	个	61	67	46		47	48	49	57
发电能力	万千瓦	0.36	0.76	0.73		1.21	1.26	1.28	1.64
三、农用化肥施用量(实物量)	**吨**	**158 394**	**158 840**	**179 250**	**175 006**	**181 104**	**179 885**	**185 318**	**182 439**
1.氮肥	吨	66 430	65 077	76 725	73 137	77 522	75 097	77 349	74 242
#氨水	吨	1 547	383						
2.磷肥	吨	87 144	52 658	55 988	51 989	52 896	51 191	52 689	53 800
3.钾肥	吨	4 820	6 924	6 679	5 873	6 679	8 557	7 132	7 075
4.复合肥	吨		34 181	39 858	44 007	44 007	45 040	48 148	47 322
四、农田水利情况									
1.有效灌溉面积	千公顷	153.46	171.56	177.31	176.12		187.43	189.72	211.42
#机电灌面积	千公顷	22.10	17.10	16.56	17.12	15.84	15.70	16.69	19.36
2.配套机电井数	眼	465	479	583					
五、草原建设情况									
1.围栏草场面积	千公顷		741.77	1 452.72	1 645.60	2 110.61	2 550.31	2 983.52	3 153.40
#当年新围面积	千公顷		92.66	250.97	231.64	481.59	422.49	331.85	279.54
2.人工草场面积	千公顷		94.28	208.24	212.48	208.17	223.47	1 594.20	1 625.68
#当年新种面积	千公顷		18.58	41.28	31.95	19.36	37.50	1 370.94	55.41
3.年内鼠害									
#发生面积	千公顷		2 674.7	6 433.30	4 184.32	5 356.11	5 760.86	7 189.76	6 833.91
年内灭鼠面积	千公顷		653.53	554.48	610.95	519.59	1 121.66	910.57	1 282.30
4.年内虫害									
#发生面积	千公顷		574.78	629.52	534.81	972.55	1 087.92	720.89	677.08
年内灭虫面积	千公顷		28.85	74.70	106.09	95.05	94.46	65.30	32.31

乡镇企业基本情况(一)

单位:个、人、万元

指　　标	企业个数		年末人数		总产值(当年价)		增加值	
	2000	1999	2000	1999	2000	1999	2000	1999
总　　计	**54 865**	**52 109**	**234 050**	**225 108**	**825 088**	**698 389**	**173 116**	**148 932**
一、农业企业	477	549	3 274	3 186	8 927	8 775	2 477	2 504
二、工业企业	15 356	14 902	98 793	97 280	463 460	399 335	99 477	84 824
三、建筑企业	1 071	1 162	40 581	39 144	76 144	67 036	17 886	15 165
四、交通运输企业	16 443	15 752	38 959	38 103	94 460	76 608	20 198	17 584
五、批发零售贸易企业	15 930	14 666	32 992	30 067	117 876	100 222	20 249	18 358
六、旅游饮食服务企业	5 206	4 644	18 476	16 484	63 313	45 280	12 597	10 194
七、其他企业	382	434	975	844	908	1 133	232	303

注:此表为符合乡镇企业四项标准的企业;1999 年统计口径为集体企业、个体企业和私营企业之和。

乡镇企业基本情况(二)

单位:个、人、万元

指　　标	企业个数		年末人数		总产值(当年价)		增加值	
	2000	1999	2000	1999	2000	1999	2000	1999
总　　计	**3 356**	**3 412**	**92 733**	**90 981**	**390 190**	**371 062**	**83 492**	**78 779**
一、农业企业	350	375	2 904	2 861	8 003	8 044	2 075	2 363
二、工业企业	1 953	2 011	59 422	57 203	294 973	271 600	61 817	56 516
三、施工企业	374	350	23 694	24 094	55 279	49 220	12 532	11 347
四、交通运输企业	86	63	1 214	1 105	5 131	5 248	1 354	1 318
五、商品流通企业	300	285	2 600	2 598	11 107	25 473	2 547	4 120
六、旅游饮食服务企业	291	321	2 882	3 084	15 607	11 402	3 147	3 096
七、其他企业	2	7	17	36	90	75	20	19

乡镇企业主要财务指标

单位:万元

指　　标	2000年	1999年
1.主营业务收入	223 555	205 213
2.主营业务成本	190 424	165 634
3.主营业务费用	10 144	12 106
4.营业税金及附加	3 674	3 493
5.利润总额	7 543	7 630
#所得税(应交)	746	631
6.增值税应纳税额	5 163	4 664
7.纯利润	6 797	6 999
#上交利润	1 063	578
#盈余公积	3 077	3 025
8.工资总额	18 689	21 582
9.年末固定资产原值	165 891	156 855
10.本年提取折旧基金	34 478	29 692
11.年末占用流动资金	86 436	84 951
12.本年银行贷款余额	72 844	68 818
13.利息支出	4 505	6 835
14.亏损企业个数(个)	121	165
15.亏损企业亏损总额	3 416	3 769

注:1999提银行贷款余额为短期银行借款、长期银行借款之和。

农业以工代赈投资情况

单位:万元

指　　标	2000年	1999年
合　　计	**21 420**	**20 880**
农田水利	3 400	3 758
人畜饮水	4 233	3 764
林　　业	150	500
草原建设	5 335	5 219
地方道路	6 802	5 890
异地扶贫		1 540
雨水集流工程	1 500	

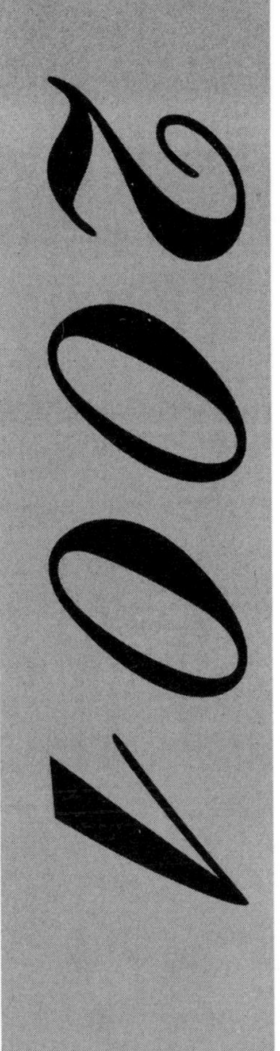

QHTJNJ

QINGHAI STATISTICAL YEARBOOK

工　业

Industry

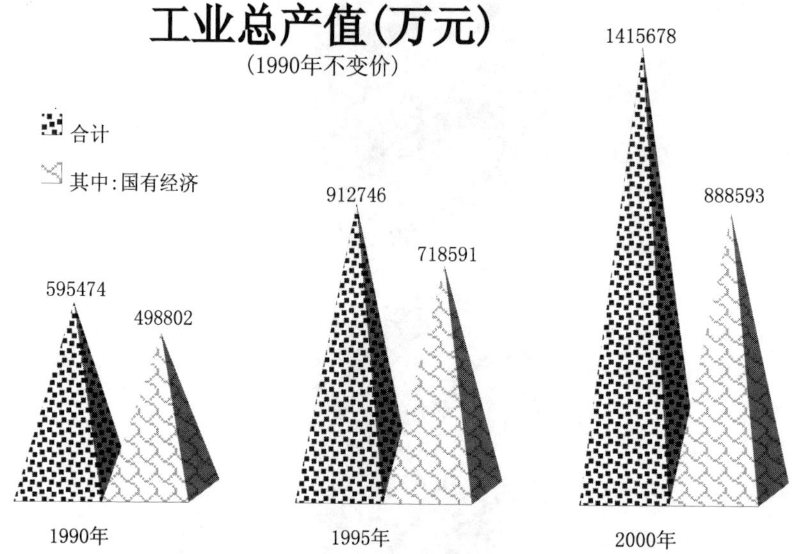
工业总产值(万元)
(1990年不变价)
合计
其中:国有经济
595474
498802
912746
718591
1415678
888593
1990年
1995年
2000年

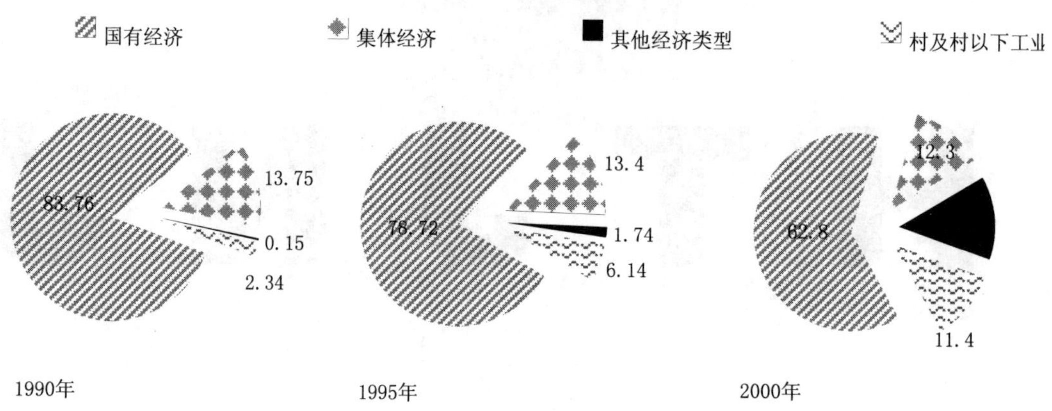
工业总产值构成(%)
国有经济
集体经济
其他经济类型
村及村以下工业
83.76
13.75
0.15
2.34
78.72
13.4
1.74
6.14
62.8
12.3
11.4
1990年
1995年
2000年

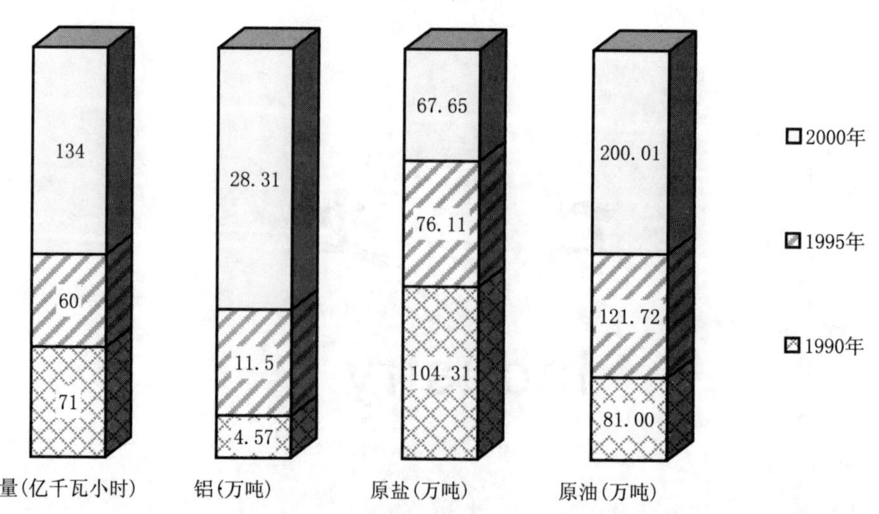
主要工业产品产量
134
60
71
28.31
11.5
4.57
67.65
76.11
104.31
200.01
121.72
81.00
2000年
1995年
1990年
发电量(亿千瓦小时)
铝(万吨)
原盐(万吨)
原油(万吨)

主要年份工业企业单位数和工业总产值

年份	工业企业单位数(个)	工业总产值(万元)				
		合计	国有及国有控股	集体经济	其他经济类型	村及村以下工业
按1952年不变价格计算						
1952	48	2 696	441	2		2 253
按1957年不变价格计算						
1957	356	11 791	6 814	2 881		2 096
1965	449	24 085	21 769	2 283		33
1970	610	55 119	50 604	4 515		
按1970年不变价格计算						
1978	1 391	137 262	112 208	25 054		
1980	1 274	142 557	117 676	24 881		
1981	1 178	121 834	98 371	23 463		
按1980年不变价格计算						
1981	1 178	122 332	98 376	23 956		
1982	1 344	145 580	119 494	26 001		85
1983	1 292	147 609	118 030	29 292		287
1984	1 303	168 611	134 333	33 750		528
1985	1 293	201 832	160 505	37 540	85	3 702
1986	1 460	224 714	176 994	43 538	143	4 039
1987	1 411	253 946	205 299	42 935	222	5 490
1988	1 478	306 196	250 905	48 791	506	5 994
1989	1 484	330 956	268 797	53 882	521	7 756
1990	1 450	341 453	275 223	55 128	340	10 762
按1990年不变价格计算						
1990	1 450	595 474	498 802	81 859	871	13 942
1991	1 477	624 235	520 417	89 536	396	13 886
1992	1 457	661 575	545 293	94 523	977	20 782
1993	1 498	750 700	607 600	99 700	4 200	39 500
1994	1 523	846 386	662 386	118 565	5 741	59 694
1995	1 841	912 746	718 591	122 308	15 847	56 000
1996	1 968	1 001 356	727 269	152 170	27 671	94 246
1997	2 146	1 106 771	778 827	167 771	43 893	116 280
1998	2 147	1 220 000	810 104	163 266	149 248	97 382
1999	2 120	1 340 781	860 473	170 335	201 519	108 454
2000	1 408	1 415 678	888 593	174 578	190 546	161 961

说明:1.企业单位数为乡及乡以上工业企业数,工业总产值为全部工业。1995年及以前年份产值按原规定,1996年起产值按新规定。

2.1995年及以前年份国有及国有控股企业为国有工业企业口径。

3.企业改制使企业类型发生较大变化,根据实际变化对1997年及以后年份的国有及国有控股、集体经济和其他经济类型数据作了必要的调整。

4.1998年起村及村以下为个体工业产值数。

5.2000年起,年产品销售收入500万元以下的非国有工业企业单位数和工业总产值为抽样调查数。

各种经济类型工业企业单位数及工业总产值

<table>
<tr><th rowspan="3">类　　别</th><th colspan="3">2000 年</th><th colspan="3">1999 年</th></tr>
<tr><th rowspan="2">企业数（个）</th><th colspan="2">工业总产值(万元)</th><th rowspan="2">企业数（个）</th><th colspan="2">工业总产值(万元)</th></tr>
<tr><th>1990年不变价</th><th>当年价</th><th>1990年不变价</th><th>当年价</th></tr>
<tr><td>**总　　计**</td><td>**20 473**</td><td>**1 415 678**</td><td>**2 337 799**</td><td>**21 503**</td><td>**1 340 781**</td><td>**2 079 736**</td></tr>
<tr><td>1.在总计中：</td><td></td><td></td><td></td><td></td><td></td><td></td></tr>
<tr><td>国有及国有控股企业</td><td>362</td><td>888 593</td><td>1 747 202</td><td>470</td><td>860 743</td><td>1 434 413</td></tr>
<tr><td>2.在总计中：</td><td></td><td></td><td></td><td></td><td></td><td></td></tr>
<tr><td>集体经济</td><td>963</td><td>174 578</td><td>214 354</td><td>1 025</td><td>170 335</td><td>193 562</td></tr>
<tr><td>个体工业</td><td>18 859</td><td>136 140</td><td>170 715</td><td>18 933</td><td>108 454</td><td>135 568</td></tr>
<tr><td>股份制经济</td><td>32</td><td>70 968</td><td>112 428</td><td>23</td><td>86 484</td><td>183 806</td></tr>
<tr><td>私营经济</td><td>13</td><td>21 914</td><td>27 825</td><td>921</td><td>83 704</td><td>104 621</td></tr>
<tr><td>外商及港澳台商投资经济</td><td>6</td><td>31 395</td><td>48 315</td><td>13</td><td>31 040</td><td>39 595</td></tr>
<tr><td>在总计中：</td><td></td><td></td><td></td><td></td><td></td><td></td></tr>
<tr><td>轻工业</td><td>14 531</td><td>308 199</td><td>459 489</td><td>15 082</td><td>294 976</td><td>403 370</td></tr>
<tr><td>重工业</td><td>5 942</td><td>1 107 479</td><td>1 878 310</td><td>6 421</td><td>1 045 805</td><td>1 676 366</td></tr>
<tr><td>在总计中：</td><td></td><td></td><td></td><td></td><td></td><td></td></tr>
<tr><td>大型企业</td><td>21</td><td>628 485</td><td>1 378 499</td><td>24</td><td>552 864</td><td>1 031 046</td></tr>
<tr><td>中型企业</td><td>24</td><td>75 640</td><td>101 605</td><td>41</td><td>101 027</td><td>128 517</td></tr>
<tr><td>小型企业</td><td>20 428</td><td>711 553</td><td>857 695</td><td>21 438</td><td>686 890</td><td>920 173</td></tr>
</table>

说明:2000 年的私营经济为年产品销售收入 500 万元以上私营企业数。

全部国有及年产品销售收入500万元以上非国有工业企业主要经济指标

（2000年）　　单位：万元

类　别	企业单位数（个）	#亏损企业	工业总产值（现价新规定）	工业总产值（90价新规定）	工业增加值（生产法）	工业中间投入合计	实收资本
总　计	**445**	**222**	**1 960 824**	**1 057 552**	**653 379**	**1 441 056**	**1 315 188**
在总计中：							
内资企业	439	218	1 912 510	1 026 157	627 382	1 418 258	1 292 040
国有企业	304	155	913 959	397 326	330 663	659 464	752 203
中央企业	14	5	693 304	220 395	259 668	499 087	606 090
地方企业	290	150	220 655	176 930	70 994	160 378	146 113
集体企业	35	21	54 625	48 921	14 904	41 374	12 278
股份合作企业	20	6	27 522	25 503	1 675	27 006	14 681
联营企业	3	3	1 180	898	530	749	701
国有联营企业	2	2	633	406	388	322	581
其他联营企业	1	1	547	492	141	426	120
有限责任公司	32	11	774 971	460 627	225 222	596 815	388 545
国有独资公司	7	1	235 567	154 948	80 069	166 460	147 189
其他有限责任公司	25	10	539 404	305 680	145 153	430 355	241 356
股份有限公司	32	13	112 428	70 968	42 407	76 482	106 380
私营企业	13	9	27 825	21 914	11 981	16 368	17 251
私营独资企业	5	4	5 256	5 011	1 153	4 200	1 854
私营合伙企业	1	1	1 973	1 491	439	1 548	385
私营有限责任公司	5	3	14 848	11 856	8 262	6 972	12 133
私营份有限公司	2	1	5 747	3 556	2 127	3 649	2 879
港、澳、台商投资企业	6	4	48 315	31 395	25 998	22 799	23 148
合资经营企业(港或澳、台资)	5	3	47 459	31 067	25 724	22 217	21 595
港澳台商独资企业	1	1	856	328	274	582	1 554
在总计中：国有控股企业	362	176	1747 202	888 593	583 621	1 290 418	1 209 568
在总计中：农村工业	14	9	32 102	27 296	9 508	23 548	9 088
在总计中：轻工业	168	96	179 645	150 402	49 487	139 334	137 925
以农产品为原料	111	67	128 193	103 256	40 138	94 405	100 993
以非农产品为原料	57	29	51 453	47 147	9 349	44 929	36 932
重工业	277	126	1 781 179	907 150	603 892	1 301 722	1 177 264
采掘工业	48	19	609 908	177 534	238 316	419 748	279 951
原料工业	121	59	985 746	567 622	297 520	755 321	769 128
加工工业	108	48	185 525	161 994	68 057	126 653	128 184
在总计中：大型企业	21	9	1 378 499	628 486	426 982	1 061 830	941 552
中型企业	24	8	101 605	75 640	28 676	78 304	53 674
小型企业	400	205	480 720	353 426	197 721	300 922	319 962

全部国有及年产品销售收入 500 万元

(20

类别	损	益	及		
	产品销售收入	产品销售成本	产品销售费用	产品销售税金及附加	产品销售利润
总计	**1 957 413**	**1 579 370**	**48 611**	**28 602**	**287 963**
在总计中：					
内资企业	1 905 735	1 532 062	48 215	28 423	284 169
国有企业	1 009 858	809 627	18 626	21 244	149 026
中央企业	832 446	676 625	10 100	15 015	119 670
地方企业	177 413	133 002	8 526	6 228	29 356
集体企业	45 612	42 571	2 268	382	389
股份合作企业	35 839	30 332	1 932	337	3 193
联营企业	1 650	1 651	15	6	-28
国有联营企业	1 220	1 279	10	6	-75
其他联营企业	430	372	5		46
有限责任公司	693 760	554 612	19 170	5 274	114 544
国有独资公司	218 486	181 941	9 767	2 149	24 468
其他有限责任公司	475 274	372 671	9 402	3 125	90 076
股份有限公司	98 684	74 423	5 585	1 110	16 287
私营企业	20 332	18 846	619	70	759
私营独资企业	4 480	4 421	192	6	-140
私营合伙企业	1 439	1 411	80	3	-55
私营有限责任公司	13 257	12 367	265	26	560
私营份有限公司	1 156	647	81	35	394
港、澳、台商投资企业	51 678	47 308	396	179	3 794
合资经营企业(港或澳、台资)	51 310	46 789	396	154	3 971
港澳台商独资企业	367	519		25	-177
在总计中：国有控股企业	1 766 811	1 412 463	39 833	27 405	274 289
在总计中：农村工业	22 698	20 717	1 263	84	635
在总计中：轻工业	163 434	119 700	11 437	6 092	26 102
以农产品为原料	111 044	84 834	8 352	4 746	13 064
以非农产品为原料	52 390	34 866	3 085	1 347	13 038
重工业	1 793 979	1 459 670	37 174	22 509	261 861
采掘工业	595 616	456 875	9 659	14 211	114 204
原料工业	1 047 696	886 942	19 725	5 843	123 449
加工工业	150 667	115 853	7 790	2 455	24 208
在总计中：大型企业	1 502 902	1 196 414	30 928	24 281	240 085
中型企业	104 341	79 700	4 096	1 128	18 138
小型企业	350 170	303 256	13 587	3 193	29 740

以上非国有工业企业主要经济指标(续一)

00年)　　　　单位:万元

分配					本年应交增值税	本年应付工资总额	本年应付福利费总额
管理费用	利息支出	利润总额	亏损企业亏损总额	利税总额			
133 234	**156 198**	**7 907**	**51 815**	**170 083**	**133 574**	**141 150**	**24 018**
131 888	154 471	7 289	50 316	168 804	133 093	140 224	23 966
81 972	60 900	531	30 145	97 937	76 162	74 924	14 115
48 714	45 019	14 733	9 387	95 199	65 451	46 979	10 507
33 258	15 881	-14 202	20 758	2 738	10 712	27 944	3 607
1 927	1 248	-2 570	2 866	-535	1 653	2 630	269
2 167	1 105	80	642	1575	1 158	2 263	897
115	80	-196	196	-92	98	114	16
77	32	-157	157	-73	78	73	10
38	48	-40	40	-19	20	41	5
35 522	85 854	4 462	11 783	56 803	47 066	49 993	6 820
15 983	11 992	8 591	928	21 703	10 963	23 402	3 235
19 539	73 863	-4 129	10 855	35 100	36 104	26 591	3 585
9 245	4 536	5 777	3 641	13 335	6 448	8 009	1 741
941	747	-795	1 042	-218	507	2 290	108
219	253	-489	537	-405	79	1 142	18
17	130	-203	203	-186	14	58	2
430	286	-143	300	269	386	859	85
275	78	40	2	103	28	232	4
1346	1 727	619	1 499	1 279	482	926	53
980	1 727	1 315	803	1 950	482	825	38
367		-696	696	-671		101	15
124 159	148 543	9 779	43 871	164 002	126 818	130 476	21 962
805	1 121	-1 365	1 652	-326	955	1 795	636
22 104	10 787	-2 177	10 499	13 068	9 153	17 725	2 757
12 608	8 975	-5 967	9 093	5 106	6 327	11 622	1 972
9 497	1 812	3 790	1 405	7 962	2 825	6 104	785
111 130	145 410	10 084	41 317	157 015	124 422	123 425	21 261
47 716	29 702	19 811	3 220	82 178	48 156	35 421	7 537
40 962	104 957	-9 350	25 466	63 588	67 094	65 882	10 944
22 452	10 752	-378	12 631	11 250	9 172	22 122	2 780
84 927	130 134	21 674	17 176	156 268	110 314	98 102	17 640
11 676	5 034	4 000	2 566	10 503	5 375	11 446	1 533
36 631	21 030	-17 767	31 073	3 312	17 885	31 602	4 845

全部国有及年产品销售收入500万元

（20

类　　别	年　　末					
	年末资产总计	流动资产合计	#存货	#产成品	流动资产年平均余额	固定资产合计
总　　计	**6 845 441**	**2 230 612**	**474 775**	**145 223**	**3 108 118**	**4 229 808**
在总计中：						
内资企业	6 778 503	2 210 918	467 500	144 015	3 089 435	4 198 300
国有企业	3 368 425	1 280 094	196 897	68 801	2 189 394	1 919 074
中央企业	2 720 257	985 552	90 298	15 969	1 901 569	1 602 454
地方企业	648 168	294 542	106 598	52 832	287 825	316 619
集体企业	64 284	29 075	12 192	5 761	27 510	29 484
股份合作企业	47 881	22 675	11 128	4 088	22 378	22 960
联营企业	2 863	1 185	266	162	1 305	1 484
国有联营企业	1 790	801	187	111	939	966
其他联营企业	1 073	384	79	51	366	518
有限责任公司	2 962 906	743 355	202 065	45 646	716 998	2 065 967
国有独资公司	703 472	325 249	104 817	21 830	313 694	290 877
其他有限责任公司	2 259 434	418 106	97 248	23 816	403 304	1 775 089
股份有限公司	286 345	120 564	35 392	14 582	118 196	132 196
私营企业	45 800	13 969	9 560	4 975	13 653	27 136
私营独资企业	10 645	3 979	1 699	1 215	3 773	6 613
私营合伙企业	1 298	309	268	237	347	979
私营有限责任公司	29 795	9 090	7 410	3 406	9 000	17 010
私营份有限公司	4 063	590	183	118	534	2 535
港、澳、台商投资企业	66 938	19 695	7 275	1 207	18 684	31 508
合资经营企业(港或澳、台资)	62 239	19 351	6 935	1 207	18 215	29 431
港澳台商独资企业	4 699	344	340		468	2 076
在总计中：国有控股企业	6 509 183	2 092 158	420 343	121 546	2 975 217	4 071 821
在总计中：农村工业	38 384	18 939	8 086	2 408	18 156	14 210
在总计中：轻工业	471 611	218 141	84 334	41 918	215 227	206 205
以农产品为原料	342 513	160 533	66 188	33 108	160 608	142 504
以非农产品为原料	129 098	57 609	18 146	8 810	54 618	63 701
重工业	6 373 831	2 012 471	390 441	103 305	2 892 892	4 023 602
采掘工业	1 392 608	307 707	74 687	17 562	1 191 553	1 061 839
原料工业	4 338 265	1 429 516	229 514	45 535	1 440 582	2 658 125
加工工业	642 958	275 249	86 239	40 208	260 757	303 639
在总计中：大型企业	5 574 197	1 763 877	310 587	69 131	2 659 313	3 530 778
中型企业	223 354	116 144	49 540	22 327	114 181	95 002
小型企业	1 047 890	350 591	114 648	53 765	334 624	604 028

以上非国有工业企业主要经济指标(续二)

00年)　　　　　　　　　　　　　　　　　　　　单位:万元

资产						
固定资产原价	#生产经营用	累计折旧	#本年折旧	固定资产净值年平均余额	无形及递延资产合计	#无形资产
5 058 112	**4 497 988**	**1 169 500**	**361 575**	**3 616 167**	**166 674**	**60 728**
5 025 008	4 467 083	1 165 001	360 689	3 586 645	164 940	59 138
2 377 018	1 981 531	684 688	243 067	1 423 083	59 684	17 374
1 953 145	1 668 710	552 202	228 602	1 145 060	48 591	9 494
423 873	312 820	132 486	14 465	278 023	11 092	7 880
34 112	29 370	7 489	857	27 120	1 981	1 011
29 518	23 272	19 398	1 238	21 301	1 334	394
2 231	1 654	770	35	1 445	28	22
1 702	1 126	759	35	927	22	22
528	528	10		518	6	
2 385 020	2 280 668	399 748	95 724	1 951 907	94 761	35 414
357 126	305 732	118 115	14 164	158 959	44 631	6 031
2 027 894	1 974 936	281 633	81 560	1 792 948	50 130	29 383
172 010	128 126	49 729	18 988	131 961	7 033	4 875
25 100	22 463	3 180	780	29 829	121	49
6 980	6 513	662	215	6 105	52	
1 116	1 116	353	45	763	10	
14 465	12 295	2 160	516	20 422	57	49
2 539	2 539	4	4	2 539	1	
33 104	30 905	4 499	886	29 522	1 734	1 590
30 584	28 518	4 056	714	27 336	624	589
2 520	2 387	443	172	2 186	1 110	1 001
4 884 723	4 352 890	1 127 932	355 334	3 471 074	158 999	56 342
18 188	13 981	5 347	1 129	13 502	888	240
272 221	221 425	95 436	12 844	190 630	13 689	11 842
188 437	155 283	58 819	9 057	138 566	12 672	11 086
83 784	66 142	36 617	3 787	52 064	1 018	756
4 785 891	4 276 563	1 074 064	348 731	3 425 536	152 985	48 886
1 328 178	1 136 673	404 588	197 729	1 014 533	10 731	9 661
3 071 869	2 834 946	547 837	138 259	2 240 426	114 396	32 084
385 844	304 944	121 639	12 743	170 578	27 858	7 141
4 180 468	3 773 068	932 534	312 569	2 988 265	132 282	40 866
129 608	98 608	46 995	7 049	97 216	2 785	1 924
748 036	626 312	189 971	41 957	530 686	31 607	17 938

全部国有及年产品销售收入500万元以上非国有工业企业主要经济指标(续三)

(2000年)　　单位:万元

类　　别	年末负债			年末所有者权益合计	全部职工年平均人数(人)
	年末负债合计	#流动负债	#长期负债		
总　　计	**4 990 122**	**2 320 830**	**2 666 906**	**1 855 319**	**158 684**
在总计中:					
内资企业	4 950 984	2 300 659	2 647 939	1 827 519	157 783
国有企业	2 185 038	1 265 656	917 056	1 183 387	97 833
中央企业	1 624 685	887 185	735 640	1 095 572	37 411
地方企业	560 353	378 471	181 416	87 815	60 422
集体企业	51 789	30 761	21 028	12 494	7 291
股份合作企业	33 343	21 296	12 048	14 538	2 997
联营企业	2 567	1 927	640	296	343
国有联营企业	1 038	1 005	32	752	209
其他联营企业	1 529	921	608	-456	134
有限责任公司	2 492 413	832 477	1 659 877	470 493	35 643
国有独资公司	475 803	348 887	126 916	227 669	18 413
其他有限责任公司	2 016 610	483 590	1 532 961	242 824	17 230
股份有限公司	160 602	132 732	27 870	125 743	11 426
私营企业	25 231	15 811	9 420	20 569	2 250
私营独资企业	7 772	4 993	2 779	2 873	487
私营合伙企业	1 571	1 481	90	-273	100
私营有限责任公司	14 936	8 385	6 551	14 859	1 404
私营份有限公司	952	952		3 110	259
港、澳、台商投资企业	39 138	20 171	18 967	27 800	901
合资经营企业(港或澳、台资)	35 992	18 255	17 738	26 247	823
港澳台商独资企业	3 146	1 916	1 230	1 554	78
在总计中:国有控股企业	4 779 348	2 187 595	2 589 426	1 729 835	142 121
在总计中:农村工业	32 378	17 338	15 040	6 007	5 283
在总计中:轻工业	319 151	231 310	87 841	152 460	33 398
以农产品为原料	233 121	178 208	54 912	109 392	23 991
以非农产品为原料	86 030	53 101	32 929	43 068	9 407
重工业	4 670 971	2 089 520	2 579 065	1 702 860	125 286
采掘工业	1 023 799	661 373	360 539	368 809	36 734
原料工业	3 122 242	1 073 070	2 048 773	1 216 023	48 560
加工工业	524 931	355 078	169 753	118 027	39 992
在总计中:大型企业	4 032 685	1 771 218	2 259 667	1 541 512	74 431
中型企业	169 023	132 797	36 226	54 331	13 875
小型企业	788 414	416 815	371 013	259 476	70 378

按行业分全部国有及年产品销售收入500万元以上非国有工业企业主要财务指标

（2000年）　　　　单位：万元

行　　业	企业单位数（个）	#亏损企业	工业总产值（现价新规定）	工业总产值（90年不变价新规定）	工业增加值（生产法）	工业中间投入合计
采掘业	**52**	**20**	**619 068**	**189 442**	**239 990**	**427 251**
煤炭采选业	18	5	11 201	7 558	7 757	4 201
石油和天然气开采业	2	1	534 520	117 043	216 145	359 763
黑色金属矿采选业	1	1	350	300	94	272
有色金属矿采选业	14	5	52 071	41 957	11 741	45 774
非金属矿采选业	16	8	20 906	22 564	4 237	17 237
木材及竹材采运业	1		20	20	16	4
制造业	**318**	**170**	**1 030 944**	**747 658**	**280 895**	**791 660**
食品加工业	53	37	34 432	21 992	12 042	22 965
食品制造业	12	6	3 684	2 755	596	3 284
饮料制造业	7	4	32 614	20 705	11 760	23 724
纺织业	10	8	18 345	19 538	5 020	13 632
服装及其他纤维制品制造业	3	1	4 712	4 706	1 165	4 234
皮革、毛皮、羽绒及其制品业	4		1 819	1 699	876	948
家具制造业	2	2	122	107	35	100
造纸及纸制品业	2	1	3 783	3 605	715	3 214
印刷业	12	8	2 795	2 389	1 628	1 370
文教体育用品制造业	1	1	7	7	－7	21
石油加工及炼焦业	1	1	839	798	－731	1 744
化学原料及化学制品制造业	26	10	122 904	104 276	48 446	81 704
医药制造业	7	1	28 498	24 566	7 462	22 865
橡胶制品业	1		70	70	27	49
塑料制品业	2	2	574	530	151	444
非金属矿物制品业	57	23	71 751	55 620	24 709	51 223
黑色金属冶炼及压延加工业	27	17	216 261	141 151	60 570	163 423
有色金属冶炼及压延加工业	14	8	420 857	2 776 54	96 054	336 907
金属制品业	22	12	11 612	12 702	3 818	8 269
普通机械制造业	9	6	14 972	14 406	4 786	11 135
专用设备制造业	15	8	5 540	5 001	1 135	4 681
交通运输设备制造业	19	9	15 908	14 140	2 812	13 736
电气机械及器材制造业	4	1	3 894	3 461	459	3 557
电子及通信设备制造业	2	2	1 343	1 228	279	1 080
仪器仪表及文化、办公用机械制造业	1		3 742	4 865	1 840	2 112
其他制造业	5	2	9 866	9 687	－4 752	15 239
电力、煤气及水的生产和供应业	**75**	32	310 812	**120 452**	**132 494**	222 145
电力、蒸汽、热水的生产和供应业	48	20	301 930	117 288	126 147	219 010
自来水的生产和供应业	27	12	8 882	3 164	6 347	3 135

按行业分全部国有及年产品销售收入

(20

行　　业	本年应付 工资总额	本年应付 福利费 总　额	全部职工 年平均人数 (从业人员) (人)	实　收 资　本	流动资产 合　计
采掘业	**35 770**	**7 582**	**38 646**	**285 049**	**320 034**
煤炭采选业	3 816	478	6 072	18 533	12 005
石油和天然气开采业	22 142	4 636	23 501	223 558	217 625
黑色金属矿采选业	30		51	336	1 161
有色金属矿采选业	6 798	846	2 970	20 090	60 226
非金属矿采选业	2 979	1 622	6 039	22 429	28 979
木材及竹材采运业	5		13	103	38
制造业	**79 486**	**11 826**	**107 073**	**532 447**	**1 034 914**
食品加工业	2 570	346	5 068	30 052	33 378
食品制造业	561	74	1 145	4 745	7 876
饮料制造业	2 455	387	3 328	14 046	26 025
纺织业	1 717	292	7 646	21 141	21 129
服装及其他纤维制品制造业	971	357	1 787	7 652	18 614
皮革、毛皮、羽绒及其制品业	270	7	319	1392	2 846
家具制造业	29	4	80	57	313
造纸及纸制品业	264	37	627	614	2 157
印刷业	832	138	979	2 113	2 144
文教体育用品制造业	12	2	21	50	67
石油加工及炼焦业	146	15	123	463	1 761
化学原料及化学制品制造业	12 079	1 565	12 193	113 938	151 135
医药制造业	2 878	506	2 274	23 723	35 952
橡胶制品业	−16	12	109	508	437
塑料制品业	45	6	148	135	537
非金属矿物制品业	8 904	1 265	12 509	26 942	50 512
黑色金属冶炼及压延加工业	16 859	2 520	16 401	91 146	256 961
有色金属冶炼及压延加工业	19 343	2 877	12 491	136 805	253 146
金属制品业	1 133	137	4 210	6 142	24 837
普通机械制造业	3 158	441	7 966	21 072	48 890
专用设备制造业	928	115	2 181	4 440	24 340
交通运输设备制造业	2 464	566	9 879	18 933	44 818
电气机械及器材制造业	172	28	1 603	1 097	4 258
电子及通信设备制造业	437	50	557	1 303	4 499
仪器仪表及文化、办公用机械制造业	560	30	868	1 766	4 934
其他制造业	715	49	2 561	2 172	13 348
电力、煤气及水的生产和供应业	**25 894**	**4 610**	**12 965**	**497 692**	**875 664**
电力、蒸汽、热水的生产和供应业	23 921	4 365	11 004	484 716	866 739
自来水的生产和供应业	1 973	245	1 961	12 976	8 925

500万元以上非国有工业企业主要财务指标(续)

00年)　　　　单位:万元

存货	#产成品	固定资产原价合计	累计折旧	所有者权益合计	产品销售收入	利润总额	利税总额	本年应交增值税
75 750	**18 271**	**1 335 268**	**407 768**	**374 117**	**604 122**	**20 104**	**83 131**	**48 173**
5 352	2 836	38 249	12 020	20 726	7 991	−327	607	757
47 106	11 727	1 168 941	335 823	290 698	495 458	17 411	71 931	41 389
166	145	226	123	550	157	−39	−21	16
16 078	184	91 141	44 073	42 282	82 266	5 033	11 282	5 443
7 048	3 379	36 631	15 714	19 689	18 230	−1 974	−670	568
		80	15	172	20		2	
387 900	**126 940**	**1 338 101**	**442 607**	**578 923**	**938 330**	**−4 270**	**47 421**	**41 575**
12 623	5 007	69 429	16 751	28 622	36 097	−3 316	−2 550	552
4 078	2 576	10 511	2 935	531	4 275	−868	−615	195
14 537	9 164	31 554	7 325	16 906	32 114	1 465	8 705	2 870
13 637	8 449	39 863	17 979	9 743	6 982	−3 300	−2 971	308
9 556	2 229	9 559	3 793	8 980	7 695	−179	596	687
766	631	1 284	106	1 434	596	101	113	5
109	104	331	82	71	222	−10	5	13
785	232	3 999	756	1 938	2 289	1	159	146
819	380	5 149	2 066	2 967	2 971	−102	122	202
40	16	22	12	53	57	−9	−1	7
645	80	3 059	159	1 262	2 684	−327	−141	175
35 019	12 802	245 419	77 516	157 821	87 309	8 722	18 190	7 246
10 176	5 615	16 721	4 058	31 478	20 158	2 151	4 178	1 829
42		660	173	−136	80	6	12	6
105	66	638	42	−482	436	−40	−20	21
19 664	10 375	86 442	21 132	31 434	61 335	41	4 761	4 181
93 230	18 270	213 105	75 136	137 937	210 194	−3 421	5 143	7 732
106 781	22 337	431 706	143 039	143 868	396 654	4 166	17 187	12 103
5 604	4 205	24 517	17 478	3 785	10 178	−1 377	−865	476
19 790	5 729	69 844	27 066	3 690	10 967	−3 438	−2 427	936
8 974	5 380	15 377	5 381	−771	4 204	−1 798	−1 492	275
16 679	6 729	41 553	14 575	−336	19 323	−1 900	−1 175	640
1 597	413	1 855	959	−98	2 760	−681	−550	122
1 562	1 055	3 959	723	−7 511	962	−744	−726	16
3 359	2 300	4 169	1 494	2 241	3 200	17	248	210
7 723	2 796	7 376	1 871	3 496	14 588	570	1 535	622
11 125	**12**	**2 384 743**	**319 125**	**902 279**	**414 961**	**−7 927**	**39 531**	**43 826**
10 807	20	2 344 054	306 242	880 525	406 525	−10 212	36 580	43 228
318	−8	40 689	12 883	21 754	8 436	2 285	2 951	598

四大优势工业企业主要财务指标

（2000 年）　　单位：万元

行业	工业总产值（当年价）	工业增加值（生产法）	固定资产原价合计	产品销售收入	利润总额	利税总额
合计	**750 795**	**187 655**	**816 373**	**743 055**	**4 705**	**36 454**
一、冶金	688 944	168 295	734 953	689 018	5771	3 3601
二、医药制造业	28 498	7 462	16 721	20 158	2 151	4 178
三、建材	20 906	4 237	36 631	18 230	－1974	－670
四、畜产品加工业	12 447	7 661	28 068	15 649	－1 243	－655

四大支柱工业企业主要财务指标

（2000 年）　　单位：万元

行业	工业总产值（当年价）	工业增加值（生产法）	固定资产原价合计	产品销售收入	利润总额	利税总额
合计	**1 298 905**	**454 072**	**3 594 038**	**1 196 912**	**28 831**	**137 378**
一、石油和天然气开采业	534 520	216 145	1 168 941	495 458	17 411	71 933
二、水力发电	204 749	89 997	1 715 327	160 930	－7 906	19 030
三、有色金属	472 708	107 729	521 943	478 849	9 194	28 461
四、盐化工	86 928	40 201	187 827	61 675	10 132	17 954

工业企业主要财务和经济效益指标

指　　标	单位	1995 年	1996 年	1997 年	1998 年	1999 年	2000 年
工业企业数	个	1 464	1 442	1 511	573	559	445
#亏损企业	个	557	472		298	283	222
产品销售收入	万元	1 202 133	1 011 076	1 352 913	1 410 337	1 638 652	1 957 413
#销售税金及附加	万元	27 319	19 653	24 803	23 490	28 964	28 602
利润总额	万元	－56 521	－99 123	－96 400	－79 954	－12 989	7 907
利润和税金总额	万元	46 401	－30 195	8 215	21 424	129 789	170 083
亏损企业的亏损额	万元		113 923	113 060	98 159	76 455	51 815
固定资产原值年末数	万元	2 365 304	2 533 981	3 547 037	3 701 262	5 032 261	5 058 112
固定资产净值年末数	万元	1 672 326	1 791 550	2 612 934	2 615 569	3 705 603	3 888 612
定额流动资金全年平均余额	万元	433 880	456 469	520 301	521 169	529 096	474 775
全部资产总额	万元	3 273 469	3 436 432	4 876 576	5 197 905	6 313 018	6 845 441
工业总产值(1990 年不变价)	万元	810 930	849 529	921 685	932 711	1 005 181	1 057 552
工业总产值(当年价)	万元	1 189 868	1 208 943	1 396 924	1 481 811	1 607 667	1 960 824
亏损企业比重	%	38.05	32.73	35.61	52.01	50.63	49.89
百元固定资产原值实现的产值							
(按 1990 年不变价格计算)	元	34.28	33.53	25.98	25.20	19.97	20.91
(按当年价格计算)	元	50.31	47.71	39.38	40.04	31.95	38.77
百元固定资产原值实现的利税	元	1.96	－1.19	0.23	0.58	2.58	3.36
百元产值实现的利税							
(按 1990 年不变价格计算)	元	5.72	－3.55	0.89	2.30	12.91	16.08
(按当年价格计算)	元	3.90	－2.50	0.59	1.45	8.07	8.67
百元销售收入实现的利税	元	3.86	－2.99	0.61	1.52	7.92	8.69
百元资金实现利税	元	1.42	－0.88	0.17	0.41	2.06	2.48
百元产值占用定额流动资金							
(按 1990 年不变价格计算)	元	53.50	53.73	56.45	55.88	52.64	44.89
(按当年价格计算)	元	36.46	37.76	37.25	35.17	32.91	24.21
定额流动资金周转天数	天/次	132	163	138	135	116	87
全员劳动生产率							
(按当年价工业增加值计算)	元/人年	15 142	16 273	16 779	26 816	31 102	41 175

注:1.1994 年及其以后年份定额流动资金全年平均余额为年末存货余额,以下表同。

2.1995 年起工业总产值按新规定计算。

3.该表 1998 年起数据统计口径为全部国有及年产品销售收入为 500 万元以上非国有工业企业。

全部独立核算国有工业企业主要财务和经济效益指标

指　　标	单位	1995 年	1996 年	1997 年	1998 年	1999 年	2000 年
工业企业数	个	571	562	578	471	425	362
#亏损企业	个	252	239	278	250	223	176
产品销售收入	万元	1 075 922	882 292	1 164 708	781 037	1 126 391	1 766 811
#销售税金及附加	万元	24 725	17 659	22 064	18 575	23 631	27 405
利润总额	万元	－53 328	－92 849	－88 150	－62 837	－18 024	9 779
利润和税金总额	万元	40 676	－30 776	6 042	55 050	86 212	164 002
亏损企业的亏损额	万元		104 967	98 707	72 017	61 960	43 871
固定资产原值年末数	万元	2 239 938	2 433 197	3 265 033	2 362 589	3 692 546	4 884 723
固定资产净值年末数	万元	1 579 569	1 720 512	2 405 399	1 550 003	2 637 890	3 756 791
定额流动资金全年平均余额	万元	373 220	392 686	431 240	264 382	303 614	420 343
全部资金总额	万元	3 034 466	3 218 007	4 365 020	3 042 232	4 114 830	6 509 183
工业总产值(1990 年不变价)	万元	692 195	711 284	729 942	763 958	632 014	888 593
工业总产值(当年价)	万元	1 058 026	1 045 342	1 163 887	1 196 936	1 027 193	1 747 202
亏损企业比重	%	44.13	42.53	48.10	53.08	52.47	48.62
百元固定资产原值实现的产值							
(按 1990 年不变价格计算)	元	30.90	29.23	22.36	33.34	17.12	18.19
(按当年价格计算)	元	47.23	42.96	35.65	50.66	27.82	35.77
百元固定资产原值实现的利税	元	1.82	－1.26	0.19	2.33	2.33	3.36
百元产值实现的利税							
(按 1990 年不变价格计算)	元	5.88	－4.33	0.83	7.21	13.64	18.46
(按当年价格计算)	元	3.84	－2.94	0.52	4.60	8.39	9.39
百元销售收入实现的利税	元	3.78	－3.49	0.52	7.05	7.65	9.28
百元资金实现利税	元	1.34	－0.96	0.14	1.81	2.10	2.52
百元产值占用定额流动资金							
(按 1990 年不变价格计算)	元	53.92	55.21	59.08	34.61	48.04	47.30
(按当年价格计算)	元	35.28	37.57	37.05	22.09	29.56	24.06
定额流动资金周转天数	天/次	127	160	133	123	97	86
工业增加值(生产法)	万元	367 924	365 410	357 815	314 583	366 547	583 621

全部国有及国有控股工业企业主要财务指标

(2000 年)　　　　单位:万元

行　　业	企业单位数(个)	#亏损企业	年末固定资产原值	固定资产净值年平均余额	本年提取的折旧费	存　货
总　　计	**362**	**176**	**4 884 723**	**347 107**	**355 334**	**420 343**
按轻重工业分						
轻工业	139	**81**	225 310	14 957	11 749	58 353
重工业	223	**95**	4 659 413	332 151	343 586	361 990
按主要工业行业分						
煤炭采选业	18	**5**	38 249	2 669	892	5 352
石油和天然气开采业	2	**1**	1 168 941	92 663	180 426	47 106
黑色金属矿采选业	1	**1**	226	13	12	166
有色金属矿采选业	14	**5**	91 141	4 344	15 903	16 078
非金属矿采选业	15	**7**	36 468	2 214	942	7 016
木材及竹材采运业	1		80	3		
食品加工业	48	**33**	57 609	3 364	2 017	10 142
食品制造业	9	**4**	4 356	307	211	2 070
饮料制造业	5	**3**	21 418	1 401	1 755	13 389
纺织业	8	**7**	35 632	1 687	639	7 797
服装及其他纤维制品制造业	3	**1**	9 559	1 755	2 532	9 556
皮革、毛皮、羽绒及其制品业	2		4			253
家具制造业	2	**2**	331	26	1	109
造纸及纸制品业	1	**1**	3 591	327	8	720
印刷业	11	**8**	5 026	337	185	808
文教体育用品制造业	1	**1**	22	1	1	40
化学原料及化学制品制造业	21	**8**	229 231	7 613	8 472	31 114
医药制造业	5	**1**	11 466	964	516	6 088
橡胶制品业	1		660	50	7	42
塑料制品业	1	**1**	110	90		26
非金属矿物制品业	42	**12**	59 500	4 931	2 801	15 337
黑色金属冶炼及压延加工业	12	**6**	198 123	13 906	7 735	88 705
有色金属冶炼及压延加工业	8	**3**	384 448	25 032	16 894	98 330
金属制品业	14	**8**	20 378	1 246	362	2 393
普通机械制造业	9	**6**	69 844	3 638	1 510	19 790
专用设备制造业	13	**8**	15 368	933	484	8 972
交通运输设备制造业	17	**9**	39 200	2 340	806	15 216
电气机械及器材制造业	3	**1**	1 245	61		1 026
电子及通信设备制造业	2	**2**	3 959	328	47	1 562
其他制造业	1	**1**	27	1		15
电力、蒸汽、热水的生产和供应业	45	**19**	2 337 823	172 720	108 122	10 807
自来水的生产和供应业	27	**12**	40 688	2 143	2 054	318

全部国有及国有控股工业企业主要财务指标(续)

(2000年)　　　　　　　　　　　　　　　　　　　　单位:万元

行业	利润总额	利税总额	本年应交增值税	工业总产值(当年价、新规定)	工业增加值	产成品
总计	**9 779**	**164 002**	**12 682**	**1 747 202**	**583 621**	**121 546**
按轻重工业分						
轻工业	－2 360	10 437	720	122 646	37 746	29 715
重工业	12 139	153 565	11 962	1 624 556	545 875	91 831
按主要工业行业分						
煤炭采选业	－327	607	76	11 201	7 757	2 836
石油和天然气开采业	17 411	71 933	4 139	534 520	216 145	11 727
黑色金属矿采选业	－39	－21	2	350	94	145
有色金属矿采选业	5 036	11 282	544	52 071	11 741	184
非金属矿采选业	－1 973	－669	57	20 906	4 237	3 358
木材及竹材采运业		2		20	16	
食品加工业	－3 130	－2 357	56	26 603	5 859	4 299
食品制造业	－135	33	15	1 167	331	1 482
饮料制造业	1 154	8 049	265	26 243	9 372	8 843
纺织业	－3 289	－3 137	14	9 164	2 405	5 433
服装及其他纤维制品制造业	－179	596	69	4 712	1 165	2 229
皮革、毛皮、羽绒及其制品业	52	52		759	626	150
家具制造业	－10	5	1	122	35	104
造纸及纸制品业	－1	104	10	3 022	331	220
印刷业	－105	113	20	2 747	1 619	369
文教体育用品制造业	－9	－1	1	7	－7	16
化学原料及化学制品制造业	7 540	15 730	620	106 715	43 761	11 512
医药制造业	1 425	2 721	117	14 185	3 619	3 036
橡胶制品业	6	12	1	70	27	
塑料制品业	－1			27	10	15
非金属矿物制品业	1 198	4 572	301	45 303	15 800	8 224
黑色金属冶炼及压延加工业	－1 345	6 157	673	179 945	51 012	16 954
有色金属冶炼及压延加工业	4 011	16 265	1 136	354 485	65 084	19 499
金属制品业	－1 157	－857	28	5 974	2 441	2 004
普通机械制造业	－3 438	－2427	94	14 972	4 786	5 729
专用设备制造业	－1 803	－1498	27	5 116	1 088	5 379
交通运输设备制造业	－1 914	－1 320	52	14 511	2 538	6 729
电气机械及器材制造业	－690	－627	6	2 144	645	
电子及通信设备制造业	－744	－726	2	1 343	279	1 055
其他制造业	－1	－1		14	5	3
电力、蒸汽、热水的生产和供应业	－10 048	36 459	4 296	299 902	124 454	20
自来水的生产和供应业	2 284	2 951	60	8 882	6 346	－8

集体工业企业主要财务和经济效益指标

指　　标	单位	1995 年	1996 年	1997 年	1998 年	1999 年	2000 年
工业企业数	个	826	797	799	33	38	35
＃亏损企业	个	287	212	230	17	18	21
产品销售收入	万元	108 666	114 510	109 649	45 785	38 247	45 612
＃销售税金及附加	万元	1 783	1 608	1 542	352	250	382
利润总额	万元	－3 952	－5 376	－6 745	－1 412	－2 236	－2 570
利润和税金总额	万元	2 775	686	－1 308	－1 375	38	－535
亏损企业的亏损额	万元		7 651	8 844	2 198	2 884	2 866
固定资产原值年末数	万元	81 419	83 800	100 164	34 858	34 628	34 112
固定资产净值年末数	万元	55 864	55 962	66 983	25 754	22 033	26 624
定额流动资金全年平均余额	万元	53 642	56 119	59 042	33 841	14 985	12 192
全部资金总额	万元	176 787	177 674	193 304	65 603	66 752	64 284
工业总产值(1990 年不变价)	万元	103 178	113 904	122 937	51 783	45 173	48 921
工业总产值(当年价)	万元	114 226	133 176	142 277	59 244	50 714	54 625
亏损企业比重	%	34.75	26.60	28.79	51.5	47.37	0.60
百元固定资产原值实现的产值							
(按 1990 年不变价计算)	元	126.72	135.92	122.74	148.55	130.45	143.41
(按当年价计算)	元	140.29	158.92	142.04	169.96	144.89	160.13
百元固定资产原值实现的利税	元	3.41	0.82	－1.31	－3.94	0.11	－1.57
百元产值实现的利税							
(按 1990 年不变价计算)	元	2.69	0.60	－1.06	－2.66	0.08	－1.09
(按当年价计算)	元	2.43	0.52	－0.92	－2.32	0.07	－0.98
百元销售收入实现的利税	元	2.55	0.60	－1.19	－3.00	0.10	－1.17
百元资金实现利税	元	1.57	0.39	－0.68	－2.10	0.06	－0.83
百元产值占用定额流动资金							
(按 1990 年不变价计算)	元	51.99	49.27	48.03	65.35	33.17	24.92
(按当年价计算)	元	46.96	42.14	41.50	58.10	29.55	22.32
定额流动资金周转天数	天/次	180	176	194	266.09	141	96
工业增加值(生产法)	万元	33 438	43 507	48 330	19 366	14 321	14 904

注:该表 1998 年起数据统计口径为年产品销售收入 500 万元以上集体工业企业。

全部年产品销售收入500万元以上集体工业企业主要财务指标

（2000年）　　　　单位：万元

行　　业	企业单位数(个)	#亏损企业	年末固定资产原值	固定资产净值年平均余额	本年提取的折旧费	存货
总　　计	**35**	**21**	**34 112**	**27 120**	**857**	**12 192**
按轻重工业分						
轻工业	11	7	10 413	8 168	177	4 549
重工业	24	14	23 699	18 952	680	7 643
按主要工业行业分						
食品加工业	1	1	1 496	1 403	15	366
食品制造业						
饮料制造业						
纺织业	1	1	1 441	1 198		147
服装及其他纤维制品制造业						
皮革、毛皮、羽绒及其制品业	1		480	420	2	63
家具制造业						
造纸及纸制品业	1		407	326	25	65
印刷业	1		122	79	21	11
文教体育用品制造业						
石油加工及炼焦业	1	1	3 059	2 603	56	645
化学原料及化学制品制造业	5	2	4 801	3 664	129	1 555
橡胶制品业						
塑料制品业						
非金属矿物制品业	6	5	6 234	5 326	73	1 267
黑色金属冶炼及压延加工业	9	6	8 485	5 944	305	3 569
有色金属冶炼及压延加工业	2	2	1 784	1 950	51	132
金属制品业	5	2	1 070	729	81	1 654
其他制造业	2	1	4 733	3 478	99	2 718

全部年产品销售收入500万元以上集体工业企业主要财务指标(续)

(2000年) 单位:万元

行业	利润总额	利税总额	本年应交增值税	工业总产值(当年价新规定)	产成品
总计	**-2 570**	**-535**	**1 653**	**54 625**	**5 761**
按轻重工业分					
轻工业	-341	-73	247	6 350	2 828
重工业	-2 229	-461	1 406	48 275	2 933
按主要工业行业分					
食品加工业	-43	-43		124	136
食品制造业					
饮料制造业					
纺织业	-42	-33	4	2 000	147
服装及其他纤维制品制造业					
皮革、羽绒、毛皮及其制品业		8	5	200	48
家具制造业					
造纸及纸制品业	2	55	48	761	12
印刷业	3	9	3	48	11
文教体育用品制造业					
石油加工及炼焦业	-327	-141	175	839	80
化学原料及化学制品制造业	-174	384	270	7 369	1 002
橡胶制品业					
塑料制品业					
非金属矿物制品业	-772	-522	247	8 620	429
黑色金属冶炼及压延加工业	-1 035	-263	723	27 475	599
有色金属冶炼及压延加工业	-214	-205	5	3 696	78
金属制品业	22	108	77	2 075	1 205
普通机械制造业					
专用设备制造业					
交通运输设备制造业					
电气机械及器材制造业					
仪器仪表及文化办公用机械制造业					
其他制造业	10	108	96	1 418	2 014

主要年份主要工业产品产量

产品名称	单位	1952年	1978年	1985年	1990年	1995年	1998年	1999年	2000年
棉　纱	吨		2 900	3 900	5 145	6 830	2 866	2 914	3 025
棉　布	万米		1 527	1 648	2 183	2 995	735	485	435
呢　绒	万米		112	248	170	156	22	20	
毛　线	吨		455	1 611	1 436	501	779	365	267
毛　毯	万条		14.7	22.60	32.85	17.95	1.7	2.8	
地　毯	万平方米		1.21	7.48	8.84	24.65	8.1	16.76	
工业用呢	吨		250	313	411	362	93	119	
皮　鞋	万双	2	55	101	75.90	56.33	22	16	2.76
机制纸与纸板	吨	41	5 300	6 456	7 100	14 310	15 655	15 623	3 657
原　盐	万吨	0.66	39.00	36.50	104.31	76.11	39.28	48.93	67.65
食用植物油	万吨	0.10	0.98	2.23	2.65	3.96	3.90	4.55	1.16
火　柴	万件		5.53	9.00	8.79	11			
肥　皂	吨	136		1 684	1 913	1 168			
合成洗涤剂	万吨			0.80	1.19	0.97	0.73	0.67	0.44
卷　烟	万箱		0.19	1.53	2.32	3.00	2	0.08	
白　酒	吨	123	2 174	5 300	7 100	15 263	18 166	18 842	16 639
啤　酒	万吨				0.98	2.05	0.37	0.96	0.56
日用精铝制品	吨		1 670	1 453	1 621	1 928	550	243	39
原　煤	万吨	10	245	277	320	278	320	214.27	145.44
原　油	万吨		13.63	20.00	81.00	121.72	176.13	189.59	200.01
原油加工量	万吨		6	17.00	15.30	83.91	53.48	56.54	62.30
发电量	亿千瓦小时	0.01	6.52	11.38	70.63	60.42	100.49	114.36	133.79
水电	亿千瓦小时			1.40	57.32	42.57	66.56	87.48	107.69
火电	亿千瓦小时			9.98	13.31	17.85	33.93	26.88	26.10
钢	万吨		18.20	20.90	32.25	35.54	43.54	44.68	42.91
钢　材	万吨		13.62	16.74	28.31	30.76	36.25	36.07	36.39
铝	万吨				4.57	11.45	23.57	26.27	28.31
纯　硅	万吨			0.96	1.02	0.59	0.64	0.83	1.19
铁合金	万吨				7.79	17.92	16.77	16.39	14.82
木　材	万立方米	0.03	4.57	6.38	7.07	6.79	2.60	0.01	
铜精矿含铜	吨		703	1 371	1 336	1 536	2 710	998	1 079
镍精矿含镍	吨			309	528	117	119		
锌精矿含锌	万吨				2.37	3.99	5.02	4.63	5.95
铅精矿含铅	万吨				1.70	3.19	4.17	4.42	5.39
烧　碱	万吨		0.52	0.55	0.70	1.45	1.00	1.16	1.29
硫　酸	万吨		3.09	1.36	1.88	3.74	1.51	1.55	1.79
红矾钠	吨		1 109	1 470	1 451	3 510	1 112	177	4 142
硼　砂	吨		4 338	2 080		1 218	1 504		
电　石	万吨		0.12	1.30	1.45	0.78	0.02		
合成氨	万吨		1.18	0.54	0.36	1.18	0.06	0.46	
化肥(折100%)	万吨		1.81	2.48	6.56	20.94	31.79	41.60	67.06
金属切削机床	台		1 258	1 114	1 297	453	249	203	192
汽　车	辆		800	2 502	549	16			
内燃机	万千瓦			30.21	12.16				
农用拖车	辆		3 170	4 163	5 458	9 939	1 933	1 730	
推土机	台			33	99	170	26	40	
牛奶分离器	万台			0.95	0.37	0.94	0.7	0.7	
电话机	万部			0.47	3.22	2.94			
水　泥	万吨		18.23	48.42	51.42	63.80	103	116.75	123.71
石　棉	万吨		2.28	2.50	4.32	5.95	6.02	5.74	5.22

注:产品产量统计范围为全部工业。

主要工业产品生产总量

（2000 年）

产品名称	单　位	产　　量	产品名称	单　位	产　　量
原煤	吨	1 454 447	石棉	吨	52 210
＃烟煤	吨	1 440 377	石膏	吨	
＃炼焦煤	吨	50 000	玉石类矿	吨	
＃一般烟煤	吨		木材	立方米	
天然原油	吨	2 000 141	原木	立方米	
天然气	万立方米	39 119.00	薪材	立方米	
＃气层气	万立方米		工业木材	立方米	
＃伴生气	万立方米		发电量	万千瓦小时	1 337 878.24
铁矿石原矿量	吨		＃6000 千瓦及以上电站发电量	万千瓦小时	
铁矿石成品矿	吨		火电	万千瓦小时	261 018.50
锰矿石原矿量	吨		＃6000 千瓦及以上		
锰矿石成品矿	吨	2 050	水电	万千瓦小时	1 076 859.74
铬矿石原矿量	吨		6000 千瓦及以上	万千瓦小时	
铜出矿量(按实物量计算)	吨		供电量	万千瓦小时	1 454 911.88
铜金属含量(铜精矿含铜量)	吨	1 079	供热量	万百万千焦	30.77
铜精矿实物量	吨		自来水生产量	万吨	11 657.57
铅锌出矿量(按实物量计算)	吨		自来水供应量	万吨	
铅金属含量(铅精矿含铅量)	吨	53 873	大米	吨	
锌金属含量(锌精矿含锌量)	吨	59 483	小麦粉	万吨	6.19
镍金属含量(镍精矿含镍量)	吨		杂粮粉	吨	
锑金属含量(锑精矿含锑量)	吨		小麦粉制品	吨	
金精矿含金量	千克		食用植物油	吨	11 586
金块矿含金量	千克		＃菜籽油	吨	
钨精矿折含量			精炼食用植物油	吨	
(折三氧化钨 65％)	吨		人造奶油	吨	
石灰石	万吨		鲜、冻畜肉	吨	11 744
硅石	吨		畜肉制品	吨	
花岗石荒料	立方米		动物油脂	吨	
白云石成品矿	吨		加工盐	吨	
硫铁矿(实物量)	吨	2 000	＃精制盐	吨	
硫铁矿(折硫 35％)	吨		蔬菜干制品	吨	
硼矿(实物量)	吨		酱腌菜	吨	
硼矿(折 12％)	吨		配合饲料	吨	
原盐	吨	676 507	混合饲料	吨	
＃湖盐	吨				

主要工业产品生产总量(续一)

(2000 年)

产品名称	单　位	产　　量	产品名称	单　位	产　　量
配混合饲料	吨	34 255	四类卷烟	箱	
浓缩饲料	吨		纱	吨	5 477
饲料添加剂	吨		棉纱	吨	
糖果	吨		混纺纱	吨	
糕点	吨	297	纯化纤纱	吨	
饼干	吨		精梳纱	吨	
方便主食品	吨		涤纶混纺纱	吨	
#方便面	吨		线	吨	
乳制品	吨	1 152	布	万米	2 562.00
#奶粉	吨		棉布	万米	435.00
罐头	吨		混纺交织布	万米	2 127.00
#水果罐头	吨		纯化纤	万米	
酱油	吨	219	色织布	万米	
食醋	吨		阔幅布	万米	
酱	吨		毛条	吨	
食品添加剂	吨		毛纱	吨	
豆制品	吨		绒线(毛线)	吨	267
淀粉	吨		纯毛绒线	吨	
粉丝、粉条	吨		毛混纺绒线	吨	
发醇酒精(商品量)	吨		纯化纤绒线	吨	
饮料酒(商品量)	吨	22 280	精梳绒线	吨	
#白酒	吨	16 639	粗绒线	吨	
#啤酒	吨	5 641	细绒线	吨	
#露酒	吨		针织绒线	吨	
软饮料	吨	16 114	呢绒	万米	
碳酸饮料	吨		精梳毛织品	万米	
天然矿泉水	吨		粗梳毛织	万米	
果菜汁饮料	吨		长毛绒	万米	
乳酸菌饮料	吨		驼绒	万米	
冷冻饮品	吨	230	纯毛毛织品	万米	
保健饮料	吨		毛混纺交织品	万米	
卷烟	箱		毛毯	条	
#二类卷烟	箱		纯毛毛毯	条	
#三类卷烟	箱		晴纶毛毯	条	

主要工业产品生产总量(续二)

(2000年)

产品名称	单位	产量	产品名称	单位	产量
人造毛毯	条		#其它皮鞋	万双	
其他毛毯	条		革皮服装	件	1 410
提花毛毯	条		皮包、袋	万个	
#纯毛提花毛毯	条		皮手套	万副	
工业用呢	吨		毛皮(折羊毛皮)	张	11 392
针棉织品折用纱线量	吨		绵羊毛皮(自然张)	张	
针棉织品折用化纤长丝量	吨		其它毛皮(自然张)	张	
袜子	万双		毛皮服装	件	
针织手套	万付		锯材	立方米	1 033
服装	万件	41.73	普通锯材	立方米	
梭织服装	万件	17.59	特种锯材	立方米	
大衣	万件		人造板	立方米	
西服、西服套装	万件		胶合板	立方米	
便服套装	万件		纤维板	立方米	
上衣	万件		生产用木制品	千元	
裤子	万件		生活用木制品	千元	453
裙、旗袍	万件		家具	件	16 048
衬衫	万件	0.87	木制家具	件	16 048
睡衣裤(袍、裙)	万件		全钢家具	件	
童装	万件		钢木家具	件	
运动服	万件		轻金属家具	件	
防寒服装	万件		软体家具(包括床垫、沙发)	件	
针织服装	万件	24.14	纸浆	吨	
棉毛类衫裤	万件		机制纸浆	吨	
毛针织衫裤	万件		硫酸盐法(碱法)纸浆	吨	
羊绒衫	万件		木浆	吨	
羊毛衫	万件		生打纸浆	吨	
缝制帽	万顶		机制纸及纸板	吨	
布鞋	万双	1.80	机制纸	吨	3 657
鞣制皮革(折合牛皮)	张		印刷用纸	吨	
轻革	平方米	29 358	凸版纸	吨	
重革	吨		书写用纸	吨	
皮鞋	万双	2.76	书写纸	吨	
#牛面皮鞋	万双		生活用纸	吨	

主要工业产品生产总量(续三)

(2000年)

产品名称	单位	产量	产品名称	单位	产量
卫生纸	吨		硫酸(折100%)	吨	17 903
其他机制纸	吨		盐酸(含量31%以上)	吨	15 760
机制纸板	吨		硼酸	吨	
包装纸板	吨		氢氧化钠(烧碱)(折100%)	吨	12 873
纸制品	吨	2 176	碳酸钠(纯碱)	吨	14 417
单色印刷品	万令	32.86	硫化碱	吨	
多色印刷品	万对开色令	62.86	无水硫酸钠(元明粉、无水芒销)	吨	
墨水	吨		精制三氯化铝	吨	
本册	万本		红矾钠	吨	4 142
乒乓球台	付		碳化钙(电石)(折300升/千克)	吨	
雕塑工艺品	千元		金属钠	吨	
画类工艺品	千元		商品液氯	吨	3 963
刺绣工艺品	千元		合成氨	吨	
地毯	平方米		无烟煤制氨	吨	
#羊毛地毯	平方米		农用氮磷钾化学肥料总计(折纯)	吨	
首饰	千元		氮肥(折含N100%)	吨	
烟花爆竹	千元		碳酸氢铵	吨	
民间工艺品	千元		磷肥(折合 P_2O_5 100%)	吨	280
原油加工量	吨	622 983	钾肥(折含 K_2O100%)	吨	670 318
汽油	吨	207 822	合成复合肥料(实物量)	吨	
#车用汽油	吨	207 822	精甲醇	吨	70 027
溶剂油	吨		氯乙酸	吨	
柴油	吨	226 253	油漆	吨	211
#轻柴油	吨		油脂漆	吨	
润滑油	吨	410	天然树脂漆类	吨	
#全损耗系统用油	吨		酚醛树脂漆类	吨	
燃料油	吨	63 900	沥青漆类	吨	
重油	吨		醇酸树脂漆类	吨	
其它燃料油	吨		氨基树脂漆类	吨	
液化石油气	吨	63 582	硝基纤维漆类	吨	
炼厂干气	吨		乙烯树脂漆类	吨	
润滑脂	吨		橡胶漆类	吨	
焦炭	吨	15 000	建筑涂料	吨	
煤制品	吨		塑料树脂及共聚物	吨	11 573

主要工业产品生产总量(续四)

(2000年)

产品名称	单位	产量	产品名称	单位	产量
聚烯烃树脂	吨		力车胎外胎	万条	
聚氯乙烯树脂	吨		手推车外胎	万条	
聚氨酯塑料	吨		自行车外胎	万条	
化学试剂	吨		橡胶胶管	万标米	
炭黑	吨		排吸胶管	万标米	
乙炔炭黑	吨		再生胶	吨	
铵梯炸药	吨		胶鞋	万双	
震源药柱	吨		塑料制品	吨	709
肥皂	吨		聚氯乙烯制品	吨	
合成洗涤剂	吨	4 363	聚乙烯制品	吨	
合成洗衣粉	吨		聚丙烯制品	吨	
化妆品	千元		塑料薄膜	吨	
火柴	件		农业用薄膜	吨	
骨胶	吨		塑料板片材	吨	
明胶	吨		塑料棒管材	吨	
化学原料药	吨	39	塑料丝及编织制品	吨	676
麻醉用药	吨		泡沫塑料	吨	33
其它化学原料药	吨		塑料包装箱及容器	吨	
化学药品制剂	万支粒片瓶		日用塑料制品	吨	
非冻干粉针剂	万支		其它塑料制品	吨	
非粉针注射剂	万支		散装水泥	万吨	
非缓释控释片剂	万片		水泥熟料	万吨	
输液	万瓶		水泥	万吨	123.71
胶囊	万粒		水泥排水管	千米	
中成药	吨	310	水泥排水管	吨	31 018
密丸	吨		水泥压力管	千米	
冲剂	吨		水泥压力管	吨	
片剂	吨		水泥电杆	根	
膏药	吨		水泥电杆	吨	53 676
口服液	吨		水泥砖	块	
胶囊	吨		水泥预制构件	立方米	1 764
其它中成药	吨		砖(折标准砖)	万块	28 647.70
生物制品	千元		瓦	万片	612.28
医用材料	千元		建筑用石灰	吨	

主要工业产品生产总量(续五)

(2000年)

产品名称	单　位	产　　量	产品名称	单　位	产　　量
大理石板材	平方米		普通低合金钢材	吨	
加气混凝土	立方米		普通碳素钢钢材	吨	
石膏板	平方米		优质钢钢材	吨	
油毡油纸	卷		锻压钢材	吨	
平板玻璃	重量箱	998 064	轧制钢材	吨	
平板玻璃	平方米		热轧钢材(热加工材)	吨	
其它玻璃	重量箱		铁道用钢材	吨	10 307
其它玻璃	平方米		普通大型钢材	吨	
日用玻璃制品	吨	4 838	普通小型钢材	吨	
日用陶瓷	万件		优质型钢材	吨	326 360
耐火材料制品	吨		无缝钢管	吨	24 917
耐火砖	吨		焊接钢管	吨	
石棉制品	吨		其它成品钢材	吨	2 338
石黑及碳素制品	吨		利用废、旧、次料生产的钢材	吨	
矿物棉制品(包括岩棉制品)	吨		铁合金	吨	148 176
磨料	吨		硅铁	吨	
生铁	吨		铬铁	吨	
钢	吨	429 114	铜	吨	
电炉钢	吨		矿石产铜	吨	
感应炉钢	吨		铅	吨	
普通钢	吨		矿产铅	吨	
普通低合金钢	吨		杂铅产铅	吨	
优质钢	吨		锌	吨	11 092
合金钢	吨		矿产锌	吨	
其它优质钢	吨	426 534	锑	吨	
铸钢水	吨		铝	吨	283 102
钢锭	吨		矿产铝	吨	283 102
镇静钢锭	吨		杂铝产铝	吨	
普通钢锭	吨		镁	吨	3 814
优质钢锭	吨		黄金	千克	689
钢坯	吨		白银	千克	
成品钢材	吨	363 922	多晶硅	千克	11 910 000
普通钢钢材	吨		铜合金	吨	
	吨		铝合金	吨	

主要工业产品生产总量(续六)

(2000年)

产品名称	单位	产量	产品名称	单位	产量
铅合金	吨		其他日用精铝制品	个	
铜加工材	吨		锁	万把	
棒材	吨		铸铁锅	口	
其它铜加工材	吨		炉具	个	
铝材	吨	3 947	焊条	吨	
型材	吨		电焊条	吨	
金属结构制品	吨	132	工业锅炉	台	
铸铁管	吨		工业锅炉	蒸吨	
金属制包装物品	吨		蒸气锅炉	台	
金属制包装用桶	个		蒸气锅炉	蒸吨	
金属制包装用桶	吨		金属切削机床	台	192
金属切削工具	万件	53.00	高精度机床	台	
手工工具	万把	361.60	数控机床	台	60
扳手	万把		加工中心	台	
锤子	万把		大型机床	台	31
其他手工工具	万把		重型机床	台	
电动工具	台	4 878	车床	台	
铁制小农具	万件		钻床	台	
金属网(钢丝网)	吨	9 549	磨床	台	
金属筛(钢丝筛)	平方米		齿轮加工机床	台	
钢钉	吨		铣床	台	
钢丝	吨		其他金属切削机床	台	
普通钢钢丝	吨		起重设备	吨	
优质钢钢丝	吨		电动双梁桥式起重机	台	
建筑用金属品	吨	3 282	电动双梁桥式起重机	吨	
合页	吨		电动单梁桥式起重机	台	
金属门窗	吨		电动单梁桥式起重机	吨	
搪瓷制品	吨		手动梁式起重机	台	
日用搪瓷制品	吨		手动梁式起重机	吨	
日用精铝制品	吨	39	龙门式起重机	台	
精铝锅	口		龙门式起重机	吨	
精铝压力锅	口		其他起重设备	吨	
精铝烧水壶	个		泵	台	
精铝饭盒	个		工业泵	台	

主要工业产品生产总量(续七)

(2000年)

产品名称	单　位	产　　量	产品名称	单　位	产　　量
农业水泵	台		汽车配件	千元	
轴承	万套	7.90	改装汽车	辆	40
粉末冶金制品	吨		自卸改装汽车	辆	
标准紧固件	吨		专用改装汽车	辆	
弹簧	件		交流电动机	台	
齿轮	个		交流电动机	千瓦	
铸件	吨	5 538	分马力电机	万台	
铸钢件	吨		微电机	万台	
铸铁件	吨		变压器	千伏安	190 000
有色金属铸件	吨		7500千伏安及以上电力变压器	千伏安	
锻件	吨	4 327	整流器	千伏安	
矿山设备	吨	28	高压开关板	面	
采掘设备	吨		低压开关板	面	
工矿配件	吨	561	电线	公里	
通用机械配件	吨		钢芯铝绞线	吨	23
乳制品加工机械	吨		蓄电池	千伏安时	
石油钻采设备	吨	276	酸性蓄电池	千伏安时	
拖拉机	台		原电池(折一号电池)	万只	
大中型拖拉机	台		灯具	万只	
拖拉机配件	千元		灯泡	万只	462.40
中小农具	台		普通灯泡	万只	
种植机械	台		特种灯泡	万只	
场上作业机械	台		家用电灶	台	
机动脱粒机	台		载波通信设备	部	150
畜牧机械	台		电话单机	部	
农业运输机械	辆	1 320	电声器件	万只	
农用运输车	辆		自动化仪表及系统	台(套)	
农用拖车	辆		汽车仪器仪表	台	
铲土运输机械	台		量具	件	355 200
推土机	台		台秤	台	
汽车	辆	0	案秤	台	
载货汽车	辆	0	地上衡	台	
中型载货汽车	辆		地中衡	台	

2007

QHTJNJ

建筑业

Construction

建筑安装企业单位数（个）

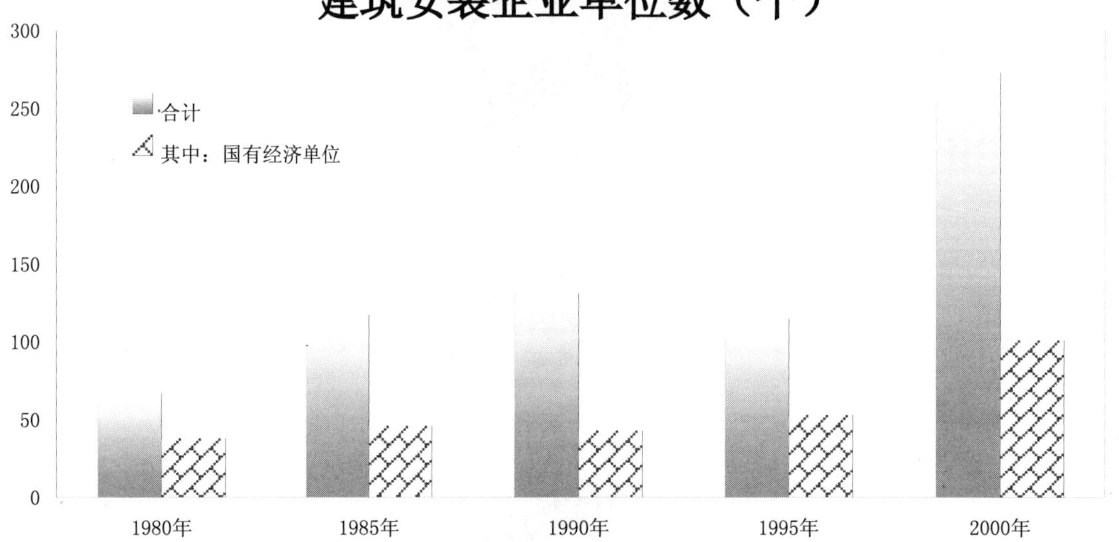

建筑业总产值构成（%）

劳动生产率（元/人）

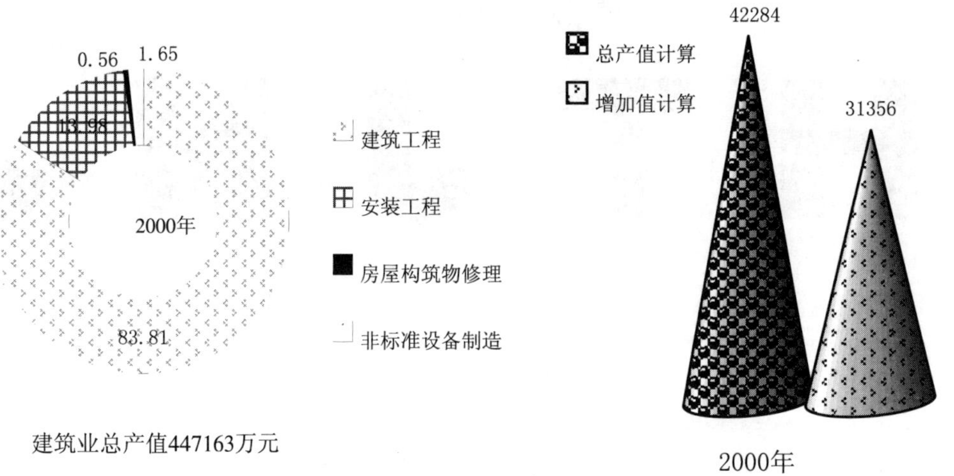

建筑安装企业全部职工人数（人）

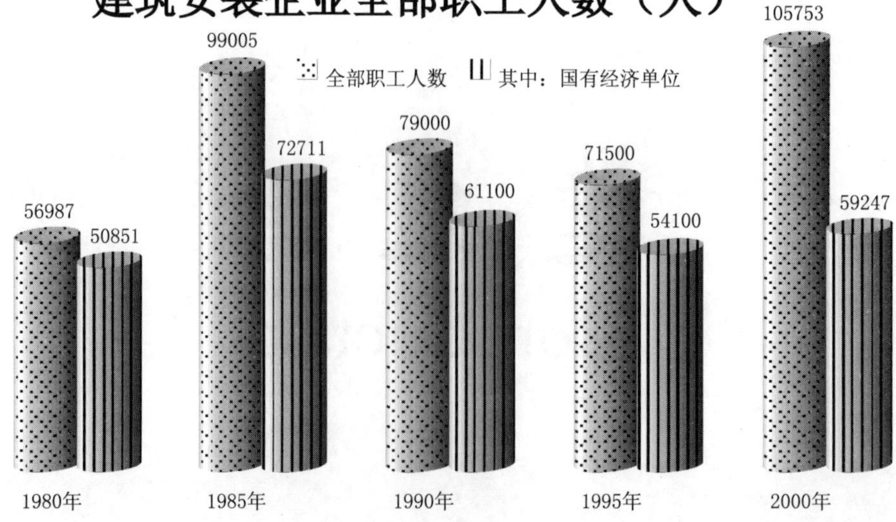

建筑安装施工企业单位数和职工人数

（1952－2000年）

年份	企业单位数(个)				全部职工平均人数(人)			
	合计	国有经济单位	#地方单位	城镇集体单位	合计	国有经济单位	#地方单位	城镇集体单位
1952	2	2	2		2 727	2 727	2 727	
1978	67	33	26	32	43 391	38 995	25 688	4 396
1980	67	38	35	29	56 987	50 851	34 537	6 136
1981	73	41	35	32	52 938	47 308	30 775	5 630
1982	77	45	39	32	96 293	90 112	34 641	6 181
1983	79	46	41	33	83 764	76 914	42 741	6 850
1984	87	49	43	38	96 213	74 333	42 684	21 880
1985	117	46	41	71	99 005	72 711	42 864	26 294
1986	113	46	41	67	92 750	72 264	44 831	20 486
1987	136	47	42	89	93 600	69 400	43 800	24 200
1988	145	46	42	99	90 948	64 700	43 300	26 248
1989	130	45	42	85	82 000	62 500	42 600	19 500
1990	131	43	40	88	79 000	61 100	40 600	17 900
1991	81	432	40	38	73 900	60 012	40 312	13 900
1992	87	46	43	41	77 300	60 900	41 700	16 400
1993	111	52	49	59	74 900	59 000	39 100	15 900
1994	115	53	50	62	82 005	55 393	39 322	26 612
1995	115	53	50	62	71 500	54 100	37 200	17 400
1996	212	84	80	109	133 187	101 544	45 090	29 788
1997	202	82	74	94	95 640	64 244	45 034	26 820
1998	215	81	76	98	97 988	61 941	46 732	26 897
1999	214	75	73	90	106 604	59 644	46 931	26 202
2000	273	101	83	91	105 753	59 247	42 875	45 616

建 筑 企 业

(20

指 标	企业个数(个)	建筑业总产值(万元)	#在省外完成的产值	#装修产值	按构成分的 建筑工程
总 计	**273**	**447 163**	**99 385**	**4 591**	**374 755**
一、二级企业	41	297 954	98 337	1 124	241 975
国有及国有控股	106	331 574	98 961	2 106	272 853
一、按登记注册类型分组					
内资企业	271	446 937	99 385	4 415	374 530
国有企业	101	329 320	9 8961	1 826	271 507
集体企业	91	58 952	165	245	53 465
股份合作企业	13	9 237		248	7 990
有限责任公司	25	23 110	59	379	17 708
国有独资公司					
其他有限责任公司	25	23 110	59	379	17 708
股份有限公司	16	14 862		826	13 256
私营企业	25	11 457	200	891	10 603
私营独资企业	4	2 993			2 957
私营合伙企业	3	615		6	615
私营有限责任公司	14	5 588	200	503	4 906
私营股份有限公司	4	2 261		381	2 125
港、澳、台商投资企业	2	225		175	225
合资经营企业(港或澳、台资)	1	175		175	175
港、澳、台商独资经营	1	50			50
二、按国民经济行业分组					
独资企业	197	391 314	99 126	2 071	327 980
国有企业	101	329 320	98 961	1 826	271 507
集体企业	91	58 952	165	245	53 465
私营独资企业	4	2 993			2 957
港、澳、台商独资经营企业	1	50			50
合作、合伙企业	16	9 852		254	8 605
股份合作企业	13	9 237		248	7 990
私营合伙企业	3	615		6	615
股份有限公司	20	17 123		1 207	15 381
股份有限公司(内资)	16	14 862		826	13 256
私营股份有限公司	4	2 261		381	2 125
有限责任公司	40	28 873	259	1 058	22 789
私营有限责任公司	14	5 588	200	503	4 906
港澳台合资经营企业	1	175		175	175
其他有限责任公司	25	23 110	59	379	17 708
三、按国民经济行业分组					
土木工程建筑业	221	382 479	86 454	1 817	359 585

生 产 情 况 （一）

00 年）

建筑业总产值(万元)			竣工产值（万元）	单位工程施工个数（个）				单位工程竣工个数（个）	
安装工程	房屋构筑物修理	非标准设备制造			#本年新开工个数	#投标承包个数	#本年新开工		#优良单位工程个数
62 524	**2 506**	7 379	**269 145**	**2 729**	**1 941**	**1 769**	**1 200**	**1 923**	**844**
50 654	400	4 926	145 526	1 151	763	890	549	761	460
50 438	971	7 312	170 455	1 611	1 138	1 102	752	1 101	539
62 524	2 506	7 379	268 920	2 728	1 940	1 769	1 200	1 922	844
49 648	903	7 262	168 689	1 586	1 117	1 085	735	1 085	530
4 675	791	20	58 172	632	431	432	288	466	196
1 135	112		7 227	133	111	37	22	102	23
4 799	556	46	15 408	195	160	104	77	148	40
4 799	556	46	15 408	195	160	104	77	148	40
1 427	129	50	10 597	89	47	61	43	58	22
840	15		8 827	93	74	50	35	63	33
21	15		3 095	13	8	9	3	7	6
			359	17	16	6	6	12	12
683			3 939	52	41	24	17	36	12
136			1 435	11	9	11	9	8	3
			225	1	1			1	
			175						
			50	1	1			1	
54 344	1 709	7 282	230 006	2 232	1 557	1 526	1 026	1 559	732
49 648	903	7 262	168 689	1 586	1 117	1 085	735	1 085	530
4 675	791	20	58 172	632	431	432	288	466	196
21	15		3 095	13	8	9	3	7	6
			50	1	1			1	
1 135	112		7 586	150	127	43	28	114	35
1 135	112		7 227	133	111	37	22	102	23
			359	17	16	6	6	12	12
1 563	129	50	12 031	100	56	72	52	66	25
1 427	129	50	10 597	89	47	61	43	58	22
136			1 435	11	9	11	9	8	3
5 482	556	46	19 522	247	201	128	94	184	52
683			3 939	52	41	24	17	36	12
			175						
4 799	556	46	15 408	195	160	104	77	148	40
13 127	2 431	7 337	215 362	1 959	1 328	1 399	973	1 274	509

建 筑 企 业

(20

指　　　标	企　业 个　数 （个）	建筑业 总产值 （万元）	#在省外完成的产值	#装　修 产　值	按构成分的建筑业总		
					建　筑 工　程	安　装 工　程	房屋构筑 物 修 理
房　屋	164	167 267	6 127	1 817	156 370	6 171	2 269
矿　山							
铁路公路隧道桥梁	27	84 359	10 066		84 133	176	50
堤坝电站码头	11	123 590	70 261		114 088	4 622	
其他土木工程	19	7 264			4 994	2 158	112
线路管道设备安装业	26	60 140	12 931	104	10 723	49 376	
线路管道安装业	17	36 108	10 774		2 661	33 447	
设备安装业	9	24 032	2 157	104	8 062	15 929	
装修装饰业	26	4 543		2 670	4 447	21	75
四、按法人批准机关或登记注册							
1.工商行政管理部门	259	439 933	98 702	4 591	368 037	62 012	2 506
2.编　委	14	7 230	683		6 718	512	
3.民政部门							
9.其　他							
五、按国有经济控股情况分组							
1.国有绝对控股	106	331 574	98 961	2 106	272 853	50 438	971
2.国有相对控股							
9.其他国有	167	115 588	424	2 485	101 902	12 085	1 534
六、按隶属关系分组							
中　央	18	146 485	79 975	122	104 740	36 707	158
省	46	142 444	18 362	1 654	126 599	15 140	659
地　区	39	34 110		69	30 260	3 365	472
县	109	86 525	848	935	80 658	3 007	424
街　道	7	4 241		78	3 887	21	333
镇	1	210			210		
乡	2	895			895		
村委会	1	2 074			2 074		
其　他	50	30 179	200	1 732	25 431	4 283	461
七、按营业状态分组							
营　业	273	447 163	99 385	4 591	374 755	62 524	2 506
停　业							
筹　建							
当年撤消							
其　他							
八、按企业资质等级分组							
一　级	12	242 912	96 967	178	201 626	36 185	176
二　级	29	55 042	1 370	946	40 348	14 469	225
三　级	115	99 455	1 048	1 995	88 748	7 254	1 134
四　级	117	49 754		1 471	44 032	4 616	972

生 产 情 况 (一)续

00年)

产值(万元)							
非标准设备制造	竣工产值(万元)	单位工程施工个数(个)	本年新开工个数	投标承包个数	#本年新开工	单位工程竣工个数(个)	#优良单位工程个数
2 458	133 336	1 432	969	1 030	718	948	374
	56 700	191	139	155	119	115	77
4 879	18 943	229	135	184	106	115	47
	6 384	107	85	30	30	96	11
42	49 547	770	613	370	227	649	335
	27 166	302	269	77	60	270	169
42	22 381	468	344	293	167	379	166
	4 236						
7 379	263 958	2 667	1 909	1 716	1 169	1 890	824
	5 186	62	32	53	31	33	20
7 312	170 455	1 611	1 138	1 102	752	1 101	539
66	98 690	1 118	803	667	448	822	305
4 879	40 623	377	242	263	144	270	186
46	95 035	874	633	586	384	604	305
13	32 505	257	176	166	116	195	76
2 436	70 927	858	616	571	462	583	203
	3 796	26	9	9	7	22	9
	80	2	1	1		1	1
	895	7	7	3	3	7	1
	2 074	5	5	5	5	5	
4	23 210	323	252	165	79	236	63
7 379	269 145	2 729	1 941	1 769	1 200	1 923	844
4 926	95 818	723	436	705	424	435	286
	49 708	428	327	185	125	326	174
2 319	77 368	944	681	524	364	693	213
135	46 251	634	497	355	287	469	171

（20

指　　标	房屋建筑施工面积（平方米）	#本年新工开面积	实行投标承包面积	#本年新开工面积	房屋建筑竣工面积（平方米）	#优良工程竣工面积
总　　计	**3 394 308**	**1 848 857**	**2 790 327**	**1 590 079**	**1 928 965**	**1 022 945**
一、二级企业	1 605 988	771 389	1 500 825	727 211	849 836	464 583
国有及国有控股	1 578 527	815 148	1 392 506	735 462	824 502	444 664
一、按登记注册类型分组						
内资企业	3 394 300	1 848 857	2 790 327	1 590 079	1 928 957	1 022 945
国有企业	1 562 992	799 613	1 376 971	719 927	819 552	443 364
集体企业	953 368	531 929	712 050	474 538	628 165	332 015
股份合作企业	126 948	81 001	76 356	56 605	64 268	17 299
有限责任公司	324 520	191 595	277 843	130 116	186 250	94 657
国有独资公司						
其他有限责任公司	324 520	191 595	277 843	130 116	186 250	94 657
股份有限公司	221 931	111 095	183 109	107 475	112 591	41 383
私营企业	204 541	133 624	163 998	101 418	118 131	94 227
私营独资企业	67 894	42 554	44 149	11 192	33 777	32 957
私营合伙企业	11 635	11 235	8 476	8 476	4 255	4 225
私营有限责任公司	86 237	46 255	72 598	42 975	41 324	36 709
私营股份有限公司	38 775	33 580	38 775	38 775	38 775	20 336
港、澳、台商投资企业	8				8	
合资经营企业(港或澳、台资)						
港、澳、台商独资经营	8				8	
二、按国民经济行业分组						
独资企业	2 584 262	1 374 096	2 133 170	1 205 657	1 481 502	808 336
国有企业	1 562 992	799 613	1 376 971	719 927	819 552	443 364
集体企业	953 368	531 929	712 050	474 538	628 165	332 015
私营独资企业	67 894	42 554	44 149	11 192	33 777	32 957
港、澳、台商独资经营企业	8				8	
合作、合伙企业	138 583	92 236	84 832	65 081	68 523	21 524
股份合作企业	126 948	81 001	76 356	56 605	64 268	17 299
私营合伙企业	11 635	11 235	8 476	8 476	4 255	4 225
股份有限公司	260 706	144 675	221 884	146 250	151 366	61 719
股份有限公司（内资）	221 931	111 095	183 109	107 475	11 2591	41 383
私营股份有限公司	38 775	33 580	38 775	38 775	38 775	20 336
有限责任公司	410 757	237 850	350 441	173 091	227 574	131 366
私营有限责任公司	86 237	46 255	72 598	42 975	41 324	36 709
港澳台合资经营企业						
其他有限责任公司	324 520	191 595	277 843	130 116	186 250	94 657
三、按国民经济行业分组						
土木工程建筑业	3 311 379	1 811 092	2 732 089	1 552 314	1 869 129	985 271

生 产 情 况 （二）

00年）

自有机械设备年末总台数（台数）	自有机械设备年末总功率（千瓦）	#施工机械功率	自有机械设备年末净值（万元）	计算劳动生产率的平均人数（人）	期末从业人数（人）	#工程技术人员	企业总产值（万元）	#对内销售产值	年末拖欠工程款（万元）	#竣工拖欠
32 302	**499 349**	**361 401**	**80 796**	**105 753**	**88 269**	**12 728**	**478 677**	**2 170**	**98 748**	**72 602**
13 801	288 221	209 715	59 692	51 018	43 750	6 674	326 107	1 324	56 770	41 446
16 299	361 324	250 710	66 663	59 611	46 030	7 233	360 690	1 776	67 285	48 704
32 269	499 128	361 180	80 584	105 681	88 195	12 702	478 452	2 170	98 748	72 604
16 180	359 963	249 689	66 419	59 247	45 616	7 162	357 856	1 656	67 028	48 458
10 512	86 200	64 929	6 638	24 601	23 573	2 729	60 579	331	17 664	13 448
817	7 835	7 413	513	2 450	2 300	316	9 256	18	1 496	1 407
2 152	19 792	16 768	2 428	8 450	7 277	1 226	23 909	45	5 099	3 197
2 152	19 792	16 768	2 428	8 450	7 277	1 226	23 909	45	5 099	3 197
1 182	10 592	9 389	2 570	5 663	5 236	666	15 396	120	3 624	3 124
1 426	14 746	12 992	2 015	5 270	4 193	603	11 457		3 837	2 968
364	6 435	5 415	993	1 337	1 325	120	2 993		1 010	980
131	820	820	122	493	473	46	615		266	116
468	4 208	3 814	614	3 111	2 098	270	5 588		2 348	1 683
463	3 283	2 943	286	329	297	167	2 261		214	189
33	221	221	212	72	74	26	225			
15	200	200	12	48	50	20	175			
18	21	21	200	24	24	6	50			
2 7074	452 619	320 054	74 250	85 209	70 538	10 017	421 477	1 987	85 702	62 887
16 180	359 963	249 689	66 419	59 247	45 616	7 162	357 856	1 656	67 028	48 458
10 512	86 200	64 929	6 638	24 601	23 573	2 729	60 579	331	17 664	13 448
364	6 435	5 415	993	1 337	1 325	120	2 993		1 010	980
18	21	21	200	24	24	6	50			
948	8 655	8 233	635	2 943	2 773	362	9 871	18	1 762	1 523
817	7 835	7 413	513	2 450	2 300	316	9 256	18	1 496	1 407
131	820	820	122	493	473	46	615		266	116
1 645	13 875	12 332	2 857	5 992	5 533	833	17 657	120	3 837	3 314
1 182	10 592	9 389	2 570	5 663	5 236	666	15 396	120	3 624	3 124
463	3 283	2 943	286	329	297	167	2 261		214	189
2 635	24 200	20 782	30 54	11 609	9 425	1 516	29 672	45	7 447	4 880
468	4 208	3 814	614	3 111	2 098	270	5 588		2 348	1 683
15	200	200	12	48	50	20	175			
2 152	19 792	16 768	2 428	8 450	7 277	1 226	23 909	45	5 099	3 197
27 926	422 874	306 605	69 937	95 044	78 630	10 732	409 390	1 792	83 552	62 474

（20

指　　标	房屋建筑施工面积（平方米）	#本年新工开面积	实行投标承包面积	#本年新开工面积	房屋建筑竣工面积（平方米）	#优良工程竣工面积
房　屋	3 155 941	1 739 518	2 621 756	1 498 964	1 813 229	963 877
矿　山						
铁路公路隧道桥梁	15 505	9 657	7 933	2 085	12 238	11 289
堤坝电站码头	81 246	21 462	72 597	21 462	15 999	600
其他土木工程	58 687	40 455	29 803	29 803	27 663	9 505
线路管道设备安装业	82 929	37 765	58 238	37 765	59 836	37 674
线路管道安装业	15 972	15 148	15 526	15 148	13 938	1 743
设备安装业	66 957	22 617	42 712	22 617	45 898	35 931
装修装饰业						
四、按法人批准机关或登记注册						
1.工商行政管理部门	3 319 768	1 810 911	2 717 762	1 552 253	1 895 788	1 010 206
2.编　委	74 540	37 946	72 565	37 826	33 177	12 739
3.民政部门						
9.其　他						
五、按国有经济控股情况分组						
1.国有绝对控股	1 578 527	815 148	1 392 506	735 462	824 502	444 664
2.国有相对控股						
9.其他国有	1 815 781	1 033 709	1 397 821	854 617	1 104 463	578 281
六、按隶属关系分组						
中　央	159 624	62 188	137 150	59 400	81 759	46 958
省	1 251 784	628 916	1 153 654	619 795	667 864	396 895
地　区	350 916	172 057	297 678	158 506	215 487	107 796
县	1 001 412	611 727	690 767	473 106	566 113	234 588
街　道	70 983	17 801	41 046	17 801	64 843	32 202
镇	5 270	3 570	3 570		1 400	1 400
乡	11 382	11 382	11 382	11 382	11 382	9 746
村委会	19 524	19 524	19 524	19 524	19 524	
其　他	523 413	321 692	435 556	230 565	300 593	193 360
七、按营业状态分组						
营　业	3 394 308	1 848 857	2 790 327	1 590 079	1928 965	1 022 945
筹　建						
当年撤消						
其　他						
八、按企业资质等级分组						
一　级	1 048 100	506 147	1 029 884	501 680	497 087	291 179
二　级	557 888	265 242	470 941	225 531	352 749	173 404
三　级	1 126 440	664 669	825 551	541 650	688 615	383 186
四　级	661 880	412 799	463 951	321 218	390 514	175 176

生 产 情 况 （二）续

00 年）

自有机械设备年末总台数（台数）	自有机械设备年末总功率（千瓦）	#施工机械功率	自有机械设备年末净值（万元）	计算劳动生产率的平均人数（人）	期末从业人数（人）	#工程技术人员	企业总产值（万元）	#对内销售产值	年末拖欠工程款（万元）	#竣工拖欠
20 109	222 495	146 550	16 734	62 178	55 914	6 737	185 764	1 185	70 300	53 458
1 928	75 725	51 618	16 607	15 767	6 004	1 120	85 167		7 584	4 584
5 491	113 999	98 861	34 210	13 819	13 176	2 580	131 104	607	4 164	3 473
398	10 655	9 576	2 386	3 280	3 536	295	7 356		1 504	959
3 916	68 668	49 043	10 108	8 661	7 732	1 619	64 686	331	14 411	9 532
1 927	45 931	28 554	7 206	4 982	4 383	690	36 797		8 793	6 270
1 989	22 737	20 489	2 902	3 679	3 349	929	27 889	331	5 618	3 262
460	7 807	5 753	751	2 048	1 907	377	4 601	48	785	596
31 884	484 972	350 688	79 842	102 811	86 777	12 455	471 446	2 170	95 517	70 559
418	14 377	10 713	954	2 942	1 492	273	7 231		3 231	2 043
16 299	361 324	250 710	66 663	59 611	46 030	7 233	360 690	1 776	67 285	48 704
16 003	138 025	110 691	14 133	46 142	42 239	5 495	117 987	394	31 463	23 899
7 039	130 651	104 330	33 494	16 372	16 980	2 876	156 501	607	8 174	4 041
7 478	170 465	110 621	23 059	32 115	24 262	4 059	160 607	714	44 790	36 315
2 266	49 533	37 164	7 599	10 321	9 064	1 256	34 780	2	10 501	7 313
10 610	103 287	70 114	12 543	32 519	26 521	2 874	88 437	470	24 679	17 487
1 217	10 459	9 552	558	2 017	1 218	153	4 241		1 222	1 044
20	33	18	6	116	20	15	210		43	43
281	2 722	2 122	58	470	491	40	895		379	276
144	1 517	1 517	104	918	923	21	2 074			
3 247	30 682	25 963	3 376	10 905	8 790	1 434	30 933	376	8 960	6 083
32 302	499 349	361 401	80 796	105 753	88 269	12 728	478 677	2 170	98 748	72 602
10 271	235 156	165 124	48 281	32 711	27 525	4 553	270 250	1 321	42 322	30 886
3 530	53 065	44 591	11 411	18 307	196 225	2 121	55 857	2	14 448	10 560
12 613	134 817	96 559	11 254	32 771	25 323	3 627	101 267	331	29 706	22 581
5 888	76 311	55 127	9 850	21 964	19 196	2 427	51 304	516	12 272	8 576

建 筑 企 业

(20

指 标	年末资 流动资产小计	#存 货	#在建工程	长期投资	固定资产小计
总 计	**388 683**	**78 609**	**3 5181**	**17 553**	**180 021**
一、二级企业	268 297	41 166	15 783	13 662	122 771
国有及国有控股	305 661	48 354	17 960	13 965	147 907
一、按登记注册类型分组					
内资企业	388 040	78 510	35 179	17 553	179 806
国有企业	304 611	48 167	17 813	13 674	147 140
集体企业	41 819	13 051	6 131	2 177	13 676
股份合作企业	6 984	2 706	1 395	400	3 366
有限责任公司	16 587	6 082	4 301	731	5 947
国有独资公司					
其他有限责任公司	16 587	6 082	4 301	731	5 947
股份有限公司	8 845	4 686	4 212	572	4 272
私营企业	9 195	3 820	1 327		5 405
私营独资企业	2 941	1 430	568		1 129
私营合伙企业	262	149			177
私营有限责任公司	3 808	1 445	758		1 815
私营股份有限公司	2 183	795	1		2 285
港、澳、台商投资企业	643	99	2		214
合资经营企业(港或澳、台资)	633	99	2		12
港、澳、台商独资经营	10				202
二、按国民经济行业分组					
独资企业	349 381	62 648	24 512	15 851	162 147
国有企业	304 611	48 167	17 813	13 674	147 140
集体企业	41 819	13 051	6 131	2 177	13 676
私营独资企业	2 941	1 430	568		1 129
港、澳、台商独资经营企业	10				202
合作、合伙企业	7 246	2 854	1 395	400	3 543
股份合作企业	6 984	2 706	1 395	400	3 366
私营合伙企业	262	149			177
股份有限公司	11 028	5 481	4 213	572	6 556
股份有限公司(内资)	8 845	4 686	4 212	572	4 272
私营股份有限公司	2 183	795	1		2 285
有限责任公司	21 028	7 626	5 061	731	7 775
私营有限责任公司	3 808	1 445	758		1 815
港澳台合资经营企业	633	99	2		12
其他有限责任公司	16 587	6 082	4 301	731	5 947

财 务 状 况(一)

00 年)　　　　　　　　　　　　　　　　　　　　　　　　　　　　单位:万元

产	负	债					
固定资产原价	#生产经营用	累计折旧	#本年折旧	专项工程	无形及递延资产	#无形资产	资产合计
256 152	**192 596**	**79 976**	**18 096**	**16 890**	**6 711**	**3 826**	**616 664**
180 705	134 422	60 263	14 922	15 796	4 494	3 569	429 148
212 074	159 049	67 603	15 676	15 719	6 423	3 733	495 028
255 919	192 363	79 958	18 083	16 890	6 711	3 826	615 806
211 008	158 381	67 289	15 602	15 719	6 423	3 733	492 914
20 316	15 111	6 664	806	200	157	33	58 844
4 957	4 495	1 600	516	2	15		10 878
7 564	4 920	1 922	391	15	56	53	23 358
7 564	4 920	1 922	391	15	56	53	23 358
5 340	4 050	1 145	269	954	3		14 930
6 735	5 406	1 337	499		56	7	14 882
1 821	1 452	700	150		11	1	4 295
189	188	12	8		9		448
2 170	1 401	354	124		37	6	5 671
2 556	2 366	271	217				4 468
233	233	19	13				858
19	19	6	4				646
214	214	12	9				212
233 359	175 158	74 666	16 567	15 919	6 591	3 767	556 265
211 008	158 381	67 289	15 602	15 719	6 423	3 733	492 914
20 316	15 111	6 664	806	200	157	33	58 844
1 821	1 452	700	150		11	1	4 295
214	214	12	9				212
5 146	4 683	1 612	524	2	24		11 326
4 957	4 495	1 600	516	2	15		10 878
189	188	12	8		9		448
7 896	6 417	1 417	486	954	3		19 398
5 340	4 050	1 145	269	954	3		14 930
2 556	2 366	271	217				4 468
9 752	6 339	2 283	519	15	93	59	29 675
2 170	1 401	354	124		37	6	5 671
19	19	6	4				646
7 564	4 920	1 922	391	15	56	53	23 358

(20

指标	年末资				
	流动资产小计	#存货	#在建工程	长期投资	固定资产小计
三、按国民经济行业分组					
土木工程建筑业	323 484	69 687	32 533	14 501	148 158
房屋	154 419	39 238	17 299	3 070	67 995
矿山					
铁路公路隧道桥梁	54 046	8 376	4 762	741	28 858
堤坝电站码头	108 125	19 342	9 073	10 590	44 167
其他土木工程	6 894	2 731	1 399	100	7 139
线路管道设备安装业	59 214	7 014	2 216	3 052	30 142
线路管道安装业	32 517	2 281	315	1 582	19 033
设备安装业	26 698	4 733	1 901	1 470	11 109
装修装饰业	5 985	1 909	431	1	1 720
四、按法人批准机关或登记注册					
1.工商行政管理部门	385 079	77 371	34 100	17 168	177 963
2.编委	3 605	1 239	1 081	386	2 057
3.民政部门					
9.其他					
五、按国有经济控股情况分组					
1.国有绝对控股	305 661	48 354	17 960	13 965	147 907
2.国有相对控股					
9.其他国有	83 022	30 256	17 221	3 589	32 113
六、按隶属关系分组					
中央	147 790	23 188	8 824	13 172	65 304
省	122 691	20 076	8 073	2 374	56 634
地区	32 280	5 257	1 894	599	18 268
县	59 071	19 040	10 611	768	29 058
街道	3 476	1 483	1 077	142	1 216
镇	4	2	2	11	9
乡	1 024	427		1	339
居委会					
村委会	439	66			211
其他	21 909	9 072	4 700	487	8 982
七、按营业状态分组					
#营业	388 683	78 609	35 181	17 553	180 021
八、按企业资质等级分组					
一级	237 732	36 011	14 991	12 817	86 433
二级	30 565	5 155	792	845	36 338
三级	79 474	22 265	12 395	2 916	39 091
四级	40 913	15 178	7 002	976	18 159

财 务 状况(一)续

00年)　　　　　　　　　　　　　　　　　　　　　　　　　　　　单位:万元

产	负	债					
固定资产原价	#生产经营用	累计折旧	#本年折旧	专项工程	无形及递延资产	#无形资产	资产合计
212 410	162 312	67 070	15 659	16 444	6 518	3 818	514 436
90 110	64 434	24 516	3 465	9 132	2 088	199	241 327
41 131	32 624	12 612	3 397	1 908	3 620	3 556	89 361
72 948	60 643	28 846	8 613	5 404	757	13	169 187
8 221	4 611	1 097	183		53	50	14 560
41 502	28 977	12 369	2 305	439	109	2	94 355
25 128	16 878	7 105	1 457		3	2	54 367
16 374	12 099	5 264	848	439	106		39 988
2 241	1 307	537	132	7	84	6	7 873
253 358	190 553	79 222	17 964	16 890	6 703	3 819	610 361
2 794	2 043	755	132		7	7	6 302
212 074	159 049	67 603	15 676	15 719	6 423	3 733	495 028
44 077	33 546	12 373	2 420	1 171	288	93	121 636
102 034	82 448	36 810	10 632	1 137	868	2	229 094
76 602	52 398	22 001	4 326	13 899	429	234	199 811
24 882	15 630	7 894	1 054	844	5 174	3 447	57 628
39 231	31 430	10 316	1 255	1 002	172	128	91 438
1 791	1 363	577	62				4 833
9	3	1					24
397	317	64	10				1 364
353	353	142	20				650
10 854	8 653	2 172	737	7	68	14	31 823
256 152	192 596	79 976	18 096	16 890	6 711	3 826	616 664
134 104	97 430	49 646	12 572	14 509	1 095	234	355 766
46 601	36 992	10 617	2 350	1 287	3 399	3 335	73 382
52 476	40 339	14 514	2 370	620	1 875	113	125 354
22 970	17 835	5 200	804	475	342	144	62 162

建 筑 企 业

（20

指 标	年末资			
	流动负债小计	长期负债小计	负债合计	所有者权益合计
总 计	**428 615**	**21 116**	**449 731**	**166 933**
一、二级企业	328 438	10 817	339 256	89 892
国有及国有控股	358 852	16 495	375 347	119 681
一、按登记注册类型分组				
内资企业	428 425	21 116	449 541	166 265
国有企业	357 898	16 225	374 123	118 791
集体企业	35 458	2 416	37 874	20 970
股份合作企业	6 169	734	6 903	3 975
有限责任公司	14 203	1 132	15 335	8 023
国有独资公司				
其他有限责任公司	14 203	1 132	15 335	8 023
股份有限公司	10 404	154	10 558	4 373
私营企业	4 294	456	4 750	10 133
私营独资企业	1 641	215	1 857	2 439
私营合伙企业	68		68	380
私营有限责任公司	2 012	240	2 253	3 419
私营股份有限公司	573		573	3 895
港、澳、台商投资企业	190		190	668
合资经营企业(港或澳、台资)	174		174	471
港、澳、台商独资经营	15		15	197
二、按国民经济行业分组				
独资企业	395 013	18 856	413 869	142 396
国有企业	357 898	16 225	374 123	118 791
集体企业	35 458	2 416	37 874	20 970
私营独资企业	1 641	215	1 857	2 439
港、澳、台商独资经营企业	15		15	197
合作、合伙企业	6 237	734	6 971	4 355
股份合作企业	6 169	734	6 903	3 975
私营合伙企业	68		68	380
股份有限公司	10 977	154	11 130	8 268
股份有限公司(内资)	10 404	154	10 558	4 373
私营股份有限公司	573		573	3 895
有限责任公司	16 389	1 372	17 762	11 914
私营有限责任公司	2 012	240	2 253	3 419
港澳台合资经营企业	174		174	471
其他有限责任公司	14 203	1 132	15 335	8 023

财 务 状况(二)

00年)　　　　　　　　　　　　　　　　　　　　　　　　　　　　　　　单位:万元

产 负 债					
		实 收 资 本			
合 计	国家资本	集体资本	法人资本	个人资本	港澳台商资本
144 245	**74 639**	18 844	**38 904**	**11 646**	**213**
80 759	50 753	396	28 872	738	
100 209	73 564	254	26 020	371	
143 994	74 639	18 844	38 904	11 607	
99 466	73 564		25 902		
20 473	978	16 680	2 815		
3 136	20	954	828	1 334	
6 511	77	525	2 401	3 509	
6 511	77	525	2 401	3 509	
4 147		686	3 270	191	
10 260			3 688	6 573	
2 399			1 379	1 020	
403			203	200	
3 491			1 786	1 705	
3 968			320	3 648	
252				39	213
52				39	13
200					200
122 538	74 542	16 680	30 095	1 020	200
99 466	73 564		25 902		
20 473	978	16 680	2 815		
2 399			1 379	1 020	
200					200
3 539	20	954	1 031	1 534	
3 136	20	954	828	1 334	
403			203	200	
8 115		686	3 590	3 839	
4 147		686	3 270	191	
3 968			320	3 648	
10 054	77	525	4 188	5 252	13
3 491			1 786	1 705	
52				39	13
6 511	77	525	2 401	3 509	

(20

指 标	年末资			
	流动负债小计	长期负债小计	负债合计	所有者权益合计
三、按国民经济行业分组				
土木工程建筑业	373 968	17 833	391 801	122 635
房 屋	179 016	10 844	189 860	51 468
矿 山				
铁路公路隧道桥梁	52 677	2 259	54 935	34 426
堤坝电站码头	136 677	3 005	139 682	29 506
其他土木工程	5 598	1 725	7 324	7 236
线路管道设备安装业	51 029	3 135	54 164	40 191
线路管道安装业	26 730	2 012	28 741	25 626
设备安装业	24 299	1 123	25 422	14 566
装修装饰业	3 619	149	3 767	4 106
四、按法人批准机关或登记注册				
1.工商行政管理部门	425 889	20 262	446 151	164 211
2.编 委	2 726	854	3 580	2 722
3.民政部门				
9.其 他				
五、按国有经济控股情况分组				
1.国有绝对控股	358 852	16 495	375 347	119 681
2.国有相对控股				
9.其他国有	69 763	4 621	74 384	47 251
六、按隶属关系分组				
中 央	183 573	3 882	187 455	41 640
省	142 540	7 198	149 739	50 072
地 区	30 680	3 174	33 854	23 773
县	53 484	5 963	59 447	31 991
街 道	2 243	437	2 680	2 154
镇	4		4	20
乡	781		781	584
村委会	480		480	170
其 他	14 831	462	15 293	16 530
七、按营业状态分组				
营 业	428 615	21 116	449 731	166 933
筹 建				
当年撤消				
其 他				
八、按企业资质等级分组				
一 级	286 343	8 987	295 330	60 437
二 级	42 096	1 830	43 926	29 455
三 级	64 557	6 092	70 648	54 706
四 级	35 620	4 207	39 827	22 335

财 务 状况(二)续

00年) 单位:万元

产 负 债					
实收资本					
合 计	国家资本	集体资本	法人资本	个人资本	港澳台商资本
106 636	56 637	16 209	23 994	9 596	200
52 043	16 511	14 784	12 351	8 197	200
20 803	9 438	180	11 185		
26 778	26 171	307		301	
7 013	4 518	938	459	1 098	
33 192	17 253	2 427	12 551	960	
20 094	12 436	1 598	6 060		
13 097	4 817	829	6 491	960	
4 418	749	208	2 359	1 090	13
142 577	73 232	18 613	38 893	11 626	213
1 669	1 407	231	11	20	
100 209	73 564	254	26 020	371	
44 036	1 075	18 590	12 884	11 275	213
39 045	25 597	1 170	11 253	1 025	
43 346	25 383	2 955	14 213	783	13
15 826	10 947	1 297	3 569	14	
27 252	12 657	10 735	3 253	607	
2 017		1 268	749		
7		7			
584		584			
170		170			
15 999	55	659	5 867	9 218	200
144 245	74 639	18 844	38 904	11 646	213
53 385	30 647	80	21 919	738	
27 375	20 105	316	6 953		
41 814	17 886	11 252	5 688	6 976	13
21 672	6 000	7 196	4 344	3 932	200

建 筑 企 业

(20

指　　标	损			益
	工程结算收　入	工程结算成　本	工程结算税金及附加	工程结算利　润
总　　计	**419 853**	**354 825**	**13 311**	**51 717**
一、二级企业	281 714	234 922	8 688	38 104
国有及国有控股	313 828	261 655	9 396	42 777
一、按登记注册类型分组				
内资企业	419 628	354 619	13 304	51 704
国有企业	312 357	260 440	9 337	42 580
集体企业	53 885	46 715	2 074	5 096
股份合作企业	8 211	7 037	223	952
有限责任公司	22 186	20 066	721	1 399
国有独资公司				
其他有限责任公司	22 186	20 066	721	1 399
股份有限公司	12 953	11 478	495	980
私营企业	10 036	8 884	454	698
私营独资企业	2 993	2 734	109	150
私营合伙企业	499	465	16	18
私营有限责任公司	4 901	4 188	275	438
私营股份有限公司	1 643	1 497	54	92
港、澳、台商投资企业	225	206	7	13
合资经营企业(港或澳、台资)	175	155	5	15
港、澳、台商独资经营	50	51	2	－2
二、按国民经济行业分组				
独资企业	369 284	309 939	11 521	47 824
国有企业	312 357	260 440	9 337	42 580
集体企业	53 885	46 715	2 074	5 096
私营独资企业	2 993	2 734	109	150
港、澳、台商独资经营企业	50	51	2	－2
合作、合伙企业	8 710	7 502	239	970
股份合作企业	8 211	7 037	223	952
私营合伙企业	499	465	16	18
股份有限公司	14 596	12 975	549	1 072
股份有限公司(内资)	12 953	11 478	495	980
私营股份有限公司	1 643	1 497	54	92
外商股有限公司				
有限责任公司	27 262	24 409	1 001	1 852
国有独资公司				
私营有限责任公司	4 901	4 188	275	438
港澳台合资经营企业	175	155	5	15
中外合资经营公司				
其他有限责任公司	22 186	20 066	721	1 399

财　务　状　况（三）

00 年）　　　　　　　　　　　　　　　　　　　　　　　　　　　单位:万元

及		分		配			
其他业务收入	其他业务利润	管理费用	税金	财产保险金	劳动、待业保险费	财务费用	#利息支出
16 527	**4 658**	**42 881**	**1 189**	**469**	**9 804**	**3 323**	**3 019**
15 628	3 996	32 354	613	180	9 092	1 862	1 969
15 397	4 158	35 044	664	418	9 247	2 501	2 519
16 527	4 658	42 865	1 187	469	9 804	3 324	3 020
15 389	4 150	34 913	645	417	9 246	2 473	2 490
313	217	4 274	259	19	275	554	318
24	29	695	48	5	16	47	50
755	133	1 368	77	20	242	71	63
755	133	1 368	77	20	242	71	63
27	17	850	61	1	9	44	28
21	113	765	97	7	16	137	71
20	10	141	84	4	2	66	62
	98	130				2	2
1	5	372	12	3	14	69	8
		123	2				
		17	2			-1	
		15					
		2	2				
15 721	4 376	39 329	990	440	9 523	3 092	2 869
15 389	4 150	34 913	645	417	9 246	2 473	2 490
313	217	4 274	259	19	275	554	318
20	10	141	84	4	2	66	62
		2	2				
24	127	825	48	5	16	48	51
24	29	695	48	5	16	47	50
	98	130				2	2
27	17	973	62	1	9	43	28
27	17	850	61	1	9	44	28
		123	2				
755	138	1 755	89	22	256	139	72
1	5	372	12	3	14	69	8
		15					
755	133	1 368	77	20	242	71	63

建 筑 企 业

(20

指　　标	损			益
	工程结算收　入	工程结算成　本	工程结算税金及附加	工程结算利　润
三、按国民经济行业分组				
土木工程建筑业	360 651	308 184	11 493	40 974
房屋	155 971	138 770	5 262	11 939
矿　山				
铁路公路隧道桥梁	83 814	71 479	1 697	10 638
堤坝电站码头	114 193	92 606	4 316	17 271
其他土木工程	6 674	5 330	218	1 127
线路管道设备安装业	54 042	42 167	1 646	10 229
线路管道安装业	29 752	22 264	803	6 686
设备安装业	24 290	19 904	843	3 543
装修装饰业	5 160	4 473	172	515
四、按法人批准机关或登记注册				
1.工商行政管理部门	413 504	349 206	13 125	51 173
2.编　委	6 349	5 619	186	544
3.民政部门				
9.其　他				
五、按国有经济控股情况分组				
1.国有绝对控股	313 828	261 655	9 396	42 777
2.国有相对控股				
9.其他国有	106 025	93 170	3 915	8 940
六、按隶属关系分组				
中　央	143 294	113 449	5 230	24 615
省	131 028	113 521	3 421	14 086
地　区	31 614	27 764	1 028	2 822
县	78 919	68 679	2 387	7 853
街　道	4 141	3 810	152	178
镇	210	196	7	7
乡	759	634	19	106
村委会	2 074	1 949	64	61
其　他	27 815	24 823	1 003	1 988
七、按营业状态分组				
营　业	419 853	354 825	13 311	51 717
筹　建				
当年撤消				
其　他				
八、按企业资质等级分组				
一　级	230 012	191 921	7 262	30 829
二　级	51 703	43 001	1 426	7 275
三　级	93 160	80 351	2 892	9 917
四　级	44 979	39 552	1 730	3 697

财 务 状 况(三)续

00年)　　　　　　　　　　　　　　　　　　　　　　　　　　　　单位:万元

及		分		配			
其他业务收入	其他业务利润	管理费用	#税金	财产保险金	劳动、待业保险费	财务费用	#利息支出
15 402	4 408	33 934	1 044	337	9 015	3 036	2 735
3 432	1 549	12 447	771	196	2 648	2 618	1 642
5	78	4 661	115	43	1 367	653	587
11 964	2 781	15 923	146	95	4 981	-406	414
1		904	12	3	20	171	91
1 064	197	8 431	125	127	760	236	235
333	109	5 410	45	26	475	98	97
731	88	3 021	80	102	285	138	138
61	52	517	21	4	30	51	50
16 512	4 644	42 493	1 175	466	9 782	3 276	2 982
16	14	388	14	2	22	47	37
15 397	4 158	35 044	664	418	9 247	2 501	2 519
1 130	500	7 837	525	50	557	822	500
12 108	2 840	21 950	264	112	5 285	-233	446
3 752	1 276	10 882	262	36	3 871	1 822	1 404
148	31	2 563	176	41	311	518	303
395	259	5 150	307	256	316	1 001	764
		153	1	3	2	38	-1
		5				5	
9	93	174	1		1	14	10
		56	1				
114	159	1 949	177	21	17	159	93
16 527	4 658	42 881	1 189	469	9 804	3 323	3 019
15 474	3 961	27 612	295	123	8 487	990	1 515
154	34	4 742	318	57	605	872	454
658	318	6 828	298	255	535	1 064	835
242	344	3 699	279	34	176	398	216

(20

指标	损益及分配			
	营业利润	利润总额（亏损为－）	应交所得税	应付利润
总计	**10 171**	**3 812**	**1 624**	**1 018**
一、二级企业	7 885	1 555	1 086	710
国有及国有控股	9 389	3 220	1 254	812
一、按登记注册类型分组				
内资企业	10 174	3 815	1 624	1 018
国有企业	9 345	3 162	1 246	774
集体企业	485	317	211	131
股份合作企业	238	227	82	13
有限责任公司	93	121	61	82
国有独资公司				
其他有限责任公司	93	121	61	82
股份有限公司	103	106	16	4
私营企业	－90	－119	8	15
私营独资企业	－47	－108	1	
私营合伙企业	－15	20		
私营有限责任公司	2	－1	7	14
私营股份有限公司	－30	－30		
港、澳、台商投资企业	－3	－3		
合资经营企业(港或澳、台资)	1	1		
合作经营企业(港或澳、台资)				
港、澳、台商独资经营	－3	－3		
二、按国民经济行业分组				
独资企业	9 779	3 368	1 458	905
国有企业	9 345	3 162	1 246	774
集体企业	485	317	211	131
私营独资企业	－47	－108	1	
港、澳、台商独资经营企业	－3	－3		
合作、合伙企业	223	247	82	13
股份合作企业	238	227	82	13
私营合伙企业	－15	20		
股份有限公司	73	76	16	4
股份有限公司(内资)	103	106	16	4
私营股份有限公司	－30	－30		
有限责任公司	96	121	69	97
私营有限责任公司	2	－1	7	14
港澳台合资经营企业	1	1		
中外合资经营公司				
其他有限责任公司	93	121	61	82

财 务 状 况（四）

00年） 单位:万元

工资福利费总额				增加值	亏损企业个数	亏损额
本年应付工资总额	#主营业务应付工资总额	本年应付福利费总额	#主营业务应付福利费总额			
66 524	**58 965**	**9 964**	**9 184**	**162 265**	**8**	**-4 360**
39 344	34 621	6 490	6 205	112 246	1	-3 204
42 128	38 505	6 913	6 525	122 790	2	-3 367
66 442	58 883	9 963	9 183	162 149	8	-4 357
41 967	38 348	6 893	6 506	122 263	2	-3 367
12 567	11 351	1 982	1 911	21 772	3	-545
1 991	1 766	436	161	3 681		-23
4 607	3 847	325	310	6 986	1	-187
4 607	3 847	325	310	6 986	1	-187
2 885	1 237	127	118	3 170	1	-45
2 426	2 334	201	178	4 277	1	-190
907	896	92	71	1 462		-116
203	186	13	12	240		-8
1 117	1 059	66	66	1 988	1	-33
200	193	30	30	587		-34
82	82	1	1	117		-3
37	37	1	1	62		
45	45			55		-3
55 485	50 640	8 966	8 487	145 552	5	-4 031
41 967	38 348	6 893	6 506	122 263	2	-3 367
12 567	11 351	1 982	1 911	21 772	3	-545
907	896	92	71	1 462		-116
45	45			55		-3
2 194	1 952	448	173	3 921		-31
1 991	1 766	436	161	3 681		-23
203	186	13	12	240		-8
3 085	1 430	157	148	3 757	1	-79
2 885	1 237	127	118	3 170	1	-45
200	193	30	30	587		-34
5 760	4 942	392	377	9 036	1	-220
1 117	1 059	66	66	1 988	1	-33
37	37	1	1	62		
4 607	3 847	325	310	6 986	1	-187

(20

指标	损益及分配			
	营业利润	利润总额（亏损为-）	应交所得税	应付利润
三、按国民经济行业分组				
土木工程建筑业	8 412	3 018	1 398	833
房屋	-1 577	-1 308	338	116
矿　山				
铁路公路隧道桥梁	5 402	3 169	734	651
堤坝电站码头	4 535	1 123	306	25
其他土木工程	52	34	21	42
线路管道设备安装业	1 760	856	224	182
线路管道安装业	1 288	574	148	131
设备安装业	472	281	76	51
装修装饰业	-1	-61	3	3
四、按法人批准机关或登记注册				
1.工商行政管理部门	10 048	3 684	1 587	1 014
2.编　委	123	128	37	5
9.其　他				
五、按国有经济控股情况分组				
1.国有绝对控股	9 389	3 220	1 254	812
2.国有相对控股				
9.其他国有	782	592	371	206
六、按隶属关系分组				
中　央	5 737	1 320	287	106
省	2 659	528	876	709
地　区	-227	168	162	27
县	1 962	1 778	228	99
街　道	-12	-16	1	2
镇	-3	-2		
乡	11	11	3	8
村委会	5	5	1	4
其　他	39	22	67	63
七、按营业状态分组				
营　业	10 171	3 812	1 624	1 018
筹　建				
当年撤消				
其　他				
八、按企业资质等级分组				
一　级	6 188	-25	832	692
二　级	1 697	1 579	254	18
三　级	2 342	2 096	390	179
四　级	-56	161	148	129

财 务 状 况 （四）续

00 年）　　　　　　　　　　　　　　　　　　　　　　　　单位：万元

工资福利费总额				增加值	亏损企业个数	亏损额
本年应付工资总额	#主营业务应付工资总额	本年应付福利费总额	#主营业务应付福利费总额			
57 327	50 280	8 689	8 198	136 661	7	－4 262
33 665	26 773	3 472	3 010	53 867	5	－4 048
9 477	9 461	1 600	1 600	28 276		－11
12 792	12 784	3 199	3 199	51 307		－26
1 394	1 262	418	389	3 211	1	－177
8 140	7 674	1 194	912	23 649		－8
5 382	5 271	786	529	15 263		
2 758	2 404	408	383	8 386		－8
1 057	1 010	81	75	1 955	1	－91
65 440	57 892	9 862	9 084	160 195	8	－4 357
1 084	1 072	102	100	2 070		－4
42 128	38 505	6 913	6 525	122 790	2	－3 367
24 395	20 459	3 051	2 659	39 475	6	－944
17 730	17 194	3 948	3 784	67 004		－1
20 922	16 836	2 561	2 434	45 236	2	－3 073
6 071	5 925	783	684	11 999	1	－620
14 091	11 601	2 016	1 669	25 387	2	－230
1 341	1 341	17	17	1 753		－26
49	4	1	1	19		－2
263	263	55	49	449		
184	184	80	80	410		
5 869	5 618	503	467	10 008	2	－408
66 524	58 965	9 964	9 184	162 265	8	－4 360
25 848	25 264	5 437	5 345	90 053		－2 819
13 496	9 358	1 053	860	22 193	1	－384
17 772	16 775	2 727	2 313	35 100	3	－570
9 408	7 568	747	666	14 919	4	－587

建筑业企业主要建筑材料消耗情况

（2000年）

	材料费用合计（千元）	钢材	木材	水泥	消耗量 钢材（吨）	消耗量 木材（立方米）	消耗量 水泥（吨）
总计	**175 832**	**38 090**	**9 155**	**33 528**	**171 557**	**75 660**	**908 852**
一、二级企业	114 398	22 697	3 776	21 235	86 009	27 572	562 469
国有及国有控股	117 859	23 574	3 930	23 099	88 528	28 907	613 710
一、按登记注册类型分组							
内资企业	175 726	38 081	9 123	33 493	171 530	75 460	907 771
国有企业	116 264	23 179	3 891	22 553	87 124	28 557	597 607
集体企业	30 872	8 092	3 213	6 358	56 909	29 372	166 570
股份合作企业	6 984	1 035	434	848	4 253	3 362	27 027
其他联营企业							
有限责任公司	11 193	2 643	769	1 742	10 681	6 943	54 764
国有独资公司							
其他有限责任公司	11 193	2 643	769	1 742	10 681	6 943	54 764
股份有限公司	5 906	1 518	423	1 106	6 334	3 608	34 016
私营企业	4 507	1 615	392	885	6 229	3 618	27 787
私营独资企业	1 120	607	90	357	2 304	744	10 986
私营合伙企业	213	87	29	40	334	330	1 310
私营有限责任公司	1 917	476	164	303	1 849	1 339	9 635
私营股份有限公司	1 258	445	109	185	1742	1 205	5 856
其他企业							
港、澳、台商投资企业	107	9	32	36	27	200	1 081
合资经营企业(港或澳、台资)	83	9	32	36	27	200	1 081
合作经营企业(港或澳、台资)							
港、澳、台商独资经营	24						
二、按经济类型分组							
独资企业	148 280	31 877	7 194	29 269	146 337	58 673	775 163
国有企业	116 264	23 179	3 891	22 553	87 124	28 557	597 607
集体企业	30 872	8 092	3 213	6 358	56 909	29 372	166 570
私营独资企业	1 120	607	90	357	2 304	744	10 986
港、澳、台商独资经营企业	24						
外资企业							
合作、合伙企业	7 197	1 122	464	888	4 587	3 692	28 337
股份合作企业	6 984	1 035	434	848	4 253	3 362	27 027
私营合伙企业	213	87	29	40	334	330	1 310
股份有限公司	7 163	1 963	532	1 291	8 076	4 813	39 872
股份有限公司(内资)	5 906	1 518	423	1 106	6 334	3 608	34 016
私营股份有限公司	1 258	445	109	185	1 742	1 205	5 856
外商投资股份有限公司							
有限责任公司	13 192	3 128	966	2 080	12 557	8 482	65 480
国有独资公司							
私营有限责任公司	1 917	476	164	303	1 849	1 339	9 635
港澳台合资经营企业	83	9	32	36	27	200	1 081
中外合资经营公司							
其他有限责任公司	11 193	2 643	769	1 742	10 681	6 943	54 764

建筑业企业主要建筑材料消耗情况(续)

(2000 年)

	材料费用合计(千元)	钢 材	木 材	水 泥	消 耗 量		
					钢 材(吨)	木 材(立方米)	水 泥(吨)
三、按国民经济行业分组							
土木工程建筑业	151 946	35 409	8 468	32 246	162 551	70 696	873 074
房 屋	81 733	21 429	6 976	15 781	108 641	59 963	451 704
矿 山							
铁路公路隧道桥梁	23 597	1 554	825	4 441	6 128	5 768	150 094
堤坝电站码头	44 190	12 052	501	11 747	46 382	3 677	262 532
其他土木工程	2 426	374	166	277	1 400	1 288	8 744
线路管道设备安装业	21 106	2 363	236	1 147	7 799	1 762	32 006
线路管道安装业	10 920	1 376	131	962	4 247	1 088	26 624
设备安装业	10 186	987	105	185	3 552	674	5 382
装修装饰业	2 780	318	451	136	1 207	3 202	3 772
四、按法人批准机关或登记注册							
1.工商行政管理部门	174 149	37 459	8 942	33 028	168 947	73 714	892 971
2.编 委	1 684	631	213	501	2 610	1 946	15 881
3.民政部门							
9.其 他							
五、按国有经济控股情况分组							
1.国有绝对控股	11 7859	23 574	3 930	23 099	88 528	28 907	613 710
2.国有相对控股							
9.其他国有	57 973	14 516	5 225	10 429	83 029	46 753	295 142
六、按隶属关系分组							
中 央	58 224	12 921	561	11 936	49 067	4 193	266 091
省	51 503	9 319	3 012	8 830	35 609	21 870	285 595
地 区	12 936	2 217	1 037	2 475	8 068	7 807	67 566
县	34 296	8 972	3 315	7 457	60 672	31 024	200 072
街 道	1 901	508	211	261	1 787	1 832	7 930
镇	41	8	4	24	38	26	1 010
乡	470	68	18	57	260	220	1 900
居委会							
村委会	1 949	209	51	228	788	407	7 127
其 他	14 513	3 870	946	2 261	15 268	8 281	71 561
七、按营业状态分组							
营 业	175 832	38 090	9 155	33 528	171 557	75 660	908 852
停 业							
筹 建							
当年撤消							
其 他							
八、按企业资质等级分组							
一 级	93 266	17 768	2 132	17 329	68 225	15 023	447 423
二 级	21 133	4 929	1 644	3 906	17 784	12 549	115 046
三 级	40 890	10 981	3 594	8 316	68 432	30 606	229 179
四 级	20 544	4 412	1 785	3 978	17 116	17 482	117 204

建筑业企业房屋建筑工程生产情况

(2000 年)　　单位：平方米

	本年竣工的房屋建筑面
总　　计	**1 928 965**
按房屋主要用途分	
厂　房	37 596
住　宅	1 267 524
办公用房	170 309
商业、居民服务业用房	209 117
文化教育用房	106 522
医疗用房	42 544
科研用房	24 294
其他用房	71 059

青海省建筑业经济效益指标

指　标　名　称	单　　位	1999 年	2000 年	2000 年较 1999 年(±%)
按总产值计算的劳动生产率	元/人·年	39 027	42 284	8.3
房屋建筑面积竣工率	%	57.84	56.83	-1.01 个百分点
产值利润率	%	-0.98	0.85	1.83 个百分点
人均竣工产值	元/人·年	32 892.68	30 491.42	-7.3
人均施工面积	平米/人	47.55	38.45	-9.1
人均竣工面积	平米/人	27.50	21.85	-5.65
人均利润	元/人	-476.50	431.88	
资产负债率	%	75.94	72.93	-3.01 个百分点
技术装备	元/人	7 549.22	9 153.36	21.2
亏损企业比重	%	36.45	28.57	-7.88 个百分点

QHTJNJ

交通运输邮电通讯业

Transportation, Post and Telecommunication

QINGHAI STATISTICAL YEARBOOK

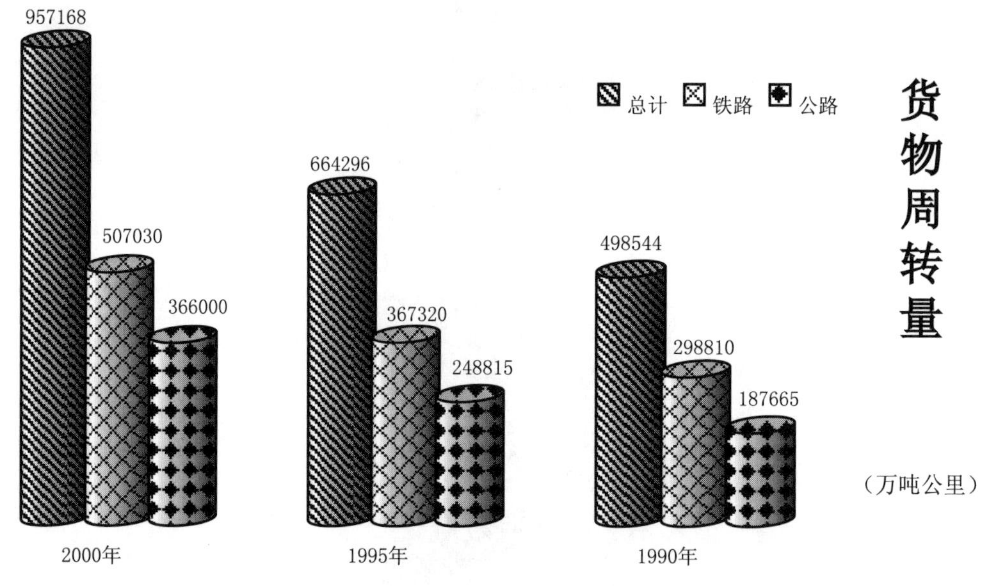

旅客周转量(万人公里)

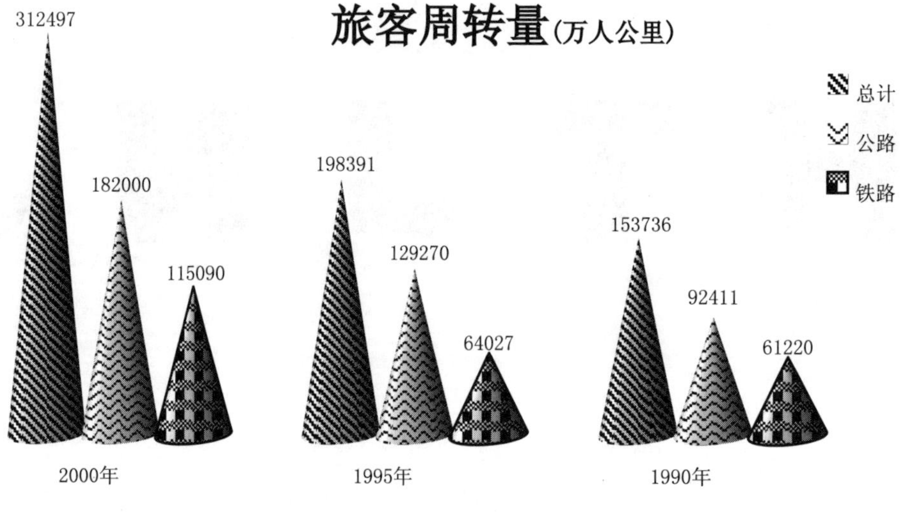

邮电业务总量(万元)

货　物　运　输　量

单位:万吨

年　份	总　　计	铁　　路	公　　路	民　　航	管　　道
1952	3		3		
1978	1 326	546	780		
1985	2 033	334	1 699		
1986	1 823	337	1 486		
1987	2 234	390	1 844		
1988	2 072	411	1 661		
1989	2 254	427	1 837		
1990	2 434	454	1 957		
1991	2 998	502	2 413		83
1992	3 071	518	2 471	…	82
1993	3 172	550	2 533	…	89
1994	3 328	538	2 694	…	96
1995	3 529	532	2 887	…	110
1996	3 909	535	3 247	…	127
1997	4 180	585	3 450	…	145
1998	4 502	590	3 743	…	169
1999	4 654	607	3 865	…	182
2000	5 076	833	4 050	…	193

注:公路运输为全社会数字,包括交通部门和非交通系统的运输量。

货　物　周　转　量

单位:万吨公里

年　份	总　　计	铁　　路	公　　路	民　　航	管　　道
1952	553		553		
1978	321 164	274 437	46 727		
1985	244 198	141 109	103 089		
1986	299 403	208 001	91 400	2	
1987	348 903	229 900	119 000	3	
1988	400 524	259 532	140 989	3	
1989	468 089	293 183	174 904	2	
1990	498 544	298 810	187 665	3	10 066
1991	565 197	329 657	199 435	2	36 103
1992	559 774	317 891	205 994	15	356 874
1993	578 134	327 642	211 633	35	38 824
1994	613 271	335 860	235 274	41	42 096
1995	664 296	367 320	248 815	57	48 104
1996	702 042	357 686	289 646	86	54 624
1997	760 636	390 821	306 500	99	63 216
1998	816 028	409 500	333 172	101	73 255
1999	883 310	459 448	344 629	93	79 140
2000	957 168	507 030	366 000	140	83 998

注:公路运输为全社会数字,包括交通部门和非交通系统的运输量。

旅 客 运 输 量

单位:万人次

年　份	总　计	铁　路	公　路	民　航
1952	5		5	
1978	328	170	158	…
1985	1 288	295	993	…
1986	1 633	289	1 344	0.2
1987	1 749	296	1 453	0.2
1988	1 844	323	1 521	…
1989	1 864	275	1 589	…
1990	1 843	209	1 634	…
1991	1 899	196	1 703	…
1992	2 010	197	1 812	1
1993	2 227	208	2 017	2
1994	2 292	217	2 073	2
1995	2 388	220	2 165	3
1996	2 690	185	2 500	5
1997	2 885	200	2 680	5
1998	3 157	261	2 889	7
1999	3 359	297	3 055	7
2000	3 612	352	3 250	10

旅 客 周 转 量

单位:万人公里

年　份	总　计	铁　路	公　路	民　航
1952	381		381	
1978	103 241	85 259	17 982	
1985	127 647	73 123	54 524	
1986	147 911	76 260	71 414	237
1987	161 244	79 430	81 552	262
1988	182 477	93 796	88 422	259
1989	169 501	82 658	86 696	147
1990	153 736	61 220	92 411	105
1991	154 238	55 314	98 817	107
1992	161 839	54 785	105 760	1 294
1993	186 261	59 608	123 432	3 221
1994	193 057	62 980	126 527	3 550
1995	198 391	64 027	129 270	5 094
1996	205 356	53 923	144 088	7 345
1997	220 469	59 275	153 000	8 194
1998	245 574	73 025	161 569	10 980
1999	275 227	93 634	171 219	10 374
2000	312 497	115 090	182 000	15 407

民 用 车 辆 拥 有 量

(2000年)

指　　标	单　位	总　计	#私　人
一、民用汽车	**辆**	**87 121**	**27 166**
1、载客汽车	辆	45 344	14 051
载客量	客位	452 732	157 794
#大型	辆	3 189	371
载客量	客位	121 182	12 166
小轿车	辆	38 519	13 680
2、普通载货汽车	辆	38 171	12 915
载重量	吨位	143 778	44 804
#大型	辆	25 069	8 086
载重量	吨位	128 955	40 632
3、专用载货汽车	辆	1 153	43
#载重量	吨位	5 891	309
4、其他专用汽车	辆	1 427	53
5、特种汽车	辆	1 026	104
二、轮胎式拖拉机	**辆**	**145 654**	**136 165**
#手扶拖拉机	辆	134 402	129 232
三、摩托车	**辆**	**94 467**	**66 099**
#两轮摩托车	辆	67 541	48 412
四、其他机动车	**辆**	**6 419**	**5 139**
五、载货挂车	**辆**	**788**	**86**

补充资料:机动车驾驶员 345333 人,其中:汽车驾驶员 210635 人。

主要年份铁路、公路、民航里程年末达到数

单位:公里

年　份	铁路营业里程	公路通车里程			民用航空航线里程
			有路面里程		
				＃高级次高级路面	
1952		1 346	547		
1957		8 259	4 426		188
1965	198	11 981	6 643	182	1 949
1970	409	12 584	7 244	367	1 949
1975	497	12 979	9 141	1 268	4 893
1978	503	13 675	9 837	1 958	4 893
1980	505	15 497	11 624	2 105	4 251
1985	1 095	15 933	12 252	2 939	4 972
1990	1 095	16 732	14 212	3 408	4 972
1991	1 095	16 769	14 249	3 435	4 748
1992	1 100	16 854	14 334	3 617	4 892
1993	1 097	16 963	14 491	3 640	5 942
1994	1 097	17 089	14 646	3 911	5 942
1995	1 100	17 223	14 887	4 028	8 869
1996	1 100	17 383	15 047	4 284	11 442
1997	1 100	17 640	15 451	4 494	14 700
1998	1 100	17 936	15 866	4 818	14 700
1999	1 100	18 268	16 252	5 191	14 700
2000	1 100	18 679	16 713	5 313	16 490

公　路　桥　梁

项　目	单　位	年份					
		1990	1995	1996	1998	1999	2000
公路桥梁	座	1 452	1 598	1 653	1 779	1 872	1 967
	延米	36 924	41 470	42 607	45 441	46 937	49 161
1、按孔径分							
大　桥	座	50	58	59	61	62	63
	延米	8 002	9 513	9 697	10 069	10 182	10 346
中　桥	座	215	239	250	274	282	299
	延米	11 601	12 794	13 392	14 703	15 169	16 134
小　桥	座	1 187	1 301	1 344	1 444	1 528	1 605
	延米	17 321	19 163	19 518	20 669	21 586	22 681
2、按使用年限分							
永久式	座	1 355	1 501	1 556	1 682	1 775	1 870
	延米	35 045	39 591	40 728	43 562	45 058	47 282
半永久式	座	28	28	28	28	28	28
	延米	751	751	751	751	751	751
临时式	座	69	69	69	69	69	69
	延米	1 128	1 128	1 128	1 128	1 128	1 128

注:大桥中包括特大桥。

青海省国道、省道干线公路一览表

（2000 年）　　　　单位：公里

线 路 代 码	路 线 名 称		省境内里程（公里）
	全 称	简 称	
国 道			
G109	北京—拉萨	青藏线	1 498
G214	西宁—景洪	青康线	1 084
G215	红柳园—格尔木	柳格线	401
G227	西宁—张掖	宁张线	245
G315	西宁—喀什	青新线	1 281
省 道			
S10 163	西宁—久治县	西久线	869
S10 263	西宁—互助县	西互线	44
S10 363	西宁—扎麻隆	西扎线	30
S20 163	河卡山南—兴海县	河兴线	27
S20 263	平安—大力加山	平大线	172
S20 363	阿岱—赛尔龙	阿赛线	297
S20 463	二指哈拉山—尕海叉口	二尕线	423
S20 563	花石峡—大武	花大线	206
S20 663	切泉沟—黑马河	切黑线	79
S20 763	察汉诺—茶卡	察茶线	36
S20 863	满掌—班玛	满班线	64
S30 163	徐家寨—湟中	徐湟线	7
S30 263	岗子口—青石咀	岗青线	173
S30 363	黄沙头—贵南	黄贵线	34
S30 463	俄堡—祁连	俄祁线	74
S30 563	当金山—黄瓜梁	当黄线	267
S30 663	街子—保安	街保线	53
S30 763	安巴拉山口—歇武	安歇线	22
S30 863	清水河—结古	清结线	433
S30 963	多拉马科—杂多	多杂线	170
S31 063	海晏叉口—甘子河	海甘线	58
S31 163	南巴滩—同德	南同线	23
S31 263	珍秦—称多	珍称线	27
省 道	**合 计**		**3 588**

邮电通信企业基本情况

（2000年）

指　　标	单　位	数　据	指　　标	单　位	数　据
电信局所	处	86	邮政局所	处	201
已通电话的行政村	个	1 423	邮路总条数	条	87
住宅电话用户	万户	29.81	邮路总长度（单程）	公里	26 982
公用电话用户	户	10 882	农村投递路线	公里	11 563
港澳台电话	万次	1.99	邮运汽车	辆	353
本地电话中继电路	路	35 459	按固定班期投递邮件的乡（镇）	个	332
本地网内市一县中续电路	路	6 101	农村每周平均投递次数	次	2
本地中继光缆长度	皮长公里	2 518	城区每日平均投递次数	次	1
接入网光缆长度	皮长公里	1 102	城区局内信箱（筒）每日开箱次数	次	1
接入局用交换机的话机	部	365 117	城区局外信箱（筒）每日开箱次数	次	1
接入用户交换机的话机	部	25 836	集邮业务量	万枚	2 361
本地包月制平均电话用户	户	35 874	邮政出租代维及其他	万元	257.9
本地计次制平均电话用户	户	290 888	邮政其他业务	万元	478.5
长途自动交换机容量	路端	27 290	#代办电信业务	万元	30.2
长途自动交换实占容量	路端	18 074	邮政储蓄平均余额	亿元	11.5
局用交换机容量	门	494 365	移动电话用户	万户	18.1
局用交换机实占容量	门	334 713	无线寻呼用户	万户	27.8
用户交换机容量	门	39 482			

注：邮局所不包括代办局所，也不包括移动、寻呼局所。

主要年份邮政、电信业务量

年份	邮电业务总量（万元）	函件（万件）	包件（万件）	报刊期发数（万份）
1952	18.97	72.80	1.70	
1978	764.40	1 789.60	38.70	55.60
1980	887.00	2 046.60	36.10	92.70
1985	1 720.40	2 344.40	29.50	153.87
1986	1 866.30	2 607.03	31.25	150.84
1987	2 022.70	2 829.40	30.90	149.94
1988	2 480.00	3 222.10	31.10	146.59
1989	3 019.80	3 220.60	28.50	81.20
1990	3 456.80	2 778.10	25.10	69.70
1991	6 223.38	2 073.63	20.85	68.80
1992	7 509.80	2 185.60	29.50	73.74
1993	9 541.00	2 864.00	43.83	79.17
1994	11 591.60	3 389.16	59.47	114.02
1995	15 595.17	3 354.04	43.37	262.40
1996	23 900.78	3 155.64	41.76	80.25
1997	32 717.80	2 664.48	29.31	74.71
1998	46 000.47	2 966.20	45.40	73.70
1999	67 672.46	1 950.70	28.00	52.00
2000	49 180.70	1 214.00	29.10	47.20

注:邮电业务总量从 1991 年开始按 1990 年不变价计算,2000 年计算办法进行了调整。

主要年份邮政、电信业务量(续)

年份	电报（万份）	长途电话（万张）	市内电话（万户）	农村电话（万户）
1952	2.60	1.00	0.20	0.01
1978	138.60	103.10	0.81	0.35
1980	144.80	113.80	0.94	0.44
1985	162.30	168.30	1.50	0.72
1986	157.52	183.76	1.57	0.79
1987	166.50	191.28	1.86	0.97
1988	187.80	225.80	2.04	1.10
1989	189.60	270.70	2.10	0.24
1990	179.70	314.40	2.49	0.25
1991	175.20	377.80	2.73	0.17
1992	184.40	570.00	3.29	0.16
1993	176.00	839.00	4.13	0.18
1994	148.56	1 203.46	5.39	0.22
1995	128.47	1 924.10	9.38	0.28
1996	112.05	3 406.01	13.43	0.41
1997	91.36	4 581.96	17.09	0.47
1998	61.90	6 103.70	21.28	0.98
1999	67.18	5 725.27	26.14	1.41
2000	56.83	7 042.35	34.35	2.51

铁路、公路运输线路密度

单位:公里/万平方公里

年　　份	铁　　路	公　　路
1952		18.69
1957		114.71
1965	2.75	166.40
1970	5.68	174.78
1975	6.90	180.26
1978	6.99	189.93
1980	7.01	215.24
1985	15.21	221.29
1990	15.21	232.39
1991	15.21	232.90
1992	15.28	234.08
1993	15.24	235.60
1994	15.24	237.35
1995	15.28	239.21
1996	15.28	241.43
1997	15.28	245.00
1998	15.28	249.11
1999	15.28	253.72
2000	15.28	259.43

注:铁路为营业里程。

QHTJNJ

批发零售贸易和餐饮业

Wholesale and Retail Sale Trade and Catering Trade

社会商品零售总额(亿元)

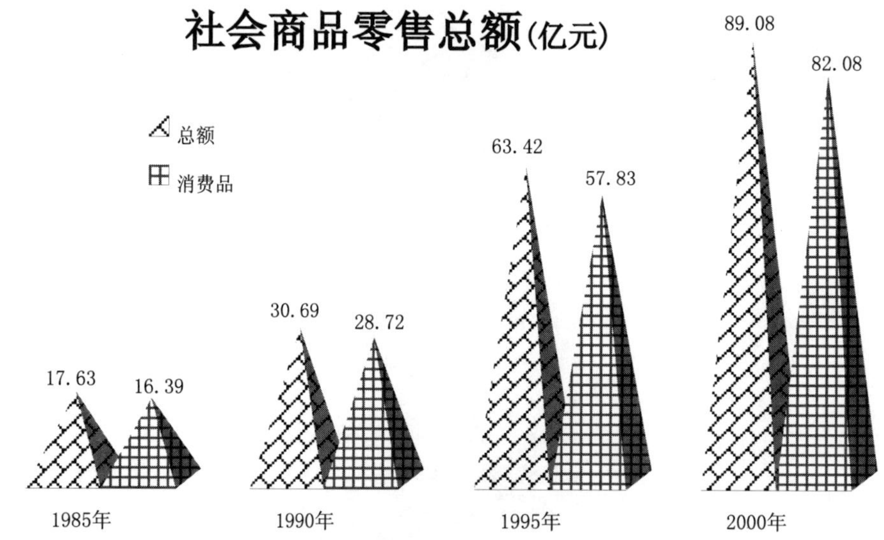

社会商品零售总额构成(%)

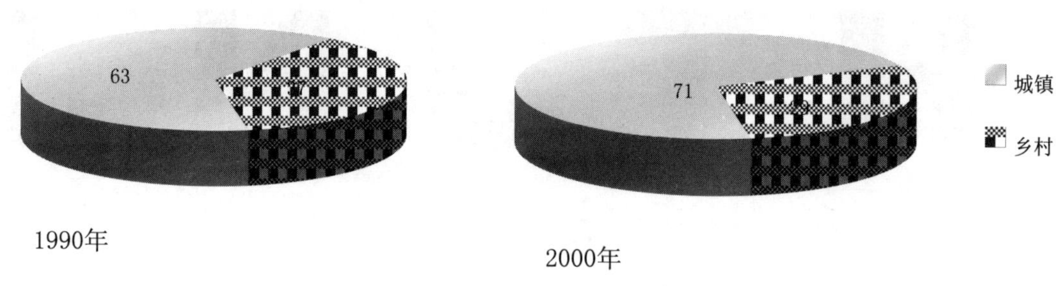

社会消费品零售总额(亿元)

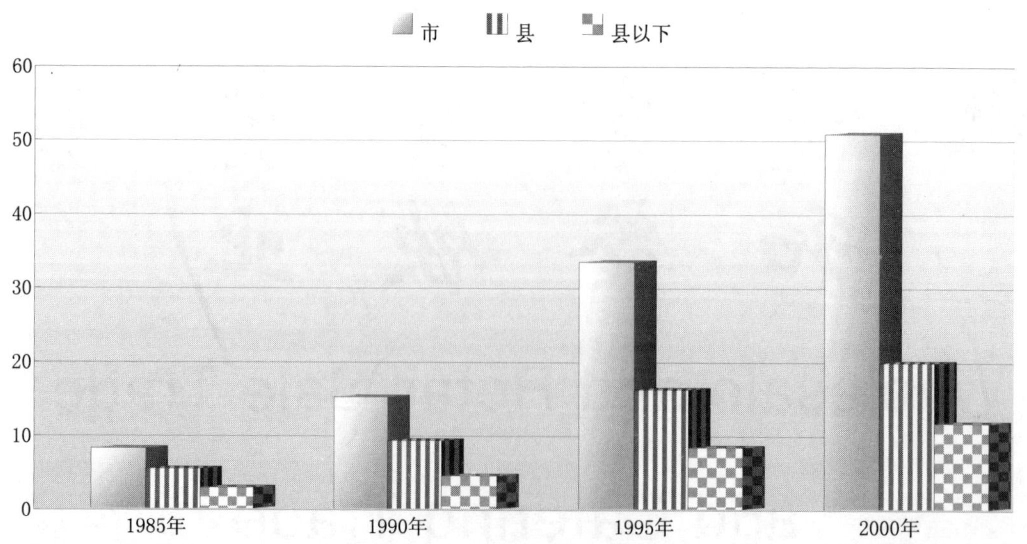

主要年份社会商品零售总额及城乡构成

单位:万元、%

年份	社会商品零售总额	消费品	#社会集团消费品	农业生产资料	社会商品零售总额		占零售总额的比重	
					城镇	乡村	城镇	乡村
1952	6 267	6 016	356	251	2 280	3 987	36.4	63.6
1957	25 908	24 398	1 679	1 510	16 665	9 243	64.3	35.7
1965	31 991	30 641	3 547	1 350	21 974	10 017	68.7	31.3
1970	44 013	41 017	5 711	2 996	29 048	14 965	66.0	34.0
1975	63 173	55 964	7 535	7 209	41 950	21 223	66.4	33.6
1978	76 630	66 815	8 678	9 815	50 423	26 207	65.8	34.2
1980	91 950	82 920	10 310	9 030	59 198	32 752	64.4	35.6
1985	176 255	163 903	17 941	12 352	125 240	51 015	71.1	28.9
1986	202 739	190 154	19 158	12 585	144 036	58 703	71.0	29.0
1987	227 811	213 758	17 745	14 053	139 327	88 484	61.2	38.8
1988	283 990	267 965	23 608	16 025	178 777	105 213	63.0	37.0
1989	286 674	268 978	25 130	17 696	179 070	107 604	62.5	37.5
1990	306 936	287 193	29 796	19 743	192 335	114 601	62.7	37.3
1991	341 296	319 869	32 931	21 427	224 056	117 240	65.6	34.4
1992	375 877	352 897	35 179	22 980	253 133	122 744	67.3	32.7
1993	426 960	401 552	37 967	25 408	285 209	141 751	66.8	33.2
1994	521 466	487 789	47 364	33 677	369 980	151 486	70.9	29.1
1995	634 151	578 268	57 595	55 883	438 600	195 551	69.2	30.8
1996	672 486	624 718	62 222	47 768	472 911	199 575	70.3	29.7
1997	715 026	667 119	66 445	47 907	511 934	203 092	71.6	28.4
1998	760 383	706 009	69 965	54 374	540 620	219 763	71.1	28.9
1999	813 263	751 549	77 843	61 714	575 882	237 381	70.8	29.2
2000	890 848	820 802	86 608	70 046	635 626	255 222	71.4	28.6

注:1995 年以后的社会集团消费品零售额和 1997 年以后的农业生产资料是推算数,使用时请注意。

社会商品零售总额指数

（以 1952 年为 100）　　单位：%

年　　份	社会商品零售总额	按商品用途分		按城乡分	
		消费品	农业生产资料	城　镇	乡　村
1952	100.00	100.00	100.00	100.00	100.00
1957	413.40	405.55	601.59	730.92	231.83
1965	510.47	509.33	537.85	963.77	251.24
1970	702.30	681.79	1 193.63	1 274.04	375.34
1975	1 008.03	930.25	2 872.11	1 839.91	532.30
1978	1 222.75	1 110.62	3 910.36	2 211.54	657.31
1980	1 444.93	1 355.12	3 597.21	2 653.07	754.05
1985	2 812.43	2 724.45	4 912.12	5 492.98	1 279.53
1986	3 235.02	3 160.80	5 013.94	6 317.37	1 472.36
1987	3 635.09	3 553.16	5 598.80	6 110.83	2 219.31
1988	4 531.50	4 454.24	6 384.31	7 840.81	2 638.98
1989	4 574.30	4 471.04	7 050.03	7 853.66	2 698.95
1990	4 897.65	4 773.82	7 865.74	8 435.75	2 874.37
1991	5 445.92	5 316.97	8 536.65	9 827.02	2 940.56
1992	5 997.72	5 865.97	9 155.38	11 102.32	3 078.61
1993	6 812.83	6 674.73	10 122.71	12 509.17	3 555.33
1994	8 320.80	8 108.19	13 417.13	16 227.19	3 799.50
1995	10 118.89	9 612.17	22 264.14	19 236.84	4 904.72
1996	10 730.59	10 384.28	19 031.08	20 741.71	5 005.64
1997	11 409.38	11 089.08	19 086.46	22 453.25	5 093.86
1998	12 133.13	11 735.52	21 662.95	23 711.40	5 511.99
1999	12 976.91	12 492.50	24 587.25	25 257.98	5 953.88
2000	14 214.90	13 643.65	27 906.77	27 878.33	6 401.35

社会消费品零售总额

单位:万元

指　　标	1978 年	1990 年	1995 年	1997 年	1998 年	1999 年	2000 年
社会消费品零售总额	**66 815**	**287 193**	**578 268**	**667 119**	**706 009**	**751 549**	**820 802**
(一)按销售地区分							
(1)市的零售额	27 703	150 671	333 566	403 790	428 812	457 137	506 998
(2)县的零售额	28 126	92 031	161 591	166 376	172 012	182 685	197 889
(3)县以下的零售额	10 986	44 491	83 111	96 953	105 185	111 727	115 915
(二)按经济类型分							
国有经济	49 031	166 014	267 163	236 529	198 403	200 524	216 732
集体经济	15 767	49 474	79 237	53 788	51 556	58 204	65 431
私营经济			5 965	17 087	34 179	63 389	73 750
个体经济	212	52 880	171 807	257 886	315 293	334 849	364 031
股份制经济			489	13 008	14 482		
联营经济		410	36	8 342	1 984		
外商投资经济				183	5		
港澳台投资经济			669	584	1 810		
其他经济	1 805	18 415	52 902	79 712	88 297	96 583	100 858
(三)按行业分							
批发零售贸易业	61 067	23 450	428 187	459 665	472 364	506 673	568 829
餐饮业	1 775	13 482	41 798	67 007	89 905	104 119	112 908
制造业	2 168	12 757	32 260	41 517	41 015	39 696	36 466
其他	1 805	8 035	10 292	15 429	13245	20 434	21 969
农民对非农业居民零售		18 415	65 731	83 501	89 480	80 627	80 630
补充资料:居民购买住房				34 039			

说明:1999 年以后其他经济零售额包括:股份制经济、联营经济、外商投资经济、港澳台投资经济。

限额以上批发零售贸易业

(20

	法人企业数(个)	活动单位数(个)	购进总额	销售总额
总计	**91**	**99**	**390 613.4**	**489 835.3**
其中:国有及国有控股	61	68	283 579.1	363 086.6
一、按登记注册类型分组				
内资企业	91	99	390 613.4	489 835.3
国有企业	57	64	280 201.3	360 094.7
集体企业	10	10	30 970.8	38 172.6
股份合作企业	6	6	21 579.4	23 840.8
有限责任公司	9	9	26 282.6	30 015.9
#其他有限责任公司	9	9	26 282.6	30 015.9
股份有限公司	5	5	26 492.7	31 357.4
私营企业	4	5	5 086.6	6 353.9
私营有限责任公司	4	5	5 086.6	6 353.9
二、按国民经济行业分组				
食品、饮料、烟草批发业	15	17	114 850.5	147 999.4
粮食、食用油批发业	5	6	10 874.3	16 828.6
烟草及其制品批发业	5	5	97 261.6	118 485.4
棉、麻、土畜产品批发业	2	2	4 342.4	6 169.4
纺织品、服装和鞋帽批发业	2	2	9 621.8	11 776.4
日用百货批发业	3	3	11 705.8	16 483.0
日用杂品批发业	2	2	349.4	809.7
五金、交电、化工批发业	1	1	2 791.8	3 579.3
药品及医疗器械批发业	7	8	19 454.6	19 535.1
能源批发业	7	7	84 716.0	115 200.5
石油及制品批发业	2	2	80 457.5	109 022.4
煤炭及制品批发业	5	5	4 258.5	6 178.1
化工材料批发业	1	1	1 184.6	1 806.6
建筑材料批发业	1	2	1 670.9	4 506.5
矿产品批发业	1	1	7 348.4	9 533.9
金属材料批发业	6	7	16 401.9	15 529.1
机械、电子设备批发业	1	2	151.8	1 707.4
汽车、摩托车及零配件批发业		1		2 549.0
汽车批发业		1		2 549.0
再生物资回收批发业	1	1	818.4	875.9
图书报刊批发业	1	1	5 261.7	5 366.8
农业生产资料批发业	4	4	33 332.2	39 676.5
食品、饮料和烟草零售业	11	11	24 472.3	24 333.2
#粮油食品零售业	7	7	7 756.4	9 859.1
副食品零售业	3	3	15 738.6	13 399.0
日用百货零售业	10	11	22 538.7	28 288.3
百货零售业	10	11	22 538.7	28 288.3
日用杂品零售业	1	1	89.6	359.9
五金、交电、化工零售业	4	4	12 708.0	15 839.1
药品及医疗器械零售业	2	2		
图书报刊零售业	1	1	3 006.4	2 713.4
其他零售业	7	7	13 796.2	15 196.9
#汽车、摩托车及其零配件零售	2	2	6 631.9	7 302.6
计算机及软件、办公设备零售	2	2	649.4	802.1

商品购进、销售、库存总额

00年）　　　　单位:万元

批发	#出口	零售	年末库存总额
332 929.0	**26 526.5**	**156 906.3**	**108 191.4**
254 106.7	16 328.0	108 979.9	63 214.6
332 929.0	26 526.5	156 906.3	108 191.4
251 692.1	13 997.5	108 402.6	61 523.3
37 253.4	1 184.3	919.2	23 019.5
3 025.9		20 814.9	2 467.3
19 746.8	9 014.2	10 269.1	9 474.1
19 746.8	9 014.2	10 269.1	9 474.1
19 964.7	2 330.5	11 392.7	7 508.4
1 246.1		5 107.8	4 198.8
1 246.1		5 107.8	4 198.8
139 291.8	2 909.0	8 707.6	15 998.6
10 901.2	1 724.7	5 927.4	4 422.0
117 688.1		797.3	7 355.1
6 169.4	3 770.4		1 567.5
4 796.3	4 631.0	6 980.1	3 073.0
11 910.4		4 572.6	3 136.0
534.2		275.5	8 361.8
3 342.0		237.3	794.4
8 511.0	2 330.5	11 024.1	7 454.1
77 288.4		37 912.1	21 025.1
72 859.1		36 163.3	19 255.8
4 429.3		1 748.8	1 769.3
1 806.6			114.0
4 453.1		53.4	1 845.9
9 533.9	9 014.2		192.5
15 528.0	3 871.4	1.1	9 636.5
245.0		1 462.4	505.8
		2 549.0	132.0
		2 549.0	132.0
875.9			453.7
4 910.8		456.0	2 120.3
34 579.0		5 097.5	13 768.2
1 238.8		23 094.4	5 480.7
225.5		9 633.6	1 867.0
1 013.3		12 385.7	3 491.6
117.1		28 171.2	4 721.3
117.1		28 171.2	4 721.3
		359.9	386.1
2 688.3		13 150.8	1 368.8
		2 713.4	972.6
5 109.0		10 087.9	5 082.5
1 801.1		5 501.5	4 564.2
416.4		385.7	223.2

限额以上批发零售

(20

	企业数 (个)	亏损企业 (个)	流动资产 小　计	固定资产 小　计	所有者权益 合　计
批发、零售贸易企业总计	**91**	**46**	**259 458.2**	**117 186.1**	**45 298.9**
一、批发企业	**55**	**26**	**222 110.1**	**61 776.8**	**35 591.9**
＃国有及国有控股	38	21	164 479.3	49 920.5	23 371.7
(一)按登记注册类型分组					
内资企业	55	26	222 110.1	61 776.8	35 591.9
国有企业	37	21	162 368.3	49 854.2	21 792.9
集体企业	6	2	29 409.1	4 052.7	2 715.2
股份合作企业	1		975.2	683	471.6
有限责任公司	5	1	16 769.6	3 519.7	7 336.3
其他有限责任公司	5	1	16 769.6	3 519.7	7 336.3
股份有限公司	5	1	11 898.3	3 655.7	2 989.2
私营企业	1	1	689.6	11.5	286.7
私营有限责任公司	1	1	689.6	11.5	286.7
(二)按国民经济行业分组					
食品、饮料、烟草批发业	15	7	82 326.1	18 110.4	35 011.3
粮食、食用油批发业	5	3	36 290	9 738.4	6 689.3
烟草及其制品批发业	5		29 414.9	3 494.3	26 669.7
棉、麻、土畜产品批发业	2	1	14 287.9	1 638.6	－13 109.6
纺织品、服装和鞋帽批发业	2	2	6 048.1	3 432.7	－904.5
日用百货批发业	3	1	4 579	729.4	1 488.6
日用杂品批发业	2	1	3 123.8	1 420.2	83.2
五金、交电、化工批发业	1	1	1 835.4	295.5	－266.5
药品及医疗器械批发业	7	2	12 531.2	1 933.5	5 004.4
能源批发业	7	4	29 931.4	22 845.1	10 218.5
石油及制品批发业	2	1	21 326	16 537.9	4 109.3
煤炭及制品批发业	5	3	8 605.4	6 307.2	6 109.2
化工材料批发业	1		564.7	990.2	835
建筑材料批发业	1		3 478.6	616.3	－11.9
矿产品批发业	1		2 258.6	110.5	1 890.5
金属材料批发业	6	4	28 645.6	3 055.3	－7 191.1
机械、电子设备批发业	1	1	439	312.7	－664.6
再生物资回收批发业	1	1	1 070.3	196.4	－256.5
图书报刊批发业	1		1 378.8	2 550.3	457.2
农业生产资料批发业	4	1	29 611.6	3 539.7	3 007.9

贸易企业财务状况

00年）　　　　　　　　　　　　　　　　　　　　　　　　　　　　单位:万元

商品销售收入	商品销售成本	经营费用	商品销售税金及附加	商品销售利润	营业利润	利润总额	本年应交增值税总额	本年进项税额	本年销项税额
435 013.7	**371 215.8**	**26 067.1**	**774.5**	**19 758.5**	**−6 270.1**	**−2 262.8**	**6 792.1**	**48 594**	**52 742.2**
354 877.7	**301 642.9**	**20 611.5**	**558**	**16 783.3**	**−1 295.2**	**835.9**	**5 009.6**	**38 670**	**41 301.9**
268 581.3	228 347.2	13 339.2	404.2	12 216.1	−1 503.5	1 509.5	4 535.4	31 003.0	34 675.8
354 877.7	301 642.9	20 611.5	558	16 783.3	−1 295.2	835.9	5 009.6	38 670.0	41 301.9
264 911.5	225 240.8	13 112	401.5	11 882.6	−1 803.5	1 209.5	4 535.4	30 816	34 512.4
35 717.5	30 376	3 498	4.7	1 838.8	−299.3	−127.5	66.3	535.8	593.9
2 399.0	2 274.7	7.8	0.3	116.2	2.4			340.7	387.9
25 893.9	20 883.5	2 527.3	116	1 413.3	643.5	661.7	49.7	3 688.2	2 282.9
25 893.9	20 883.5	2 527.3	116	1 413.3	643.5	661.7	49.7	3 688.2	2 282.9
25 126.1	22 122.2	1 423.3	33.5	1 493.5	171.1	−895.4	335.0	3 170.9	3 383.7
829.7	745.7	43.1	2	38.9	−9.4	−12.4	23.2	117.9	141.1
829.7	745.7	43.1	2	38.9	−9.4	−12.4	23.2	117.9	141.1
136 892.1	112 084.9	3 427.4	167.1	8 222.9	2 727.8	6 982.9	1 939.3	12 963.0	14 670.1
11 434.4	11 569.0	1 582.2	0.6	−1 717.4	−4 869.2	−721.7	135.4	364.5	322.6
114 631.3	90 447.1	957.6	159.1	10 084.4	8 813.9	8 695.9	1 729.2	11 299.0	13 033.8
6 169.4	5 961.5	79.6	0.4	127.9	−1 498.7	−1 942.8	76.0	451.0	531.1
9 845.5	7 754	1 225.8	27.2	808.2	−448.7	−1 788.2	371.7	1 136.8	1 433.9
10 251.6	9 718.3	364.8	7.9	137.3	111.6	−159.2	248.7	1 222.8	1 325.5
753.1	581.7	223.8	2.2	−54.6	−195.6	−142.7	42.2	55.3	89.8
3 060.0	2 854.1	181.1	18.6	6.2	−498.1	−473.1	6.2	537.9	500.4
15 824.9	13 309.7	968.0	20.0	1 527.2	623.9	631.7	52.6	1 786.9	1 781.4
97 426.8	85 785.8	7 609.2	146.9	3 884.9	319.1	252.6	1 932.5	14 827.0	16 759.3
91 367.1	82 170.2	5 914.5	121.8	3 160.6	−146.8	−194.5	1 369.9	14 504.0	15 873.4
6 059.7	3 615.6	1 694.7	25.1	724.3	465.9	447.1	562.6	323.3	885.9
1 806.7	1 642.2	95.3	2	67.2	19.6	18.1	21.5	278.9	307.1
3 792.5	3 264.6	278.4	11	238.4	−65.9	72.6	75.7	568.9	644.6
9 533.9	7 542.1	1 496.1	100.3	395.4	583.6	583.6		1 239.2	88.4
15 087.4	13 629.1	1 150.3	42.9	−688.7	−2 173.7	−2 268.4	120	2 440.5	1 843.3
284.8	318.6	40.1	0.5	−74.4	9.4	−251.2		51.5	48.4
748.6	755.5	76.1	1.1	−84.1	−362.3	−362.3	5.2	117.4	167.8
5 190.7	3 374.5	175.8	9.6	346.1	14.3	20.2	104.2	403.1	507.3
38 209.7	33 066.3	3 219.7	0.3	1 923.4	−461.5	−337.9	13.8	590.2	603.5

(20

	企业数（个）	亏损企业（个）	流动资产 小计	固定资产 小计	所有者权益 合计
二、零售企业	**36**	**20**	**37 348.1**	**55 409.3**	**9 707.0**
国有及国有控股	23	13	27 016.2	42 231.3	6 504.1
(一)按登记注册类型分组					
内资企业	36	20	37 348.1	55 409.3	9 707.0
国有企业	20	10	25 564.3	40 046.2	7 197.4
集体企业	4	3	1 946.4	2 492.1	-1 897.0
股份合作企业	5	1	5 809.4	6 261.0	4 212.4
有限责任公司	4	3	2 367.5	5 755.7	99.7
其他有限责任公司	4	3	2 367.5	5 755.7	99.7
私营企业	3	3	1 660.5	854.3	94.5
私营有限责任公司	3	3	1 660.5	854.3	94.5
(二)按国民经济行业分组					
食品、饮料和烟草零售业	11	4	17 637.5	18 945.0	7 217.5
粮油食品零售业	7	2	6 612.1	9 911.2	1 214.3
副食品零售业	3	2	10 835.7	6 996.2	5 906.9
日用百货零售业	10	9	6 698.2	25 356.5	754.2
#百货零售业	10	9	6 698.2	25 356.5	754.2
日用杂品零售业	1	1	506.7	1 158.1	-1 192.9
五金、交电、化工零售业	4	1	3 772.0	2 757.6	1 710.7
药品及医疗器械零售业	2		446.5	169.1	120.3
图书报刊零售业	1		1 310.4	1 628.1	1 103.4
其他零售业	7	5	6 976.8	5 394.9	-6.2
#汽车、摩托车及其零配件零售	2	2	4 081.4	2 433.8	-279.9
计算机及软件、办公设备零售	2	1	378.0	7.2	71
(三)按经营方式分组					
连锁商店	5	4	9 142.0	22 089.7	3 279.8
非连锁商店	31	16	28 206.1	33 319.6	6 427.2
(四)按零售业态分组					
1.百货商店	11	10	7 764.6	26 703.0	936.8
2.超级市场	1		8 077.0	5 159.4	6 887.8
3.专业(专卖)商店	11	3	6 654.9	8 804.2	2 460.0
4.其他	13	7	14 851.6	14 742.7	-577.6

贸易企业财务状况(续)

00 年)　　　　　　　　　　　　　　　　　　　　单位:万元

商品销售收入	商品销售成本	经营费用	商品销售税金及附加	商品销售利润	营业利润	利润总额	本年应交增值税总额	本年进项税额	本年销项税额
80 136.0	**69 572.9**	**5 455.6**	**216.5**	**2 975.2**	**−4 974.9**	**−3 098.7**	**1 782.5**	**9 924.7**	**11 440.3**
52 344.7	47 157.2	3 267.1	141.2	1 571.6	−3 785.7	−2 012.2	1 360.0	6 933.4	8 057.3
80 136.0	69 572.9	5 455.6	216.5	2 975.2	−4 974.9	−3 098.7	1 782.5	9 924.7	11 440.3
51 748.7	46 697.8	3 133.9	137.4	1 572	−3 330.0	−1 557.1	1 326.1	6 878.1	7 962.3
1 497.1	1 322.3	286.5	10.6	−122.3	−911.8	−897.3	89.3	71.7	166.8
20 466.9	16 230.1	1 547.3	43.7	1 555.5	54.6	158.8	325.3	2 572.9	2 880.9
2 106.6	1 443.1	337.2	22.7	−213.4	−726.6	−676.1	33.8	159.4	194.3
2 106.6	1 443.1	337.2	22.7	−213.4	−726.6	−676.1	33.8	159.4	194.3
4 316.7	3 879.6	150.7	2.1	183.4	−61.1	−127.0	8.0	242.6	236.0
4 316.7	3 879.6	150.7	2.1	183.4	−61.1	−127.0	8.0	242.6	236.0
20 546.6	19 087.3	1 394.0	77.7	−37.7	−2 622.4	−1 282.2	576.1	2 271.5	2 832.5
9 035.4	8 409.6	689.2	18.3	−85.6	−1 856.6	−864.5	195.4	880.5	1 047.5
10 567.1	9 793.5	636.9	40.8	74.5	−765.8	−473.2	361.5	1 336.4	1 711.2
25 376.5	19 372.8	2 485.1	85.9	1 712.7	−1 473.0	−1 772.4	610.6	3 289.1	3 900.8
25 376.5	19 372.8	2 485.1	85.9	1 712.7	−1 473.0	−1 772.4	610.6	3 289.1	3 900.8
315.7	235.7	84	2.1	−6.1	−313.7	−313.7	21.5	21.4	48.7
13 462.3	12 703.0	413.9	12.0	333.3	−121.7	−117.4	200.7	1 753.4	1 942.1
1 153.0	970.8	90.0	3.6	88.6	23.4	868.5	36.6	155.0	191.5
2 407.9	1 693.8	214.3	10.9	419.3	43.3	43.3	108.9	202.7	311.6
16 874.0	15 509.5	774.3	24.3	465.1	−510.8	−524.8	228.1	2 231.6	2 213.1
6 335.2	6 088.5	211.8	0.3	34.6	−243.5	−305.4		770.7	713.5
802.1	591.7	5.4	6.1	98.1	4.7	0.7	14.6	104.6	119.2
24 949.0	21 344.4	2 109.3	73.6	1 417.8	−2 146.5	−2 034.2	736.2	3 121.0	3 853.2
55 187.0	48 228.5	3 346.3	142.9	1 557.4	−2 828.4	−1 064.5	1 046.2	6 803.7	7 587.1
26 198.8	20 252.9	2 487.6	90.2	1 648.1	−1 724.1	1 929.0	578.3	3 296.6	3 767.8
8 327.5	7 768.0	351.1	38.1	148.9	−21.4	187.7	303.4	1 097.0	1 414.0
20 296.6	18 277.7	1 221.5	56.9	670.8	−910.1	24.7	530.0	2 172.2	2 608.9
25 313.1	23 274.3	1 395.4	31.3	507.4	−2 319.3	−1 382.1	370.8	3 358.9	3 649.6

重点批发零售贸易

(20

指标名称	大十字百货商店		青海纺织品大楼		青百商城	
	2000年	1999年	2000年	1999年	2000年	1999年
一、商品销售收入净额	146 589	128 920	57 373	54 957	35 850	36 379
二、商品销售成本	122 012	105 359	45 012	43 809	30 295	30 335
三、经营费用	12 262	9 893	4 470	3 429	2 410	2 204
四、商品销售税金及附加	535	554	223	189	137	114
五、商品销售利润	11 780	13 114	7 668	7 530	3 008	3 726
六、代购代销收入						
七、主营业务利润	11 780	13 114	7 668	7 530	3 008	3 726
八、其他业务利润	2 855	2 331	313	324	−955	−223
九、管理费用	12 703	11 791	3 645	3 986	3 022	3 482
#税　　金	882	783	12		123	
十、财务费用	6 867	6 840	123	143	77	142
十一、利润总额	−6 429	−2 524	3 724	3 725	1 014	73
十二、应交所得税						
十三、资产总计	168 005	168 454	21 177	17 599	13 157	14 114
#流动资产	18 905	20 465	20 957	17 489	13 157	14 114
#存货	5 019	7 246	16 697	10 644	129	13 762
十四、负债合计	147 047	143 300	21 976	17 599	12 711	14 041
#流动负债	53 069	76 322	21 976	17 599	12 711	14 041
十五、所有者权益合计	20 958	25 154	−799		446	73
十六、从业人员平均人数(人)	892	838	296	309	192	290

企业主要经济指标

00年）

单位:千元

广播电视器材公司		西大街百货大楼		西宁商业大厦		车站商业大楼		青海交电大楼	
2000年	1999年	2000年	1999年	2000年	1999年	2000年	1999年	2000年	1999年
15 898	30 864	65 837	66 136	2 021	5 090	6 854	4 079	53 303	39 822
15 033	28 817	52 433	51 964	1 670	4 235	5 256	3 321	49 863	36 743
630	839	6 472	7 385	2 111	1 881	1 170	726	1 303	1 481
5	68	200	299	17	46	59	44	46	14
229	1 138	6 742	6 488	－1 776	－1 071	369	－12	2 091	1 584
229	1 138	6 742	6 488	－1 776	－1 071	369	－12	2 091	1 584
		146	41	－648	－733	423	146	181	218
1 202	1 694	3 587	3 755	1 605	1 168	1 565	857	1 587	1 001
		221	240	209	109	100	61	38	18
376	396	616	752	1 389	881	94	34	590	112
－1 350	－968	2 406	2 022	－5 444	－3 905	－932	－763	69	508
		794	668					22	169
23 923	25 041	35 165	34 939	31 861	27 632	16 167	7 825	23 083	20 102
16 910	19 509	8 428	7 687	8 714	4 074	2 168	－410	5 867	4 154
6 871	8 981	410	616	1 235	86	2 080	115	830	2 288
14 862	14 663	20 703	20 718	36 689	27 016	12 858	4 134	18 088	14 991
14 274	14 663	20 195	20 108	33 574	23 901	7 858	4 134	15 169	10 881
9 061	10 378	14 462	14 221	－4 828	616	3 309	3 691	4 995	5 112
83	85	572	593	309	313	156	168	175	72

限额以上批发零售贸易企业商品销售（一）

项　　目	计量单位	销售合计		批　　发		零　　售	
		2000 年	1999 年	2000 年	1999 年	2000 年	1999 年
粮食	吨	74 823	55 675	24 560	36 875	50 263	18 800
	千元	120 713	79 194	50 068	44 702	70 645	34 492
食用植物油	吨	7 357	6 678	3 905	2 730	3 452	3 948
	千元	45 167	44 799	25 131	15 502	20 036	29 297
食糖	吨	461	1 521	16	65	445	1 456
	千元	1 354	7 009	64	304	1 290	6 705
棉花	吨	5	10	3	6	2	4
	千元	84	272	48	141	36	131
服装	千元		85 678		21 415		64 263
电视机	台	30 569	28 392	2 192	3 457	28 377	24 935
	千元	86 455	76 488	5 064	11 061	81 391	65 427
组合音响	台	467	289	143	182	324	107
	千元	836	302	192	163	644	139
摄像机	台	293	60	138	31	155	29
	千元	2 223	374	992	182	1 231	192
录像机	台	155	122	71	55	84	67
	千元	249	185	104	92	145	93
影碟机	台	11 673	9 674	110	1 485	11 563	8 189
	千元	9 987	1 1161	75	2 020	9 912	9 141
家用电冰箱	台	20 085	14 334	4 854	2 581	15 231	11 753
	千元	41 219	32 323	6 268	5 808	34 951	26 515
家用洗衣机	台	19 497	16 557	4 528	4 382	14 969	12 175
	千元	17 821	16 420	1 954	3 567	15 867	12 853
房间空调器	台	310	267	96	224	214	43
	千元	2 074	325	576	106	1 498	219
微波炉	台	7 500	3 881	351	697	7 149	3 184
	千元	7 919	4 543	281	688	7 638	3 855
微型计算机	台	1	1 581			1	1 581
	千元	2	7 905			2	7 905
普通电话机	部	3 136	3 012		315	3 136	2 697
	千元	577	667		38	577	629
移动电话机	部	1 001	469			1 001	469
	千元	1 197	931			1 197	931
煤炭	吨	541 595	494 522	426 296	356 493	115 299	138 029
	千元	61 554	59 777	44 293	38 243	17 261	21 534
木材	立方米		3		3		
	千元		3		3		
汽油	吨	164 231	138 414	54 211	116 187	110 020	22 227
	千元	564 704	302 368	188 756	247 476	375 948	54 892

限额以上批发零售贸易企业商品销售（二）

（2000 年）

项　目	计量单位	销售合计		批　发		零　售	
		2000 年	1999 年	2000 年	1999 年	2000 年	1999 年
柴油	吨	409 615	122 394	84 712	97 281	324 903	25 113
	千元	456 689	266 650	115 576	215 603	341 113	51 047
纯碱	吨		345		328		17
	千元		454		426		28
烧碱	吨		28	32	28		
	千元		62	76	62		
化学肥料	吨	194 644	168 240	194 644	168 240		
	千元		274 010		274 008		2
农用薄膜	吨	39	175	39	175		
	千元	329	1 403	329	1 403		
化学农药	吨	1 391	1 482	1 391	1 458		24
	千元	19 705	19 129	19 705	19 011		118
钢材	吨	28 976	58 827	28 965	57 654	11	1 173
	千元	70 307	142 549	70 268	139 167	39	3 382
铜	吨	58	20	58	20		
	千元	919	200	919	200		
铝	吨		692		692		
	千元		7 284		7 284		
铜材	吨		19		19		
	千元		210		210		
水泥	吨	521	321	521	321		
	千元	190	96	190	96		
汽车	辆	696	776	89	88	607	688
	千元		90 212		10 855		79 357
轿车	辆	204	69			204	69
	千元	60 033	16 096			60 033	16 096
摩托车	辆	3 298	4 665	1 252	1 839	2 046	2 826
	千元	13 773	21 551	5 008	5 887	8 765	15 664
拖拉机	台	4 530	6 365	1 099	1 859	3 431	4 506
	千元	21 358	50 251	4 465	19 162	16 893	31 089

限额以上批发零售贸易企业商品销售类值

（2000 年）　　单位：万元

类别名称	销售合计		批发		零售	
	2000 年	1999 年	2000 年	1999 年	2000 年	1999 年
总　　计	**472 903**	**447 094**	**314 548**	**318 415**	**158 355**	**128 679**
食品、饮料、烟酒类	163 843	191 425	139 533	164 502	24 310	26 924
肉禽蛋类	8 400	6 394	7 179	5 671	1 221	723
其他食品类	29 999	52 572	13 013	31 091	16 986	21 481
饮料类	3 619	3 878	2 308	2 994	1 311	885
烟酒类	121 825	128 581	117 033	124 746	4 792	3 835
服装、鞋帽、针、纺织品类	26 889	35 334	7 215	16 750	19 674	18 584
服装类	10 791	15 388	3 172	6 864	7 619	6 712
鞋帽类	5 954	6 170	2 133	4 616	3 821	3 366
针、纺织品类	10 144	13 776	1 910	5 270	8 234	8 506
化妆品类	3 674	6 466	1 241	3 882	2 433	2 584
金银珠宝类	609	1 508		961	609	547
日用品类	7 987	10 565	2 778	4 571	5 209	5 994
洗涤用品类	2 453	2 460	1 278	1 422	1 175	1 038
儿童用品类	276		49		227	
五金、电料类	2 551	2 101	925	729	1 626	1 372
体育、娱乐用品类	1 022	1 161	180	213	842	948
书报杂志类	8 105	5 867	4 911	4 310	3 194	1 557
电子出版物及音像制品类	964	1 404	400	400	564	1 004
家用电器和音像器材类	19 690	18 110	2 413	2 696	17 277	15 414
中西药品类	16 634	20 608	5 924	3 971	10 710	16 637
西药	13 307	16 486	4 189	2 808	9 118	14 164
中草药及中成药	3 298	4 122	1 735	1 163	1 563	2 473
文化办公用品类	8 771	3 603	7 230	1 705	1 541	1 898
家具类	384	523	45	102	339	421
通讯器材类	3 603	916	3 342	241	261	675
煤炭及制品类	6 109	5 971	4 429	3 824	1 680	2 147
木材及制品类	30	766	30	115		651
石油及制品类	122 045	60 574	71 146	49 759	50 899	10 815
化工材料及制品类	30 891	38 322	30 743	35 020	148	3 302
化肥类	26 950		26 872		78	
金属材料类	7 640	20 600	7 639	19 842	1	758
建筑及装潢材料类	443	684	437	657	6	27
机电产品及设备类	19 244	18 192	4 699	4 965	14 545	13 227
农机类	10 774	859	2 748	859	8 026	
汽车类	7 967		1 865		6 102	338
种子饲料类		6		6		
棉麻类	16	1 487	4	1 124	12	363
其他类	21 759	7 294	19 284	3 741	2 475	3 553

城乡集市贸易情况

项　　目	1990年	1995年	1996年	1997年	1998年	1999年	2000年
一、集市数(个)	**231**	**330**	**349**	**379**	**412**	**390**	**393**
#城市(个)	45	70	93	109	133	102	131
#乡村(个)	186	260	256	270	279	288	262
二、集市贸易成交额(万元)	**43 439**	**175 122**	**230 564**	**297 654**	**375 448**	**353 648**	**414 062**
#城市(万元)	27 266	118 361	165 141	216 479	286 592	260 711	320 549
#乡村(万元)	16 173	56 761	65 423	81 175	88 856	92 937	93 513

餐饮业销售情况

(2000年)　　单位:万元

项　　目	法人企业个数	活动单位个数	营业总收入	#零　售
总　计	**166**	**14 738**	**121 619**	**112 908**
1.限额以上企业	6	8	3 266	3 184
正　餐	5	7	3 088	3 006
快　餐	1	1	178	178
2.限额以下企业和个体户	160	14 730	118 354	109 724

城乡个体工商业基本情况

(2000 年)

项　　目	户数(户)	从业人员(人)	销售总额或营业收入(万元)		社会消费品零售额(万元)	
			小计	#城镇	小计	#城镇
合　　计	**87 476**	**158 546**	**554 419**	**448 790**	**349 886**	**281 584**
1.农、林、牧、渔业	47	161	1 465	839	917	451
2.采掘业	105	1 349			322	17
3.制造业	8 057	16 590			13 556	8 151
4.建筑业	28	290				
5.交通运输、仓储业	9 751	13 470	31 214	18 502	11 843	5 074
6.批发零售贸易、餐饮业	56 800	103 993	388 949	316 407	258 691	212 103
其中:批发零售贸易	42 522	70 435	299 643	252 882	217 068	183 296
7、社会服务业	10 754	19 688	124 532	107 896	59 463	52 430
8、其他行业	1 934	3 005	8 259	5 146	4 881	3 358

城乡私营企业基本情况

(2000 年)

	合　　计		#独　　资		#城　　镇	
	户数(户)	注册资金(万元)	户数(户)	注册资金(万元)	户数(户)	注册资金(万元)
合　　计	**5 458**	**453 468**	**1 652**	**74 977**	**4 042**	**377 829**
1.农、林、牧、渔业	449	27 173	326	8 988	101	14 065
2.采掘业	151	9 924	97	5 528	32	2 582
3.制造业	1 236	100 947	677	35 455	643	63 271
4.建筑业	328	56 964	47	1 347	298	55 595
5.交通运输、仓储业	47	5 586	2	9	39	4 953
6.批发零售贸易、餐饮业	2 660	200 558	321	14 619	2 480	192 527
其中:批发零售贸易业	2 018	135 312	199	6 670	1 869	128 689
7.社会服务业	434	39 591	92	4 603	383	36 980
8.其他行业	153	12 725	90	4 428	66	7 856

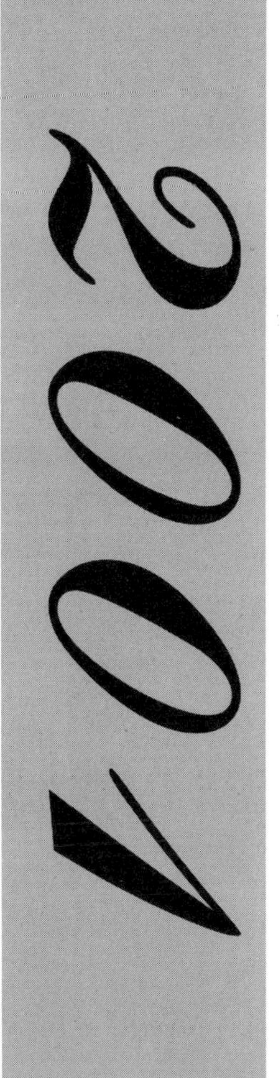

QHTJNJ

对外经济贸易和旅游业

Foreign Trade, Economic Cooperation and Tourism

QINGHAI STATISTICAL YEARBOOK

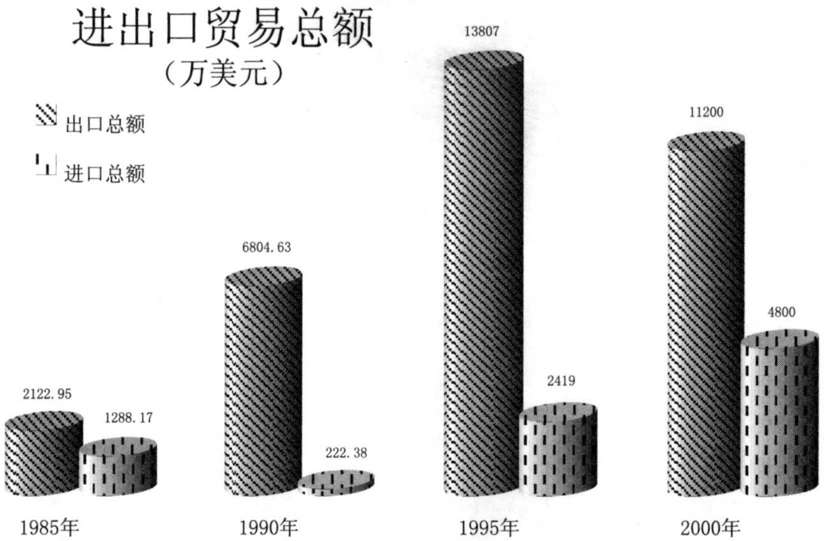
进出口贸易总额
（万美元）
出口总额
进口总额
2122.95
1288.17
6804.63
222.38
13807
2419
11200
4800
1985年
1990年
1995年
2000年

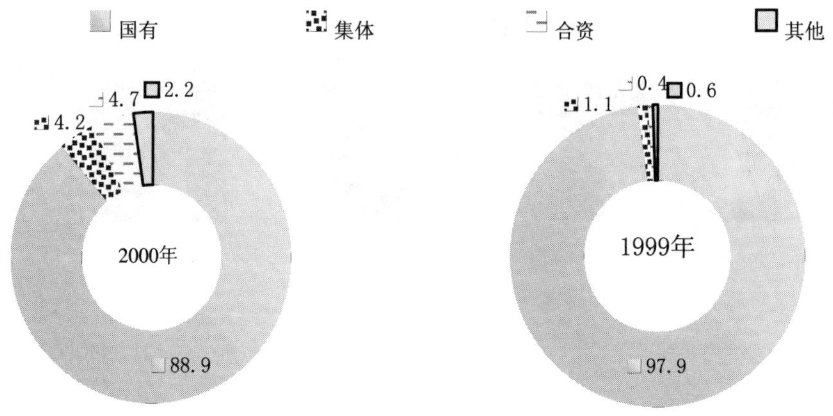
进出口总额构成(%)
国有
集体
合资
其他
4.2
4.7
2.2
2000年
88.9
1.1
0.4
0.6
1999年
97.9

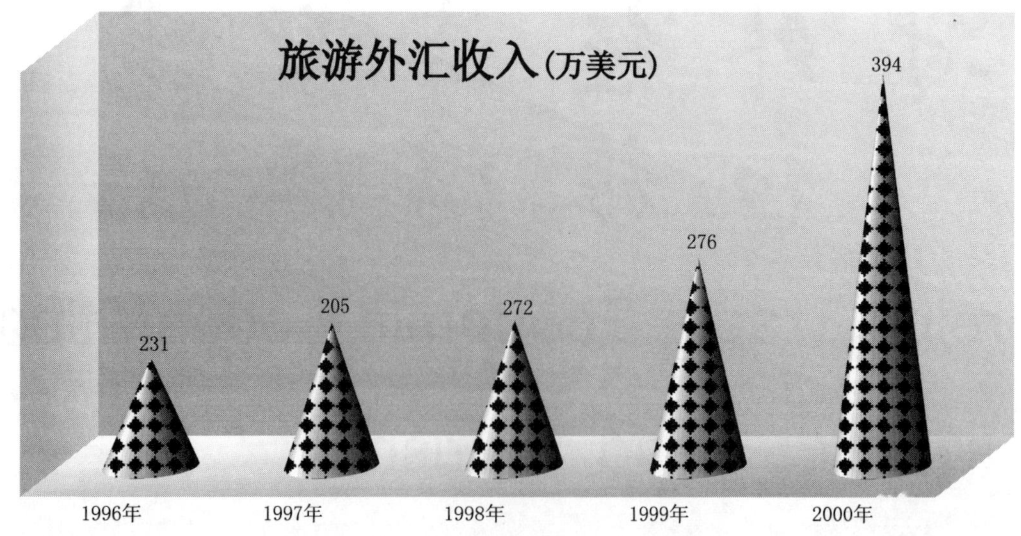
旅游外汇收入(万美元)
231
205
272
276
394
1996年
1997年
1998年
1999年
2000年

青海省贸易进出口总值

(2000年)　　单位:万美元

贸易方式	进出口总值	国有	集体	合作	合资	独资	私营	其他
一般贸易	13 455	11 942	665	8	573	154	113	
国际无偿援助	8	6						2
华人捐赠物资	…							
来料加工装配贸易	30	30						
进料加工贸易	2 290	2 224					66	
外商投资设备物品	190				177	13		
其他贸易	…							
合　计	**15 973**	**14 203**	**665**	**8**	**750**	**167**	**178**	**2**

注:华人捐赠物资和其他贸易进口因数据较小,在此表中未作反映。

青海省进口主要商品量值表

(2000年)

商品名称	计量单位	数量	货值(万美元)
ABS树脂	吨		
初级形状的苯乙烯聚合物	吨		
初级形状的聚丙烯	吨		
初级形状的聚乙烯	吨		
多层纸及纸板	吨		
非公路用自卸车	辆		
复合肥料	吨		
钢铁	吨	1.88	0.21
铬矿砂	吨		
合成橡胶(包括胶乳)	公斤	746	2.50
仅由木质薄板制的胶合板	立方米		
聚丙烯腈纤维	吨		
聚酯切片	吨		
聚酯纤维	吨	365.40	29.90
牛皮纸	吨		
农药	吨		
其他植物油	吨		
食品加工机械			
食糖	吨		
食用植物油(包括棕榈油)	吨		
天然橡胶(包括胶乳)	吨	392.36	22.16
羊毛(包括羊毛条)	吨	199.19	68.40
氧化铝	吨	142 387	3 263.3
医疗仪器及器械		1 678	2.41

注:本表中医疗仪器及器械、食品加工机械计量单位不统一,数量值为参考值。

青海省出口主要商品量值表

（2000 年） 单位:万美元

商品名称	计量单位	数量	货值	商品名称	计量单位	数量	货值
菜子饼	吨	7 204	54	皮革服装	件		
蚕豆	吨	6 897	191	铅	吨	48 104	2 183
车床	台			铅矿砂	吨		
虫草	公斤	317	39	山羊绒	吨	8	77
大黄	公斤			手用或机用工具	吨	71	11
大蒜	公斤	1 080	0.014	水泥	吨		
地毯	平方米	104 654	331	碳化硅	吨	18 941	647
冻牛肉	吨			豌豆	吨		
蜂蜜	吨	1 674	128	无毛绒	吨	9	47
钢铁	吨	446	17	铣床	台	19	20
铬铁	吨			咸蕨菜	吨		
硅	吨	12 602	944	鞋	双	8 900	0.8
硅铁	吨	26 937	1 310	锌	吨	6 945	782
活牛	头	580	37	锌矿砂	吨		
锯材	立方米	167	4	羊毛手工毯	平方米	96	318
铝	吨	10 442	1 696	医疗仪器及器械			
氯化镁	吨	34 334	529	医药品	吨	10	11
镁	吨	1 778	265	针织或钩编的服装	万件	49	292
棉坯布	米			织物制服装	万件	80	472
棉与化纤混纺坯布	米			铸铁件	吨	1 002	89
绵羊肠衣	吨	38	102	枸杞	吨	53	18

按国别(地区)分的外贸出口情况

单位:万美元

国别(地区)	2000 年	1999 年	国别(地区)	2000 年	1999 年
巴林	13.38		比利时	7.20	28.11
孟加拉国	4.50		丹麦	4.70	0.16
塞浦路斯	0.53		英国	214.50	169.10
朝鲜民主主义人民共和国	93.63	66.78	德意志联邦共和国	199.64	174.33
香港	366.35	414.57	法国	7.65	26.44
印度	42.51	15.06	意大利	80.34	57.85
印度尼西亚	1.80		荷兰	52.11	48.16
伊朗	35.77		葡萄牙	5.36	
以色列	0.52	5.74	西班牙	38.20	22.35
日本	2 862.61	2 402.33	芬兰	1.44	
约旦	9.56	1.37	马耳他	51.13	
马来西亚	214.01	123.23	罗马尼亚	4.54	
巴基斯坦	6.69	18.40	瑞典	17.50	4.45
菲律宾	6.52	6.28	瑞士	12.76	9.85
新加坡	545.50	631.82	哈萨克斯坦	459.66	513.00
韩国	3 551.53	1 661.45	吉尔吉斯	1.98	
斯里兰卡	9.10		俄罗斯联邦	5.33	9.18
泰国	146.57	42.80	乌克兰	25.84	17.94
土耳其	16.67	3.34	斯洛文尼亚共和国	5.88	
阿拉伯联合酋长国	7.76	1.93	巴西	4.75	196.05
也门共和国	53.58	31.82	智利	37.08	41.49
越南	1.34	21.98	哥斯达黎加	1.99	
台湾	7.52	155.79	墨西哥	56.12	
刚果	22.55	19.51	巴拿马	14.59	33.50
埃及	74.93	367.32	乌拉圭	0.71	0.36
加纳	0.20		加拿大	55.35	84.23
尼日利亚	1.20		美国	1 424.50	948.47
南非(阿扎尼亚)	103.36	119.85	澳大利亚	101.77	83.26
突尼斯	6.34		新西兰	98.96	8.46
民主刚果	2.07		其他国家		97.89

外商和港澳台地区在华直接投资情况

（2000年）

	批准签订的合同			批准签订的合同	
	合同数（个）	客商投资额（万美元）		合同数（个）	客商投资额（万美元）
合　　计	**40**	**11 020**	韩　　国	1	12
国有企业与客商兴办的合资、合作企业			新加坡	1	482
按投资方式分组：			2.欧　洲	4	59
1.中外合资经营企业	20	1 119	英　　国	2	47
2.中外合作经营企业	6	4 466	奥地利	1	7
3.外资企业	14	5 436	俄罗斯	1	5
4.外商投资股份制企业			3.北美洲	8	4 578
5.其他			加拿大	5	705
按投资国别（地区）分组：			美　　国	2	3 865
1.亚　洲	26	5 547	4.拉丁美州	1	8
香　　港	18	4 863	阿根廷	1	8
台　　湾	3	127	5.大洋洲	2	836
日　　本	3	63	澳大利亚	2	836

城市旅游住宿设施接待过夜人数和旅游外汇收入

	1990年	1995年	1996年	1997年	1998年	1999年	2000年
一、人数合计(人次)		**418 907**	**486 113**	**430 361**	**480 121**	**450 338**	**975 633**
海外旅游者	5 451	13 332	10 352	12 817	16 610	20 537	32 592
外国人	4 056	8 707	7 246	9 419	9 724	8 882	14 579
华　侨	23	1 145	287	30	325	863	
港澳和台湾同胞	1 372	3 480	2 819	3 368	6 561	10 792	18 013
国内旅游者		405 575	475 761	417 544	463 511	429 801	943 041
二、人天数合计(人天)		**878 094**	**980 514**	**749 716**	**762 240**	**813 437**	**1 707 785**
海外旅游者	14 224	20 269	26 467	21 587	26 039	37 439	61 708
外国人	10 344	14 002	21 085	15 556	14 995	15 624	27 689
华　侨	69	1 145	509	60	572	1 707	
港澳和台湾同胞	3 811	5 122	4 873	5 971	10 472	20 118	34 019
国内旅游者		857 825	954 047	728 129	736 201	775 998	1 646 077
三、外汇收入(万美元)	**218.46**	**230.6**	**205**	**272**	**276.4**	**393.8**	**740**

注:1990年外汇收入的单位为外汇券万元。

城市旅游住宿设施接待过夜外国旅游者分国别(地区)人数

单位:人

国家(地区)	2000年	1999年	国家(地区)	2000年	1999年
总计	**14 579**	**8 882**	法国	1 034	941
日本	3 778	2 550	德国	1 118	1 096
菲律宾	34	22	意大利	423	327
新加坡	1 762	387	瑞士	132	208
泰国	99	109	瑞典	112	75
印尼	122	2	荷兰	149	139
马来西亚	590	358	俄罗斯	137	20
韩国	566	204	西班牙	6	4
蒙古	255	201	其它	328	278
印度	160	5	**欧洲小计**	**4 281**	**3 364**
其它	226	107	澳大利亚	264	185
亚洲小计	**7 592**	**3 945**	新西兰	78	47
美国	1 295	923	其它	42	2
加拿大	219	148	**大洋洲小计**	**384**	**234**
其它	86		**非洲小计**	**374**	**15**
美洲小计	**1 600**	**1 072**	**其它小计**	**348**	**253**
英国	842	270			

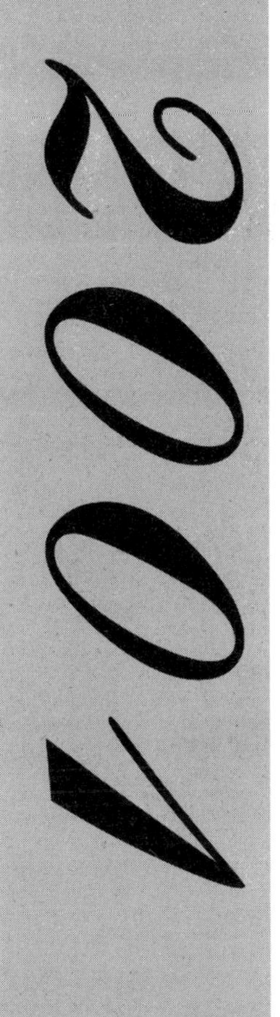

QHTJNJ

金融保险业

Banking and Insurance

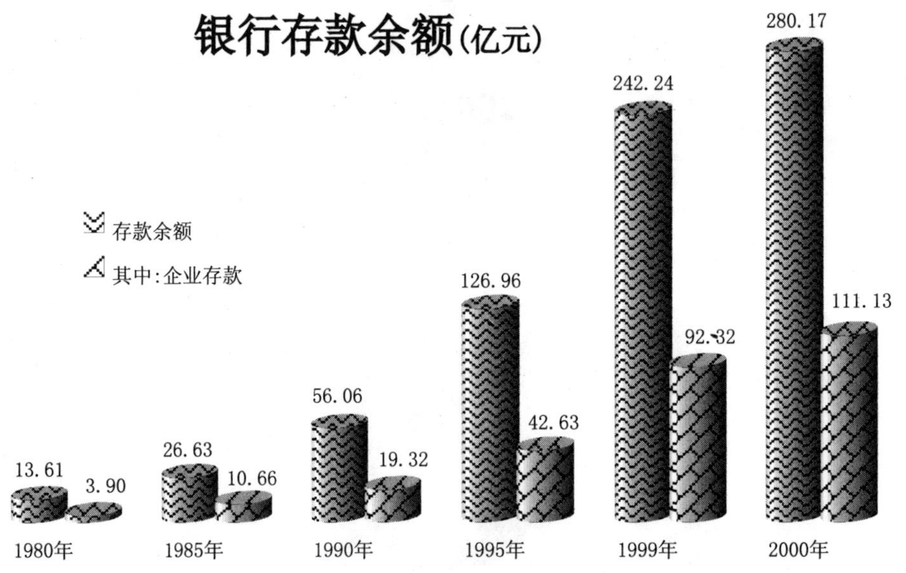

银行存款余额(亿元)
存款余额
其中:企业存款
13.61
3.90
26.63
10.66
56.06
19.32
126.96
42.63
242.24
92.32
280.17
111.13
1980年
1985年
1990年
1995年
1999年
2000年

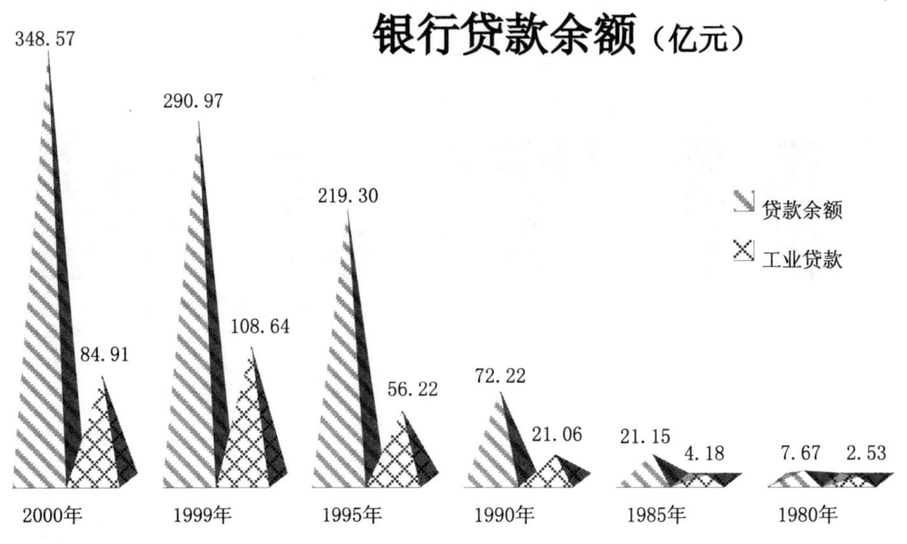

银行贷款余额(亿元)
贷款余额
工业贷款
348.57
84.91
290.97
108.64
219.30
56.22
72.22
21.06
21.15
4.18
7.67
2.53
2000年
1999年
1995年
1990年
1985年
1980年

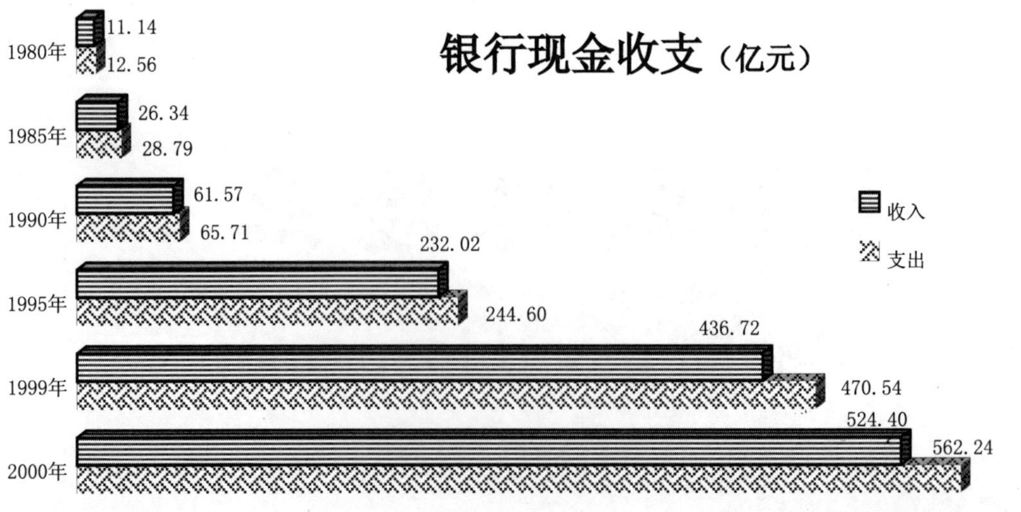

银行现金收支(亿元)
收入
支出
1980年
11.14
12.56
1985年
26.34
28.79
1990年
61.57
65.71
1995年
232.02
244.60
1999年
436.72
470.54
2000年
524.40
562.24

主要年份全省银行存款余额

单位:万元

年　份	合　计	企业存款	财政性存款	城镇储蓄存款	农村牧区存款	其他存款
1952	2 099	217	1 749	128		5
1957	8 953	2 588	2 697	2 453	1 209	6
1965	46 481	13 535	22 498	4 274	6 174	
1970	57 131	14 406	26 935	6 195	9 595	
1975	82 110	22 364	32 718	10 617	16 411	
1978	100 339	33 516	32 647	14 874	19 302	
1980	136 134	38 969	50 577	25 782	20 806	
1985	266 332	106 574	52 570	75 904	21 095	10 189
1986	300 159	119 607	51 115	96 728	23 267	9 442
1987	364 328	144 319	57 949	122 477	24 540	15 043
1988	422 048	181 519	53 411	147 007	25 372	14 739
1989	454 705	178 991	51 158	184 824	24 150	15 582
1990	560 559	193 233	75 295	246 249	27 973	17 809
1991	647 187	203 258	84 158	301 524	38 525	19 722
1992	723 751	218 931	64 506	369 004	43 892	27 418
1993	804 850	268 040	63 660	460 608	11 785	757
1994	1 031 984	340 009	84 647	576 296	16 024	15 008
1995	1 269 563	426 289	69 016	754 251	14 647	5 360
1996	1 509 996	545 665	70 922	874 877	15 726	2 806
1997	1 833 930	697 237	80 226	1 016 854	16 369	23 244
1998	2 120 501	815 584	84 040	1 168 088	20 640	32 149
1999	2 422 371	923 216	121 434	1 286 714	27 178	63 829
2000	2 801 666	1 111 325	144 392	1 424 066	38 783	83 100

注:1.1984 年以前的财政性存款中包括基本建设存款、机关团体、部队存款,自 1985 年起建设银行信贷资金全部纳入国家信贷计划,基本建设存款项目予以取消。
2.历年存款余额均按当年口径整理。

主要年份全省银行贷款余额

单位:万元

年份	合计	工业贷款	#工业生产企业	商业贷款	农业贷款	中长期贷款
1952	723	22	11	137	564	
1957	18 504	1 084	593	15 639	1 781	
1965	18 584	2 955	1 530	12 685	2 944	
1970	43 836	12 823	8 837	27 889	3 124	
1975	52 619	17 184	10 374	32 971	2 464	
1978	68 615	22 575	12 999	41 235	4 805	
1980	76 666	25 274	16 621	42 379	7 905	1 108
1985	211 460	41 799	31 201	76 082	13 279	51 032
1986	296 306	64 205	51 215	85 485	17 641	77 689
1987	402 116	84 207	69 348	104 482	20 193	128 465
1988	486 819	114 690	97 646	137 381	17 602	172 526
1989	589 608	161 864	141 601	165 885	19 904	192 824
1990	722 182	210 602	186 310	191 329	28 877	228 825
1991	875 366	262 233	231 976	205 266	32 756	307 842
1992	1 051 412	312 803	276 352	233 136	32 165	385 103
1993	1 336 722	367 005	332 465	227 298	20 582	587 630
1994	1 761 620	457 591	430 069	316 124	18 906	786 147
1995	2 193 031	562 209	528 963	395 580	27 788	996 438
1996	2 678 707	703 042	651 941	462 468	40 775	1 253 046
1997	2 525 677	791 822	731 042	533 269	49 954	886 492
1998	2 800 249	1 045 417	973 103	538 743	52 935	999 267
1999	2 906 699	1 086 389	998 343	543 349	47 314	1 043 500
2000	3 485 654	849 095	771 103	391 630	38 955	1 866 413

注:1.工业贷款中包括乡镇企业、三资企业、私营企业及个体贷款。
2.1987年以前农村贷款中包括预购定金贷款,农村托放专用贷款;农村集体农户贷款中不包括预购定金贷款和农村托放专用贷款。自1988年起贷款合计中不再包括农村托放专用贷款,农业贷款中不再包括乡镇企业贷款。
3.历年贷款余额均按当年口径整理。

主要年份全省银行现金收支情况

单位:万元

年　份	收入合计	#商品销售收入	货币投放	支出合计	#工资性支出
1954	11 125	6 360	655	11 780	1 947
1957	36 128	19 779	3 390	39 518	13 875
1965	38 351	21 003	3 514	41 865	18 614
1970	49 005	28 672	1 760	50 765	22 736
1975	65 085	40 687	6 805	71 890	31 258
1978	78 641	47 563	9 540	88 181	38 012
1980	111 379	63 273	14 250	125 629	50 606
1985	263 420	128 824	24 484	287 904	91 559
1990	615 664	225 256	41 468	657 132	162 513
1991	702 506	246 830	49 219	751 725	282 791
1995	2 320 186	506 652	125 809	2 445 995	568 831
1996	2 678 687	534 585	207 880	2 886 567	610 895
1997	3 344 125	514 491	292 803	3 636 928	610 811
1998	3 716 018	503 063	313 150	4 029 168	629 626
1999	4 367 183	506 174	338 177	4 705 360	645 902
2000	5 244 030	606 005	378 372	5 622 402	677 493

注:工资性支出中包括奖金。

信用合作社存、贷款年末余额

单位:万元

项　　目	1985 年	1990 年	1995 年	1996 年	1997 年	1998 年	1999 年	2000 年
存款合计	**19 956**	**32 438**	**111 417**	**142 835**	**192 414**	**223 386**	**229 784**	**290 052**
一、城市信用社存款		**2 998**	**39 089**	**59 682**	**97 344**	**104 046**	**102 743**	**133 456**
企业存款		1 747	8 707	15 502	43 055	52 185	46 250	72 364
居民储蓄存款		569	15 999	28 683	39 011	42 162	4 249 145	45 490
其他存款		682	14 383	15 497	15 278	9 695	14 002	15 602
二、农村信用社存款	**19 956**	**29 440**	**72 328**	**83 153**	**95 070**	**119 340**	**127 041**	**156 596**
企业存款	12 200	10 306	15 462	15 006	3 343	3 656	3 283	2 943
储蓄存款	7 756	19 134	56 866	68 147	75 513	94 022	99 403	121 226
活期储蓄存款			16 742	18 545	22 639	33 563	38 937	52 717
定期储蓄存款			40 124	49 602	52 874	60 459	60 466	68 509
农业存款						20 217	22 755	29 784
贷款合计	**7 290**	**13 091**	**56 040**	**68 315**	**90 406**	**114 200**	**128 472**	**171 451**
一、城市信用社贷款		**1 212**	**17 600**	**24 850**	**43 998**	**52 387**	**55 193**	**80 160**
二、农村信用社贷款	**7 290**	**11 879**	**38 440**	**43 465**	**46 408**	**61 813**	**73 279**	**91 291**

注:城市信用社存贷款中包括商业银行存贷款。

保险业务基本情况

单位:万元

项　　目	2000年	项　　目	2000年
保费收入合计	**51 273.1**	**赔款支出合计**	**11 896.4**
一、财产保险费收入	28 956.3	一、财产保险赔款支出	9 899.0
(一)财产保险	7 032.5	(一)财产保险	3 945.6
1.企事业财产险	5 213.0	1.企事业财产险	2 631.4
2.家庭财产险	314.7	2.家庭财产险	130.3
3.工程/责任/其他险	1 504.8	3.工程/责任/其他险	1 183.9
(二)机动车辆保险	13 153.3	(二)机动车辆保险	5 702.8
(三)船舶保险	31.6	(三)船舶保险	3.0
(四)货物运输保险	724.1	(四)货物运输保险	177.3
(五)航空航天保险		(五)航空航天保险	
(六)能源保险		(六)能源保险	
#石油保险		#石油保险	
(七)出口信用保险	1.0	(七)出口信用保险	4.6
(八)农业保险	13.7	(八)农业保险	65.7
二、人寿保险保费收入	22 316.8	二、人寿保险赔款支出	1 997.4
意外短期险类	2 429.3	意外短期险类	1 352.9
健康险类	1 290.8	健康险类	644.5
寿险类	18 596.7	寿险类	
储金性业务		储金性业务	
其　　他		其　　他	

注:本资料为中保、平安保险公司业务之和。

资金流量表

(19

交易项目 \ 机构部门	非金融企业部门		金融机构部门		政府部门	
	使　用	来　源	使　用	来　源	使　用	来　源
1.净出口						
2.增加值		113.47		17.95		39.97
3.劳动者报酬	59.98		3.03		33.69	
(1)工资及工资性收入	53.34		2.78		33.69	
(2)单位社会保险付款	6.64		0.25			
4.生产税净额	21.78		1.94			24.96
(1)生产税	23.29		1.94			26.47
(2)生产补贴		1.51			1.51	
5.财产收入	18.04	1.45	8.65	17.84		0.13
(1)利息	17.72	1.45	8.65	17.84		0.01
(2)红利	0.20					
(3 土地租金	0.12					0.12
(4)其他						
6.初次分配总收入		15.12		22.17		29.37
7.经常转移	8.64	1.89	2.43		8.60	11.56
(1)收入税	1.49					2.07
(2)社会保险付款	6.64		0.25			9.49
(3)社会补助	0.51		0.22		8.60	
(4)其他		1.89	1.96			
8.可支配总收入		8.37		19.74		32.33
9.最终消费					41.54	
(1)居民消费						
(2)政府消费					41.54	
10.总储蓄		8.37		19.74		-9.21
11.资本转移		3.40			10.28	6.88
(1)投资性补助		3.40			10.28	6.88
(2)其他						
12.资本形成总额	78.88		1.47		24.39	
(1)固定资产形成总额	71.23		1.47		24.39	
(2)存货增加	7.65					
13.其他非金融资产获得减处置						
14.净金融投资	-67.11		18.27		-37.00	
15.统计误差						

(收入分配)

99年)

单位:亿元

住户部门		省内合计		国内省外		国外部门	
使　用	来　源	使　用	来　源	使　用	来　源	使　用	来　源
					58.63	5.28	
	69.00		238.39				
54.20	150.90	150.90	150.90				
54.20	144.01	144.01	144.01				
	6.89	6.89	6.89				
1.24		24.96	24.96				
1.24		26.47	26.47				
		1.51	1.51				
0.12	7.39	26.81	26.81				
0.12	7.19	26.49	26.49				
	0.20	0.20	0.20				
		0.12	0.12				
	171.73		238.39				
3.18	9.40	22.90	22.90				
0.58		2.07	2.07				
2.60		9.49	9.49				
	9.33	9.33	9.33				
	0.07	1.96	1.96				
	177.95		238.39				
109.91		151.45					
109.91		109.91					
		41.54					
	68.04		86.94				
		10.28	10.28				
		10.28	10.28				
35.55		140.29					
34.03		131.12					
1.52		9·.17					
32.49		−53.35			58.63	5.28	

(19

交易项目 \ 机构部门	非金融企业部门		金融机构部门		政府部门	
	使　用	来　源	使　用	来　源	使　用	来　源
1.净金融投资	-44.07		4.34		5.99	
2.资金运用	3.69		38.95		7.93	
3.资金来源		47.76		34.61		1.94
4.国内金融交易	3.69	34.69	38.95	34.61	7.93	
(1)通货	0.95		0.08		0.12	
国内	0.95		0.08		0.12	
国外						
(2)存款	14.11		0.50	35.46	7.81	
活期存款	11.66			13.85	2.15	
定期存款	1.02			3.02	2.00	
住户储蓄存款				12.43		
财政存款				1.64	1.64	
外汇存款	0.37			0.94		
其他存款	1.06		0.50	3.58	2.02	
(3)贷款		32.49	33.12			
短期贷款		14.22	14.85			
中长期贷款		17.85	17.85			
财政贷款						
外汇贷款		-0.68	-0.68			
其他贷款		1.10	1.10			
(4)证券		2.20		0.81		
债券		2.20		0.81		
股票						
(5)保险准备金				4.46		
(6)结算资金						
(7)金融机构往来			0.14	0.14		
(8)准备金			5.90	5.90		
(9)中央银行贷款			-0.79	-0.79		
(10)其他(净)	-11.37			-11.37		
5.国际资本往来		13.07				1.94
(1)短期资本						
(2)长期资本		13.07				1.94
6.国际储备资产						
7.国际收支误差与遗漏						

（金融交易）

99年）

单位:亿元

住户部门		省内合计		国内省外		国外部门	
使　用	来　源	使　用	来　源	使　用	来　源	使　用	来　源
28.09		-5.65		-9.36		15.01	
28.72		79.29				15.01	
	0.63		84.94		9.36		
28.72	0.63	79.29	69.93		9.36		
8.21		9.36			9.36		
8.21		9.36			9.36		
13.04		35.46	35.46				
0.04		13.85	13.85				
		3.02	3.02				
12.43		12.43	12.43				
		1.64	1.64				
0.57		0.94	0.94				
		3.58	3.58				
	0.63	33.12	33.12				
	0.63	14.85	14.85				
		17.85	17.85				
		-0.68	-0.68				
		1.10	1.10				
3.01		3.01	3.01				
3.01		3.01	3.01				
4.46		4.46	4.46				
		0.14	0.14				
		5.90	5.90				
		-0.79	-0.79				
		-11.37	-11.37				
			15.01			15.01	
			15.01			15.01	

货币供应量

单位:万元

	2000年	1999年	2000年比1999年增长(%)
一、狭义货币供应量(M_1)	**1 708 930**	**1 458 031**	**17.21**
1.流通中的货币(M_0)	570 501	520 679	9.57
(1)集团单位库存现金	77 325	83 622	-7.53
(2)城乡居民手持现金	493 176	437 057	12.84
a.农民手持现金	157 435	147 561	6.69
b.城镇居民手持现金	228 232	206 736	10.40
c.其他(流动人口)手持现金	107 509	82 760	29.90
2.企业活期存款	924 631	764 512	20.94
3.机关团体存款	145 231	122 907	18.16
4.农业存款	68 567	49 933	37.32
二、广义供应量 M_2	**3 662 397**	**3 173 562**	**15.40**
1.狭义货币供应量 M_1	1 708 930	1 458 031	17.21
2.企业定期存款	262 001	208 237	25.82
3.居民储蓄存款	1 590 782	1 428 608	11.35
4.其他存款	100 684	78 686	27.96

注:机关团体存款包括财政存款。

QHTJNJ

科学技术和环境保护

Science and Technology

and Environment Protection

QINGHAI STATISTICAL YEARBOOK

国有地方单位专业技术人员构成(%)

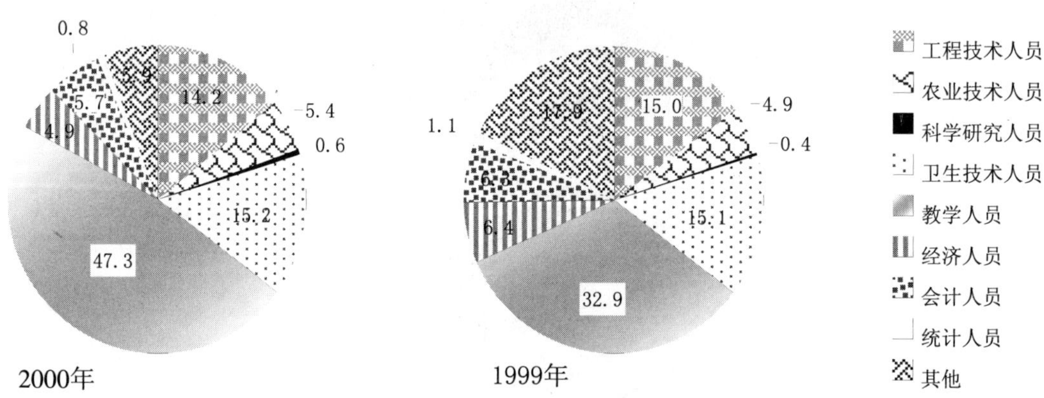

各类技术合同成交额（万元）

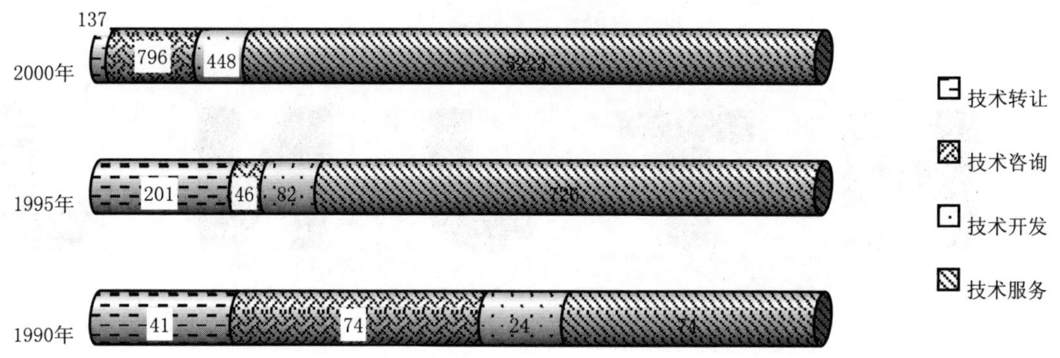

国有地方单位各类专业技术人员(人)

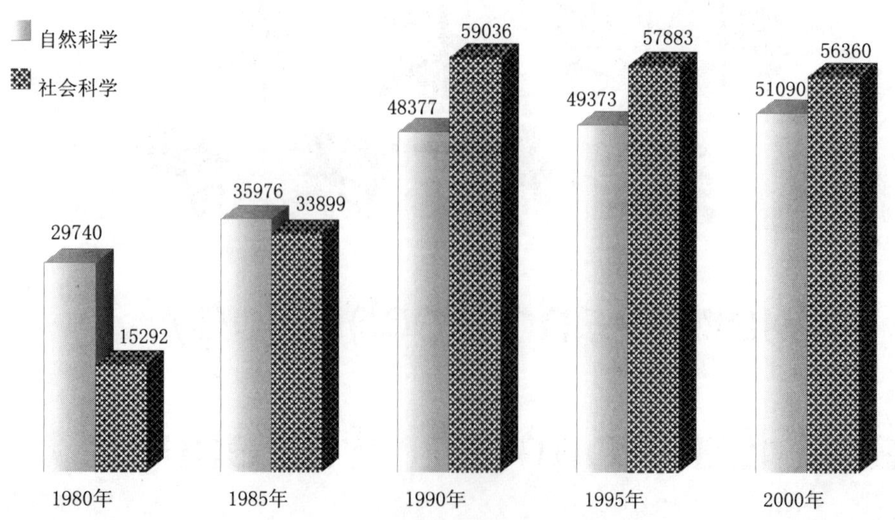

国有地方单位各类专业技术人员

单位:人

类　　别	1985年	1990年	1995年	1997年	1998年	1999年	2000年
总　　计	**69 875**	**107 413**	**107 256**	**108 680**	**108 179**	**108 061**	**107 450**
一、自然科学方面	**35 976**	**48 377**	**49 373**	**49 294**	**49 339**	**50 648**	**51 090**
1.工程技术人员	12 398	17 284	16 735	15 822	15 691	16 239	15 264
2.农业技术人员	4 088	4 560	4 854	4 642	4 954	5 265	5 821
3.卫生技术人员	13 141	15 769	15 924	16 149	15 729	16 360	16 351
4.科学研究人员	590	908	737	698	644	417	548
5.教学人员	5 759	9 856	11 123	11 983	12 321	12 367	13 106
二、社会科学方面	**33 899**	**59 036**	**57 883**	**59 386**	**58 840**	**57 413**	**56 360**
1.科研人员	157	120	82	77	72	47	61
2.教学人员	21 421	30 188	32 006	34 479	35 450	35 586	37 695
3.财会人员	7 430	9 494	8 241	8 004	7 589	6 760	6 077
4.经济人员	1 065	12 833	9 683	8 479	7 841	6 959	5 291
5.统计人员	1 712	1 948	1 306	1 184	1 105	1 143	882
6.艺术人员	860	1 099	860	932	846	866	815
7.翻译人员	325	189	182	218	227	234	226
8.其他人员	929	3 165	5 523	6 013	5 710	5 818	5 313

注:自1991年起集体所有制单位各类专业技术人员有关部门未统计。

县以上研究与开发机构科技活动情况

类　　别	单　位	1988年	1990年	1997年	1998年	1999年	2000年
一、研究与开发机构数	**个**	**62**	**60**	**53**	**53**	**52**	**52**
二、从事科技活动人数	**人**	**3 387**	**3 163**	**2 519**	**2 495**	**2 411**	**2 335**
科技管理人员	人	685	640	485	475	439	451
课题活动人员	人	1 896	1 771	1 492	1 465	1 438	1 346
科技服务人员	人	803	750	542	555	534	538
三、研究与开发经费收入	**万元**	**4 381.4**	**4 845.7**	**10 708.6**	**11 630.8**	**10 776.5**	**14 027.2**
四、研究与开发经费支出	**万元**	**4 323.0**	**4 702.8**	**10 597.8**	**10 969.2**	**11 539.2**	**13 142.4**
五、研究与开发课题	**项**	**454**	**391**	**321**	**356**	**295**	**323**
基础研究	项	30	37	35	59	49	49
应用研究	项	82	55	74	75	36	44
试验发展	项	106	46	43	35	36	75

国有地方单位分行业各类专业技术人员情况

(2000 年)　　　　单位:人

行　　业	合　计	工程技术人员	农业技术人员	科研人员	卫生技术人员	教学人员	经济人员	会计人员	统计人员
总　　计	**107 450**	**15 264**	**5 821**	**609**	**16 351**	**50 801**	**5 291**	**6 077**	**882**
一、农、林、牧、渔业	9 017	1 171	5 628	176	109	549	509	618	49
二、采掘业	1 584	669			196	173	204	177	44
三、制造业	4 439	2 068	34		277	222	731	574	187
四、电力蒸汽及水的生产、供应业	710	359			17		79	148	20
五、地质普查和勘探业、水利管理业	4 604	3 606	8		113	23	217	407	42
六、建筑业	3 783	2 278	1		178	64	359	480	55
七、交通运输邮电通讯业	2 738	952			74	48	702	657	110
八、批发零售和贸易餐饮业	3 430	461	18	1	80	9	1 533	996	123
九、房地产业	107	61					15	13	4
十、社会服务业	1 326	358	11		9	9	267	383	64
十一、卫生、体育和社会福利业	16 417	90	5	46	15 050	234	121	580	29
十二、教育、文化艺术和广播电视业	54 518	620	26	33	171	49 431	225	488	24
十三、科学研究和综合技术服务业	2 880	1 908	70	353	8	23	85	210	46
十四、金融、保险业	7						1	6	
十五、其他行业	1 890	663	20		69	16	243	340	85

国有地方单位分行业各类专业技术人员情况(续)

(2000年)　　单位:人

行　　业	翻译人员	图书档案文博人员	新闻出版人员	律师公证人员	播音人员	工艺美术人员	体育人员	艺术人员	政工人员
总　　计	**226**	**1 652**	**1 258**	**278**	**145**	**29**	**155**	**815**	**1 796**
一、农、林、牧、渔业	3	24		2					179
二、采掘业		13	3						105
三、制造业	1	60				5			280
四、电力蒸汽及水的生产、供应业		6							81
五、地质普查和勘探业、水利管理业	3	27	1						157
六、建筑业	1	19	8						340
七、交通运输邮电通讯业		22	5						168
八、批发零售和贸易餐饮业	1	13		1		3			191
九、房地产业		1							13
十、社会服务业	32	22	22	89	3	1			56
十一、卫生、体育和社会福利业	1	74	9			2	137	25	14
十二、教育、文化艺术和广播电视业	123	1 203	1 130	8	138	11	18	790	79
十三、科学研究和综合技术服务业	14	68	7	10	3	3			72
十四、金融、保险业									
十五、其他行业	47	100	73	168	1	4			61

全省自然科学研究机构、人员情况

（2000年）　　　　　　单位：人、个

类　　别	机构	从业人员	从事科技活动人员	大学毕业以上及高中级职称	大中专毕业及初级职称	课题组折合全时人员	大学毕业以上及高中级职称	大中专毕业及初级职称
总　　计	**45**	**3 187**	**2 183**	**1 463**	**611**	**601**	**510**	**91**
一、按机构隶属关系分								
地方县级以上部门属	39	2 369	1 701	1 095	517	351	272	79
国务院部门属	4	380	164	114	49	51	45	6
中国科学院属	2	438	318	254	45	199	193	6
二、按机构所在地域分								
西宁市	35	2 968	2 023	1 373	546	530	471	59
海东地区	1	17	12	7	3			
海北州	2	53	44	22	22	29	15	14
黄南州	2	33	27	17	8	16	9	7
海南州	1	28	12	6	6	9	6	3
果洛州	1	32	24	16	8			
玉树州								
海西州	3	56	42	22	18	17	9	8
三、按机构所属行业分								
农、林、牧、渔业	13	714	510	344	166	235	187	48
采掘来	1	52	40	31	5			
制造业	5	411	181	110	61	18	17	1
电力、煤气及水的生产和供应业	1	136	120	97	23	1	1	
建筑业	2	213	96	61	33	34	21	13
地质勘查业、水利管理业	3	102	79	55	22	20	15	5
交通运输、仓储及邮电通信业	1	9	6	6				
批发和零售贸易、餐饮业	1	10	4	2	2			
社会服务业	1	32	28	18	7	3	2	1
卫生、体育和社会福利业	5	576	445	242	184	23	15	8
科学研究和综合技术服务业	12	932	674	497	108	267	252	15

自然科学研究机构人员按学位、学历及技术职称分类

(2000年)　　　　单位:人

类别	学位		学历			职称		
	博士	硕士	研究生	大学	大专	高级	中级	初级
总计	**17**	**56**	**69**	**890**	**570**	**426**	**909**	**712**
一、按机构隶属关系分								
地方县级以上部门属	1	18	15	666	445	257	731	604
国务院部门属	1	5	5	75	57	44	63	53
中国科学院属	15	33	48	149	68	125	115	55
二、按机构所在地域分								
西宁市	17	56	68	854	544	412	847	645
海东地区				4	1	1	6	2
海北州				5	12	7	14	21
黄南州				6			14	9
海南州				4	2		6	6
果洛州				2	4	5	10	7
玉树州								
海西州				15	7	1	12	22
三、按机构所属行业分								
农、林、牧、渔业	1	11	7	207	100	75	230	177
采掘来				18	12	12	17	6
制造业		1	1	77	71	38	68	64
电力、煤气及水的生产和供应业		1	1	70	33	28	45	30
建筑业				44	31	12	49	32
地质勘查业、水利管理业		1	1	33	18	16	34	23
交通运输、仓储及邮电通信业				6			6	
批发和零售贸易、餐饮业				2	2		2	2
社会服务业				9	12	5	12	8
卫生、体育和社会福利业		4	4	118	117	58	184	191
科学研究和综合技术服务业	16	38	54	306	174	182	262	179

社会、人文科学研究机构、人员情况

（2000 年）　　单位:人

名　　称	全部从业人数	#专业技术干部	从事科技活动人员	#女性	#大学毕业以上及高中级职称	#大中专毕业及初级职称
总　　计	183	151	152	66	104	43
青海省文化厅						
青海省文物考古研究所	50	45	50	21	26	24
青海省文学艺术研究所	14	10	12	8	6	6
青海省委宣传部						
青海省社会科学院	92	74	64	24	53	6
青海省教育委员会						
青海教育科学研究所	7	3	6	3	3	3
青海省文学艺术联合会						
青海省《格萨尔》史诗研究所	7	7	7	3	5	2
青海省财政厅						
青海省财政科学研究所	9	9	9	5	8	
青海省计划委员会						
青海省计委经济研究所	4	3	4	2	3	

全省重大科技成果登记基本情况

（2000 年）

类别	单位	合计	独立科研机构	大专院校	工矿企业	集体或个体企业	其他
总计	**项**	**110**	**21**	**8**	**16**		
一、按成果水平分类							
1.国际首创(领先)	项	1			1		
2.国际先进	项	2	1				1
3.国内首创(领先)	项	18	4	1	7	2	4
4.国内先进	项	15	2	1	4	3	5
5.省部先进	项	41	10	1	4	10	16
二、按应用行业分类							
1.农、林、牧、渔、水利业	项	36	14	4			18
2.采掘业	项	1			1		
3.制造业	项	15	1		14		
4.电力煤气及水生产供应业	项	5	1	1			3
5.批发和零售贸易、餐饮业	项	3			1		2
6.卫生、体育和社会福利事业	项	17	1			16	
三、按应用情况分类							
1.已应用项目数	项	53	9	3	12	10	19
2.未应用项目数	项	24	8	2	4	6	4
其中:资金问题	项	6	1	1		1	3
技术问题	项	2	1				1
市场问题	项	16	6	1	4	5	
四、统计经济效益的项目数	**项**	**45**	**9**	**2**	**14**	**1**	**19**
五、应用后本年度取得的经济效益							
1.新增产值	万元	41 443	2 604	189	8 679	342	29 630
新增利税	万元	9 386	166		1 697		7 523
创收外汇	万美元						
2.节约资金	万元	30 910	279	6	1 298		29 327

补充资料:33 项基础理论和软科学成果包括在总计数中,而在应用情况分类中未包括。

大中型工业企业

(20

类别	有科技活动企业数（个）	企业科技活动人员（人）	#研究试验发展人员	科学活动经费筹集总额（万元）	科学活动经费支出总额（万元）
总计	32	3 888	1 674	25 344	24 560
一、按企业规模分组					
1.大型企业	18	3 644	1 569	22 959	22 521
2.中型企业	14	244	105	2 385	2 039
二、按登记注册类型分组					
内资企业	32	3 888	1 674	25 344	24 560
国有	22	2 444	930	12 917	12 466
其中:大型企业	14	2 335	881	12 097	11 659
集体	1	37	37	241	241
股份合作	1	38		210	206
国有独资公司	4	345	184	690	671
其中:大型企业	2	324	165	631	631
其他有限责任公司	1	115	15	188	188
股份有限公司	3	909	508	11 098	10 788
三、按工业行业大类分组					
1.煤炭采选业	1	123	123	950	773
2.石油和天然气开采业	1	870	508	10 043	10 043
3.有色金属矿采选业	1	266	43	1 548	1 548
4.非金属矿采选业	1	18	18	187	180
5.食品加工业	3	69	32	171	176
6.饮料制造业	2	92	7	1 167	858
7.化学原料及化学制品制造业	3	507	83	1 442	1 358
8.医药制造业	2	53	51	291	272
9.非金属矿物制品业	3	54	6	498	492
10.黑色金属冶炼及压延加工业	1	264	142	469	469
11.有色金属冶炼及压延加工业	2	493	355	5 414	5 414
12.普通机械制造业	3	544	156	1 322	1 139
13.专用设备制造业	1	10		20	20
14.交通运输设备制造业	3	37	10	131	131
15.电子及通信设备制造业	1	17	15	12	12
16.其他制造业	1	38		210	206
17.电力、蒸气、热水的生产和供应业	3	433	125	1 469	1 469

科技活动情况

00 年）

内部支出中研究与试验发展经费支出（万元）	全部科技项目数（项）	专利申请数（个）	技术改造经费支出（万元）	技术引进经费支出（万元）	企业科技机构情况（个）
7 860	251	27	32 960	5 720	34
7 084	157	14	26 133	5 254	24
776	94	13	6 827	466	11
7 860	251	27	32 960	5 720	34
5 763	118	11	15 081	2 571	23
5 268	95	11	15 080	2 504	18
241	52	13	1 000		1
	1				1
492	29		10 691	2 450	4
453	20		10 691	2 450	2
178	1		3		1
1 186	50	3	6 185	699	3
773	1		83		
1 186	41	3	6 219	300	2
705	10		420	136	6
180	1				
176	3				3
9	12	4			1
1 219	5		688	2 368	2
272	60	13	1 000		2
299	9		5 826	464	2
290	19		10 691	2 450	1
1 469	18	7	5 420		4
1 106	16		277		3
	9				1
6	5				3
12	5		2	2	1
	1				1
158	36		2 334		2

国家级星火计项目执行情况

指　　标	单位	2000 年
一、国家级星火计划项目数	**项**	**6**
二、20 00 年参加项目工作的主要人员	**人**	**218**
其中:高级职称	人	6
中级职称	人	22
初级职称	人	29
其他人员	人	161
三、本年度资金落实及支出情况		
(一) 2000 年到位资金合计	千元	17 140
其中:政府资金	千元	830
其中:有偿使用资金	千元	
贷款	千元	12 680
国外资金	千元	
自外资金	千元	3 630
其它资金	千元	
(二) 2000 年项目支出合计	千元	12 915
其中:研究开发费	千元	2 080
(三) 2000 年已偿还项目贷款	千元	4 110
四、本年度项目效益及成果		
(一)2000 年本项目已取得的直接经济效益	千元	
新增产值	千元	28 170
出口额	千美元	2 000
净利润额	千元	602
实交税金总额	千元	785
(二) 2000 年项目专利申请和授权情况		
专利申请数	项	1
专利授权数	项	1
其中:发明	项	1
其中:国外授权	项	

大中型工业企业科研与开发情况

类　　别	单位	1987年	1990年	1997年	1998年	1999年	2000年
一、大中型工业企业数	**个**	**46**	**50**	**83**	**81**	**65**	**63**
大型	个	16	18	30			25
中型	个	30	32		53		38
二、企业办技术开发机构	**个**	**38**	**26**	**23**	**27**	**28**	**34**
三、从事科技活动人员	**人**	**1 743**	**2 371**	**10 251**	**9 947**	**9 922**	**3 945**
四、当年筹集的科技经费	**万元**	**2 962**	**7 548**	**15 974**	**16 815**	**18 856**	**25 344**
五、当年科技活动经费支出	**万元**	**2 427**	**7 084**	**13 351**	**16 335**	**18 301**	**24 566**
用于新产品	万元	1 657		384	5 738	4 154	1 484
六、技术开发项目	**项**	**125**	**148**	**204**	**224**	**224**	**249**
基础研究	项		1				
应用研究	项	12	35				
试验发展	项	34	25				
技术开发项目经费	万元	1 805	5 017	111　0525	14 901	17 077	
技术开发项目投入人员	人	1 215	1 511	1 368	2 259	2 357	
七、技术开发成果获奖数	**项**	**56**	**62**	**54**	**59**	**75**	
八、科学论文数	**篇**	**82**	**113**				
九、科技著作数	**种**		**1**				
十、专利申请数	**项**	**2**	**5**	**6**	**10**	**14**	**27**
十一、专利授权数	**项**	**1**	**3**	**5**	**6**	**1**	

注：科技论文数、科技著作数、技术开发项目中基础研究、应用研究、试验发展1999年未作统计。

科协系统科技活动基本情况

类　　别	单位	1990年	1995年	1996年	1997年	1998年	1999年	2000年
一、学术活动								
1.国内学术会议	次	90	152	195	89	102	6	70
2.国内举行的国际会议	次	1		1				1
3.赴国外参加的国际会议	人次		11	11	2	3		47
4.科学考察	人次	26	73	42	75	68		5
二、科技培训								
1.办培训班	次	28	3 535	350	4 694	5 839	138	166
2.培训人次	人次	158	561 244	16 689	509 772	412 883	17 654	12 961
三、科普活动								
1.科普讲座次数	次	119	1 560	462	2 294	1 977	2 070	1 474
参加人次	人次	13 325	260 634	168 082	583 847	439 662	353 581	222 015
2.科普展览次数	次	79	334	74	100	121	591	65
参观人次	万人次	39.0	150.5	25.1	100.7	138.9	135.5	345 400
四、咨询活动								
1.参加咨询的科技人员数	人	2 776						
2.完成合同数	项	326	114 854	174	6	12	178	107
3.无偿咨询项目数	项	292	3 004	397	207	351	289	182
五、出版								
1.科技期刊年发行册数	册	112 704	93 758	121 402	52 990	48 637	321 110	42 396
发表学术论文	篇	1 525	2 582	1 581	735	861		483
2.论文集	种	11	26	10	4	11	1	7
发表学术论文数	篇	322	2 174	596	217	326		483

注:自1995年起科协报表范围及内容有所调整。在范围上扩展了州、地、市(县)学会,内容上删去了参加咨询的科技人员数。

高等院校科技活动基本情况

类　　别	单　位	1985 年	1990 年	1997 年	1998 年	1999 年	2000 年
一、参加科技统计的高校	**所**	**6**	**8**	**7**	**7**	**7**	**7**
二、从事科技活动人数	**人**	**1 830**	**3 029**	**3 184**	**3 316**	**3 311**	**3 678**
1.教师	人	879	1 643	1 570	1 662	1 603	1 753
2.其他技术人员	人	407	1 310	1 564	1 602	1 660	1 859
3.辅助人员	人	544	76	50	52	48	66
三、从事研究与发展活动人员	**人**	**282**	**160**	**295**	**324**	**368**	**337**
正、副教授	人	12	33	69	129	130	133
讲师	人	66	50	103	137	167	112
助教	人	43	25	37	56	71	92
四、研究与发展机构	**个**		**4**	**4**	**4**	**4**	**4**
机构中研究与发展人员	人		11	5	15	10	20
五、当年研究与发展经费收入	**万元**	**21.3**	**60.2**	**57.2**	**47.0**	**62.4**	**174**
当年研究与发展经费支出	万元	13.9	41.1	54.4	49.3	56.0	79.5
六、研究与发展课题	**项**	**76**	**88**	**116**	**111**	**112**	**51**
基础研究	项	26	39	31	13	25	13
应用研究	项	36	36	76	97	84	38
实验发展	项	14	13	9	1	3	
七、研究与发展成果							
1.出版科学专著	部	6	3		4	5	4
2.发表学术论文	篇	296	429	702	754	818	1 105
3.鉴定科技成果	项	8	24	26	38	27	15
4.获奖成果数	项	39	11	24	5	3	
5.科技成果转让	项	3	2				

技术市场基本情况

类　　别	单位	1990 年	1995 年	1996 年	1997 年	1998 年	1999 年	2000 年
一、各类技术合同登记表	项	219	415	293	372	440	540	988
技术开发合同	项	13	36	13	3	8	24	78
技术转让合同	项	32	6	5	13	11	6	12
技术咨询合同	项	68	171	35	55	73	99	214
技术服务合同	项	106	202	240	301	348	411	684
涉外技术合同	项							
二、各类技术合同成交额	万元	213.70	1 054.79	7 448.79	12 035.27	2 917.40	4 282.52	6 603.84
技术开发合同	万元	24.30	82.00	6 037.98	18	21.16	39.16	448.32
技术转让合同	万元	40.80	201.00	58.40	9 093.72	20.30	68.60	137.0
技术咨询合同	万元	74.20	45.81	16.50	246.7	351.30	533.70	795.8
技术服务合同	万元	74.40	725.98	1 335.44	2 676.85	2 524.64	3 641.06	5 222.72
涉外技术合同	万元							

专利申请受理量及授权量

年　　份	受理量（项）	发明	实用新型	外观设计	授权量（项）	发明	实用新型	外观设计
1985	14	8	6					
1990	111	26	82	3	59	4	55	
1995	100	24	66	10	65	2	61	2
1996	92	22	53	17	43	2	34	7
1997	130	30	87	13	56	5	38	13
1998	137	34	76	27	62	1	47	14
1999	172	35	82	55	123	5	89	29
2000	174	36	90	48	117	16	67	34

全省企事业环境污染治理情况

类别	单位	1990年	1995年	1997年	1998年	1999年	2000年
一、汇总单位数	**个**	**45**	**32**	**5**	**9**	**15**	**16**
二、企事业污染治理资金来源合计	**万元**	**798.53**	**4 295.9**	**59.7**	**804.3**	**3 924.1**	**4 083.2**
其中:1.基本建设资金	万元	95.55	90.0			25.0	1 280.0
2.更新改造资金	万元	252.15	563.8	59.7	22.1	2.1	761.5
3.环境保护补助资金	万元	139.47	125.9			15.0	2.0
三、企事业污染治理资金使用合计	**万元**	**798.53**	**4 295.9**	**1 425.6**	**804.3**	**3 924.1**	**4 083.2**
1.治理废水	万元	367.90	589.9		393.0	336.0	547.9
2.治理废汽	万元	326.77	3 623.9	1 425.6	333.3	3 529.1	3 285.3
3.治理固体废物	万元	38.81	70.5		78.0	39.0	
4.治理噪声	万元	0.51	7.0			20.0	
5.其他	万元	64.54	4.6			250.0	
四、当年安排治理项目	**个**	**61**	**50**	**8**	**9**	**22**	**19**
1.治理废水	个	13	16		3	7	6
2.治理废气	个	34	22		5	11	12
3.治理固体废物	个	9	5			3	
4.治理噪声	个	3	5		1	1	
5.其他	个		3				1

注:因报表制度有所更改,1997、1998、1999年只反映了工业污染治理情况。

全省“三废”排放、处理及综合利用情况

类　　别	单　位	1990 年	1995 年	1998 年	1999 年	2000 年
一、废水排放总量	**万吨/年**	**12 259.00**	**9 440.00**	**11 380**	**11 375**	**11 997**
工业废水	万吨/年	6 864.88	5 028.68	4 097.67	4 093.47	4 661.06
符合排水标准的	万吨/年	1 775.13	2 212.42	2 895.48	2 862.32	3 777.14
经过处理达标的	万吨/年	568.06		1 258.37	1 500.99	906.74
二、废气排放总量	**亿标立方米/年**	**388.90**	**442.44**	**589.03**	**605.51**	**607.37**
燃料燃烧过程中废气排放量	亿标立方米/年	255.80	189.36	213.48	182.84	163.43
＃经过消烟除尘的	亿标立方米/年	122.60	168.18	190.96	167.27	154.24
生产工艺过程中废气排放量	亿标立方米/年	125.70	253.08	375.55	422.63	443.94
＃经过净化处理的	亿标立方米/年	23.90	207.50	249.76	264.64	270.54
三、工业粉尘排放量	**万吨/年**	**3.20**	**3.43**	**8.33**	**6.40**	**4.17**
工业粉尘回收量	万吨/年	4.60	4.06	2.50	8.88	11.01
四、工业固体废物产生量	**万吨/年**	**256.00**	**208.34**	**305.40**	**305.17**	**336.71**
工业固体废物贮存量	万吨/年	92.00	86.20	224.30	170.68	241.68
工业固体废物综合利用量	万吨/年	32.00	58.64	57.00	110.75	458
工业固体废物排放量	万吨/年	127.00	64.95	2.60	0.96	0.12
五、锅炉	**台/千蒸吨**	**1 618/4.9**	**582/4.4**	**475/5.3**	**480/4.4**	**416/4.3**
烟尘排放达标的	台/千蒸吨	949/3.9			301/3.4	251/3.0
六、工业炉窑	**台**	**357**	**325**	**407**	**379**	**333**
七、“三废”综合利用产品产值	**万元/年**	**830.00**	**2 017.40**	**1 345.4**	**953.20**	**1 613**
“三废”综合利用利润	万元/年	391.00	279.50	319.4	188.00	343.6
八、汇总企业数	**个**	**278**	**260**	**243**	**221**	**204**

注:1.包括处理后外排和处理后回用工业废排量。

2.废水排放总量:含生活污水排放量。

QHTJNJ

教育和文化事业

Education and Culture

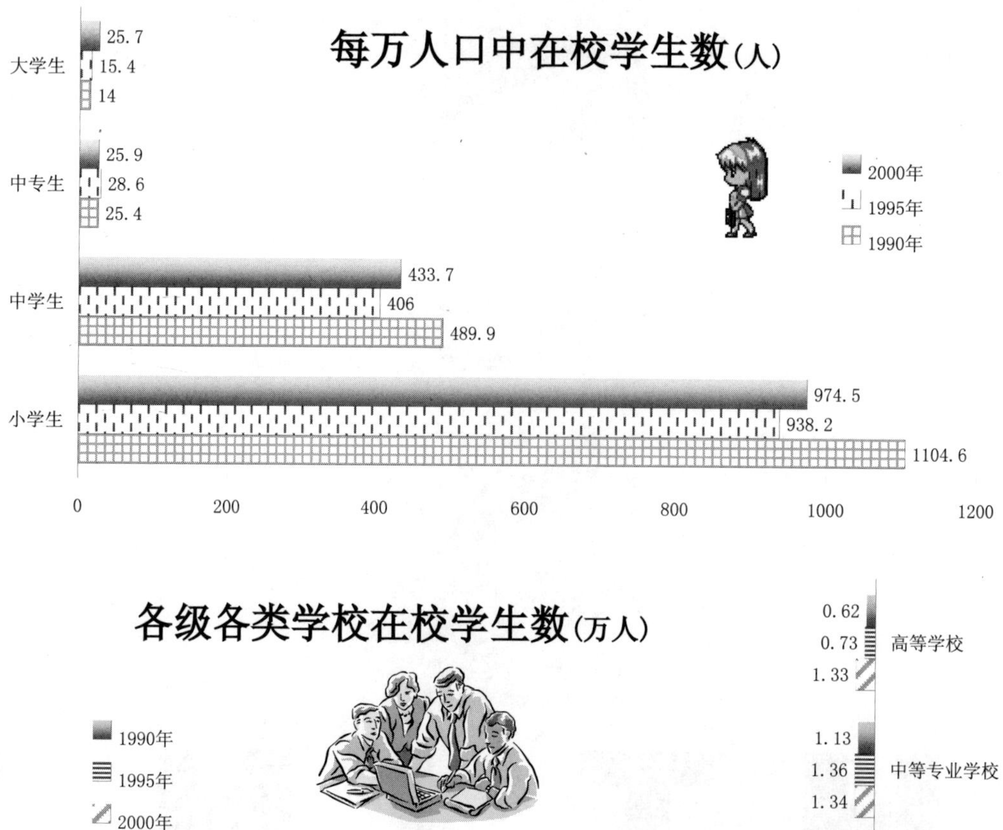
每万人口中在校学生数(人)
大学生
25.7
15.4
14
中专生
25.9
28.6
25.4
中学生
433.7
406
489.9
小学生
974.5
938.2
1104.6
2000年
1995年
1990年
0
200
400
600
800
1000
1200

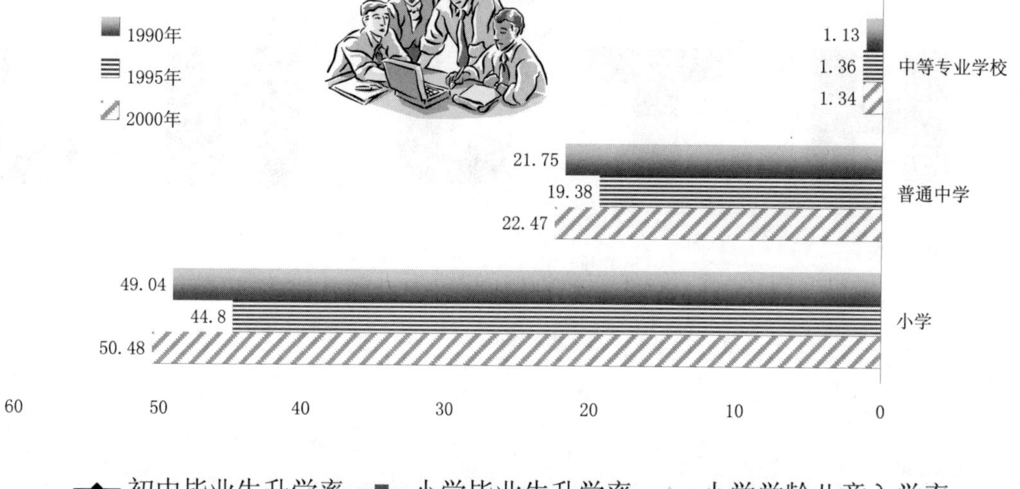
各级各类学校在校学生数(万人)
1990年
1995年
2000年
高等学校
0.62
0.73
1.33
中等专业学校
1.13
1.36
1.34
普通中学
21.75
19.38
22.47
小学
49.04
44.8
50.48
60
50
40
30
20
10
0

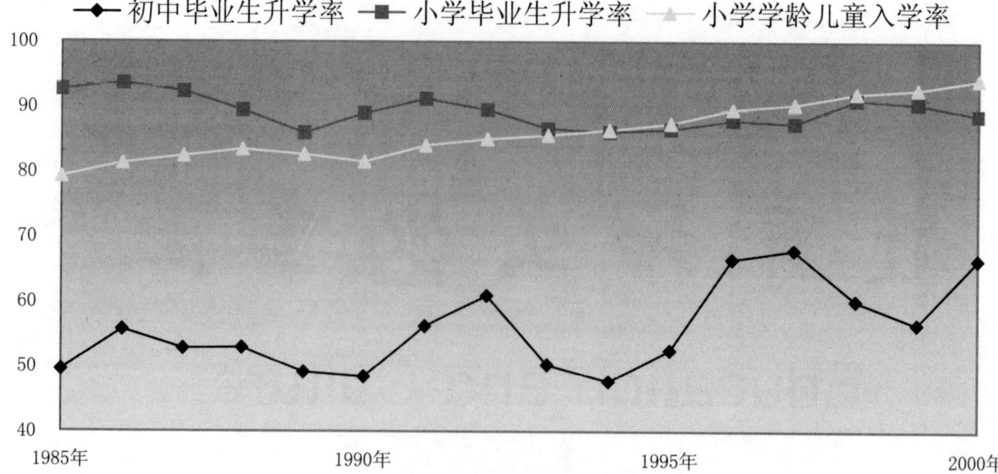
初中毕业生升学率
小学毕业生升学率
小学学龄儿童入学率
100
90
80
70
60
50
40
1985年
1990年
1995年
2000年

各级各类学校数

单位:所

年　　份	高等学校	中等专业学校	#中　师	普通中学	农业中学及其他职业中学	小　学
1952		7	5	4		1 065
1957	1	18	9	14		1 441
1965	1	14	8	30	12	5 847
1970	3	9	6	49		3 097
1975	4	11	8	540	1	6 531
1978	6	27	16	818		6 577
1980	6	33	16	582	1	5 207
1985	7	37	16	435	6	4 256
1990	7	39	16	484	35	3 839
1995	7	34	11	471	28	3 437
1996	7	34	11	467	29	3 451
1997	6	35	11	459	35	3 473
1998	6	35	11	449	32	3 465
1999	6	35	11	448	31	3 448
2000	8	15	7	448	31	3 429

高等学校基本情况

单位:人

年　　份	毕业人数	招生人数	在校学生数	教职工人数	#专任教师	每一专任教师负担学生数
1957		102	178	113	55	3.2
1965	297	176	566	634	326	1.7
1970	323	368	616	792	351	1.8
1975	688	861	2 709	1 350	625	4.3
1978	785	1 314	3 538	1 663	819	4.3
1980	692	1 208	4 238	1 970	999	4.2
1985	1 159	2 037	6 414	2 559	1 253	5.1
1990	1 930	1 725	6 241	2 805	1 470	4.2
1995	2 133	2 339	7 332	2 965	1 410	5.2
1996	2 033	2 460	7 780	2 973	1 398	5.6
1997	2 135	2 619	8 202	3 108	1 587	5.2
1998	2 241	2 787	8 691	3 399	1 678	5.2
1999	2 490	3 172	9 347	3 454	1 711	5.5
2000	2 130	6 105	13 307	4 229	2 107	6.3

中等专业学校基本情况

单位:人

年　　份	毕业生人数	招生人数	在校学生数	教职工人数	#专任教师	每一专任教师负担学生数
1952	134	499	1 602	236	88	18.2
1957	465	1 486	5 856	862	330	17.8
1965	510	1 644	3 825	753	313	12.2
1970	970	1 677	2 210	578	261	8.5
1975	1 502	2 006	5 703	989	436	13.1
1978	1 778	3 459	7 966	1 374	657	12.1
1980	2 484	2 922	9 615	1 917	955	10.5
1985	2 872	4 512	12 159	2 555	1 283	9.5
1990	4 216	3 378	11 286	3 102	1 670	6.8
1995	3 280	4 271	13 643	3 048	1 691	8.1
1996	4 296	4 186	13 479	3 062	1 701	7.9
1997	4 121	3 867	13 215	3 048	1 719	7.7
1998	4 215	4 019	12 925	3 079	1 758	7.4
1999	4 252	4 050	12 600	3 072	1 777	7.1
2000	4 093	4 781	13 406	2 398	1 363	9.8

普 通 中 学 基 本 情 况

单位:人

年　　份	毕业生人数	招生人数	在校学生数	教职工人数	#专任教师	每一专任教师负担学生数
1952	193	454	1 221	137	60	8.9
1957	1 026	4 111	9 382	539	400	17.4
1965	2 182	4 403	11 978	1 122	767	10.7
1970	8 096	14 374	38 913	1 700	1 375	22.9
1975	26 410	53 092	120 724	7 528	5 857	16.0
1978	49 600	78 600	209 100	11 512	9 791	18.2
1980	58 600	70 597	199 200	14 058	10 779	18.5
1985	58 200	76 200	230 700	16 599	12 917	17.9
1990	68 074	76 269	217 470	20 161	16 023	13.6
1995	57 835	69 755	193 862	19 190	15 691	12.4
1996	55 389	67 599	192 854	19 046	15 638	12.3
1997	58 488	70 944	194 628	19 440	16 089	12.1
1998	58 703	72 987	195 037	18 884	16 009	12.2
1999	56 712	78 901	207 214	19 090	16 260	12.7
2000	57 812	86 540	224 660	19 378	16 645	13.5

小 学 基 本 情 况

年份	毕业生人数（万人）	招生人数（万人）	在校学生数（万人）	教职工人数（人）	#专任教师	每一专任教师负担学生数
1952	0.64	0.93	8.81	2 542	2 375	37.1
1957	2.26	4.14	15.37	4 661	4 401	34.9
1965	1.70	14.78	30.95	11 148	10 812	28.6
1970	2.29	3.38	23.13	10 196	10 057	23.0
1975	4.81	18.34	54.05	20 512	19 485	27.7
1978	6.46	13.38	59.90	24 933	23 918	25.0
1980	6.27	11.53	57.48	27 049	25 162	22.8
1985	6.10	9.60	54.24	26 818	24 649	22.0
1990	6.51	7.65	49.04	28 582	26 515	18.5
1995	5.94	8.32	44.80	28 810	26 881	16.7
1996	5.88	8.67	45.96	29 298	27 350	16.8
1997	6.05	8.88	47.14	29 490	27 611	17.1
1998	6.34	9.14	48.66	29 433	27 702	17.6
1999	6.87	9.60	50.07	29 130	27 452	18.2
2000	7.56	9.36	50.48	29 371	27 706	18.2

幼儿教育事业基本情况

单位:人

年份	幼儿园数(所)	在园幼儿数	教职工人数	#幼师	每一幼师负担幼儿数
1952	3	560	46	25	22.4
1957	4	882	121	40	22.1
1965	13	2 007	212	65	30.9
1980	46	15 561	1 053	408	38.1
1985	219	29 140	1 417	843	34.6
1990	203	44 320	1 820	1 275	34.8
1995	203	72 030	2 694	1 719	41.9
1996	192	70 467	2 443	1 690	41.7
1997	185	73 735	2 947	2 141	34.4
1998	192	70 908	2 643	1 883	37.7
1999	189	66 795	2 784	1 999	33.4
2000	201	63 711	2 721	2 115	30.12

初中、小学毕业生升学率、学龄儿童入学率

单位:%

年　　份	初中毕业生升学率	小学毕业生升学率	小学学龄儿童入学率
1952	82.1	45.1	
1957	113.0	58.1	
1965	93.7	106.7	73.1
1970	46.8	53.4	51.4
1975	63.0	89.5	89.8
1978	58.8	92.1	85.5
1980	40.2	86.9	82.4
1985	49.9	92.6	79.2
1990	48.4	88.9	81.5
1995	52.5	86.5	87.4
1996	66.5	87.9	89.6
1997	67.9	87.4	90.4
1998	60.1	91.1	92.1
1999	60.5	90.5	92.7
2000	66.4	88.7	94.2

全省每万人口中在校学生数

单位:人

年　　份	大学生	中专生	#中　师	中学生	小学生
1952		10	7	8	547
1957	0.9	30	11	46	749
1965	3.0	16	10	52	1 343
1970	2.0	8	5	138	818
1975	8.0	17	12	358	1 602
1978	10.0	22	15	573	1 642
1980	11.0	25	15	529	1 525
1985	15.9	30.3	0.5	556.4	1 350.6
1990	14.0	25.4	12.3	489.9	1 104.6
1995	15.4	28.6	12.4	406.0	938.2
1996	15.9	27.6	12.4	421.6	941.1
1997	16.5	26.7	11.4	392.7	951.2
1998	17.3	25.7	10.3	387.9	967.9
1999	18.3	24.7	8.6	406.5	982.1
2000	25.7	25.9	7.6	433.7	974.5

各级学校女学生和女教师数

（2000 年） 单位：人

学　校	普通高等学校	普通中专学校	成人高等学校	成人中专学校
毕业生数	2 130	4 093	1 022	2 977
女性	996	2 060	522	1 782
招生数	6 105	4 781	2 676	1 830
女性	3 356	2 541	878	824
在校生数	13 307	13 406	4 776	6 138
女性	7 020	6 986	2 431	2 903
教职工数	4 229	2 398	639	766
女性	1 840	988	263	344
专任教师	2 107	1 363	364	433
女性	959	583	178	212

各级学校教师及负担学生数

单位：人

年　份	高等学校		普通中学		小学	
	教师数	平均每个教师负担学生数	教师数	平均每个教师负担学生数	教师数	平均每个教师负担学生数
1952			137	8.9	2 542	37.1
1957	55	3.2	400	17.4	4 401	34.9
1965	326	1.7	767	10.7	10 812	28.6
1978	819	4.3	9 791	18.2	23 918	25.0
1980	999	4.2	10 779	18.5	25 162	22.8
1985	1 253	5.1	12 917	17.9	24 649	22.0
1990	1 470	4.2	16 023	13.6	26 515	18.5
1995	1 410	5.2	15 691	12.4	26 881	16.7
1996	1 398	5.6	15 638	12.3	27 350	16.8
1997	1 587	5.2	16 089	12.1	27 611	17.1
1998	1 678	5.2	16 009	12.2	27 702	17.6
1999	1 711	5.5	16 260	12.7	27 452	18.2
2000	2 107	6.3	16 645	13.5	27 706	18.2

普通教育各级学校基本情况

（2000 年）　　　　单位:人

类　　别	学校数（所）	毕业生数	招生数	在校学生数	教职工数	＃专任教师
总　计	**4 139**	**144 377**	**252 412**	**831 544**	**59 169**	**50 742**
一、高等学校	**8**	**2 134**	**6 124**	**13 352**	**4 229**	**2 107**
研究生人数		4	19	44		
本专科学生人数	8	2 130	6 105	13 307		
二、中等学校	**494**	**66 550**	**95 390**	**246 397**	**22 722**	**18 717**
1.中等专业学校	15	4 093	4 781	13 406	2 398	1 363
中等技术学校	8	2 488	3 551	9 450	1 630	871
中等师范学校	7	1 605	1 230	3 956	768	492
2.普通中学	448	57 812	86 540	224 660	19 378	16 645
高　中	165	14 156	19 791	49 391		4 365
初　中	283	43 656	66 749	175 269		12 280
3.职业中学	31	4 645	4 069	8 331	946	709
高　中	29	3 555	3 785	7 573		662
初　中	2	1 090	284	758		47
三、小学	**3 429**	**75 615**	**93 584**	**504 750**	**29 371**	**27 706**
四、特殊教育学校	**7**	**78**	**233**	**3 334**	**126**	**97**
五、幼儿园	**201**		**57 081**	**63 711**	**2 721**	**2 115**

普通教育专设各级民族学校基本情况

（2000年） 单位：人、所

类　　别	学校数	毕业生数	招生数	在校学生数	教职工数	#专任教师
总　　计	**1 597**	**37 410**	**61 602**	**276 274**	**16 137**	**14 055**
一、高等学校	**2**	**517**	**1 116**	**2 754**	**730**	**311**
二、中等学校	**81**	**8 681**	**12 528**	**33 057**	**4 050**	**3 072**
1.中等专业学校	7	1 270	1 208	4 128	809	474
中等技术学校	1	258	518	1 294	200	100
中等师范学校	6	1 012	690	2 834	609	374
2.普通中学	74	7 411	11 320	28 929	3 241	2 598
高　　中	38	1 732	2 561	6 345		690
初　　中	36	5 679	8 759	22 584		1 908
三、小　学	**1 514**	**28 212**	**47 958**	**240 463**	**11 357**	**10 672**
#寄宿小学	336	4 256	10 577	45 283	3 925	3 425
四、用少数民族语言教学的中学合计	**45**	**4 678**	**5 912**	**15 556**	**1 889**	**1 479**
用藏语教学的中学	41	4 438	5 448	14 429	1 718	1 334
用蒙语教学的中学	4	240	464	1 127	171	145
五、用少数民族语言教学的小学合计	**837**	**8 122**	**18 985**	**92 215**	**6 441**	**5 894**
用藏语教学的小学	817	7 777	18 555	88 689	6 121	5 595
用蒙语教学的小学	20	345	430	2 046	320	299

成人教育各级学校基本情况

（2000 年）　　　　单位：人、所

类　　别	学校数	毕业生数	招生数	在校生数	教职工数	#专任教师	兼任教师
总　　计	**1 568**	**472 915**	**379 767**	**402 562**	**2 328**	**970**	**4 435**
一、高等学校	**2**	**1 022**	**2 676**	**4 776**	**639**	**364**	**111**
1.广播电视大学	1	513	1 528	2 670	456	228	99
2.职工高等学校	1	509	1 148	2 106	183	136	12
3.教育学校							
二、中等学校	**17**	**2 977**	**1 830**	**6 138**	**766**	**433**	**179**
中等专业学校	17	2 977	1 830	6 138	766	433	179
(1)广播电视中等专业学校	2	1 062	420	2 019	191	111	62
(2)职工中等专业学校	11	837	1 145	2 802	438	242	26
(3)干部中等专业学校	3	540	118	325	100	48	20
(4)函授中等专业学校	1	538	147	992	37	32	71
三、成人技术培训学校	**1 071**	**436 558**	**328 661**	**343 840**	**535**	**105**	**1 995**
农民技术培训学校	1 065	420 876	313 307	327 435	436	25	1 962
职工技术培训学校	6	15 682	15 354	16 405	99	80	33
四、成人初等学校	**478**	**32 358**	**46 600**	**47 808**	**388**	**68**	**2 150**
1.职工初等学校	3	1	12	1	1		1
2.农民初等学校	475	32 357	46 588	47 807	387	68	2 144
(1)小学班	132	5 960	21 112	21 388	56	13	129
(2)扫盲班	343	26 397	25 476	26 419	331	55	2 015

技工学校学生情况统计表

（2000 年）

类　别	总　计	地方劳动保障部门办校	地方国有经济单位办校	行业办校	企业办校	国务院部委办校
学校数(所)	**7**		**4**	**3**	**1**	**3**
招生学校数(所)	7		4	3	1	3
招生人数	**537**		**305**	**273**	**32**	**232**
高级班学生	228		228	228		
女生	104		95	76	19	9
农业户口学生	1			1		
在校生人数	**2 053**		**991**	**778**	**213**	**1 025**
高级班学生	384		306	306		78
毕业生人数	**1 234**		**845**	**670**	**175**	**354**
获得初级职业资格	240		240	228	12	
获得中级职业资格	864		600	437	163	229
获得高级职业资格						
培训社会人员人次数	**13 826**		**11 653**	**7 400**	**4 253**	**2 173**
女性	3 591		2 832	1 984	848	759
上年末结转人数	12		12	12		

技工学校学生情况统计表(续)

（2000 年）

类　别	总　计	地方劳动保障部门办校	地方国有经济单位办校	行业办校	企业办校	国务院部委办校
培训社会人员结业人数	**13 623**		**11 450**	**7 219**	**4 231**	**2 173**
按培训对象分组						
下岗职工	367		347	335	12	20
失业人员						
劳动预备制学员	174					174
在职职工	13 047		11 068	6 849	4 219	1 979
其他	35		35	35		
按获取证书分组						
初级职业资格	684		676	666	10	8
中级职业资格	276		23	2	21	253
高级职业资格	280					280
就业人数	**1 298**		**914**	**834**	**80**	**354**
＃技工学校学生	963		579	499	80	354
在职教职工人数	**1 154**		**690**	**587**	**103**	**421**
＃女性	482		305	251	54	153
＃文化技术理论课教师	607		421	351	70	163
高级讲师	73		30	28	2	43
讲　师	267		175	141	34	81
助理讲师	210		169	136	33	35
大学本科以上	289		178	146	32	99

文化事业机构人员数

单位:机构:个

类别	1965年	1978年	1980年	1985年	1990年	1995年	1997年	1998年	1999年	2000年
一、电影事业										
机构	206	1 331	1 516	1 303	1 030	715	709	680	45	63
人员	596	2 203	3 526	3 003	2 482	1 788	1 694	1 675	481	508
二、艺术事业										
机构	18	28	28	23	20	17	17	18	18	19
人员	692	413	1 562	1 426	1 370	1 183	1 144	1 110	1 105	1 056
三、图书馆事业										
机构	1	13	23	27	41	41	38	38	38	38
人员	53	105	217	340	416	400	421	393	392	378
四、群众文化事业										
机构	30	43	69	305	307	270	252	249	249	250
人员	65	194	314	804	869	725	731	695	673	705
五、文物事业										
机构		4	5	16	25	29	34	36	37	39
人员		41	99	150	202	245	257	262	282	293
六、艺术教育事业										
机构		1	2	2	1	2	2	2	2	2
人员		33	99	93	115	85	85	88	100	112
七、文化艺术科学研究事业										
机构				1			1	1	1	1
人员				37			17	18	16	14
八、其他文化事业										
机构	3	1	1	2	2	6	661	998	6	4
人员	28	9	9	31	86	107	1 655	1 982	54	78

注:其他文化事业机构、人员数包括:文化艺术经纪代理业和经营机构人员。

文化事业机构、人员情况

(2000 年)　　　　单位:个、人

类别	合计		文化部门		工矿及其他部门		集体及个体经营	
	机构数	人数	机构数	人数	机构数	人数	机构数	人数
总计	**416**	**3 144**	**397**	**3 012**	**18**	**125**	**1**	**7**
一、电影事业	**63**	**508**	**50**	**382**	**12**	**119**	**1**	**7**
1.电影发行放映管理机构	12	151	12	151				
2.电影院	5	41	4	34			1	7
3.影剧院	34	222	33	194	1	28		
4.开放礼堂、俱乐部	4	42			4	42		
5.放映队								
6.对内礼堂俱乐部	7	49			7	49		
7.其他	1	3	1	3				
二、艺术事业	**16**	**996**	**16**	**996**				
1.艺术表演团体	14	969	14	969				
(1)话剧团	1	56	1	56				
(2)歌剧团、舞剧团、歌舞剧团	1	93	1	93				
(3)歌舞团、轻音乐团	5	375	5	375				
#少数民族歌舞团								
(4)文工团、文宣队、乌兰牧骑	2	110	2	110				
(5)戏曲剧团	4	288	4	288				
#京剧团	1	70	1	70				
(6)曲、杂、木、皮团	1	47	1	47				
2.艺术表演场所	2	27	2	27				
三、图书馆事业	**38**	**378**	**38**	**378**				
四、文物事业	**39**	**293**	**39**	**293**				
1.文物单位	24	145	24	145				
#文物保护机构	23	90	23	90				
2.博物馆合计	14	136	14	136				
3.文物商店合计	1	12	1	12				
五、群众文化事业	**250**	**705**	**244**	**699**	**6**	**6**		
1.群众艺术馆	9	165	9	165				
2.文化馆	43	346	43	346				
3.文化站	198	194	192	188	6	6		
六、艺术教育事业	**2**	**112**	**2**	**112**				
1.中等专业学校	1	101	1	101				
2.其他教育机构	1	11	1	11				
七、文化艺术科学研究机构	**1**	**14**	**1**	**14**				
八、其他文化事业	**7**	**138**	**7**	**138**				
1.艺术创作机构	3	60	3	60				
2.文化艺术经纪与代理业	1	4	1	4				
3.其他	3	74	3	74				

报纸、杂志、图书出版情况

年份	报纸		杂志		图书	
	种数（种）	总印数（万份）	种数（种）	总印数（万册）	种数（种）	总印数（万册）
1957		565.40			23	15.10
1970					80	312.00
1975	2	2 991.10			196	1 167.90
1978	2	2 966.00	1	6.00	204	1 051.50
1980	3	3 160.00	1	64.69	586	2 231.40
1985	10	4 312.80	17	111.13	339	960.74
1990	12	3 894.40	17	51.90	527	1 081.90
1992	15	4 773.50	25	63.10	624	1 128.33
1993	15	4 334.98	27	67.46	628	864.72
1994	15	4 316.86	37	78.93	764	1 024.84
1995	16	5 676.95	39	78.51	735	1 226.66
1996	16	4 254.00	39	70.25	667	1 025.28
1997	16	4 054.00	40	81.08	479	1 081.86
1998	14	3 792.00	39	85.33	501	1 295.18
1999	17	4 002.00	45	88.02	450	1 126.90
2000	21	4 800.20	50	91.20	195	586.19

注:2000 年新闻出版社内部整顿,图书出版印刷数量减少。

图书出版情况

(2000 年)

门类	本版图书种类(种)		租型图书种数（种）	总印数(万册、张)		总印张(千印、张)		新出图书排版字数（万字）
	合计	其中：新出		合计	其中：租型	合计	其中：租型	
图书总计	**195**	**96**	**197**	**586.19**	**390.49**	**30 216.51**	**22 670.51**	**6 201.45**
使用中国标准书号部分合计	**195**	**96**	**197**	**586.19**	**390.49**	**30 216.51**	**22 670.51**	**6 201.45**
1.社会科学总论	1	1		0.10		8.38		17.80
2.政治、法律	2	2		1.15		194.36		61.00
3.文化、科学、教育、体育	176	77	185	553.01	361.73	28 840.70	21 960.74	4 845.15
4.文学	2	2		0.60		37.24		22.40
5.艺术			12	28.76	28.76	709.77	709.77	64.00
6.历史、地理	1	1		0.76		158.92		566.60
7.医药、卫生	3	3		0.53		87.41		79.60
8.农业科学	4	4		0.38		68.84		340.00
9.综合性图书	6	6		0.9		110.89		204.90

杂志出版情况

（2000年）

杂志名称	种类	发行范围	开本（开）	每册印张（印张）	刊期	本年实际出版期数	总印数（万册）	总印张（千印张）
总计	**46**					**272**	**88.02**	**3 531.88**
一、哲学、社会科学合计	**19**					**137**	**55.11**	**1 869.35**
青海社会科学		公开	16	7.5	双月	6	0.72	54.00
青海民族学院学报		公开	16	8.75	季	4	0.64	56.00
青海《党的生活》		公开	16	2.5	月	12	22.68	567.00
青海《党的生活》(藏文版)		公开	16	3.0	双月	6	0.87	26.10
青海师范大学学报		公开	16	7.5	季	4	0.48	36.00
攀登		公开	16	5.0	双月	6	1.38	69.00
攀登(藏文版)		公开	16	5.0	季	4	0.60	30.00
青海民族研究		公开	16	6.2	季	4	0.40	25.00
青海金融		公开	16	4.0	月	12	2.40	96.00
税务学习		公开	16	3.0	双月	6	6.60	198.00
青海内参		公开	16	1.5	半月	25	3.00	45.00
民族经济与社会发展		公开	16	3.0	月	12	2.88	86.40
青海民族师专学报		公开	16	4.0	半年	1	0.05	2.00
柴达木开发研究		公开	16	5.0	双月	6	0.90	45.00
青海政报		公开	16	3.0	月	12	3.60	108.00
青海商业经济		公开	16	3.0	双月	6	1.20	36.00
青海师专学报		公开	16	6.0	季	4	0.56	33.60
致富之路		公开	16	5.0	双月	6	6.00	300.00
青海年鉴		公开	16	37.50	年	1	0.15	56.25
二、自然科学技术合计	**17**					**77**	**8.33**	**328.71**
兽医学报		公开	16	5.0	季	4	0.4	20.00
青海师范大学学报		公开	16	4.0	季	4	0.4	16.00
青海医药杂志		公开	16	4.0	月	12	1.8	72.00
高原医学杂志		公开	16	4.0	季	4	0.40	16.00

杂志出版情况(续)

(2000年)

杂志名称	种类	发行范围	开本(开)	每册印张(印张)	刊期	本年实际出版期数	总印数(万册)	总印张(千印张)
青海电力		公开	16	4.375	季	4	0.40	17.50
青海大学学报		公开	16	5.00	双月	5	0.50	25.00
青海畜牧兽医杂志		公开	16	3.00	双月	6	1.15	34.56
青海环境		公开	16	3.00	季	4	0.20	6.00
青海地质		内部	16	4.50	半年	2	0.36	16.20
盐湖研究		公开	16	5.00	季	4	0.32	16.00
青海农林科技		公开	16	4.00	季	4	0.40	16.00
青海农技推广		公开	16	4.00	季	4	0.40	16.00
高原地震		公开	16	4.375	季	4	0.12	5.25
青海交通科技		公开	16	3.00	季	4	0.40	12.00
青海科技		公开	16	3.00	季	4	0.40	12.00
青海草业		公开	16	3.00	季	4	0.20	6.00
青海医学院学报		公开	16	4.625	季	4	0.48	22.20
三、文化教育合计	**2**					**19**	**15.10**	**495.00**
青海教育		公开	16	3.00	月	13	13.00	390.00
青海教育(藏文版)		公开	16	5.00	双月	6	2.10	105.00
四、文学艺术合计	**7**					**39**	**9.48**	**750.80**
青海湖		公开	16	4.00	月	12	2.40	96.00
章恰尔		公开	16	7.50	季	4	2.80	210.00
瀚海潮		公开	16	4.00	季	5	1.50	60.00
牧笛		公开	16	2.00	双月	3	0.30	6.00
青海群众艺术		公开	16	4.00	季	4	0.80	32.00
快乐青春		公开	16	4.50	月	3		270.00
群文天地		公开	16	4.00	季	4	1.20	48.00
花的柴达木		公开	16	6.00	季	4	0.48	28.80

报纸出版情况

（2000 年）

报纸名称	报社的主管部门	类别	文字别	开张及版数	刊期
总计	**16 种**				
青海日报	中共青海省委	综合	汉文	对开 4 版周末 8 版	日报
青海藏文报	中共青海省委	综合	藏文	对开 4 版	双日
青海经济报	青海省经贸委	专业	汉文	对开 4 版	周三
青海青年报	共青团青海省委	综合	汉文	四开 8 版	周一
青海科技报	青海省科协	专业	汉文	四开 8 版	周一
青海藏文科技报	青海省科协	专业	藏文	四开 4 版	其他
青海广播电视报	青海省广播电视局	专业	汉文	对开 8 版	周一
刚坚少年报	青海民族出版社	综合	藏文	四开 4 版	旬
青海法制报	青海省司法厅	专业	汉文	四开 4 版	周二
青海藏文法制报	青海省司法厅	专业	藏文	四开 4 版	旬
西宁晚报	中共西宁市委	综合	汉文	四开 4 版	日
海东报	中共海东地委	综合	汉文	四开 4 版	周二
柴达木报	中共海西州委	综合	蒙古文	四开 4 版	周一
青海石油报	青海石油管理局	专业	汉文	对开 4 版	周三
青海工商报	青海省工商局	专业	汉文	对开 4 版	周一
西宁广播电视报	西宁广电局	专业	汉文	四开 4 版	周一
西海都市报	青海日报社	综合	汉文	四开 8 版	周五
党校教育报	省委党校	专业	汉文	四开 4 版	其他
青海油城电视报	青海石油管理局	专业	汉文	四开 12 版	周一
黄南报	黄南州委	综合	汉文	四开 4 版	旬
格尔木报	中共格尔木市委	综合	汉文	四开 8 版	周一
格尔木电视报	格尔木广电局	专业	汉文	四开 8 版	周一

报纸出版情况(续)

(2000年)

报纸名称	本年实际出版期数	期印数(份)		总印数(万份)	总印张(千印张)
		平均数	期末数		
总　　计	**1 886**	**239 277**	**242 412**	**3 892**	**47 340**
青海日报	365	49 896	50 251	1 820	23 380
青海藏文报	182	1 315	1 315	24	238
青海经济报	152	20 400	20 400	312	3 120
青海青年报	52	8 000	8 000	42	416
青海科技报	52	9 421	10 000	50	500
青海藏文科技报	24	850	800	2	10
青海广播电视报	52	45 000	46 000	234	8 640
刚坚少年报	36	5 716	5 716	21	103
青海法制报	103	12 800	12 800	132	1 320
青海藏文法制报	36	1 000	1 000	4	18
西宁晚报	365	20 000	19 830	724	5 200
海东报	104	8 000	10 000	84	416
柴达木报	52	2 500	2 500	13	65
青海石油报	156	8 000	8 000	124	1 248
青海工商报	52	28 000	28 000	146	1 456
西宁广播电视报	52	15 000	15 000	78	390
西海都市报	256	6 645	6 938	170	1 702
党校教育报	24	12 000	12 000	28	14 400
青海油城电视报	52	8 300	8 300	43	647
黄南报	37	1 000	1 000	4	19
格尔木报	52	4 000	4 000	20	208
格尔木电视报	52	1 000	1 000	5	50

无线广播宣传基本情况

（2000年）

项目	广播使用语言名称	台数（座）	节目套数（套）	平均每日播音时间（时、分）									
				合计	转中央台节目	转省级台节目	自办节目						
							小计	新闻	专题	教育	文艺	服务性	广告
合计		**4**	**8**	**68:05**	**3:30**	**0:34**	**64:01**	**11:55**	**8:10**	**0:50**	**28:36**	**12:20**	**2:10**
省级		**1**	**4**	**41:40**	**0:30**	**0:00**	**41:10**	**7:00**	**4:55**	**0:50**	**17:55**	**9:05**	**1:25**
青海广播电台	其他	1	4	41:40	0:30	0:00	41:10	7:00	4:55	0:50	17:55	9:05	1:25
地市级		**3**	**4**	**26:25**	**3:00**	**0:34**	**22:51**	**4:55**	**3:15**	**0:00**	**10:41**	**3:15**	**0:45**
西宁广播电台	普通话	1	1	10:35	1:00	0:14	9:21	1:55	1:00	0:00	5:11	0:30	0:45
玉树广播电台	其他	1	1	7:30	1:00	0:20	6:10	0:45	1:45	0:00	2:10	1:30	0:00
海西广播电台	其他	1	2	8:20	1:00	0:00	7:20	2:15	0:30	0:00	3:20	1:15	0:00

电视宣传基本情况

（2000年）

项目	台数（座）	节目套数（套）	平均每周播出时间（时、分）								
			合计	转中央台节目	自办节目						
					小计	新闻	专题	教育	文艺	服务性	广告
合计	**4**	**6**	**363:26**	**18:20**	**341:51**	**41:58**	**40:55**	**9:30**	**203:37**	**8:41**	**37:10**
省级	**1**	**2**	**211:16**	**3:30**	**207:46**	**27:20**	**30:50**	**9:10**	**109:10**	**0:56**	**30:20**
青海电视台	1	2	211:16	3:30	207:46	27:20	30:50	9:10	109:10	0:56	30:20
地市级	**3**	**3**	**112:40**	**10:45**	**98:40**	**12:53**	**9:55**	**0:00**	**64:22**	**4:55**	**6:35**
西宁电视台	1	1	47:20	4:10	43:10	4:13	7:50	0:00	23:22	3:00	4:45
海南电视台	1	1	22:30	2:30	17:30	1:40	0:20	0:00	14:40	0:00	0:50
海西电视台	1	1	42:50	4:50	38:00	7:00	1:45	0:00	26:20	1:55	1:00
县级		**1**	**39:30**	**4:05**	**35:25**	**1:45**	**0:10**	**0:20**	**30:05**	**2:50**	**0:15**
格尔木电视台		1	39:30	4:05	35:25	1:45	0:10	0:20	30:05	2:50	0:15

县级广播、电视基本情况

(2000年)

	行政单位(个)				农村广播电视普及情况					广播喇叭合计(万只)	没通电的乡村	
	州地市	县	乡(镇)	村	乡广播电视站	通广播的乡	通电视的乡	通广播的村	通电视的村		乡镇	村
合计	**8**	**51**	**440**	**4102**	**370**	**215**	**387**	**2 254**	**3 186**	**0.16**	**23**	**726**
西宁	1	7	70	935	64	63	65	820	855	0.01		
海东	1	6	113	1613	95	75	113	945	1 525	0.05		60
海北	1	4	35	205	37	21	34	130	165		1	26
黄南	1	5	39	252	26	11	37	74	161	0.10	1	109
海南	1	6	41	399	28	10	42	110	278	0.00	1	63
果洛	1	6	51	187	45	1	31		37		15	177
玉树	1	6	48	258	46	10	28	3	103		4	194
海西	1	11	43	253	29	24	37	172	62		1	97

广播节目制作情况

(2000年)　　单位:小时

项目	总计	省级	青海广播电台	地市级	西宁广播电台	玉树州广播电台	海西蒙古族藏族自治州广播电台
本年制作广播电视节目	15 537	10 218	10 218	5 319	3 790	449	1 080
本年自制广播节目	11 080	9 118	9 118	1 962	690	192	1 080
新闻	2 158	1 551	1 551	607	242	91	274
专题	3 694	3 290	3 290	404	187	35	182
教育	31	31	31				
文艺	3 031	2 361	2 361	670	200	30	440
广告	589	549	549	40	40		
服务性	1 577	1 336	1 336	241	21	36	184
本年加工广播节目	4 457	1 100	1 100	3 357	3 100	257	
新闻	421			421	300	121	
专题	614	17	17	597	550	47	
教育							
文艺	3 355	1 065	1 065	2 290	2 250	40	
广告							
服务性	67	18	18	49		49	

广播、电视事业发展和普及情况

年份	广播电台数（座）	广播发射台和转播台（座）	广播节目套数（套）	广播人口覆盖率（%）	电视台数（座）	电视发射台和转播台	电视节目套数（套）	电视人口覆盖率（%）	县广播站（站）（%）	公社（乡）放大站（个）	有线广播喇叭数（个）	农村有线广播普及率(喇叭入户率（%）
1952	1	1	1	…								
1965	1	1	2	…					30	218	32.0	…
1978	1	5	2	25	1	10	1	20	41	226	293.0	
1980	1	5	3	25	1	17	1	22	48	222	276.0	
1985	3	7	6	48	1	120	1	46	40	226	222.0	47.00
1990	4	7	7	50	4	186	5	72	36	204	161.9	29.00
1992	4	8	7	50	4	235	5	73	38	207	137.7	23.00
1993	4	8	7	58	5	260	6	75	37	200	143.9	25.00
1994	4	8	7	58	5	273	6	75	37	190	114.5	18.70
1995	4	8	7	59	5	323	6	76	38	188	109.5	17.60
1996	4	8	7	59	5	335	6	76	38	159	83.6	15.20
1997	4	8	7	58.5	5	392	6	78.40	39	181	96.5	14.67
1998	4	8	7	59.32	5	410	6	78.80				
1999	4	8	8	60.11	5	832	6	82.32				
2000	4	7	8	63	5	1 274	6	86				

广播电视覆盖情况

（2000 年）

类别	人口数（万人）	覆盖人口（万人）	覆盖率（%）	类别	人口数（万人）	覆盖人口（万人）	覆盖率（%）
一、广播	**509.80**	**322.82**	**63.32**	**二、电视**	**509.80**	**438.21**	**85.96**
中央台第一套节目		318.33	62.44	中央台第一套节目		426.62	83.68
省台第一套节目		305.27	59.88	省级台第一套节目		370.00	72.58
地市台节目		95.25	18.68	地市级台节目		95.45	18.72
县级台节目				县级台节目		9.06	1.78

2000 年本省制作的电视剧一览表

电视剧名称	种类	合计		自制		合拍		制作单位
		部	集	部	集	部	集	
合　计		**5**	**101**	**4**	**81**	**1**	**20**	
《左边是黄河右是崖》	连续剧	1	12	1	12			青海电视台　省委宣传部
《太 极 宗 师》	连续剧	1	28	1	28			青海电视台
《黄 飞 鸿》	连续剧	1	27	1	27			青海电视台
《西 藏 风 云》	连续剧	1	14	1	14			青海电视台
《黑白大博斗》	连续剧	1	20			1	20	西宁市广电局艺术中心;西安电视台;西安亚太广告公司

有线电视基本情况

(2000 年)

地　区	有线电视台		有线电视转播台		共用天线系统	
	座　数	用　户 (万户)	系统内 座数	系统内 用户(万户)	系统	用户
合　计	**2**	**20.66**	**159**	**1.82**	**154**	**4.84**
青海有线广播电视台	1	4.20				
西宁市有线电视台	1	7.80				
西宁市	1	9.25	38	0.31	66	2.66
海东地区		1.87	30	0.30	11	0.47
海南州		1.16	25	0.35	9	0.08
海西州		1.86	28	0.51	47	1.12
海北州		0.83	32	0.27	12	0.41
黄南州		0.67	6	0.08	6	0.09
果洛州		0.35				
玉树州		0.47			3	0.01

QHTJNJ

卫生体育及其他事业

Health, Sports and Others

卫生技术人员数（人）

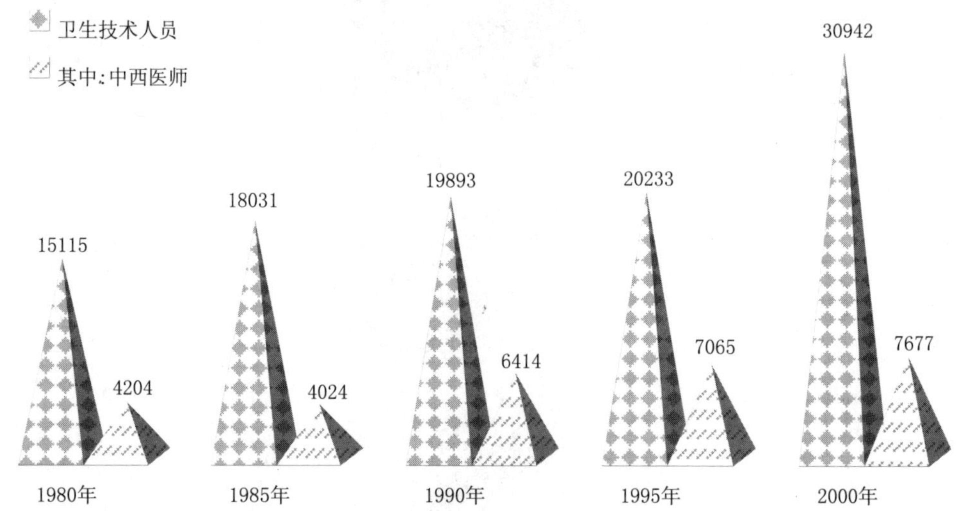

全省团员人数（万人）

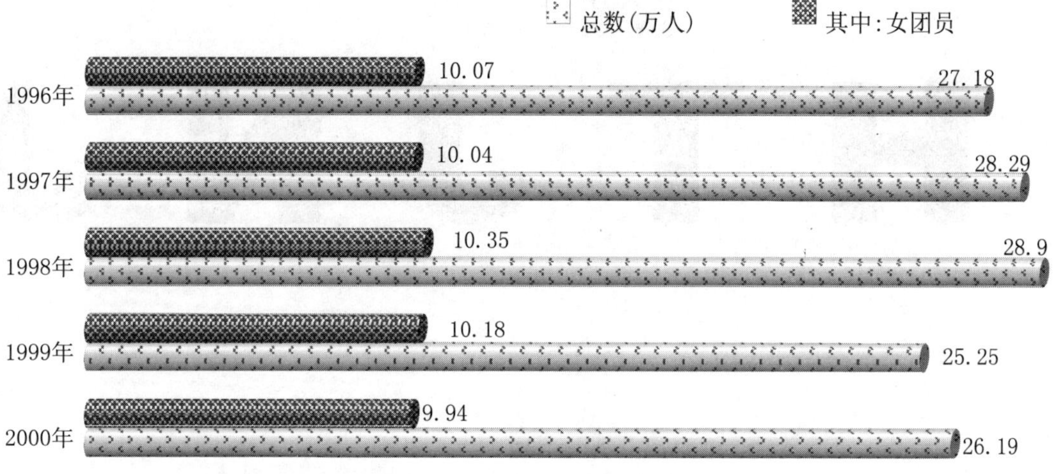

青少年业余体校在校学生数(人)

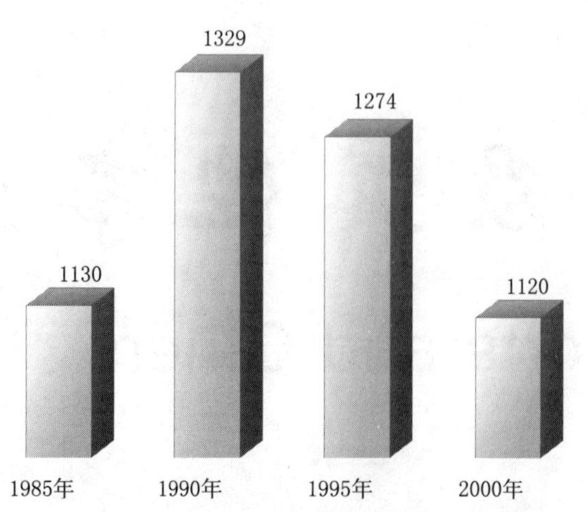

主要年份卫生事业机构、床位、人员数

年份	机构数（个）	医院	病床数（张）	卫生技术人员（人）	西医师	中医师	医士	护士	其他
1952	67	28	529	513	23		125	130	235
1957	215	45	2 115	2 605	253	94	726	750	782
1965	822	63	6 634	6 114	856	573	1 589	1 712	1 384
1970	818	80	8 212	8 217	1 710	433	2 047	2 331	1 696
1975	920	499	10 222	11 390	2 247	637	2 270	2 987	3 249
1978	1 032	507	10 951	13 090	2 694	784	2 599	2 703	4 310
1980	1 047	511	11 941	15 115	3 312	892	2 412	2 712	5 401
1985	1 253	518	13 743	18 031	3 302	722	3 847	3 392	6 768
1986	1 282	454	14 417	18 906	3 329	728	4 103	3 484	7 262
1987	1 302	433	15 119	19 759	3 547	769	4 427	3 285	7 732
1988	1 276	445	15 093	19 780	5 106	1 146	2 802	3 118	7 608
1989	1 226	436	15 511	20 103	5 429	1 277	2 636	2 994	7 767
1990	1 218	446	15 698	19 893	5 168	1 246	2 818	3 216	7 445
1992	1 187	510	16 828	20 239	5 117	1 213	3 022	3 120	7 767
1993	1 172	494	16 684	19 891	5 619	1 447	2 206	3 112	7 507
1994	1 177	592	16 896	20 116	5 862	1 485	2 074	2 422	8 273
1995	1 176	592	17 165	20 233	5 576	1 489	2 176	2 506	8 486
1996	1 201	590	17 461	20 216	5 694	1 217	2 164	2 370	8 771
1997	1 201	592	17 176	21 418	6 288	1 429	2 080	2 776	8 845
1998	1 263	591	17 096	21 159	6 332	1 327	2 183	2 688	8 629
1999	1 259	586	16 862	21 825	6 317	1 298	2 137	2 353	9 720
2000	5 755	577	16 521	30 942	6 401	1 276	1 943	2 171	19 151

注:2000 年医疗卫生机构包括卫生部门、行业、系统医疗卫生机构、诊所、卫生保健所、医务室、村卫生室。

卫生机构、床位及人员数

（2000 年）

类别	机构数（个）	床位数（张）	卫生工作人员数（人）	卫生技术人员数（人）	中医师	西医师	护师	医士
总计	**708**	**16 521**	**22 840**	**18 471**	**1 099**	**5 616**	**3 925**	**1 522**
市	96	7 832	11 003	8 393	398	2 714	2 307	244
县	612	8 689	11 837	10 078	701	2 902	1 618	1 278
一、医院合计	**161**	**13 960**	**15 648**	**12 828**	**728**	**3 614**	**3 676**	**520**
市	51	7 262	8 826	7 057	333	2 130	2 190	183
县	110	6 698	6 822	5 771	395	1 484	1 386	382
县及县以上医院	161	13 960	15 648	12 828	728	3 614	3 576	520
市	51	7 262	8 826	7 057	333	2 130	2 190	138
县	110	6 698	6 822	5 771	395	1 484	1 386	382
（1）综合医院	113	10 256	10 858	8 978	224	2 611	2 575	442
（2）中医医院	39	1 830	2 055	1 722	503	229	352	62
（3）医学院校附属医院	1	1 100	1 449	1 166		449	393	
（4）精神病院	1	122	206	138		33	43	
（5）妇幼保健院	3	102	259	204		74	53	11
（6）儿童医院	1	390	566	453		167	140	2
（7）麻风病院	1	100	41	29		9	9	3
（8）职业病院	1	60	164	95	1	42	11	
（9）口腔医院	1		50	43				
二、卫生院合计	**416**	**1 861**	**3 017**	**2 878**	**296**	**665**	**147**	**779**
三、疗养院	**1**	**300**	**64**	**43**	**2**	**9**	**10**	**1**
四、专科防治所、站合计	**3**		**268**	**149**		**43**	**4**	**15**
五、卫生防疫机构合计	**58**	**24**	**1 622**	**1 266**	**17**	**626**	**55**	**116**
六、妇幼保健机构合计	**39**	**266**	**636**	**552**	**6**	**304**	**67**	**56**
七、药品检验机构	**16**		**188**	**136**	**2**	**14**		**1**
八、医学科学研究机构	**1**	**120**	**262**	**154**		**45**	**55**	**2**
九、高等医学教育机构	**3**		**624**	**300**	**39**	**175**	**8**	**9**
十、中等医药教育机构	**9**		**503**	**165**	**9**	**121**	**3**	**3**
十一、其他卫生事业机构合计	**1**		**8**					

诊所、卫生保健所、医务室机构及人员情况

（2000 年）　　单位：人

	机构数（个）	卫生技术人员				
		合　计	中医师	西医师	护　师	医　士
总　计	**1 139**	**3 031**	**177**	**785**	**306**	**421**
市	238	746	29	248	107	79
县	901	2 285	148	537	199	342
卫生部门办	71	770	67	212	135	81
工业及其他部门办	301	952	47	350	156	61
集体所有制办	486	904	14	94	12	204
个体办	281	405	49	129	3	75

卫生部门按隶属关系县及县以上医院机构、床位、人员数

（2000 年）

	机构数（个）	床位数（张）	人员数（人）	平均每所医院	
				床位数（张）	人员数（人）
总　计	**96**	**9 856**	**11 506**	**102.67**	**119.85**
一、卫生部属					
#省属	8	3 236	4 398	404.50	549.75
省辖市、地区属	21	2 607	2 879	124.14	137.10
省辖市区、地辖市属	3	245	366	81.67	122.00
县属	64	3 768	3 863	58.88	60.36
二、综合医院	48	6 152	6 716	128.17	140.69
三、中医医院	39	1 830	2 055	46.92	52.69
四、其他各类医院	9	1 874	2 735	208.22	303.89

青海省卫生部门县及县

（20

	综合医院				
	合　　计	省自治区直辖市属	直辖市区省辖（地）	省辖市区地辖　市　属	县　　属
一、机构数（个）	**49**	**2**	**10**	**2**	**35**
二、平均每所医院总收入	**1 018.98**	**14 435.00**	**1 026.20**	**207.50**	**296.66**
1、业务收入	918.41	13 895.50	877.80	186.50	230.29
门诊收入	98.71	960.00	193.90	104.00	22.00
挂号费	2.67	38.00	1.80	0.50	1.03
检查治疗费	32.06	489.00	23.50	0.50	10.20
其　他	63.98	433.00	168.60	103.00	10.77
住院收入	251.53	4 074.00	234.10	58.50	49.11
床位费	17.80	240.00	20.10	0.50	5.43
治疗费	86.10	1 518.00	90.90	0.50	7.80
检查费	40.31	717.50	24.10	0.50	8.51
其他	107.32	1 598.50	99.00	57.00	27.37
2、业务补助	72.88	260.50	125.70	21.00	50.03
3、专项补助	16.12	253.50			8.09
4、其他收入	11.57	25.50	22.70		8.26
二、平均每所医院总支出	**1 019.88**	**15 107.00**	**920.30**	**48.00**	**298.89**
1、业务支出	990.47	15 015.00	901.80	48.00	268.26
（1）人员经费	240.84	2 971.00	279.50	25.00	86.11
＃离退休人员	46.33	474.00	76.30		15.97
（2）药品费	466.82	7 939.50	276.40	21.50	119.66
（3）其他业务支出	282.81	4 104.50	345.90	1.50	62.49

以上医院经费及收支情况

00年） 单位:万元

合计	中医院 省自治区直辖市属	直辖市区省辖(地)	省辖市区地辖市属	县属
13	**1**	**1**	**1**	**10**
518.77	**2 861.00**	**296.00**	**368.00**	**320.10**
446.62	2 620.00	169.00	354.00	266.30
67.62	281.00	33.00	75.00	49.00
2.85	5.00	1.00	1.00	3.00
14.38	98.00	8.00	27.00	5.40
50.39	178.00	24.00	47.00	40.60
83.00	588.00	33.00	27.00	43.10
9.15	45.00	3.00	7.00	6.40
31.46	322.00	21.00	2.00	6.40
9.62	81.00	5.00	5.00	3.40
32.77	140.00	4.00	13.00	26.90
45.46	131.00	65.00		39.50
7.31	20.00	15.00	14.00	4.60
19.38	**90.00**	**47.00**	**18.00**	**9.70**
509.23	2 788.00	310.00	330.00	319.20
471.38	2 783.00	248.00	302.00	279.58
148.54	876.00	101.00	130.00	82.40
35.38	270.00	32.00	35.00	12.30
263.23	1 436.00	49.00	172.00	141.40
86.61	471.00	98.00		55.70

青海省卫生部门县及县

(20

项目	综合医院				
	合计	省自治区直辖市属	直辖市区省辖(地)	省辖市区地辖市属	县属
三、平均每所医院年固定资产总额	878.84	12 535.00	934.90	73.50	242.77
#专业设备总金额	217.88	2 899.00	248.70	25.50	66.86
四、年内病人欠费总额	19.92	154.00	52.70	3.00	3.86
欠费率(%)	2.17	1.11	6.00	1.61	1.68
五、平均每所医院每天诊疗人次(人次)	187.75	2 089.46	163.22	71.06	92.75
六、病床使用率(%)	61.67	95.63	53.42	11.57	39.62
七、病床周转次数(次)	19.36	22.26	17.73	5.63	18.38
八、出院者平均住院日	10.89	15.17	10.07	7.49	7.05
九、平均药品加成率(%)	19.40	8.36	62.70	9.30	32.78
十、平均每诊疗人次医疗费(元)	48.85	51.04	71.99	64.38	33.48
药费	29.11	33.30	29.37	7.64	24.70
检查费	6.41	9.04	5.17	0.27	4.07
十一、平均每一出院者住院医疗费(元)	2 703.73	4 889.96	1 653.79	7 157.89	1 209.76
床位费	72.53	107.91	60.42	52.63	44.94
药费	1 678.55	3 058.25	950.13	1 000.00	803.20
治疗费	350.93	682.51	273.23	52.63	64.57
检查费	164.28	322.60	72.44	52.63	70.48
十二、出院者平均每天住院医疗费(元)	248.21	322.28	164.26	955.06	171.51
十三、平均每一医生每年负担的诊疗人次数(人次)	1 229.30	5 303.00	641.67	349.12	899.11
十四、平均每一医生每年负担的住院床日	701.23	3 419.70	515.99	13.56	341.21
十五、平均每一医生年业务收入(元)	225 800	1 362 304	123 808	35 524	82 667

以上医院经费及收支情况(续)

00年)　　　　单位:万元

中	医	院		
合　计	省自治区直辖市属	直辖市区省辖(地)	省辖市区地辖市属	县　属
465.54	**3 352.00**	**143.00**	**556.00**	**200.10**
153.69	1 164.00	55.00	18.00	76.10
0.77		**1.00**		**0.90**
0.17		0.59		0.34
196.24	**677.24**	**132.68**	**227.36**	**151.38**
64.59	**89.17**	**89.72**	**140.00**	**50.96**
21.42	**19.82**	**10.11**	**28.66**	**22.49**
10.98	**17.07**	**23.31**	**14.48**	**8.30**
23.74	**21.94**	**14.29**	**46.51**	**23.13**
39.49	**53.22**	**19.10**	**44.73**	**34.43**
26.27	37.04	9.41	32.35	22.08
2.81	5.64	2.35	4.46	1.36
1 691.51	**3 507.03**	**1 906.35**	**1 957.55**	**1 000.23**
64.27	93.05	100.33	165.09	49.39
1 108.77	2 291.15	802.68	1 320.75	667.59
220.89	665.84	702.34	47.17	49.39
67.51	167.49	167.22	117.92	26.24
154.11	**205.50**	**81.78**	**135.18**	**120.46**
2 490.60		**1 134.10**	**3 029.00**	**1 828.40**
763.33		**323.00**	**378.00**	**493.75**
217 453		**56 333**	**177 000**	**122 719**

青海省医院病床

（20

指　　标	单位	县及县以上医院合计	卫生部门合计	综合医院	中医院	医学院校附属医院	妇幼保健医院	儿童医院
一、机构数	个	**161**	**96**	**48**	**39**	**1**	**3**	**1**
二、诊疗人次数总计	人次	**5 427 023**	**3 745 729**	**1 862 632**	**1 036 197**	**587 413**	**14 027**	**153 091**
门、急诊人次数	人次	5 004 567	3 654 474	1 788 286	1 024 567	586 140	13 431	149 860
#门诊人次	人次	4 761 955	3 463 228	1 686 995	992 684	563 402	13 341	115 405
急诊人次	人次	242 612	191 246	101 291	31 883	22 738	90	34 455
#死亡人数	人	700	524	356	52	37		64
三、观察室收容病人数	人	**115 814**	**85 660**	**45 654**	**24 384**		**320**	**13 555**
#死亡人数	人	118	81	56	24			
四、健康检查人数	人	**166 001**	**57 502**	**32 009**	**6 775**	**1 273**	**12 500**	**3 231**
五、入院人数	人	**222 299**	**171 562**	**100 697**	**27 798**	**20 574**	**686**	**21 110**
六、出院人数总计	人	**219 569**	**170 238**	**100 289**	**27 562**	**19 934**	**686**	**20 945**
#出院病人数	人	189 044	143 890	81 351	21 901	18 831	40	20 945
治愈	人	138 481	100 425	54 283	17 201	9 360	40	19 198
好转	人	44 939	38 715	34 172	4 106	8 418		1 569
未愈	人	3 874	3 346	2 011	491	702		114
死亡	人	1 750	1 404	885	103	351		64
七、实有病床数	张	**3 368**	**2 389**	**1 818**	**571**			
八、实际开放病床日数	天	**3 994 523**	**3 120 732**	**1 871 250**	**627 390**	**394 930**	**16 800**	**142 350**
九、平均开放病床数	张	**10 944**	**8 550**	**5 127**	**1 719**	**1 082**	**46**	**390**
十、实际占用病床日数	天	**2 264 581**	**1 855 727**	**1 032 052**	**291 452**	**365 501**	**6 256**	**113 148**
十一、出院者占用病床日数	天	**2 116 075**	**1 729 274**	**957 704**	**274 906**	**351 861**	**6 256**	**91 248**
十二、治愈率	%	**72.25**	**69.79**	**66.73**	**78.54**	**49.71**	**100.00**	**91.66**
十三、好转率	%	**23.77**	**26.91**	**29.71**	**18.75**	**44.70**		**7.49**
十四、病死率	%	**0.93**	**0.98**	**1.09**	**0.47**	**1.86**		**0.31**

使用及病人动态

00年）

工业及其他部门	集体所有制	农村卫生院合计	中心卫生院	乡(镇)卫生院
62	**3**	**416**	**89**	**327**
1 535 950	**145 344**	**2 031 544**	**650 042**	**1 381 502**
1 253 076	97 017	2 003 969	642 244	1 361 725
1 205 153	93 574	1 988 566	634 603	1 353 963
47 923	3 443	15 403	7 641	7 762
173	3	51	23	28
18 497	**11 657**	**15 683**	**5 537**	**10 146**
37		10	6	4
74 283	**34 216**	**19 140**	**2 835**	**16 305**
48 863	**1 874**	**24 204**	**9 865**	**14 339**
47 946	**1 385**	**23 992**	**9 862**	**14 130**
43 769	1 385	21 413	8 920	12 493
36 871	1 185	18 245	7 904	10 341
6 043	181	2 578	826	1 752
522	6	579	181	398
333	13	11	9	2
979		**795**	**414**	**381**
842 995	**30 796**	**409 613**	**181 942**	**227 671**
2 310	**84**	**1 122**	**498**	**624**
393 617	**15 237**	**76 684**	**32 991**	**43 693**
376 616	**10 185**	**63 452**	**30 363**	**33 089**
84.24	**85.56**	**85.21**	**88.61**	**82.77**
13.81	**13.07**	**12.04**	**9.26**	**14.02**
0.76	**0.94**	**0.05**	**0.10**	**0.02**

全省农村村级卫生组织情况

项　目	2000年	项　目	2000年
村数(个)	4 066	个体办(个)	1 044
实行合作医疗或医疗保险的村数(个)	572	其他(个)	483
无医疗点的村数(个)	219	村医生和卫生员人数(人)	5 955
村设置医疗点数(个)	3 908	村医生(人)	5 071
村或集体群众办(个)	967	#会接生(人)	1 492
村医生和卫生员联合办(个)	1 318	卫生员(人)	884
乡卫生院设点(个)	96	#会接生(人)	660
		村接生员人数(人)	3 404

主要年份各级体委举办的运动会

年　份	省　级		州　市　级		县　级	
	次数(次)	人数(人)	次数(次)	人数(人)	次数(次)	人数(人)
1963	4		9		114	
1978	2		12		54	
1980	11	2 005	39	953	93	34 946
1985	10	1 191	58	19 623	272	54 215
1990	26	7 362	75	101 161	539	117 917
1992	41	6 502	191	59 688	307	148 932
1993	31	218 225	106	52 810	205	144 360
1994	29	354 481	144	29 290	244	166 322
1995	40	9 760	71	66 403	119	68 313
1996	30	252 199	125	53 888	185	125 908
1997	29	162 808	86	27 051	198	121 701
1998	20	146 985	181	117 852	133	73 197
1999	152	42 500	82	21 690	196	71 363
2000	570	803 000	116	55 689	137	95 833

主要年份青少年业余体校

年份	学校数（所）	在校学生人数（人）	教练员人数（人）	重点业余学校	
				学校数（所）	在校学生人数（人）
1963	3	116		1	103
1978	2	546	15	1	86
1980	9			1	
1985	15	1 130	116	1	81
1990	18	1 329	113	3	352
1992	20	1 409	124	1	90
1993	20	1 352	114	1	156
1994	20	1 374	110	3	664
1995	20	1 274	109	3	670
1996	21	1 351	105	1	70
1997	21	1 248	114	1	95
1998	21	1 157	125	1	117
1999	21	1 211	201	1	39
2000	20	1 120	109	1	49

优秀运动队机构、人员

（2000 年）　　单位：人

类别	机构数（个）	职工人数	优秀运动员合计	在队运动员	待分配运动员	专职教练员	科研人员	医务人员	管理人员	其他人员
总计	**3**	**338**	**231**	**99**	**132**	**27**		**7**	**46**	**27**
省体委直属	2	325	230	98	132	22		7	39	27
省辖市体委直属	1	13	1	1		5			7	

分项目等级裁判员发展人数

(2000年)　　单位:人

项　目	合计	#女	国际裁判	#女	国家级	#女	一级	#女	二级	#女	三级	#女
总　　计	**266**	**50**					**114**	**15**	**85**	**29**	**67**	**6**
田　　径	40	3					36	3	4			
柔　　道	4						4					
自 行 车	3						3					
国际式摔跤	3						3					
艺术体操	1	1					1	1				
足　　球	46	1					3		17		26	1
篮　　球	79	11					39	5	4	1	36	5
羽 毛 球	1						1					
武　　术	45	24					4	1	41	23		
乒 乓 球	13	1					8	1			5	
射　　击	4	3					4	3				
台　　球	2						2					
门　　球	25	6					6	1	19	5		

分项目等级运动员发展人数

(2000年)　　单位:人

项　目	合计	#女	国际级健将	#女	运动健将	#女	一级	#女	二级	#女	三级	#女	少年级	#女
总　计	**2**	**1**							**2**	**1**				
田　径	2	1							2	1				

《国家体委锻炼标准》施行情况

（2000年）　　单位：人、所

项　目	施行锻炼标准学校数	施行锻炼标准学生数	应参加达标准活动的学生数	实际参加达标活动的学生数	达标人数			
					合计	及格级	良好级	优秀级
合　计	**2 553**	**526 083**	**484 145**	**466 434**	**405 740**	**267 163**	**100 477**	**38 100**
普通高校	8	7 611	7 601	7 562	7 116	5 340	1 222	554
中专中技	18	6 100	6 019	5 822	5 290	3 555	1 190	545
初　中	425	190 369	185 042	179 374	152 884	98 549	39 206	15 129
小　学	2 102	322 003	285 483	273 676	240 450	159 719	58 859	21 872

分地区举办运动会情况

（2000年）　　单位：人、次、千元

项　目	运动会次数			参加运动会的运动员数			体委系统举办赞助性比赛	
	合计	体委系统	其它系统	合计	体委系统	其它系统	比赛次数	赞助经费
合　计	**1 197**	**473**	**350**	**1 203 525**	**574 207**	**380 315**	**78**	**626**
省直属小计	570	342	228	80 300	481 800	321 200	57	171
地区小计	627	131	122	400 525	92 407	59 115	21	455
西 宁 市	125	48	27	88 149	55 758	13 227	5	112
海东地区	249	29	23	112 192	15 959	6 382	7	22
海 北 州	58	1	37	80 890	230	6 774	1	6
海 南 州	82	6	12	81 361	2 301	26 600		
黄 南 州	16	10	6	5 749	4 170	1 642		
果 洛 州	57	16	5	12 080	3 200	1 100		
玉 树 州	5	1	1	1 380	710	240	1	2
海 西 州	35	20	11	18 724	10 142	3 150	7	313

全省优抚、社会救济情况

（2000 年）

优 抚 对 象	单位	合 计
一、年末优抚对象总人数	人	**73 205**
1.革命伤残人员合计	人	2 511
2.烈军属人数合计	人	34 665
(1)烈士家属	人	1 498
(2)现役军人家属	人	33 167
3.在乡退伍红军老战士	人	137
4.在乡复员军人	人	6 793
5.在乡退伍军人	人	28 770
6.红军失散人员	人	191
二、优抚对象		
1.年末革命伤残抚恤人数合计	人	2 078
(1)特等	人	18
(2)一等	人	30
(3)二等甲	人	101
(4)二等乙	人	366
(5)三等甲	人	814
(6)三等乙	人	749
2.享受定期抚恤年末人数	人	1 027
#烈士家属	人	534
3.享受定补年末人数	人	5 905
(1)在乡复员军人	人	4 273
(2)在乡退伍军人	人	1 298
(3)其他优抚对象	人	23
4.优待烈军属户数	户	2 862
#优待军属户数	户	2 148
5.优待总金额	万元	166.59
#优待军属金额	万元	135.74

社会救济对象	单位	合 计
一、社会救济对象总人数	人	**815 279**
(一)城镇救济对象人数	人	45 659
1.低保对象	人	43 235
2.特殊救济对象	人	613
3.其他	人	1 811
(二)农村救济对象人数	人	769 620
1.困难人口	人	760 103
2.散居孤、老、残、幼人数	人	3 657
3.其他	人	5 860
二、城乡居民最低生活保障		
(一)城镇低保人员数	人	42 478
1.传统“三无”对象	人	16 690
2.新增对象	人	25 788
其中:失业人员	人	14 153
(二)城镇保障资金	万元	4 301
(三)农村保障资金	万元	368.9
(四)农村低保人数	人	33 351
三、城镇传统救济情况		
(一)临时救济人次数	人次	789
(二)临时救济资金	万元	21.8
(三)定救人数	人	210
(四)定救资金	万元	19.89
四、农村传统救济情况		
(一)困难人口救济		
1.临时救济人次数	人次	258 970
2.国家定救人数	人	2 560
3.国家救济金额	万元	1 234.45
4.集体补助金额	万元	1
(二)五保户救济		
1.集体供养人数	人	2 373
2.集体供给金额	万元	221.31

社会福利事业、企业单位基本情况及其他

(2000年)

项目	单位	数量	项目	单位	数量
一、社会福利事业			4.商业服务业情况		
1.集体收养性单位			(1)单位数	个	9
(1)院数	个	144	(2)职工人数	人	66
(2)年末职工人数	人	161	#残疾职工	人	20
(3)床位数	张	1 255	(3)年利润总额	万元	2.66
(4)年末在院人数	人	1 141	**二、民政部门发离退休退职金人员情况**		
#老人	人	1 120	人数合计	人	1 270
2.社会福利院情况			(1)军队干部	人	156
(1)院数	个	4	离休	人	59
(2)职工人数	人	58	退休	人	97
#医护人员	人	30	(2)军队职工	人	299
(3)床位数	张	168	(3)地方人员	人	815
(4)本年在院人天数	人天	49 970	**三、烈士纪念建筑物管理单位**	个	8
(5)年末收养人员数	人	158	职工人数	人	20
#老人	人	55	**四、收容遣送站**	个	10
残疾青壮年	人	93	职工人数	人	71
少年儿童和婴幼儿	人	10	**五、殡葬服务单位**	个	6
3.社会举办福利工厂情况			职工人数	人	28
(1)单位数	个	40	**六、安置农场情况**		
(2)职工人数	人	1 272	1.单位数	个	1
#残疾职工	人	522	2.实有土地面积	公顷	360
(3)年利润总额	万元	-21	3.职工人数	人	16

婚姻登记情况

(2000年)

地区	准予登记结婚(对)	#初婚(人)	#再婚(人)	#复婚(对)	准予登记离婚(对)
全省总计	**37 119**	**70 509**	**3 729**	**259**	**2 115**
西宁市	15 442	29 048	1 836	105	990
海东地区	11 276	21 789	763	21	338
海南州	3 370	5 180	254	51	97
海西州	2 584	4 656	512	27	429
海北州	1 725	3 362	88	8	115
黄南州	1 495	2 799	191	53	54
玉树州	514	998	30		12
果洛州	713	1 412	14	6	80

律师、公证、调解工作基本情况

（2000 年）

项　　目	单位	数　量	项　　目	单位	数　量
一、律师工作			办理涉外的公证处	个	2
律师事务所	个	55	公证人员	人	210
律师工作者	人	422	公证员	人	134
专职律师	人	245	办理公证文书	件	62 195
兼职律师	人	102	办理涉外公证	件	847
特邀律师	人	35	接待来访	人次	30 284
聘请担任常年法律顾问的单位	家	811	处理来信	件	256
刑事案件诉讼辩护及代理	件	1 968	外地公证处委托	件	4
民事诉讼代理	件	2 949	公证费收入	万元	213.31
经济案件诉讼代理	件	1 061	国内公证收费	万元	206.23
行政诉讼代理	件	143	国外公证收费	万元	7.08
非诉讼法律事务	件	967	三、人民调解工作		
#审查起草修改合同章程	件	247	人民调解委员会	个	5 064
提供咨询建议书	件	117	一类	个	3 530
参与调解、仲裁	件	269	二类	个	1 423
代写法律事务文书	件	6 074	三类	个	93
解答法律咨询	人次	16 568	调解人员	人	17 997
二、公证工作			调解民间纠纷	件	15 325
公证处	个	53	调解成功	件	14 554
			已配司法助理员	人	301

国内公证文书分类

项　目	办理公证(件)		项　目	办理公证(件)	
	2000 年	1999 年		2000 年	1999 年
全省总计	**26 759**	**72 133**	**二、民事公证事项分类合计**	**15 778**	**4 818**
一、经济公证事项分类合计	**46 206**	**67 315**	1.收养	26	32
1.购销	34	15	2.解除收养	7	5
2.联营	10	12	3.继承权	123	76
3.拍卖	540	292	4.遗嘱	125	92
4.贷款	15 260	12 328	5.产权	12	10
5.担保	2 198	2 054	6.亲属关系	27	28
6.招标、投标	188	103	7.死亡	5	10
7.科技协作	1		8.房屋买卖	317	220
8.供用电	40		9.房屋租赁	218	554
9.劳动合同	1 014	1 242	10.留学协议	12	10
10.建筑工程承包	67	57	11.遗赠扶养协议	53	21
11.工商服务业承包	6	55	12.委托书	245	78
12.农、林、牧、副、渔业承包	20 768	34 955	13.赠与书	86	62
13.乡镇企业承包	29	29	14.声明书	102	65
14.财产租赁	340	37	15.现场监督	62	69
15.企业租赁	10	14	16.文本相符	14	4
16.资产经营责任制		1	17.宅基地使用权	28	69
17.其他经济合同	2 370	2 066	18.证据保权	48	10
18.法人(代表)资格	14	12	19.计划生育	184	389
19.法人委托书	22	12	20.签名印鉴属实	8	6
20.公司章程	7		21.其他	10 814	1 044
21.执行许可证明	4	6	22.其他民事协议	2 919	1 482
22.还款协议	225	767	23.合同工其他		414
23.土地使用权出让转让	17	624	24.拆迁协议	173	35
24.提　存	33	4	25.赡养协议	2	4
25.登记抵押	237	1 713	26.合伙协议	15	12
26.公司会议记录	385	169	27.夫妻财产协议	86	17
27.其　他	2 387	10 748			

青海省档案事业发展基本情况

一、档案行政管理部门　　　　　　　　　　（2000 年）

单位＼项目	单位数量(个)	人员(人)	文化程度			档案专业程度			事业费(万元)
			大学	大专	初中以上	大学	大专	在职培训	
省级档案行政部门	1	17	5	9	3	2	5	10	23
地级档案行政部门	7	40	7	20	13		3	18	3.6
县级档案行政部门	38	75	5	31	39		4	24	7.9

二、各级各类档案馆

单位＼项目	数量(个)	人员(人)	馆藏档案		案卷排架长度(米)	国家重点档案(卷)			馆藏资料(册)	档案开放卷数	档案资料利用(卷)	馆库面积(米²)	事业费(万元)
			建国前	建国后			#已抢救	#当年抢救					
省级国家综合档案馆	1	24	45 467	75 106	2 413	45 467	23 527	276	35 124	35 173	3 581	3 000	32
地级国家综合档案馆	8	48	18 021	210 147	4 694	18 021	2 525		27 302	10 987	7 005	9 076	14
县级国家综合档案馆	47	157	754	528 387	13 188	754	253		120 797	16 102	24 159	12 940	80
*地级国家专门档案馆	1	9		14 056	313				2 324		151	1 210	
*省级部门档案馆	4	21	288	29 174	1 337				11 390		5 559	1 315	
*企业档案馆	1	12	11	36 943	1 602						4 262	4 042	

*专门档案馆为西宁市城市建设档案馆；部门馆为气象、邮电、测绘、地质档案馆（现地质馆改名为地质博物馆）；企业馆为省石油局油田分公司技术档案馆。

三、各类档案室

单位＼项目	档案室数量(个)	专职人员(人)	室藏档案(卷)	案卷排架长度(米)	室藏资料(册)	档案资料利用(卷、册)	档案室面积(米²)
省直机关	72	72	238 189	5 617	29 002	25 926	5 399
省级文化事业单位	10	24	32 822	830	8 650	4 638	963
地市级科技事业单位	4	9	22 272	639	101	2 879	1 342
企业*	121	210	567 216	17 191	1 340 711	251 583	22 077

*企业为 2000 年我省销售利润在 500 万元以上的 45 家企业。

调解民间纠纷分类

项目	调解纠纷(件)		各类纠纷所占比重(%)	
	2000年	1999年	2000年	1999年
全省合计	**14 582**	**14 616**	**100.0**	**100.0**
1.婚姻	7 439	3 666	51.02	25.1
2.继承	2 298	475	15.76	3.2
3.赡扶抚养	2 102	672	14.42	4.6
4.房屋宅基地	836	1 333	5.73	9.1
5.债务	105	746	0.72	5.1
6.生产经营	387	1 025	2.65	7.0
7.邻里	1 134	1 877	7.78	12.8
8.赔偿	18	506	0.12	3.5
9.其他	263	4 316	1.80	29.5

各类事故

项目	2000年各类事故情况				2000年比1999年升降幅度(%)			
	事故起数(起)	死亡人数(人)	重伤人数(人)	经济损失(万元)	事故起数	死亡人数	重伤人数	经济损失
全省总计	**2 379**	**721**	**1 495**	**1 610.77**	**12.48**	**32.05**	**15.80**	**-7.47**
工交建企事业工伤事故	69	64	31	210.60	-33.65	-32.63	-34.04	-32.76
交通事故	1 579	597	1 373	666.69	25.01	39.16	22.69	39.55
农机肇事	61	17	61	7.62	48.78	41.66	56.41	23.10
铁路路外事故	57	34	20	130	7.02	35.29	40.00	66.46
火灾事故	670	9	10	475.57	3.72	50.00	-82.80	-38.20

注:工交建企事业工伤事故包括县以下集体企业和私营企业伤亡情况。

火　灾　事　故

（2000 年）

类　别	火灾起数（起）	死亡人数（人）	受伤人数（人）	损失折款（万元）	火灾原因（起）								
					放火	电器设备原因	违反安全制度	生活用火	吸烟	玩火	自燃	不明	其他
合　计	**670**	**9**	**10**	**4 753 257**	**41**	**112**	**28**	**227**	**73**	**123**	**2**	**37**	**18**
一、房屋	432	7	9	3 940 417	33	73	18	184	27	66	1	23	6
厂房	21		1	268 446	2	4	3	6		1	1	1	3
住宅	278	6	5	1 151 730	26	40	6	122	18	52		12	2
办公用房	12			88 387	1	3	1	4		1		2	
库房	13			290 574	1			3	1	3		5	
商场商店	18			1 853 569		9		6	1			2	
集贸市场	10			87 752		2		6	2				
娱乐场所	14	1	1	54 174	1	2	2	4	2	2			
宾馆饭店	38		2	87 591		7	5	23	3				
影剧院													
文博馆													
车站马头机场	1			10						1			
古建筑	1			44 000								1	
学校	6			7 210		3		1		2			
医院													
其他	20			6 977	2	3	1	9		4			1
二、建筑物	18			111 585		4	2	2	1	5			4
加油站	2			5 010		1							1
燃气站													
可燃液体储罐	4			50 188		1	1			1			1
露天框架	4			34 205		1				2			1
管道	1			5									
其它	7			22 177		1	1	2	1	2			
三、堆场	133	2		134 175	6	6	1	27	40	44		8	1
粮食	2			6 250	2								
棉花	1			600		1							
木材	11			19 770				7	2	1			1
草类	111	2		71 160	4	4	1	18	38	39		7	
其他	8			363 695		1		2		4		1	
四、交通工具	37		1	306 517	2	14	6	3	2	2	1	2	5
机动车	37		1	306 517	2	14	6	3	2	2	1	2	5
五、山林草原	1			300				1					
六、其他	49			262 663	1	16	2	12	4	7		5	2

交　通　事　故

（2000 年）

类　别	发生事故次数(起)			死亡人数(人)			受伤人数(人)			经济损失(万元)
	小计	城市	农村	小计	城市	农村	小计	城市	农村	
全省总计	**1 579**	**450**	**1 129**	**597**	**115**	**482**	**1 373**	**351**	**1 022**	**666.69**
＃特大事故	24	1	23	83	4	79	102	23	79	82.10
＃重大事故	473	110	363	514	111	403	357	56	301	195.47
一、机动车小计	**1 446**	**412**	**1 034**	**525**	**102**	**423**	**1 298**	**323**	**975**	**659.96**
1.公路运输汽车	83	30	53	27	10	17	83	22	61	48.22
2.公共汽车	42	26	16	19	14	5	56	40	16	9.62
3.机关、团体、学校	107	20	87	36	6	30	115	16	99	97.01
4.企事业单位	351	140	211	108	32	76	281	114	167	195.65
5.军队汽车	10	1	9	8		8	8		8	6.96
6.武警车辆	7	3	4	3	1	2	4	2	2	4.13
7.农村集体单位	31	3	28	15	1	14	25	3	22	7.24
8.个体联户	564	134	430	214	25	189	494	92	402	252.66
9.其他汽车	24	6	18	9	1	8	26	3	23	8.28
10.摩托车	122	30	92	47	8	39	110	22	88	16.23
11.拖拉机	61	12	49	17		17	61	6	55	7.61
12.其他	44	7	37	22	4	18	35	3	32	6.37
二、非机动车小计	**26**	**10**	**16**	**9**	**3**	**6**	**19**	**8**	**11**	**1.32**
＃自行车	23	7	16	8	2	6	17	6	11	1.12
三、乘车人、行人	**102**	**26**	**76**	**62**	**10**	**52**	**52**	**18**	**34**	**4.59**
四、与上年相比上升(＋)下降(－)幅度(%)	**21.08**	**－3**	**33.77**	**35.37**	**4.56**	**45.62**	**18.57**	**9.01**	**22.4**	**37.76**

全省工、交、建企业单位因工伤亡情况

（2000 年）

单位名称	死亡人数（人）					重伤人数（人）				
	合计	国有企业	集体企业	私营企业	其他企业人员	合计	国有企业	集体企业	私营企业	其他企业人员
合　　计	**64**	**30**	**16**	**9**	**9**	**31**	**19**	**2**	**2**	**8**
青海工艺美术厂						1		1		
青海汽车改装厂						1	1			
省水利厅	1	1								
省交通厅						2	2			
中国五矿青海五黎有限公司						1				1
省建设厅	10	6		1	3	7	4			3
省监狱管理局						1				1
青海矿山建设工程公司	1	1								
青海化工机械厂						3	3			
西宁特钢集团公司						1	1			
青海黎明化工厂						1	1			
水电部四局	2	2								
北京爆破公司						1	1			
青海第二机床厂						1	1			
青海地质研究院	1	1								
西宁市	17	1	11	1	4	3		1		2
海东行署	3	2	1							
海西州	6	5	1			1				1
海北州	22	11	3	7	1	4	2		2	
青海山川集团公司	1				1					
青海农牧机械厂						1	1			
省国有机电控股企业						2	2			

全省工、交、建企业工伤事故分产业和事故类别情况

（2000 年） 单位：人

项目	死亡	重伤	项目	死亡	重伤
总计	**64**	**31**	坍塌	4	1
按类别分			冒顶片邦	3	
物体打击	5	2	透水		
车辆伤害		4	放炮	3	1
机械伤害	4	6	瓦斯煤尘爆炸	14	3
起重伤害			火药爆炸		
触电	5	1	其他爆炸	3	
淹溺	1		煤与瓦斯突出		2
灼烫			中毒和窒息	10	1
火灾		2	其他		1
高空坠落	12	5			

全省各党派党员（成员）数

党派名称	单位	1990 年	1995 年	1996 年	1997 年	1998 年	1999 年	2000 年
中国共产党	万人	20.55	24.17	25.09	26.05	26.47	27.27	28.04
中国国民党革命委员会	人	233	297	297	301	314	323	321
中国民主同盟	人	673	713	740	773	788	805	827
中国民主建国会	人	169	254	280	328	355	386	396
中国农工民主党	人	244	329	352	379	417	427	456
九三学社	人	441	533	566	602	655	707	745

历届青海省人民代表大会的代表人数

单位:人

项目	一届	二届	三届	四届	五届	六届	七届	八届	九届
	1954 年	1958 年	1963 年	1967 年	1977 年	1983 年	1988 年	1993 年	1999 年
代表总数	**300**	**303**	**355**		**715**	**450**	**381**	**376**	**392**
在代表总数中									
女代表	21		48		157	97	71	71	77
占代表总数(%)	7.0		13.5		22	21.6	18.6	18.9	19.6
在代表总数中									
少数民族代表	152		127		277	182	148	169	174
占代表总数(%)	50.7		35.8		38.8	40.4	38.4	45.0	44.4

注:1967 年青海省革命委员会取代人民代表大会。

历届青海省政治协商会议的委员人数

单位:人

项目	一届	二届	三届	四届	五届	六届	七届	八届
	1949 年	1954 年	1959 年	1979 年	1983 年	1988 年	1993 年	1999 年
委员总数	**77**	**64**	**139**	**177**	**275**	**275**	**289**	**289**
在委员总数中								
女委员						30	30	39
占委员总数(%)						10.9	10.4	13.5
在委员总数中								
少数民族委员	30	32	70		134	138	136	116
占委员总数(%)	39.0	50	50.4		48.7	50.2	47.1	40.1

妇代会干部基本情况

(2000 年)　　　　单位:人

指　　标	全　　省	城　　市	农　　村	牧　　区
妇代会干部总数	**13 678**	**1 265**	**10 214**	**2 199**
正副主任	4 610	435	3 262	913
参加农牧委会	2 270		1 838	432
参加党支部	1 727	120	1 404	203
少数民族干部	5 949	156	3 698	2 095
按年龄结构分				
30 岁以下	2 610	158	1 847	605
31 岁～50 岁	9 534	855	7 314	1 365
51 岁以上	1 534	252	1 053	229
按政治面貌分				
共产党员	3 730	491	2 672	567
共青团员	884	11	623	250
按文化程度分				
大学、大专	122	32	89	1
高中、中专	1 345	388	933	24
初　中	4 561	672	3 463	426
小　学	5 503	150	3 945	1 408
文　盲	2 147	23	1 784	340

妇联干部基本状况(一)

(2000 年)　　　　单位:人

指　标	干部总数	其　中			民　族　结　构						
		参加同级			汉	藏	蒙	回	土	撒拉	其他
		党委	人大	政协							
总　计	**668**	**50**	**32**	**41**	**271**	**251**	**47**	**51**	**33**	**11**	**4**
省妇联	37		1	2	28	1	4	1	1		2
地(市、州)	47	4	6	5	25	15	4			2	1
县(市、区)	148	13	17	23	57	62	8	12	4	5	
乡镇、街道	436	33	8	11	161	173	31	38	28	4	1

妇联干部基本状况(二)

(2000年)　　单位:人

指标	年龄结构				政治面貌			文化程度		
	30岁以下	31至45岁	45至55岁	55岁以上	共产党员	共青团员	其他	大学大专	高中中专	初中以下
总计	**225**	**385**	**57**	**1**	**415**	**122**	**131**	**272**	**337**	**59**
省妇联	4	23	9	1	34	2	1	27	10	
地(市、州)	4	30	13		40		7	28	18	1
县(市、区)	20	115	13		116	15	17	74	62	12
乡镇、街道	197	217	22		225	105	106	143	247	46

各级在职女领导干部情况

(2000年)　　单位:人

总数	正副省级干部		正副厅级干部		正副县(处)级干部		正副科级干部	
	女干部数	女干部占同级数的%	女干部数	女干部占同级数的%	女干部数	女干部占同级数的%	女干部数	女干部占级数的%
4927	3	7.14	50	9.96	554	12.46	4 320	21.84

共青团组织情况

年份	共青团基层组织个数(个)	全省青年人数(万人)	全省团员人数(万人)	#女团员	专职团干部(人)
1991	1 004	109.23	26.90	10.26	1 266
1992	1 020	107.57	27.23	10.24	1 323
1993	1 013	103.77	25.06	9.65	1 197
1994	1 038	108.51	26.03	9.84	1 109
1995	1 118	103.03	26.36	9.34	1 098
1996	1 059	107.35	27.18	10.07	1 181
1997	1 134	107.25	28.29	10.04	1 231
1998	1 016	111.02	28.90	10.35	1 231
1999	816	100.62	25.25	10.18	596
2000	1 010	134.79	26.19	9.94	540

QHTJNJ

城市基本情况

Basic Statistics on Cities

QI NGHAI STATISTICAL YEARBOOk

城市公用事业基本情况

（2000年）

指标名称	单位	青海省	西宁市	格尔木市	德令哈市
人口密度	人/平方公里	2 070	2 090	1 554	3 693
人均拥有城市维护建设资金	元	1 370.36	1 300.46	2 357.64	384.24
人均住宅使用面积	平方米	12.06	12.83	9.84	6.48
人均居住面积	平方米	9.17	10.08	4.92	4.86
人均生活用水量	日/升	198.04	200.22	182.15	201.77
用水普及率	%	97.29	96.82	100.00	100.00
每万人拥有公共交通车辆	标台	13.90	16.35		
使用天然气普及率	%	48.88	42.41	98.83	54.55
人均拥有道路面积	平方米	8.15	6.48	16.58	20.09
排水管道密度	公里/平方公里	2.86	3.64	1.55	1.66
人均公共绿地面积	平方米	3.74	3.94	3.63	0.30
建成区绿地率	%	14.83	17.86	9.80	9.88
建成区绿化覆盖率	%	17.04	18.68	12.89	18.42
道路长度	公里	438	310	84	44
道路面积	万立方米	599.30	405	128.00	66.30
人行道面积	万立方米	155.38	62.4	63.00	29.98
桥梁数	座	59	46	3	10
路灯数	盏	19 595	17 833	1 317	445
排水管道长度	公里	262.80	208.10	39.70	15.00
污水年排放量	万立方米	10 292	9 052	734	506
防洪堤长度	公里	25.57	24.93		0.64
自来水日综合生产能力	万立方米	60.09	48.89	6.80	4.40
供水管道长度	公里	765	461	190	114
供水总量	万立方米	14 239	12 610	1 064	565
用水人口	万人	88.04	71.40	11.10	5.54
非农业用水人口	万人	71.52	60.50	7.72	3.30
运营车辆	辆	1 125	1 125		
标准运营车数	标台	1 022	1 022		
运营线路网长度	公里	301	301		
客运总量	万人次	25 085	25 085		
出租汽车数	辆	5 785	4 369		
绿化覆盖面积	公顷	1 591	1 081	344	166
园林绿地面积	公顷	1 388	1 034	265	89
公共绿地面积	公顷	275.00	246	28	1
公园面积	个/公顷	11/221.00	10/203	1/18	
苗圃面积	公顷	117.50	62.00	12.50	43.0

城市基本情况

（2000 年）

指标名称	单位	地区包括市辖县	西宁地区	市区不包括市辖县	西宁市	格尔木市	德令哈市
一、人口、劳动力及土地面积							
年末总人口	万人	213.29	197.92	109.51	94.14	9.48	5.89
非农业人口	万人	87.66	76.01	73.54	62.49	7.72	3.33
年平均人口	万人	212.10	197.08	108.81	93.79	9.25	5.77
暂住人口(一个月以上)	万人	23.81	20.11	24.01	20.11	3.70	
年出生人口	人	30 511	27 669	13 559	10 717	1 950	892
年死亡人口	人	11 435	10 898	4 343	3 806	361	176
年末总户数	万户	49.95	44.79	26.07	20.91	3.34	1.82
年末单位从业人员数	万人	29.45	24.68	23.54	18.77	3.56	1.21
(1)农、林、牧、渔业	万人	1.41	0.55	1.10	0.24	0.74	0.12
(2)采掘业	万人	0.45	0.39	0.07	0.01	0.05	0.01
(3)制造业	万人	6.44	5.52	4.29	3.37	0.80	0.12
(4)电力煤气及水生产和供应业	万人	0.71	0.56	0.51	0.36	0.09	0.06
(5)建筑业	万人	4.07	3.87	3.92	3.72	0.11	0.09
(6)地质勘查业、水利管理业	万人	0.55	0.49	0.42	0.36	0.05	0.01
(7)交通运输仓储及邮电通信业	万人	2.57	2.09	2.41	1.93	0.27	0.21
(8)批发和零售贸易、餐饮业	万人	2.69	1.85	2.39	1.52	0.80	0.07
(9)金融、保险业	万人	1.11	0.96	0.98	0.83	0.09	0.06
(10)房地产业	万人	0.15	0.15	0.14	0.14		
(11)社会服务业	万人	1.51	1.34	1.41	1.24	0.13	0.04
(12)卫生、体育和社会福利业	万人	1.28	1.19	1.05	0.96	0.04	0.05
(13)教育文化艺术和广播电影电视业	万人	3.10	2.88	1.99	1.77	0.11	0.12
(14)科学研究和综合技术服务业	万人	0.56	0.50	0.54	0.48	0.02	0.04
(15)国家机关政党机关和社会团体	万人	2.48	2.07	1.99	1.58	0.21	0.20
(16)其他行业	万人	0.33	0.27	0.32	0.26	0.05	0.01
城镇个体从业人员	人	73 242	58 963	57 551	43 272	10 800	3 479

城市基本情况(续一)

(2000年)

指标名称	单位	地区包括市辖县	西宁地区	市区不包括市辖县	西宁市	格尔木市	德令哈市
年末城镇失业人员(登记数)	人	12 968	10 991	10 770	8 793	1 604	373
土地面积	平方公里	163 526	7 665	156 211	350	123 460	32 401
#建成区面积	平方公里			96	61	26	9
二、综合经济							
(一)国内生产总值(当年价格)	万元	1 128 570	920 131	834 592	626 153	167 799	40 640
第一产业	万元	92 103	81 008	24 717	13 622	5 497	5 598
第二产业	万元	513 060	402 590	365 791	255 321	94 220	16 250
#工业增加值	万元	333 923	254 590	232 089	152 756	73 820	5 513
第三产业	万元	523 407	436 533	444 084	357 210	68 082	18 792
国内生产总值比上年增长速度	%	26.97	25.77	14.59	9.64	31.13	38.90
第一产业	%	85.79	110.43	2.45	4.40	8.38	-0.07
第二产业	%	25.60	20.94	20.77	12.34	37.38	131.35
#工业增加值	%	19.71	14.90	19.21	11.25	41.46	6.06
第三产业	%	21.50	21.18	10.65	7.98	25.35	15.79
(二)农业							
农林牧渔业总产值(当年价格)	万元					9 533	8 227
年末实有耕地面积	千公顷	288	161			6	12
蔬菜产量	吨	289 351	261 548	190 423	162 620	25 702	2 101
水果产量	吨	2 091	2 089			2	
肉类总产量	吨	47 362	43 870	9 603.4	6 111.4	1 383	2 109
奶类产量	吨	45 343	44 123	13 138	11 918	749	471
禽蛋产量	吨						
水产品产量	吨	452	349			28	75
(三)工　业							
国有及年销售收入500万元以上的非国有工业经济指标							
工业企业数	个	198	142	153	97	38	18

城市基本情况(续二)

(2000年)

指 标 名 称	单位	地区包括市辖县	西宁地区	市区不包括市辖县	西宁市	格尔木市	德令哈市
内资企业	个	195	140	151	96	37	18
港、澳、台投资企业	个	3	2	2	1	1	
外商投资企业	个						
工业总产值(当年价格)	万元	908 645	827 813	441 782	360 950	76 430	4 402
内资企业	万元	863 136	783 160	439 473	359 497	75 574	4 402
港、澳、台投资企业	万元	45 509	44 653	2 309	1 453	856	
外商投资企业	万元						
从业人员平均人数	万人	9.67	8.60	6.24	5.17	0.87	0.20
流动资产年平均余额	万元	1 379 368	1 275 177	1 071 302	967 111	98 904	5 287
固定资产净值年平均余额	万元	1 052 905	975 841	639 790	562 726	68 570	8 494
产品销售收入	万元	939 252	874 326	508 832	443 906	60 636	4 290
产品销售税金及附加	万元	6 213	4 349	4 244	2 380	1 824	40
本年应交增值税	万元	52 013	46 773	33 101	27 861	5 136	104
利润总额	万元	-3 000	-3 000	-13 700	-5 552	-8 055	-163
年销售收入500万元以下工业企业经济指标							
企业数	个		1 333		1 122	356	126
总产值	万元		190 590		146 959	10 489	5 015
(四)交通运输、邮电通信、电力							

城市基本情况(续三)

(2000 年)

指标名称	单位	地区包括市辖县	西宁地区	市区不包括市辖县	西宁市	格尔木市	德令哈市
铁路客运量	万人	298.2	168	303.03	172.83	113	17.2
铁路货运量	万吨	502	138	484.8	121	318	45.8
民用汽车拥有量	辆	46 116	37 118	39 149	30 151	7 239	1 759
#私人汽车拥有量	辆	13 151	10 573	11 420	8 842	1 779	799
公路客运量	万人	2 207.04	2 184	1 264.04	1 241	16.00	7.04
公路货运量	万吨	1 785	1 675	1 042.97	933	101	8.97
水路客运量	万人						
水路货运量	万吨						
民用航空货邮运量	吨	863	863	863	863		
民用航空客运量	人	96 086	96 086				
年末邮电局(所)数	处	123	106	83	66	10	7
邮电业务总量	万元	71 385	63 174	67 646	59 435	7 931	280
本地电话用户	万户	26.32	23.66	23.20	20.54	1.86	0.80
国际互联网用户	户	8 477	7 279	8 050	6 852	1 000	198
年末移动电话用户数	户	181 832	157 023	171 561	146 752	22 237	2 572
全年用电量	万千瓦小时	738 777	707 015	214 726	182 964	28 824	2 938
工业用电	万千瓦小时	668 172	642 445	175 574	149 847	24 552	1 175
城乡居民生活用电	万千瓦小时	32 445	27 781	24 414	19 750	2 901	1 763
(五)批发零售贸易与外经、旅游							
批发零售贸易业商品销售总额	万元	888 412	834 680	778 809	725 077	30 366	23 366
社会消费品零售总额	万元						
限额以上批发零售贸易餐饮业产业活动单位	个	89	83	87	81	4	2
零售业	个	89	83	87	81	4	2
从业人员	万人	12.90	12.90	11.47	11.40	0.05	0.02
其中:零售业	万人		8.30		7.55	0.05	0.02
(六)对外经济活动、国际旅游外国和港澳台地区在华直接投资							
当年新签项目(合同)数	个	20	20	19	19		
当年合同外资金额	万美元	3 770	3 770	3 770	3 770		
当年实际使用外资金额	万美元	733		733			
已投产(开工)企业数	个	13	12	13	12	1	
年末从业人员数	人	498	120	498	120	78	
国际旅游者人数	人	12 269	9 843			2 426	
外国人	人	6 071	4 527			1 544	
华侨	人	295	295				
港澳台同胞	人	5 903	5 021			882	
国际旅游收入	万美元	785	740			45	

城市基本情况(续四)

(2000年)

指 标 名 称	单位	地区包括市辖县	西宁地区	市区不包括市辖县	西宁市	格尔木市	德令哈市
(七)固定资产投资							
固定资产投资完成额	万元	628 580	538 189	457 925	448 700	85 198	5 193
#住宅建设	万元	128 284	123 959	120 940	116 615	4 032	293
房地产开发投资完成额	万元	132 058	118 205	132 058	118 205	13 853	
#住宅	万元	82 517	68 664	82 517	68 664	13 853	
全年新增固定资产	万元	366 978	312 623	320 460	266 105	49 715	4 640
本年施工住宅建筑面积	万平方米	266.68	260.35	256.43	250.10	6.06	0.27
本年竣工住宅建筑面积	万平方米	130.17	123.97	119.97	113.77	6.06	0.14
商品房屋销售建筑面积	万平方米	31.47	29.45	31.47	29.45	2.02	
#销售给个人	万平方米	16.33	15.25	16.33	15.25	1.08	
商品房屋销售额	万元	42 882	41 227	41 882	41 227	1 655	
#销售给个人	万元	21 071	19 707	21 071	19 707	1 364	
三、教育科技文化卫生							
学校数							
高等学校	个	7	7	7	7		
中等专业学校	个	20	18	17	18		2
普通中学	个	167	152	76	51	14	11
小学	个	955	908	150	103	19	28
专任教师数							
高等学校	人	1 885	1 885	1 885	1 885		
中等专业学校	人	875	775	728	628		100
普通中学	人	7 388	6 495	3 682	2 789	589	304
在校学生数							
高等学校	人	12 782	12 782	12 782	12 782		
中等专业学校	人	9 713	9 542	8 328	8 067		261
普通专业学校	万人						
小学	万人	19.48	17.44	8.76	6.72	1.39	0.65
成人高等教育学校在校学生数	人	13 569	10 914	13 569	10 914	1 101	1 554
各类专业技术人员数	万人	7.90	7.10	6	5.20	0.50	0.30
中级技术职称以上人员	万人	0.75	0.57	0.65	0.47	0.08	0.10
从事科技活动人员数	人	7 867	3 000	7 867	3 000	4 854	13
剧场、影剧院数	个	28	22	22	22	5	1
公共图书馆总藏量	千册、件	1 937	1 845	1 640	1 548	29	63
医院、卫生院数	个	450	349	326	225	61	40
医院、卫生院床位数	张	10 018	8 698	8 927	7 607	1 020	300
医生数	人	5 004	4 074	4 023	3 093	480	450
四、市政公用事业							
年末实有铺装道路面积	万平方米			599	405	128	66.30
城市排水量管道总长度	公里			263	208	4	15
供水综合生产能力	万吨/日			48	37	7	4.40
全年供水总量	万吨			14 325	12 610	1 064	651
生活用水量	万吨			6 450	5 218	738	494
用水人口	万人			88.64	72	11.10	5.54
非农业用水人口	万人			73	62	7.70	3.30
煤气(人工、天然气)供气总量	万立方米			15 815	24	15 791	
家庭用量	万立方米			319	24	295	

注:市政公用事业:2000年报表制度调整,地区数免报。

城市基本情况(续五)

(2000 年)

指标名称	单位	地区包括市辖县	西宁地区	市区不包括市辖县	西宁市	格尔木市	德令哈市
用煤气人口	人			70 300	31 000	39 300	
液化石油气供气总量	吨			13 290	10 000	3 016	274
家庭用量	吨			11 134	8 206	2 654	274
用液化气人口	人			311 000	240 000	53 000	18 000
年末实有公共汽(电)车营运车辆数	辆			1 125	1 125	40	8
全年公共汽(电)车客运总量	万人次			25 085	25 085	350	34
年末实有出租汽车数	辆			5 785	4 369	1 266	150
园林绿地面积	公顷			1 503	1 034	344	125
公共绿地面积	公顷			275	246	28	1
建成区绿化覆盖面积	公顷			1 594	1 068	360	166
工业废水排放总量	万吨			2 545	2 347	198	
工业废水处理排放达标量	万吨			889	712	177	
工业废水处理量	万吨			1 355	1 178	177	
工业废水处理回用量	万吨			390	390		
工业废水排放达标量	万吨			2 203	2 026	177	
工业二氧化硫去除量	吨			160	103	57	
工业二氧化硫排放量	吨			13 711	13 625	86	
环境噪声达标面积	平方公里						
生活垃圾粪便清运量	万吨			95	87	5	3
生活垃圾无害处理量	万吨			48	43.2	5	
五、财政、金融、保险							
中央财政预算内收入	万元	98 578	82 555	92 353	76 330	15 361	662
地方财政预算内收入	万元	75 439	63 393	56 224	44 178	10 638	1 408
地方财政预算内支出	万元	125 004	108 407	86 127	69 530	13 510	3 087
科学事业费支出	万元	224	198	173	147	26	
教育事业费支出	万元	20 062	17 878	13 437	11 253	1 122	1 062
年末金融机构存款余额	万元	2 445 508	2 145 702	2 274 927	1 975 121	242 430	57 376
城乡居民储蓄年末余额	万元	1 194 214	1 025 512	1 082 536	913 834	130 945	37 757

城市基本情况(续六)

(2000年)

指标名称	单位	地区包括市辖县	西宁地区	市区不包括市辖县	西宁市	格尔木市	德令哈市
年末金融机构各项贷款余额	万元	2 082 307	1 841 582	1 845 848	1 605 123	193 059	47 666
承保额	万元	1 493 020	1 278 366	1 386 916	1 172 262	143 181	71 473
保费	万元	24 091	19 456	22 476	17 841	3 581	1 054
已决赔款	万元	9 390	7 885	7 736	7 231	1 193	312
六、人民生活							
住宅建筑面积	万平方米			1206.86	1 069	95.56	42.3
住宅使用面积	万平方米			914.35	802	76.45	35.9
居住人口(与使用面积口径一致)	万人			75.75	62.49	7.72	5.54
在岗职工平均人数	万人	29.04	26.15	23.27	20.38	1.70	1.19
在岗职工工资总额	万元	262 788	234 412	212 322	183 946	17 438	10 938
居民人均可支配收入	元			5 430	5 299	5 819	
居民人均消费支出	元			4 308	4 245	4 496	
(1)食品	元			1 778	1 771	1 799	
(2)衣着用品类	元			466	432	566	
(3)家庭设备、用品及服务	元			355	387	260	
(4)医疗保健	元			325	363	213	
(5)交通和通讯	元			324	290	425	
(6)娱乐、教育、文化服务	元			487	429	660	
(7)居住	元			272	272	273	
(8)杂项商品和服务	元			300	301	300	
每百户拥有电冰箱	台			83	82	84	
每百户拥有家用电脑	台			2	3	1	
居民消费价格指数(以上年为100)				98.75	99.9	97.6	
商品零售价格指数(以上年为100)				98.85	99.3	98.4	
职工保险福利费用总额	万元	5 994	2 459	5 994	2 459	2 615	920
年末离休、退休、退职人员数	万人	34 961.69	34 961	34 961.69	34 961	0.55	0.14
离休退休退职人员保险福利费总额	万元	30 420	23 350	30 420	23 350	6 270	800
社会福利院数	个	7	4	7	4	3	3
社会福利院床位数	张	164	149	164	149	22	15
七、社会治安							
交通事故件数	件	2 163	1 883	1 678	1 398	233	47
刑事案件发案数	件	8 326	6 762	7 092	5 528	1 272	292
犯罪人数	人	3 187	2 586	2 211	1 610	428	173

西宁市公共交通客运情况

年　份	年底车辆总数（辆）	其中:小公共线路车（辆）	年底营运线路网长度（线路/公里）	总行驶里　程（万车公里）	客运总量（万人次）	客运周转　量（万人公里）	利润总额（万元）	职工人数（人）	社会出租汽　车（辆）	社会小公共汽车（辆）
1980	171		17/466	599	6 942		27.6	1 298		
1982	190		17/466	685	8 812		60.1	1 633		
1983	192		17/467	787	10 162		61.0	1 690		
1984	211		17/467	831	11 930		55.0	1 810		
1985	230		17/467	937	14 832		67.8	2 036		
1986	219		17/473	966	16 710		54.0	2 065		
1987	222		17/481	1 020	16 876		42.0	2 332		
1988	250		21/498	1 076	17 759	50 993	68.0	2 382		
1989	252		21/481	1 044	15 216	54 537	20.0	2 590		
1990	266	23	21/481	1 128	15 612	47 843	0.9	2 567	371	30
1991	268	27	21/481	1 196	16 430	53 464	13.5	2 807	458	53
1992	282	42	21/482	1 243	17 641	56 330	－158	2 785	784	116
1993	403	53	21/510	1 307	17 345	55 851	－276	2 833	1 282	259
1994	385	85	21/316	1 384	17 833	65 290	－443	2 760	1 836	313
1995	386	87	21/320	1 744	18 054	88 268	－360	3 159	3 354	403
1996	372	70	25/259	1 725	18 218	72 042	－326	3 412	4 160	432
1997	410	118	28/255	1 956	17 616	77 194	－396	3 323	4 236	432
1998	575	168	32/258	2 023	17 808	83 996	－380	3 212	4 275	435
1999	659	197	34/274	2 634	19 566	101 414	－285	3 328	4 412	455
2000	667	207	37/291	3 047	15 369	111 466	－400	3 289	5 785	628

注:1996 年调整统计口径将年底营业线路改为年底营运线路网长度,社会小公共汽车数中不含公交公司小公共汽车数。

西宁市集中供热情况

类　别	单　位	1990年	1994年	1995年	1996年	1997年	1998年	1999年	2000年
一、供热能力—蒸气	吨/小时	8	8	8	8	8	8		
供热能力—热水	MW/小时	14	14	28	28	28	28	31	31
二、供热总量—热水	万百万千焦/年	13.49	14.01	14.82	22.64	19.23	21.43	29	31
三、集中供热面积	万平方米	12	16	18	20	24	22	25.59	27
#住宅	万平方米					24	24	24	24
四、供热管道总长度	公里	5	5	5	5	5	5	5	5
五、供热工业总产值	万元	153	250	291	292	423	441	440	395
六、利润总额	万元	-21.6	1	7.7	7.2	-120	-5	-200	-212
七、年末职工人数	人	68	88	90	104	117	125	136	136

注:从1996年起全部改为热水供热。

西宁市自来水供水情况

年　份	年底自来水管道总长度(公里)	全年供水总量(万立方米)	全年售水总　量(万立方米)	#生产用水	综合生产能力(日/万吨)	年底用水总人数(万人)	供　水普及率(%)	年末职工总人数(人)
1980	240	3 740	3 541	1 979	14.5	42.0	92.4	450
1982	246	4 649	4 295	2 598	14.5	43.4	94.6	453
1983	251	5 222	4 817	3 121	34.5	43.5	94.0	450
1984	259	5 526	5 098	3 161	35.5	48.0	92.0	450
1985	255	5 577	5 145	3 190	36.4	348.0	95.2	443
1986	255	5 863	5 583	3 461	26.4	49.0	99.0	479
1987	285	6 308	6 008	3 604	36.6	53.0	96.4	513
1988	297	7 111	6 755	4 062	34.4	53.5	98.0	511
1989	300	7 824	7 200	4 464	34.4	53.9	98.0	522
1990	300	7 934	7 301	4 527	34.4	54.7	98.0	548
1991	300	8 279	7 619	4 785	34.4	55.7	98.0	590
1992	301	8 359	7 692	4 769	34.4	56.1	98.8	600
1993	305	8 605	7 918	4 909	39	56.2	99.1	596
1994	306	12 961	12 273	8 339	39	66.1	99.3	613
1995	307	13 251	12 540	8 176	39	66.9	98.0	663
1996	311	13 036	12 342	7 460	38.4	67.7	97.0	733
1997	419	13 036	12 238	6 200	38	67.8	95.95	808
1998	433	11 966	11 516	6 939	37	70.9	97.39	842
1999	444	12 561	11 904	6 893	49	70.8	97.00	905
2000	596	12 610	14 325	6 734	48.89	71.4	97.20	904

注:年末职工人数为本系统职工数。

西宁市道路、排水、养护情况

年份	年末实有铺装道路长度(公里)	#高级、次高级路面	铺装道路面积(万平方米)	人行道面积(万平方米)	年底实有下水道长度(公里)	全年养护下水道长度(公里)	全年“两项”维护建设资金支出(万元)	年末固定职工总人数(人)	市政工程管理人员
1980	157	150	159		67	67	595	314	
1982	163	160	161		74	74	558	1 057	
1983	169	166	166		78	78	552	1 001	244
1984	169	166	166		78	78	742		
1985	175	174	176		85	85	721		
1986	175	174	176	31	86	86	378	364	
1987	177	176	177	31	86	86	1 509	361	
1988	177	176	189	39	87	87	1 761	1 061	352
1989	179	178	195	41	90	90	2 509	1 269	349
1990	179	178	219	49	117	117	2 185	1 327	385
1991	180	179	220	50	117	117	4 603	1 159	359
1992	181	180	223	53	118	118	4 663	1 159	353
1993	203	198	225	53	123	123	3 851	1 159	353
1994	208	203	228	53	123	123	2 800	917	337
1995	263	263	263	97	139	139	6 760	924	333
1996	268	268	262	97.4	144	144	4 659	929	329
1997	284	270.35	270.35	97.6	146	150.58	9 583	922	357
1998	288	282.45	291.23	99	161.1	155.1	34 747	935	338
1999	298	282.45	317.25	99.4	161.1	140.0	91 758	931	331
2000	310	294.37	405	62.4	208.1	143.0	78.12	934	330

注:“两项”维护建设资金系城市维护建设税和公用事业附加用于市政工程、公用事业、环卫等方面的资金,自1991年开始系基建、交通能源、交通建设基金、建设税、维护措施等五项支出之和。1997年改为维护支出。

西宁市环境卫生基本情况

类别	单位	1985年	1990年	1994年	1995年	1996年	1997年	1998年	1999年	2000年
一、当年完成工作量										
1.清运生活垃圾	万吨	12.7	23.6	36	39.3	44	38.7	77.3	77.3	80.70
2.清运粪便	万吨	0.8	2.0	2.0	2.6	3	4.56	6.34	6.34	6.54
二、实际清扫面积	万平方米	92	166	213	233	235	147	136.22	136.22	280.88
三、环境卫生机械数量	辆	58	85	87	121	95	80	82	106	85
四、环境卫生设施										
公共厕所	座	157	158	158	221	221	221	220	240	290
#水冲式	座				66	68	68	107	127	227
五、年末职工人数	人	440	230	335	423	1 072	969	1 330	1 330	1 072
六、民办保洁队伍	人	738	741	737	832	361	148	380	408	408
七、环境卫生收入	万元			138	137	264	192	520	330	659.50

注:①1996年年末职工人数包括临时工。

②1998年年末职工人数和民办保洁队伍未分开。

西宁市城市建设用地情况

类　　别	单　位	1985 年	1990 年	1994 年	1995 年	1996 年	1997 年	1998 年	1999 年	2000 年
市区人口	万人	59.9	65.0	67.3	68.3	69.4	70.16	70.86	71.90	94.14
非农业人口	万人	50.4	55.0	56.7	57.8	58.7	59.52	60.07	61.35	62.49
市区面积	平方公里	350	350	350	350	350	350	350	350	350
建成区面积	平方公里	49.4	51.5	52.3	52.8	52.8	59.79	59.79	60.87	57.17
城市建设										
用地面积	平方公里	49.4	51.5	52.3	52.7	52.8	59.79	59.79	60.87	57.17
1.工业用地	平方公里	10.1	10.5	10.7	10.7	10.7	10.75	10.75	10.75	11.00
2.仓储用地	平方公里	2.5	2.6	2.7	2.7	2.7	2.71	2.71	2.71	3.00
3.对外交通用地	平方公里	5.6	5.8	5.9	6.4	6.4	6.46	6.46	6.46	6.00
4.生活居住用地	平方公里	20.5	21.8	22.2	22.2	22.2	22.2	22.6	23.09	24.17
5.其他城建用地	平方公里	10.7	10.7	10.8	10.8	10.8	17.67	17.67	17.86	13.00
本年征用土地面积	平方公里	0.5	0.1	0.1	0.07	0.07	0.25	0.25	0.22	3.00

西宁市园林绿化情况

类　　别	单　位	1985 年	1990 年	1994 年	1995 年	1996 年	1997 年	1998 年	1999 年	2000 年
建成区内绿化覆盖面积	公顷	407	511	604	665	742	794	926	993	1 068
年底园林绿地面积	公顷	414	471	543	653	708	759	879	954	1 034
公共绿地	公顷	64	78	141	173	180	191	199.7	221	246
建成区绿化覆盖率	%	9.3	10.2	11.4	12.4	14.0	13.28	15.29	16.31	18.68
每人平均占有的公共绿地面积	平方米/人	1.2	1.4	2.5	3.0	3.4	3.21	3.32	3.6	3.67
公园个数	个	1	2	4	8	8	9	9	9	10
公园面积	公顷	36	46	53	142	148	156	163.6	184.92	203
年游人量	万人次	130	315	238	220	206	240	237	238	281
全年植树量	万株	42.0	16.1	6.3	7.5	8.2	7.5	12	10.69	9.28
年末苗圃面积	公顷	49	49	57	61	61	61	87.6	77.3	62.0
年末职工人数	人	685	718	724	719	745	748	858	671	1 072

注:年末职工人数和植树量为系统内数,其它各类指标是全社会数。

QHTJNJ

企业资料

Records of Enterprises

现代企业制度与企业集团

简要说明

一、根据国家统计局《关于印发〈建立现代企业制度跟踪监测统计制度〉的通知》(国统字[1998]234 号)和国家统计局《关于印发〈企业集团统计报表制度〉的通知》(国统字[1998]233 号)文件精神,青海省企业调查队决定对全省建立现代企业制度试点企业及企业集团进行定期统计调查。

二、统计范围:

现代企业制度:一是国务院确定的建立现代企业制度试点企业;二是省政府及主管部门确定的现代企业制度试点企业;三是国家重点联系企业;四是国家试点企业集团及省政府确定的大型企业集团的母公司。

企业集团:一是由国务院批准的国家试点企业集团;二是由国务院主管部门批准的企业集团;三是由省、自治区、直辖市人民政府批准的企业集团。企业集团内部的统计范围包括企业集团的母公司,在中国境内和境外的全资子公司,绝对控股子公司和相对控股子公司。不包括参股企业、协作企业和子公司下属的二级公司。

三、现代企业制度:

现代企业制度是指适应市场经济要求,产权清晰、权责明确、政企分开、管理科学的制度。

现代企业制度的基本特征是①产权关系清晰,企业中的国有资产所有权属于国家,企业拥有包括国家在内的出资者投资形成的全部法人财产所有权,成为享有民事权利,承担民事责任的法人实体。②企业以其全部法人财产,依法自主经营,自负盈亏、照章纳税,对出资者承担资产保值增值的责任。③出资者按投入企业的资本额享有所有者的权益,即资产受益,重大决策和选择管理者等权利。企业破产时,出资者只以投入企业的资本额对企业债务负有有限责任。④企业按照市场需求组织生产经营,以提高劳动生产率和经济效益为目的,政府不直接干预生产经营活动。企业在市场竞争中优胜劣汰、长期亏损、资不抵债的应依法破产。⑤建立科学的企业领导体制和组织管理制度,调节所有者、经营者和职工之间的关系,形成激励和约束相结合的经营机制。这五个方面的特征是我国建立现代企业制度的基本要求,其中最主要的是完善企业法人制度,实行有限责任制度和建立科学的企业领导体制与组织制度。

四、企业集团:以一个实力雄厚的大型企业为核心,以产权联结为主要纽带,并以产品、技术、经济、契约等多种纽带把多个企业、事业单位联结在一起,具有多层次结构的以母子公司为主体的多法人经济联合体。

五、本资料由青海省企业调查队提供。

青海省建立现代企业制度试点企业主要经济指标

（2000 年）　　单位:个、万元

指标名称	企业个数	资产总计	累计对外投资	流动资产年平均余额	负债合计	流动负债	年末股东（所有者）权益
总　　计	**18**	**1 366 503**	**21 930**	**667 651**	**936 058**	**619 609**	**390 891**
按改制主管部门分							
国家体改委	1	378 117	994	211 998	252 508	201 055	125 609
省经贸委	6	521 508	9 391	256 824	395 863	194 720	125 645
省体改委	7	367 749	10 413	141 455	235 141	178 345	93 054
企业主管部门	2	17 156		7 779	15 809	9 477	1 347
其　他	2	81 973	1 132	49 595	36 737	36 012	45 236
按行业类别分							
工　业	13	1 281 267	21 930	618 974	873 332	563 908	368 381
建筑业	1	56 878		32 901	36 717	36 717	20 161
批零售贸易餐饮业	4	28 358		15 776	26 009	18 984	2 349
按控股情况分							
国有绝对控股	12	1 223 070	15 998	579 946	865 390	563 089	318 328
国有相对控股	2	84 506	1 132	48 566	38 155	32 671	46 351
其　他	4	58 927	4 800	39 139	32 513	23 849	26 212
按企业规模分							
大　型	9	1 204 858	17 130	573 857	833 725	531 704	331 781
中　型	7	120 814		65 369	84 677	72 893	36 137
小　型	2	40 831	4 800	28 425	17 656	15 012	22 973
按登记注册类型分							
国有企业	4	324 166	5 613	119 268	221 043	162 561	75 782
国有独资公司	3	477 135	994	259 613	322 391	266 944	142 733
其他有限公司	4	412 317	9 391	194 363	315 963	122 264	96 354
股份有限公司	7	152 885	5 932	94 407	76 661	67 840	76 022

青海省建立现代企业制度试点企业主要经济指标(续一)

(2000 年)　　单位:万元

指标名称	股本	主营业务收入	主营业务成本	主营业务税金及附加	投资收益	利润总额	固定资产投资完成额
总　　计	**303 180**	**647 842**	**523 821**	**9 121**	**1 910**	**20 394**	**39 080**
按改制主管部门分							
国家体改委	75 202	145 418	129 252	708		516	10 691
省经贸委	119 945	378 544	306 718	5 752	24	9 722	19 707
省体改委	85 748	88 028	64 417	1 879	1 833	7 827	8 682
企业主管部门	1 171	5 355	4 314	21	53	－565	
其　他	21 114	30 497	19 120	761		2 894	
按行业类别分							
工　业	288 262	574 645	460 753	8 159	1 833	21 153	31 761
建筑业	10 695	52 625	45 278	914		1 176	7 071
批发零售	4 223	20 572	17 790	48	77	－1 935	248
贸易餐饮业							
按控股情况							
国有绝对控股	267 488	588 136	481 040	8 418	1 643	15 091	33 427
国有相对控股	21 360	31 517	20 935	196		4 004	5 600
其　他	14 332	28 189	21 846	507	267	1 299	53
按企业规模							
大　型	263 358	540 534	440 009	7 502	1 643	16 885	26 108
中　型	27 595	93 390	74 808	1 138	77	2 242	12 919
小　型	12 227	13 918	9 004	481	190	1 267	53
按登记注册类型							
国有企业	69 099	69 461	47 447	5 159	1 067	7 311	8 393
国有独资公司	95 272	216 720	188 999	1 674	562	2 343	17 762
其他有限公司	96 616	292 684	240 707	945	67	6 625	7 024
股份有限公司	42 193	68 977	46 668	1 343	214	4 115	5 901

青海省建立现代企业制度试点企业主要经济指标(续二)

(2000年)　　单位:人、万元

指标名称	研究开发费用	从业人员年末数	在岗职工	其他从业人员	从业人员劳动报酬	在岗职工劳动报酬
总计	**1 372**	**36 756**	**36 445**	**311**	**46 178**	**45 820**
按改制主管部门分						
国家体改委	700	9 473	9 473		12 601	12 601
省经贸委	527	14 041	14 041		20 823	20 823
省体改委	145	9 406	9 348	58	9 289	9 233
企业主管部门		840	840		576	576
其他		2 996	2 743	253	2 889	2 587
按行业类别分						
工业	1 372	32 481	32 170	311	42 395	42 037
建筑业		2 507	2 507		2 284	2 284
批发零售贸易餐饮业		1 768	1 768		1 499	1 499
按控股情况						
国有绝对控股	1 123	31 850	31 597	253	41 984	41 682
国有相对控股	200	2 951	2 951		2 543	2 543
其他	49	1 955	1 897	58	1 651	1 595
按企业规模分						
大型	1 092	29 078	28 825	253	39 051	38 749
中型	231	6 597	6 597		6 223	6 223
小型	49	1 081	1 023	58	904	848
按登记注册类型分						
国有企业	103	8 138	8 138		8 356	8 356
国有独资公司	700	14 062	14 062		16 657	16 657
其他有限公司	320	8 436	8 436		15 546	15 546
股份有限公司	249	6 120	5 809	311	5 619	5 261

青海省建立现代企业制度试

(20

企业名称	年末资产总计	固定资产原价	流动资产年平均余额	年末负债合计	年末股东(所有者)权益合计
青海省三普药业股份有限公司	37 917	5 990	25 539	14 990	22 725
西宁商业大厦有限责任公司	3 186	2 847	871	3 669	-483
青海重型机床厂	41 903	29 771	20 834	28 967	12 936
西宁特殊钢集团有限责任公司	378 117	144 047	211 998	252 508	125 609
青海省盐业总公司	16 346	7 092	9 419	10 650	5 696
青海铝业有限责任公司	378 462	287 798	178 282	290 271	88 191
青海百货股份有限公司	4 126	378	3 806	2 717	1 409
青海青稞酒集团有限责任公司	32 741	20 053	17 352	25 915	6 826
青海水泥厂	18 879	8 091	8 390	12 068	6 811
青海第一机床厂	17 849	7 899	11 597	21 009	-3 160
西宁市医药总公司	13 970	4 749	6 908	12 140	1 830
青海纺织品股份有限责任公司	7 076	3 590	4 191	7 483	-407
青海盐湖工业集团有限公司	231 673	145 504	69 485	145 152	59 180
青海公路桥梁工程集团有限公司	56 878	24 127	32 901	36 717	20 161
青海山川铸造铁合金集团有限责任公司	42 140	24 842	14 714	33 166	-3 037
青海制药有限公司	16 699	9 195	8 302	9 883	6 816
青海华鼎实业股份有限公司	65 627	18 866	40 176	26 087	39 540
青海湟中酒厂	2 914	942	2 886	2 666	248

点企业主要财务指标一览表

00年）　　　　单位：人、万元

股　本	主营业务收　入	主　营业务成本	存货跌价损失和营业、管理、财务费用合计	利　润总　额	应　缴增值税	从业人员年末数	从业人员劳动报酬
12 000	12 388	8 122	3 450	1 104	621	731	704
466	203	167	511	－544	6	309	175
3 384	6 225	3 947	2 555	12	624	1 448	1 114
75 202	145 418	129 252	21 502	516	5 924	9 473	12 601
5 554	8 325	3 253	3 322	214	472	1 160	1 249
88 568	276 481	229 721	37 111	5 513	10 085	6 389	13 433
1 400	9 119	8 695	364	53		343	346
5 003	26 928	17 658	4 152	1 068	449	1 937	1 904
5 800	9 345	5 068	2 857	1 324	924	1 115	903
3 002	2 317	2 321	1 094	－1 036	179	886	762
705	5 152	4 147	1 227	－21	130	531	401
1 652	6 098	4 781	1 618	－1 423	196	585	577
57 710	33 991	23 521	5 870	7 267	3 471	3 867	4 576
10 695	52 625	45 278	2 978	1 176		2 507	2 284
9 375	18 677	14 469	4 395	651	498	2 082	1 772
6 877	10 848	6 672	2 165	1 677	1 022	1 207	1 537
15 560	22 172	15 867	3 723	2 680	4 368	1 836	1 640
227	1 530	882	265	163	128	350	200

青海省重点企业集团主要经济指标

（2000 年）

指标名称	集团数（个）	资产总计（万元）	累计折旧（万元）	研究开发费用（万元）	年末少数股东权益（万元）	从业人员年末数（人）	在岗职工（人）
总　计	**24**	**1 208 142**	**202 336**	**1 025**	**91 873**	**41 410**	**40 319**
按审批部门							
省政府	19	1 082 634	190 720	1 025	90 763	37 256	36 171
其　他	5	125 508	11 616		1 110	4 154	4 148
按集团主营行业							
工　业	13	900 365	163 544	1 025	85 338	29 618	28 669
批发零售贸易餐饮业	5	78 657	10 610		1 560	3 983	3 947
其　他	6	229 120	28 182		4 975	7 809	7 703
按登记注册类型							
国有企业	3	68 205	10 663		1 560	3 531	3 460
国有独资公司	8	914 419	157 903	966	85 491	24 360	24 149
其他有限公司	8	136 802	28 244	59	4 095	7 226	6 448
股份有限公司	4	80 715	4 677		727	5 740	5 715
其　他	1	8 001	849			553	547
按控股情况							
国有绝对控股	14	1 078 409	194 674	1 025	91 146	32 420	31 360
国有相对控股							
集体绝对控股	3	17 913	1 607			5 194	5 169
集体相对控股	2	3 779	266			379	379
其　他	5	108 041	5 789		727	3 417	3 411

青海省重点企业集团主要经济指标(续一)

(2000年)　　单位:人、万元

指标名称	利润总额	固定资产投资完成额	投资收益	股本	主营业务收入	营业成本	其他从业人员
总　计	**14 783**	**50 380**	**8 230**	**266 880**	**440 301**	**361 352**	**1 091**
按审批部门							
省政府	9 204	50 380	2 448	235 675	366 773	303 603	1 085
其　他	5 579		5 782	31 205	73 528	57 749	6
按集团主营行业							
工　业	8 299	21 319	2 230	190 797	267 537	222 189	949
批发零售贸易餐饮业	272		280	18 328	50 553	37 430	36
其　他	6 212	29 061	5 720	57 755	122 211	101 733	106
按登记注册类型							
国有企业	1 546		226	14 635	46 832	36 094	71
国有独资公司	6 343	50 315	1 619	175 859	295 462	246 092	211
其他有限公司	2 339	65	666	51 918	46 517	33 917	778
股份有限公司	4 527		5 718	22 881	45 556	40 441	25
其　他	28		1	1 587	5 934	4 808	6
按控股情况							
国有绝对控股	9 699	50 341	2 456	227 114	371 768	302 674	1 060
国有相对控股							
集体绝对控股	338	39		3 066	12 491	10 789	25
集体相对控股	11			396	2 817	2 389	
其　他	4 735		5 774	36 304	53 225	45 500	6

青海省重点企业集团主要经济指标(续二)

(2000年)　　单位:万元

指标名称	从业人员劳动报酬	在岗职工劳动报酬	流动资产年平均余额
总　计	**58 408**	**57 659**	**526 390**
按审批部门			
省政府	54 783	54 036	476 266
其　他	3 623	3 621	50 124
按集团主营行业			
工　业	27 065	26 383	408 119
批发零售贸易餐饮业	3 584	3 566	38 177
其　他	27 759	27 710	80 094
按登记注册类型			
国有企业	2 770	2 750	31 085
国有独资公司	47 246	47 114	400 711
其他有限公司	5 245	4 770	58 705
股份有限公司	2 685	2 565	32 694
其　他	462	460	3 195
按控股情况			
国有绝对控股	53 746	53 119	479 326
国有相对控股			
集体绝对控股	2 188	2 068	10 025
集体相对控股	243	243	2 528
其　他	2 231	2 229	3 451

青海省重点企业集团主要经济指标(续三)

(2000年) 单位:万元

指标名称	负债合计	流动负债	年末股东(所有者)权益
总　计	**811 857**	**572 833**	**304 412**
按审批部门			
省政府	730 596	510 210	261 275
其　他	81 261	62 623	43 137
按集团主营行业			
工　业	591 752	427 221	208 001
批发零售贸易餐饮业	56 349	43 040	20 748
其　他	163 756	102 572	75 663
按登记注册类型			
国有企业	45 678	32 441	20 967
国有独资公司	643 517	444 556	185 411
其他有限公司	68 811	55 061	63 896
股份有限公司	47 970	35 764	32 018
其　他	5 881	5 011	2 120
按控股情况			
国有绝对控股	734 316	516 981	252 947
国有相对控股			
集体绝对控股	14 232	7 279	3 681
集体相对控股	2 914	1 878	865
其　他	60 395	46 695	46 919

青海省重点企业集

（20

企业名称	年末资产总计	固定资产原价	流动资产年平均余额	年末负债合计	年末股东（所有者）权益合计	股本	主营业务收入
西宁特殊钢集团有限责任公司	378 117	144 047	211 998	252 508	83 748	75 202	145 418
青海盐湖工业集团有限责任公司	230 699	145 504	69 485	144 148	59 180	57 710	33 991
青海山川铸造铁合金集团有限责任公司	42 140	24 842	14 714	33 166	－3 037	9 375	18 677
青海省数控机床集团有限责任公司	68 754	43 943	35 278	63 415	5 159	1 560	9 189
青海省物资产业集团有限责任公司	11 711	6 070	2 906	1 863	8 671	6 244	5 895
青海地毯集团公司	7 171	3 968	2 974	5 268	1 903	2 190	3 658
青海金牛集团有限责任公司	41 125	19 320	21 524	23 244	17 881	7 015	9 777
青海青稞酒集团有限责任公司	32 742	20 053	17 352	25 915	6 443	5 003	26 928
青海水利电力集团有限责任公司	96 753	87 340	20 650	81 252	11 253	12 817	21 047
青海公路桥梁工程集团有限公司	56 878	24 127	32 901	36 713	20 165	10 695	52 652
青海丁香粮油集团有限责任公司	29 024	25 217	7 869	21 765	7 259	3 711	7 871
青海黎明化工集团有限责任公司	33 226	29 161	13 740	10 445	22 781	23 160	7 911
青海肉食品集团有限责任公司	12 234	4 636	7 816	10 550	1 684	4 789	5 231
青海省兴旺建工贸集团有限责任公司	2 026	1 115	319	1 173	853	231	4 500
青海东钢工业集团有限责任公司	1 111	495	712	669	442	395	917
青海雪舟三绒集团有限责任公司	8 717	2 789	6 732	7 792	925	645	4 333
青海绿宝集团有限责任公司	7 994	4 959	1 751	3 587	4 407	4 095	2 449
青海制药集团有限责任公司	21 434	10 342	12 266	11 432	6 265	6 445	11 786
西宁医药集团有限责任公司	13 970	4 749	6 908	12 140	1 830	705	5 152
西宁市食品糖酒集团有限公司	8 001	3 078	3 195	5 881	2 120	1 587	5 934
西宁张氏实业（集团）有限公司	15 274	7 098	1 739	5 049	10 225	10 102	6 625
青海宏基投资集团股份有限公司	2 668	362	1 816	2 245	423	217	1 900
青海民和冶炼集团有限责任公司	23 753	12 605	10 827	17 900	5 852	3 388	14 009
青海数码网络投资集团股份有限公司	62 802	14 300	22 669	33 783	28 337	19 815	33 065

团主要财务指标一览表

00年）　　　　　　　　　　　　　　　　　单位：万元、人

主营业务成本	存货跌价损失和营业、管理、财务费用合计	利润总额	应缴增值税	从业人员年末人数	从业人员劳动报酬
129 252	21 502	516	5 924	9 473	12 601
23 521	5 870	6 724	3 471	3 867	4 576
14 469	4 395	651	498	2 082	1 772
6 900	4 641	－2 070	968	3 382	2 381
5 644	990	－70	7	460	396
3 246	412	74	139	2 094	493
6 969	3 775	12	600	1 020	783
17 658	4 152	1 068	2 587	1 937	1 904
14 461	5 384	49	629	1 851	2 265
45 278	2 978	1 176	420	2 507	2 284
7 038	946	30	427	696	386
6 166	2 343	364	77	2 302	1 410
5 173	1 362	－733	533	502	421
3 849	280	233	76	2 200	1 155
789	175	－16	52	261	116
3 694	499	31	164	900	540
1 484	455	315	171	587	342
7 353	2 512	1 434	1 041	1 207	1 537
4 147	1 227	－21	130	531	401
4 808	1 230	28	174	553	463
5 409	156	224		1 200	512
1 600	154	26		118	127
12 792	861	548	212	1 134	470
29 652	4 466	4 189		546	497

青海省企业景气调查企业宏观经营景气指数

单位：%

	2000年度				1999年度			
	一季度	二季度	三季度	四季度	一季度	二季度	三季度	四季度
全 省 情 况	**6.41**	**3.33**	**8.07**	**7.49**	**3.47**	**7.31**	**9.74**	**7.05**
经济类型								
国有经济	6.04	7.89	14.67	6.82	9.87	11.52	9.90	13.51
集体经济	-15.38	-14.81	-11.11	-14.29	-19.23	-34.62	-15.15	-11.43
私营经济		100		100	33.33			
个体经济								
联营经济								
股份制经济	9.09		17.39	4.35		8.33	20.00	-6.25
外商及港、澳、台投资经济	28.57	42.86	50.00	50.00	-16.67	16.67	33.33	
行业门类								
工业	9.21	17.24	18.85	18.63	1.44	12.85	10.50	14.20
#采掘业	50.17	31.22	44.75	61.39	24.22	16.60	45.44	45.09
制造业	3.38	15.92	19.46	14.92	-2.26	12.98	8.99	14.58
电力、煤气及水的生产供应	1.92	13.12	-10.00	10.00	-9.09	-1.54	-10.63	1.54
建筑业	5.56	17.13	1.34	5.44	-9.77	24.87	28.45	11.52
交通运输、仓储及邮电通信业		-66.67	-28.10	-27.10		-22.85	9.22	-12.42
批发和零售贸易、餐饮业	6.31	-26.06	-12.21	-19.62	24.09	-14.95	-15.28	-9.43
房地产业		26.32	38.89	26.67	10.00	25.00	-5.00	15.00
社会服务业	-9.31	28.57	52.38	45.00	30.00	4.35	13.64	4.35
企业规模								
特大型	8.55	91.45	69.06	69.06		100.00		39.71
大　型	56.89	57.99	71.46	65.78	50.70	57.73	53.05	64.57
中　型	3.66	-2.35	3.80	-1.27		-11.25	3.70	1.19
小　型	-5.83	-4.81	5.83	2.02			1.72	0.81
国家重点联系企业	37.73	100.00	100.00	100.00		100.00	36.59	100.00
试点企业集团	22.72	56.80	56.30	76.80				
乡镇企业	42.86	57.14	42.86	42.86	22.22	77.78	81.82	72.73

青海省企业景气调查企业综合经营景气指数

单位：%

	2000年度				1999年度			
	一季度	二季度	三季度	四季度	一季度	二季度	三季度	四季度
全　省　情　况	**－10.74**	**－6.27**	**8.68**	**1.50**	**6.20**	**3.23**	**7.65**	**7.01**
经济类型								
国有经济	－16.15	－3.12	7.45	4.26	7.85	2.54	4.26	5.91
集体经济	－30.77	－7.41	－3.70	－3.57	－38.46	－34.62	－27.27	－11.43
私营经济				100		33.33		－33.33
个体经济								
联营经济						－100.00	100.00	－100.00
股份制经济	－9.09	－4.35	－8.70	－8.70	9.09	8.33	26.67	12.50
外商及港、澳、台投资经济		42.86	67.67	－33.33		16.67	50.00	
行业门类								
工业	－3.55	10.56	13.70	10.39	4.80	3.49	9.64	11.10
#采掘业	34.76	45.05	37.95	45.51	3.86	15.93	31.21	24.86
制造业	－13.83	5.44	8.52	3.85	－0.17	0.05	8.33	11.77
电力、煤气及水的生产供应	35.01	16.91	36.91	30.00	25.73	7.55	16.70	18.18
建筑业	－21.46	－36.84	7.25	－9.88	4.54	25.46	31.51	11.82
交通运输、仓储及邮电通信业	－38.89	－38.89	－16.99	－10.79	3.20	－10.53	－5.45	5.26
批发和零售贸易、餐饮业	7.41	－15.35	6.31	－8.51	15.38	－16.40	－22.10	－9.09
房地产业	－26.32	5.26	16.67	13.33	5.00	20.00	15.00	10.00
社会服务业	－38.10	38.10	23.81	－5.00	5.00	－13.04	9.09	－13.04
企业规模								
特大型	100.00	77.60	77.60	69.06	100.00	100.00	57.54	39.71
大　型	26.37	66.44	74.29	51.84	43.30	66.52	55.40	61.06
中　型	－32.93	－7.06	－1.27	－11.39	－2.50	－22.50	－7.41	－1.19
小　型	－17.48	－10.58		－5.05	－7.77	－6.67	0.86	－3.23
国家重点联系企业	44.99	100.00	100.00	70.93	63.41	100.0	100.00	100.00
试点企业集团	35.43	76.80	57.65	33.58				
乡镇企业	－28.57	14.29	57.14	14.29	－11.11	55.56	63.64	36.36

青海省企业景气调查产品订货景气指数

单位:%

	2000年度				1999年度			
	一季度	二季度	三季度	四季度	一季度	二季度	三季度	四季度
全 省 情 况	**-25.67**	**-8.75**	**-14.61**	**-14.61**				
经济类型								
国有经济	-31.50	-13.57	-25.63	-16.99	-11.88	13.29	0.16	2.15
集体经济	-72.73	-60.00	-45.45	-41.97	-80.00	-22.22	-15.38	-13.33
私营经济								
个体经济								
联营经济								
股份制经济	-42.86	7.14	-7.14	-35.71	-62.50	12.50		-25.00
外商及港、澳、台投资经济		50.00		-33.33	-100.0	100.00		
行业门类								
工业	-25.67	-8.75	-14.61	-14.61	-26.57	11.98	-2.17	-0.49
#采掘业	-17.98	-8.62	-26.54	-17.91	-4.98	-8.28	3.50	5.43
制造业	-24.56	-7.93	-12.38	-13.87	-36.27	13.37	-1.72	0.43
电力、煤气及水的生产供应	-21.41	-4.42		10.00	-28.48	18.95	-41.71	
建筑业								
交通运输、仓储及邮电通信业								
批发和零售贸易、餐饮业								
房地产业								
社会服务业								
企业规模								
特 大 型	69.06	77.60	75.51	69.06	-21.88	100.00		39.71
大　　型	-6.58	-2.08	-10.08	-5.29	31.29	29.38	30.19	50.70
中　　型	-37.21	-22.22	-25.64	-25.00	-23.26	-4.65	-16.28	-13.64
小　　型	-45.24	-19.05	-26.67	-27.66	-51.16	4.55	-1.85	-11.48
国家重点联系企业	27.70	70.93	70.93	70.93	-63.41	63.41		63.41
试点企业集团	70.97	66.98	67.61	67.61				
乡镇企业	-75.00		20.00		-60.00	80.00	12.50	12.50

青海省企业景气调查企业生产景气指数

单位:%

	2000年度				1999年度			
	一季度	二季度	三季度	四季度	一季度	二季度	三季度	四季度
全省情况	**-23.23**	**7.10**	**11.03**	**-1.95**	**-10.57**	**3.30**	**3.64**	**2.96**
经济类型								
国有经济	-19.70	16.31	17.83	6.42	-4.89	10.38	13.04	12.37
集体经济	-26.92	-7.41	7.41	-21.43	-38.46	-34.62	-18.18	-20.00
私营经济	-100.00	100.00	100.00	100.00	-33.33	33.33	-33.33	-33.33
个体经济								
联营经济					-100.0		100.00	
股份制经济	-22.73	-13.04	21.74	-17.39	-18.18	33.33	13.33	-12.50
外商及港、澳、台投资经济		71.43	83.33		-33.33	16.67	-33.33	-14.29
行业门类								
工业	-20.67	24.32	15.01	6.73	-4.65	23.83	13.50	11.38
#采掘业	-75.41	55.58	46.98	39.62	-11.56	31.58	38.44	28.49
制造业	-17.17	19.08	3.72	-2.23	-10.14	27.75	10.48	10.26
电力、煤气及水的生产供应	25.01	30.03	55.01	30.00	18.18	-10.57	-1.60	9.15
建筑业	-54.38	-16.25	9.89	-16.25	-18.24	-7.60	-13.01	-9.09
交通运输、仓储及邮电通信业	-16.67	-5.26	10.47	-5.24	-48.41	-40.43	14.77	3.47
批发和零售贸易、餐饮业		-30.69	-18.52	-20.22	2.03	-26.92	-21.73	-10.87
房地产业		47.37	50.00	40.00	5.00	35.00	-50.00	25.00
社会服务业	-19.05	28.57	47.62	-10.00	-5.00	8.70	22.73	-13.04
企业规模								
特大型	30.94	100.00	30.94	30.94	100.00	57.54	82.17	57.57
大型	-39.22	73.14	55.92	51.31	14.11	29.42	29.79	36.82
中型	-17.04	15.29	17.72	-2.53	-12.50	6.25	2.47	
小型	-17.48	-8.65	5.83	-11.11	-22.33	4.76	2.59	-2.42
国家重点联系企业	-29.02	100.00		29.07	26.81	63.41	63.41	63.41
试点企业集团	-20.84	99.50	-1.45	2.21				
乡镇企业	-57.14	28.57	42.86		-44.44	77.78	45.45	-9.09

青海省企业景气调查产品销售景气指数

单位:%

	2000年度				1999年度			
	一季度	二季度	三季度	四季度	一季度	二季度	三季度	四季度
全 省 情 况	**-11.05**	**21.08**	**15.58**	**11.04**				
经济类型								
国有经济	-3.14	18.57	13.48	17.04	-22.55	5.65	-4.85	8.32
集体经济	-18.18	-36.36		-16.67	-70.00	-30.00	-15.38	-13.33
私营经济								
个体经济								
联营经济								
股份制经济	-28.57	35.71		-14.29	-12.50	37.50	-9.09	-41.67
外商及港、澳、台投资经济		66.67	66.67	-33.33	-50.00	100.00	50.00	
行业门类								
工业	-11.05	21.08	15.58	11.04	-15.98	10.61	1.40	2.78
#采掘业	18.85	46.46	36.93	-16.07	-11.78	-9.40	16.98	12.35
制造业	-20.78	19.21	9.61	12.86	-20.49	14.08	-1.64	1.10
电力、煤气及水的生产供应	35.01	1.51	35.01	30.00		-3.37	-30.00	9.15
建筑业								
交通运输、仓储及邮电通信业								
批发和零售贸易、餐饮业								
房地产业								
社会服务业								
企业规模								
特大型	100.00	100.00	100.00	100.00	100.00	100.00	69.01	57.54
大 型	30.37	67.65	48.06	34.32	22.39	34.38	42.42	65.15
中 型	-31.82	8.89	-2.50	-5.00	-32.56	-9.30	-25.58	-4.55
小 型	-31.91			-4.26	-35.42	4.17	-7.14	-18.03
国家重点联系企业	47.09	100.00	70.93	100.00	26.81	63.41	63.41	63.41
试点企业集团	40.89	96.63	67.61	96.00				
乡镇企业	-60.00	40.00	80.00	20.00	-50.00	100.00	25.00	-12.50

青海省企业景气调查资金情况景气指数

单位：%

	2000年度				1999年度			
	一季度	二季度	三季度	四季度	一季度	二季度	三季度	四季度
全 省 情 况	**-60.21**	**-54.49**	**-55.85**	**-50.12**	**-71.11**	**-73.33**	**-73.77**	**-68.15**
经济类型								
国有经济	-58.09	-50.53	-57.36	-47.00	-69.35	-71.02	-70.36	-69.08
集体经济	-65.38	-66.67	-55.56	-53.57	-65.38	-65.38	-72.73	-74.29
私营经济		-100.00	-100.00	-100.00	-66.67	-66.67	-66.67	-66.67
个体经济								
联营经济					-100.0	-100.00		-100.0
股份制经济	-54.55	-56.52	-43.48	-39.13	-54.55	-41.67	-60.00	-68.75
外商及港、澳、台投资经济	-57.14	-28.57	-33.33	-83.33	-66.67	-66.67	-50.00	-71.43
行业门类								
工业	-56.23	-38.77	-43.92	-41.60	-72.76	-75.90	-74.40	-64.89
#采掘业	24.94	-31.52	-79.87	17.58	-93.11	-94.09	-93.67	-88.18
制造业	-75.14	-43.56	-38.95	-51.89	-77.44	-81.60	-79.07	-66.48
电力、煤气及水的生产供应	-13.09	-1.89	-20.00	-30.00	-45.45	-45.45	-46.99	-36.36
建筑业	-60.63	-85.38	-85.35	-64.33	-91.15	-86.15	-82.05	-71 41
交通运输、仓储及邮电通信业	-83.01	-77.78	-71.90	-55.24	-63.30	-68.42	-75.78	-71.89
批发和零售贸易、餐饮业	-56.65	-58.20	-52.95	-60.36	-54.72	-65.82	-71.33	-73.07
房地产业	-47.37	-47.37	-61.11	-40.00	-30.00	-20.00	-35.00	-65.00
社会服务业	-76.19	-42.86	-28.57	-55.00	-55.00	-39.13	-36.36	-65.22
企业规模								
特大型	8.55	22.40	69.06	69.06	-39.71	-39.71	-39.71	
大　型	-12.15	8.89	-48.12	0.20	-73.83	-87.58	-80.30	-67.36
中　型	-73.17	-60.00	-62.03	-62.03	-70.00	-73.75	-75.31	-77.38
小　型	-67.96	-60.58	-55.43	-61.62	-64.08	-58.10	-62.61	-67.74
国家重点联系企业	-3.16	29.07	70.93	41.86	-100.0	-100.0	-100.0	-36.59
试点企业集团	-44.57	0.87	35.43	10.86				
乡镇企业	-85.71	-85.71	-42.86	-57.14	-66.67	-66.67	-54.55	-45.45

青海省企业景气调查劳动力景气指数

单位：%

	2000年度				1999年度			
	一季度	二季度	三季度	四季度	一季度	二季度	三季度	四季度
全 省 情 况	**-42.51**	**-19.44**	**-13.02**	**-36.87**	**-39.50**	**-29.36**	**-26.33**	**-39.46**
经济类型								
国有经济	-38.92	-17.30	-16.87	-34.67	-30.23	-28.48	-27.10	-31.16
集体经济	-38.46	-18.52	-29.63	-35.71	-46.15	-26.92	-30.30	-42.86
私营经济	-100.00	100.00	100.00		-33.33	-33.33	-100.0	-66.67
个体经济								
联营经济				-100.0	-100.0	-100.0		
股份制经济	-45.45	-34.78	-30.43	-30.43	-45.45	-16.67	-13.33	-50.00
外商及港、澳、台投资经济		57.14	33.33	-50.00	-33.33	-16.67	-16.67	-42.86
行业门类								
工业	-42.83	-23.99	-19.38	-36.41	-37.68	-26.94	-27.65	-32.41
#采掘业	-91.55	-15.17	-79.83	-73.84	-34.23	-35.88	-24.16	-40.81
制造业	-37.35	-28.62	-13.53	-36.89	-44.44	-29.70	-31.70	-34.86
电力、煤气及水的生产供应	-30.00	-4.99	20.00	15.01	-18.18	-28.75	-19.72	-7.61
建筑业	-61.11	4.63	12.17	-48.71	-68.91	-13.90	-14.11	-59.70
交通运输、仓储及邮电通信业	-22.22	-38.57	-11.11	-38.25	-40.10	-75.48	-40.78	-33.37
批发和零售贸易、餐饮业	-37.04	-39.29	-37.04	-37.04	-14.95	-30.33	-35.60	-45.57
房地产业	-31.58	26.32	11.11	6.67	-20.00	-10.00	-5.00	-20.00
社会服务业	-23.81	23.81	19.05	-10.00	-15.00	-17.39	4.55	-30.43
企业规模								
特大型	-69.06	-69.06		-69.06	-39.71	-21.88	-39.71	-57.54
大 型	-44.43	-3.64	-25.37	-58.35	-20.13	-20.23	-22.06	-31.13
中 型	-43.90	-10.59	-7.59	-30.38	-30.00	-36.25	-24.69	-32.14
小 型	-29.13	-17.31	-12.62	-23.23	-37.86	-24.76	-23.28	-35.48
国家重点联系企业	-67.36	-70.93	29.07	-70.93	-63.41	-63.41	-63.41	-63.41
试点企业集团	-76.27	-75.43	42.72	-76.78				
乡镇企业	-42.86	-14.29	-42.86	-42.86	-33.33	22.22	27.27	-18.18

青海省企业景气调查投资情况景气指数

单位:%

	2000 年度				1999 年度			
	一季度	二季度	三季度	四季度	一季度	二季度	三季度	四季度
全　省　情　况	**-0.44**	**0.24**	**-0.20**	**-9.60**	**-18.17**	**0.81**	**-3.45**	**-3.58**
经济类型								
国有经济	-7.43	-11.97	-9.86	-8.87	-11.76	-1.85	-8.48	-2.12
集体经济	-7.69	-3.70		-21.43	-23.08	-3.85	-18.18	-5.71
私营经济		100.00	100.00		-33.33		-66.67	-33.33
个体经济								
联营经济					100.00		-100.0	-100.0
股份制经济	9.09	21.74	-8.70	-8.70	27.27	8.33	13.33	-25.00
外商及港、澳、台投资经济		14.29	50.00	16.67	-16.67	66.67		
行业门类								
工业	2.05	-3.75	-5.44	-3.19	-15.88	1.54	-8.95	-8.56
#采掘业	19.68	-77.08	-81.16	37.18	-28.67	-37.24	-46.82	-39.31
制造业	-5.06	4.38	5.51	-7.17	-23.86	8.93	3.26	-0.35
电力、煤气及水的生产供应	43.12	43.09	18.80	-8.11	27.21	25.79	-9.15	
建筑业	10.98	-7.60	1.82	-32.57	-38.88	2.61	-1.71	-2.70
交通运输、仓储及邮电通信业	-10.79	27.78	27.46		-33.60	-12.42	3.66	5.26
批发和零售贸易、餐饮业	-18.52	1.06	-10.01	-21.12	2.83	-0.58	2.26	5.15
房地产业		21.05	22.22	13.33	10.00	25.00	20.00	-5.00
社会服务业			4.76	15.00	5.00	13.04	4.55	
企业规模								
特大型	91.45	91.45	55.21	46.66	2.75	57.54	21.88	39.71
大　型	23.01	-20.77	-24.56	23.72	-19.76	-12.90	-24.81	-12.02
中　型	-24.69	-1.18	2.53	-10.13	-20.00	-6.25	-6.17	-9.52
小　型	-0.97			-12.12	-5.83	8.57	1.72	-4.03
国家重点联系企业	42.51	70.93	70.93	70.93	-26.81	100.00	100.00	100.00
试点企业集团	34.09	33.58	33.58	53.58				
乡镇企业	14.29	14.29		-14.29	-44.44	44.44	9.09	

青海省企业景气调查产成品库存景气指数

单位：%

	2000年度				1999年度			
	一季度	二季度	三季度	四季度	一季度	二季度	三季度	四季度
全　省　情　况	**14.31**	**12.50**	**10.99**	**-4.22**				
经济类型								
国有经济	18.86	2.33	-5.13	-27.95	35.14	10.65	2.99	24.39
集体经济	9.09	10.00	20.00	16.67	30.00	77.78	53.85	40.00
私营经济								
个体经济								
联营经济								
股份制经济		-7.14	14.29	-7.14		50.00	9.09	-16.67
外商及港、澳、台投资经济	-50.00		100.00					
行业门类								
工业	14.31	12.50	42.71	-4.22	37.98	21.93	13.43	28.22
#采掘业	36.06	0.28	-12.34	-71.53	20.40	-13.67	5.57	8.46
制造业	11.81	16.44	59.85	8.42	46.76	30.25	18.95	36.38
电力、煤气及水的生产供应					19.49	25.00	-8.29	1.54
建筑业								
交通运输、仓储及邮电通信业								
批发和零售贸易、餐饮业								
房地产业								
社会服务业								
企业规模								
特大型	100.00	75.51	100.00	69.06	39.71	69.01	38.03	39.71
大　型	58.00	1.95	-12.77	-53.59	45.23	-10.41	-3.74	29.77
中　型	-9.30	2.27	48.84	-12.50	41.86	7.14		27.27
小　型	5.00	11.90	71.43	2.13	30.95	40.48	25.93	26.23
国家重点联系企业	69.17	70.93	20.54	70.93	100.00	63.41	63.41	63.41
试点企业集团	69.29	69.29		69.29				
乡镇企业	25.00		100.00	20.00	20.00	60.00	37.50	

青海省企业景气调查税后利润景气指数

单位:%

	2000年度				1999年度			
	一季度	二季度	三季度	四季度	一季度	二季度	三季度	四季度
全 省 情 况	**-22.81**	**-20.75**	**-16.40**	**-13.70**	**-11.63**	**-22.68**	**-24.62**	**-19.15**
经济类型								
国有经济	-35.63	-13.75	-19.04	-32.14	-12.79	-18.04	-15.52	-12.99
集体经济	-34.62	-59.26	-40.74	-32.14	-50.00	-50.00	-60.61	-51.43
私营经济	-100.00	-100.00	-100.00	100.00	-100.0			-33.33
个体经济								
联营经济							-100.0	-100.0
股份制经济	-31.82	-52.17	-8.70	-30.43		8.33		-37.50
外商及港、澳、台投资经济	-42.86	28.57		-33.33	-16.67	16.67	16.67	-28.57
行业门类								
工业	-31.45	-9.76	-14.05	-12.42	-15.99	-4.84	-6.10	-11.68
#采掘业	-73.37	8.32	-71.46	-24.40	-21.46	-2.71	-23.23	-4.54
制造业	-27.89	-12.55	-9.06	-9.28	-21.37	-7.34	-5.98	-13.00
电力、煤气及水的生产供应	8.11	13.09	38.11	-11.89	-1.54	-0.06	-1.54	-1.48
建筑业	7.13	-31.58	-9.64	-10.18	5.65	-28.89	-36.72	1.98
交通运输、仓储及邮电通信业	-50.00	-38.89	-33.33	-22.54	-41.70	-75.48	-47.08	-38.64
批发和零售贸易、餐饮业	-3.70	-37.83	-31.83	-20.72	5.00	-34.62	-61.29	-54.55
房地产业	-31.58	-15.79		6.67				
社会服务业	-42.86	-9.52	14.29	-15.00	-5.00	-26.09	-9.52	-43.48
企业规模								
特大型	91.45	60.51	91.45	91.45	60.29	82.17	100.00	57.54
大　型	-34.26	24.10	-14.26	20.75	4.40	11.15	-13.67	19.49
中　型	-38.75	-21.18	-17.72	-12.66	-7.50	-37.50	-38.27	-25.00
小　型	-32.04	-29.81	-21.36	-30.30	-36.89	-26.67	-18.26	-34.68
国家重点联系企业	-12.76	100.00	100.00	100.00		63.41	63.41	63.41
试点企业集团	34.09	98.15	76.80	56.30				
乡镇企业	-57.14	14.29	57.14	-42.86	-11.11	44.44	45.45	-18.18

企业调查主要统计指标解释

1、审批部门:指本企业集团是由哪一级政府部门批准成立的。包括:

①国务院批准的:指由国务院批准组建的国家试点企业集团。

②国务院主管部门批准的:指由国务院授权的部门批准组建的企业集团。

③省级政府批准的:指由各省、自治区、直辖市政府批准组建的企业集团。不包括各省、自治区、直辖市政府的主管部门批准组建的企业集团。

④其他:指上述部门范围以外的部门批准组建的企业集团。

2、注册资本合计:指企业集团各成员企业在工商行政管理部门登记注册资金的合计。包括国家资本、集体资本、法人资本、个人资本以及外商资本等。

3、主营行业:指本企业集团生产经营活动的主要行业性质。企业集团往往从事多种生产经营活动,一般应根据集团内获得营业收入份额最大的三项产品或活动确定其主要行业性质。主营业务如果是工业或农业应填报其主要产品的产量(实物量),非工业和非农业应填报主营业务的营业收入(价值量)。

财务指标

1.资产总计:指企业集团拥有或控制的全部资产,包括流动资产、长期投资、固定资产、无形资产、递延资产和其他资产等。

2.固定资产净值:指固定资产原价减去累计折旧后的净额。

3.累计对外投资:指母公司和子公司对本集团以外的投资之和。

4.对境外投资:指企业集团的母公司和子公司在国外(境外)投资之和。包括国外子公司在东道国和其他国家的投资。

5.流动资产年平均余额:指企业集团在报告期内全部流动资产的平均余额。计算公式为:流动资产年平均余额=∑(月初、月末流动资产余额)/24;流动资产半年平均余额=∑(月初、月末流资产余额)/12。

6.负债合计:指企业所承担的能以货币计量,将以资产或劳务偿付的债务。负债一般按偿还期的长短分为流动负债和长期负债。

7.流动负债:指企业集团在一年内或超过一年的一个营业周期内需要偿还的债务,其中包括短期借款、应付票据、应付帐款、预收货款、应付工资、应付利润、其他应付款、预提费用等。

8.少数股东权益:指子公司所有者权益中由母公司以外的其他投资者拥有的份额,在合并资产负债表中应单独列示。

9.股东(所有者)权益合计:指企业集团投资人对企业净资产的所有权,企业集团净资产等于企业集团全部资产减去负债合计和少数股东权益后的余额,其中包括企业投资人对企业的最初投入以及资本公积金、盈余公积金和未分配利润。

10.股本:指公司各股东实际投入的股本总额。

11.主营业务收入:指企业集团从事某种主要生产、经营活动所取得的营业收入。本项指标在各行业会计制度中的名称叫法不同,但一律按各行业会计制度或报表定义的口径进行填报。农业企业是指"主营业务收入";工业企业是指"产品销售收入";交通运输企业指"主营业务收入";建筑企业指"工程结算收入";批发零售贸易业指"商品销售收入";房地产企业指"房地产经营收入"其他企业指"经营(营业)收入"。

12.出口额:指企业集团直接向国外、境外出口的商品总额。

13.营业成本:指企业集团从事某种主要生产、经营活动而发生的成本支出。

14.投资收益:指企业集团以各种方式对外投资所取得的收益。

15.营业外收入:指企业集团中与生产经营无直接关系的各项收入。

16.利润总额:指企业集团实现的盈亏总额,反映企业集团最终的财务成果。计算公式为:利润总额=营业利润+]补贴收入+投资收益+营业外收入-营业外支出。

17.应缴增值税:指企业集团应缴纳的增值税额合计。计算公式为:应缴增值税=销项税额+出口退税+进项税额转出数-进项税额。

18.固定资产投资完成额:指企业集团在年度内建造和购置固定资产及有关费用的支出合计。包括:①建筑工程投资,②安装工程投资,③设备工器具购置,④应分摊计入固定资产的费用等。

19.研究开发费用:指企业集团用于研究与发展活动(基础研究、应有研究、实验发展)的全部实际支出。包括用于研究与发展课题活动的直接支出,还包括间接用于研究与发展活动的一切支出。

劳动工资指标

1.从业人员:指在企业集团(包括母公司和子公司,下同)工作并领取工资或其他形式的劳动报酬的全部人员数,包括在岗职工、再就业的离退休人员以及在企业集团中工作的外方人员和港澳台方人员、兼职人员、借用的外单位人员和第二职业者。不包括离开本企业集团仍保留劳动关系的职工。

2.在岗职工:指在本企业集团工作并由企业集团支付工资的人员,以及有工作岗位,但由于学习、病伤、产假等原因暂未工作,仍由企业集团支付工资的人员。

3.从业人员劳动报酬:指企业集团直接支付给本企业集团全部从业人员的劳动报酬总额。包括本企业集团在岗职工工资总额和其他从业人员劳动报酬两部分。

QHTJNJ

横向对比资料

Records of Transversal Contrast

各省(市、区)国民经济主要经济指标及排序

(2000年)

省(市、区)	土地面积(万平方公里)		国内生产总值(亿元)		第一产业增加值(亿元)	
	绝对数	排序	绝对数	排序	绝对数	排序
全国	**960.18**		**89 403.50**		**14 212.00**	
北京	1.68	29	2 460.52	15	90.00	26
天津	1.13	30	1 639.41	22	73.50	28
河北	18.77	12	5 076.31	6	824.60	6
山西	15.63	20	1 640.10	21	168.00	25
内蒙古	118.30	3	1 403.86	24	351.83	18
辽宁	14.59	21	4 668.27	7	510.00	13
吉林	18.74	13	1 831.09	19	399.74	16
黑龙江	45.46	6	3 252.01	13	353.00	17
上海	0.63	31	4 551.15	8	81.65	27
江苏	10.26	24	8 584.68	2	1 028.00	3
浙江	10.18	25	6 024.29	4	650.00	10
安徽	13.96	22	3 031.84	14	732.19	8
福建	12.14	23	3 920.00	11	638.00	11
江西	16.69	18	2 000.00	17	485.00	14
山东	15.67	19	8 542.44	3	1 268.57	1
河南	16.70	17	5 126.08	5	1 160.00	2
湖北	18.59	14	4 276.32	9	662.30	9
湖南	21.18	10	3 688.89	12	781.22	7
广东	17.79	15	9 506.04	1	990.30	4
广西	23.60	9	2 035.55	16	536.64	12
海南	3.39	28	518.48	28	196.56	23
重庆	8.20	26	1 589.60	23	283.26	20
四川	48.50	5	4 010.25	10	935.16	5
贵州	17.60	16	993.32	26	270.26	22
云南	39.40	8	1 955.28	18	436.20	15
西藏	122.84	2	116.50	31	35.80	31
陕西	20.56	11	1 660.96	20	279.12	21
甘肃	45.40	7	983.00	27	193.00	24
青海	72.12	4	263.59	30	38.53	30
宁夏	5.18	27	265.30	29	46.30	29
新疆	165.00	1	1 364.65	25	288.00	19

注:本表指标系初步统计数。

各省(市、区)国民经济主要经济指标及排序(续一)

(2000年)

省(市、区)	第二产业增加值(亿元)		第三产业增加值(亿元)		国内生产总值指数	
	绝对数	排序	绝对数	排序	(上年=100)	排序
全　　国	**45 487.80**		**29 703.70**		**108.0**	
北　　京	935.80	15	1 434.72	12	111.0	1
天　　津	811.49	18	754.42	18	110.8	3
河　　北	2 551.83	5	1 699.88	7	109.5	10
山　　西	835.70	17	636.40	23	107.7	29
内 蒙 古	559.69	25	492.34	24	109.9	8
辽　　宁	2 307.27	7	1 851.00	6	108.9	20
吉　　林	791.96	19	639.39	22	109.0	15
黑 龙 江	1 885.01	10	1 014.00	14	108.1	26
上　　海	2 186.90	8	2 282.60	4	110.8	3
江　　苏	4 439.02	2	3 117.66	2	110.6	5
浙　　江	3 194.29	4	2 180.00	5	110.9	2
安　　徽	1 294.94	14	1 004.71	15	108.0	27
福　　建	1 711.00	11	1 571.00	8	109.5	10
江　　西	695.00	22	820.00	16	108.0	27
山　　东	4 226.57	3	3 047.30	3	110.5	6
河　　南	2 410.00	6	1 556.08	9	109.4	12
湖　　北	2 123.70	9	1 490.32	10	109.3	13
湖　　南	1 463.17	13	1 444.50	11	109.0	15
广　　东	4 853.06	1	3 662.68	1	110.5	6
广　　西	741.51	20	757.40	17	107.2	30
海　　南	101.69	30	220.23	28	108.8	21
重　　庆	656.62	23	649.72	21	108.5	24
四　　川	1 710.90	12	1 364.19	13	109.0	15
贵　　州	385.68	27	337.38	27	108.7	22
云　　南	840.21	16	678.87	19	107.1	31
西　　藏	26.90	31	53.80	31	109.3	13
陕　　西	731.94	21	649.90	20	109.0	15
甘　　肃	439.88	26	350.12	26	108.7	22
青　　海	114.00	29	111.06	29	109.0	15
宁　　夏	120.00	28	99.00	30	109.6	9
新　　疆	586.98	24	489.67	25	108.2	25

各省(市、区)国民经济主要经济指标及排序(续二)

(2000 年)

省(市、区)	地方财政收入(亿元)		社会消费品零售总额(亿元)		进出口总额(亿美元)	
	绝 对 数	排 序	绝 对 数	排 序	绝 对 数	排 序
全　国	**6 393.97**		**34 152.6**		**4 743**	
北　京	398.40	5	1 443.3	11	496.20	3
天　津	133.60	19	736.6	18	171.57	9
河　北	246.70	8	1 613.9	9	52.30	10
山　西	114.43	21	629.1	21	17.60	24
内蒙古	110.67	23	484.0	24	20.36	20
辽　宁	295.50	7	1 847.6	5	190.20	8
吉　林	184.02	14	810.9	17	25.54	14
黑龙江	213.60	13	1 094.0	14	29.90	13
上　海	497.90	3	1 722.3	8	547.10	2
江　苏	501.30	2	2 604.1	2	456.40	4
浙　江	342.77	6	2 298.8	4	278.30	5
安　徽	178.70	15	1 054.3	15	33.30	11
福　建	234.03	10	1 372.8	12	212.24	7
江　西	111.20	22	704.9	19	16.24	25
山　东	463.40	4	2 545.9	3	249.90	6
河　南	246.50	9	1 786.7	7	22.75	17
湖　北	214.40	12	1 789.4	6	32.10	12
湖　南	174.00	17	1 364.7	13	25.13	16
广　东	907.23	1	4 071.9	1	1 701.00	1
广　西	147.05	18	859.2	16	20.36	20
海　南	39.12	28	172.5	28	12.88	26
重　庆	104.46	24	643.4	20	17.85	23
四　川	233.96	11	1 523.8	10	25.45	15
贵　州	85.01	26	343.7	27	6.60	27
云　南	178.10	16	583.2	23	18.13	22
西　藏			42.9	31	1.30	31
陕　西	117.50	20	607.6	22	21.40	19
甘　肃	61.29	27	362.7	26	5.70	28
青　海	16.75	30	82.1	30	1.60	30
宁　夏	20.80	29	90.2	29	4.43	29
新　疆	95.50	25	374.5	25	22.60	18

各省(市、区)国民经济主要经济指标及排序(续三)

(2000年)

省(市、区)	出口额(亿美元)		农林牧渔业总产值(当年价,亿元)		农业产值(亿元)	
	绝对数	排序	绝对数	排序	绝对数	排序
全国	**2 492.00**		**24 776.5**		**13 793.6**	
北京	119.70	7	195.2	27	91.1	26
天津	86.29	9	155.6	28	87.2	28
河北	37.10	10	1 548.7	5	845.2	4
山西	12.40	20	302.4	25	203.4	24
内蒙古	10.22	24	517.9	18	280.5	21
辽宁	108.50	8	966.8	12	459.9	11
吉林	12.42	19	597.7	17	290.5	19
黑龙江	15.40	14	625.1	16	414.3	14
上海	253.54	3	216.2	26	89.5	27
江苏	257.70	2	1 873.8	3	1 100.0	3
浙江	194.40	4	1 040.0	10	522.0	10
安徽	21.60	11	1 220.1	7	672.8	7
福建	129.09	6	1 029.2	11	419.9	13
江西	11.97	22	760.0	14	388.0	16
山东	155.30	5	2 293.9	1	1 300.1	1
河南	14.93	15	1 981.0	2	1 266.0	2
湖北	19.30	12	1 125.6	9	615.7	9
湖南	16.53	13	1 219.0	8	640.5	8
广东	919.20	1	1 631.6	4	797.6	5
广西	14.91	16	826.9	13	425.2	12
海南	8.03	26	309.2	24	145.6	25
重庆	9.95	25	412.7	21	247.1	22
四川	13.94	17	1 438.0	6	772.8	6
贵州	4.20	27	412.0	22	281.6	20
云南	11.75	23	680.0	15	408.0	15
西藏	1.13	30	47.8	31		
陕西	13.10	18	471.8	20	334.9	18
甘肃	4.15	28	323.0	23	238.9	23
青海	1.12	31	57.7	30	25.5	30
宁夏	3.27	29	77.7	29	47.0	29
新疆	12.00	21	487.2	19	356.8	17

各省(市、区)国民经济主要经济指标及排序(续四)

(2000年)

省(市、区)	林业产值(亿元)		牧业产值(亿元)		渔业产值(亿元)	
	绝对数	排序	绝对数	排序	绝对数	排序
全　　国	**925.6**		**7 363.2**		**2 694.1**	
北　　京	5.4	26	90.6	23	8.1	22
天　　津	1.4	30	48.4	28	18.7	17
河　　北	28.8	14	613.7	2	61.0	13
山　　西	12.2	21	85.0	25	1.8	28
内蒙古	22.2	17	209.6	15	5.7	23
辽　　宁	20.7	18	304.0	10	182.2	6
吉　　林	11.0	24	286.5	11	9.7	21
黑龙江	18.3	19	175.7	17	16.8	19
上　　海	2.0	28	86.7	24	37.9	14
江　　苏	28.8	14	427.0	6	318.0	3
浙　　江	63.0	4	175.0	18	280.0	5
安　　徽	63.9	3	353.7	8	129.7	8
福　　建	82.4	1	211.4	14	315.5	4
江　　西	52.0	6	220.0	13	100.0	9
山　　东	47.6	10	599.2	3	347.0	2
河　　南	54.0	5	642.0	1	19.0	16
湖　　北	40.2	12	338.8	9	130.9	7
湖　　南	49.6	8	454.4	5	74.6	11
广　　东	64.3	2	376.7	7	393.0	1
广　　西	37.8	13	265.8	12	98.0	10
海　　南	48.4	9	50.0	27	65.3	12
重　　庆	11.4	22	139.5	19	14.6	20
四　　川	46.3	11	584.2	4	34.8	15
贵　　州	15.6	20	110.2	21	4.5	24
云　　南	50.0	7	205.0	16	17.0	18
西　　藏						
陕　　西	23.9	16	109.4	22	3.6	25
甘　　肃	11.2	23	71.7	26	1.2	29
青　　海	1.5	29	30.7	29	0.1	30
宁　　夏	3.1	27	25.7	30	1.9	27
新　　疆	7.8	25	119.1	20	3.5	26

各省(市、区)国民经济主要经济指标及排序(续五)

(2000年)

省(市、区)	农林牧渔业总产值指数		农业产值指数		林业产值指数	
	(上年=100)	排 序	(上年=100)	排 序	(上年=100)	排 序
全　　国	**103.2**		**101.2**		**104.7**	
北　　京	113.1	1	110.2	1	122.7	3
天　　津	103.2	19	94.0	27	94.5	30
河　　北	105.5	5	104.6	6	102.4	20
山　　西	106.4	4	109.4	2	100.0	26
内 蒙 古	102.5	24	100.1	20	112.0	6
辽　　宁	99.8	28	92.4	28	110.1	7
吉　　林	92.5	31	80.0	30	106.3	10
黑 龙 江	99.3	29	95.3	25	100.0	26
上　　海	104.0	11	106.0	4	215.1	1
江　　苏	104.0	11	103.0	15	112.1	5
浙　　江	104.5	9	103.3	13	102.5	19
安　　徽	101.2	26	98.7	23	106.0	11
福　　建	102.9	20	99.9	21	103.0	17
江　　西	102.7	23	102.1	17	105.1	14
山　　东	103.8	15	104.0	9	106.0	11
河　　南	105.4	6	104.1	8	109.1	8
湖　　北	102.8	21	102.8	16	98.5	29
湖　　南	104.0	11	103.1	14	103.0	17
广　　东	102.8	21	99.7	22	108.8	9
广　　西	100.2	27	95.3	25	101.6	23
海　　南	109.1	2	108.9	3	102.3	21
重　　庆	101.5	25	101.6	18	101.6	23
四　　川	103.4	18	100.7	19	103.5	15
贵　　州	103.7	17	103.6	11	100.0	26
云　　南	106.5	3	106.0	4	105.7	13
西　　藏	103.9	14				
陕　　西	104.3	10	104.0	9	101.5	25
甘　　肃	105.0	8	103.6	11	122.5	4
青　　海	95.4	30	86.3	29	103.5	15
宁　　夏	103.8	15	97.6	24	127.9	2
新　　疆	105.3	7	104.3	7	102.1	22

各省(市、区)国民经济主要经济指标及排序(续六)

(2000年)

省(市、区)	牧业产值指数		渔业产值指数		粮食产量(万吨)	
	(上年=100)	排序	(上年=100)	排序	绝对数	排序
全国	**105.7**		**105.6**		**4 625**	
北京	116.0	2	111.5	5	144	28
天津	122.3	1	100.3	29	124	29
河北	106.4	12	110.0	9	2 592	6
山西	100.9	28	110.6	8	853	22
内蒙古	105.0	17	104.5	21	1 242	15
辽宁	105.0	17	106.0	17	1 140	18
吉林	109.4	5	105.8	18	1 638	11
黑龙江	108.2	8	103.2	25	2 546	7
上海	98.8	30	111.3	6	174	27
江苏	104.5	21	106.3	16	3 107	4
浙江	102.9	26	107.9	12	1 218	16
安徽	104.5	21	103.5	24	2 472	8
福建	105.6	15	105.5	20	855	21
江西	99.5	29	109.4	10	1 615	12
山东	105.2	16	100.4	28	3 838	2
河南	107.0	11	107.4	13	4 102	1
湖北	103.6	25	102.4	26	2 218	9
湖南	104.8	19	107.0	15	2 768	5
广东	104.8	19	107.3	14	1 760	10
广西	108.6	7	104.2	23	1 526	13
海南	113.0	3	114.6	2	200	26
重庆	101.5	27	100.5	27	1 107	19
四川	106.2	13	112.1	4	3 569	3
贵州	104.5	21	105.6	19	1 161	17
云南	107.5	9	111.1	7	1 468	14
西藏					92	30
陕西	106.1	14	98.3	30	1 089	20
甘肃	107.1	10	109.4	10	713	24
青海	104.5	21	116.4	1	83	31
宁夏	112.4	4	114.3	3	253	25
新疆	108.7	6	104.3	22	784	23

各省(市、区)国民经济主要经济指标及排序(续七)

(2000年)

省(市、区)	肉类产量(万吨)		油料产量(万吨)		工业总产值(当年价、亿元)	
	绝　对　数	排 序	绝　对　数	排 序	绝　对　数	排 序
全　　国	**6 124.6**		**2 950**		**84 870.62**	
北　　京	56.3	23	4	29	2 292.26	13
天　　津	29.2	25	3	31	2 582.10	10
河　　北	435.3	4	147	7	3 413.61	8
山　　西	65.1	21	44	16	1 224.49	18
内 蒙 古	150.0	15	116	9	739.95	26
辽　　宁	236.0	9	29	22	4 169.53	6
吉　　林	163.9	13	39	19	1 679.91	17
黑 龙 江	159.9	14	42	17	2 458.83	12
上　　海			16	26	6 174.87	5
江　　苏	320.0	6	226	5	10 444.34	2
浙　　江	117.4	19	58	14	6 576.02	4
安　　徽	309.0	7	285	4	1 700.03	16
福　　建	145.9	16	26	24	2 505.72	11
江　　西	192.3	12	96	10	925.12	23
山　　东	560.2	2	357	2	8 311.70	3
河　　南	517.0	3	392	1	3 494.96	7
湖　　北	232.68	10	287	3	3 131.91	9
湖　　南			140	8	1 703.98	15
广　　东	324.5	5	90	11	12 244.79	1
广　　西	287.3	8	58	14	993.01	21
海　　南	39.7	24	9	27	202.34	29
重　　庆	143.9	17	30	20	956.74	22
四　　川	639.7	1	193	6	2 039.47	14
贵　　州	125.0	18	74	12	621.25	27
云　　南	205.2	11	28	23	1 028.95	20
西　　藏	14.9	28	4	29	17.63	31
陕　　西			30	20	1 175.54	19
甘　　肃	61.0	22	41	18	781.87	25
青　　海	20.8	26	19	25	193.12	30
宁　　夏	19.0	27	7	28	236.57	28
新　　疆	90.0	20	60	13	849.99	24

注:工业总产值统计范围是国有工业及年销售收入500万元以上的非国有工业企业。

各省(市、区)国民经济主要经济指标及排序(续八)

(2000年)

省(市、区)	国有及国有控股工业产值(亿元)		集体工业产值(亿元)		轻工业产值(亿元)	
	绝对数	排序	绝对数	排序	绝对数	排序
全国	**41 017.56**		**12 910.86**		**33 929.40**	
北京	1 702.53	10	172.39	15	561.00	15
天津	869.75	17	425.98	9	882.78	10
河北	1 835.09	9	793.14	6	1 175.99	9
山西	832.33	20	201.21	13	168.92	25
内蒙古	614.79	26	28.35	27	213.26	23
辽宁	2 829.32	5	342.90	10	756.57	12
吉林	1 377.90	11	99.72	20	368.62	19
黑龙江	2 102.27	6	110.39	18	458.84	17
上海	3 158.85	3	469.93	8	2 394.86	5
江苏	3 154.33	4	2 224.07	2	4 532.86	2
浙江	1 292.41	12	1 152.60	4	3 576.71	4
安徽	1 116.85	15	205.80	12	695.94	13
福建	843.60	18	163.04	16	1 280.29	7
江西	738.30	22	80.49	22	329.87	20
山东	3 487.97	1	2 455.54	1	3 747.61	3
河南	1 900.85	8	916.81	5	1 282.27	6
湖北	1 952.43	7	660.60	7	1 215.38	8
湖南	1 147.60	14	276.10	11	611.69	14
广东	3 306.13	2	1 349.05	3	6 557.14	1
广西	683.28	23	147.41	17	402.30	18
海南	132.83	30	4.88	30	126.35	27
重庆	633.60	24	70.18	24	328.40	22
四川	1 280.38	13	189.13	14	855.60	11
贵州	497.44	27	52.62	25	201.56	24
云南	838.16	19	89.46	21	539.88	16
西藏	14.85	31	4.45	31	6.23	31
陕西	929.11	16	76.69	23	329.33	21
甘肃	624.61	25	103.69	19	116.35	28
青海	173.45	29	5.12	29	18.96	30
宁夏	179.61	28	9.64	28	36.00	29
新疆	766.93	21	29.49	26	157.81	26

各省(市、区)国民经济主要经济指标及排序(续九)

(2000年)

省(市、区)	重工业产值(亿元)		工业总产值指数		国有及国有控股工业产值指数	
	绝对数	排序	(上年=100)	排序	(上年=100)	排序
全　国	**50 941.22**		**115.6**		**113.4**	
北　京	1 731.25	11	120.9	2	121.5	2
天　津	1 699.32	12	117.7	6	108.3	25
河　北	2 237.62	7	114.7	13	111.3	19
山　西	1 055.57	17	110.9	23	112.9	12
内蒙古	526.69	25	115.3	11	114.1	9
辽　宁	3 412.95	5	116.7	8	114.5	8
吉　林	1 311.29	13	116.3	9	115.6	5
黑龙江	1 999.99	9	113.9	15	113.0	11
上　海	3 780.01	4	113.3	18	110.9	20
江　苏	5 911.48	1	118.5	4	114.5	7
浙　江	2 999.31	6	125.0	1	116.2	4
安　徽	1 004.10	18	112.7	21	110.1	22
福　建	1 225.43	14	115.4	10	114.9	6
江　西	595.24	23	112.8	20	112.0	14
山　东	4 564.09	3	117.8	5	121.6	1
河　南	2 212.69	8	110.6	24	111.4	18
湖　北	1 916.53	10	113.4	17	111.8	16
湖　南	1 092.29	16	114.3	14	111.9	15
广　东	5 687.65	2	119.0	3	113.7	10
广　西	590.70	24	109.0	27	106.3	27
海　南	75.99	30	105.1	31	100.8	31
重　庆	628.34	22	113.4	16	108.6	24
四　川	1 183.87	15	115.1	12	112.7	13
贵　州	419.69	27	113.2	19	111.4	17
云　南	489.07	26	106.7	30	105.8	29
西　藏	11.40	31	109.3	26	104.7	30
陕　西	846.21	19	110.5	25	110.0	23
甘　肃	665.52	21	112.4	22	110.7	21
青　海	174.17	29	108.8	28	107.4	26
宁　夏	200.57	28	117.0	7	117.8	3
新　疆	692.17	20	107.8	29	106.0	28

各省(市、区)国民经济主要经济指标及排序(续十)

(2000年)

省(市、区)	集体工业产值指数		轻工业产值指数		重工业产值指数	
	(上年=100)	排序	(上年=100)	排序	(上年=100)	排序
全国	**110.5**		**112.9**		**117.8**	
北京	113.2	8	111.2	18	124.1	3
天津	106.6	25	120.1	3	116.1	11
河北	113.3	7	113.5	13	115.5	13
山西	104.0	28	107.7	24	111.5	24
内蒙古	108.2	19	124.9	1	110.7	27
辽宁	108.4	17	113.7	12	117.6	8
吉林	108.7	16	113.8	11	117.3	9
黑龙江	111.5	11	116.9	5	112.4	21
上海	95.4	30	110.5	20	115.1	15
江苏	110.1	13	115.1	8	121.2	5
浙江	117.2	3	121.3	2	130.4	1
安徽	104.6	27	112.3	16	112.9	19
福建	81.5	31	110.5	21	121.7	4
江西	108.2	18	112.3	16	113.2	17
山东	115.7	4	115.5	7	119.8	6
河南	106.7	24	106.7	25	113.0	18
湖北	112.8	9	114.9	9	112.3	23
湖南	106.9	22	108.1	23	117.9	7
广东	110.9	12	112.5	15	128.4	2
广西	107.8	20	102.5	30	114.4	16
海南	103.8	29	103.1	29	109.8	29
重庆	113.8	6	116.6	6	111.5	25
四川	107.0	21	114.3	10	115.9	12
贵州	106.8	23	109.1	22	115.4	14
云南	104.9	26	101.7	31	111.3	26
西藏	115.5	5	113.4	14	107.2	31
陕西	109.0	15	106.4	26	112.3	22
甘肃	120.8	2	111.1	19	112.6	20
青海	136.0	1	105.2	27	109.4	30
宁夏	109.4	14	118.0	4	116.8	10
新疆	111.9	10	103.3	28	109.9	28

各省(市、区)国民经济主要经济指标及排序(续十一)

(2000年)

省(市、区)	工业企业主要经济指标					
	产品销售收入(亿元)		利润总额(亿元)		亏损企业亏损总额(亿元)	
	绝对数	排序	绝对数	排序	绝对数	排序
全国	**82 314.29**		**4 261.75**		**1 027.64**	
北京	2 575.72	11	110.85	11	36.41	13
天津	2 603.52	10	171.94	9	44.57	5
河北	3 372.40	7	180.58	7	38.19	12
山西	1 098.42	19	26.75	22	23.12	19
内蒙古	733.94	26	17.32	23	16.55	25
辽宁	4 251.46	6	174.97	8	47.98	4
吉林	1 568.59	16	85.55	15	25.98	18
黑龙江	2 420.75	12	566.53	1	42.78	6
上海	6 195.07	5	380.85	4	73.21	2
江苏	9 992.98	2	367.53	5	70.19	3
浙江	6 223.92	4	343.02	6	26.92	17
安徽	1 564.71	17	34.33	20	19.25	21
福建	2 399.20	13	95.70	12	38.27	11
江西	883.91	23	12.80	25	18.20	23
山东	8 060.30	3	543.62	2	41.39	8
河南	3 278.30	8	135.15	10	39.42	9
湖北	2 990.58	9	89.77	14	41.46	7
湖南	1 617.25	15	32.55	21	35.92	14
广东	11 727.64	1	524.52	3	151.77	1
广西	956.85	21	34.91	19	17.29	24
海南	153.64	30	4.34	28	5.66	28
重庆	950.18	22	14.02	24	28.55	16
四川	2 065.55	14	66.80	17	38.38	10
贵州	552.11	27	11.22	26	14.14	26
云南	1 011.98	20	67.13	16	22.15	20
西藏	10.70	31	0.84	31	0.54	31
陕西	1 120.59	18	59.85	18	30.49	15
甘肃	737.73	25	9.30	27	11.05	27
青海	168.32	29	1.14	30	4.00	30
宁夏	223.58	28	3.98	29	4.52	29
新疆	796.50	24	93.67	13	19.15	22

各省(市、区)国民经济主要经济指标及排序(续十二)

(2000年)

省(市、区)	工业企业主要经济指标					
	流动资产周转次数(次)		成本费用利润率(%)		全员劳动生产率(元/人)	
	绝对数	排序	绝对数	排序	绝对数	排序
全　国	**1.59**		**5.54**		39 657	
北　京	1.38	16	4.52	13	60 937	2
天　津	1.61	7	7.07	6	43 623	9
河　北	1.69	6	5.72	10	32 884	13
山　西	0.99	28	2.56	22	19 466	30
内蒙古	1.26	20	2.41	23	21 989	27
辽　宁	1.44	13	4.31	15	31 840	15
吉　林	1.27	18	5.72	10	31 903	14
黑龙江	1.59	8	32.17	1	31 650	16
上　海	1.51	10	6.50	7	81 431	1
江　苏	1.88	3	3.84	18	45 739	7
浙　江	2.07	1	5.85	8	53 285	4
安　徽	1.35	17	2.30	24	29 346	19
福　建	1.80	4	4.21	16	49 798	5
江　西	1.23	21	1.49	29	19 423	31
山　东	2.07	1	7.30	5	36 395	11
河　南	1.49	12	4.34	14	24 124	26
湖　北	1.52	9	3.23	20	37 752	10
湖　南	1.50	11	2.15	26	24 469	24
广　东	1.80	4	4.78	12	57 622	3
广　西	1.42	14	3.86	17	29 530	18
海　南	1.06	26	2.91	21	44 304	8
重　庆	1.11	24	1.51	28	27 816	20
四　川	1.16	22	3.40	19	30 787	17
贵　州	0.91	29	2.26	25	27 084	22
云　南	1.27	18	8.50	4	47 566	6
西　藏	0.61	31	8.65	3	27 400	21
陕　西	1.08	25	5.80	9	25 286	23
甘　肃	1.03	27	1.29	30	20 060	29
青　海	0.71	30	0.64	31	24 237	25
宁　夏	1.16	22	1.82	27	20 437	28
新　疆	1.40	15	14.08	2	33 863	12

各省(市、区)国民经济主要经济指标及排序(续十三)

(2000年)

省(市、区)	工业企业主要经济指标					
	合成洗涤剂(万吨)		原盐(万吨)		机制纸(万吨)	
	绝对数	排序	绝对数	排序	绝对数	排序
全　国	**297.47**		**3 128.00**		**1 483.08**	
北　京	3.67	18			3.10	28
天　津	7.19	12	241.50	5	19.47	15
河　北	1.83	23	432.62	2	115.20	5
山　西	18.92	8			7.17	23
内蒙古	0.19	28	126.68	8	5.45	24
辽　宁	7.04	13	275.91	4	40.92	11
吉　林	4.72	17			28.99	14
黑龙江	0.65	26			35.35	12
上　海	20.53	5			19.44	16
江　苏	20.35	6	293.63	3	118.32	4
浙　江	32.11	2	9.50	21	73.49	7
安　徽	39.80	1	32.84	15	18.79	17
福　建	0.01	31	28.37	16	56.01	9
江　西	3.43	19	11.13	20	17.73	19
山　东	21.91	4	829.90	1	311.45	1
河　南	19.03	7	59.38	11	178.95	2
湖　北	13.91	10	240.57	6	35.23	13
湖　南	8.12	11	72.93	9	61.83	8
广　东	26.31	3	17.87	17	147.67	3
广　西	3.13	21	15.62	18	76.89	6
海　南	0.08	29	13.03	19	0.65	29
重　庆	6.87	14	44.98	13	5.34	25
四　川	16.69	9	215.48	7	47.46	10
贵　州	6.62	16			4.86	26
云　南	3.25	20	48.09	12	8.38	21
西　藏	0.07	30				
陕　西	6.64	15	7.50	22	14.07	20
甘　肃	2.02	22	3.06	23	4.43	27
青　海	0.44	27	67.65	10	0.37	30
宁　夏	1.17	24			18.13	18
新　疆	0.79	25	39.75	14	7.99	22

各省(市、区)国民经济主要经济指标及排序(续十四)

(2000年)

省(市、区)	主要工业产品产量					
	原煤(万吨)		原油(万吨)		发电量(亿千瓦小时)	
	绝对数	排序	绝对数	排序	绝对数	排序
全国	**99 800.00**		**16 300.00**		**13 556.40**	
北京	553.00	22			145.26	27
天津			763.99	6	211.49	23
河北	5 781.21	5	518.26	9	844.42	4
山西	19 602.70	1			620.31	8
内蒙古	7 247.29	4			439.22	12
辽宁	4 454.89	8	1 401.12	4	645.58	6
吉林	1 636.71	15	348.46	10	313.50	18
黑龙江	4 974.36	6	5 306.73	1	426.73	13
上海			52.73	16	553.09	10
江苏	2 479.02	12	155.02	12	909.70	3
浙江	72.96	27			624.83	7
安徽	4 678.31	7			355.44	16
福建	375.03	24			403.73	15
江西	1 813.76	14			203.35	24
山东	8 038.59	2	2 675.69	2	1 005.26	2
河南	7 577.90	3	562.18	8	694.93	5
湖北	389.32	23	75.11	14	534.79	11
湖南	1 490.81	18			354.42	17
广东	161.71	25	1 393.17	5	1 292.69	1
广西	706.67	21	3.29	18	282.98	20
海南	2.00	29			39.05	30
重庆	1 149.90	19			167.90	26
四川	3 799.15	9	17.32	17	564.61	9
贵州	3 676.75	10			404.70	14
云南	994.13	20			297.84	19
西藏	2.13	28			6.61	31
陕西	1 983.89	13	746.44	7	272.28	21
甘肃	1 632.71	16	55.25	15	253.52	22
青海	145.44	26	200.01	11	133.79	29
宁夏	1 581.00	17	139.01	13	136.61	28
新疆	2 745.82	11	1 848.24	3	182.12	25

各省(市、区)国民经济主要经济指标及排序(续十五)

(2000年)

省(市、区)	主要工业产品产量					
	白酒(万吨)		钢(万吨)		成品钢材(万吨)	
	绝对数	排序	绝对数	排序	绝对数	排序
全　国	**476.11**		**12 850.00**		**12 593.00**	
北　京	7.00	18	803.42	5	696.69	6
天　津	4.88	19	356.76	13	315.88	14
河　北	26.40	7	1 230.10	3	1 306.52	4
山　西	7.18	15	470.90	9	390.04	12
内蒙古	13.32	12	423.60	11	378.91	13
辽　宁	18.15	9	1 553.76	2	1 443.25	2
吉　林	7.13	16	159.31	21	141.70	23
黑龙江	14.56	11	88.99	26	76.35	26
上　海	0.57	29	1 778.70	1	1 544.46	1
江　苏	28.93	6	617.16	7	1 401.83	3
浙　江	2.50	24	144.96	22	291.52	16
安　徽	43.56	3	438.93	10	421.22	9
福　建	1.79	25	124.94	23	283.79	17
江　西	10.92	13	319.86	14	282.90	18
山　东	90.74	1	635.42	6	681.93	7
河　南	31.39	5	404.84	12	405.62	11
湖　北	21.89	8	895.92	4	811.10	5
湖　南	3.76	20	304.13	15	299.05	15
广　东	17.88	10	286.99	16	406.28	10
广　西	31.76	4	111.98	25	109.32	25
海　南	0.33	30	0.15	30	8.00	29
重　庆	2.75	22	179.69	19	156.98	21
四　川	63.68	2	602.35	8	541.34	8
贵　州	8.38	14	166.90	20	150.93	22
云　南	0.82	28	187.09	18	176.45	20
西　藏	0.05	31				
陕　西	2.71	23	53.65	27	57.70	27
甘　肃	3.32	21	227.22	17	197.99	19
青　海	1.66	26	42.91	28	36.39	28
宁　夏	0.92	27	0.79	29	5.59	30
新　疆	7.07	17	112.19	24	126.23	24

各省(市、区)国民经济主要经济指标及排序(续十六)

(2000年)

省(市、区)	主要工业产品产量					
	水泥(万吨)		硫酸(万吨)		烧碱(万吨)	
	绝对数	排序	绝对数	排序	绝对数	排序
全国	**59 700.00**		**2 427.00**		**667.88**	
北京	827.00	21	7.97	26	15.14	18
天津	267.81	29	11.17	23	49.28	3
河北	4 694.59	3	96.83	10	32.48	8
山西	1 193.65	17	47.16	17	16.16	14
内蒙古	630.02	25	16.22	22	15.75	15
辽宁	1 954.87	11	119.92	9	33.40	7
吉林	758.86	23	10.80	24	7.66	22
黑龙江	903.68	19	5.71	28	15.55	17
上海	311.69	27	34.22	20	35.18	6
江苏	4 599.52	4	236.72	2	85.95	2
浙江	4 256.61	5	50.24	16	36.92	5
安徽	1 905.57	12	143.12	6	10.83	20
福建	1 513.64	13	34.42	19	15.64	16
江西	1 463.04	15	79.92	12	16.24	13
山东	6 547.05	1	246.31	1	105.27	1
河南	3 723.40	6	75.01	14	37.62	4
湖北	2 460.92	8	178.17	5	18.43	11
湖南	2 395.72	9	128.17	8	20.96	10
广东	5 872.40	2	138.75	7	16.43	12
广西	2 198.35	10	86.04	11	14.07	19
海南	315.05	26	1.13	30		
重庆	1 402.78	16	50.65	15	7.36	23
四川	2 766.42	7	194.07	4	31.41	9
贵州	783.88	22	33.85	21	3.66	26
云南	1 512.00	14	199.13	3	3.05	28
西藏	49.32	31				
陕西	989.44	18	45.41	18	8.15	21
甘肃	723.50	24	75.94	13	5.34	24
青海	123.71	30	1.79	29	1.29	29
宁夏	280.25	28	9.17	25	3.49	27
新疆	894.55	20	7.04	27	5.13	25

各省(市、区)国民经济主要经济指标及排序(续十七)

(2000 年)

省(市、区)	全社会固定资产投资额(亿元)		建筑业总产值(亿元)		房屋施工面积(万平方米)		房屋竣工面积(万平方米)	
	绝对数	排序	绝对数	排序	绝对数	排序	绝对数	排序
全　国	**32 619.00**		**11 758.95**		**155 175.3**		**73 835.1**	
北　京	1 297.40	10	726.04	5	7 244.2	6	2 808.5	9
天　津	608.20	22	229.98	20	2 101.4	22	930.1	24
河　北	1 847.00	6	444.70	9	5 821.2	10	3 170.7	7
山　西	625.10	20	253.33	17	1 759.9	24	708.2	26
内蒙古	430.01	26	117.57	25	1 698.0	26	882.7	25
辽　宁	1 265.80	11	552.99	7	6 157.8	9	2 773.9	10
吉　林	583.10	23	179.42	22	1 566.8	27	941.2	23
黑龙江	869.30	14	274.39	16	2 688.0	17	1 449.4	16
上　海	1 861.17	5	518.94	8	4 066.5	14	1 496.6	15
江　苏	2 995.40	2	1 427.07	1	19 868.6	1	11 232.8	1
浙　江	2 207.00	4	1 261.26	2	16 123.9	2	6 607.9	2
安　徽	866.70	15	296.64	14	4 452.2	13	2 460.7	13
福　建	1 110.10	12	250.07	18	3 797.7	15	1 305.3	17
江　西	570.00	24	102.12	26	2 259.0	19	1 109.4	20
山　东	2 544.70	3	833.69	4	10 648.1	4	5 077.1	5
河　南	1 475.76	7	353.78	12	5 277.4	12	2 606.8	12
湖　北	1 421.55	8	439.17	10	6 724.2	7	3 275.4	6
湖　南	1 069.00	13	356.65	11	5 278.9	11	2 674.7	11
广　东	3 205.98	1	876.66	3	15 878.0	3	6 052.4	3
广　西	660.00	18	153.76	23	2 560.0	18	1 224.6	18
海　南	193.00	28	27.39	30	356.3	29	121.4	30
重　庆	655.81	19	337.35	13	6 160.0	8	2 811.4	8
四　川	1 403.90	9	675.98	6	10 196.7	5	5 671.1	4
贵　州	380.00	27	98.47	27	1 713.5	25	638.0	27
云　南	700.00	17	286.52	15	3 324.3	16	1 894.5	14
西　藏	66.58	31	3.67	31	28.5	31	4.8	31
陕　西	730.00	16	240.13	19	2 172.5	21	976.7	22
甘　肃	443.35	25	130.07	24	2 060.6	23	1 054.2	21
青　海	154.61	30	30.57	29	345.3	30	274.3	29
宁　夏	160.20	29	57.64	28	672.6	28	416.2	28
新　疆	612.00	21	213.92	21	2 173.2	20	1 184.1	19

各省(市、区)国民经济主要经济指标及排序(续十八)

(2000年)

省(市、区)	居民消费价格指数		城市		农村	
	(上年=100)	排序	(上年=100)	排序	(上年=100)	排序
全　国	**100.4**		**100.8**		**99.9**	
北　京	103.5	2				
天　津	99.6	19				
河　北	99.7	17	100.5	11	99.1	21
山　西	103.9	1	104.7	1	103.0	1
内蒙古	101.3	7	101.3	6	101.2	4
辽　宁	99.9	15	100.0	15	99.7	14
吉　林	98.6	28	98.3	26	99.6	15
黑龙江	98.3	29	98.7	25	97.2	27
上　海	102.5	3				
江　苏	100.1	13	100.0	15	100.1	10
浙　江	101.0	9	100.9	9	101.1	5
安　徽	100.7	10	100.9	9	100.5	7
福　建	102.1	4	103.2	2	101.3	3
江　西	100.3	11	102.1	4	99.1	21
山　东	100.2	12	101.2	8	99.3	19
河　南	99.2	26	99.1	24	99.2	20
湖　北	99.0	27	100.0	15	98.2	25
湖　南	101.4	5	101.3	6	101.4	2
广　东	101.4	5	102.2	3	100.0	12
广　西	99.7	17	100.0	15	99.5	16
海　南	101.1	8	101.5	5	100.2	8
重　庆	96.7	31				
四　川	100.1	13	99.7	19	100.6	6
贵　州	99.5	21	99.2	22	100.2	8
云　南	97.9	30	97.6	27	98.4	24
西　藏	99.9	15	100.4	12	99.8	13
陕　西	99.5	21	100.3	13	99.0	23
甘　肃	99.5	21	99.2	22	100.1	10
青　海	99.5	21	99.6	21	99.4	18
宁　夏	99.6	19	99.7	19	99.5	16
新　疆	99.4	25	100.1	14	97.6	26

各省(市、区)国民经济主要经济指标及排序(续十九)

(2000年)

省(市、区)	商品零售价格指数		城市		农村	
	(上年=100)	排 序	(上年=100)	排 序	(上年=100)	排 序
全　　国	**98.5**		**98.5**		**98.5**	
北　　京	98.9	9				
天　　津	98.6	12				
河　　北	99.1	5	99.2	5	98.9	7
山　　西	97.1	29	96.8	27	97.5	24
内 蒙 古	98.8	11	98.7	14	98.9	7
辽　　宁	98.4	18	98.4	17	98.6	13
吉　　林	98.0	21	97.6	23	99.2	4
黑 龙 江	97.8	23	97.9	20	97.6	23
上　　海	96.4	30				
江　　苏	98.6	12	98.5	16	98.8	11
浙　　江	99.0	7	98.8	10	99.1	5
安　　徽	98.0	21	97.9	20	98.0	19
福　　建	98.9	9	99.0	7	98.9	7
江　　西	98.5	16	98.6	15	98.5	14
山　　东	98.6	12	98.8	10	98.3	17
河　　南	98.5	16	98.8	10	98.3	17
湖　　北	97.8	23	98.1	19	97.1	27
湖　　南	99.3	3	99.8	3	98.4	15
广　　东	99.9	1	100.0	2	99.6	1
广　　西	98.6	12	98.4	17	98.8	11
海　　南	99.9	1	101.0	1	99.0	6
重　　庆	95.5	31				
四　　川	97.7	25	97.5	24	97.8	20
贵　　州	97.3	28	96.9	26	97.8	20
云　　南	97.6	26	97.0	25	98.4	15
西　　藏	99.2	4	99.1	6	99.5	3
陕　　西	98.3	19	98.8	10	97.7	22
甘　　肃	99.1	5	98.9	8	99.6	1
青　　海	99.0	7	99.3	4	98.9	7
宁　　夏	97.6	26	97.8	22	97.4	25
新　　疆	98.3	19	98.9	8	97.4	25

各省(市、区)国民经济主要经济指标及排序(续二十)

(2000年)

省(市、区)	城镇居民人均可支配收入(元)		农民人均纯收入(元)		第五次普查人口数(万人)	
	绝对数	排序	绝对数	排序	绝对数	排序
全国	**6 280**		**2 253**		**126 583**	
北京	10 350	2	4 687	2	1 382	26
天津	8 141	5	4 370	3	1 001	27
河北	5 661	16	2 479	10	6 744	6
山西	4 724	31	1 906	21	3 297	19
内蒙古	5 120	24	2 038	16	2 376	23
辽宁	5 358	19	2 356	11	4 238	13
吉林	4 810	29	2 023	17	2 728	21
黑龙江	4 913	27	2 148	14	3 689	15
上海	11 718	1	5 565	1	1 674	25
江苏	6 800	7	3 595	6	7 438	5
浙江	9 279	4	4 254	4	4 677	10
安徽	5 294	20	1 935	19	5 986	9
福建	7 432	6	3 230	7	3 471	18
江西	5 104	25	2 135	15	4 140	14
山东	6 490	8	2 659	9	9 079	2
河南	4 766	30	1 986	18	9 256	1
湖北	5 525	17	2 269	12	6 028	8
湖南	6 219	12	2 197	13	6 440	7
广东	9 761	3	3 654	5	8 642	3
广西	5 834	14	1 865	23	4 489	11
海南	5 358	18	2 920	8	787	28
重庆	6 276	11	1 892	22	3 090	20
四川	5 894	13	1 915	20	8 329	4
贵州	5 122	23	1 375	30	3 525	17
云南	6 325	10	1 488	27	4 288	12
西藏	6 385	9	1 325	31	262	31
陕西	5 124	22	1 470	28	3 605	16
甘肃	4 916	26	1 429	29	2 562	22
青海	5 170	21	1 491	26	518	30
宁夏	4 912	28	1 724	24	562	29
新疆	5 817	15	1 618	25	1 925	24

全国及西部十二省、区“九五”时期主要经济指标

省(市、区)	国内生产总值(当年价,亿元)				第一产业增加值(亿元)			
	1995年	2000年	“九五”年均增长(%)	“九五”年均位次	1995年	2000年	“九五”年均增长(%)	“九五”年均位次
全　国	**58 478.1**	**89 403.5**	**8.3**		**11 993.0**	**14 212.0**	**3.5**	
重　庆	1 009.5	1 589.6	9.4	3	261.5	283.3	2.7	10
四　川	2 505.0	4 016.8	8.9	6	725.5	935.2	4.2	6
贵　州	630.1	993.3	8.7	7	227.1	270.3	3.3	9
云　南	1 206.7	1 955.3	8.4	8	305.3	436.2	4.7	5
西　藏	56.0		4.8	12	23.4	35.8	3.8	8
陕　西	1 000.0	1 661.0	9.0	5	227.3	279.1	4.1	7
甘　肃	553.4	983.0	9.3	4	110.5	193.0	2.7	10
青　海	165.3	263.6	8.8	9	38.8	38.5	1.5	12
宁　夏	169.8	265.3	9.7	2	35.4	46.3	6.3	2
新　疆	825.1	1 364.7	8.0	10	240.7	288.0	5.8	4
内蒙古	832.9	1 403.9	10.1	1	260.2	351.8	6.4	1
广　西	1 497.6	2 035.6	6.6	11	449.6	536.6	6.2	3

注:全国及西部十二省、区各指标数据,根据2000年《中国统计提要》整理。

全国及西部十二省、区“九五”时期主要经济指标

省(市、区)	第二产业增加值(亿元)				第三产业增加值(亿元)			
	1995年	2000年	“九五”年均增长(%)	“九五”年均位次	1995年	2000年	“九五”年均增长(%)	“九五”年均位次
全　国	**28 537.9**	**45 487.8**	**9.8**		**17 947.2**	**29 703.8**	**8.1**	
重　庆	427.2	656.6	10.5	6	320.8	649.7	12.1	2
四　川	1 020.9	1 715.9	10.9	3	758.6	1 365.7	9.4	8
贵　州	234.1	385.7	11.4	2	168.9	337.4	10.1	6
云　南	536.6	840.2	8.9	10	364.8	678.9	10.6	4
西　藏	13.3	26.9	9.2	9	19.2	53.8	17.6	1
陕　西	405.5	731.9	10.9	3	367.3	649.9	8.9	11
甘　肃	258.5	439.9	10.2	7	184.3	350.1	11.7	3
青　海	65.5	114.0	10.5	5	60.9	111.5	9.9	7
宁　夏	74.1	120.0	9.7	8	60.2	99.0	9.4	8
新　疆	302.6	587.0	8.9	10	281.8	489.7	9.0	10
内蒙古	314.9	559.7	11.9	1	257.8	492.3	10.6	4
广　西	535.9	741.5	8.9	10	512.1	757.4	8.6	12

全国及西部十二省、区“九五”时期主要经济指标

省(市、区)	社会消费品零售总额(亿元)				全社会固定资产投资额(亿元)			
	1995 年	2000 年	“九五”年均		1995 年	2000 年	“九五”年均	
			增长(%)	位次			增长(%)	位次
全　国	**20 620.0**	**34 152.6**	**10.6**		**20 019.3**	**32 619.0**	**10.3**	
重　庆	371.8	643.4	11.6	3	270.9	655.8	19.3	2
四　川	936.4	1 523.7	10.2	6	677.3	1 403.9	15.7	7
贵　州	191.6	343.7	12.4	1	173.7	380.0	16.9	6
云　南	369.6	583.2	9.6	9	380.6	700.0	12.9	8
西　藏	24.5	42.9	11.9	2	36.9	66.6	12.5	10
陕　西	369.5	607.6	10.5	4	324.3	730.0	17.6	5
甘　肃	229.9	362.7	9.5	10	194.7	443.4	17.9	3
青　海	57.8	82.1	7.3	12	55.6	154.8	22.7	1
宁　夏	56.2	90.2	9.9	8	70.1	160.2	17.9	3
新　疆	253.6	374.5	8.1	11	333.3	612.0	12.9	8
内蒙古	295.1	484.0	10.4	5	273.1	430.0	9.5	11
广　西	532.5	859.2	10.0	7	423.4	660.0	9.3	12

全国及西部十二省、区“九五”时期主要经济指标

省(市、区)	城镇居民人均可支配收入(元)				农牧民人均纯收入(元)			
	1995 年	2000 年	“九五”年均		1995 年	2000 年	“九五”年均	
			增长(%)	位次			增长(%)	位次
全　国	**3 496**	**6 280**	**12.4**		**1 578**	**2 253**	**7.4**	
重　庆	4 392	6 276	7.4	8	1 167	1 892	10.2	3
四　川	4 003	5 894	8.0	7	1 158	1 904	10.5	2
贵　州	3 932	5 122	5.4	11	1 087	1 374	4.8	11
云　南	4 065	6 325	9.2	4	1 011	1 478	7.9	7
西　藏	4 460	7 426	10.7	2	1 200	1 331	2.1	12
陕　西	3 310	5 124	9.1	5	963	1 444	8.4	6
甘　肃	3 153	4 916	9.3	3	880	1 429	10.2	3
青　海	3 380	5 170	8.9	6	1 030	1 491	7.7	8
宁　夏	3 383	4 912	7.7	8	1 037	1 724	10.7	1
新　疆	4 151	5 645	6.3	10	1 137	1 618	7.3	9
内蒙古	2 846	5 129	12.5	1	1 300	2 038	9.4	5
广　西	4 792	5 834	4.0	12	1 446	1 865	5.2	10

注:城镇居民人均可支配收入,农牧民人均纯收入增幅未扣价格因素。

全国及西部十二省、区“九五”时期主要经济指标

省(市、区)	商品零售价格指数(以上年=100)		居民消费价格指数(以上年=100)		人口(第五次人口普查数)(万人)		人均国内生产总值(元)	
	1995年	2000年	1995年	2000年	1995年	2000年	1995年	2000年
全　国	**114.8**	**98.5**	**117.1**	**100.4**	**121 121**	**126 583**	**4 754**	**7 078**
重　庆		95.5		96.7	3 022	3 090	3 914	5 144
四　川	117.0	97.7	118.5	100.1	8 303	8 329	3 177	4 822
贵　州	117.2	97.3	121.4	99.5	3 508	3 525	1 853	2 818
云　南	118.1	97.6	121.3	97.9	3 990	4 288	3 044	4 560
西　藏		99.2	119.4	99.9	240	262	2 392	
陕　西	117.0	98.3	119.0	99.5	3 514	3 605	2 843	4 607
甘　肃	116.5	99.1	119.8	99.5	2 438	2 562	2 288	3 836
青　海	116.3	99.0	119.7	99.5	481	518	3 430	5 087
宁　夏	115.3	97.6	117.1	99.6	513	562	3 328	4 720
新　疆	116.7	98.3	119.7	99.4	1 661	1 925	4 764	7 089
内蒙古	116.8	98.8	117.5	101.3	2 284	2 376	3 639	5 909
广　西	116.4	98.6	118.4	99.7	4 543	4 489	3 304	4 535

全国及西部十二省、区“九五”时期主要经济指标

省(市、区)	地方财政一般预算收入(亿元)				地方财政支出(亿元)		
	1995年	2000年	“九五”年均增长(%)	“九五”年均位次	1995年	2000年	“九五”年均增长(%)
全　国	**2 985.6**	**6 394.0**	**16.5**		**4 828.3**	**1 036.5**	**16.5**
重　庆	54.9	104.5	13.7	8	79.4	202.4	20.6
四　川	112.2	234.0	15.8	6	198.3		
贵　州	38.8	85.0	17.0	5	85.3	199.7*	
云　南	98.3	178.1	12.6	10	235.1	413.9	12.0
西　藏	2.2				34.9		
陕　西	51.3	117.5	18.0	4	102.7		
甘　肃	33.9	61.3	12.6	10	81.4		
青　海	8.6	16.6	14.6	7	28.8	68.3	18.9
宁　夏	9.0	20.8	18.2	3	23.0	60.8	21.5
新　疆	38.3	95.5	20.1	2	96.4	207.0*	
内蒙古	43.7	110.7	20.4	1	102.2	256.5	20.2
广　西	79.4	147.1	13.1	9	140.6		

注:*为财政总支出。

QHTJNJ

月度资料

Monthly Data

全省各月主要经济统计指标

（2000年）

指　　标	单　位	1月	2月	3月	4月	5月	6月
一、工业							
1.工业增加值	万元	26 219	24 481	39 944	46 314	47 387	57 670
2.工业总产值(1990年不变价)	万元	52 172	48 042	70 202	85 204	91 964	97 549
轻工业	万元	7 687	7 141	10 011	11 925	13 531	16 207
重工业	万元	44 485	40 901	60 191	73 279	78 433	81 342
国有企业	万元	22 983	22 133	29 869	32 551	35 879	39 755
集体企业	万元	5 387	4 802	2 564	3 028	4 951	5 174
股份制企业	万元	22 311	19 068	32 975	44 806	45 072	47 600
大中型企业	万元	40 690	40 757	56 074	64 760	66 137	68 338
国有控股企业	万元	41 066	39 512	49 399	73 512	78 164	81 571
3.产品销售产值(当年价)	万元	81 205	71 278	121 271	142 877	143 497	195 370
轻工业	万元	9 041	9 039	10 833	11 449	12 967	18 324
重工业	万元	72 164	62 239	110 438	131 428	130 531	177 046
国有企业	万元	35 387	31 840	56 581	62 537	58 569	105 628
集体企业	万元	4 941	4 269	2 742	2 595	3 498	5 614
股份制企业	万元	39 227	32 998	55 874	70 352	73 392	76 821
大中型企业	万元	66 685	59 924	105 282	118 247	113 787	161 557
国有控股企业	万元	56 534	57 138	78 141	127 975	128 164	176 703
4.主要产品产量							
发电量	亿千瓦小时	10.65	9.74	10.78	10.50	10.71	12.11
#水电	亿千瓦小时	8.92	7.62	8.85	9.19	8.51	10.00
原油	万吨	14.68	11.94	22.13	16.26	17.02	16.42
原煤	万吨	15.74	8.30	15.57	10.84	10.34	10.77
原盐	万吨	0.11		0.99	6.05	8.78	10.70
钢	万吨	3.44	3.47	3.59	3.24	3.54	3.62
成品钢材	万吨	3.01	2.98	2.69	3.38	2.91	2.67
铝锭	万吨	1.69	2.06	2.52	2.37	2.32	2.37
电解镁	万吨	0.03	0.02	0.06		0.03	
多晶硅	万千克	41.25	43.50	97.20	53.00	97.40	93.40
铜精矿含铜量	吨	27.00	21.00	27.00	103.00	85.00	139.00
铅精矿含铅量	万吨			0.45	0.44	0.38	0.44
锌精矿含锌量	万吨			0.86	0.49	0.44	0.53
水泥	万吨	5.00	5.00	4.75	13.84	19.79	16.96
石棉	万吨		0.12	0.51	0.50	0.56	0.46
乳制品	吨	36.00	36.00	12.00	31.00	156.00	138.00
化肥(100%)	万吨	0.10	0.07	0.79	3.68	10.09	11.75
红矾钠	万吨				0.04	0.02	0.01
纱	万吨	0.02	0.01	0.08	0.05	0.04	0.05
布	万米	131.00	120.00	156.00	255.00	221.00	258.00
毛线	吨				18.00	29.00	19.00

全省各月主要经济统计指标(续一)

(2000年)

指　　标	单　位	1月	2月	3月	4月	5月	6月
轻革	万平方米	0.20	0.24	0.31	0.23		0.15
白酒(商品量)	吨	1 183	1 046	2 028	3 568	1 613	1 755
机制纸及纸板	吨	393	55	291		329	239
日用精铝制品	吨	20	8				1
金属切削机床	台	5	3	20	6	27	14
5.工业企业经济效益指标(累计数)							
企业单位数	户		410	362	446	464	472
#亏损企业户数	户		146	197	211	228	226
亏损面	%		35.61	54.42	47.31	49.14	47.88
产品销售收入	万元		329 696	471 206	528 939	691 855	869 907
产品销售税金及附加	万元		4 202	6 272	8 133	9 461	12 004
利润总额	万元		－3 551	6 327	－5 221	－2 508	－4 740
亏损企业的亏损额	万元		11 231	－18 724	24 886	26 490	32 231
二、固定资产投资(累计数)							
全社会固定资产投资	万元			46 365	139 178	260 428	411 063
中央投资	万元			12 896	53 432	92 650	137 633
地方投资	万元			33 469	85 746	167 778	273 430
基本建设	万元			18 779	79 294	161 999	263 564
更新改造	万元			5 939	9 597	16 358	29 673
其它投资	万元			3 215	6 867	9 389	14 395
房地产开发	万元			13 162	24 820	36 773	51 118
集体经济	万元			4 373	8 662	15 471	21 638
三、社会消费品零售额	**万元**	**64 115**	**63 104**	**61 170**	**61 693**	**62 107**	**65 106**
按销售地区分							
市的零售额	万元	37 442	42 021	41 163	42 404	42 017	41 529
县的零售额	万元	17 176	13 862	12 811	12 317	13 165	15 579
县以下的零售额	万元	9 497	7 221	7 196	6 972	6 925	7 998
按经济类型分							
国有经济	万元	18 225	18 497	17 206	16 331	16 148	16 255
集体经济	万元	5 146	4 862	6 575	6 476	5 270	5 364
个体经济	万元	29 871	28 810	27 253	27 359	28 699	27 803
私营经济	万元	4 187	4 243	4 212	5 081	4 892	7 457
其他经济	万元	6 686	6 692	5 924	6 446	7 098	8 227
按行业分							
批发、零售贸易业	万元	48 433	46 061	44 028	43 751	43 259	45 950
餐饮业	万元	7 038	8 481	8 758	7 933	8 736	8 331
制造业	万元	2 426	2 014	2 115	2 466	2 603	2 812
农业生产者	万元	4 102	3 989	4 668	6 166	6 247	6 484
其　他	万元	2 116	2 559	1 601	1 377	1 262	1 529

全省各月主要经济统计指标(续二)

(2000年)

指　　标	单　位	1月	2月	3月	4月	5月	6月
四、海关统计							
海关进出口总额	万美元	915	879	1 518	1 255	694	1 041
进口总额	万美元	807	124	215	305	47	100
出口总额	万美元	108	755	1 303	950	647	941
五、财政							
一般预算收入合计	万元	15 572	9 965	19 801	18 629	24 045	28 107
地方一般预算收入	万元	10 479	5 531	11 578	11 505	14 170	19 599
#增值税	万元	1 092	1 934	2 643	2 570	2 450	3 565
营业税	万元	5 465	1 348	3 263	3 346	2 454	3 822
一般预算支出合计	万元	29 592	44 682	37 516	31 101	50 006	58 822
#公共支出	万元	21 509	41 011	22 604	23 073	27 635	29 246
经济建设支出	万元	1 428		11 881	4 429	13 709	22 200
六、金融							
金融机构各项存款余额	万元	2 545 325	2 590 793	2 700 370	2 711 389	2 765 835	2 832 410
#企业存款	万元	894 701	898 219	967 230	960 475	1 018 738	1 067 987
储蓄存款	万元	1 437 838	1 468 471	1 485 734	1 487 331	1 470 328	1 489 125
金融机构各项贷款余额	万元	3 069 017	3 084 424	3 138 340	3 049 363	3 814 758	3 710 072
#短期贷款	万元	1 994 043	2 003 366	2 051 583	1 954 201	1 873 163	1 785 635
中期贷款	万元	76 086	80 568	81 183	82 744	88 612	87 206
中长期贷款	万元	974 510	975 683	979 834	986 147	1 806 022	178 619
金融机构现金收入	万元	495 257	330 090	545 218	497 924	495 672	504 520
金融机构现金支出	万元	580 055	311 639	558 748	544 542	516 780	544 711
七、劳动工资							
期末职工人数	人			562 142			557 749
国有经济	人			494 841			487 134
城镇集体经济	人			52 128			55 356
其他各种经济	人			15 173			15 259
工资总额	万元			119 380			230 861
国有经济	万元			111 666			215 282
城镇集体经济	万元			5 305			10 823
其他各种经济	万元			2 409			4 756
平均工资	元			2 133			4 162
八、物价指数(以上年价格为100)							
居民消费价格指数	%	99.6	99.9	99.5	99.4	99.0	99.3
#食品类	%	97.2	98.0	97.3	97.6	97.0	97.8
商品零售价格指数	%	98.7	99.0	98.8	98.6	98.3	98.9
#食品类	%	97.1	98.0	97.7	97.5	96.4	97.5
农业生产资料价格指数	%	94.7	95.1	97.5	98.0	99.9	101.8

全省各月主要经济统计指标(续三)

(2000年)

指　　标	单　位	7月	8月	9月	10月	11月	12月
一、工业							
1.工业增加值	万元	58 648	58 293	60 436	56 536	57 183	55 300
2.工业总产值(1990年不变价)	万元	91 787	92 227	96 796	95 510	94 898	94 698
轻工业	万元	14 318	11 037	12 177	13 596	13 248	20 693
重工业	万元	77 469	81 190	84 619	81 914	81 650	74 005
国有企业	万元	36 181	38 763	40 859	35 898	35 550	40 182
集体企业	万元	5 611	3 467	3 107	4 251	3 382	5 165
股份企业	万元	44 653	44 608	46 883	48 624	48 990	42 139
大中型企业	万元	64 532	66 633	66 465	67 599	67 739	62 800
国有控股企业	万元	76 554	77 160	83 108	79 531	80 603	76 670
3.产品销售产值(当年价)	万元	185 065	177 505	170 447	158 372	167 862	177 306
轻工业	万元	14 392	12 802	13 204	14 527	16 669	32 996
重工业	万元	170 673	164 703	157 243	143 845	151 193	144 310
国有企业	万元	99 473	95 359	89 630	81 192	81 460	88 876
集体企业	万元	5 048	4 015	1 831	4 194	4 159	10 360
股份企业	万元	73 594	70 872	71 669	65 674	73 563	68 429
大中型企业	万元	155 073	147 515	132 892	125 726	130 649	127 020
国有控股企业	万元	168 021	161 168	155 623	141 628	149 652	150 042
4.主要产品产量							
发电量	亿千瓦小时	11.81	11.35	11.28	11.28	12.18	11.49
#水电	亿千瓦小时	10.08	9.44	8.32	9.36	9.81	8.04
原油	万吨	17.20	17.22	16.56	17.03	16.57	16.57
原煤	万吨	11.18	13.37	15.92	10.26	13.62	19.08
原盐	万吨	10.89	6.90	11.86	2.08	2.35	5.31
钢	万吨	3.33	3.72	4.37	4.06	4.50	2.31
成品钢材	万吨	3.23	2.88	3.19	3.18	3.70	2.33
铝锭	万吨	2.23	2.38	2.43	2.36	2.51	2.70
电解镁	万吨						
多晶硅	万千克	127.00	78.10	77.20	77.70	54.30	107.60
铜精矿含铜量	吨	101.00	203.00	142.00	88.00		
铅精矿含铅量	万吨	0.40	0.43	0.48	0.54	0.45	0.43
锌精矿含锌量	万吨	0.56	0.56	0.50	0.55	0.44	0.54
水泥	万吨	14.71	9.84	11.80	11.77	10.58	7.11
石棉	万吨	0.45	0.62	0.46	0.36	0.48	0.44
乳制品	吨	189.00	84.00	66.00	208.00	134.00	50.00
化肥(100%)	万吨	9.12	7.54	8.46	6.66	4.65	0.62
红矾钠	万吨	0.03	0.04	0.03	0.03	0.05	0.05
纱	万吨	0.05	0.05	0.05	0.04	0.04	0.03
布	万米	224.00	242	243	191.00	154.68	125.32
毛线	吨	40.00	4.00	26.00	1.00	19.00	51.00

全省各月主要经济统计指标(续四)

(2000年)

指　　标	单　位	7月	8月	9月	10月	11月	12月
轻革	万平方米					1.23	0.84
白酒(商品量)	吨	787	557	1 674	1 492	1 765	1 352
机制纸及纸板	吨	305	316			861	668
日用精铝制品	吨	5					
金属切削机床	台	4	23	24	21	19	19
5.工业企业经济效益指标(累计数)							
企业单位数	户	472	472	472	469	469	469
#亏损企业户数	户	229	232	233	221	223	202
亏损面	%	48.52	49.15	49.36	47.12	47.54	43.07
产品销售收入	万元	1 055 137	1 158 216	1 418 422	1 535 460	1 704 895	1 683 233
产品销售税金及附加	万元	15 190	18 438	22 192	23 502	25 509	27 979
利润总额	万元	－4 256	－4 147	－3 256	50	433	11 432
亏损企业的亏损额	万元	35 634	37 897	37 717	35 630	40 655	39 973
二、固定资产投资(累计数)							
全社会固定资产投资	万元	609 343	799 324	1 021 865	1 242 727	1 405 529	1 546 053
中央投资	万元	210 883	264 710	328 357	379 587	431 498	508 672
地方投资	万元	398 460	534 614	693 508	863 140	974 031	1 037 381
基本建设	万元	386 437	541 948	688 854	787 590	890 702	997 025
更新改造	万元	52 713	71 093	94 451	116 879	154 118	172 123
其他投资	万元	21 956	24 168	24 572	29 535	30 080	40 544
房地产开发	万元	76 691	90 780	103 048	115 073	126 543	132 168
集体经济	万元	27 035	26 275	41 611	43 484	43 920	44 027
三、社会消费品零售额	**万元**	**61 195**	**62 531**	**65 438**	**71 892**	**79 041**	**103 410**
按销售地区分							
市的零售额	万元	39 083	38 483	40 865	44 345	42 656	54 990
县的零售额	万元	14 895	15 869	15 975	17 683	22 813	25 744
县以下的零售额	万元	7 217	8 179	8 598	9 864	13 572	22 676
按经济类型分							
国有经济	万元	13 957	15 345	17 934	18 978	20 341	27 515
集体经济	万元	3 817	4 518	4 206	5 216	6 625	7 356
个体经济	万元	29 423	28 992	29 379	31 900	32 806	41 736
私营经济	万元	5 775	5 573	5 449	6 580	6 955	13 346
其他经济	万元	8 223	8 103	8 470	9 218	12 314	13 457
按行业分							
批发零售、贸易	万元	41 280	41 862	44 661	49 065	52 763	67 716
餐饮业	万元	8 905	9 994	9 720	10 762	9 329	14 921
制造业	万元	3 242	2 729	2 658	2 930	4 060	6 411
农业生产者	万元	6 345	6 750	6 912	7 785	11 145	10 037
其　他	万元	1 423	1 196	1 487	1 350	1 744	4 325

全省各月主要经济统计指标(续五)

(2000年)

指　　标	单　位	7月	8月	9月	10月	11月	12月
四、海关统计							
海关进出口总额	万美元	963	904	1 885	809	2 943	2 053
进口总额	万美元	172	88	1 176	34	1 738	659
出口总额	万美元	791	816	709	775	1 205	1 394
五、财政							
一般预算收入合计	万元	22 819	14 438	18 975	38 816	19 568	42 483
地方一般预算收入	万元	11 740	11 005	11 545	23 832	13 377	36 292
#增值税	万元	2 581	1 956	2 480	4 388	1 938	4 160
营业税	万元	3 457	3 551	3 529	4 825	2 913	6 433
一般预算支出合计	万元	55 590	46 622	88 197	41 255	62 820	211 982
#公共支出	万元	28 213	29 832	39 543	22 198	36 070	96 580
经济建设支出	万元	17 377	8 206	18 938	16 328	16 099	69 752
六、金融							
金融机构各项存款余额	万元	2 845 807	2 869 582	2 894 302	2 940 501	2 992 323	3 083 865
#企业存款	万元	1 077 775	1 063 944	1 066 212	1 071 122	1 099 275	1 186 632
储蓄存款	万元	1 496 199	1 505 066	1 525 109	1 533 605	1 549 932	1 590 782
金融机构各项贷款余额	万元	3 729 940	3 760 799	3 608 655	3 632 902	3 662 496	3 659 384
#短期贷款	万元	1 779 753	1 781 793	1 770 452	1 763 631	1 735 981	1 702 392
中期贷款	万元	101 304	104 498	118 796	123 702	159 724	168 855
中长期贷款	万元	1 775 666	1 799 233	1 649 307	1 672 391	1 687 737	1 715 503
金融机构现金收入	万元	493 805	540 487	564 592	489 950	532 684	637 331
金融机构现金支出	万元	534 102	582 411	617 242	513 044	571 717	671 927
七、劳动工资							
期末职工人数	人			553 014			521 616
国有经济	人			479 429			450 543
城镇集体经济	人			58 255			53 500
其他各种经济	人			15 330			17 573
工资总额	万元			343 191			504 369
国有经济	万元			319 573			469 914
城镇集体经济	万元			16 376			23 084
其他各种经济	万元			7 242			11 371
平均工资	元			6 195			9 246
八、物价指数(以上年价格为100)							
居民消费价格指数	%	99.7	99.9	99.5	99.1	99.6	99.9
#食品类	%	98.6	99.5	99.7	96.8	98.0	98.3
商品零售价格指数	%	99.3	99.6	99.5	98.9	99.3	99.4
#食品类	%	98.3	100.0	98.5	96.7	98.2	98.6
农业生产资料价格指数	%	101.9	102.8	103.8	104.3	104.0	104.1

注:①劳动工资数据为季度数。

②工业统计口径为国有、国有控股企业及年产品销售收入500万元以上非国有工业企业。

QHTJNJ

民族自治地方国民经济主要指标

Major National Economy Indicators in Autonomous Regions

QI NGHAI STATISTICAL YEARBOOk

民族自治地方国民经济主要指标

（2000年）

指标名称	单位	全省总计	自治州县合计
一、国内生产总计			
国内生产总值(当年价格)	万元	2 635 900	1 471 728
第一产业	万元	385 300	308 269
第二产业	万元	1 140 000	770 003
第三产业	万元	1 110 600	393 456
国内生产总值(90年不变价格)	万元	1 555 900	879 697
第一产业	万元	214 300	166 612
第二产业	万元	703 100	467 676
第三产业	万元	638 500	245 409
二、农业			
1.社区基本情况及农业生产条件			
乡镇个数	个	430	357
村民委员会个数	个	4 120	2 995
年末乡村人口	万人	336.59	240.03
按行业分			
农、林、牧、渔业从业人员	万人	1422 538	1 011 036
工业从业人员	万人	61 407	31 395
年末实有耕地面积	千公顷	669 159	512 734
农业机械总动力	万千瓦	2 561 847	1 653 904
化肥施用量(折纯量)	吨	71 732	49 089
农村用电量	万千瓦小时	23 005	14 640
有效灌溉面积	公顷	211 421	175 348
2.农业生产情况			
农作物总播种面积	公顷	553 676	413 282
#粮食作物	公顷	322 723	225 940
#油料作物	公顷	191 578	158 826
主要产品产量			
粮　食	吨	809 401	592 909
油　料	吨	207 604	173 089
水　果	吨	22 415	19 594
水产品	吨	1 166	727
当年造林面积	公顷	57 467	33 964
3.农林牧渔业总产值(当年价格)	万元	569 849.6	433 260.2
农　业	万元	249 055.2	177 077.5
林　业	万元	15 055.96	10 417.93
牧　业	万元	304 938.7	245 266
渔　业	万元	799.8	498.75
农林牧渔业总产值(90年不变价格)	万元	316 559.7	239 648.6

民族自治地方国民经济主要指标(续一)

(2000年)

指 标 名 称	单 位	全省总计	自治州县合计
农 业	万元	147 685.20	104 962
林 业	万元	11 723.24	7 621.23
牧 业	万元	156 639.10	126 735.90
渔 业	万元	512.11	329.39
农业中间消耗(当年价)	万元	184 569.20	128 021.40
农业增加值(当年价)	万元	385 280.40	305 238.70
4.畜牧业生产情况			
牲畜当年出栏数			
大牲畜	万头	118.82	112.32
羊	万只	522.65	490.22
猪	万头	111.61	58.76
牲畜年末存栏头数			
大牲畜	万头	463	440.88
羊	万只	1 292.42	1 239
猪	万头	103.64	57.90
牧业主要产品产量			
牛 肉	吨	86 505.27	82 370.29
猪 肉	吨	69 530.18	33 801.17
羊 肉	吨	78 346.57	73 662.92
家 禽	吨	2 993.33	1 560.06
奶 类	吨	215 718.2	180 689
山羊毛	吨	663.75	625.21
绵羊毛	吨	14 265.54	13 335.46
羊 绒	吨	255 778.1	239 968.1
禽 蛋	吨	13 391.71	6 435.87
5.农村人民生活			
农村经济总收入	万元	779 362.4	488 039.5
农村居民总人口	万人	336.59	240.03
农村居民人均纯收入	元	1 211.67	1 204.57

民族自治地方国民经济主要指标(续二)

(2000 年)

指标名称	单位	全省总计	自治州县合计
三、工业			
1.全部工业企业及单位数总计	个	20 473	8 215
按经济类型分			
国有经济及国有控股企业	个	362	246
中央企业	个	16	9
地方企业	个	346	237
集体经济	个	963	363
按轻重工业分			
轻工业	个	14 531	5 327
重工业	个	5 942	2 898
按规模分			
大型企业	个	21	5
中型企业	个	24	5
小型企业	个	20 428	8 205
2.总计(现行价格、新规定)	万元	2 337 799	1 309 855
按经济类型分			
国有经济及国有控股企业	万元	1 747 202	987 386
中央企业	万元	976 568	789 045
地方企业	万元	770 634	198 341
集体经济	万元	214 354	82 699
按轻重工业分			
轻工业	万元	459 489	167 867
重工业	万元	1 878 310	1 141 988
按规模分			
大型企业	万元	1 378 499	679 197
中型企业	万元	101 605	40 599
小型企业	万元	857 695	590 059

民族自治地方国民经济主要指标(续三)

(2000 年)

指 标 名 称	单 位	全省总计	自治州县合计
3.全部国有及年产品销售收入500万元以上工业企业主要经济指标			
企业单位数	个	445	276
其中:亏损企业	个	222	133
工业总产值(现行价格、新规定)	万元	1 960 824	907 620
工业总产值(1990年不变价格、新规定)	万元	1 057 552	405 344
工业增加值(生产法)	万元	653 379	343 994
工业销售产值(现行价格、新规定)	万元	1 906 222	862 204
年平均职工人数	人	158 684	66 746
资产总计	万元	6 845 441	2 185 767
流动资产年平均余额	万元	3 108 118	1 462 676
固定资产原值合计	万元	5 058 112	1 830 658
固定资产净值年平均余额	万元	3 616 167	1 299 954
产品销售收入	万元	1 957 413	842 683
营业利润	万元	−30 854	−14 536
利润总额	万元	7 907	22 437
#亏损企业亏损总额	万元	51 815	1 686
应交所得税	万元	12 599	5 583
4.主要工业产品产量			
原煤	万吨	145.44	143.82
原油	万吨	200	200
天然气	万立方米	39 119	39 119
原盐	吨	676 507	676 507
水泥	万吨	123.71	55.77
钢	万吨	42.91	
发电量总计	万千瓦小时	1 337 878	1 077 688

民族自治地方国民经济主要指标(续四)

(2000 年)

指 标 名 称	单 位	全省总计	自治州县合计
四、固定资产投资			
全社会固定资产投资完成额(含城镇私人投资)	万元	1 548 295	632 380
基本建设自年初累计完成投资	万元	1 003 736	444 075
#住宅	万元	74 728	23 723
新增固定资产	万元	470 948	4 256 891
国家预算内资金	万元	216 303	103 834
国内贷款	万元	263 477	93 859
债券	万元	3 590	3 440
利用外资	万元	15 149	10 771
自筹资金	万元	236 457	99 075
其他资金来源	万元	212 830	49 571
更新改造自年初累计完成投资	万元	172 649	68 603
新增固定资产	万元	119 757	41 125
其他投资自年初累计完成投资	万元	64 875	42 236
新增固定资产	万元	17 545	8 938
房地产开发投资	万元	134 990	15 547
新增固定资产	万元	81 404	8 572
城镇集体固定资产	万元	11 273	2 273
农村集体固定资产投资(本年完成投资合计)	万元	52 467	11 952
城镇和工矿区私人建房本年竣工房屋价值	万元	22 381	16 080
农户当年固定资产投资完成额	万元	77 197	
五、批发、零售贸易业、餐饮业			
社会消费品零售总额	万元	820 802	295 554
按地区分			
市的零售	万元	506 998	69 752
县的零售	万元	197 889	148 947
县以下的零售	万元	115 915	76 855

民族自治地方国民经济主要指标(续五)

(2000年)

指　标　名　称	单　位	全省总计	自治州县合计
按经济类型分			
国有经济	万元	216 732	70 782
集体经济	万元	65 431	14 059
私营经济	万元	73 750	10 565
个体经济	万元	364 031	156 648
其他经济	万元	100 858	43 498
按行业分			
批发、零售贸易业	万元	568 829	189 031
餐饮业	万元	112 908	41 422
制造业	万元	36 466	13 040
农业生产者	万元	80 630	38 773
其它	万元	21 969	13 288
六、从业人员和劳动报酬			
单位从业人员年末人数合计	万人	47.99	23.67
国有经济单位	万人	41.71	21.51
城镇集体经济单位	万人	4.61	1.28
其他各种经济类型单位	万人	1.67	0.88
单位从业人员平均人数合计	万人	50.80	24.90
国有经济单位	万人	44.23	22.60
城镇集体经济单位	万人	4.83	1.36
其他各种经济类型单位	万人	1.74	0.94
单位从业人员劳动报酬合计	万元	503 589	261 864
国有经济单位	万元	467 987	249 123
城镇集体经济单位	万元	23 237	7 052
其他各种经济类型单位	万元	12 365	5 689

民族自治地方国民经济主要指标(续六)

(2000年)

指标名称	单位	全省总计	自治州县合计
七、财政、金融			
财政总收入	万元	813 221	
其中:地方财政一般预算收入	万元	165 843	43 346
各项税收	万元	139 180	34 532
财政总支出	万元	682 614	189 949
基建支出	万元	109 123	1 163
教育事业费	万元	72 712	32 505
金融机构各项存款	万元	3 083 865	846 491
金融机构各项贷款	万元	3 659 384	1 676 782
城乡储蓄存款年末余额	万元	1 590 782	558 436
活期储蓄	万元	546 340	107 148
定期储蓄	万元	1 044 442	451 288
八、人口			
年末人口	万人	480.42	307.89
其中:少数民族人口	万人	211.80	182.64
当年出生人口	万人	9.47	6.04
农业人口	万人	344.33	246.81
非农业人口	万人	136.09	61.08
九、教育			
高等学校			
学校数	所	8	1
在校研究生	人	44	
在校本专科学生数	人	13 307	525
招生数	人	6 105	165
毕业生数	人	2 130	104
教职工数	人	4 229	162
其中:专任教师数	人	2 107	102
普通中等学校			
中等专业学校			

注:人口数据根据省公安厅年报数据整理。

民族自治地方国民经济主要指标(续七)

(2000 年)

指 标 名 称	单 位	全省总计	自治州县合计
学校数	所	15	13
在校学生数	人	13 406	3 395
招生数	人	4 781	790
毕业生数	人	4 093	2 176
教职工数	人	2 398	926
其中:专任教师数	人	1 363	529
普通中学			
学校数	所	448	251
在校学生数	人	224 660	125 950
招生数	人	86 540	40 672
毕业生数	人	57 812	29 387
教职工数	人	19 378	11 183
其中:专任教师数	人	16 645	9 276
职业中学			
学校数	所	31	29
在校学生数	人	8 331	6 371
招生数	人	4 069	2 772
毕业生数	人	4 645	3 136
教职工数	人	946	837
其中:专任教师数	人	709	617
小学校			
学校数	所	3 429	2 409
在校学生数	万人	50.48	33.32
招生数	万人	9.36	6.28
毕业生数	万人	7.56	4.52
教职工数	万人	2.94	1.88
其中:专任教师数	万人	2.77	1.84

QHTJNJ

州、地、市
社会和国民经济主要指标

Major Indicators of Society and National Economy in Each Prefecture and City

州、地、市社会和国民经济主要指标

（2000年）

指　　标	单位	西宁市	海东地区	海北州	海南州	黄南州	海西州	玉树州	果洛州
一、国内生产总值(现行价格)	**万元**	**920 131**	**392 428**	**106 573**	**143 082**	**128 416**	**534 100**	**66 872**	**47 533**
第一产业	万元	81 008	95 391	35 025	47 089	34 097	31 552	41 724	20 466
第二产业	万元	402 590	125 581	32 984	61 284	71 451	347 212	12 772	4 349
第三产业	万元	436 533	171 456	38 564	34 709	22 868	155 336	12 376	22 718
国内生产总值(1990年不变价格)	万元	608 744	216 300	64 586	92 344	74 985	314 942	35 058	34 141
第一产业	万元	42 861	53 102	20 273	27 834	16 780	17 686	16 990	12 443
第二产业	万元	296 577	89 832	23 273	43 645	45 569	197 795	9 245	2 921
第三产业	万元	269 306	73 366	21 040	20 865	12 636	99 461	8 823	18 777
国内生产总值指数(可比价,上年=100)		110.0	110.0	104.1	103.7	109.2	123.5	115.4	106.7
人均国内生产总值	元	5 310	2 570	4 085	3 706	6 292	14 468	2 602	3 568
二、农业									
1.农村基本情况及农业生产条件									
乡镇个数	个	69	113	34	40	39	37	47	51
镇个数	个	13	14	3	1	3	4	1	1
乡村户数	户	217 119	273 297	39 629	55 293	31 429	21 141	39 967	21 082
乡村人口数	万人	97.46	132.17	19.60	28.96	17.48	9.77	21.19	9.95
乡村家庭从业人员	万人	55.58	65.26	10.04	13.83	8.17	5.09	9.53	4.48
农林牧渔业从业人员	万人	42.27	52.14	8.85	12.87	7.77	4.73	9.30	4.33
工业从业人员	万人	3.50	2.13	0.26	0.10	0.09	0.05		
年内增加耕地面积	公顷	2	4	1	1		275		
年内减少耕地面积	公顷	4 994	10 805	668	1 200	441	21	165	
年末实有耕地面积	公顷	161 230	246 011	67 785	102 671	23 924	48 307	17 543	1 688
水浇地	公顷	38 145	46 929	30 525	39 120	5 881	47 989	2 794	38
浅山地	公顷								
脑山地	公顷								
农用机械总动力	千瓦	1 004 597	815 783	165 426	233 725	64 898	226 896	40 519	10 003
大中型拖拉机	台	311	153	286	739	66	693	156	5

州、地、市社会和国民经济主要指标(续一)

(2000年)

指　　标	单位	西宁市	海东地区	海北州	海南州	黄南州	海西州	玉树州	果洛州
大中型拖拉机	千瓦	14 050	5 745	15 268	34 515	2 948	25 044	6 798	202
小型拖拉机	台	72 466	56 976	9 738	10 769	3 206	12 463	1 994	218
小型拖拉机	千瓦	639 407	506 251	87 666	106 291	28 329	116 915	19 326	2 428
农用载重汽车	辆	2 592	1 392		345	59	399	50	77
农用运输车	辆	1 691	4 349	922	841	195	885	23	
乡、村办水电站数	个	2	7	3	14	1	18	12	
装机容量	千瓦	2 250	1 406	450	3 221	640	7 494	903	
发电量	万千瓦小时	746	1 451	2	627	219	2 150	54	
农村用电量	万千瓦小时	8 025	7 617	1 026	4 156	1 099	832	238	12
化肥施用量(实物量)	吨	62 401	71 347	10 991	21 562	2 472	13 344	299	23
化肥施用量(折纯)	吨	23 411	27 505	5 330	8 508	1 144	5 634	185	15
2.农业生产情况									
农作物总播种面积	公顷	142 522	216 752	47 240	79 370	21 070	31 185	14 337	1 200
#粮食作物	公顷	93 341	147 612	13 598	28 235	10 855	17 523	10 469	1 090
小麦	公顷	53 299	77 939	1 355	14 146	6 941	11 604	213	48
杂粮	公顷	27 194	40 597	11 246	12 849	3 167	5 403	9 499	957
#豆类	公顷	19 906	26 112	115	1 883	1 246	684	529	64
薯类	公顷	12 848	29 076	997	1 240	747	516	757	85
#油料	公顷	41 582	50 670	30 194	49 403	6 273	11 498	1 884	74
农作物产品产量									
#粮食作物	吨	247 620	326 037	36 719	67 115	27 497	80 355	21 385	2 673
小麦	吨	148 323	188 125	4 017	48 666	2 2441	53 518	406	117
杂粮	吨	51 467	56 270	29 283	14 333	2 924	23 228	18 127	2 397
#豆类	吨	34 850	22 465	303	3 329	1 014	1 468	554	159
薯类	吨	47 830	81 642	3 419	4 116	2 132	3 609	2 852	159
#油料	吨	62 922	60 587	38 811	19 230	4 309	19 835	1 795	115
#水果	吨	2 089	14 577		4 497	1 245	7		

州、地、市社会和国民经济主要指标(续二)

(2000 年)

指　　标	单位	西宁市	海东地区	海北州	海南州	黄南州	海西州	玉树州	果洛州
3.林业生产情况									
当年造林面积	公顷	14 012	33 177	1 395	5 050	2 166	827	737	103
村及村以下木材采伐量	立方米	8 621	13 384	172	1 706	200			
4.水产品产量	吨	349	260		400	38	109		10
农林牧渔业总产值(90 年不变价)	万元	77 407	88 713	29 183	37 175	22 253	24 547	22 608	14 674
农　业	万元	46 643	47 984	12 566	13 944	7 589	10 779	6 556	1 623
林　业	万元	2 598	6 278	219	1 084	1 128	267	128	22
牧　业	万元	28 016	34 337	16 398	22 023	13 460	13 454	15 923	13 027
渔　业	万元	150	114		123	76	47		2
农林牧渔业总产值(当年价)	万元	139 266	151 886	49 325	70 273	44 470	44 191	44 301	26 138
农　业	万元	81 031	78 151	16 198	24 979	14 120	16 865	14 116	3 595
林　业	万元	3 104	7 746	380	1 812	1 251	564	128	70
牧　业	万元	54 866	65 780	32 746	43 350	28 977	26 693	30 056	22 470
渔　业	万元	266	209		132	122	69		3
农林牧渔业增加值	万元	78 708	95 334	34 062	46 461	38 857	28 998	39 593	23 269
农村经济总收入	万元	344 237	219 760	46 568	57 419	28 410	25 412	36 030	21 527
农村经济总费用	万元	193 935	82 939	18 241	14 799	6 811	5 960	9 496	5 752
农村经济纯收入	万元	150 302	136 821	28 327	42 620	21 599	19 452	26 533	15 775
农村人均纯收入	元	1 385	988	1 294	1 371	1 169	1 830	1 179	1 405
牲畜总增率									
大牲畜、羊合计	%	28.91	24.13	35.86	36.67	37.02	33.88	31.37	23.74
大牲畜	%	20.99	11.35	16.45	22.32	23.89	24.43	25.81	18.60
绵山羊	%	34.01	28.97	40.49	39.51	42.82	35.04	34.38	28.15
猪	%	57.84	38.91	46.33	61.58	4.95	51.10	166.67	
牲畜净增率									
大牲畜、羊合计	%	-1.45	-22.85	-0.05	-3.10	-2.98	0.63	1.45	-0.97
大牲畜	%	1.44	-28.12	-0.40	-3.53	-4.58	-1.89	-1.54	-1.22
绵山羊	%	-3.31	-20.86	0.03	-3.02	-2.27	0.94	3.07	-0.75
猪	%	-4.15	-31.59	-2.75	-11.30	-64.36	-10.66	66.67	
牲畜出栏率									
大牲畜、羊合计	%	51.35	35.25	36.00	40.27	41.42	32.96	31.13	24.79
大牲畜	%	34.2	18.5	16.89	25.91	29.72	26.03	28.86	20.63

州、地、市社会和国民经济主要指标(续三)

(2000年)

指 标	单位	西宁市	海东地区	海北州	海南州	黄南州	海西州	玉树州	果洛州
绵山羊	%	62.41	41.59	40.55	43.11	46.60	33.81	32.36	28.36
猪	%	106.05	71.53	89.45	97.18	169.31	78.31	100.00	
牲畜商品率									
大牲畜、羊合计	%	46.78	30.26	30.10	32.97	33.42	27.28	22.68	18.95
大牲畜	%	32.01	17.08	13.01	20.56	24.54	23.52	19.67	15.56
绵山羊	%	56.30	35.25	34.17	35.43	37.34	27.74	24.31	21.86
猪	%	74.14	52.16	28.44	38.98	91.09	51.47	33.33	
年末能繁殖母畜比例									
大牲畜、羊合计	%	46.47	44.19	50.36	55.91	55.25	49.98	48.43	50.85
大牲畜	%	39.57	32.30	37.22	50.78	52.12	48.62	46.14	49.03
绵山羊	%	51.13	48.28	53.47	56.92	56.60	50.14	49.62	52.41
猪	%	6.81	5.75	9.43	13.38	2.78	25.51		
母畜繁殖率									
大牲畜、羊合计	%	69.95	65.87	85.10	79.75	82.35	86.75	81.67	62.20
大牲畜	%	60.07	42.71	51.21	54.07	59.87	76.37	69.75	48.87
绵山羊	%	74.77	71.63	90.95	84.30	91.29	87.84	87.69	73.08
猪	%	1 019.62	700.57	869.23	1 742.9	14.29	533.33	500.00	
母畜繁殖成活率									
大牲畜、羊合计	%	66.44	60.28	76.57	70.49	75.26	74.95	73.43	52.99
大牲畜	%	57.70	39.08	47.11	48.26	53.97	63.07	63.27	43.54
绵山羊	%	70.70	65.55	81.66	74.43	83.74	76.20	78.55	60.71
猪	%	942.26	611.05	800.00	1 642.90	11.90	441.67	500.00	
仔畜成活率									
大牲畜、羊合计	%	94.97	91.51	89.98	88.39	91.40	86.40	89.91	85.19
大牲畜	%	96.05	91.50	92.01	89.25	90.14	82.58	90.72	89.09
绵山羊	%	94.55	91.51	89.79	88.29	91.73	86.75	89.59	83.06
猪	%	92.41	87.22	92.04	94.26	83.33	82.81	100.00	
成幼畜死亡率									
大牲畜、羊合计	%	1.44	2.03	2.06	2.11	2.77	2.72	3.62	2.10
大牲畜	%	1.04	0.96	1.41	1.86	2.60	2.42	2.88	2.09
绵山羊	%	1.69	2.43	2.22	2.16	2.84	2.75	4.02	2.12
猪	%	1.40	0.89	1.38	3.39		7.35		

州、地、市社会和国民经济主要指标(续四)

(2000 年)

指　　标	单位	西宁市	海东地区	海北州	海南州	黄南州	海西州	玉树州	果洛州
年末牲畜存栏头数									
大牲畜、羊合计	万头	74.83	154.87	261.36	321.93	199.84	225.53	272.82	243.82
大牲畜	万头	30.20	39.60	50.08	53.03	60.27	23.90	93.23	112.27
绵山羊	万只	44.63	115.27	211.28	268.90	139.57	201.63	179.59	131.55
猪	万头	40.40	55.14	2.12	3.14	0.36	2.43	0.05	
年末能繁殖母畜数									
大牲畜、羊合计	万头	34.77	68.44	131.62	179.99	110.41	112.71	132.14	123.99
大牲畜	万头	11.95	12.79	18.64	26.93	31.41	11.62	43.02	55.05
绵山羊	万只	22.82	55.65	112.98	153.06	79.00	101.09	89.12	68.94
猪	万头	2.75	3.17	0.20	0.42	0.01	0.62		
当年繁殖仔畜数									
大牲畜、羊合计	万头	24.26	57.38	110.21	145.75	89.65	94.94	104.65	74.69
大牲畜	万头	6.83	7.41	9.76	14.89	18.56	7.92	29.95	26.39
绵山羊	万只	17.43	49.97	100.45	130.86	71.09	87.02	74.70	48.30
猪	万头	27.02	36.78	1.13	2.44	0.06	1.92	0.05	
当年育活仔畜数									
大牲畜、羊合计	万头	23.04	52.51	99.17	128.83	81.94	82.03	94.09	63.63
大牲畜	万头	6.56	6.78	8.98	13.29	16.73	6.54	27.17	23.51
绵山羊	万只	16.48	45.73	90.19	115.54	65.21	75.49	66.92	40.12
猪	万头	24.97	32.08	1.04	2.30	0.05	1.59	0.05	
成幼畜死亡数									
大牲畜、羊合计	万头	1.09	4.07	5.39	7.01	5.70	6.09	9.74	5.18
大牲畜	万头	0.31	0.53	0.71	1.02	1.64	0.59	2.73	2.37
绵山羊	万只	0.78	3.54	4.68	5.99	4.06	5.50	7.01	2.81
猪	万头	0.59	0.72	0.03	0.12		0.20		
当年仔畜死亡数									
大牲畜、羊合计	万头	1.22	4.87	11.04	16.92	7.71	12.91	10.56	11.06
大牲畜	万头	0.27	0.63	0.78	1.60	1.83	1.38	2.78	2.88
绵山羊	万只	0.95	4.24	10.26	15.32	5.88	11.53	7.78	8.18
猪	万头	2.05	4.70	0.09	0.14	0.01	0.33		
牲畜出栏数									
大牲畜、羊合计	万头	38.99	70.77	94.14	133.78	85.32	73.88	83.72	61.04

州、地、市社会和国民经济主要指标(续五)

(2000 年)

指　　标	单位	西宁市	海东地区	海北州	海南州	黄南州	海西州	玉树州	果洛州
大牲畜	万头	10.18	10.19	8.49	14.24	18.77	6.34	27.33	23.45
绵山羊	万只	28.81	60.58	85.65	119.54	66.55	67.54	56.39	37.59
猪	万头	44.70	57.65	1.95	3.44	1.71	2.13	0.03	
肉用畜出栏数									
大牲畜、羊合计	万头	35.95	65.17	83.21	128.59	82.45	72.13	82.19	60.72
大牲畜	万头	8.23	7.81	7.75	13.45	18.20	6.04	26.38	23.23
绵山羊	万只	27.72	57.36	75.46	115.14	64.25	66.09	55.81	37.49
猪	万头	40.18	50.53	1.78	3.40	1.69	2.11	0.03	
出售牲畜数									
大牲畜、羊合计	万头	35.52	60.75	78.70	109.52	68.83	61.14	60.99	46.65
大牲畜	万头	9.53	9.41	6.54	11.30	15.50	5.73	18.63	17.68
绵山羊	万只	25.99	51.34	72.16	98.22	53.33	55.41	42.36	28.97
猪	万头	31.25	42.04	0.62	1.38	0.92	1.40	0.01	
牧业主要产品产量									
奶类产量	吨	44 124	20 677	23 469	28 485	26 397	8 486	26 510	37 571
#牛奶	吨	44 124	20 629	23 469	27 953	26 117	6 348	22 787	37 571
肉类产量	吨	43 870	52 573	19 391	30 838	24 748	16 282	27 657	24 278
猪 肉	吨	29 438	33 913	1 301	2 841	710	1 304	14	9
牛 肉	吨	8 017	7 941	5 930	9 967	12 671	4 315	19 367	18 298
羊 肉	吨	4 701	8 543	12 061	17 636	11 363	9 797	8 275	5 970
其 他	吨	1 714	2 176	100	394	4	866		1
羊毛	吨	724	1 861	2 887	3 685	948	2 505	1 319	1 000
山羊毛	吨	31	116	27	154	48	204	80	4
绵羊毛	吨	693	1 745	2 860	3 531	900	2 302	1 239	996
羊绒	吨	14	22	4	68	12	105	31	
牛毛绒	吨	23	53	219	173	242	100	497	642
蜂蜜	吨	2	42		6	1			
禽蛋	吨	4 890	7 941	390	93	6	71		

州、地、市社会和国民经济主要指标(续六)

(2000 年)

指　　标	单位	西宁市	海东地区	海北州	海南州	黄南州	海西州	玉树州	果洛州
三、工业									
1.全部工业企业单位数	个	9 926	6 839	926	643	181	745	242	189
国有控股	个		54	32	32	19	78	20	28
中央企业	个		2	1	1	2	4		
地方企业	个		52	925	642	179	741	20	28
集体经济	个		195	18	33	13	96	12	
轻工业	个		4 888	626	285	83	625	107	122
重工业	个		1 951	300	358	98	130	135	67
大型企业	个		2				5		
中型企业	个		2	1	1	1	1		
小型企业	个		6 835	925	642	180	739	242	189
2.全部工业总产值(当年价)	万元	1 108 419	303 711	41 808	77 432	209 675	723 389	10 874	5 640
国有控股	万元		88 192	33 123	8 600	171 041	697 883	8 226	4 492
中央企业	万元		23 102	1 658	52 059	137 680	582 855		
地方企业	万元		280 609	31 465	25 373	71 995	140 534		4 492
集体经济	万元		53 391	5 042	3 779	6 269	16 488	737	
轻工业	万元		120 442	3 440	11 454	26 211	24 964	2 284	2 782
重工业	万元		183 269	38 368	65 978	183 464	698 425	8 590	2 858
大型企业	万元		40 320				638 877		
中型企业	万元		20 576	1 768	2 085	21 286	3 194		
小型企业	万元		242 815	40 040	75 347	188 389	81 318	10 874	5 640

注:本页全部工业资料由各地区统计,其合计数与全省全部工业数据不完全一致。

州、地、市社会和国民经济主要指标(续七)

(2000年)

指　　标	单位	西宁市	海东地区	海北州	海南州	黄南州	海西州	玉树州	果洛州
3.全部国有及年产品销售收入500万元以上非国有工业企业主要经济指标									
企业单位数	个	143	86	32	29	22	81	23	28
#亏损企业	个	71	56	16	18	9	35	5	12
工业总产值(现价,新规定)	万元	1 014 562	144 476	33 123	8 211	40 255	705 662	10 043	4 492
工业总产值(1990年不变价,新规定)	万元	621 272	112 599	23 836	7 132	23 910	258 697	7 606	2 500
工业增加值(生产法)	万元	279 242	41 905	7 606	2 992	20 492	292 001	7 601	1 540
工业销售产值(现价)	万元	1 005 119	133 280	33 733	8 415	37 561	675 282	8 558	4 274
全部从业人员年平均人数	人	86 663	17 774	3 682	2 580	2 460	42 639	1 630	1 256
流动资产年平均余额	万元	1 618 797	117 538	18 698	9 255	25 492	1 306 739	49 44	6 655
固定资产原值合计	万元	3 173 891	209 130	56 085	15 051	36 947	1 539 067	14 076	13 865
固定资产净值平均余额	万元	2 277 935	162 985	40 967	6 060	27 432	1 083 013	7 038	10 737
产品销售收入	万元	1 095 307	110 554	32 068	6 918	32 664	669 989	6 271	3 642
利润总额	万元	-11 065	-8 256	-714	-1 522	-61	28 412	1 554	-441
应交所得税	万元	7 003	603	115	41	57	4 271	502	7
4.主要工业产品产量									
原　煤	万吨	48.41	1.62	68.11			26.16	0.08	1.06
原　油	万吨		0.01				199.99		
天然气	万立方米						39 119		
原　盐	万吨						67.21	0.44	
木　材	万立方米								
糖　果	吨								
卷　烟	箱								
纱	吨	5 477							
布	万米	2 562							
机制纸及纸板	吨	909	2 748						

州、地、市社会和国民经济主要指标(续八)

(2000年)

指标	单位	西宁市	海东地区	海北州	海南州	黄南州	海西州	玉树州	果洛州
农用氮磷钾肥(折纯)	万吨	1.18	0.27				65.61		
水泥	万吨	48.57	67.94	0.64	1.18	0.64	4.75		
平板玻璃	重量箱		998 064						
生铁	吨								
钢	万吨	42.91							
发电量	万千瓦时	222 416	9 418	27 524	507 347	517 197	49 361	2 904	1 711
四、固定资产投资									
1.基本建设投资									
(1)自年初累计完成投资	万元	259 046	82 388	30 042	51 669	51 915	185 919	18 505	17 437
#住宅	万元	49 537	11 704	1 792	1 252	2 249	4 756	762	2 676
(3)新增固定资产	万元	136 354	50 289	21 342	29 458	19 214	148 385	12 034	14 744
(4)投资资金来源(财务)	万元	223 247	85 676	32 978	67 975	50 750	175 605	18 505	15 428
国家预算内资金	万元	53 369	32 029	15 754	15 089	3 774	7 127	4 633	10 328
国内贷款	万元	46 325	12 033	3 899	25 760	31 535	22 929	563	133
债券	万元	150			305	600	1 570	965	
利用外资	万元	3 393	4 010	239	105	7 100	256	46	
自筹资金	万元	79 672	14 847	8 284	20 928	3 271	42 377	6 046	4 482
其他资金	万元	4 033	22 757	4 802	5 788	4 470	101 346	6 252	485
2.更新改造投资									
(1)自年初累计完成投资	万元	105 815	12 574	6 141	1 599	6 322	33 763	58	555
(2)新增固定资产	万元	66 136	5 891	2 029	1 569	3 151	27 281	507	860
3.其他固定资产投资									
(1)自年初累计完成投资	万元			19	734		41 361	100	49
(2)新增固定资产	万元			19	288		6 273	100	49
4.房地产开发投资额	万元	118 205	1 738				15 047		
5.城镇集体固定资产投资	万元	8 570	1 983	369	136	48	85	39	138
6.农村集体固定资产投资	万元	23 479	6 961	690		160			
7.本年城镇私人竣工房屋价值	万元	4 544		709	2 413	854	963	7 756	214

州、地、市社会和国民经济主要指标(续九)

(2000年)

指　　标	单位	西宁市	海东地区	海北州	海南州	黄南州	海西州	玉树州	果洛州
五、批发零售贸易业,餐饮业									
社会消费品零售总额	万元	527 115	103 081	31 630	35 707	13 542	85 481	14 892	9 354
(一)按销售地区分									
市的零售	万元	445 687					69 752		
县的零售	万元	49 774	61 976	21 588	24 363	9 650	12 459	11 040	7 480
县以下的零售	万元	31 654	41 105	10 042	11 344	3 892	3 270	3 852	1 874
(二)按经济类型分									
国有经济	万元	146 067	27 597	7 599	10 630	3 782	18 060	1 661	2 099
集体经济	万元	55 464	9 238	2 282	691	1 290	493	27	
私营经济	万元	65 001	2 202	544	117	576	3 840		786
个体经济	万元	212 785	55 266	14 962	18 688	7 667	37 111	10 598	6 469
其他经济	万元	47 798	8 778	6 243	5 581	227	25 977	2 606	
(三)按行业分									
批发零售贸易业	万元	390 560	67 538	18 347	24 543	10 264	50 716	10 288	5 504
餐饮业	万元	63 575	17 966	3 068	4 012	1 714	12 856	1 857	1 803
制造业	万元	25 058	4 175	1 982	2 405	208	258	154	1 182
农业生产者	万元	43 969	7 471	6 243	1 475	912	19 506	1 454	194
其他	万元	3 953	5 931	1 990	3 272	444	2 145	1 139	671

州、地、市社会和国民经济主要指标(续十)

(2000年)

指　　标	单位	西宁市	海东地区	海北州	海南州	黄南州	海西州	玉树州	果洛州
六、劳动工资									
1.全部单位									
从业人员年末人数	人	233 452	62 244	22 978	29 024	16 091	69 441	13 060	9 891
从业人员年平均人数	人	255 227	64 102	24 126	28 816	16 311	72 681	13 034	9 658
从业人员劳动报酬	万元	216 581	54 117	20 139	26 030	17 582	105 357	15 407	11 277
2.国有经济单位									
从业人员年末人数	人	187 706	56 247	19 943	26 962	15 558	6 478	12 346	9 817
从业人员平均人数	人	207 890	57 980	20 199	26 841	15 451	68 027	12 322	9 564
从业人员劳动报酬	万元	191 621	50 835	17 720	24 727	17 119	102 668	14 998	11 199
3.城镇集体单位									
从业人员年末人数	人	37 423	3 902	544	1 087	533	2 203	326	74
从业人员平均人数	人	38 911	4 051	747	1 079	860	2 193	321	94
从业人员劳动报酬	万元	17 764	2 121	428	784	463	1 391	208	78
4.其他经济单位									
从业人员年末人数	人	8 323	2 095	2 491	975		2 470	388	
从业人员平均人数	人	8 426	2 071	3 180	896		2 461	391	
从业人员劳动报酬	万元	7 196	1 161	1 991	519		1 298	201	
七、财政金融									
1.地方财政收入	万元	55 852	14 398	5 670	7 085	5 605	21 941	4 446	3 016
增值税营业税	万元	23 463	5 280	1 676	1 775	1 798	5 575	560	536
农业五税	万元	2 609	1 761	1 380	1 909	988	1 251	1 443	1 180
企业收入	万元	6 041	1 000	1 185	90	1 028	3 947	309	571
2.地方财政支出	万元	103 442	73 358	21 952	29 087	26 465	44 312	27 662	21 869
基本建设支出	万元	1 568		138	120	602	3 117		228
支援农村生产支出	万元	2 225	4 275	332	1 184	668	456	307	468
农林水气事业费	万元	3 560	5 731	1 123	1 862	1 479	2 081	1 207	687
教育事业费	万元	17 878	15 985	3 372	5 062	3 688	4 305	3 335	2 392
行政管理费	万元	10 076	9 787	4 144	5 008	4 521	8 539	7 045	5 655
公检法司支出	万元	7 428	3 327	1 137	1 650	1 264	3 093	1 729	1 355
3.城乡居民储蓄存款年末余额	万元	1 009 712	181 352	39 172	57 814	30 963	227 607	16 330	12 032
活期储蓄存款年末余额	万元	321 098	66 794	15 114	26 659	14 819	80 432	10 149	5 741
定期储蓄存款年末余额	万元	688 614	114 558	24 058	31 155	16 144	147 175	6 181	6 291

州、地、市社会和国民经济主要指标(续十一)

(2000 年)

指　　标	单位	西宁市	海东地区	海北	海南州	黄南州	海西州	玉树州	果洛州
八、文化体育及其他									
1.文化									
各类电影放映单位	个	14	9	5	8	7	12	3	
放映单位人员	人	171	43	20	37	24	57	10	
2.体育									
举办县级以上的运动会次数	次	125	249	58	82	16	35	5	57
参加运动会运动员	人	88 149	112 192	80 890	81 361	5 749	18 724	1 380	12 080
体委系统举办赞助性比赛	次	5	7	1			7	1	
赞助经费	千元	112	22	6			313	2	
3.广播、电视									
乡广播电视站	个	64	95	37	28	26	29	46	45
通广播的村	个	820	945	130	110	74	172	3	
通电视的乡	个	65	113	34	42	37	37	28	31
通电视的村	个	855	1 525	165	278	161	62	103	37
4.民政									
准予登记结婚	对	15 442	11 276	1 725	3 370	1 495	2 584	514	713
初婚	人	29 048	21 789	3 362	6 445	2 799	4 656	998	1 412
再婚	人	1 836	763	88	295	191	512	30	14
复婚	对	105	21	8	39	53	27		6
准予登记离婚	对	990	338	115	97	54	429	12	80
5.基层组织政权与群众性自治组织									
县辖区数	个								
镇数	个	14	14	4	2	3	10	1	1
乡数	个	56	99	31	39	36	33	47	50
#民族乡	个	8	22	1	1				50
街道办事处数	个	23					5		
居民委员会个数	个	352	23	6	14	7	40	3	
居民委员会委员数	人	1 150	101	63	39	31	152	12	
居民小组个数	个	1 125	64	16	35	11	49	6	
村(牧)民委员会个数	个	935	1 614	206	404	255	259	263	193
村(牧)民委员 会委员人数	人	5 759	6 894	1 165	1 749	1 257	1 285	1 952	883
村(牧)民小组个数	个	4 710	6 989	769	1 336	718	663	770	764

注:产品产量为全社会统计数。

固定资产投资未将跨地区数分解到各地区。

各类电影放映单位和人数中不包括各级电影发行放映公司机构和人数。

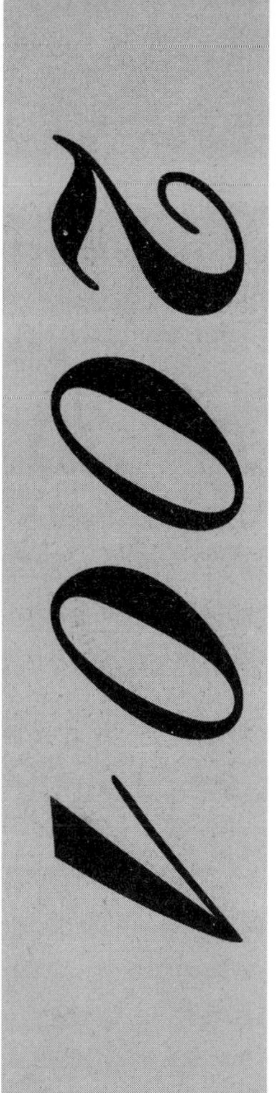

QHTJNJ

各县社会和国民经济主要指标

Major Indicators of Society and National Economy in Each County

县(市)社会经济基本情况表

(2000 年)

指标	单位	城中区	城西区	城东区	城北区	大通县	湟中县
一、人口劳动力及其他							
乡(镇)个数	个		1	2	2	28	26
村民委员会个数	个	4	18	20	38	290	418
年末总人口	万人	14.5	20	20.6	18.2	42.5	45.5
#乡村人口	万人	0.4	2	2.7	5.3	33.5	42.9
当年出生人口	人	1 296	2 066	2 832	2 530	8 888	7 481
当年死亡人口	人	1 123	1 013	1 484	1 766	3 006	2 198
年末总户数	户	42 262	56 775	60 365	49 682	99 396	106 398
#乡村户数	户	962	5 062	6 726	12 714	72 363	95 279
年末单位从业人员数	万人	37 006	51 268	39 906	46 102	36 103	15 686
第二产业	万人	15 515	21 494	22 037	14 530	23 020	4 141
第三产业	万人	20 667	28 632	16 698	30 339	11 437	10 454
乡村从业人员数	万人	1 962	11 537	13 699	29 007	190 096	251 960
#农林牧渔业	万人	901	5 406	6 194	17 722	145 575	195 989
城镇登记失业人员数	万人	2 642	3 314	3 143	304	4 191	476
行政区域土地面积	平方公里					3 161	2 414
年末实有耕地面积	公顷	144	2 135	829	5 713	60 116	69 776
旱地	公顷	144	2 135	829	5 713	60 116	69 776
二、综合经济							
(一)增加值							
第一产业增加值	万元	239.2	3 100.8	2 648.5	7 485.5	25 241.5	31 612.3
农业	万元	89.6	1 771.2	1 076.4	3 978.5	11 973.1	17 133.3
林业	万元	11.5	40.0	36.0	291.2	915.3	315.8
牧业	万元	134	1 280.6	1 506.1	3 174.8	12 256	14 157.1
渔业	万元	4.1	9	30	40.9	97.1	6.1
第二产业增加值	万元					127 558.5	26 864
#工业	万元					107 453.7	22 383
第三产业增加值	万元					31 789.3	29 806
(二)财政、金融、保险							
财政总收入	万元					13 017	4 705
#地方财政预算内收入	万元					7 462	3 118
各项税收	万元					6 888	2 341
财政支出	万元					17 638	14 361
支农支出	万元					793	872
科学事业费支出	万元					21	11
教育事业费支出	万元					4 229	4 101
年末金融机构各项存款余额	万元					114 403	51 268
城乡居民储蓄存款余额	万元					60 453	37 023

县(市)社会经济基本情况表

(2000年)

指　　标	单位	城中区	城西区	城东区	城北区	大通县	湟中县
年末金融机构各项贷款余额	万元					161 359	62 766
农业贷款	万元					6 712	8 816
承保额	万元					108 524	21 715
农业险	万元						
保　费	万元					938	866.5
已决赔款	万元					321	333.1
三、农业							
(一)生产条件							
农业机械总动力	万千瓦	0.3	1.8	2	4.6	29.2	50.9
化肥施用量(折纯量)	吨	47	174	294	1 254	7 948	10 751
农药使用量	吨		6	13	16	281	329
地膜使用量	吨	1	2	16	17	10	18
农村用电量	万千瓦时	55	1 734	1 477	685	1 525	2 024
有效灌溉面积	公顷	66	651	496	4 524	10 821	17 436
(二)农作物总播种面积	公顷	91	1 127	992	3 827	52 960	64 702
粮食作物播种面积	公顷	24	378	167	1 646	31 666	47 726
#小麦	公顷	19	221	96	942	17 280	30 520
油料播种面积	公顷	49	158	99	731	18 094	16 126
蔬菜播种面积	公顷	18	585	670	1 339	1 329	747
粮食总产量	吨	105	1 337	499	6 448	92 711	118 750
#小麦	吨	93	941	415	4 071	53 621	77 432
油料产量	吨	110	342	221	1 686	36 150	18 583
水果产量	吨	5	29	85	85	544	1 338
肉类总产量	吨	38	627	2 710	2 736	16 497	16 272
奶类产量	吨	365	980	1 341	9 232	13 056	17 050
蔬菜产量	吨	1 441	27 298	45 031	88 950	47 811	38 390
水产品产量	吨	6	16	48	110	110	38
四、工业							
国有及年销售收入500万元以上的非国有:							
工业企业数	个	22	14	27	36	20	27
工业总产值(现价)	万元	27 869	38 144	44 833	256 095	405 899	37 234
内资企业	万元	26 416	38 144	44 833	256 095	362 699	37 234
港澳台商投资企业	万元					43 200	
外商投资企业	万元						
从业人员年平均数	人	11 881	5 400	11 579	27 409	22 578	5 337
流动资产年平均余额	万元	60 754	509 098	67 417	329 842	288 711	10 660
固定资产净值年平均余额	万元	33 235	275 834	59 790	193 867	389 704	17 408
产品销售收入	万元	31 322	158 883	33 878	219 823	393 753	22 021
利润总额	万元	-3 239	4 517	-2 814	-4 016	3 122	-639
五、交通、运输、邮电通讯							
境内公路里程	公里	128	136	150	160	804	920
境内铁路里程	公里					36	25

县(市)社会经济基本情况表

(2000年)

指　　标	单位	城中区	城西区	城东区	城北区	大通县	湟中县
民用汽车拥有量	辆	7 534	7 600	7 858	7 550	2 821	3 064
载客汽车	辆	4 200	4 350	4 360	4 529	464	927
私人汽车拥有量	辆	2 181	2 275	2 367	2 360	622	337
邮电业务总量	万元					1 680	1 212
本地电话用户	户					14 225	9 708
农村电话用户	户		689	1 105	1 046	3 282	1 695
年末移动电话用户数	户	35 902	35 800	35 800	35 750	7 498	3 500
年末国际互联网用户数	户						
六、贸易、外经、旅游							
限额以上批发零售贸易业商品销售总额	万元	129 653	126 445	102 801	69 351		3 242
七、固定资产投资							
基本建设投资完成额	万元	21 977	120 052	31 130	30 665	31 337	15 914
＃地方项目	万元	20 209	96 926	25 160	26 671	24 095	10 514
基本建设新增固定资产	万元	24 875	42 203	17 585	17 283	11 608	13 951
更新改造投资完成额	万元	49 880	9 708	13 710	21 307	9 039	1 945
八、文教、卫生							
普通中学数	所					44	46
小学数	所	19	25	32	27	273	359
普通中学专任教师数	人					1 563	1 625
小学专任教师数	人	701	740	955	761	2 283	2 301
普通中学在校学生数	人					23 012	24 763
小学在校学生数	人	13 307	17 833	21 500	14 566	47 117	44 578
医院、卫生院数	所	10	20	22	12	35	29
医院、卫生院床位数	床	506	2 769	2 874	486	581	486
医院、卫生院技术人员数	人	647	2 934	3 218	512	541	467
＃医生	人	129	587	644	102	108	93
九、人民生活							
城镇在岗职工年平均人数	人	40 198	55 690	45 036	50 096	36 638	13 824
城镇在岗职工工资总额	万元	36 274	50 254	31 698	44 648	32 457	11 727
农村居民人均可支配收入	元	2 743	2 932	3 195	2 394	1 524	1 345
农民人均居住面积	平方米					18	21
社会福利院数	个		2	1		9	
社会福利院床位数	床		200	30		90	
参加养老保险的人数	人	8 460	1 575	7 804	5 333	14 841	4 715
参加医疗保险的人数	人	2 245	2 361	2 607	2 183	9 046	12 321
十、社会治安							
交通事故件数	件	304	216	585	301	265	230
刑事案件立案数	件	1 165	2 168	1 293	908	132	225
犯罪人数	人	229	273	397	243	238	116
民事案件发案数	件	2 204	1 550	1 454	1 049	1 398	928

县(市)社会经济基本情况表

(2000 年)

指　　标	单位	湟源县	平安县	民和县	乐都县	互助县	化隆县
一、人口劳动力及其他							
乡(镇)个数	个	10	9	29	23	21	21
村民委员会个数	个	147	111	318	369	294	366
年末总人口	万人	13.3	11.2	37.1	29.2	37	22.8
#乡村人口	万人	10.6	7.8	34.1	24.8	34.4	20.9
当年出生人口	人	1 599	2 186	7 700	5 365	5 298	3 478
当年死亡人口	人	844	550	2 331	2 476	2 844	1 009
年末总户数	户	32 986	25 760	75 899	71 180	84 964	48 389
#乡村户数	户	24 013	17 416	66 475	56 423	75 384	39 705
年末单位从业人员数	万人	7 381	10 034	12 933	12 096	16 194	6 822
第二产业	万人	1 723	1 741	4 075	1 515	6 243	850
第三产业	万人	5 266	7 850	8 245	9 970	9 063	5 382
乡村从业人员数	万人	57 558	43 116	162 463	132 724	172 676	91 569
#农林牧渔业	万人	50 960	36 420	126 947	97 910	141 950	82 557
城镇登记失业人员数	万人	74	374	160	68	1 550	250
行政区域土地面积	平方公里	1 503	743	1 893	2 600	3 302	2 790
年末实有耕地面积	公顷	20 884	13 257	53 361	42 099	83 780	44 055
旱地	公顷	20 884	13 257	53 361	42 099	83 780	44 055
二、综合经济							
(一)增加值							
第一产业增加值	万元	8 380.1	7 156.5	20 332.7	19 418.9	33 966.5	7 346.6
农业	万元	3 658.4	2 394.9	9 719.4	5 490.8	16 849.7	3 380
林业	万元	336.7	795.2	1 393.1	1 225.2	1 610.1	561
牧业	万元	4 378.3	3 956	9 182.6	12 655.7	15 500.2	3 405.5
渔业	万元	6.7	10.2	37.7	47.2	6.5	
第二产业增加值	万元	9 949	18 207.4	36 641.9	25 959.9	42 915	20 558
#工业	万元	6 624	11 271	227 696	19 990.9	32 498	11 016
第三产业增加值	万元	7 826	29 296.1	27 028.3	33 061.3	29 478	9 515
(二)财政、金融、保险							
财政总收入	万元	1 612	5 855	12 067	3924.9	10 997	2 129
#地方财政预算内收入	万元	1 522	1 728	2 020	2 430	4 896	1 679
各项税收	万元	1 249	1 324	1 463	1 658	3 654	1 615
财政支出	万元	7 655	7 790	12 558	16 351	15 663	9 751
支农支出	万元	194	599	1 140	1 189	837	345
科学事业费支出	万元	5	17	21	5	20	21
教育事业费支出	万元	1 600	1 841	4 074	3 911	3 871	1 883
年末金融机构各项存款余额	万元	31 123	36 371	48 965	66 704	41 348	21 024
城乡居民储蓄存款余额	万元	22 048	20 774	35 907	46 513	29 475	14 058

县(市)社会经济基本情况表

(2000年)

指　　标	单位	湟源县	平安县	民和县	乐都县	互助县	化隆县
年末金融机构各项贷款余额	万元	25 791	80 711	91 665	76 444	63 181	43 868
农业贷款	万元	2 984	6 836	3 309	5 409	3 120	2 285
承保额	万元	11 268	25 942		15 566.3	27 066	7 759.1
农业险	万元				5.7	1 670	
保　费	万元	557	1 034		934.1	812	249
已决赔款	万元	162	391		334.5	188	64.2
三、农业							
(一)生产条件							
农业机械总动力	万千瓦	117	5.4	17.6	14.1	22.2	13.25
化肥施用量(折纯量)	吨	2 943	2 703	5 242	4 477	10 379	3 118
农药使用量	吨	67	40	142	67	171	43
地膜使用量	吨	28	51	31	74	2	34
农村用电量	万千瓦时	525	706	1 625	1 159	1 603	1 619
有效灌溉面积	公顷	4 295	3 185	15 088	6 947	12 179	4 710
(二)农作物总播种面积	公顷	18 823	12 867	49 226	37 965	69 313	36 824
粮食作物播种面积	公顷	11 734	8 439	37 034	26 669	43 160	25 519
#小麦	公顷	4 221	4 548	19 458	13 389	22 560	13 221
油料播种面积	公顷	6 325	3 443	6 181	5 821	24 867	8 122
蔬菜播种面积	公顷	372	375	1 789	4 168	873	377
粮食总产量	吨	27 770	22 602	73 711	38 981	120 919	45 930
#小麦	吨	11 750	14 329	36 973	21 609	63 194	31 963
油料产量	吨	5 830	4 960	7 015	2 783	42 127	2 821
水果产量	吨	3	149	7 936	1 127	871	2 839
肉类总产量	吨	4 989	5 190	6 638	13 858	16 443	6 521
奶类产量	吨	2 100	850	5 735	3 111	3 975	3 267
蔬菜产量	吨	12 627	12 364	41 899	141 496	46 200	10 478
水产品产量	吨	21	25	46	175	14	
四、工业							
国有及年销售收入500万元以上的非国有:							
工业企业数	个	6	16	16	9	17	16
工业总产值(现价)	万元	17 739	20 340.6	42 863.7	18 300.5	42 299.8	10 857.8
内资企业	万元	17 739	20 340.6	42 863.7	18 300.5	39 493.7	10 857.8
港澳台商投资企业	万元					2 806.1	
外商投资企业	万元						
从业人员年平均数	人	1 819	2 070	5 383	3 205	4 957	965
流动资产年平均余额	万元	8 695	11 007.9	44 794.9	15 637.4	28 890.2	77 569
固定资产净值年平均余额	万元	6 003	13 240.7	68 869.5	28 266.4	31 759.4	11 541.9
产品销售收入	万元	14 646	9 404.6	36 916.9	10 019.2	39 919.6	8 021.9
利润总额	万元	69	−2 200	−2 854.6	−1 265.2	−337.4	−1 468.7
五、交通、运输、邮电通讯							
境内公路里程	公里	408	160	1 560	621	1 877	939
境内铁路里程	公里	43	21	16	68	15	

县(市)社会经济基本情况表

(2000 年)

指　　标	单位	湟源县	平安县	民和县	乐都县	互助县	化隆县
民用汽车拥有量	辆	695	6 000	1 915	1 326	1 313	424
载客汽车	辆	159	530	857	235	43	60
私人汽车拥有量	辆	431	2 400	1 459	1 060	982	60
邮电业务总量	万元	846	6 250	1 027	1 145	448	530
本地电话用户	户	7 277	15 362	9 240	11 386	5 355	4 293
农村电话用户	户	1 073	6 852	1 592	3 670	570	1 557
年末移动电话用户数	户	2 773	2 554	2 200	2 260	650	1 242
年末国际互联网用户数	户		807	65	107	32	20
六、贸易、外经、旅游							
限额以上批发零售贸易业商品销售总额	万元		86 000	3 719		2 851	
七、固定资产投资							
基本建设投资完成额	万元	7 971	12 179	18 563	12 958	15 666	10 667
＃地方项目	万元	4 113	10 951	14 912	10 947	8 466	7 863
基本建设新增固定资产	万元	8 849	9 254	11 822	10 665	8 469	2 796
更新改造投资完成额	万元	226		710	1 970	4 963	5 201
八、文教、卫生							
普通中学数	所	11	18	40	45	27	9
小学数	所	173	111	315	265	303	278
普通中学专任教师数	人	518	483	973	1 612	1287	405
小学专任教师数	人	824	897	2 083	1 822	1 872	1713
普通中学在校学生数	人	6 990	3 551	18 823	20 054	25 859	4 144
小学在校学生数	人	15 513	12 896	42 024	27 366	40 868	22 864
医院、卫生院数	所	13	12	31	27	22	24
医院、卫生院床位数	床	132	380	472	427	402	364
医院、卫生院技术人员数	人	289	386	442	402	422	228
＃医生	人	58	77	88	80	84	46
九、人民生活							
城镇在岗职工年平均人数	人	7 171	10 373	12 705	12 116	1 5631	7 012
城镇在岗职工工资总额	万元	6 281	10 318	10 401	9 944	12 735	6 239
农村居民人均可支配收入	元	973	1 312	1 014	1 089	1 302	903
农民人均居住面积	平方米	14.5	13.3	11.7	20	18.4	16.5
社会福利院数	个		1	4	2	2	1
社会福利院床位数	床		4	19	8	34	10
参加养老保险的人数	人	2 177	7 537	2 960	8 327	5 718	1 710
参加医疗保险的人数	人	1 000	12 284	1 454	8 194	2 939	718
十、社会治安							
交通事故件数	件	161	122	183	84	150	57
刑事案件立案数	件	33	124	113	89	155	123
犯罪人数	人	32	62	164	89	170	140
民事案件发案数	件	472	334	685	690	1 107	371

县(市)社会经济基本情况表

(2000年)

指　　标	单位	循化县	门源县	祁连县	海晏县	刚察县
一、人口劳动力及其他						
乡(镇)个数	个	10	15	8	6	5
村民委员会个数	个	154	109	40	26	31
年末总人口	万人	11.1	14.7	4.5	3.1	3.9
#乡村人口	万人	10.2	11.9	3.3	1.9	2.5
当年出生人口	人	4 023	2 479	1 309	572	855
当年死亡人口	人	551	730	494	217	277
年末总户数	户	22 988	31 911	10 777	8 869	10 577
#乡村户数	户	17 894	24 350	6 487	4 090	4 702
年末单位从业人员数	万人	4 165	8 323	3 877	6 880	3 898
第二产业	万人	258	1 810	1 074	2 259	881
第三产业	万人	3 654	3 855	2 136	4 369	1 561
乡村从业人员数	万人	50 019	64 022	16 105	10 034	10 233
#农林牧渔业	万人	35 624	55 566	14 335	8 627	9 953
城镇登记失业人员数	万人	48	330	200	439	113
行政区域土地面积	平方公里	1 717	5 511	13 410	4 853	9 576
年末实有耕地面积	公顷	9 463	43 393	2 894	3 817	17 572
旱地	公顷	9 463	43 393	2 894	3 817	17 572
二、综合经济						
(一)增加值						
第一产业增加值	万元	7 112.4	14 799.5	8 525.8	3 455.7	7 281.4
农业	万元	3 473.9	6 350	668.6	352.6	460.7
林业	万元	413.6	107.8	15.6	62.2	2.6
牧业	万元	3 225	8 341.7	7 841.6	3 040.9	6 818.1
渔业	万元					
第二产业增加值	万元	12 278	12 986	7 900	9 555	2 543
#工业	万元	7 706	8 665	4 851	6 171	900
第三产业增加值	万元	9 075	9 808	6 673	12 682	9 401
(二)财政、金融、保险						
财政总收入	万元	6 741	1 612	1 542	3 189	1 120
#地方财政预算内收入	万元	1 467	1 318	1 177	2 390	878
各项税收	万元	812	1 440	1 467	2 501	952
财政支出	万元	7 715	4 629	3 494	11 507	2 918
支农支出	万元	81	290	409	1 675	207
科学事业费支出	万元	10	1		61	
教育事业费支出	万元	1 300	1 328	554	1 051	439
年末金融机构各项存款余额	万元	20 104	22 049	12 501	19 622	7 964.6
城乡居民储蓄存款余额	万元	5 913	16 690	5 575	7 627	3 709

县(市)社会经济基本情况表

(2000 年)

指　　标	单位	循化县	门源县	祁连县	海晏县	刚察县
年末金融机构各项贷款余额	万元	7 977	11 999	11 238	5 760	89 804
农业贷款	万元	2 186	3 496	1 965	869	2 687
承保额	万元	13 233	19 447	6 088	1 656	2 990.9
农业险	万元			350		
保　费	万元	135	348.7	116	596	130
已决赔款	万元	65	121.4	112	281	46
三、农业						
(一)生产条件						
农业机械总动力	万千瓦	9.1	10.2	2.8	1.4	2.1
化肥施用量(折纯量)	吨	1 586	3 708	604	187	831
农药使用量	吨	84	225	11	1	4
地膜使用量	吨	21	1		1	
农村用电量	万千瓦时	905	741	96	84	105
有效灌溉面积	公顷	3 843	11 584	815	753	17 323
(二)农作物总播种面积	公顷	10 557	31 990	2 644	3 020	9 586
粮食作物播种面积	公顷	6 791	9 313	1 448	1 474	1 363
#小麦	公顷	4 763	656	431	248	20
油料播种面积	公顷	2 236	20 380	1 025	965	7 824
蔬菜播种面积	公顷	1 335	243		14	
粮食总产量	吨	23 994	29 625	2 809	1 768	2 517
#小麦	吨	20 057	2 459	1 018	465	75
油料产量	吨	881	30 916	759	396	6 740
水果产量	吨	1 655				
肉类总产量	吨	3 922	5 355	5 538	2 805	5 693
奶类产量	吨	3 739	8 866	5 920	2 820	5 863
蔬菜产量	吨	34 017	1 309		35	
水产品产量	吨					
四、工业						
国有及年销售收入500万元以上的非国有:						
工业企业数	个	12	10	6	14	2
工业总产值(现价)	万元	9 813.3	5 021	3 450.2	2 424.2	409.5
内资企业	万元	9 813.3	5 021	3450.2	2 424.2	409.5
港澳台商投资企业	万元					
外商投资企业	万元					
从业人员年平均数	人	1 194	860	854	1 798	170
流动资产年平均余额	万元	9 450.6	4 113.6	5 446.4	8 597.4	540.8
固定资产净值年平均余额	万元	9 307	21 545.2	2 944.9	15 993.4	483.2
产品销售收入	万元	6 272.1	4 979.1	2 925.2	23 942.3	221.8
利润总额	万元	-130.3	-637.5	-13.2	-197.2	-45.1
五、交通、运输、邮电通讯						
境内公路里程	公里	322	650	1 200	378	200
境内铁路里程	公里				144	150

县(市)社会经济基本情况表

(2000年)

指　　标	单位	循化县	门源县	祁连县	海晏县	刚察县
民用汽车拥有量	辆	285	628	501	558	378
载客汽车	辆	115	152	103	58	44
私人汽车拥有量	辆	170	368	297	451	193
邮电业务总量	万元	446	625.4	424.5	782.3	293.1
本地电话用户	户	3 759	4 052	2 471	3 452	1 749
农村电话用户	户	1 117	189	89	102	87
年末移动电话用户数	户	1 546	920	749	1 592	373
年末国际互联网用户数	户	14	88	30	121	32
六、贸易、外经、旅游						
限额以上批发零售贸易业商品销售总额	万元				4 429	
七、固定资产投资						
基本建设投资完成额	万元	12 355	8 948	7 202	9 789	4 103
#地方项目	万元	10 453	8 684	6 742	7 488	3 962
基本建设新增固定资产	万元	7 283	3 411	3 925	9 655	4 351
更新改造投资完成额	万元		2 565	1 977	1 309	290
八、文教、卫生						
普通中学数	所	5	13	6	4	6
小学数	所	98	132	31	33	17
普通中学专任教师数	人	282	450	133	143	132
小学专任教师数	人	1 152	776	281	273	230
普通中学在校学生数	人	3 519	7 295	1 255	938	674
小学在校学生数	人	14 212	17 628	4 949	3 563	2 906
医院、卫生院数	所	11	16	10	8	7
医院、卫生院床位数	床	104	134	208	320	127
医院、卫生院技术人员数	人	174	317	184	311	142
#医生	人	35	63	37	62	28
九、人民生活						
城镇在岗职工年平均人数	人	4 148	8 504	3 992	6 892	4 626
城镇在岗职工工资总额	万元	3 774.1	6 946	3 181.4	6 396.1	3 569.4
农村居民人均可支配收入	元	1 236	1 153	1 552	1 475	1 990
农民人均居住面积	平方米	6.7	15.1			
社会福利院数	个	2		2	1	3
社会福利院床位数	床	4		14	6	3
参加养老保险的人数	人	931	951	1 831	7 713	826
参加医疗保险的人数	人	391	3 424		2 636	
十、社会治安						
交通事故件数	件	17	69	11	15	7
刑事案件立案数	件	54	105	52	34	25
犯罪人数	人	44	104	54	68	36
民事案件发案数	件	171	373	192	148	129

县(市)社会经济基本情况表

(2000年)

指　　标	单位	同仁县	尖扎县	泽库县	河南县	共和县	同德县
一、人口劳动力及其他							
乡(镇)个数	个	13	12	8	6	12	6
村民委员会个数	个	75	79	63	38	93	73
年末总人口	万人	7.5	4.9	5.2	3	12.6	4.8
#乡村人口	万人	5.7	4	5.1	2.7	7.2	3.9
当年出生人口	人	2 358	919	428	1 076	1 997	1 407
当年死亡人口	人	1 522	333	190	114	771	477
年末总户数	户	18 470	10 565	9 961	5 674	29 391	9 009
#乡村户数	户	10 105	7 801	9 105	4 418	14 046	6 060
年末单位从业人员数	万人	7 833	4 885	1 722	1 651	13 634	2 987
第二产业	万人	1 664	1 885	73	62	2 647	203
第三产业	万人	5 828	2 659	1 529	1 484	8 476	1 696
乡村从业人员数	万人	27 873	20 706	18 923	14 181	34 274	19 076
#农林牧渔业	万人	26 020	18 533	18 923	14 181	29 885	18 500
城镇登记失业人员数	万人	252	140	25	81	329	158
行政区域土地面积	平方公里	3 169	1 647	6 466	6 627	16 364	4 758
年末实有耕地面积	公顷	8 456	7 331	7 360		27 217	15 296
旱地	公顷	8 456	7 331	7 360		27 217	15 296
二、综合经济							
(一)增加值							
第一产业增加值	万元	9 739.1	4 108.5	12 229.8	12 779.4	9 578.5	9 991.9
农业	万元	4 814.7	951.9	3 365	1 216.1	666.7	2 167.1
林业	万元	915.4	199	15		529.1	286.6
牧业	万元	4 009	2 836	8 849.8	11 563.3	8 294.6	7 538.2
渔业	万元		121.6			88.2	
第二产业增加值	万元	12 459.3	56 686.4	1 161.1	1 143.6	49 257	2 064.9
#工业	万元	9 614.2	47 900.7	89.1	302.1	39 921.2	338.9
第三产业增加值	万元	10 325	6 132.5	3 681.1	3 129.8	18 995	2 555
(二)财政、金融、保险							
财政总收入	万元	4 618	6 162	3 719	3 484	3 656	2 822
#地方财政预算内收入	万元	3 798	1 704	575	486	3 204	721
各项税收	万元	3 580	640	575	486	2 808.9	671
财政支出	万元	12 830	6 392	3 882	3 609	13 492	2 822
支农支出	万元	259	457	46	10	568	65
科学事业费支出	万元				1	1 585	
教育事业费支出	万元	1 835	832	46	446	1 244	637
年末金融机构各项存款余额	万元	41 817	13 197.5	2 436	2 600	55 825	4 598
城乡居民储蓄存款余额	万元	20 095	9 898	1 006	1 067	37 694	3 149.8

县(市)社会经济基本情况表

(2000 年)

指　　标	单位	同仁县	尖扎县	泽库县	河南县	共和县	同德县
年末金融机构各项贷款余额	万元	52 237	9 205	10 709	1 278	153 945.4	4 448.2
农业贷款	万元	23 794	1 620	5 872	664	9 755.7	2 635.2
承保额	万元	46 666	20 177			29 510.4	
农业险	万元						
保　费	万元	873.9	401			1 231.8	96
已决赔款	万元	333.9	122			452.4	34
三、农业							
(一)生产条件							
农业机械总动力	万千瓦	2.9	2.5	0.5	0.6	7	2.5
化肥施用量(折纯量)	吨	577	460	107		2 629	1 295
农药使用量	吨	10	15	193		28	2
地膜使用量	吨		5				
农村用电量	万千瓦时	380	719			849	329
有效灌溉面积	公顷	1 992	2 721			17 609	2 217
(二)农作物总播种面积	公顷	7 851	5 859	7 360		19 712	11 604
粮食作物播种面积	公顷	6 178	4 577	100		10 471	3 338
#小麦	公顷	3 819	3 122			4 479	1 185
油料播种面积	公顷	694	799	4 780		9 167	7 526
蔬菜播种面积	公顷	11	196			41	4
粮食总产量	吨	15 515	11 870	112		19 127	8 014
#小麦	吨	11 791	10 650			10 453	5 334
油料产量	吨	738	703	2 868		5 510	4 816
水果产量	吨	123	1 122			69	20
肉类总产量	吨	808	2 561	10 526	10 853	9 067	5 624
奶类产量	吨	1 978	1 060	9 484	13 875	5 041	6 600
蔬菜产量	吨	906	9 682			1 510	240
水产品产量	吨		38			392	
四、工业							
国有及年销售收入500万元以上的非国有:							
工业企业数	个	9	10	2	2	8	3
工业总产值(现价)	万元	27 077.3	147 602	114	280	4 364.2	152
内资企业	万元	27 077.3	147 602	114	280	4 364.2	152
港澳台商投资企业	万元						
外商投资企业	万元						
从业人员年平均数	人	1 244	1 515	37	63	1 749	67
流动资产年平均余额	万元	18 967.7	8 941	153	86	6 178.9	312.5
固定资产净值年平均余额	万元	19 823.4	10 582	130.3	906	776.7	456.8
产品销售收入	万元	24 670.4	8 298	18.8	182	6 650.3	393.3
利润总额	万元	341.2	-743	-13.8	14	-3 620.1	-106.7
五、交通、运输、邮电通讯							
境内公路里程	公里	304	205	461.8	263	921	588
境内铁路里程	公里						

县(市)社会经济基本情况表

(2000年)

指　　标	单位	同仁县	尖扎县	泽库县	河南县	共和县	同德县
民用汽车拥有量	辆	573	1 134	94	87	1 127	652
载客汽车	辆	68	569	43	12	244	34
私人汽车拥有量	辆	343	195	20	12	539	652
邮电业务总量	万元	1 012.3	478.5	34	108	1 325.1	165.8
本地电话用户	户	5 651	2 403	647	953	8 565	1 252
农村电话用户	户	268	250	44	6	731	13
年末移动电话用户数	户	1 000	618			2 404	336
年末国际互联网用户数	户	191	63	16	8	150	
六、贸易、外经、旅游							
限额以上批发零售贸易业商品销售总额	万元	2 081	300			443	
七、固定资产投资							
基本建设投资完成额	万元	15 154	32 002	2 342	2 417	27 583	6 256
#地方项目	万元	14 676	1 638	2 289	2 127	26 519	6 245
基本建设新增固定资产	万元	12 994	1 838	1 599	2 783	11 892	2 388
更新改造投资完成额	万元	2 425	3 182	657	58	813	166
八、文教、卫生							
普通中学数	所	7		2	2	11	5
小学数	所	91	76	18	9	98	56
普通中学专任教师数	人	306	142	59	52	393	103
小学专任教师数	人	861	459	283	237	801	372
普通中学在校学生数	人	2 444	1 542	373	294	4 651	806
小学在校学生数	人	10 303	5 700	7 246	3 949	13 054	6 574
医院、卫生院数	所	16	13	9	8	15	8
医院、卫生院床位数	床	286	182	106	120	524	194
医院、卫生院技术人员数	人	316	196	90	132	548	198
#医生	人	63	39	18	26	110	40
九、人民生活							
城镇在岗职工年平均人数	人	7 712	4 880	1 701	1 483	13 255	2 951
城镇在岗职工工资总额	万元	7 799.2	6 362.2	1 704	1 564.4	15 017.8	2 368.9
农村居民人均可支配收入	元	1 449	1 073	971	1 646	1 882	1 696
农民人均居住面积	平方米	9.1	16.7			15.4	8.9
社会福利院数	个	3	2	5	6	7	2
社会福利院床位数	床	6	4	10	10	40	9
参加养老保险的人数	人	1 514	1 003	464	1 710	872	546
参加医疗保险的人数	人	1 979				862	
十、社会治安							
交通事故件数	件	41	17	6	7	73	4
刑事案件立案数	件	67	79	17	13	86	28
犯罪人数	人	45	15	5	9	115	21
民事案件发案数	件	161	10	54	57	353	91

县(市)社会经济基本情况表

(2000年)

指　　标	单位	贵德县	兴海县	贵南县	玛沁县	班玛县	甘德县
一、人口劳动力及其他							
乡(镇)个数	个	8	8	6	11	10	8
村民委员会个数	个	113	56	73	31	32	36
年末总人口	万人	9.3	5.7	6.5	3.5	2.2	2.3
#乡村人口	万人	7.9	4.9	5	1.9	1.8	2
当年出生人口	人	3 164	3 730	1 853	1 194	2 203	720
当年死亡人口	人	1 221	1 044	745	253	353	408
年末总户数	户	22 870	12 354	13 850	7 567	4 652	4 762
#乡村户数	户	17 835	9 060	8 292	3 998	3 732	4 233
年末单位从业人员数	万人	3 787	3 522	5 094	5 471	1 126	703
第二产业	万人	542	875	464	690	286	52
第三产业	万人	2 950	2 019	2 703	4 368	762	612
乡村从业人员数	万人	41 225	20 827	22 891	9 074	8 385	9 232
#农林牧渔业	万人	37 360	20 466	22 440	8 446	8 034	8 711
城镇登记失业人员数	万人	20		127	223	31	67
行政区域土地面积	平方公里	3 463	12 146	6 647	13 307	6 139	7 118
年末实有耕地面积	公顷	15 870	11 226	33 187	179	1 288	
旱地	公顷	15 870	11 226	33 187	179	1 288	
二、综合经济							
(一)增加值							
第一产业增加值	万元	7 753.1	9 554.6	9 582.7	6 448.1	4 326.9	3 878.9
农业	万元	4 483.9	3 482.5	−1 433.8	872.5	680.1	655.6
林业	万元	238	60.9	195.5	49.6	6.1	
牧业	万元	3 025.1	6 011.3	10 821	5 526	3 640.8	3 223.4
渔业	万元	6.1					
第二产业增加值	万元	4 948	2 440.7	2 546.5	1 088	1 307.5	623.7
#工业	万元	1 566.7	1 248.0	944.5	357.3	425.6	443.7
第三产业增加值	万元	5 391	3 558.3	7 210	14 005.6	1 591.5	1 408.1
(二)财政、金融、保险							
财政总收入	万元	1 221	1 360	1 009	1 283.1	1 039.3	365
#地方财政预算内收入	万元	1 043	1 247	870	928.1	954	300.7
各项税收	万元	749	709	853	928.1	359	300.7
财政支出	万元	5 134	3 565	3 625	10 541	3 001	1 772
支农支出	万元	207	11	343	91	122	
科学事业费支出	万元	10					
教育事业费支出	万元	960	676	878	1 180.9	295	177.1
年末金融机构各项存款余额	万元	19 017.3	5 107	8 390	18 729.1	1 887	1 499
城乡居民储蓄存款余额	万元	9 298.5	2 204.3	5 467	8 494.5	1 190	597

县(市)社会经济基本情况表

(2000 年)

指　　标	单位	贵德县	兴海县	贵南县	玛沁县	班玛县	甘德县
年末金融机构各项贷款余额	万元	10 473	3 638	10 578	9195.5	7 921	964
农业贷款	万元	2 889	1 067	4 200	280	4 000	614
承保额	万元	3 439					
农业险	万元						
保　费	万元	343.9	161.2	187.2			
已决赔款	万元	276.3	54.2	77.7			
三、农业							
(一)生产条件							
农业机械总动力	万千瓦	4.8	1.7	7.4	0.1	0.6	0.1
化肥施用量(折纯量)	吨	1 593	499	2 492	5	10	
农药使用量	吨	28	6	17		1	
地膜使用量	吨	4					
农村用电量	万千瓦时	1 882	116	980	2	10	
有效灌溉面积	公顷	7 719	1 743	2 630			
(二)农作物总播种面积	公顷	10 936	5 452	31 666	103	1 097	
粮食作物播种面积	公顷	6 926	2 635	4 865	48	1 042	
#小麦	公顷	5 489	1 091	1 902	5	43	
油料播种面积	公顷	3 226	2 683	26 801	19	55	
蔬菜播种面积	公顷	404					
粮食总产量	吨	27 888	7 412	4 674	103	2 570	
#小麦	吨	24 901	4 989	2 989	12	105	
油料产量	吨	4 277	787	3 840	34	81	
水果产量	吨	4 079	267	62			
肉类总产量	吨	2 884	6 288	6 975	4 831	4 822	4 697
奶类产量	吨	1 521	9 057	6 266	9 195	9 960	4 839
蔬菜产量	吨	7 035	3 950				
水产品产量	吨	8					
四、工业							
国有及年销售收入500万元以上的非国有:							
工业企业数	个	10	4	4	8	6	3
工业总产值(现价)	万元	2 376.3	1 038.5	279.7	2 240.8	1 339.8	227.9
内资企业	万元	2 376.3	1 038.5	279.7	2 240.8	1 339.8	227.9
港澳台商投资企业	万元						
外商投资企业	万元						
从业人员年平均数	人	487	158	119	749	260	74
流动资产年平均余额	万元	1361.7	497.9	220.8	4 263.2	1 368.4	209.9
固定资产净值年平均余额	万元	166.52	704.0	315	2 885.4	5 714.6	581.2
产品销售收入	万元	2 304.6	839.1	610.3	1 954.3	7 046	318.4
利润总额	万元	23.1	122.9	-104.1	-141.7	-249.5	-1.4
五、交通运输、邮电通讯							
境内公路里程	公里	355	746	956	540	348	270
境内铁路里程	公里						

县(市)社会经济基本情况表

(2000 年)

指　　标	单位	贵德县	兴海县	贵南县	玛沁县	班玛县	甘德县
民用汽车拥有量	辆	439	280	500			
载客汽车	辆	200	50	88			
私人汽车拥有量	辆	400	230	115			
邮电业务总量	万元	350	163	226			
本地电话用户	户	3 058	1 411	1 951	446.4	82.5	63.9
农村电话用户	户	388	181	458	2 558	709	535
年末移动电话用户数	户	763	451	300	95	2	4
年末国际互联网用户数	户	31		27	1 025		
六、贸易、外经、旅游							
限额以上批发零售贸易业商品销售总额	万元						
七、固定资产投资		17 212	3 990	4 416			
基本建设投资完成额	万元	16 685	3 930	4 248	8 284	1 916	540
＃地方项目	万元	6 425	4 763	3 990	7 821	1 819	509
基本建设新增固定资产	万元	345	230	45	8 610	717	540
更新改造投资完成额	万元	527	73		550		
八、文教、卫生							
普通中学数	所	10	5	4	4	2	2
小学数	所	88	82	72	20	18	8
普通中学专任教师数	人	265	108	149	115	37	23
小学专任教师数	人	591	409	549	248	130	91
普通中学在校学生数	人	4 881	781	1 244	720	182	141
小学在校学生数	人	10 812	6 692	7 808	3 038	1 867	1 928
医院、卫生院数	所	10	10	8	11	11	9
医院、卫生院床位数	床	206	186	186	208	80	54
医院、卫生院技术人员数	人	224	192	186	249	96	79
＃医生	人	45	38	38	50	19	16
九、人民生活							
城镇在岗职工年平均人数	人	3 760	3 446	5 054	5 587	1 059	684
城镇在岗职工工资总额	万元	3 230.5	2 509.9	2 692	6 687.4	1 092.9	793.7
农村居民人均可支配收入	元	1 457	1 812	1 003	2 455	1 272	1 041
农民人均居住面积	平方米						
社会福利院数	个	1	2	1	10	10	4
社会福利院床位数	床	15	20	6	25	115	33
参加养老保险的人数	人	1 044	513	1 336	1 083	341	119
参加医疗保险的人数	人	3 064	2 064	60	2 413		
十、社会治安							
交通事故件数	件	12	3	6	18	1	1
刑事案件立案数	件	56	45	61	11	12	8
犯罪人数	人	84	66	84	8	13	11
民事案件发案数	件	346	101	187	46	2	12

县(市)社会经济基本情况表

(2000年)

指　　标	单位	达日县	久治县	玛多县	玉树县	杂多县	称多县
一、人口劳动力及其他							
乡(镇)个数	个	10	6	6	9	8	8
村民委员会个数	个	33	22	34	62	31	57
年末总人口	万人	2.4	1.8	1.1	7.5	3.7	4.1
#乡村人口	万人	2	1.5	0.8	5.3	3.4	3.5
当年出生人口	人	3 186	279	1 237	1 027	1 078	384
当年死亡人口	人	1 569	201	377	406	306	185
年末总户数	户	5 603	3 815	3 160	16 249	6 909	8 485
#乡村户数	户	4 461	3 059	1 599	10 581	5 957	6 740
年末单位从业人员数	万人	934	929	728	6 598	1 052	1 804
第二产业	万人	64	85	73	773	69	370
第三产业	万人	827	788	618	5 509	909	1 239
乡村从业人员数	万人	8 467	5 722	3 959	22 086	10 022	19 055
#农林牧渔业	万人	8 467	5 669	3 959	21 954	9 855	18 014
城镇登记失业人员数	万人	73	54	29	79	16	52
行政区域土地面积	平方公里	14 630	8 708	26 541	15 671	35 809	14 743
年末实有耕地面积	公顷				4 435		3 546
旱地	公顷				4 435		3 546
二、综合经济							
(一)增加值							
第一产业增加值	万元	3 317.8	3 259.4	2 037.7	8 408	9 844	3 614.3
农业	万元	502.4	554		2 957.2	5 559.4	470.9
林业	万元				61.2		16.8
牧业	万元	2 815.3	2 705.3	2 036.8	5 389.5	4 284.7	3 126.5
渔业	万元			0.9			
第二产业增加值	万元	127.2	1 057	145.6	2 774	626	2 783
#工业	万元	127.2	143	43.2	2 159	97	
第三产业增加值	万元	1 837.7	1 457	2 417.8	3 017	1 591	1 489
(二)财政、金融、保险							
财政总收入	万元	309	339	326.6	3 992	1 874	2 673
#地方财政预算内收入	万元	245	298	290.2	1 300	352	1 003
各项税收	万元	229	292	290.2	946	346	303
财政支出	万元	2 769	1 800	1 959	4 060	1 644	2 443
支农支出	万元	253	10	91	205	68	50
科学事业费支出	万元	11					
教育事业费支出	万元	258	259	222	838	192	581
年末金融机构各项存款余额	万元	1 924	1 245	1 217	21 449	1 911	2 426
城乡居民储蓄存款余额	万元	620.7	701	428	11 781	1 008	1 011

县(市)社会经济基本情况表

(2000年)

指　　标	单位	达日县	久治县	玛多县	玉树县	杂多县	称多县
年末金融机构各项贷款余额	万元	6 000	603	1 235.5	26 683	7 644	2 756
农业贷款	万元	6 000	286	274.5	1 953	158	991
承保额	万元						
农业险	万元						
保　费	万元						
已决赔款	万元						
三、农业							
(一)生产条件							
农业机械总动力	万千瓦	0.1	0.1		1.5	0.1	0.9
化肥施用量(折纯量)	吨				67		23
农药使用量	吨				1		1
地膜使用量	吨						2
农村用电量	万千瓦时				17		191
有效灌溉面积	公顷				174		
(二)农作物总播种面积	公顷				3 730		2 752
粮食作物播种面积	公顷				2 912		2 458
#小麦	公顷				40		40
油料播种面积	公顷				726		260
蔬菜播种面积	公顷				29		13
粮食总产量	吨				6 524		4 946
#小麦	吨				104		44
油料产量	吨				799		87
水果产量	吨						
肉类总产量	吨	4 033	4 078	1 818	5 120	4 817	2 993
奶类产量	吨	5 142	6 028	2 407	5 390	5 200	3 976
蔬菜产量	吨				68		510
水产品产量	吨			10			
四、工业							
国有及年销售收入500万元以上的非国有:							
工业企业数	个	3	4	4	10	4	7
工业总产值(现价)	万元	77.8	439	166.1	4 148.5	96.9	3 627
内资企业	万元	77.8	439	166.1	4 148.5	96.9	3 627
港澳台商投资企业	万元						
外商投资企业	万元						
从业人员年平均数	人	50	82	41	946	33	349
流动资产年平均余额	万元	210.1	499.3	104.2	2 354.8	115.5	936.7
固定资产净值年平均余额	万元	421.9	755.3	378.7	2 205		2 840
产品销售收入	万元	113.8	408	142.3	2 283.9	120	1 621.5
利润总额	万元	-59.2	-25.4	-38.5	140.2	5	1 311
五、交通、运输、邮电通讯							
境内公路里程	公里	359	373	758	831	600	532
境内铁路里程	公里						

县(市)社会经济基本情况表

(2000 年)

指　　标	单位	达日县	久治县	玛多县	玉树县	杂多县	称多县
民用汽车拥有量	辆						
载客汽车	辆						
私人汽车拥有量	辆	96.8	61.2	78.1	132	14.8	12.2
邮电业务总量	万元	700	555	493	3 950	550	565
本地电话用户	户	7		62	102		58
农村电话用户	户						
年末移动电话用户数	户						
年末国际互联网用户数	户						
六、贸易、外经、旅游							
限额以上批发零售贸易业商品销售总额	万元						
七、固定资产投资							
基本建设投资完成额	万元	2 164	1 212	3 326	4 613	2 903	2 214
＃地方项目	万元	2 136	1 110	3 301	1 553	2 903	2 214
基本建设新增固定资产	万元	2 235	1 212	1 430	3 838	875	1 701
更新改造投资完成额	万元				470		30
八、文教、卫生							
普通中学数	所	2	2	2	3	1	2
小学数	所	11	6	4	39	11	55
普通中学专任教师数	人	21	35	35	181	22	109
小学专任教师数	人	90	103	81	599	100	301
普通中学在校学生数	人	123	157	152	2 446	245	816
小学在校学生数	人	1 620	1 568	900	7 561	1 332	4335
医院、卫生院数	所	10	7	5	11	9	10
医院、卫生院床位数	床	66	72	48	224	87	92
医院、卫生院技术人员数	人	81	84	67	236	89	81
＃医生	人	16	17	13	47	18	16
九、人民生活							
城镇在岗职工年平均人数	人	678	844	785	6 598	1 045	1 782
城镇在岗职工工资总额	万元	95.8	940.1	793.0	7 828.6	1 217.1	2 254.1
农村居民人均可支配收入	元	922	1 236	1 382	1 307	1 382	1 069
农民人均居住面积	平方米						
社会福利院数	个	15	5	4	8	9	10
社会福利院床位数	床	140	45	36	110	58	100
参加养老保险的人数	人	135	159	135	309	176	355
参加医疗保险的人数	人						
十、社会治安							
交通事故件数	件	2	1	8	6	16	2
刑事案件立案数	件	3	9	16	145	17	33
犯罪人数	人	4		4	176	17	21
民事案件发案数	件	6		17		13	70

县(市)社会经济基本情况表

(2000 年)

指　　标	单位	治多县	囊谦县	曲麻莱县	格尔木市	德令哈市
一、人口劳动力及其他						
乡(镇)个数	个	6	10	6	4	5
村民委员会个数	个	20	69	19	38	25
年末总人口	万人	2.3	6	2.1	9.5	5.9
#乡村人口	万人	2.1	4.9	2	1.3	1.4
当年出生人口	人	370	611	288	1 950	892
当年死亡人口	人	131	293	109	361	176
年末总户数	户	5 380	9 574	4 601	33 435	18 202
#乡村户数	户	4 539	8 031	4 119	2 853	3 166
年末单位从业人员数	万人	1 112	1 196	1 298	18 090	12 149
第二产业	万人	83	92	126	9 953	2 776
第三产业	万人	933	1 025	1 089	7 476	8 171
乡村从业人员数	万人	9 600	24 706	9 783	6 658	8 356
#农林牧渔业	万人	9 600	24 324	9 216	5 990	7 781
城镇登记失业人员数	万人	28	33	28	1 604	373
行政区域土地面积	平方公里	80 757	12 230	38 744	122 285	24 596
年末实有耕地面积	公顷		9 264		5 838	11 821
旱地	公顷		9 264		5 838	11 821
二、综合经济						
(一)增加值						
第一产业增加值	万元	5 691.1	6 941	5 094.3	5 107	4 997.6
农业	万元	1 040	2 779.9	52.8	2 597.1	2 165.6
林业	万元		32.4		-16	25.1
牧业	万元	4 651.1	4 128.6	5 041.5	2 503.1	2 802
渔业	万元				22.8	4.8
第二产业增加值	万元	817	946	1 832	94 220	16 250
#工业	万元			685	73 820	5 513
第三产业增加值	万元	1 212	1 690	1 505	68 082	18 792
(二)财政、金融、保险						
财政总收入	万元	1 851	2 618	2 248	14 446	3 366
#地方财政预算内收入	万元	352	396	891	10 638	1 408
各项税收	万元	294	394	350	55 354	1 408
财政支出	万元	1 624	2 432	2 031	13 510	3 087
支农支出	万元	5	5	4	268	51
科学事业费支出	万元				26	
教育事业费支出	万元	192	353	220	1 122	1 062
年末金融机构各项存款余额	万元	1 978	2 052	2 117	242 430	57 376
城乡居民储蓄存款余额	万元	637	1 120	773	130 945	37 757

县(市)社会经济基本情况表

(2000 年)

指　　标	单位	治多县	囊谦县	曲麻莱县	格尔木市	德令哈市
年末金融机构各项贷款余额	万元	7 470	10 138	2 700	193 059	47 666
农业贷款	万元	223	227	429	559	19 134
承保额	万元				46 716	71 473
农业险	万元					
保　费	万元				3 581	1 054
已决赔款	万元				1 193	312
三、农业						
(一)生产条件						
农业机械总动力	万千瓦	0.1	1.3	0.2	6.9	3.8
化肥施用量(折纯量)	吨		95		1 273	1 350
农药使用量	吨				9	37
地膜使用量	吨					
农村用电量	万千瓦时		30		59	160
有效灌溉面积	公顷		1 518		5 838	11 821
(二)农作物总播种面积	公顷		7 855		3 571	8 556
粮食作物播种面积	公顷		5 099		1 405	4 058
#小麦	公顷		133		1 004	3 209
油料播种面积	公顷		898		1 250	4 077
蔬菜播种面积	公顷		44		626	40
粮食总产量	吨		9 915		8 320	20 020
#小麦	吨		258		5 795	16 075
油料产量	吨		909		3 135	7 462
水果产量	吨				2	
肉类总产量	吨		4 931	4 351	2 030	2 110
奶类产量	吨	5 445	4 554	3 988	749	472
蔬菜产量	吨	3 402	274		25 702	2 101
水产品产量	吨				34	75
四、工业						
国有及年销售收入500万元以上的非国有:						
工业企业数	个	2	6	3	23	18
工业总产值(现价)	万元	172.6	291.4	1 707	91 849	4 402
内资企业	万元	172.6	291.4	1 707	90 993	4 402
港澳台商投资企业	万元				856	
外商投资企业	万元					
从业人员年平均数	人	77	118	161	8 536	2 020
流动资产年平均余额	万元	19.5	1 019	498.7	112 623	5 287
固定资产净值年平均余额	万元	15	812	1 101.3	82 330	8 494
产品销售收入	万元	7.1	151	2 087.7	69 304	4 290
利润总额	万元	-17.9		115.3	10 374	-163
五、交通、运输、邮电通讯						
境内公路里程	公里	264	200	673	1 182	420
境内铁路里程	公里				340	313

县(市)社会经济基本情况表

(2000年)

指　　标	单位	治多县	囊谦县	曲麻莱县	格尔木市	德令哈市
民用汽车拥有量	辆				10 494	1 759
载客汽车	辆				3 307	967
私人汽车拥有量	辆				5 034	799
邮电业务总量	万元	14	20	11.2	7 931	1 311
本地电话用户	户	511	700	617	18 574	8 025
农村电话用户	户	2	1	2	154	182
年末移动电话用户数	户				16 000	2 572
年末国际互联网用户数	户				445	198
六、贸易、外经、旅游						
限额以上批发零售贸易业商品销售总额	万元				4 649	16 436
七、固定资产投资						
基本建设投资完成额	万元	2 876	3 101	2 798	61 892	4 254
#地方项目	万元	2 868	3 101	2 783	61 331	4 254
基本建设新增固定资产	万元	596	2 241	2 786	53 607	3 856
更新改造投资完成额	万元	60		20	1 825	641
八、文教、卫生						
普通中学数	所	1	2	1	13	11
小学数	所	13	37	9	17	28
普通中学专任教师数	人	22	43	26	508	304
小学专任教师数	人	111	204	108	636	474
普通中学在校学生数	人	208	487	181	4 975	2 908
小学在校学生数	人	1 104	5 144	1 139	12 874	6 505
医院、卫生院数	所	7	11	8	12	11
医院、卫生院床位数	床	86	94	84	574	386
医院、卫生院技术人员数	人	89	96	86	642	586
#医生	人	18	19	17	128	117
九、人民生活						
城镇在岗职工年平均人数	人	1 107	1 184	1 297	17 028	11 967
城镇在岗职工工资总额	万元	1 065.1	1 443.6	1 543.5	17 437.5	10 938.2
农村居民人均可支配收入	元	1 337	931	1 398	2 074	2 488
农民人均居住面积	平方米					
社会福利院数	个	7	5	4	3	3
社会福利院床位数	床	56	100	40	16	23
参加养老保险的人数	人	239	330	239	11 037	5 375
参加医疗保险的人数	人				8 107	4 010
十、社会治安						
交通事故件数	件		1	6	233	47
刑事案件立案数	件	1	4	8	1 272	292
犯罪人数	人	23	5	12	428	173
民事案件发案数	件	24	25	57	950	224

县(市)社会经济基本情况表

(2000 年)

指　　标	单位	乌兰县	都兰县	天峻县	茫崖行委	大柴旦	冷湖镇
一、人口劳动力及其他							
乡(镇)个数	个	5	9	12	1	1	
村民委员会个数	个	34	94	62	3	2	
年末总人口	万人	3.8	5.3	1.7	3	1.4	2.1
#乡村人口	万人	2	3.7	1.4			
当年出生人口	人	769	1 056	117	303	102	17
当年死亡人口	人	169	291	13	44	50	38
年末总户数	户	11 190	13 673	3 893	6 628	5 256	8 063
#乡村户数	户	4 344	8 017	2 602	81	78	
年末单位从业人员数	万人	4 981	5 026	1 694	4 136	3 680	19 685
第二产业	万人	1 075	572	247	3 406	2 886	17 180
第三产业	万人	3 279	2 308	1 355	730	794	2 505
乡村从业人员数	万人	10 237	19 499	5 795	172	161	
#农林牧渔业	万人	8 829	18 729	5 745	133	138	
城镇登记失业人员数	万人	250	565	81			
行政区域土地面积	平方公里	12 977	48 392	25 547	35 905	38 525	
年末实有耕地面积	公顷	7 254	17 995				
旱地	公顷	7 254	17 995				
二、综合经济							
(一)增加值							
第一产业增加值	万元	3 693.6	8 508.7	6 234	316.9	139.9	
农业	万元	206.5	3 216.3				
林业	万元	51.1	153.1				
牧业	万元	3 436	5 139.4	6 234	316.9	139.9	
渔业	万元						
第二产业增加值	万元	2 937	2 865.6	270	133 649.5	29 143	5 640
#工业	万元	2 746.1	1 574	270	133 649.5	27 778	5 640
第三产业增加值	万元	2 632.2	5 099.7	2 439	4 388.9	2 696	2 002
(二)财政、金融、保险							
财政总收入	万元	752	1 552	3 003	2 918	2 190	679
#地方财政预算内收入	万元	752	1 238	564	2 520	1 699	270
各项税收	万元	645	1 281	513	2 918	1 699	535.4
财政支出	万元	3 390	4 183	2 771	1 340	1 804	1 003
支农支出	万元	293	73	129			
科学事业费支出	万元		5				
教育事业费支出	万元	593	623	356	120	93	65
年末金融机构各项存款余额	万元	65 537	1 539	3 653	19 474	19 172	
城乡居民储蓄存款余额	万元	14 626	12 509	3 653	14 602	14 598	

县(市)社会经济基本情况表

(2000 年)

指　　标	单位	乌兰县	都兰县	天峻县	茫崖行委	大柴旦	冷湖镇
年末金融机构各项贷款余额	万元	19 169	6 156	1 791	6 648	41 819	
农业贷款	万元	781	2 990	1 349			
承保额	万元		27 646		14 903	26 687	
农业险	万元						
保　费	万元	250.9	281.5		2 838.8		
已决赔款	万元	112.1	137.9		837.1	4 335	
三、农业						1 018	
(一)生产条件							
农业机械总动力	万千瓦	2.9	8.4	0.6	0.1		
化肥施用量(折纯量)	吨	646	2 365				
农药使用量	吨	9	59				
地膜使用量	吨		2				
农村用电量	万千瓦时	64	549				
有效灌溉面积	公顷	7 108	17 995				
(二)农作物总播种面积	公顷	3 726	15 332				
粮食作物播种面积	公顷	2 496	9 564				
#小麦	公顷	1 686	5 705				
油料播种面积	公顷	1 116	5 055				
蔬菜播种面积	公顷	8	127				
粮食总产量	吨	7 270	44 745				
#小麦	吨	5 783	25 865				
油料产量	吨	1 445	7 793				
水果产量	吨		5				
肉类总产量	吨	2 440	3 994	5 476	204	28	
奶类产量	吨	1 154	1 394	4 674	35	8	
蔬菜产量	吨	332	1 153				
水产品产量	吨						
四、工业							
国有及年销售收入500万元以上的非国有:							
工业企业数	个	8	10	6	5	9	5
工业总产值(现价)	万元	8 890	4 675	808	542 373	48 351	4 315
内资企业	万元	8 890	4 675	808	542 373	48 351	4 315
港澳台商投资企业	万元						
外商投资企业	万元						
从业人员年平均数	人	1 897	443	150	26 685	2 506	402
流动资产年平均余额	万元	10 145	2 048	2 124	1 120 986	51 719	1 806
固定资产净值年平均余额	万元	5 383	2 373	2 550	939 704	40 739	367
产品销售收入	万元	8 581	3 977	376	502 107	80 982	373
利润总额	万元	380	-196	-836	15 361	3 741	-49
五、交通、运输、邮电通讯							
境内公路里程	公里	173	1 068	721	200	954	600
境内铁路里程	公里	171		95		71	

县(市)社会经济基本情况表

(2000 年)

指　　标	单位	乌兰县	都兰县	天峻县	茫崖行委	大柴旦	冷湖镇
民用汽车拥有量	辆	239	350	222	80	299	10
载客汽车	辆	96	147	4	12	27	1
私人汽车拥有量	辆	143	50	108	56	77	3
邮电业务总量	万元	422	443	125	230	42	
本地电话用户	户	3 541	4 800	1 100	1 300	922	500
农村电话用户	户	1 372	1 263	30		8	
年末移动电话用户数	户	200	366			271	
年末国际互联网用户数	户	106	57	23		52	6
六、贸易、外经、旅游							
限额以上批发零售贸易业商品销售总额	万元						
七、固定资产投资							
基本建设投资完成额	万元	2 024	4 515	1 413	110 252	1 069	500
#地方项目	万元	2 024	4 241	1 403	3 865	1 069	500
基本建设新增固定资产	万元	2 024	2 393	1 413	83 631	961	500
更新改造投资完成额	万元	200	15	94	28 004	2 343	641
八、文教、卫生							
普通中学数	所	9	7	2	2	1	4
小学数	所	22	28	13	1	4	4
普通中学专任教师数	人	207	221	46	64	19	349
小学专任教师数	人	336	367	138	56	53	204
普通中学在校学生数	人	2 077	2 054	341	424	121	4 930
小学在校学生数	人	4 346	6 760	2 108	969	671	3 153
医院、卫生院数	所	8	12	14	2	2	1
医院、卫生院床位数	床	132	183	174	30	32	20
医院、卫生院技术人员数	人	182	235	204	62	68	36
#医生	人	36	47	41	12	14	7
九、人民生活							
城镇在岗职工年平均人数	人	4 718	4 991	1 623	4 112	3 678	22 224
城镇在岗职工工资总额	万元	4 129.9	4 448.5	1 567.6	3 241.9	6 298.4	56 164.4
农村居民人均可支配收入	元	1 545	1 824	2 025			
农民人均居住面积	平方米		18.5				
社会福利院数	个	3	4	5	2		
社会福利院床位数	床	12	26	20	4		
参加养老保险的人数	人	3 719	1 507	732	3 553	2 295	624
参加医疗保险的人数	人		2 173		5 174		
十、社会治安							
交通事故件数	件	14	23	4	25	18	
刑事案件立案数	件	41	101	19	70	45	
犯罪人数	人	66	83	27	80	50	
民事案件发案数	件	203	107	96	45	54	

西部县(市)资源与环境情况

(2000年)

指　　标	单位	城中区	城西区	城东区	城北区	大通县	湟中县
一、基本情况							
自来水受益村	个	4	15	20	38	191	256
通电话的村	个	4	18	20	38	290	418
民族乡(镇)个数	个					2	5
少数民族人口	个	13 494	19 960	64 777	12 932	188 825	106 351
二、自然资源							
耕地面积	公顷	144	2 135	829	5 713	60 116	69 776
#25度以上坡耕地面积	公顷						
林地面积	公顷				1 715	65 281	22 854
园林面积	公顷				145	21	26
草地面积	公顷				5 922	129 908	87 376
内陆水域面积	公顷				1 093	3 369	3 060
#可养殖面积	公顷					10	
年降水量	毫米	343				514.3	447.6
年平均气温	度	5.8				4.7	4.6
无霜期	天	124				89	102
日照时数	小时	2 534.2				2 656.1	2 685.9
三、生态环境建设及治理							
退耕还林还草项目投资	万元	49	194	278	59	845	371
当年退耕还林还草面积	公顷	76.3	333	150.8	169.7	1 964.7	946.7
#还草面积	公顷	38.3	200	150.8	84.7	1 866.7	486.7
当年改良草场面积	公顷					8.33	
节水灌溉面积	公顷		33	1	58		
当年小流域治理面积	公顷				58	333	2 983
当年沙漠化面积	公顷						
当年治理沙漠面积	公顷						
当年水土流失面积	公顷		95			197 800	10 729
当年治理水土流失面积	公顷					43 800	2 983
盐碱耕地面积	公顷		7		100	1 000	
当年治碱面积	公顷						
四、投资、技术、人才							
年内基础设施建设总投资	万元	48 071	78 806	26 827	12 018	20 471	8 205
#国家投资	万元	16 494	27 040	9 859	4 125	7 024	2 830
当年引进资金	万元		8 711	10 000	633	5 587	2 189
#外资	万元						
当年引进高新技术项目	项			1	2		
当年引进高级管理和科技人才	人		4				
当年大学生接收人数	人	22	24	15	21	70	225

西部县(市)资源与环境情况(续)

(2000 年)

指　　标	单位	湟源县	平安县	民和县	乐都县	互助县	循化县
一、基本情况							
自来水受益村	个	130	72	161	197	178	127
通电话的村	个	147	111	315	369	293	154
民族乡(镇)个数	个	1	5	1	3	4	4
少数民族人口	个	15 698	24 714	203 732	33 724	91 703	104 180
二、自然资源							
耕地面积	公顷	20 884	13 257	53 361	42 099	83 780	9 463
#25 度以上坡耕地面积	公顷						
林地面积	公顷	5 774	12 198	20 813	28 306	109 652	33 906
园林面积	公顷		102	1 535	971	182	1 279
草地面积	公顷	100 890	42 313	49 573	70 129	56 347	114 102
内陆水域面积	公顷	1 210	804	3 065	2 283	6 475	1 595
#可养殖面积	公顷	7	30	163	416	85	20
年降水量	毫米	271.2	246	376.7	284	411.6	210.4
年平均气温	度	4.7	7.4	8.8	8.1	4.2	11
无霜期	天	90	181	201	181	119	220
日照时数	小时	1 925.1	2 819	2 293.5	2 605.4	2 738.7	2 966.6
三、生态环境建设及治理							
退耕还林还草项目投资	万元	343	752	1 547	2 156	339	
当年退耕还林还草面积	公顷	657.3	1 208	3 106.7	4 334.7	634	
#还草面积	公顷	400	800	1 600	3 466.7	400	
当年改良草场面积	公顷		20	200	133		
节水灌溉面积	公顷	2 620	2 068	255	3 366	5 000	2 433
当年小流域治理面积	公顷						
当年沙漠化面积	公顷						
当年治理沙漠面积	公顷						
当年水土流失面积	公顷	100 870	3 339	16 700	275 500	247 000	145 000
当年治理水土流失面积	公顷	63 450	2 068	2 226	39 870	5 000	25 000
盐碱耕地面积	公顷	467	100		758		667
当年治碱面积	公顷	130	21				133
四、投资、技术、人才							
年内基础设施建设总投资	万元	26 827	1 782	3 774	3 056	7 430	2 170
#国家投资	万元	9 859	1 782	3 774	2 076	7 380	1 995
当年引进资金	万元	2 794	2 401	1 260	8 240	5 190	867
#外资	万元		840	1 000			714
当年引进高新技术项目	项						
当年引进高级管理和科技人才	人						
当年大学生接收人数	人	123	67	342	170	66	45

西部县(市)资源与环境情况(续一)

(2000年)

指　　标	单位	门源县	祁连县	海晏县	刚察县	同仁县	尖扎县
一、基本情况							
自来水受益村	个	54	12	19	10	40	31
通电话的村	个	106	29	25	7	57	77
民族乡(镇)个数	个	1		2			
少数民族人口	个	83 311	34 274	13 790	26 871	67 235	62 904
二、自然资源							
耕地面积	公顷	43 393	2 894	3 817	17 572	8 456	7 331
#25度以上坡耕地面积	公顷						
林地面积	公顷	100 220	80 448	18 847	9 583	58 012	35 625
园林面积	公顷					24	160
草地面积	公顷	322 039	959 675	239 496	719 992	221 058	87 422
内陆水域面积	公顷	16 353	39 105	89 660	145 742	1 053	2 452
#可养殖面积	公顷			327			720
年降水量	毫米	525	358.1	243.7	419.6	308.2	221.1
年平均气温	度	2.1	1.5	0.1	0.2	6.4	8.7
无霜期	天	40	126	49	43	146	193
日照时数	小时	2 446	2 789.9	2 877.6	3 086	3 645.8	2 836.1
三、生态环境建设及治理							
退耕还林还草项目投资	万元	265		29		267	
当年退耕还林还草面积	公顷		666.7			345.3	
#还草面积	公顷		666.7			333.3	
当年改良草场面积	公顷						
节水灌溉面积	公顷	172					
当年小流域治理面积	公顷	4 000	18	298			
当年沙漠化面积	公顷			75 000	9 000		
当年治理沙漠面积	公顷						
当年水土流失面积	公顷	240 000	1 780	3 121			
当年治理水土流失面积	公顷	4 000	18	1 369			
盐碱耕地面积	公顷						
当年治碱面积	公顷						
四、投资、技术、人才							
年内基础设施建设总投资	万元	9 855	5 379	7 336	3 172	11 075	3 550
#国家投资	万元	300	260	2 210	450	215	997
当年引进资金	万元	3 650	300	131.5		7 460	
#外资	万元					7 100	
当年引进高新技术项目	项						
当年引进高级管理和科技人才	人						
当年大学生接收人数	人	11	11	5	9	17	6

西部县(市)资源与环境情况(续二)

(2000年)

指　　标	单位	泽库县	河南县	共和县	同德县	贵德县	兴海县
一、基本情况							
自来水受益村	个			66	43	91	21
通电话的村	个			79	39	111	29
民族乡(镇)个数	个					1	
少数民族人口	个	51 480	28 816	72 972	42 374	44 518	48 393
二、自然资源							
耕地面积	公顷	7 360		27 217	15 296	15 870	11 226
#25度以上坡耕地面积	公顷						
林地面积	公顷	41 911	33 659	32 426	52 852	9 911	55 599
园林面积	公顷			2	4	518	3
草地面积	公顷	595 771	600 088	11 924 59	393 983	290 796	1 000 813
内陆水域面积	公顷	726	3 784	258 184	1 964	10 088	6 666
#可养殖面积	公顷			28 000		12	
年降水量	毫米	397.3	423.9	243.1	429.8	135	247
年平均气温	度	-1.3	-0.5	5	0.2	7.9	2.8
无霜期	天	13	13	162		152	50
日照时数	小时	2 549.2	2 294	3 131.6	2 743	2 888.7	2 250
三、生态环境建设及治理							
退耕还林还草项目投资	万元			394			
当年退耕还林还草面积	公顷			266.7			
#还草面积	公顷			200			
当年改良草场面积	公顷						
节水灌溉面积	公顷					4 028	
当年小流域治理面积	公顷			200		6 300	
当年沙漠化面积	公顷			313 000			
当年治理沙漠面积	公顷						
当年水土流失面积	公顷			400 000		136 000	
当年治理水土流失面积	公顷			200		131	
盐碱耕地面积	公顷			1 333		870	
当年治碱面积	公顷			67		620	
四、投资、技术、人才							
年内基础设施建设总投资	万元	984	1 916	9 490	2 652	4 879	2 170
#国家投资	万元	555	625	3 060	1 776	100	1 274
当年引进资金	万元	590	8.9	485	772		
#外资	万元	138					
当年引进高新技术项目	项						
当年引进高级管理和科技人才	人						
当年大学生接收人数	人	1	4	21	67	40	15

西部县(市)资源与环境情况(续三)

(2000 年)

指标	单位	贵南县	玛沁县	班玛县	甘德县	达日县	久治县
一、基本情况							
自来水受益村	个	43	1	8			
通电话的村	个	61	3	9			
民族乡(镇)个数	个		10	10		10	6
少数民族人口	个	50 729	28 619	20 728	22 652	22 907	17 168
二、自然资源							
耕地面积	公顷	33 187	179	1 288			
#25 度以上坡耕地面积	公顷						
林地面积	公顷	21 951	79 868	199 430	25 781	824	96 293
园林面积	公顷	85					
草地面积	公顷	506 586	1 044 330	402 740	624 223	1 445 250	717 220
内陆水域面积	公顷	18 140	23 483	1 988	6 255	9 461	7 708
#可养殖面积	公顷						
年降水量	毫米	198	381	699.9	462.7	518.7	562.6
年平均气温	度	2.6	-0.6	4	-2.6	-1	0.7
无霜期	天	70	12	25	16	22	22
日照时数	小时	2 848.9	2 605.2	2 287.2	2 398	2 425.2	2 309.1
三、生态环境建设及治理							
退耕还林还草项目投资	万元	603				257	
当年退耕还林还草面积	公顷	933.3					
#还草面积	公顷	653.3					
当年改良草场面积	公顷						
节水灌溉面积	公顷						
当年小流域治理面积	公顷	800					
当年沙漠化面积	公顷	87 000	52 000				
当年治理沙漠面积	公顷						
当年水土流失面积	公顷	14 449					
当年治理水土流失面积	公顷	800					
盐碱耕地面积	公顷						
当年治碱面积	公顷						
四、投资、技术、人才							
年内基础设施建设总投资	万元	2 981	6 083	1 611	189	498	709
#国家投资	万元	75	2 695	912	60	310	690
当年引进资金	万元						
#外资	万元						
当年引进高新技术项目	项						
当年引进高级管理和科技人才	人						
当年大学生接收人数	人		27	6	4	5	13

西部县(市)资源与环境情况(续四)

(2000年)

指　　标	单位	玛多县	玉树县	杂多县	称多县	治多县	囊谦县	曲麻莱县
一、基本情况								
自来水受益村	个		7				2	
通电话的村	个		19		18		3	
民族乡(镇)个数	个							
少数民族人口	个	9 465	68 452	36 301	39 604	22 618	59 142	21 028
二、自然资源								
耕地面积	公顷		4 435		3 546		9 264	
#25度以上坡耕地面积	公顷							
林地面积	公顷	2 222	215 210	12 504	39 625	6 005	274 715	23 005
园林面积	公顷		9					
草地面积	公顷	2 304 983	1 185 437	2 907 669	1 330 045	6 435 645	741 799	2 811 798
内陆水域面积	公顷	204 318	10 845	64 556	9 435	577 433	29 486	85 440
#可养殖面积	公顷							
年降水量	毫米	297.5	475.5	555.9	476.1	382.2	517.9	440
年平均气温	度	-3.3	4.6	2	-3.8	-0.2	5.4	-1.7
无霜期	天	14	186	230	107	236	188	188
日照时数	小时	2 911.5	2 483.5	2 352.7	2 559.2	2 641.4	2 683	2 843.3
三、生态环境建设及治理								
退耕还林还草项目投资	万元		243					
当年退耕还林还草面积	公顷		253					
#还草面积	公顷		193.3					
当年改良草场面积	公顷							
节水灌溉面积	公顷							
当年小流域治理面积	公顷							
当年沙漠化面积	公顷	462 000						
当年治理沙漠面积	公顷							
当年水土流失面积	公顷							
当年治理水土流失面积	公顷							
盐碱耕地面积	公顷							
当年治碱面积	公顷							
四、投资、技术、人才								
年内基础设施建设总投资	万元	2 255	432	1 302	1 247	1 743	1 013	100
#国家投资	万元	1 643	215	926	220	1 032	217	62
当年引进资金	万元				10		723.5	6 250
#外资	万元				10			
当年引进高新技术项目	项							
当年引进高级管理和科技人才	人							
当年大学生接收人数	人	20			1			16

西部县(市)资源与环境情况(续五)

(2000年)

指　　标	单位	格尔木市	德令哈市	乌兰县	都兰县	天峻县	茫崖行委	大柴旦
一、基本情况								
自来水受益村	个	13	11	14	36			
通电话的村	个	17	18	20	56		2	
民族乡(镇)个数	个							
少数民族人口	个	12 920	13 209	13 339	24 864	15 099	1 787	1 335
二、自然资源								
耕地面积	公顷	5 838	11 821	7 254	17 995			
#25度以上坡耕地面积	公顷							
林地面积	公顷	180 734	42 035	111 430	236 814	18 721	2 446	8 261
园林面积	公顷	4		7	226			
草地面积	公顷	3 233 888	1 288 360	784 195	2 277 594	1 940 662	357 185	519 648
内陆水域面积	公顷	1 112 035	140 947	42 653	49 620	72 041	15 400	63 504
#可养殖面积	公顷	2 646	4 200					
年降水量	毫米	24.9	183.1	177.7	180	221.1	25	27
年平均气温	度	5.5	3.9	3.4	4		5	6
无霜期	天	287	125	158	160	51	105	110
日照时数	小时	3 095	3 136.1	2 967.6	2 980	2 858.4	3 010	3 100
三、生态环境建设及治理								
退耕还林还草项目投资	万元	363	5					
当年退耕还林还草面积	公顷							
#还草面积	公顷							
当年改良草场面积	公顷		9.08	0.01	0.93			
节水灌溉面积	公顷							
当年小流域治理面积	公顷							
当年沙漠化面积	公顷	2 316 000		154 000	1 511 000		2 704 000	2 224 000
当年治理沙漠面积	公顷							
当年水土流失面积	公顷							
当年治理水土流失面积	公顷							
盐碱耕地面积	公顷							
当年治碱面积	公顷							
四、投资、技术、人才								
年内基础设施建设总投资	万元	26 529	4 127	6 410	1 692	1 007	784	2 777
#国家投资	万元	26 229	4 127	6 410	1 086	1 007	784	2 777
当年引进资金	万元	41 048	200	430	1 278			179
#外资	万元				240			
当年引进高新技术项目	项							
当年引进高级管理和科技人才	人							
当年大学生接收人数	人	226	73	40	22	13	30	20

主要统计指标解释

自然资源

指人类可以直接从自然界获得,并用于生产和生活的物质资源。自然资源一般可以分成可再生资源和非再生资源两大类。可再生资源指在较短时间内可以再生、可以循环利用的资源,包括土地资源、水资源、气候资源、生物资源和海洋资源。非再生资源指在使用后不能再生的资源包括矿产资源和地热能源。

土地资源

土地指陆地的表层部分,它主要由岩石、岩石的风化物和土壤构成。土地资源按利用类型可以分为农用地、建筑用地和未利用地。农用地包括耕地、园地、林地,牧草地和水面。建筑用地包括居民点及工矿地、交通用地和水利设施用地。未利用地指农用地和建筑用地以外的土地、包括滩涂、荒漠、戈壁、冰川和石山等。

耕地面积

指种植各种农作物的土地面积,包括灌溉水田、望天田、水浇地、旱地、菜地等。

林业用地面积

指生长乔木、竹类、灌木、沿海红树林等林木的土地面积,包括有林地、灌木林、疏林地、未成林造林地、迹地、苗圃等。

草地面积

指牧区和农区用于放牧牲畜或割草,植被盖度在5%以上的草原、草坡、草山等面积。包括天然的和人工种植或改良的草地面积。

森林资源

指森林、林木、林地以及依托森林、林木、林地生存的野生动物、植物和微生物。林木指树木和竹子。森林指以乔木为主体的植物群落,是集生的乔木及与共同作用的植物、动物、微生物和土壤、气候等的总体。

森林面积

指由乔木树种构成,郁闭度 0.2 以上(含 0.2)的林地或冠幅宽度 10 米以上的林带的面积,即有林地面积。森林面积包括天然起源和人工起源的针叶林面积、阔叶林面积、针阔混交林面积和竹林面积,不包括灌木林地面积和疏林地面积。

森林覆盖率

指一个国家或地区森林面积占土地面积的百分比。在计算森林覆盖率时,森林面积包括郁闭度 0.2 以上的乔木林地面积和竹林地面积,国家特别规定的灌木林地面积、农田林网以及四旁(村旁、路旁、水旁、宅旁)林木的覆盖面积。森林覆盖率是反映森林资源的丰富程度和生态平衡状况的重要指标。计算公式为:

森林覆盖率(%)=森林面积/土地总面积×100%

水资源

水在自然界中以固体、液体和气态三种聚集状态存在、分布于海洋、陆地(包括土壤)以及大气之中,通过水循环形成水资源。水资源包括经人类控制并直接可供灌溉、发电、给水、航运、养殖等用途的地表水和地下水,以及江河、湖泊、井、泉、湖汐、港湾和养殖水域等。水资源是发展国民经济不可缺少的重要自然资源。

矿产资源

矿产指由地质作用形成,富集于地壳中或出露于地表达到工农业利用要求的有用矿物。矿产是一种重要的自然资源,是社会发展的重要物质基础。从某种意义上讲,一个国家对矿产资源开发利用的广度和深度,可以作为这个国家经济发展水平的标志。

矿产保有储量

指探明的矿产储量(包括工业储量和远景储量),扣除已开采部分和地下损失量后的年末实有储量,是反映国家矿产资源现状的重要指标。

气温

指空气的温度,我国一般以摄氏度(℃)为单位表示。气象观测的温度表是放在离地面约 1.5 米处通风良好的百叶箱里测量的,因此,通常说的气温指的是离地面 1.5 米处百叶箱中的温度。其统计计算方法为:

月平均气温是将全月各日的平均气温相加,除以该月的天数而得。

年平均气温是将 12 个月的月平均气温累加后除以 12 而得。

相对湿度

指空气中实际水气压与当时气温下的饱和水气压之比。其统计方法与气温相同。

降水量

指从天空降落到地面的液态或固态(经融化后)水,未经蒸发、渗透、流失而在地面上积聚的深度。其统计计算方法为:

月降水量是将全月各日的降水量累加而得。

年降水量是将 12 个月的月降水量累加而得。

日照时数

指太阳实际照射地面的时间。其统计方法与降水量相同。

经济类型

是根据生产资料所有制性质和国家有关法规性文件对企业(单位)进行的分类。根据新的统计分类标准,目前,在我国社会主义条件下存在着国有经济、集体经济、私营经济、个体经济、联营经济、股份制经济、外商投资经济、港、澳、台投资经济和其他经济。

物质生产部门、非物质生产部门

物质生产部门是指创造物质产品和增加产品价值的生产活动部门,包括:工业、农业、建筑业以及为生产服务的运输业和邮电业,还包括作为生产过程在流通领域继续的那一部分商业(即商品的分类、修整、包装、保管等劳动)等五大物质生产部门。

除物质生产部门以外,都是非物质生产部门,包括:服务行业、城市公用事业、金融保险事业、科研、文化、教育、卫生、广播、体育、国家政府机关、军队、宗教团体等。

行政机关、事业单位和社会团体

参照企业登记注册类型,主要按其经费来源和管理方式划分。具体规定如下:

(1)行政机关:包括国家机关和政党机关,原则上均列为"国有"。但有特殊规定的,如供销社等,则列为"集体"。

(2)事业单位:包括经国家机构编制部门和有关业务主管部门批准成立的各类事业单位,不包括实行企业化管理的事业单位。事业单位的划分办法如下:

①由国家财政预算拨款或列入财政预算外资金管理以及经费主要来源于国有主管部门或国有上级单位的事业单位,列为"国有"。

②经费主要来源于集体单位的事业单位,列为"集体"。

③公民个人(或个人合伙)开办的事业单位,列为"私营"。

④上述以外的其他事业单位,如果经营来源不明确,按管理方式进行归类。

(3)社会团体:包括经民政部门批准成立以及未纳入社会团体管理条例范围的工会、妇联等各类社会团体。社会团体的划分办法如下:

①未纳入民政部社会团体管理条例范围的工会、妇联、共青团、青联、工商联、科协、侨联等社会团体,国家拨款设立的基金会或基金管理组织以及经费主要来源于国有业务主管部门或国有上级单位的社会团体,列为"国有"。

②经费主要来源于集体单位的社会团体,列为"集体"。

③公民个人(或个人合伙)开办的社会团体,划为"私营"。

④上述以外的其他社会团体,如果其经费来源不明确,改按管理方式进行归类。

各个计划时期

本年鉴所用各个"时期"代表的年份如下:1950 年到 1952 年为国民经济恢复时期;第一个五年计划时期(简称"一五"时期)为 1953 年到 1957 年;第二个五年计划时期(简称"二五"时期)为 1958 年到 1962 年;1963 年到 1965 年为国民经济调整时期;第三个五年计划时期(简称"三五"时期)为 1966 年到 1970 年;第四个五计划时期(简称"四五"时期)为 1971 年到 1975 年;第五个五年计划时期(简称"五五"时期)为 1976 年到 1980 年;第六个五年计划时期(简称为"六五"时期)为 1981 年到 1985 年;第七个五年计划时期(简称"七五"时期)为 1986 年到 1990 年;第八个五年计划时期(简称"八五"时期)为 1991 年到 1995 年;第九个五年计划时期(简称"九五"时期)为 1996 年到 2000 年;第十个五年计划(简称"十五"时期)为 2001 年到 2005 年。

当年价格、可比价格、不变价格

当年价格(或现行价格)是指报告期的实际价格,如工业品的出厂价格、农产品的收购价格、商业的零售价格等。用当年价格计算的一些以货币表现的物量指标或劳务总量指标,如国民生产总值、工农业总产值、国民收入、农副产品收购总额和社会商品零售总额等,反映当年的实际情况,使国民经济各项指标互相衔接,便于考察社会经济效益,便于对生产、流通、分配、消费之间进行综合平衡。

按当年价格计算的以货币表现的指标,在不同年份之间进行对比时,因为包含各年间价格变动的因素,不能确切地反映实物量的增减变动,必须消除价格变动的因素后,才能真实反映经济发展动态。因此,在计算增长速度时一般都使用可比价格计算的数字。

可比价格在不同时期的价值指标对比时,扣除了价格变动的因素,以确切表示物量的变化。按可比价格计算有两种方法:一种是直接按产品产量乘不变价格计算,另一种是用价格指数换算。

不变价格是用某一时期不同类产品的平均价格作为固定价格,来计算各个时期的产品价格,目的是为消除各时期价格变动的影响,保证前后时期之间、地区之间、计划与实际之间指标的可比性。新中国成立后,随着工农业产品价格水平的变化,国家统计局先后五次制订了全国统一的工业产品不变价格和农产品不变价格,即:从 1949 年到 1957 年使用 1952 年工(农)业产品不变价格,从 1957 年到 1971 年使用 1957 年不变价格,从 1971 年到 1981 年使用 1980 年不变价格,从 1981 年到 1990 年使用 1980 年不变价格,1991 年开始使用 1990 年不变价格。

工农业总产值指数

指数是一种表现社会经济现象动态的相对数。运用指数可以测定不能直接相加和直接对比的社会经济现象的总动态。

工农业总产值指数就是指某一年内不同年份的工农业总产值使用了两种或几种不同的不变价格的情况下,要计算这个时期的工农业总产值发展速度时采用的一种指数。它是把各个年份的产值数换算成可比价格的基础上,根据定基指数等于相应各个环比指数的连乘积这个换算关系计算出来的。

例如:计算 1990 年工农业总产值为 1952 年的百分比,按工农业总产值指数计算,即:

$$\frac{1823.86}{100}=18.24\text{倍}\approx18\text{倍}$$

又如计算 1990 年工农业总产值为 1985 年的百分比,即:

$$\frac{1823.86}{1203.88}=151.50\%$$

本年鉴所列 1990 年国内生产总值、国民收入、工业总产值、农业总产值为 1952 年、1980 年、1985 年各年的百分比,就是分别使用国民生产总产值指数、国民收入指数、工业总产值指数、农业总产值指数直接计算的。

平均每年递增速度

计算平均每年递增速度有两种方法:一种是“水平法”,又称几何平均法,它是以间隔期最后一年的水平同基期水平对比来计算平均每年增长(或下降)速度的;另一种是“累计法”,又称代数平均法和方程法,是以间隔期内各年水平的总和同基期水平对比,来计算平均每年增长(或下降)速度的。

在一般情况下,两种方法计算的平均每年递增速度比较接近,但在经济发展不平衡,出现大起大落时,两种方法计算的结果差别较大。这是因为“水平法”主要考虑期末水平,而不注意中间各年的增减变化情况;“累计法”则主要考虑各年水平的累计数,而忽视期末水平的高低。两者在使用上都是有其局限性,采用哪种方法,应视指标的性质而定。目前我国计算平均每年递增速度通常采用“水平法”,对固定资产投资完成额、竣工住宅建筑面积等,多用“累计法”计算平均每年递增速度。

从某年到某年平均每年递增速度的年份不包括基期在内,如 1953—1957 年第一个五年计划时期的五年平均每年递增速度是以 1952 年为基期计算的;1981 年—1990 年十年平均每年递增速度则是以 1980 年为基期为计算的;1986—1990 年第七个五年计划时期的五年平均每年递增速度是以 1985 年为基期计算的,其余类推。

国民生产总值(GNP)

指一个国家(或地区)所有常住单位在一定时期内收入初次分配的最终结果。一国常住单位从事生产活动所创造的增加值在初次分配中主要分配给该国的常住单位,但也有一部分以生产税及进口税(扣除生产和进口补贴)、劳动者报酬和财产收入等形式分配给非常住单位;同时,国外生产所创造的增加值也有一部分以生产税及进口税(扣除生产和进口补贴)、劳动者报酬和财产收入等形式分配给该国的常住单位,从而产生了国民生产总值的概念。它等于国内生产总值加上来自国外的净要素收入。与国内生产总值不同,国民生产总值是个收入概念,而国内生产总值是个生产概念。

国内生产总值(GDP)

指一个国家(或地区)所有常住单位在一定时期内生产活动的最终成果。国内生产总值有三种表现形态,即价值形态、收入形态和产品形态。从价值形态看,它是所有常住单位在一定时期内生产的全部货物和服务价值超过同期中间投入的全部非固定资产货物和服务价值的差额,即所有常住单位的增加值之和;从收入形态看,它是所有常住单位在一定时期内创造并分配给常住单位和非常住单位的初次收入分配之和;从产品形态看,它是所有常住单位在一定时期内最终使用的货物和服务价值与货物和服务净出口价值之和。在实际核算中,国内生产总值有三种计算方法,即生产法、收入法和支出法。三种方法分别从不同的方面反映国内生产总值及其构成。

三次产业

是根据社会生产活动历史发展的顺序对产业结构的划分,产品直接取自自然界的部门称为第一产业,对初级产品进行再加工的部门称为第二产业,为生产和消费提供各种服务的部门称为第三产业。它是世界上较为通用的产业结构分类,但各国的划分不尽一致。

我国的三次产业划分是:

第一产业

农业(包括种植业、林业、牧业和渔业)。

第二产业

工业(包括采掘出,制造业,电力、煤气及水的生产和供应业)和建筑业。

第三产业

除第一、第二产业以外的其他各业。由于第三产业包括的行业多、范围广,根据我国的实际情况,第三产业可分为两大部分;一是流通部门,二是服务部门。

支出法国内生产总值

指一个国家(或地区)所有常住单位在一定时期内用于最终消费、资本形成总额,以及货物和服务的净出口总额,它反映本期生产的国内生产总值的使用及构成。

最终消费

指常住单位在一定时期内对于货物和服务的全部最终消费支出,也就是常住单位为满足物质、文化和精神生活的需要,从本国经济领土和国外购买的货物和服务的支出;不包括非常住单位在本国经济领土内的消费支出。最终消费分为居民消费和政府消费。

居民消费

指常住住户对货物和服务的全部最终消费支出。居民消费按市场价格计算,即按居民支付的购买者价格计算。购买者价格是购买者取得货物所支付的价格,包括购买者支付的运输和商业费用。居民消费除了直接以货币形式购买货物和服务的消费之外,还包括以其他方式获得的货物和服务的消费支出,即所谓的虚拟消费支出。居民虚拟消费支出包括以下几种类型:单位以实物报酬及实物转移的形式提供给劳动者的货物和服务;住户生产并由本住户消费了的货物和服务,其中的服务仅指住户的自有住房服务;金融机构提供的金融媒介服务;保险公司提供的保险服务。

政府消费

指政府部门为全社会提供公共服务的消费支出和免费或以较低价格向住户提供的货物和服务的净支出。前者等于政府服务的产出价值减去政府单位所获得的经营收入的价值,政府服务的产出价值等于它的经常性业务支出加上固定资产折旧;后者等于政府部门免费或以较低价格向住户提供的货物和服务的市场价值减去向住户收取的价值。

资本形成总额

指常住单位在一定时期内获得的减去处置的固定资产加存货的变动,包括固定资本形成总额和存货增加。

固定资本形成总额

指常住单位购置、转入和自产自用的固定资产、扣除固定资产的销售和转出后的价值,分有形固定资产形成总额和无形固定资产形成总额。有形固定资产形成总额包括一定时期内完成的建筑工程、安装工程和设备工器具风购置(减处置)价值,以及土地改良、新增役、种、奶、毛、娱乐用牲畜和新增经济林木价值。无形固定资产形成总额包括矿藏的勘探、计算机软件、娱乐和文学艺术品原件等获得减处置。

财政收入

①企业收入,包括各部门所属国有企业、事业单位上交国家利润和事业收入。

②各项税收,包括产品税、增值税、资源税、企业所得税、盐税、关税、农牧业税、屠宰税、牲畜交易税、集市交易税以及有关罚款补税收入等。

财政支出

①基本建设拨款,是指国家预算内的基本建设拨款,不包括国家预算外自筹的各种基本建设资金。为加强对基本建设投资规模的控制,提高资金使用效益,国家从一九八五年起,对预算内基本建设拨款实行拨款改贷款的新的管理办法。即由原来无偿的拨给建设单位,改为拨给建设银行视同信贷基金管理,建设银行根据国家预算安排的基建项目,给予有偿贷款,用投产后新增利润还本付息。

②增拨企业流动资金,是指国家预算增拨各部门所属全民所有制企业的流动资金的增拨银行的信贷资金。

③文教科学卫生事业费,包括科学、文化、教育、卫生、公费医疗、体育、通讯和广播、地震、海洋、文物、计划生育等方面的事业费。

信贷资金

指金融机构以信用方式积聚和分配的货币资金。金融机构信贷资金的来源有各项存款、对国际金融机构负债、流通中货币、银行自有资金及当年结益等;信贷资金的运用有各项贷款、黄金占款、外汇占款、财政借款及在国际金融机构中的资产等。

存款

指企业、机关、团体或居民根据资金必须收回的原则,把货币资金存入银行或其他信用机构保管并取得一定利息的一种信用活动形式。根据存款对象的不同可划分为企业存款、财政存款、机关团体存款、基本建设存款、城镇储蓄存款、农村存款科目。它是银行信贷资金的主要来源。

贷款

指银行或其他信用机构根据资金必须归还的原则,按一定利率,为企业、个人等提供资金的一种信用活动形式。我国银行贷款分为流动资金贷款、固定资产贷款、城乡个体工商户贷款以及农业贷款等科目。

货币供应量(也称货币存量)

是指全社会的货币存量,是全社会在某一时点承担流通手段和支付手段的货币总额,它主要包括机关团体、企事业单位和城分居民所拥有的现金和金融机构的存款等各种金融资产。

中国人民银行将货币供应量指标划为四个层次:

M_0:指现金或流通中的货币。即中国人民银行历年货币发行总额。

M_1:指 M_0 + 企业活期存款 + 机关团体存款 + 农村集体存款。亦称为“狭义货币供应量”。

M_2:指 M_1: + 单位定期存款 + 自筹基建存款 + 居民储蓄存款 + 其他存款(财政存款除外)。亦称为“广义货币使应量”。

M_3:指 M_2 + 债券、财政存款 + 其他金融机构存款 + 货币银行同业存款。

保险金额

指保险人承担赔偿或者给付保险金责任的最高限额。

保费

指投保人为取得保险人在约定范围内所承担赔偿责任而支付给保险人的费用。

赔款

指保险人根据保险合同的规定,向被保险人支付的赔偿保险责任损失的金额。

给付

包括死伤医疗给付和满期给付。死伤医疗给付是指保险人根据人寿保险及长期健康保险合同的规定,因被保险人在保险期内发生保险责任范围内的保险事故支付给被保险人(或受益人)的金额,满期给付是指被保险人生存期满,保险人按人寿保险合同规定支付给被保险人的满期保险金额。

市镇人口与乡村人口:(两种口径)

(第一口径)按常住人口划分,市镇人口是指城市(市区含郊区)和镇(经省、自治区、直辖市人民政府批准设置镇建制的镇)范围内的全部人口;乡村人口是指乡村范围内的全部人口。

(第二口径)市人口包括设区的市的全部人口(不含市辖县人口)和不设区市的街道人口(不含镇

和乡的人口);镇人口,包括不设区的市辖内的居委会人口和县辖镇内的居委会人口(均不含村委会人口);乡村人口是指上述市、镇人口以外的所有人口。

人口出生率、死亡率、自然增长率

出生率是指全省或地区,在一年内平均每千人口中的活产婴儿数,它是以一年内活产婴儿数除以同年的年平均人口数计算的千分比。

死亡率是指全省或地区,在一年内平均每千人口中的死亡人数。它是以一年内死亡人数除以同年的年平均人口数计算的千分比。

人口自然增长率亦称人口净增率,即出生率减去死亡率。

在业人口(又称就业人口)

指十五周岁及十五周岁以上人口中从事一定的社会劳动并取得劳动报酬或经营收入的人口。

不在业人口

指十五周岁以上人口中未从事社会劳动的人口,包括在校学生、料理家务、待升学、市镇待业、离退休、退职、丧失劳动能力等非在业人口。

城镇失业人数和城镇失业率

一般指在劳动年龄以内,有劳动能力,无业而要求就业并在城镇基层政权组织进行登记的人员,包括城镇年满16岁至25岁的初高中毕业生中未能升学,参军的社会青年和年龄在25岁至男50岁、女45岁以下的其他失业人员。

城镇失业率是反映城镇劳动者就业程度的指标。计算公式:

$$城镇失业率=\frac{城镇失业人员}{城镇社会劳动者+城镇失业人员}\times 100\%$$

从业人员

是指从事一定社会劳动并取得劳动报酬或经营收入的全部人员。包括国有经济单位、城镇集体经济单位、其他经济单位的全部职工以及农村集体经济单位的劳动者和个体经济、私营经济单位中的从业人员,不包括失业人员、在学人员和家务劳动者。

单位从业人员

各单位的从业人员是指在各级国家机关、政党机关、社会团体及企业、事业单位中工作,取得工资或其他形式的劳动报酬的全部人员中。包括:在岗职工、再就业的离退休人员、民办教师以及在各单位中工作的外方人员和港澳台方人员、兼职人员、借用的外单位人员和第二职业者。不包括离开本单位仍保留劳动关系职工。

在岗职工

指在本单位工作并由单位支付工资的人员,以及有工作岗位,但由于学习、病伤产假等原因暂未工作,仍有单位支付工资的人员。

在岗职工工资总额

在岗职工工资总额是指在一定时期内由国有、城镇集体和其他单位以货币形式或实物形式实际支付给职工的劳动报酬总额。包括计时工资、基础工资和职务工资、计件工资(包括超额工资)、各种工资性的奖金、津贴和补贴、加班加点工资、附加工资、特殊情况下支付的工资。

在岗职工平均工资

在岗职工平均工资是指在岗职工在一定时期内每人平均工资水平。不同时期的平均工资可以大体上反映出职工生活水平的变动。计算公式为:

$$在岗职工平均工资=\frac{报告期实际在岗工资总额(元)}{报告期在岗职工平均人数(人)}$$

平均工资按不同的时间单位,分为月平均工资、季平均工资、年平均工资。

离开本单位仍保留劳动关系的职工

指由于各种原因,已经离开本人的生产或工作岗位,并已不在单位从事其他工作,但仍与用人单位保留劳动关系的职工。

离开本单位仍保留劳动关系职工的生活费

指上述人员在离开本单位仍保留劳动关系期间,从本单位领取的生活费用。

内部退养职工

指接近正常退休年龄,但因各种原因退出工作岗位,并办理了内退手续,在办理正式退休手续前,由单位按月发给一定生活费的职工。

平均工资按不同的时间单位,分为月平均工资、季平均工资、年平均工资。

劳保福利费用

劳保福利费用是指企业、事业、机关根据国家有关劳保福利规定,在工资以外实际支付给职工个人和用于集体的劳动保险和福利设施的费用。具体包括:(1)退职、退休、离休费等;(2)医疗卫生费;(3)职工生活困难补助费;(4)职工及供养直系亲属死亡丧葬费、抚恤费、救济费;(5)农副业生产补贴;(6)文艺、体育、宣传费;(7)集体福利事业的补贴;(8)集体福利设施费用;(9)其他福利费用。

劳保福利费用不包括用于职工的劳动保护费用。劳动保护用品的支出是安全生产的需要,不属于福利费用范围。

农业总产值

以货币表现的农林牧渔四业全部产品的总量,它反映一定时期内农业生产的总规模和总成果。

(1)农业产值,农业产值包括种植业产值和其他农业产值两部分。

种植业产值,包括粮食作物、经济作物、蔬菜、瓜类等产品产值,以及茶、桑、果园的生产经营。

其他农业产值,包括绿肥、饲料作物、花卉等其他农作物产品产值,野生植物产品产值,以及农民家庭兼营商品性工业产值。

(2)林业产值,包括林木的栽培(不包括茶桑、果园的栽培、管理和收获活动)、林产品的采集和村及村以下(即原生产大队、生产队和社员)的竹木采伐。

(3)牧业产值,包括除渔业养殖以外的一切动物饲养和放牧,以及捕猎野兽、野禽产品的产值。

(4)渔业产值,包括水生动物和海藻类植物的养殖和捕捞。

从所有制看,包括全民所有制的各种专业农(林、牧、渔)场和农业试场验场、所;集体所有制的农村各种经济组织经营的农林牧渔业;农民经营的农作物栽培和动物饲养等。

农业总产值的计算方法通常是以农林牧渔业产品及其副产品的产量乘以该项目产品的单位价格而得该项产品的产值,少数生产周期较长当年没有产品或产品产量不易统计的,则采用间接方法匡算产值。四业产品产值之和即为农业总产值。

1957年以前的农业总产值中包括了厩肥和农民自给性手工业(如农民自制衣服、鞋、袜、自己从事粮食初步加工等)。1958年及以后的农业总产值,林业中增加了村及村以下竹木采伐产值;牧业中取消了厩肥产值;副业中取消了农民自给性手工业产值,增加了村及村以下办的工业产值;渔业中增加了机械化捕鱼产值。1980年及以后的农业总产值,在副业中增加了农民商品性家庭手工业的产值。1984年起,国家统计局规定,将村及村以下办工业产值归划工业。本年鉴为便于和历史资料比较,已将历史的村及村以下办工业产值从农业总产值中扣除,归入工业总产值。1993年国家统计局规定,农业总产值划分为农、林、牧、渔四业产值之和,将原来副业产值中的采集野生植物、农民家庭兼营商品性工业产值划归农业产值中的其他农业产值,捕猎划归牧业产值。

农林牧渔业增加值

是指各种经济类型的农业生产单位和农户从事农业生产经营活动所提供的社会最终产品的货币表现。增加值的计算方法有两种,一是生产法:农林牧渔业增加值=农林牧渔业总产值-农林牧渔业中间消耗;二是分配法:农林牧渔业增加值=固定资产折旧+劳动者报酬+生产税净额(生产税-生产补贴)+营业盈余。

中间消耗

是指在农业生产过程中所投入或消耗的各种物质产品和劳务价值总和,分为中间物质消耗和中间劳务消耗。

(1)中间物质消耗,是指在农业生产过程中所消耗的各种物质产品的价值和支付给物质生产部门的劳务费用。中间消耗的物质产品包括由单位外购的和计入总产值的自给性产品,如种籽、种蛋、绿肥、饲料、外购肥料、燃料、农药、畜禽用药、农膜、用电量、小农具(农、林、牧、渔)、办公用品等物质产品消耗,以及向物质生产部门支付的运输费、邮电费等,不包括农业生产单位或农户支付给雇用农业职工或农民个人的工资或费用。

(2)中间劳务消耗,是指在生产过程中从事农业生产经营活动而支付给非物质生产部门的各种劳务费用,如农业贷款利息支出、保险费(不包括财产保险)、广告费、农业职工教育费、机耕费、生产用水费、差旅费(不包括其中给个人的补贴)、会议费及向上级主管部门上缴的管理费和为在市场自行出售农副产品而向工商管理部门上交的管理费、交易费等。

灌溉面积

指有效灌溉面积,即具有一定水源,地块比较平整,灌溉工程或设备已经配套,在一般年景下当年能够进行正常灌溉的耕地面积。

农业机械总动力

农业机械总动力是指用于农、林、牧、渔业生产的各种动力机械的动力总和。动力机械包括耕作、排灌、种植、植物保护、收获、农产品加工、运输、畜牧、渔业、农田水利各种机械。不包括专门用于乡办工业、基本建设、非农业运输、科学试验和教学等非农业生产方面用的动力机械与作业机械的数量。

农用化肥施用量

指实际用于农业生产的化肥数量。包括氮肥、磷肥、钾肥和复合肥。化肥施用量分别按实物量和折纯量两种方法计算。折纯法化肥施用量是把氮肥、磷肥和钾肥分别按含氮、含五氧化二磷、含氧化钾的百分之一百成份折算后的数量。复合肥按其所含主要成份折算。

乡镇企业

即原来农村人民公社和生产大队两级集体经济举办的社队企业。在农村政社组织管理体制分设以后,除了乡、村合作经济组织办企业外,又出现了部分农民联营或其他形式的合作企业和个体企业。1984 年 3 月确定将这类企业统称“乡镇企业”。

乡镇企业单位一般应拥有固定的组织、生产场所、生产设备和从业人员;有核算制度,承担经济责任和纳税义务;是一个比较稳定的经济实体。

农村经济总收入

指农村集体经济组织和农民在一年之中经营生产性和服务性活动所得到的可以用于抵偿本年开支,并在国家、集体和农民个人之间进行分配的全部收入。包括农林牧渔业、农村工业、建筑业、运输业、商业、饮食业、服务业、劳务等各项经营收入和利息、租金等项收入,不包括那些不能用来分配,属于借贷性质或暂收性质的收入,如贷款收入、预购定金、国家投资、农民投资等。

农村经济总消费

是指为实现当年各项生产经营收入应由当年负担的各项费用支出,包括生产费用、管理费用和其他费用三项。

农村经济总费用包括乡(镇)、村办企业费用,集体统一经营费用,新经济联合费用和农民家庭经营费用四部分。这里的总费用只包括生产费用,管理费用和其他等物化劳动费用。

城镇居民家庭全部收入

指被调查城镇居民家庭全部的实际收入,包括经常或固定得到的收入和一次性收入。不包括周转性收入,如提取银行存款、向亲友借款、收回借出款以及其他各种暂收款。

城镇居民家庭可支配收入

指被调查的城镇居民家庭在支付个人所得税、财产税及其他经常性转移支出后所余下的实际收入。

城镇居民家庭消费性支出

指被调查的城镇居民家庭用于日常生活的全部支出,包括购买商品支出和文化生活、服务等非商品性支出。不包括罚没、丢失款和缴纳的各种税款(如个人所得税、牌照税、房产税等),也不包括个体劳动者生产经营过程中发生的各项费用。

城镇居民购买商品支出

指被调查的城镇居民家庭为自用或赠送亲友而购买商品的全部支出,包括从商店、工厂、饮食业、工作单位食堂、集市以及直接从农民手中购买各种商品的开支。商品支出分为以下八类:食品;衣着;家庭设备用品及服务;医疗保健;交通与通信;娱乐、教育文化服务;居住;杂项商品和服务。

农村居民家庭纯收入

指农村住常居民家庭总收入中,扣除从事生产和非生产经营费用支出、缴纳税款和上交承包集体任务金额以后剩余的,可直接用于进行生产性、非生产性建设投资、生活消费和积蓄的那一部分收入。农村居民家庭纯收入包括从事生产性和非生产性的经营收入;取自在外人口寄回带回和国家财政救济、各种补贴等非经营性收入;即包括货币收入,又包括自产自用的实物收入。但不包括向银行、信用社和向亲友借款等属于借贷性的收入。

农村居民家庭生活消费支出

指农村常住居民家庭用于日常生活的全部开支,是反映和研究农民家庭实际生活消费水平高低的重要指标。

城乡居民储蓄存款余额

指某一时点城乡居民存入银行及农村信用社的储蓄金额,包括城镇居民储蓄存款和农民个人储蓄存款,不包括居民的手存现金和工矿企业、部队、机关、团体等单位存款。

恩格尔系数

是指食品支出占总消费支出的比例。用公式表示为:

$$恩格系数(\%)=\frac{食品支出总额}{家庭或个人消费支出总额}\times 100\%$$

粮食产量

全社会粮食产量。包括国营农场全民所有制经济的，集体统一经营的和农民家庭经营的产量，还包括工矿企业家属办的农场和其他生产单位的产量。粮食除包括稻谷、小麦、玉米、高粱、谷子及其他杂粮外，还包括薯类和大豆。其产量计算方法，豆类按去豆荚后的干豆计算；薯类(包括甘薯和马铃薯，不包括芋头和薯)1963 年以前按每 4 千克鲜薯折 1 千克粮食计算，从 1964 年以后按 5 千克鲜薯折 1 千克粮食计算。其他粮食一律按脱粒后的原粮计算。

水产品产量

指人工养殖的的水产品和天然的水产品的捕捞量。

迹地更新面积

指在采伐或火灾毁损后的林地上进行人工更新或人工促进天然更新的面积。不包括天然更新面积。

猪、牛、羊肉产量

指当年出栏并已屠宰的猪、牛、羊的肉产量。即屠宰后除去头蹄下水后带骨肉(即胴体重)的产量。

工业

指从事自然资源的开采，对采掘品和农产品进行加工和再加工的物质生产部门。具体包括：(1)对自然资源的开采，如采矿、晒盐、森林采伐等(但不包括禽兽捕猎和水产捕捞)(2)对农副产品的加工、再加工，如粮油加工、食品加工、轧花、缫丝、纺织、制革等；(3)对采掘品的加工、再加工，如炼铁、炼钢、化工生产，石油加工、机器制造、木材加工等，以及电力、自来水、煤气的生产和供应等；(4)对工业品的修理、翻新，如机器设备的修理、交通运输工具(包括小卧车)的修理等。

1984 年以前农村的村及村以下办工业归属农业，1984 年以后划归工业。

工业统计调查单位

工业统计调查单位分为两类：独立核算法人工业企业和工业活动单位。

(1)独立核算法人工业企业　是指从事工业生产经营活动的单位。独立核算法人工业企业应同时具备以下条件：①依法成立，有自己的名称、组织机构和场所，能够承担民事责任；②独立拥有和使用资产，承担负债，有权与其他单位签订合同；③独立核算盈亏，并能够编制资产负债表。

(2)工业活动单位　是指在一具场所从事一种或主要从事一种工业生产活动的经济单位。它包括独立核算工业企业按主营业活动(即工业生产活动)划分的主营业务活动单位和非工业企业所属的工业生产活动单位(即原非独立核算工业生产单位)。工业活动单位，一般应同时具备以下三个条件：①具有一个场所，从事一种或主要从事一种工业活动；②单独组织工业生产、经营或业务活动；③单独核算收入和支出。

本年鉴中涉及的企业登记注册类型：

(1)国有及国有控股企业　指国有企业加上国有控股企业。国有企业(即过去的全民所有制工业或国营工业)是指企业全部资产归国家所有，并按《中华人民共和国企业法人登记管理条例》规定登记注册的非公司制的经济组织。包括国有企业、国有独资公司和国有联营企业。1957 年以前的公私合营和私营工业，后均改造为国营工业，1992 年改为国有工业，这部分工业的资料不单独分列时，均包括在国有企业内。国有控股企业是对混合所有制经济的企业进行的“国有控股”分类。它是指这些企业的全部资产中国有资产(股份)相对其他所有者中的任何一个所有者占资(股)最多的企业。该分组反映了国有经济控股情况。

(2)集体企业　指企业资产归集体所有，并按《中华人民共和国企业法人登记管理条例》规定登记注册的经济组织。是社会主义公有制经济的组成部分。包括城乡所有使用集体投资举办的企业，以及部分个人通过集资自愿放弃所有权并依法经工商行政管理机关认定为集体所有制的企业。

(3)股份有限公司　指根据《中华人民共和国企业法人登记管理条例》规定登记注册，其全部注册资本由等额股份构成并通过发行股票筹集资本，股东以其认购的股份对公司承担有限责任，公司以其全部资产对其债务承担责任的经济组织。

(4)港、澳、台商投资企业　指企业注册登记类型中的港、澳、台资合资、合作、独资经营企业和股份有限公司之和。

(5)外商投资企业　指企业注册登记类型中的中外合资、合作经营企业、外资企业和外商投资股份有限公司之和。

(6)本年鉴中涉及的名为"其他"的企业 均指除国有企业、集体企业、个体经营以外的其他类型工业企业(单位)。包括联营企业、私营企业、股份限公司,有限责任公司;外商投资企业(中外合资经营、中外合作经营、外资企业)港、澳、台投资企业(与大陆合资经营、与大陆合作经营、港、澳、台独资企业)及其他企业。

轻工业

指主要提供生活消费品和制作手工工具的工业。按其所使用的原料不同,可分为两大娄:(1)以农产品为原料的轻工业,是指直接或间接以农产品为基本原料的轻工业。主要包括食品制造、饮料制造、烟草加工、纺织、缝纫、皮革和笔皮制作、造纸以及印刷等工业;(2)以非农产品为原料的轻工业,是指以工业品为原料的轻工业。主要包括文教体育用品、化学药品制造、合成纤维制造、日用化学制品、日用玻璃制品、日用金属制品、手工工具制造、医疗器械制造、文化和办公用机械制造等工业。

重工业

是指为国民经济各部门提供物质技术基础的主要生产资料的工业。按其生产性质和产品作途,可以分为下列三类:(1)采掘(伐)工业,是指对自然资源的开采,包括石油开采、煤炭开采、金属矿开采、非金属矿开采和木材采伐等工业(2)原材料工业,指向国民经济各部门提供基本材料、动力和燃料的工业。包括金属冶炼及加工、炼焦及焦炭、化学、化工原料、水泥、人造板以及电力、石油和煤炭加工等工业;(3)加工工业,是指对工业原材料进行再加工制造的工业。包括装备国民经济各部门的机械设备制造工业、金属结构、水泥制品等工业、以及为农业提供的生产资料如化肥、农药等工业。

根据上述划分原则,修理业中民重工业产品为修理作业对象的划为重工业,反之划为轻工业。

工业总产值

是以货币表现的工业企业在一定时期内生产的已出售或可供出售工业产品总量,它反映一定时间内工业生产的总规模和总水平。它包括:在本企业内不再进行加工,经检验、包装入库(规定不需包装的产品除外)的成品价值,对外加工费收入,自制半成品、在产品期末初差额价值。工业总产值采用"工厂法"计算,即以工业企业作为一个整体,按企业工业生产活动的最终成果来计算,企业内部不允许重复计算,不能把企业内部各个车间(分厂)生产的成果相加。但在企业之间、行业之间、地区之间存在着重复计算。

轻重工业总产值的划分也是按"工厂法"计算的,即一个工业企业在正常情况下生产的主要产品的性质属于轻工业,则该企业的全部总产值作为轻工业总产值;一个工业企业生产的主要产品的性质属于重工业,则该企业的全部总产值作为重工业总产值。

工业增加值

是指工业行业在报告期内以货币表现的工业生产活动的最终成果。

实收资本

指企业实际收到的投资人投入的资本。按投资主体可分为国家资本、集体资本、个人资本、港澳台资本和外商资本等。

资产合计

指企业拥有或控制的能以货币计量的经济资源。包括各种财产、债权和其他权利。资产按其流动性划分为流动资产、长期投资、固定资产、无形及递延资产和其他资产。

(1)流动资产

指企业可以在一年内或者超过一年的一个生产周期内变现或耗用的资产合计。包括现金及各种存款、短期投资、应收及预付款项、存货等。

(2)固定资产

指企业固定资产净值、固定资产清理、在建工程、待处理固定资产损失所占用的资金合计。

(3)无形资产

指企业长期使用而没有实物形态的资产。包括专利权、非专利技术、商标权、著作权、土地使用权、商誉等。

负债合计

指企业承担的能以货币计量,将以资产或劳务偿付的债务。负债一般按偿还期长短分为流动负债和长期负债、递延税项等。

(1)流动负债

指企业在一年内或者超过一年的一个营业周期内需要偿还的债务合计,其中包括短期借款、应付及预收款项、应付工资、应交税金和应交利润等。

(2)长期负债

指企业在一年以上或者超过一年的一个营业周期以上需要偿还的债务合计,其中包括长期借款、应付债务、长期应付款项等。

所有者权益

指企业投资人对企业净资产的所有权。企业净资产等于企业全部资产减去全部负债后的余额,其中包括投资者对企业的最初投入,以及资本公积金、盈余公积金和未分配利润,对股份制企业即为股东权益。

固定资产原价

指企业在建造、购置、安装、改建、扩建、技术改造某项固定资产时所支出的全部货币总额。它一般包括买价、包装费、运杂费和安装费等。

固定资产净值

是指固定资产原价减去历年已提折旧额后的净额。

流动资产

是指可以在一年或者超过一年的一个营业周期内变现或者耗用的资产,包括现金及各种存款、短期投资、应收及预付货款、存货等。

产品销售收入

指企业销售产品和提供劳务等主要经营业务取得的业务总额。

产品销售成本

指企业销售产品和提供劳务等主要经营业务的实际成本。

产品销售税金及附加

指企业销售产品和提供工业性劳务等主要经营业务应负担的城市维护建设税、消费税、资源税和教育费附加。

产品销售利润

指企业销售产品和提供工业性劳务等主要经营业务收入扣除其成本、费用、税金后的利润。

利润总额

指企业实现的利润。

应交增值税

指企业在报告期内应交纳的增值税额。

总资产贡献率

反映企业全部资产的获利能力,是企业经营业绩和管理水平的集中体现,是评价和考核企业盈利能力的核心指标。计算公式为:

总资产贡献率(%)=(利润总额+税金总额+利息支出)/平均资产总额×100%

资产负债率

该指标既反映企业经营风险的大小,也反映企业利用债权人提供的资金从事经营活动的能力。计算公式为:

资产负债率(%)=负债总额/资产总额×100%

工业成本费用利润率

指在一定时期内实现的利润与成本费用之比,是反映工业生产成本及费用投入的经济效益指标,同时也是反映降低成本的经济效益的指标。计算公式为

工业成本费用利润率(%)=利润总额/成本费用总额×100%

工业增加值率

指在一定时期内工业增加值占同期工业总产值的比重,反映降低中间消耗的经济效益。计算公式为:

工业增加值率(%)=工业增加值(现价)/工业总产值(现价)×100%

流动资产周转次数

指在一定时期内流动资产完成的周转次数,反映流动资产的周转速度。计算公式为:

流动资金周转次数=产品销售收入/全部流动资产平均余额

产品销售率

指报告期工业销售产值与同期全部工业总产值之比,是反映工业产品已实现销售的程度,分析工业产销衔接情况,研究工业产品满足社会需求程度的指标。计算公式为:

产品销售率(%)=工业销售产值/工业总产值(现价)×100%

全员劳动生产率

指根据产品的价值量指标计算的平均每一个从业人员在单位时间内的产品生产量。是考核企业经济活动的重要指标,是企业生产技术水平、经营管理水平、职工技术熟练程度和劳动积极性的综合表现。目前我国的全员劳动生产率是将工业企业的工业增加值除以同一时期全部从业人员的平均人数来计算的。计算化式为:

全员劳动生产率=工业增加值/全部从业人员平均人数

为了使各年度的全员劳动生产率数字可以比较，1990年以前各年的人员劳动生产均按指数换算成1990年不变价格。

铁路营业里程

又称营业长度（包括正式营业和临时营业里程），指办理客货运输业务的铁路正线总长度。凡是全线或部分建成双线及以上的线路，以第一线的实际长度计算；复线、站线、段管线、岔线和特殊用途线以及不计算运费的联络线都不计算营业里程。铁路营业里程是反映铁路运输业基础设施发展的水平的重要指标，也是计算客货周转量、运输密度和机车车辆运用效率等指标的基础资料。

公路里程

指在一定时期内实际达到《公路工程[WTBZ]技术标准JTJ01—88》规定的等级公路，并经公路主管部门正式验收交付使用的公路里程数。包括大中城市的郊区公路以及通过小城镇街道部分的公路里程和桥梁、渡口的长度，不包括大中城市的街道、厂矿、林区生产用道和农业生产用道的里程。两条或多条公路共同经由同一路段，只计算一次，不得重复计算里程长度。它是反映公路建设发展规模的重要指标，也是计算运输网密度等指标的基础资料。

民用航空线里程

指民航运输定期班机飞行的航线长度的总和。航线长度按机场之间的距离计算，通常有两种计算方法：一是将每条航线长度相加称为重复计算航线里程；一是将两线或两条以上航线经过同一区段里程，只计算一次航线长度称为不重复计算航线里程。一般常用的是后者，它能确切反映民航运输网的规模，是表明民航事业为国民经济服务和方便人民生活程度的主要指标。

输油(气)管道长度

也称输油(气)里程，指油品(或天然气)的实际输送距离，一般按输油(气)管道的单线长度计算。若包括复线和备用线长度则称为输油(气)管道延展长度，是指管道铺设的实际长度。我们通常使用的不包括复线的"输油(气)管道里程"，它是反映管道运输发展规模和水平的主要指标。

货(客)运量

指在一定时期内，各种运输工具实际运送的货物（旅客）数量。它是反映运输业为国民经济和人民生活服务的数量指标，也是制定和检查运输生产计划、研究运输发展规模和速度的重要指标。货运按吨计算，客运按人计算。货物不论运输距离长短、货物类别，均按一人一次客运量统计；半价票、小孩票也按一人统计。

货物(客)周转量

指在一定时期内，由各种运输工具运送的货物（旅客）数量与其相应运输距离的乘积之总和。它是反映运输业生产总成果的重要指标，也是编制和检查运输生产计划，计算运输效率、劳动生产率以及核算运输单位成本的主要基础资料。计算货物周转通常按发出站与到达站之间的最短距离，也就是计费距离计算。计算公式为：

货物（旅客）周转量=Σ货物（旅客）运输量×运输距离

铁路货运机车日产量

指在一定时期内，平均每台货运机车在一昼夜内所完成的总重吨公里数，包括载运货物的重量和车辆本身的自重。它从时间和牵引能力两方面反映了机车运用效率。计算公式为：

货运机车平均日产量=货运总重吨公里数/货运机车台日数

邮电业务总量

指以价值量形式表现的邮电通信企业为社会提供各类邮电通信服务的总数量。邮电业务量按专业分类包括函件、包件、汇票、报刊发行、邮政快件、特快专递、邮政储蓄、集邮、公众电报、用户电报、传真、长途电话、出租电路、市话无线寻呼、移动电话、分组交换数据通信、出租代维等。计算方法为各类产品乘以相应的平均单价（不变价）之和，再加上出租电路和设备、代用户维护电话交换机和线路等的服务收入。它综合反映了一定时期邮电业务发展的总成果，是研究邮电业务量构成和发展趋势的重要指标。计算公式为：

邮电业务总量=Σ(各类邮电业务量×不变单价)+出租代维及其他业务收入

无线寻呼电话用户

指携带小型寻呼机，接收市话用户通过无线寻呼中心，在规定范围内向其发出声音、数字或文字显示的用户。在寻呼台办理登记手续的无线寻呼用户,每一部寻呼机按一户计算。

移动电话用户

指在移动电话营业部门登记,通过移动电话交换机进入移动电话网、占有移动电话号码的电话用户。用户数量以实际办理登记手续进入邮电部门移动电话网的户数进行计算,一部或一台移动电话统计为一户。

电话用户

指接入国家公众固定电话网,并按固定电话业务进行经营管理的电话用户。1997 年以前,电话用户分为市内电话用户和农村电话用户。市内电话用户是指接入县城及县以上城市电话网上的电话用户;农村电话用户是指接入县邮电局农话台及县以下农村电话交换点,以县城为中心(除市话用户外)联通县、乡(镇)、行政村、村民小组的用户。从 1997 年起,电话用户数分组调整为以用户所在区域划分为"城市电话用户"和"乡村电话用户",与过去的按市内电话和农村电话划分方法不同。而电话用户数、电话机部数统计方法不变。

住宅电话

指话机装在居民住宅里的电话,包括私人付费、公费和免费三个部分。

私人付费电话

指住宅居民自费安装并自己缴纳通话费的电话。

全社会固定资产投资

固定资产投资是对固定资产进行更新和扩大再生产的重要手段。

固定资产投资额是以货币表现的建造和购置固定资产活动的工作量,它是反映固定资产投资规模、速度、比例关系和使用方向的综合性指标。全社会固定资产投资包括全民所有制单位投资、城乡集体所有制单位投资和城乡居民个人投资。按照我国计划管理体制,全民所有制单位固定资产投资总额分为基本建设、更新改造和其他固定资产投资三个部分;城乡集体所有制单位投资包括城镇集体所有制单位投资和农村集体所有制单位投资;城乡居民个人投资包括城市、县城、镇、工矿区所辖范围内的个人建房和农村个人建房及购买生产性固定资产的投资。

固定资产投资额的分组

为了从不同方面研究固定资产投资的使用情况,对投资额进行各种分组。

(1)按构成分组:分为建筑安装工程、设备、工具器具购置和其他费用投资。

建筑安装工程(建安工作量)包括建筑工程和安装工程,这部分投资必须兴工动料,通过施工活动才能实现,是固定资产投资额的重要组成部分;设备、工具器具购置是指购置或自制达到固定资产标准的设备、工具、器具的价值;其他费用是指不属于上述两项的投资完成额,如建设单位管理费、勘察设计费、土地征用及迁移补偿费、新扩建单位人员培训费用等。

(2)按用途分组:分为生产性建设和非生产性建设投资。

生产性建设是指直接用于物质生产或满足物质生产需要的建设,包括工业、建筑业和地质资源勘探,农林、水利、气象,运输邮电,商业和物资供销的建设;非生产性建设一般是指用于满足人民物质和文化生活福利需要的建设,包括住宅、科研、文化、教育、卫生、城市公用、生活服务事业,以及行政管理机关和团体的建设等。

(3)按建设性质分组:分为新建、扩建、改建、迁建、恢复。

新建项目是指从无到有,新开始建设的企业、事业和行政单位,或原有基础很小,经扩大建设规模后,其新增固定资产价值超过原有固定资产价值三倍以上的建设项目;扩建项目是指原有企业为扩大原有产品生产能力或增加新的产品生产能力而增建主要生产车间(工程);改建项目是指现有企业、事业单位对现有的设施、工艺条件进行技术改造或更新的项目;迁建项目是指原有企业、事业单位,由于各种原因,经上级批准搬迁到另地建设的项目;恢复项目是指因自然灾害等原因而毁坏,以后又投资恢复建设的项目。

(4)按国民经济行业分组:按国民经济行业分组是按项目建成投产后的主要产品种类或工程主要用途来划分的,而不论建设项目的管理系统如何。如铁道部主管的机车车辆厂和学校,按行业划分,应分别列入工业行业的"铁路运输设备制造业"及教育、文化艺术和广播电视事业行业的"教育事业";而按管理系统划分则属于铁道部系统。

基本建设投资额

基本建设投资额是以货币表现的基本建设完成的工作量。它是通过基本建设活动由实物量价值转化而成,是反映基本建设规模的综合性指标。它根据工程的实际进度按预算价格(预算价格是编制施工图预算时所用的价格)计算的工作量。没有形成工程实体的建筑材料和没有开始安装的设备,都不计算投资完成额。基本建设投资额包括:(1)建筑安装工程;(2)购置设备、工具、器具;(3)与前述两项活动相联系的其他基本建设投资,如勘察设计费、建设单位管理费、生产职工培训费等。

基本建设投资额和银行对基本建设的财务支出数是两个含义不同的指标。基本建设投资额是按预算价格计算的工作量;而没形成工程实体的财务支出资金不能计算工作量,使用时应加以区别。

更新改造投资额

更新改造是指现有的企业、事业单位对其固定资产进行更新改造工程和购置(不包括大修理和维护工程)。更新改造投资额是以货币表现的更新改造工作量。

其他固定资产投资

其他固定资产投资是指按照国家规定不纳入基本建设和更新改造计划管理的全民所有制单位的其他固定资产投资,具体包括:用油田维护费和石油开发基金进行的油田维护和开发工程;矿山、森林等采掘采伐工业用维简费进行的开拓延伸工程;交通部门用公路养路费对原有公路、桥梁进行改建的工程;商、贸、粮、供销部门用简易建筑费建造的仓库。

固定资产投资财务拨款额

指建设单位或企业、事业、行政单位在报告期内进行固定资产建造和购置而拨入和借入的各种资金,不管该资金在报告期内是否形成工作量,均作为拨款额。它和投资额的区别在于:财务拨款是建设资金的投入和来源,投资额是指资金运用的结果,两个指标是从不同的侧面反映固定资产的投资活动。

新增固定资产(或称交付使用的固定资产)

新增固定资产是指已经建成投入生产或交付使用的工程价值和达到固定资产标准的设备、工具、器具的投资,以及有关应摊入的费用。新增固定资产价值包括交付使用工程的全部价值,即包括交付使用工程在报告期内完成的投资和报告期以前完成的投资的全部价值在内。

固定资产交付使用率

新增固定资产与投资额的比例,即固定资产交付使用率。

它是从投资额中形成固定资产的比例来反映投资的建设速度,是衡量投资效果的一个综合指标。

计算公式:

$$\text{固定资产交付使用率}=\frac{\text{新增固定资产}}{\text{固定资产投资额}}\times 100\%$$

房屋建筑面积

房屋建筑面积是从房屋的外墙线算起,包括房屋结构(如墙、柱)占用面积和地下室的面积。但不包括天井、台阶等占用的面积。多层建筑,按各层面积总和计算。

竣工住宅建筑面积

竣工住宅建筑面积是指报告期内竣工的可供使用的住宅建筑面积。即按照住宅建筑设计要求在土建工程和房屋本身附属的水、电、卫生(设计中的有煤气、暖气的应包括这部分)工程以及通风、电梯等设备已经全部完成,具备使用条件,经验收合格正式交付给使用单位的建筑面积。

建筑业统计单位

指从事房屋、构筑物建造和设备安装活动的法人企业。建筑业法人企业应同时具备的条件是:①依法成立,有自己的名称、组织机构和场所,能够承担民事责任;②独立核算盈亏,能够编制资产负债表。

建筑业总产值(自行完成施工产值)

是以货币表现的建筑安装企业在一定时期内生产的建筑业产品的总和。建筑业总产值包括:

(1)**建筑工程产值:** 指列入建筑工程预算内的各种工程价值。

(2)**设备安装工程产值:** 指设备安装工程价值,不包括被安装设备本身价值。

(3)**房屋、构筑物修理产值:** 指房屋、构筑物修理所完成的价值,但不包括被修理房屋、构筑物本身的价值和生产设备的修理价值。

(4)**非标准设备制造产值:** 指加工制造没有定型的、非标准的生产设备的加工费和原材料价值,以及附属加工厂为本企业承建工程制作的非标准设备的价值。

建筑业增加值

指建筑业企业在报告期内以货币表现的建筑业生产经营活动的最终成果。目前建筑业增加值采用分配法(收入法)计算,即从收入的角度出发,根据生产要素在生产过程中应得的收入份额计算。具体计算公式为:

建筑业增加值=本年提取的固定资产折旧+应付工资+应付福利费+管理费用中的劳动待业保险金、税金+工程结算税金及附加+工程结算利润

房屋建筑施工面积

指在报告期内施工的全部房屋建筑面积、包括本期新开工的房屋面积、上期施工跨入本期继续施工的房屋面积、上期停缓建在本期恢复施工的房屋面积、本期竣工的房屋面积及本期施工后又停缓建的房屋面积。

房屋建筑竣工面积

指在报告期内房屋建筑按照设计要求全部完工,达到了住人和使用条件,经验收鉴定合格,正式移交使用单位的房屋建筑面积。

自有机械设备年末总台数

指归本企业所有,属于本企业固定资产的生产性机械设备年末总台数。包括施工机械、生产设备、运输设备以及其他设备。

自有机械设备年末总功率

指企业自有施工机械、生产设备、运输设备以及其他设备等列为在册固定资产的生产性机械设备年末总功率,按设定能力或查定能力计算。包括机械本身的动力和为该机械服务的单独动力设备,如电动机等。计算单位用千瓦,动力换算可按1马力=0.735千瓦折合成千瓦数。电焊机、变压器、锅炉不计算动力。

工程结算收入

指企业承包工程实现的工程价款结算收入,以及向发包单位收取的除工程价款以外的按规定列作营业收入的各种款项,如临时设施费、劳动保险费、施工机械调迁费等以及向发包单位收取的各种索赔款。

工程结算利润

指已结算工程实现的利润,如亏损以"-"号表示。计算公式为:

工程结算利润=工程结算收入-工程结算成本-工程结算税金及附加

企业总收入

指与企业生产经营直接有关的各项收入,包括工程结算收入和其他业务收入。计算公式为:

企业总收入=工程结算收入+其他业务收入

能源生产总量

指一定时期内一次能源生产量的总和,是观察能源生产水平、规模、构成和发展速度的总量指标。一次能源生产量包括原煤,原油,天然气,水电,核能及其他动力能(如风能、地热能等)发电量,不包括低热值燃料生产量、生物质能、太阳能等的利用和由一次能源加工转换而成的二次能源产量。

能源消费总量

指一定时期内物质生产部门、非物质生产部门和生活消费的各种能源的总和,是观察能源消费水平、构成和增长速度的总量指标。能源消费总量包括原煤和原油及其制品、天然气、电力,不包括低热值燃料、生物质能和太阳能等的利用。能源消费总量分为终端能源消费量、能源加工转换损失量和损失量三部分。

(1)终端能源消费量:指一定时期内生产和生活消费的各种能源在扣除了用于加工转换二次能源消费量和损失量以后的数量。

(2)能源加工转换损失量:指一定时期内投入加工转换的各种能源数量之和与产出各种能源产品之和的差额,是观察能源在加工转换过程中损失量变化的指标。

(3)能源损失量:指一定时期内能源在输送、分配、储存过程中发生的损失和由客观原因造成的各种损失量,不包括各种气体能源放空、放散量。

能源生产弹性系数

是研究能源生产增长速度与国民经济增长速度之间关系的指标。计算公式为:

能源生产弹性系数=能源生产总量年平均增长速度/国民经济年平均增长速度

国民经济年平均增长速度,可根据不同的目的的或需要,用国民生产总值、国内生产总值等指标来计算,本年鉴是采用国内生产总值指标计算的。

电力生产弹性系数

是研究电力生产增长速度与国民经济增长速度之间关系的指标。一般来说,电力的发展应当快于

国民经济的发展，也就是说电力应超前发展。计算公式为：

电力生产弹性系数=电力生产量年平均增长速度/国民经济年平均增长速度

能源消费弹性系数

是反映能源消费增长速度与国民经济增长速度之间比例关系的指标。计算公式为：

能源消费弹性系数=能源消费量年平均增长速度/国民经济年平均增长速度

电力消费弹性系数

反映电力消费增长速度与国民经济增长速度之间比例关系的指标。计算公式为：

电力消费弹性系数=电力消费量年平均增长速度/国民经济年平均增长速度

能源加工转换效率

指一定时期内能源经过加工、转换后，产出的各种能源产品的数量与同期内投入加工转换的各种能源数量的比率。它是观察能源加工转换装置和生产工艺先进与落后、管理水平高低等级的重要指标。计算公式为：

能源加工转换效率=能源加工、转换产出量/能源加工、转换投入量×100%

社会消费品零售总额

指国民经济各行业直接售给城乡居民和社会集团的消费品总额。它是反映各行业通过多种商品流通渠道向居民和社会集团供应的生活消费品总量，是研究国内零售市场变动情况，反映经济景气程度的重要指标。

社会消费品零售总额包括：(1)售给城乡居民作为生活用的商品和修建房屋用的建筑材料；(2)售给社会集团的各种办公用品和公用消费品；(3)售给机关、团体、学校、部队、企业、事业单位的职工食堂和旅店(招待所)附设专门供本店旅客食用，不对外营业的食堂的各种食品、燃料；企业、单位和国营农场直接售给本单位职工和职工食堂的自己生产的产品；(4)售给部队干部、战士生活用的粮食、副食品、衣着品、日用品、燃料；(5)售给来华的外国人、华侨、港澳台同胞的消费品；(6)居民自费购买的中、西药品，中药材及医疗用品；(7)报社、出版社直接给居民和社会集团的报纸、图书、杂志，集邮公司出售的新、旧纪念邮票、特殊邮票、首日封、集邮、集邮工具等；(8)旧货寄售商店自购、自销部分的商品；(9)煤气公司、液化石油气站售给居民和社会集团的煤气灶具和罐装液化石油气；(10)农民售给非农业居民和社会集团的商品。不包括售给国民经济各部门企业、事业单位(包括国有经济的农场)生产经营用的各种原材料、燃料、设备、工具等和售给批发零售贸易业、餐饮业作为转卖用的商品，旧货寄售商店受托寄售卖出的商品，服务业的营业收入，邮局出售邮票的收入，自来水、电力、煤气生产(供应)单位的产品供应收入，也不包括农民之间的商品销售。

批发零售贸易业商品购、销、存总额

指各种登记注册类型的批发、零售贸易业(不包括个体)企业(单位)以本企业(单位)为总体的商品购进、销售、库存总额。

商品购进总额

指从本企业(单位)以外的单位和个人购进(包括从境外直接进口)作为转卖或加工后转卖的商品总额。它反映批发零售贸易业从国内、国外市场上购进商品的总量。商品购进总额包括：(1)从工农业生产者购进的商品；(2)从出版社、报社的出版发行部门购进的图书、杂志和报纸；(3)从各种登记注册类型的批发零售贸易企业(单位)购进的商品；(4)从其他单位购进的商品、如从机关、团体、企业等单位购进的剩余物资，从餐饮业、服务业购进的商品，从海关、市场管理部门购进的缉私和没收的商品，从居民手中收购的废旧商品等；(5)从国(境)外直接进口的商品。不包括企业(单位)为自身经营用和未通过买卖行为而收入的商品以及销售退回、商品升溢等。

商品销售总额

指对本企业(单位)以外的单位和个人出售(包括对境外直接出口)的商品总额。它反映批发零售贸易业在国内市场上销售商品以及出口商品的总量。商品销售总额包括：(1)售给城乡居民和社会集团消费用的商品；(2)售给工业、农业、建筑业、运输邮电业、批发零售贸易业、餐饮业、服务业等作为生产、经营使用的商品；(3)售给批发零售贸易业作为转卖或加工后转卖的商品：(4)对国(境)外直接出口的商品。不包括出售本企业(单位)自用的废旧包装用品；未通过买卖行为付出的商品；经本单位介绍，由买卖双方直接结算，本单位只收取手续费的业务；购货退出的商品以及商品损耗和损失等。

批发零售贸易业库存

指报告期末各种登记注册类型的批发零售贸易企业(单位)已取得所有权的商品。它反映批发零售贸易企业(单位)的商品库存情况和对市场商品供应的保证程度。期末库存包括:(1)存放在批发零售贸易业经营单位(如门市部、批发站、经营处)仓库、货场、货柜和货架中的商品;(2)挑选、整理、包装中的商品;(3)已记入购进而尚未运到本单位的商品,即发货单或银行承兑凭证已到而货未到的部分,(4)寄放他处的商品,如因购货方拒绝承付而暂时存放在购货方的商品和已办完加工成品收回手续而未提回的商品;(5)委托其他单位代销(未作销售或调出)尚未售出的商品;(6)代其他单位购进尚未交付的商品。不包括所有权不属于本单位的商品、拨付除批发零售贸易业以外的其他行业所属独立核算加工厂等加工生产尚未收回成品的商品、代国家物资储备部门保管的商品等。

库存总额采用的计算价格是:农副产品采购单位按购进价计算;批发单位按进货价计算;零售单位按核算价格计算,即按什么价格核算就按什么价格计算。

消费品市场成交额

指从事消费品交易的商品市场的全部商品成交金额。消费品市场包括农副产品市场和工业消费品市场。

商品零售价格指数

是反映城乡商品零售价格变动趋势的一种经济指数。零售物价的调整变动直接影响到城乡居民的生活支出和国家的财政收入,影响居民购买力和市场供需平衡,影响消费与积累的比例。因此,计算零售价格指数,可以从一个侧面对上述经济活动进行观察和分析。

居民消费价格指数

是反映一定时期内城乡居民所购买的生活消费品价格和服务项目价格变动趋势和程度的相对数,是对城市居民消费价格指数和农村居民消费价格指数进行综合汇总计算的结果。利用居民消费价格指数,可以观察和分析消费品的零售价格和服务价格变动对城乡居民实际生活费支出的影响程度。

城市居民消费价格指数

是反映城市居民家庭所购买的生活消费品价格和服务项目价格变动趋势和程度的相对数。城市居民消费价格指数可以观察和分析消费品的零售价格和服务项目价格变动对职工货币工资的影响,作为研究职工生活和确定工资政策的依据。

农村居民消费价格指数

是反映农村居民家庭所购买的生活消费品价格和服务项目价格变动趋势和程度的相对数。农村居民消费价格指数可以观察农村消费品的零售价格和服务项目价格变动对农村居民生活消费支出的影响,直接反映农民生活水平的实际变化情况,为分析和研究农村居民生活问题提供依据。

农产品收购价格指数

是反映国有商业、集体商业、个体商业、外贸部门、国家机关、社会团体等各种经济类型的商业企业和有关部门收购农产品价格的变动趋势和程度的相对数。农产品收购价格指数可以观察和研究农产品收购价格总水平的变化情况,以及对农民货币收入的影响,作为制订和检查农产品价格政策的依据。

农村工业品零售价格指数

是反映农村市场工业品零售价格水平变动趋势和程度的相对数,通过农村工业品零售价格指数,可以能观察工业品零售价格变动对农民货币支出的影响。

工业品出厂价格指数

是反映全部工业产品出厂价格总水平的变动趋势和程度的相对数,包括工业企业售给本企业以外所有单位的各种产品和直接售给居民用于生活消费的产品。通过工业品出厂价格指数能观察出厂价格变动对工业总产值的影响。

固定资产投资价格指数

是反映固定资产投资额价格变动趋势和程度的相对数。固定资产投资额是由建筑安装工程投资完成额、设备、工器具购置投资完成额和其他费用投资完成额三部分组成的。编制固定资产投资价格指数应首先分别编制上述三部分投资的价格指数,然后采用加权算术平均法求出固定资产投资价格总指数。

编制固定资产投资价格指数可以准确地反映固定资产投资中涉及的各类商品和取费项目价格变动趋势和变动幅度,消除按现价计算的固定资产投资指标中的价格变动因素,真实地反映固定资产投资的规模、速度、结构和效益，为国家科学地制定、检查固定资产投资计划并提高宏观调控水平，为完善国民经济核算体系提供科学的、可靠的依据。

进出口贸易总额

又称“对外贸易额”。指以货币表示的一个国家(或地区)在一定时期内的全部对外贸易总额，也就是出口贸易额(即出口额)和进口贸易额(即进口额)之和，它是反映一个国家(或地区)对外贸易规模的重要指标之一，通常用本国货币或国际上习惯通用的货币来计算。

出口贸易额

简称“出口额”。指以货币表示的一个国家(或地区)在一定时期内实际出口商品的总金额。它不等于出口收汇额。出口贸易额一般按离岸价格计算。

进口贸易额

简称“进口额”。指以货币表示的一个国家(或地区)在一定时期内实际到货的进口商品总金额。进口贸易额一般按到岸价格计算。到岸价格即通常所说的“成本加保险费，运费(到达目的港)的价格”。

出口商品收购

外贸企业为了供应出口或经过加工后再供应出口，而从外贸系统以外的单位和个人购进商品。出口商品收购也叫出口货源，它包括：

1.从国营商品和供销合作社购进的出口商品；2.从生产部门和外贸基地、专门购进出口商品或加工出口商品；3.从合作商店、乡镇企业购进的出口商品；4.从集市贸易及代购、代销店和个人购进的出口商品；5.中央下达的外贸收购计划中为转口而进口的商品；6.外贸系统收购的“以进养出”的出口商品；7.购进的样品和展览品等。

旅游人数

包括入境国际旅游者人数、出境居民人数和国内旅游者人数。

(1)入境国际旅游者人数：指来中国参观、访问、旅行、探亲、访友、休养、考察、参加会议和从事经济、科技、文化、教育、宗教等活动的外国人、华侨、港澳同胞和台湾同胞的人数。不包括外国在我国的常驻机构，如使领馆、通迅社、企业办事处的工作人员；来我国常住的外国专家，留学生以及在岸逗留不过夜人员。

(2)出境居民人数：指大陆居民因公务活动或私人事务短期出境的人数。公务活动出境居民人数包括在国际交通工具上的中国服务员工，因私出境居民人数不包括在国际交通工具上的中国服务员工。

(3)国内旅游者人数：指我国大陆居民和在我国常住1年以上的外国人、华侨、港澳台同胞离开常住地在境内其他地方的旅游设施内至少停留一夜、最长不超过6个月的人数。

国际旅游(外汇)收入

指入境旅游的外国人、华侨、港澳同胞和台湾同胞在中国大陆旅游过程中发生的一切旅游支出，对于国家来说就是国际旅游(外汇)收入。

国际旅行社

指经营对外招徕并接待外国人、华侨、港澳同胞和台湾同胞来中国、归国或回内地旅游业务的旅行社。

国内旅行社

指负责经营招徕、组团、接待国内旅客的旅游业务，以及不对外招徕，负责经营接待国际旅行社或其它涉外部门组织的外国人、华侨、港澳同胞和台湾同胞来中国、归国或内地的旅游业务的旅行社。

涉外饭店

指经有关部门批准，允许接待外国人、华侨、港澳同胞和台湾同胞的饭店。

自然科学技术人员

指已取得科学技术职称，或大学、中专的理、工、农、医科系毕业，以及国民经济各部门从工作实践中提拔，从事理、工、农、医等自然科学技术的研究、教学、生产(事业)技术方面工作的专业人员和在机关、企业、事业中从事科学技术业务管理工作的专业人员。包括：工程技术人员、农业技术人员、卫生技术人员、科学研究人员和教学人员等。

普通高等学校

指按照国家规定的审批程序批准举办，通过全国统一招生考试，招收高级中等学校毕业生和具有同等学历者，实施高等教育，培养高等专门人才的学校。包括大学、专门学院、专科学校和短期职业大学。

成人高等学校

指按照国家规定的审批程序批准举办，招收高中毕业或同等学历者，利用多种形式对成人实施高等教育，培养相当普通高等学校专科或本科毕业水平的专门人才的学校。包括广播电视大学、职工高等学校、农民高等学校、干部管理学院、教育学院、独立函授学院以及普通高等学校举办的函授大学、夜大学等。

文化事业机构

指从事专业文化工作和为专业文化工作服务的单独核算、独立建制的单位。不包括文化主管部门直属单位举办的其他行业和各部门的业余文化组织。

艺术表演团体

指从事戏曲、音乐、舞蹈、杂技等专业艺术表演，有独立帐户，实行单独核算的团体。不包括半工半艺、半农半艺的业余剧团。

电影放映单位

指具有放映机器设备、固定或不固定的放映场所与专职或兼职的放映技术人员，经文化行政部门登记批准，经常为一定的观众对象映出电影的机构包括经批准对外开放进行营业，并与电影发行放映管理机构分帐的专用放映单位或军委系统租片单位在内。

等级运动员人数

指经考核正式批准授予等级运动员称号的人数。运动员等级分为国际级运动健将、运动健将、一级运动员、二级运动员、三级运动员、少年级运动员。

等级裁判员人数

指经考核正式批准授予等级裁判员的人数。裁判员等级分为国际裁判、国家级裁判、一级裁判、二级裁判、三级裁判。

卫生技术人员

指卫生事业机构支付工资的全部固定职工和合同制职工中现任职务为卫生技术工作的人员。包括中医师、西医师、中西医结合高级医师、护师、中药师、西药师、检验师、其他技师、中医士、西医士、护士、助产士、中药剂士、西药剂士、检验士、其他技士、其他中医、护理员、中药剂员、西药剂员、检验员、其他初级卫生技术人员。

社会福利事业单位

指集中收养社会孤老、残、幼的机构。包括由民政部门管理的社会福利院、儿童福利院、精神病人福利院和城镇集体办的福利院，以及农村集体举办的敬老院。

公证人员

指在国家公证机关依法办理公证事务的司法人员。包括公证员、助理公证员和在公证处工作的其他人员。

办理公证

指公证处年内的公证文书件数。公证文书系按司法部规定或批准的格式制作。包括国内公证和涉外公证两部分。其中国内公证分为经济合同公证和民事法律关系公证两大类。

年末自来水生产能力

指年底城建部门管理的自来水厂和自备水源的社会单位取水、净化、送水、出厂输水干管等环节的实际生产能力。

年末供水管道长度

指从送水泵到用户水表之间所有管道的长度。

全年供水总量

指公用自来水厂和自备水源的社会单位全年的供水总量，包括有效供水量及损失水量。

生活用水量

指居民日常生活与公共福利设施的用水量，包括居民、饮食店、旅馆、医院、理发店、浴池、洗衣店、游泳池、商店、学校、机关、部队等单位的用水量。

城市人口用水普及率

指城市用水的非农业人口数（不包括临时人口和流动人口）与城市非农业人口数之比。计算公式为：

用水普及率 = 城市用水的非农业人口数/城市非农业人口数×100%

人工煤气生产能力

指城市煤气厂制气、净化、输送等环节的综合实际生产能力。

输气管道长度

指由压缩机、鼓风机、储气罐的出口到用户煤气表之间的全部管道长度。

全年供气总量

指全年售给各类用户的全部煤气量，包括工业用量、家庭用量和其他用量。

城市用气普及率

指使用煤气（包括人工煤气、液化石油气、天然气）的城市非农业人口数（不包括临时人口和流动人

口)与城市非农业人口总数之比。计算公式为:

城市煤气普及率=城市用气的非农业人口数/城市非农业人口总数×100%

城市供热能力

指热电厂、热力公司和达到标准的集中采暖锅炉房向城市输送的供热源的设计能力,每小时向城市输送蒸汽、热水的能力。

城市供热总量

指热电厂、热力公司和达到标准的集中采暖锅炉房向城市输送的全部蒸汽、热水量。

城市供热管理长度

指热电厂、热力公司和达到标准的集中采暖锅炉房管理的集中供热热源到用户洞的全部气、供热水管道长度。

年底实有铺装道路长度

指除土路外,路面经过铺装宽度在3.5米以上的道路,包括高级、次高级道路和普通道路。

城市桥梁

指城市范围内,修建在河道上的桥梁和道路与道路立交、道路跨越铁路的立交桥及人行天桥。包括久性桥和半久性桥,不包括临时性桥、铁路桥、涵洞。

城市下水道总长度

指所有排水总管、干管、支管及暗渠、检查井、连接井出水口等长度之和。

城市污水日处理能力

指污水处理厂每昼夜处理污水量的设计能力。

年末实有公共汽(电)车

指年底可参加营运的全部车辆数,包括营运车辆数和库存查封未参加营运的车辆。不包括非营运车辆,如架线车、油罐车、工程车、货车及其他专用车辆和借入的客运车辆。

城市绿地

指城市公共绿地、专用绿地、生产绿地、防护绿地、郊区风景名胜区的全部面积。

公共绿地

指供游览休息的各种公园、动物园、植物园、陵园以及花园、游园和供游览休息用的林荫道绿地、广场绿地,不包括一般栽植的行道树及林荫道的面积。

中国统计出版社最新资料书简目